COMPLIANCE
Perspectivas e desafios dos programas de conformidade

RICARDO VILLAS BÔAS CUEVA
ANA FRAZÃO
Coordenadores

Prefácio
Luís Roberto Barroso

COMPLIANCE
Perspectivas e desafios dos programas de conformidade

Belo Horizonte
FÓRUM
2018

FÓRUM

Luís Cláudio Rodrigues Ferreira
Presidente e Editor

Coordenação editorial: Leonardo Eustáquio Siqueira Araújo

Av. Afonso Pena, 2770 – 15º andar – Savassi – CEP 30130-012
Belo Horizonte – Minas Gerais – Tel.: (31) 2121.4900 / 2121.4949
www.editoraforum.com.br – editoraforum@editoraforum.com.br

Dados Internacionais de Catalogação na Publicação (CIP) de acordo com a AACR2

C736 Compliance: perspectivas e desafios dos programas de conformidade / Ricardo Villas Bôas Cueva, Ana Frazão (Coord.). – Belo Horizonte : Fórum, 2018.

527p.; 14,5cm x 21,5cm

ISBN: 978-85-450-0564-3

1. Direito Econômico. 2. Economia. 3. Governança Corporativa. I. Cueva, Ricardo Villas Bôas. II. Frazão, Ana. III. Título.

CDD 341.3772
CDU 346

Elaborado por Daniela Lopes Duarte – CRB-6/3500

Informação bibliográfica deste livro, conforme a NBR 6023:2002 da Associação Brasileira de Normas Técnicas (ABNT):

CUEVA, Ricardo Villas Bôas; FRAZÃO, Ana (Coord.). *Compliance*: perspectivas e desafios dos programas de conformidade. Belo Horizonte: Fórum, 2018. 527p. ISBN 978-85-450-0564-3.

Agradecimentos

Agradecemos a Juliana Imperiano e a Angelo Gamba Prata de Carvalho, pelo auxílio inestimável que deram para a organização do presente livro.

SUMÁRIO

PREFÁCIO: *COMPLIANCE* E A REFUNDAÇÃO DO BRASIL
Luís Roberto Barroso ... 15
I Introdução ... 15
II O quadro brasileiro atual ... 16
III Conteúdo e importância de *compliance* ... 19

APRESENTAÇÃO
Ricardo Villas Boas Cueva, Ana Frazão ... 23

PARTE I
ASPECTOS INTRODUTÓRIOS

ORIGEM E EVOLUÇÃO HISTÓRICA DO *COMPLIANCE* NO DIREITO BRASILEIRO
Milena Donato Oliva, Rodrigo da Guia Silva ... 29
1 Introdução: o desenvolvimento recente do *compliance* no Brasil ... 29
2 O tratamento do *compliance* pelo direito positivo ... 30
2.1 Alguns exemplos ... 34
3 Vantagens do *compliance* e seu importante papel na prevenção e reparação de infrações à ordem jurídica ... 40
4 A relevância dos programas de *compliance* no âmbito da responsabilização administrativa das pessoas jurídicas: conjugação da função repressiva com a função promocional do direito ... 42
5 Síntese conclusiva ... 48
Referências ... 49

FUNÇÕES E FINALIDADES DOS PROGRAMAS DE *COMPLIANCE*
Ricardo Villas Bôas Cueva ... 53
1 Introdução ... 53
2 Conceito e alcance dos programas de *compliance* ... 53
3 Funções dos programas de *compliance* ... 57
3.1 A função protetiva ... 58
4 Perigos e desafios dos programas de *compliance* ... 61
5 Finalidades dos programas de *compliance* ... 63
5.1 *Compliance* criminal ... 64
5.2 *Compliance* antitruste ... 65

5.3 *Compliance* anticorrupção ... 66
5.4 *Compliance* na proteção de dados pessoais ... 67
6 Considerações finais ... 69

DESAFIOS PARA A EFETIVIDADE DOS PROGRAMAS DE *COMPLIANCE*
Ana Frazão, Ana Rafaela Martinez Medeiros ... 71
1 Introdução ... 71
2 A delicada relação entre autorregulação e heterorregulação: a valorização da autonomia privada a partir dos devidos incentivos ... 74
3 O problema dos custos dos programas de *compliance* e a necessária adequação diante do tamanho e das características de cada empresa ... 80
4 A influência do *shareholder value* no *compliance* e necessidade de criar uma cultura empresarial de respeito à ética e à legislação ... 82
5 A necessidade de diferenciar programas de fachada de programas efetivos ... 90
6 As diretrizes gerais de um programa de *compliance* efetivo ... 92
6.1 Avaliação dos riscos ... 95
6.2 Código de Ética e Conduta ... 97
6.3 Organização compatível com o risco da atividade ... 98
6.4 Comprometimento da alta administração ... 98
6.5 Autonomia e independência do setor responsável pela supervisão do programa de *compliance* ... 99
6.6 Cultura corporativa de *compliance* ... 100
6.7 Monitoramento contínuo e atualização ... 101
6.8 Treinamento ... 101
6.9 Canais de comunicação ... 101
7 Considerações finais ... 102

OS REQUISITOS DE UM BOM PROGRAMA DE *COMPLIANCE*
Ricardo Simonsen ... 105
Programas de integridade ... 106
Mudança cultural ... 108
Qual é o papel do *compliance*? ... 109
Funcionamento da área de *compliance* ... 112
Fatores diferenciais na implantação do *compliance* ... 118
O *compliance* nas estatais ... 119
Melhoria do ambiente de negócios ... 120
O funcionamento do *compliance*: aplicação a um programa de integridade ... 121
Conclusão ... 126
Referências ... 126

CORRUPÇÃO, CULTURA E *COMPLIANCE*: O PAPEL DAS NORMAS JURÍDICAS NA CONSTRUÇÃO DE UMA CULTURA DE RESPEITO AO ORDENAMENTO
Ana Frazão, Angelo Gamba Prata de Carvalho 129
1 Introdução 129
2 Bases culturais da corrupção e cultura corporativa do *compliance* 131
3 A relação entre heterorregulação e autorregulação e os impactos do *compliance* anticorrupção 138
4 O *compliance* na legislação anticorrupção brasileira: desafios e perspectivas em sua implementação 140
5 Conclusão 146
Referências 148

PARTE II
PERSPECTIVAS E DESAFIOS DOS PROGRAMAS DE *COMPLIANCE*

COMPLIANCE SOB A PERSPECTIVA DO GOVERNO: UMA VISÃO SOBRE A ESTRUTURA DA CONTROLADORIA-GERAL DO MUNICÍPIO DE SÃO PAULO E SUA ATUAÇÃO NO TRABALHO PREVENTIVO E COMBATE À CORRUPÇÃO
Anderson Pomini 153
Introdução 153
1 *Compliance* × corrupção: mundos diferentes em um mesmo ambiente 154
2 *Compliance* no âmbito da Administração Pública 156
3 A Controladoria-Geral do Município de São Paulo e a integridade da Administração Pública 158
4 O *compliance* promovido pela CGM 159
Considerações finais 164
Referências 165

COMPLIANCE SOB A PERSPECTIVA DA CRIMINOLOGIA ECONÔMICA
Eduardo Saad-Diniz 167
1 Introdução 167
2 Algumas lições do pensamento criminológico 169
3 Dos *street crimes* aos *white-collar crimes* e dos *white-collar crimes* aos *corporate crimes* 174
4 Pesquisa criminológica comparada e controle social formal das organizações 179
5 *Enforcement* e *compliance* 185
6 A título de conclusão 190

COMPLIANCE SOB A PERSPECTIVA DA FUNÇÃO SOCIAL DA EMPRESA E DA GOVERNANÇA CORPORATIVA
Caroline Pinheiro 193
1 Introdução 193
2 Interesse social: uma reflexão permanente 194
3 *Compliance*: finalidades, sentidos e uma breve abordagem sobre as teorias aplicáveis 196
4 Direito e poder: uma visão crítica do *compliance* e do objeto do direito societário 201
5 Considerações finais 215
Referências 217

DESAFIOS PARA A IMPLEMENTAÇÃO DE PROGRAMAS DE *COMPLIANCE* NO BRASIL
Fabio Selhorst, Fábia Dupont, Maria Ticiana Araújo 219
1 Dos programas de *compliance* e dos mecanismos de integridade 219
2 Cultura organizacional e a elaboração dos programas de *compliance* 220
3 Da implementação dos programas de *compliance* 221
3.1 Do papel dos *compliance officers* 222
3.2 Senso de urgência 222
3.3 Coalisão de profissionais 223
3.4 Comunicação da mudança de visão, missão e valores 224
3.5 Criação de ganhos a curto prazo 225
3.6 Sustentar a mudança é essencial 225
4 Peculiaridades advindas da natureza das organizações 226
4.1 Empresas familiares 226
4.2 Empresas transnacionais 227
4.3 Empresas estatais 228
5 Conclusão 230

PROGRAMAS DE INTEGRIDADE E GOVERNANÇA DAS EMPRESAS ESTATAIS: UMA VISÃO PORTUGUESA NO CONTEXTO DA UNIÃO EUROPEIA
Domingos Soares Farinho 233
1 Introdução 233
1.1 O quadro legal de partida 233
1.2 Bom governo e cumprimento de regras 237
1.3 Os tópicos específicos da (boa) governança das empresas estatais 238
2 Programas de integridade e de governança 240
2.1 Preparação e revisão dos programas 240
2.2 Âmbito e conteúdo dos programas 241
2.2.1 Estratégia de bom governo 241

2.2.2 A estrutura do programa de integridade e governança 242
3 Especificidades dos programas das empresas estatais 248

DESAFIOS PARA A IMPLEMENTAÇÃO DE PROGRAMAS DE *COMPLIANCE* EM MULTINACIONAIS
Patrícia Godoy Oliveira 251
1 Introdução 251
2 Definição e escopo de *compliance* para a sua empresa 253
3 Definição dos principais riscos corporativos 256
4 Políticas globais de *compliance* 260
5 Processo decisório individual dos colaboradores 261
6 Procedimentos para cumprimento local das políticas globais.. 268
7 Conclusão 270
Referências 272

QUEM PRECISA DE PROGRAMAS DE INTEGRIDADE (*COMPLIANCE*)?
Thiago Marrara 275
Introdução: a necessidade de ampliação do debate 275
1 *Compliance* e a realidade empresarial brasileira 277
2 *Compliance,* contratualização administrativa e terceiro setor 282
3 O papel do Estado: controle interno basta? 286
4 O que programas de integridade ensinam ao Estado? 290
5 Conclusão 292
Referências 294

LENIÊNCIA, *COMPLIANCE* E O PARADOXO DO OVO OU DA GALINHA: DO *COMPLIANCE* COMO INSTRUMENTO DE AUTORREGULAÇÃO EMPRESARIAL
Amanda Athayde, Ana Frazão 297
1 Introdução 297
2 Leniência como causa e *compliance* como consequência 298
3 *Compliance* como causa e leniência como consequência 303
4 *Compliance* como instrumento de autorregulação empresarial. 307
5 Conclusão 309

PARTE III
PRINCIPAIS TIPOS DE *COMPLIANCE*

COMPLIANCE ANTICORRUPÇÃO: ASPECTOS GERAIS
Fábio Medina Osório 317
1 Breve histórico e conceito de corrupção 317
2 O Brasil e o microssistema jurídico de combate à corrupção.... 321
3 O sistema jurídico de responsabilidade objetiva de empresas pela prática de atos corruptos 326

4 Os destinatários da norma e a atenuação, exclusão de responsabilidade. O *compliance* anticorrupção, programa de integridade ético-corporativa 329
4.1 Tipicidade das condutas na lei anticorrupção empresarial brasileira 332
4.2 Tipicidade da conduta da empresa por organização defeituosa: o *compliance* inefetivo 336
4.3 *Compliance* anticorrupção como elemento de exclusão da tipicidade da conduta ilícita da empresa 339
5 A integração entre as normas nacionais e internacionais no combate à corrupção 340
Referências 357

PROGRAMAS DE *COMPLIANCE* – DESAFIOS DA MULTIPLICIDADE INSTITUCIONAL PARA O SETOR PRIVADO
Vinicius Marques de Carvalho, Marcela Mattiuzzo, Bruno Silva e Souza 361
1 Introdução 361
2 A relevância do *compliance* no contexto empresarial atual 362
3 A multiplicidade institucional 365
3.1 Multiplicidade no Brasil 367
3.1.1 Defesa da concorrência 373
3.1.2 Combate à corrupção 374
3.1.3 Mercado financeiro e valores mobiliários 375
3.2 *Compliance* e multiplicidade institucional – Os desafios 375
4 Conclusão 379

ALGUMAS LINHAS SOBRE *COMPLIANCE* CRIMINAL
Pierpaolo Cruz Bottini, Beatriz Dias Rizzo, Marcela Rocha 381
1 Introdução 381
2 O porquê do *compliance* 384
3 *Compliance* e reputação 385
4 Características do *compliance* 388
5 Marco legal 389
6 Tendências jurisprudenciais 390
7 Conclusão 395
Referências 395

O *COMPLIANCE* E A COOPERAÇÃO NO PROCESSO ADMINISTRATIVO DE LICENCIAMENTO AMBIENTAL
Magno Federici Gomes, Warley Ribeiro Oliveira 399
Introdução 399
1 A sociedade de risco 400
2 Do objetivo do desenvolvimento sustentável 402

3 O Direito Administrativo holandês: análise do princípio da cooperação 405
4 O licenciamento ambiental 407
5 A corrupção no Brasil 411
Considerações finais 415
Referências 416

COMPLIANCE TRABALHISTA
Luís Carlos Moro 421
1 Introdução 421
2 Origens 422
3 A legislação brasileira 429
4 O *compliance* em sua dimensão punitiva 431
5 O *compliance* em sua dimensão preventiva 432
6 A abertura de novas possibilidades 434
7 Conclusão 435

COMPLIANCE, GOVERNANÇA E REGULAÇÃO
Márcio Iorio Aranha 437
1 Introdução 437
2 Governança empresarial, governo regulatório e governança regulatória 437
3 *Compliance* regulatório 439
4 Direito e *compliance* social 441
5 *Compliance* regulatório e coerção intrínseca e extrínseca 446
6 Estratégias regulatórias e *compliance* regulatório 447
7 Conclusão 448
Referências 449

COMPLIANCE BANCÁRIO
Isaac Sidney 453
1 Introdução: o conceito de *compliance* 453
1.1 Adaptações na história recente 454
1.2 Atualidade do tema 455
2 *Compliance* no SFN: a perspectiva do BC 456
2.1 Regulação financeira e de *compliance* 456
2.1.1 A transição histórica 457
2.1.2 Uma regulação concertada 458
2.1.3 O BC e sua regulação 459
2.2 BC e Supervisão do SFN: visão geral e objetivos 462
2.2.1 Supervisão baseada em riscos 463
2.2.2 Supervisão de conduta 464
2.3 Estrutura e cultura de *compliance*: adesão e conformidade 465
3 *Compliance* no Banco Central 467

3.1 Contexto histórico e arcabouço jurídico: papel do Estado e gestão pública em nova era ... 467
3.2 Adaptações no BC: estrutura (áreas, unidades, comitês) e cultura institucional ... 469
4 Conclusão ... 471

UM NOVO *COMPLIANCE* NO SETOR DE SAÚDE SUPLEMENTAR PARA SOLUÇÃO DE UM VELHO PROBLEMA: AS FRAUDES EM ÓRTESES, PRÓTESES E MATERIAIS ESPECIAIS (OPME)
Fabiano Catran, Danilo Leme Crespo ... 475
1 Considerações iniciais ... 475
2 A mercantilização da Medicina: uma ameaça ao setor de saúde ... 478
3 O crime organizado: a máfia das Órteses, Próteses e Materiais Especiais (OPME) ... 481
4 O *compliance* no setor de saúde suplementar ... 484
4.1 A sociedade do risco: uma reflexão necessária ... 484
4.2 O *compliance* como boa prática de governança corporativa e controles internos ... 486
4.3 O *compliance* no setor da saúde suplementar: o combate às fraudes em Órteses, Próteses e Materiais Especiais (OPME) ... 489
5 Conclusão ... 494
Referências ... 496

EM DEFESA DO *CROSS-COMPLIANCE* NO AGRONEGÓCIO BRASILEIRO
Antônio Augusto de Souza Coelho ... 499
1 Introdução ... 499
2 O *cross-compliance* no agronegócio: experiência europeia ... 501
3 *Cross-compliance* no agronegócio: a experiência norte-americana ... 505
4 *Cross-compliance* no agronegócio brasileiro ... 509
4.1 O programa de integridade do Ministério da Agricultura, Pecuária e Abastecimento – MAPA ... 509
4.2 Em defesa do *cross-compliance* do agronegócio no Brasil: críticas e sugestões ... 513
5 Conclusão ... 517
Referências ... 519

SOBRE OS AUTORES ... 523

COMPLIANCE E A REFUNDAÇÃO DO BRASIL

> *A situação é tão indigna, que mesmo pessoas sem nenhuma dignidade já estão ficando indignadas.*
> Millor Fernandes[1]

I Introdução

O Ministro Ricardo Villas Bôas Cueva e a Professora Ana Frazão apresentam ao público um livro de excepcional qualidade, que reúne boa parte do que há de mais relevante em termos de pessoas e de ideias a propósito do tema *compliance*. Um conjunto variado de fatores é responsável pela visibilidade e expansão de um conceito e de uma prática que se tornaram imprescindíveis no ambiente corporativo contemporâneo. Na verdade, há no país um novo *business*, uma nova área de atividade que são os profissionais e os departamentos de *compliance*. É bom que seja assim. Espera-se que seja o prenúncio de um novo tempo, em que a ideia de integridade seja um vetor fundamental do comportamento humano.

Nos últimos tempos, o Brasil tem vivido uma tempestade política, econômica e ética que mudou a percepção da sociedade em relação a muitas questões, inclusive e notadamente aquelas associadas

---

1 A frase é citada de memória. Não consegui localizar a fonte. Tenho o registro de tê-la lido em *O Pasquim*, há muitos anos. Penitencio-me de antemão se a memória me houver traído. Com o tempo, tem acontecido mais amiúde.

ao cumprimento da lei e ao combate à corrupção. De acordo com a Transparência Internacional, o Brasil ocupa a 96ª posição no Índice de Percepção da Corrupção de 2017, num *ranking* que inclui 180 países. Tratando-se de uma das dez maiores economias do mundo, a posição é constrangedora. Pior: nas últimas pontuações, o Brasil vem caindo vertiginosamente. De fato, em 2006, era o 79º e em 2015, o 69º. É possível, porém, que o aumento da percepção da corrupção não signifique, necessariamente, um aumento no volume dos comportamentos desviantes. Pode ser um sinal de que o país deixou de varrer a sujeira para baixo do tapete e passou a enfrentar corajosamente o problema. Embora a ideia de *compliance* não esteja associada exclusivamente ao combate à corrupção, esta é a área em que a demanda tem sido mais significativa.

II O quadro brasileiro atual

É impossível não identificar as dificuldades em superar a corrupção sistêmica como um dos pontos baixos desses últimos trinta anos de democracia no Brasil. O fenômeno vem em processo acumulativo desde muito longe e se disseminou, nos últimos tempos, em níveis espantosos e endêmicos. Não foram falhas pontuais, individuais. Foi um fenômeno generalizado, sistêmico e plural, que envolveu empresas estatais, empresas privadas, agentes públicos, agentes privados, partidos políticos, membros do Executivo e do Legislativo. Havia esquemas profissionais de arrecadação e distribuição de dinheiros desviados mediante superfaturamento e outros esquemas. Tornou-se o modo natural de se fazerem negócios e de se fazer política no país. A corrupção é fruto de um pacto oligárquico celebrado entre boa parte da classe política, do empresariado e da burocracia estatal para saque do Estado brasileiro.

A fotografia do momento atual é devastadora: a) o Presidente da República foi denunciado duas vezes, por corrupção passiva e obstrução de justiça, e é investigado em dois outros inquéritos; b) um ex-Presidente da República teve a condenação por corrupção passiva confirmada em segundo grau de jurisdição; c) outro ex-Presidente da República foi denunciado criminalmente por corrupção passiva; c) dois ex-chefes da Casa Civil foram condenados criminalmente, um por corrupção ativa e outro por corrupção passiva; d) um ex-Ministro da Secretaria de Governo da Presidência da República está preso, tendo sido encontrados em apartamento supostamente seu 51 milhões de reais; e) dois ex-presidentes da Câmara dos Deputados estão presos, um deles já condenado por corrupção passiva, lavagem de dinheiro e evasão de divisas; f) um presidente anterior da Câmara dos Deputados foi condenado por peculato e cumpriu pena; g) mais de um ex-governador de Estado se encontra preso sob acusações de corrupção passiva e outros crimes; h) todos os conselheiros (menos um) de um Tribunal de Contas estadual foram presos por corrupção passiva; i) um Senador, ex-candidato a Presidente da República, foi denunciado por corrupção passiva.

Alguém poderia supor que há uma conspiração geral contra tudo e contra todos! O problema com esta versão são os *fatos*: os áudios, os vídeos, as malas de dinheiro, os apartamentos repletos, assim como as provas que saltam de cada compartimento que se abra. É impossível não sentir vergonha pelo que aconteceu no Brasil. Por outro lado, poucos países no mundo tiveram a coragem de abrir as suas entranhas e enfrentar o mal atávico da corrupção com a determinação que boa parte da sociedade brasileira e uma parte do Poder Judiciário têm demonstrado. Para isso têm contribuído mudanças de atitude das pessoas e das instituições, assim como alterações na legislação e na jurisprudência. Há uma imensa demanda por integridade, idealismo e patriotismo na sociedade brasileira, e esta é a energia que muda paradigmas e empurra a história.

Como seria de se esperar, o enfrentamento da corrupção tem encontrado resistências diversas, ostensivas e dissimuladas. A Nova Ordem que se está pretendendo criar atingiu pessoas que sempre se imaginaram imunes e impunes. Destaco aqui três concepções que dão força a uma enorme *Operação Abafa* que foi deflagrada em várias frentes. Em primeiro lugar, parte do pensamento progressista no Brasil vislumbra a corrupção como uma nota de pé de página na história, acreditando que os fins justificam os meios. Por outro lado, parte da elite brasileira milita no tropicalismo equívoco de que corrupção ruim é a dos adversários, e não a dos que frequentem as mesmas mesas de pôquer, *vernissages* e salões que ela. Por fim, vêm os corruptos propriamente ditos, que se dividem em duas categorias bem visíveis: (i) a dos que não querem ser punidos pelos malfeitos cometidos ao longo de muitos anos; e (ii) um lote pior, que é o dos que não querem ficar honestos nem daqui para frente. Gente que tem aliados em toda parte: nos altos escalões, nos Poderes da República, na imprensa e até onde menos seria de se esperar. Mas há um sentimento republicano e igualitário crescente, capaz de vencer essa triste realidade.

Naturalmente, é preciso tomar cuidado para evitar a criminalização da política. Em uma democracia, política é gênero de primeira necessidade. Seria um equívoco pretender demonizá-la e, mais ainda, criminalizá-la. A vida política nem sempre tem a racionalidade e a linearidade que uma certa ânsia por avanços sociais e civilizatórios exige. O mundo e o Brasil viveram experiências históricas devastadoras com tentativas de governar sem política, com a ajuda de militares, tecnocratas e da polícia política. Porém, assim como não se deve criminalizar a política, não se deve politizar o crime. Não há delito por opiniões, palavras e votos. Nessas matérias, a imunidade é plena. No entanto, o parlamentar que vende dispositivos em medidas provisórias, cobra participação em desonerações tributárias ou canaliza emendas orçamentárias para instituições fantasmas (e embolsa o dinheiro) comete um crime mesmo. Não há como "glamourizar" a desonestidade.

A corrupção tem custos elevados para o país, financeiros, sociais e morais. No tocante aos custos financeiros, apesar das dificuldades de levantamento de dados – subornos e propinas geralmente não vêm a público –, noticiou-se que apenas na Petrobras e empresas estatais investigadas na Operação Lava Jato os pagamentos de propina chegaram a 20 bilhões de reais. Levantamento feito pela Federação das Indústrias de São Paulo – FIESP projeta que até 2,3% do PIB são perdidos a cada ano com práticas corruptas, o que chegaria a 100 bilhões de reais por ano. Os custos sociais também são elevadíssimos. Como intuitivo, a corrupção é regressiva, pois só circula nas altas esferas e ali se encontram os seus grandes beneficiários. Porém, e muito mais grave, ela compromete a qualidade dos serviços públicos, em áreas de grande relevância, como saúde, educação, segurança pública, estradas, transporte urbano etc. Nos anos de 2015 e 2016, ecoando escândalos de corrupção, o PIB brasileiro caiu 7,2%.[2]

O pior custo, todavia, é provavelmente o custo moral, com a criação de uma cultura de desonestidade e esperteza, que contamina as pessoas ou espalha letargia. O modo de fazer política e de fazer negócios no país passou a funcionar mais ou menos assim: (i) o agente político relevante indica o dirigente do órgão ou da empresa estatal, com metas de desvio de dinheiro; (ii) o dirigente indicado frauda a licitação para contratar empresa que seja parte no esquema; (iii) a empresa contratada superfatura o contrato para gerar o excedente do dinheiro que vai ser destinado ao agente político que fez a indicação, ao partido e aos correligionários. Note-se bem: este não foi um esquema isolado! Este é o modelo padrão. A ele se somam a cobrança de propinas em empréstimos públicos, a venda de dispositivos em medidas provisórias, leis ou decretos; os achaques em comissões parlamentares de inquérito,

---

[2] SARAIVA, Alessandra; SALLE, Robson. PIB do Brasil cai 7,2%, pior recessão desde 1948. *Valor Econômico*, 7 mar. 2017.

para citar alguns exemplos mais visíveis. Nesse ambiente, faz pouca diferença saber se o dinheiro vai para a campanha, para o bolso ou um pouco para cada um. Porque o problema maior não é para onde o dinheiro vai, e sim de onde ele vem: de uma cultura de desonestidade que foi naturalizada e passou a ser a regra geral.

A cidadania, no Brasil, vive um momento de tristeza e de angústia. Uma fotografia do momento atual pode dar a impressão de que o crime compensa e o mal venceu. Mas seria uma imagem enganosa. O país já mudou e nada será como antes. A imensa demanda por integridade, idealismo e patriotismo que hoje existe na sociedade brasileira é uma realidade inescapável. Uma semente foi plantada. O trem já saiu da estação. Há muitas imagens para ilustrar a refundação do país sobre novas bases, tanto na ética pública quanto na ética privada. É preciso empurrar a história, mas ter a humildade de reconhecer que ela tem o seu próprio tempo. E não desistir antes de cumprida a missão. Este livro do Ministro Ricardo Cueva e da Professora Ana Frazão se insere nesse processo histórico decisivo de transformação do país.

III Conteúdo e importância de *compliance*

A situação no Brasil era tão ruim em termos de preocupação com a lei e submissão a normas éticas que não havia em vernáculo uma palavra que expressasse, com precisão, o sentido de *compliance*. Mais recentemente, os programas nessa área têm sido referidos como programas de integridade, conformidade ou cumprimento. Em sua essência, *compliance* significa a observância das normas legais e regulamentares aplicáveis, bem como dos valores éticos gerais, dos códigos de conduta específicos de determinado ramo de atividade e das expectativas legítimas da sociedade. O termo também abarca os programas de incentivos a tais condutas. No trabalho que abre esta obra, Milena Donato Oliva e Rodrigo da Guia Silva consignaram:

> A noção de *compliance* envolve o estabelecimento de mecanismos de autorregulação e autorresponsabilidade pelas pessoas jurídicas. Quando se pensa em *compliance*, se reconduz imediatamente à ideia de autovigilância.
>
> (...) Consubstancia sistema de controles cuja função primordial consiste em promover uma cultura de respeito à legalidade e evitar a ocorrência de violações às normas jurídicas e ao Código de Ética de cada entidade.

A história legislativa da busca por integridade e combate à corrupção remonta ao Foreign Corrupt Practices Act – FCPA, editado nos Estados Unidos em 1977, sendo considerado um marco histórico na matéria. Ainda nos Estados Unidos, merece menção a U.S. Sentencing Guidelines, promulgadas em 1991, que previram a existência de programas de *compliance* como atenuante no caso de crimes federais. No Reino Unido, na mesma linha do FCPA, o UK Bribery Act – UKBA, de 2010, considerou crime o pagamento ou recebimento de propinas para/por agentes públicos. Diversos outros países da Europa, como Alemanha, Portugal, Espanha e outros possuem leis ou dispositivos legais impondo regras de *compliance*.

No Brasil, a Lei nº 12.846, de 1º.08.2013, conhecida como Lei Anticorrupção, prevê a alternação de sanções de multa para empresas que adotem programas de integridade. A Lei nº 13.303, de 30.06.2016, referida como Lei das Estatais, impõe às empresas públicas, sociedade de economia mista e suas subsidiárias deveres de transparência (art. 8º) e regras de controle interno e de integridade (art. 9º e §1º). Já o Decreto nº 8.420 de 18.03.2015, ao disciplinar os programas de integridade, impõe uma série de parâmetros, que incluem (art. 42): (i) comprometimento da alta direção da pessoa jurídica, (ii) padrões de conduta, código de ética, políticas e procedimento de integridade aplicáveis a todos os empregados e administradores; (iii) treinamentos periódicos, (iv) controle interno, (v) análise periódica de riscos, (vi) canais de denúncia e (vii) transparência quanto a doações políticas.

Embora se tenha enfatizado aqui o *compliance* anticorrupção, as finalidades dos programas de *compliance* abrangem múltiplas áreas, como bem anota em seu texto o Ministro Ricardo Cueva. É possível focar-se assim também em *compliance* criminal, antifraude, para proteção de dados pessoais, trabalhista, ambiental, dos direitos do consumidor, em meio a outros. Em seu texto, Cueva lembra, ainda, passagem feliz de Norberto Bobbio, que caracteriza a democracia como o governo do poder visível. É preciso ter cuidado, por outro lado, com o risco de programas de integridade de fachada, implementado como mero discurso de retórica pelas empresas, como adverte Ana Frazão. Aliás, não é apenas a legislação que exige programas e práticas de integridade. Inúmeras empresas privadas – e mesmo consumidores – impõem às empresas com as quais fazem negócio ou cujos produtos adquirem a observância de código de ética e de conduta como pressuposto do relacionamento comercial.

Como assinalado anteriormente, o Brasil vive um processo profundo de transformação. Sairemos da crise atual melhores do que entramos. A sociedade já mudou e deixou de aceitar o inaceitável. A iniciativa privada, que pagou preço altíssimo pelos desatinos dos últimos tempos, está mudando rapidamente. O Judiciário vai mudando lentamente. A política ainda não mudou, mas vai mudar.

Este livro, notável na sua extensão e profundidade, vem contribuir para a melhor compreensão do tema *compliance* e para a mudança do patamar da ética empresarial no Brasil. Cuida-se, na feliz expressão de Fábio Medina Osório, da criação de um ambiente de transparência, em que o novo paradigma é o de um setor privado com deveres públicos. Saio do caminho para que o leitor possa desfrutar de uma leitura indispensável na matéria, valioso roteiro para se atender à imensa demanda por integridade, idealismo e patriotismo presente na sociedade brasileira.

Brasília, 20 de agosto de 2018.

Luís Roberto Barroso
Ministro do Supremo Tribunal Federal. Professor Titular da Universidade do Estado do Rio de Janeiro. *Senior Fellow* na *Kennedy Harvard School*.

APRESENTAÇÃO

Poucos fenômenos conseguiram penetrar tão rápida e eficientemente no universo jurídico atual quanto o *compliance,* tema que vem capitaneando cada vez mais interesse e entusiasmo, diante da necessidade evidente de encontrar novos caminhos para o cumprimento da legalidade e da ética.

Nesse sentido, são grandes as expectativas de que o *compliance,* como instrumento de viabilização da observância das normas jurídicas e éticas, possa superar as deficiências do modelo regulatório tradicional, baseado no comando e no controle. Afinal, os programas de conformidade estão alicerçados na valorização da autonomia privada dos agentes econômicos, a fim de estimular a participação destes na adoção, difusão e exigência do cumprimento da legalidade e da ética empresarial em relação a todos os empregados, colaboradores e administradores da empresa.

Trata-se, portanto, de mudança de "dentro para fora", que desafia os agentes econômicos a saírem da sua postura passiva tradicional diante da regulação jurídica – de apenas obedecer a comandos jurídicos predeterminados e suportar as sanções em caso de descumprimento – para assumir grande protagonismo. Por meio de programas efetivos de *compliance,* agentes privados tornam-se verdadeiros parceiros do Poder Público na nobre missão do cumprimento da legalidade, prevenindo ilicitudes e infrações éticas, bem como, na hipótese indesejável de que ocorram ilícitos ou irregularidades, investigando, aplicando sanções e assegurando a imediata restauração da legalidade.

Sob tal ótica, os programas de *compliance* ressaltam a importância da ética – tanto no sentido individual como no sentido coletivo – na definição das instituições, ou seja, das regras do mercado. Estas, como vêm mostrando a economia neoinstitucional e a sociologia econômica, resultam de complexo amálgama do qual as regras jurídicas são apenas uma parte e, em alguns casos, a parte mais propensa à ineficácia, diante de regras sociais que podem levar a comportamentos distintos dos juridicamente previstos.

Daí a importância da valorização da autorregulação como fator de modificação das instituições do mercado e da compreensão de que, para a sua implementação eficiente, não se pode desconsiderar que a ação dos agentes econômicos não existe no vazio institucional. Logo, é fundamental o diálogo constante com a heterorregulação, já que as regras jurídicas específicas tanto podem aumentar como diminuir os incentivos para os programas de *compliance*.

A importância da discussão sobre incentivos torna-se ainda mais evidente quando se verifica que os programas de *compliance*, para serem realmente eficazes, precisam atender a diversos requisitos, que exigem pesados investimentos financeiros e operacionais, até porque tais programas são dinâmicos e precisam ser constantemente atualizados e readaptados. Logo, não se pode imaginar que os agentes econômicos investirão em *compliance* tão somente em razão do seu interesse pela ética; sem os devidos incentivos por parte das regras jurídicas, cria-se ambiente propício para o surgimento de programas ineficazes ou mesmo de fachada.

São muitos, portanto, os desafios enfrentados por todos aqueles que buscam implementar programas de *compliance*, pois estes exigem uma reconfiguração não apenas da organização empresarial, mas também dos deveres fiduciários dos administradores, dos direitos e deveres dos empregados e colaboradores, entre outros. Por outro lado, essa reconfiguração deve ser adequada e proporcional ao tamanho da empresa e às atividades que desenvolve.

Não obstante a importância do tema e as dificuldades que apresenta, a bibliografia específica ainda é escassa, especialmente quando se quer aprofundar várias das questões fundamentais para o *compliance*. Foi esse o contexto que motivou os organizadores a viabilizar o presente livro, cujo objetivo é o de oferecer ao leitor uma visão sistematizada do *compliance*, a partir de uma perspectiva diversificada e que possa unir sofisticação teórica com preocupações práticas.

Em face desses objetivos, o livro foi dividido em três partes. Na primeira, tem-se um tratamento mais introdutório e geral da matéria, com artigos sobre a origem e a evolução histórica do *compliance*, as suas funções, finalidades e requisitos, a contextualização do tema diante da importância do fator cultural e os desafios mais gerais para a sua efetividade.

Na segunda parte, o livro reúne reflexões mais específicas, procurando expandir o debate para explorar a questão sob a ótica dos diferentes atores envolvidos no processo – governo e empresas –, das distintas teorias que embasam ou dialogam com o *compliance* – criminologia econômica e governança corporativa, por exemplo –, bem como das distintas perspectivas de aplicação – contexto brasileiro, contexto europeu e contexto das multinacionais. Ainda se procurou abordar a delicada relação entre *compliance* e leniência.

Por fim, na última parte, buscou-se explorar os desdobramentos específicos do *compliance* nas diversas searas. Daí se falar em *compliance* anticorrupção, antitruste, criminal, ambiental, bancário, trabalhista, regulatório, bem como do agronegócio e do setor de saúde suplementar.

O desafio assumido pelos organizadores não poderia ter sido realizado sem a colaboração do grande time de autores, expoentes em seus respectivos temas, que atenderam ao nosso convite com muito entusiasmo e se dispuseram a cumprir os prazos para a publicação coletiva.

Como o leitor poderá observar, apesar de diferentes enfoques e abordagens, a obra mantém, em seu conjunto, a característica de conciliar o viés descritivo com o viés crítico, até porque não há receita ou fórmula milagrosa para um bom programa de *compliance.* Logo, o objetivo principal foi o de oferecer um eixo comum de reflexões e um fio condutor que poderá ajudar a compreensão das necessidades específicas de cada empresa, a partir das suas características, das suas atividades e do risco a ela inerente.

É com muito orgulho, portanto, que podemos oferecer ao público a presente obra, que se propõe a delimitar caminhos e alternativas para a difícil missão de assegurar a difusão e a efetividade dos programas de *compliance,* a fim de que estes possam ser instrumentos reais de transformação da realidade social e empresarial.

Brasília, 10 de junho de 2018.

Ricardo Villas Boas Cueva
Ana Frazão

PARTE I

ASPECTOS INTRODUTÓRIOS

ORIGEM E EVOLUÇÃO HISTÓRICA DO *COMPLIANCE* NO DIREITO BRASILEIRO

MILENA DONATO OLIVA
RODRIGO DA GUIA SILVA

1 Introdução: o desenvolvimento recente do *compliance* no Brasil

Do estudo propedêutico da História do Direito podem ser extraídos dois destacados (e apenas aparentemente antitéticos) ensinamentos. Por um lado, reconhece-se a impossibilidade de plena compreensão da atual conformação dogmática de um instituto sem a análise acurada da sua origem e do seu desenvolvimento.[1] De outra parte, anuncia-se o risco de invocação (deliberada ou inconsciente) da apreciação histórica como discurso meramente legitimador do *status quo*.[2]

---

1 "Não é possível manejar com desembaraço, aprender a fundo uma ciência que se relacione com a vida do homem, sem adquirir antes o preparo propedêutico indispensável. Desta faz parte o estudo da história especial do povo a que pretende aplicar o mencionado ramo de conhecimento, e também o da história geral, principalmente política, da humanidade. O Direito inscreve-se na regra enunciada, que, aliás, não comporta exceções: para o conhecer bem, cumpre familizarizar-se com os fastos da civilização, sobretudo daquela que assimilamos diretamente (...). O que hoje vigora, abrolhou de germes existentes no passado; o Direito não se inventa; é um produto lento da evolução, adaptado ao meio; com acompanhar o desenvolvimento desta, descobrir a origem e as transformações históricas de um instituto, obtém-se alguma luz para o compreender bem" (MAXIMILIANO, Carlos. *Hermenêutica e aplicação do direito*. 19. ed. Rio de Janeiro: Forense 2010, p. 112).

2 "Realmente, a história do direito pode desempenhar um papel oposto àquele que se descreveu, ou seja, pode contribuir para legitimar o direito estabelecido" (HESPANHA, António Manuel. *Cultura jurídica europeia*: síntese de um milénio. Coimbra: Almedina, 2015, p. 14). Em sentido acentuadamente crítico ao discurso legitimador, o autor sustenta: "A opinião aqui adotada é a de que a história do direito é, de facto, um saber formativo; mas de uma maneira que é diferente daquela em que o são a maioria das disciplinas dogmáticas que constituem os cursos jurídicos. Enquanto as últimas visam criar certezas acerca do direito vigente, a missão da história do direito é antes a de problematizar o pressuposto implícito

De tais advertências decorre que o intérprete deve pautar sua análise a partir da premissa da historicidade e relatividade dos institutos, devendo contextualizá-los no local e tempo em que se inserem.[3] Desse modo, há de se afastar eventual tentativa de compreensão do *compliance* como tendência supostamente universal e atemporal, devendo-se atentar para as diferentes configurações dos mecanismos de *compliance* em cada contexto espacial e temporal.

A partir de tais premissas, optou-se, no presente estudo, por analisar alguns aspectos da origem e da evolução histórica do *compliance* não como pontos isolados do restante do ordenamento, mas como manifestações condizentes com questionamentos gerais que acompanham o desenvolvimento recente do sistema jurídico como um todo.

Nessa empreitada, investiga-se, inicialmente, a crescente atribuição de efeitos jurídicos ao *compliance* pelo legislador brasileiro. Com efeito, a existência de programa de *compliance* sério e vigente, cuja idoneidade deve ser concretamente aferida, tem sido exigida para as mais diversas finalidades, tais como contratação, diminuição da pena eventualmente aplicada, atuação em determinados mercados.

Na sequência, examina-se a relação porventura existente entre os mecanismos de *compliance* e a difusão das proposições teóricas defensoras da função preventiva da responsabilidade civil. Por fim, também são objeto de análise as principais vantagens do *compliance*, bem como a relevância que lhe é atribuída no âmbito da responsabilização administrativa das pessoas jurídicas. Espera-se, a partir deste estudo, demonstrar os potenciais do *compliance* para o incentivo a comportamentos social e eticamente desejados, em manifestação da função promocional do direito.

2 O tratamento do *compliance* pelo direito positivo

A noção de *compliance*[4] envolve o estabelecimento de mecanismos de autorregulação e autorresponsabilidade pelas pessoas

---

e acrítico das disciplinas dogmáticas, ou seja, o de que o direito dos nossos dias é o racional, o necessário, o definitivo" (Ibid., p. 13).

[3] Trata-se de relevante premissa metodológica do direito civil-constitucional. A propósito, v., por todos, PERLINGIERI, Pietro. *O direito civil na legalidade constitucional*. Trad. Maria Cristina De Cicco. Rio de Janeiro: Renovar, 2008, p. 137 e segs.

[4] "(...) a origem do Programa de Conformidade decorre da expressão inglesa *to comply*, ou seja, 'agir de acordo com', e, portanto, está relacionado a qualquer tipo de regramento, regulação ou norma interna à uma organização pública ou privada (...)" (AUGUSTO, Naiara Czarnobai, *Compliance* corporativo. In: *JOTA*. Acesso em 01.04.2018). V., ainda, BLOK, Marcella. *Compliance e governança corporativa*. Rio de Janeiro: Freitas Bastos, 2018, p. 310.

jurídicas.[5] Quando se pensa em *compliance*, se reconduz imediatamente à ideia de autovigilância.[6] Estrutura-se o ambiente corporativo a partir da adoção de normas de conduta que devem ser por todos acatadas, com particular destaque para a necessidade de comprometimento da alta administração em assegurar a efetividade do programa de *compliance*.[7]

Estipulam-se normas de conduta a serem seguidas, de maneira a se garantir o respeito à legalidade, à transparência, bem como a ausência de conivência com qualquer tipo de infração ou ilícito praticados pelos funcionários ou representantes da sociedade. Cuida-se da adoção de sistemas para assegurar o bom funcionamento do ambiente corporativo à luz não apenas das políticas internas de cada sociedade, como também das normas legais em vigor.[8] De acordo com o magistério de Ana Frazão:

> *Compliance* diz respeito ao conjunto de ações a serem adotadas no ambiente corporativo para que se reforce a anuência da empresa à legislação vigente, de modo a prevenir a ocorrência de infrações ou, já tendo ocorrido o ilícito, propiciar o imediato retorno ao contexto de normalidade e legalidade.[9]

---

5 "A autorregulação é essencial, portanto, para a construção de uma cultura de respeito à legalidade e à ética, uma vez que os incentivos para o cumprimento da lei passam a ser internos e desenvolvidos pela sociedade em lugar de serem externos e impostos pelo Estado" (FRAZÃO, Ana. Programas de *compliance* e critérios de responsabilização de pessoas jurídicas por ilícitos administrativos. In: ROSSETTI, Maristela Abla; PITTA, Andre Grunspun (Coord.). *Governança corporativa*: avanços e retrocessos. São Paulo: Quartier Latin, 2017, p. 43-44). V., ainda, RILEY, Anne; SOKOL, D. Daniel. Rethinkg Compliance. *Journal of Antitrust Enforcement*, v. 3, n. 1, abr. 2015, item III; SILVEIRA, Renato de Mello Jorge. *Compliance* e direito penal na era pós-Lava Jato. *Revista dos Tribunais*, v. 979, maio 2017, item 3; RIOS, Rodrigo Sánchez; ANTONIETTO, Caio. *Criminal compliance* – prevenção e minimização de riscos na gestão da atividade empresarial. *Revista Brasileira de Ciências Criminais*, v. 114, mai.-jun. 2015, item 2; SARCEDO, Leandro. Compliance *e responsabilidade penal da pessoa jurídica*, cit., p. 16 e ss.

6 SARCEDO, Leandro. Compliance *e responsabilidade penal da pessoa jurídica*, cit., p. 49 e segs.

7 "Consequentemente, o *compliance* reforça a dimensão organizacional do dever de diligência, a fim de que controladores e administradores estruturem a organização empresarial de forma compatível com as atividades da companhia e com o risco por ela assumido. Para isso, torna-se necessário criar adequados sistemas de vigilância, supervisão e investigação sobre as atividades da sociedade, de modo a assegurar o respeito às obrigações legais e possibilitar a intervenção adequada diante da identificação de problemas e ameaças. Não é sem razão que um aspecto fundamental dos programas de *compliance* é a necessidade de comprometimento da alta administração" (FRAZÃO, Ana. Dever de diligência: novas perspectivas em face de programas de *compliance* e de atingimento de metas. In: *JOTA*. Acesso em 01.04.2018).

8 GUARAGNI, Fábio André. Princípio da confiança no direito penal como argumento em favor de órgãos empresariais em posição de comando e *compliance*: relações e possibilidades. In: GUARAGNI, Fábio André; BUSATO, Paulo César (Coord.). Compliance *e direito penal*. São Paulo: Atlas, 2015, p. 74.

9 FRAZÃO, Ana. Programas de *compliance* e critérios de responsabilização de pessoas jurídicas por ilícitos administrativos, cit., p. 42. Vale transcrever, ainda, a definição constante

É comum se invocar como importante marco internacional do *compliance* as *U.S. Sentencing Guidelines* de 1991.[10] No Brasil, sobretudo a partir da transição da década de 1990 para a primeira década do século XXI, verificou-se o progressivo reconhecimento legislativo da relevância do *compliance*. Nesse sentido, o *compliance* passou a ser

---

do "Guia Programas de *Compliance*", editado pelo Conselho Administrativo de Defesa Econômica – CADE: "*Compliance* é um conjunto de medidas internas que permite prevenir ou minimizar os riscos de violação às leis decorrentes de atividade praticada por um agente econômico e de qualquer um de seus sócios ou colaboradores. Por meio dos programas de *compliance*, os agentes reforçam seu compromisso com os valores e objetivos ali explicitados, primordialmente com o cumprimento da legislação. Esse objetivo é bastante ambicioso e por isso mesmo ele requer não apenas a elaboração de uma série de procedimentos, mas também (e principalmente) uma mudança na cultura corporativa. O programa de compliance terá resultados positivos quando conseguir incutir nos colaboradores a importância em fazer a coisa certa" (fonte: http://www.cade.gov.br/acesso-a-informacao/publicacoes-institucionais/guias_do_Cade/guia-compliance-versao-oficial.pdf. Acesso em 25.03.2018 às 22h). V. tb. definição constante no Decreto Federal 8.420/2015: "Art. 41. Para fins do disposto neste Decreto, programa de integridade consiste, no âmbito de uma pessoa jurídica, no conjunto de mecanismos e procedimentos internos de integridade, auditoria e incentivo à denúncia de irregularidades e na aplicação efetiva de códigos de ética e de conduta, políticas e diretrizes com objetivo de detectar e sanar desvios, fraudes, irregularidades e atos ilícitos praticados contra a administração pública, nacional ou estrangeira. Parágrafo Único. O programa de integridade deve ser estruturado, aplicado e atualizado de acordo com as características e riscos atuais das atividades de cada pessoa jurídica, a qual por sua vez deve garantir o constante aprimoramento e adaptação do referido programa, visando garantir sua efetividade".

10 "Nos EUA, a base para a implementação dos 'Programas de Compliance' é estabelecida pelas 'Federal Sentencing Guidelines for Organizations' ('Guidelines'), emitidas pela 'U.S. Sentencing Comission'. Essas Guidelines configuram a compilação das orientações dadas aos juízes norte-americanos para julgamento de crimes federais praticados por empresas, assinalando diretrizes a serem seguidas. As disposições a respeito passaram a vigorar em 1º de novembro de 1991 (...)" (MARTINEZ, Maria Beatriz. Programas de compliance e a defesa da concorrência: perspectivas para o Brasil. *Revista do IBRAC – Direito da Concorrência, Consumo e Comércio Internacional*, v. 12, jan. 2005, item 2.1.1); "Em 1991, as *U.S. Sentencing Comission's Guidelines* proveram às companhias intensos incentivos financeiros para a adoção de programas efetivos de ética e *compliance*. Desde então, o *compliance* se tornou um grande negócio" (STUCKE, Maurice E. In Search of Effective Ethics & Compliance Programs. *The Journal of Corporation Law*, v. 39, 2014, p. 770. Tradução livre do original). As *U.S. Sentencing Guidelines* consistem fundamentalmente em diretrizes gerais para a prolação de sentenças contra crimes federais, com a previsão de vantagens aos agentes que hajam adotado programas efetivos de *compliance*. Aludidas vantagens financeiras consistiriam, principalmente, na expressiva redução das penalidades às pessoas jurídicas condenadas que houvessem adotado programas de *compliance*, conforme se depreende do relato de KRAWIEC, Kimberly D. Cosmetic Compliance and the Failure of Negotiated Governance. *Washington University Law Quarterly*, v. 81, 2003, p. 498. V. tb. HENNING, Peter J. Be Careful What You Wish For: Thoughts on a Compliance Defense Under the Foreign Corrupt Practices Act. *Ohio State Law Journal*, v. 73, 2012, p. 896-897; e WOUTERS, Jan; RYNGAERT, Cedric; CLOOTS, Ann Sofie. The International Legal Framework Against Corruption: Achievements and Challenges. *Melbourne Journal of International Law*, v. 14, 2013, p. 76. Para um relato da evolução do *compliance*, também na década de 1990, no âmbito da experiência europeia, v. MARTINEZ, Maria Beatriz. Programas de compliance e a defesa da concorrência, cit., item 2.1.2.

exigência da Comissão de Valores Mobiliários (CVM) e do Banco Central do Brasil (BACEN) para a atuação em certas atividades.[11] Além disso, o *compliance* passou a ser considerado parâmetro de dosimetria das penas administrativas impostas às pessoas jurídicas por ilícitos corporativos previstos na Lei Anticorrupção. Também passou a ser exigido das empresas públicas, sociedades de economia mista e de suas subsidiárias a instituição de programa de *compliance*.

Dessa forma, no Brasil, assiste-se, progressivamente, à atribuição de efeitos jurídicos ao *compliance*, que é tratado na legislação como: (i) prática incentivada por meio da previsão legal de consequências favoráveis (*v. g.* dosimetria da pena)[12] ou (ii) obrigação legal em sentido estrito (como no caso da imposição, pela legislação federal, da obrigatoriedade de as empresas estatais adotarem programas de *compliance*).[13] Além disso, verifica-se uma gradual expansão, por parte da jurisprudência, da utilização da noção de *compliance* como parâmetro interpretativo para a resolução de questões as mais variadas envolvendo a atividade empresarial.[14]

---

11 "O termo *compliance* estabeleceu-se, nos últimos anos, como tema da moda no direito penal. Contudo, apesar de ter ganhado crescente atenção da doutrina, não há, ainda, consenso sobre seu tratamento e suas consequências no âmbito criminal. Sua aplicação nasceu no campo financeiro, no qual, no Brasil, conta, por exemplo, com regras bastante específicas determinadas pelo Banco Central, mas hoje acabou por expandir-se por diversos outros âmbitos da atividade empresarial. Assim, o assunto passou a ocupar um espaço importante de reflexão no campo do direito penal econômico" (COSTA, Helena Regina Lobo da; ARAÚJO, Marina Pinhão Coelho. *compliance* e o julgamento da APN 470. *Revista Brasileira de Ciências Criminais*, v. 106, 2014. Acesso pela Revista dos Tribunais Online, em 02.04.2018).

12 "Embora incontroversa a relevância da Lei nº 12.846/13 (Lei Anticorrupção), a mesma não é impositiva, mas contém, somente, a recomendação de condutas para fins de amenização das sanções penais, civis e administrativas" (TJSP, 1ª C.R.D.E., AI 2065937-30.2017.8.26.0000, Rel. Des. Alexandre Lazzarini, julg. 23.8.2017).

13 V. Lei nº 13.303/2016, arts. 6º e 9º.

14 A ilustrar a utilização do *compliance* como cânone interpretativo, veja-se a decisão proferida pela 4ª Turma do STJ, em que se apontam os riscos de prejuízo ao *compliance* como argumento adicional a justificar a impossibilidade de a apólice do seguro de responsabilidade civil de diretores e administradores cobrir a prática de atos dolosos: "A apólice do seguro de RC D&O não pode cobrir atos dolosos, principalmente se cometidos para favorecer a própria pessoa do administrador, o que evita forte redução do grau de diligência do gestor ou a assunção de riscos excessivos, a comprometer tanto a atividade de *compliance* da empresa quanto as boas práticas de governança corporativa. Aplicação dos arts. 757 e 762 do CC" (STJ, 3ª T., REsp. nº 1.601.555/SP, Rel. Min. Ricardo Villas Bôas Cueva, julg. 14.2.2017). O recurso ao *compliance* como cânone interpretativo se faz presente, ainda, na decisão da 36ª Câmara Extraordinária de Direito Privado do Tribunal de Justiça do Estado de São Paulo, que entendeu o descumprimento a regras de *compliance* como fundamento legitimador da resilição unilateral do contrato de conta corrente por parte da instituição bancária. Do voto do Desembargador Relator extrai-se: "É certo que contratos de conta corrente, por serem destinados à longa duração, geram na parte a justa expectativa de continuidade. Desse modo, mostrar-se-ia ilícita a resilição de avenças dessa natureza de forma imotivada, pelo

Destaque-se, ao propósito, que não há um único modelo de *compliance*, já que este precisa se adequar às especificidades de cada corporação e demanda permanente análise de riscos e verificação das normas jurídicas aplicáveis. Assim, cada sistema a ser implementado tem amplo espaço de conformação pela pessoa jurídica, que pode instituir o modelo de *compliance* que melhor se adeque às suas particularidades, desde que seja efetivo e atenda ao objetivo primordial de efetivamente evitar infrações à ordem jurídica e de, uma vez verificadas, contribuir para sua pronta reparação e para o retorno ao estado de normalidade.

2.1 Alguns exemplos

Tome-se por consideração, inicialmente, a Lei nº 9.613/1998 (com relevantes alterações promovidas pela Lei nº 12.683/2012),[15] que dispõe sobre os crimes de "lavagem" ou ocultação de bens, direitos e valores. Os artigos 9º, 10 e 11 desse diploma legal tratam, respectivamente, das pessoas sujeitas ao mecanismo de controle, da identificação dos clientes e da manutenção de registros e comunicação de operações financeiras

ferimento frontal à boa-fé objetiva, que deve ser respeitada de forma cogente, nos termos do artigo 422 do Código Civil. Ocorre, entretanto, que, no caso em tela, a conduta do réu foi lícita, na medida em que a rescisão do contrato teve por justificativa o não atendimento às regras de compliance por parte da autora. (...) Com efeito, nestes autos pôde-se concluir que o encerramento da conta foi ocasionado por violação às regras de compliance pela autora. Afinal, programas de integridade em empresas dependem do envolvimento e da colaboração de sua alta administração para serem efetivos, o que, evidentemente, não ocorreu no âmbito da empresa autora" (TJSP, 36ª C.E.D.P., Ap. Civ. nº 1013073-57.2016.8.26.0100, Rel. Des. Sérgio Rui, julg. 16.11.2017).

15 A redação originária do referido diploma legal já continha normas orientadas à promoção de uma cultura de integridade pelas instituições financeiras, tais como: identificar clientes e manter seu cadastro atualizado (art. 10, I); manter registro de toda transação superior ao limite fixado pela autoridade administrativa (art. 10, II); atender às requisições formuladas pelo Conselho de Controle de Atividades Financeiras do Ministério da Fazenda (arts. 10, III, e 14); dedicar especial atenção às operações que pudessem apresentar sérios indícios dos crimes previstos na lei (art. 11, I); comunicar às autoridades competentes as transações excedentes dos limites fixados pelas autoridades administrativas (art. 11, II, a). Nada obstante a previsão, na redação originária da lei, dessas e de outras normas relacionadas à promoção de uma cultura de integridade e de respeito à legalidade, observa-se que a Lei nº 12.683/2012 veio a tornar ainda mais explícito o dever de adoção de programas de *compliance* pelas instituições financeiras ao alterar a redação do inciso III do artigo 10 para estabelecer o seguinte: "Art. 10. As pessoas referidas no art. 9º: (...) III – deverão adotar políticas, procedimentos e controles internos, compatíveis com seu porte e volume de operações, que lhes permitam atender ao disposto neste artigo e no art. 11, na forma disciplinada pelos órgãos competentes".

suspeitas de irregularidades.[16] Tais dispositivos ilustram a absorção do *compliance* em caráter impositivo pelo direito brasileiro.[17]

Veja-se, ainda, a Resolução nº 2.554/1998 do BACEN, cujo artigo 1º, *caput*, determinou "(...) às instituições financeiras e demais instituições autorizadas a funcionar pelo Banco Central do Brasil a implantação e a implementação de controles internos voltados para as atividades por elas desenvolvidas, seus sistemas de informações financeiras, operacionais

---

16 Lei nº 9.613/1988: "Art. 9º Sujeitam-se às obrigações referidas nos arts. 10 e 11 as pessoas físicas e jurídicas que tenham, em caráter permanente ou eventual, como atividade principal ou acessória, cumulativamente ou não: I – a captação, intermediação e aplicação de recursos financeiros de terceiros, em moeda nacional ou estrangeira; II – a compra e venda de moeda estrangeira ou ouro como ativo financeiro ou instrumento cambial; III – a custódia, emissão, distribuição, liqüidação, negociação, intermediação ou administração de títulos ou valores mobiliários. (...)"; "Art. 10. As pessoas referidas no art. 9º: I – identificarão seus clientes e manterão cadastro atualizado, nos termos de instruções emanadas das autoridades competentes; II – manterão registro de toda transação em moeda nacional ou estrangeira, títulos e valores mobiliários, títulos de crédito, metais, ou qualquer ativo passível de ser convertido em dinheiro, que ultrapassar limite fixado pela autoridade competente e nos termos de instruções por esta expedidas; III – deverão adotar políticas, procedimentos e controles internos, compatíveis com seu porte e volume de operações, que lhes permitam atender ao disposto neste artigo e no art. 11, na forma disciplinada pelos órgãos competentes; IV – deverão cadastrar-se e manter seu cadastro atualizado no órgão regulador ou fiscalizador e, na falta deste, no Conselho de Controle de Atividades Financeiras (Coaf), na forma e condições por eles estabelecidas; V – deverão atender às requisições formuladas pelo Coaf na periodicidade, forma e condições por ele estabelecidas, cabendo-lhe preservar, nos termos da lei, o sigilo das informações prestadas. (...)"; "Art. 11. As pessoas referidas no art. 9º: I – dispensarão especial atenção às operações que, nos termos de instruções emanadas das autoridades competentes, possam constituir-se em sérios indícios dos crimes previstos nesta Lei, ou com eles relacionar-se; II – deverão comunicar ao Coaf, abstendo-se de dar ciência de tal ato a qualquer pessoa, inclusive àquela à qual se refira a informação, no prazo de 24 (vinte e quatro) horas, a proposta ou realização: a) de todas as transações referidas no inciso II do art. 10, acompanhadas da identificação de que trata o inciso I do mencionado artigo; e b) das operações referidas no inciso I; III – deverão comunicar ao órgão regulador ou fiscalizador da sua atividade ou, na sua falta, ao Coaf, na periodicidade, forma e condições por eles estabelecidas, a não ocorrência de propostas, transações ou operações passíveis de serem comunicadas nos termos do inciso II. §1º As autoridades competentes, nas instruções referidas no inciso I deste artigo, elaborarão relação de operações que, por suas características, no que se refere às partes envolvidas, valores, forma de realização, instrumentos utilizados, ou pela falta de fundamento econômico ou legal, possam configurar a hipótese nele prevista. §2º As comunicações de boa-fé, feitas na forma prevista neste artigo, não acarretarão responsabilidade civil ou administrativa. §3º O Coaf disponibilizará as comunicações recebidas com base no inciso II do *caput* aos respectivos órgãos responsáveis pela regulação ou fiscalização das pessoas a que se refere o art. 9º".

17 "Diga-se, aliás, que é essencial a colaboração das instituições financeiras nesse processo, a chamada *compliance*, diante da evidente impossibilidade de o Estado fiscalizar a tudo. A regra em exame guarda relação com o disposto nos arts. 10 e 11 da Lei nº 9.613/98, que impõe às instituições arroladas em seu art. 9º o dever de identificar os clientes e comunicar operações suspeitas de lavagem de dinheiro" (BALTAZAR JUNIOR, José Paulo. *Sigilo bancário e privacidade*. Porto Alegre: Livraria do Advogado, 2005, p. 99).

e gerenciais e o cumprimento das normas legais e regulamentares a elas aplicáveis".[18]

Semelhante ordem de disposição foi estabelecida, no âmbito da regulação da concorrência, pela Secretaria de Direito Econômico (SDE) do Ministério da Justiça – Secretaria essa que veio a ser absorvida pelo Conselho Administrativo de Defesa Econômica nos termos da Lei nº 12.529/2011. A extinta Secretaria editou a Portaria nº 14/2004, a fim de definir diretrizes gerais para a elaboração de Programas de Prevenção de Infrações à Ordem Econômica (PPI) e estabelecer requisitos e condições para a emissão, pela SDE, do respectivo Certificado de Depósito.[19]

Na sequência, cumpre fazer menção à Lei Anticorrupção (Lei nº 12.846/2013). Embora não contenha imposição expressa quanto à adoção de programas de *compliance*, estabelece a valoração positiva dessa conduta por ocasião da dosimetria das sanções a serem impostas às pessoas jurídicas.[20] A Lei Antitruste (Lei nº 12.529/2011) não contém previsão análoga, mas o Guia Programas de *Compliance* do Conselho Administrativo de Defesa Econômica – CADE estabelece que:

> A adoção de um programa de compliance robusto, com medidas de controle de danos, que atenda aos requisitos expostos na seção III.2 acima, pode ser considerada evidência da boa-fé da organização infratora e da redução dos efeitos econômicos negativos da prática ilícita no mercado. Por conta disso, é possível que o Tribunal enquadre o programa de compliance como (i) uma evidência de boa-fé e o configure como uma atenuante no cálculo da multa, reduzindo-a, ou como (ii) um critério a ser considerado quando do cálculo da contribuição pecuniária, em

---

[18] O §1º do mesmo dispositivo estabelece: "Os controles internos, independentemente do porte da instituição, devem ser efetivos e consistentes com a natureza, complexidade e risco das operações por ela realizadas".

[19] O artigo 4º da Portaria nº 14/2004 da SDE estabeleceu, entre outros requisitos do PPI, os seguintes: "(a) criação de padrões e procedimentos claros com relação à observância da legislação de defesa da concorrência por parte do quadro de funcionários do depositante; (b) indicação e qualificação de dirigente com autoridade para coordenar e supervisionar os objetivos propostos no PPI; (c) indicação do grau de delegação e fiscalização, pelos dirigentes do depositante, dos poderes de negociação, bem como de efetiva prestação de contas por parte dos funcionários responsáveis pelos contatos com os agentes dos mercados onde atua o depositante; e (d) mecanismos de disciplina eficientes para identificação e punição dos envolvidos com reais ou potenciais infrações à ordem econômica". Destaca-se, em doutrina, a relevância dos Programas de Prevenção de Infrações à Ordem Econômica (PPI) para a consolidação do *compliance* no âmbito concorrencial: "No Brasil, o 'Programa de Compliance' foi inserido formalmente no âmbito específico do direito da concorrência por meio da criação do PPI" (MARTINEZ, Maria Beatriz. Programas de compliance e a defesa da concorrência, cit., item 3).

[20] Art. 7º da Lei 12.846/2013: "Serão levados em consideração na aplicação das sanções: VIII – a existência de mecanismos e procedimentos internos de integridade, auditoria e incentivo à denúncia de irregularidades e a aplicação efetiva de códigos de ética e de conduta no âmbito da pessoa jurídica; (...)".

eventual TCC a ser assinado pela organização, que poderia levar o percentual de desconto ao máximo permitido.

Destaque-se, ainda, o Decreto nº 8.420/2015 (que regulamenta a Lei Anticorrupção), cujo artigo 42 especifica uma série de parâmetros para avaliação da existência e da efetividade do programa de integridade referido pelo artigo 7º, VIII, da Lei Anticorrupção. Também vale mencionar o Programa de Integridade: Diretrizes para Empresas Privadas elaborado pela Controladoria-Geral da União (CGU), que estipula parâmetros a serem observados na instituição do *compliance*.[21]

Cabe mencionar a Lei das Estatais (Lei nº 13.303/2016), cujo artigo 6º estabelece a necessidade de o estatuto da empresa pública, da sociedade de economia mista e de suas subsidiárias "observar regras de governança corporativa, de transparência e de estruturas, práticas de gestão de riscos e de controle interno".[22] O artigo 9º, por sua vez, estipula que "a empresa pública e a sociedade de economia mista adotarão regras de estruturas e práticas de gestão de riscos e controle interno que abranjam: I – ação dos administradores e empregados, por meio da implementação cotidiana de práticas de controle interno; II – área responsável pela verificação de cumprimento de obrigações e de gestão de riscos; III – auditoria interna e Comitê de Auditoria Estatutário", determinando, ainda, a elaboração de e divulgação de Código de Conduta e Integridade (§1º).

Também a Comissão de Valores Mobiliários (CVM), por meio da Instrução CVM nº 586/2017, alterou a redação da Instrução CVM nº 480/2009 – que dispõe sobre o registro de emissores de valores mobiliários admitidos à negociação em mercados regulamentados de valores mobiliários – para estabelecer a obrigatoriedade de informar "se o emissor possui regras, políticas, procedimentos ou práticas

---

[21] "O conteúdo desta publicação tem por objetivo esclarecer o conceito de Programa de Integridade em consonância com a Lei no 12.846/2013 e suas regulamentações e apresentar diretrizes que possam auxiliar as empresas a construir ou aperfeiçoar Programa dessa natureza. O documento é eminentemente orientativo e não possui, portanto, caráter normativo ou vinculante. As diretrizes descritas não criam direitos ou garantias, sejam eles relacionados a eventual análise de Programa de Integridade em processo de responsabilização com base na Lei no 12.846/2013 ou a qualquer outro processo ou procedimento nas esferas administrativa ou judicial" (https://www.cgu.gov.br/Publicacoes/etica-e-integridade/arquivos/programa-de-integridade-diretrizes-para-empresas-privadas.pdf). V. tb. Instrução Normativa Conjunta nº 01, de 10 de maio de 2016.

[22] A análise da doutrina estrangeira revela que tal ordem de imposição do *compliance* a empresas estatais não configura propriamente uma peculiaridade da experiência brasileira. A título puramente ilustrativo, veja-se STUCKE, Maurice E. In Search of Effective Ethics & Compliance Programs, cit., p. 770.

voltadas para a prevenção, a detecção e remediação de fraudes e ilícitos praticados contra a administração pública" (item 5.4 do Anexo 24 – Conteúdo do Formulário de Referência). Além disso, a Instrução CVM nº 558/2015 (alterada pela Instrução CVM nº 593/2017) determina, no que tange ao exercício profissional de administração de carteiras de valores mobiliários, exigências acerca da implementação de programas de *compliance*.[23]

A relevância do *compliance* é ressaltada pelo Regulamento do Novo Mercado vigente desde 02.01.2018, que estabelece: "A companhia deve

[23] "Art. 4º. Para fins de obtenção e manutenção da autorização pela CVM, o administrador de carteiras de valores mobiliários, pessoa jurídica, deve atender os seguintes requisitos: (...) IV – atribuir a responsabilidade pelo cumprimento de regras, políticas, procedimentos e controles internos e desta Instrução a um diretor estatutário; §3º Os diretores responsáveis pela gestão de risco e pelo cumprimento de regras, políticas, procedimentos e controles internos e desta Instrução: I – devem exercer suas funções com independência; (...). Art. 14. O administrador de carteiras de valores mobiliários, pessoa jurídica, deve manter página na rede mundial de computadores com as seguintes informações atualizadas: (...) II – código de ética, de modo a concretizar os deveres do administrador previstos no art. 16 desta Instrução; (...) III – regras, procedimentos e descrição dos controles internos, elaborados para o cumprimento desta Instrução; (...) Art. 19. O administrador de carteiras de valores mobiliários, pessoa jurídica, deve garantir, por meio de controles internos adequados, o permanente atendimento às normas, políticas e regulamentações vigentes, referentes às diversas modalidades de investimento, à própria atividade de administração de carteiras de valores mobiliários e aos padrões ético e profissional. Parágrafo único. Os controles internos devem ser efetivos e consistentes com a natureza, complexidade e risco das operações realizadas. Art. 20. O administrador de carteiras de valores mobiliários, pessoa jurídica, deve exercer suas atividades de forma a: I – assegurar que todos os profissionais que desempenhem funções ligadas à administração de carteiras de valores mobiliários atuem com imparcialidade e conheçam o código de ética e as normas aplicáveis, bem como as políticas previstas por esta Instrução e as disposições relativas a controles internos; e II – identificar, administrar e eliminar eventuais conflitos de interesses que possam afetar a imparcialidade das pessoas que desempenhem funções ligadas à administração de carteiras de valores mobiliários. Parágrafo único. O administrador de carteiras de valores mobiliários, pessoa jurídica, deve desenvolver e implementar regras, procedimentos e controles internos, por escrito, com o objetivo de assegurar o cumprimento do disposto no caput e seus incisos. (...)". Veja-se, ainda, a Instrução CVM nº 505/2011 (que estabelece normas e procedimentos a serem observados nas operações realizadas com valores mobiliários em mercados regulamentados de valores mobiliários), alterada pelas Instruções CVM nº 526/2012 e nº 581/2016: "Art. 3º O intermediário deve adotar e implementar: I – regras adequadas e eficazes para o cumprimento do disposto na presente Instrução; e II – procedimentos e controles internos com o objetivo de verificar a implementação, aplicação e eficácia das regras mencionadas no inciso I. (...) §2º São consideradas descumprimento do disposto nos incisos I e II do caput não apenas a inexistência ou insuficiência das regras, procedimentos e controles ali referidos, como também a sua não implementação ou a implementação inadequada para os fins previstos nesta Instrução. §3º São evidências de implementação inadequada das regras, procedimentos e controle internos: I – a reiterada ocorrência de falhas; e II – a ausência de registro da aplicação da metodologia, de forma consistente e passível de verificação. Art. 4º O intermediário deve indicar: I – um diretor estatutário responsável pelo cumprimento das normas estabelecidas por esta Instrução; e II – um diretor estatutário responsável pela supervisão dos procedimentos e controles internos previstos no inciso II do caput do art. 3º (...)".

implantar funções de *compliance*, controles internos e riscos corporativos, sendo vedada a acumulação com atividades operacionais" (art. 24); "A companhia deve elaborar e divulgar código de conduta aprovado pelo conselho de administração e aplicável a todos os empregados e administradores que contemple, no mínimo (...) II – as regras objetivas relacionadas à necessidade de *compliance* e conhecimento sobre a legislação e a regulamentação em vigor, em especial, às normas de proteção à informação sigilosa da companhia, combate à corrupção, além das políticas da companhia" (art. 31).[24]

Ainda a título ilustrativo, vale mencionar a Lei nº 7.753/2017 do Estado do Rio de Janeiro, cujo art. 1º estabelece "a exigência do Programa de Integridade às empresas que celebrarem contrato, consórcio, convênio, concessão ou parceria público-privado com a administração pública direta, indireta e fundacional do Estado do Rio de Janeiro, cujos limites em valor sejam superiores ao da modalidade de licitação por concorrência, sendo R$1.500.000,00 (um milhão e quinhentos mil reais) para obras e serviços de engenharia e R$650.000,00 (seiscentos e cinquenta mil reais) para compras e serviços, mesmo que na forma de pregão eletrônico, e o prazo do contrato seja igual ou superior a 180 (cento e oitenta) dias". O artigo 4º da lei estadual reproduz, em larga medida, os parâmetros de avaliação constantes do já referido Decreto nº 8.420/2015.

Como se depreende das hipóteses mencionadas, a imposição estatal costuma relegar a cada agente econômico a individualização das concretas medidas de *compliance* a serem adotadas. E nem poderia ser diferente, haja vista que os programas de *compliance* precisam ser adequados à realidade de cada corporação,[25] observadas, evidentemente,

---

[24] Fonte: <http://www.bmfbovespa.com.br/pt_br/regulacao/regulamentos-e-manuais/#item-2>. Acesso em: 03 abr. 2018. Colhe-se da doutrina o relato de semelhante tendência de absorção do *compliance* pelo mercado financeiro no âmbito dos Estados Unidos da América: "Companhias listadas na Bolsa de Valores de Nova Iorque [*New York Stock Exchange*] e na NASDAQ devem possuir um código ético" (STUCKE, Maurice E. In Search of Effective Ethics & Compliance Programs, cit., p. 771. Tradução livre).

[25] "Um bom programa de *compliance* deve levar em conta os riscos específicos a que se submete cada empresa, que variam de acordo com seu porte, a posição de mercado, o setor em que atua, a complexidade da regulação, etc. Por isso, não é possível falar em um único modelo de programa de *compliance* (...). Assim, mesmo havendo relativo consenso quanto às diretrizes básicas dos programas de *compliance*, é bom ficar atento para o fato de que elas não comportam aplicação uniforme" (FRAZÃO, Ana. Cartilha sobre *Compliance*. No prelo. Original gentilmente cedido pela autora).

as diretrizes gerais que devem existir em todo *compliance*,[26] bem como as orientações constantes na legislação aplicável.

3 Vantagens do *compliance* e seu importante papel na prevenção e reparação de infrações à ordem jurídica

A adoção do *compliance* apresenta inúmeras vantagens, muitas das quais se relacionam aos efeitos legais atualmente reconhecidos ao sistema de autovigilância. Além disso, podem-se apontar as utilidades listadas exemplificativamente pelo Guia "Programas de *Compliance*" do Conselho Administrativo de Defesa Econômica – CADE, quais sejam: benefício reputacional; conscientização dos funcionários; redução de custos e contingências; identificação antecipada de problemas; e prevenção de riscos.[27]

Tomando por consideração especificamente a função de prevenção de riscos, poder-se-ia vislumbrar uma aproximação entre a expansão do *compliance* e a difusão das proposições teóricas que buscam atribuir ao regime da responsabilidade civil papel preventivo em complemento ao reparatório. Tem ganhado cada vez mais força o entendimento de que a responsabilidade civil também teria caráter punitivo, não se limitando à função indenizatória.[28] Embora criticável aludido ponto de

---

[26] Vale destacar, ilustrativamente, alguns dos parâmetros enunciados pelo "Guia Programas de *Compliance*" do CADE para a identificação de programas robustos de *compliance* concorrencial: comprometimento genuíno da entidade com a condução dos negócios de forma ética; envolvimento da alta direção; recursos adequados às particularidades da organização (porte, mercado de atuação etc.); autonomia e independência do órgão ou funcionário responsável pela implementação dos programas de *compliance*; análise contínua dos riscos aos quais a entidade está exposta; realização de treinamento e comunicação interna aos colaboradores da pessoa jurídica; monitoramento contínuo e efetivo do programa; documentação das iniciativas relacionadas ao *compliance*; aplicação de punições internas nas hipóteses de descumprimento do *compliance*; revisão e adaptação do programa ao longo do tempo e em atenção à modificação das atividades da pessoa jurídica (CADE. Guia Programas de *Compliance*, p. 15-29. Fonte: <http://www.cade.gov.br/acesso-a-informacao/publicacoes-institucionais/guias_do_Cade/guia-compliance-versao-oficial.pdf>. Acesso em: 25 mar. 2018 às 22h). V. tb. art. 42 do Decreto 8.420/2015 e o Programa de Integridade: Diretrizes para Empresas Privadas elaborado pela Controladoria-Geral da União (CGU).

[27] Fonte: <http://www.cade.gov.br/acesso-a-informacao/publicacoes-institucionais/guias_do_Cade/guia-compliance-versao-oficial.pdf>. Acesso em: 25 mar. 2018 às 22:00h. Em semelhante linha de sentido, afirma-se: "Um *Compliance* efetivo garante a identificação e a extinção de riscos financeiros, de segurança física e digital, trabalhistas, administrativos, fiscais e tributários, e, principalmente, afasta o desrespeito aos padrões éticos e morais previstos na Constituição Federal, legislação vigente e em normas internas" (AUGUSTO, Naiara Czarnobai. *Compliance* corporativo, cit.).

[28] Veja-se, ilustrativamente: "A indenização por danos morais possui tríplice função, a compensatória, para mitigar os danos sofridos pela vítima; a punitiva, para condenar o autor da prática do ato ilícito lesivo, e a preventiva, para dissuadir o cometimento de novos

vista,[29] aduz-se que o caráter punitivo teria impacto positivo na prevenção de danos, que é um dos objetivos do *compliance*. Essa aproximação de objetivos não deve, contudo, mascarar as profundas distinções existentes entre o *compliance* e a responsabilidade civil, sobretudo no que diz respeito a duas ordens de razão.

Em primeiro lugar, verifica-se que a função preventiva da responsabilidade civil costuma ser invocada após a efetiva ocorrência do dano, com o propósito *imediato* de majorar a verba indenizatória para além da extensão do dano e com o propósito apenas *mediato* de desestimular a produção de novos danos.[30] Os mecanismos de *compliance*, por sua vez, se destinam imediatamente a uma autêntica prevenção de danos, atuando no sentido de mitigarem os riscos de ilícitos associados às atividades do agente econômico,[31] sem prejuízo da importância do programa de *compliance* na reparação de danos e no retorno ao cenário de legalidade se não se tiver logrado evitar a infração.[32]

---

atos ilícitos. Ainda, o valor da indenização deverá ser fixado de forma compatível com a gravidade e a lesividade do ato ilícito e as circunstâncias pessoais dos envolvidos" (STJ, 4ª T., REsp nº 1.440.721/GO, Rel. Min. Maria Isabel Gallotti, julg. 11.10.2016, *DJe* 11.11.2016); "A indenização por danos morais, ainda que tenha sido deferida medida liminar para a cobertura médica pleiteada, conserva a função pedagógico-punitiva de desestimular o ofensor a repetir a falta" (STJ, 3ª T., AgInt no AREsp nº 862.868/CE, Rel. Min. Moura Ribeiro, julg. 16.6.2016, *DJe* 23.6.2016); "A fixação dos danos morais no patamar de R$ 6.000,00 (seis mil reais) cumpre, no presente caso, a função pedagógico- punitiva de desestimular o ofensor a repetir a falta, sem constituir, de outro lado, enriquecimento indevido" (STJ, AgRg no AREsp nº 467.193/RJ, 3ª T., Rel. Min. Sidnei Benetti, julg. 18.3.2014, *DJe* 28.3.2014).

29 Para uma crítica à atribuição genérica de caráter punitivo à responsabilidade civil, v. MORAES, Maria Celina Bodin de. *Punitive damages* em sistemas civilistas: problemas e perspectivas. *Na medida da pessoa humana*: estudos de direito civil-constitucional. Rio de Janeiro: Renovar, 2010, p. 371 e segs. e TEPEDINO, Gustavo; SCHREIBER, Anderson. As penas privadas no direito brasileiro. In: SARMENTO, Daniel; GALDINO, Flavio (Org.). *Direitos fundamentais*: estudos em homenagem ao Professor Ricardo Lobo Torres. Rio de Janeiro: Renovar, 2006, p. 520.

30 Cf. BARBOSA, Mafalda Miranda. Reflexões em torno da responsabilidade civil: teleologia e teleonomologia em debate. *Boletim da Faculdade de Direito de Coimbra*, v. 81, 2005, p. 549.

31 Eduardo Saad-Diniz e Renato Mello Jorge Silveira afirmam que o *compliance* "orienta-se, em verdade, pela finalidade preventiva, por meio da programação de uma série de condutas (condução de cumprimento) que estimulam a diminuição dos riscos da atividade" (SAAD-DINIZ, Eduardo; SILVEIRA, Renato Mello Jorge. *Criminal compliance*: limites revisitados da cooperação normativa quanto à lavagem de dinheiro. In: Compliance, *direito penal e lei anticorrupção*, São Paulo: Saraiva, 2015, p. 255). Em sentido semelhante, v., ainda, CABRERA, Michele Gironda. *Compliance* e imputação objetiva: criação de risco proibido. In: DAVID, Décio Franco (Org.). Compliance *e direito penal*. São Paulo: Atlas, 2015, p. 129; e CABETE, Eduardo Luiz Santos; NAHUR, Marcus Tadeu Maciel. "Criminal compliance" *e ética empresarial*: novos desafios do Direito Penal Econômico. Porto Alegre: Nuria Fabris, 2013, p. 15 e segs.

32 "Cumpre destacar o papel importante que tem assumido a implementação de programas de compliance nas grandes corporações e, em consequência, as investigações preventivas ou posteriores a fatos lesivos a empresa ou suspeitos em relação a entes públicos. Tais programas

Em segundo lugar, a denominada função preventiva da responsabilidade civil depende da imposição judicial de uma condenação ao agente a quem se imputam os danos a serem indenizados. Trata-se de consequências coercitivamente impostas pelo Estado, sem ingerência do agente responsável pelos danos. O *compliance*, ao revés, é modulado pelo agente econômico a partir das especificidades do seu negócio,[33] estabelecendo sanções disciplinares dentro dos limites legalmente admitidos, bem como cooperando com o Poder Público sempre que necessário. O *compliance*, ao contrário da responsabilidade civil, é sistema mais efetivamente vocacionado à prevenção de infrações e de danos, tendo por função primordial evitar a ocorrência de violações às normas legais aplicáveis, bem como ao Código de Ética próprio de cada pessoa jurídica.

4 A relevância dos programas de *compliance* no âmbito da responsabilização administrativa das pessoas jurídicas: conjugação da função repressiva com a função promocional do direito

A referência, pela legislação brasileira, a programas de *compliance* no âmbito da imposição de sanções administrativas às pessoas jurídicas traduz manifestação da mudança paradigmática da função meramente repressiva para a função promocional do direito. Independentemente da teoria que se adote para a responsabilização administrativa da pessoa jurídica e das consequências que decorrem de cada uma delas

---

têm estimulado as empresas a desenvolver um ambiente mais sadio de práticas comerciais, bem como, se devidamente implementados, possibilitam boas ferramentas de investigação interna que podem apresentar importantes subsídios às investigações criminais posteriores ou concomitantes. Controle de contas de correio eletrônico, sistemas internos de trocas de mensagens, registros de acessos físicos às suas unidades, gestão interna de processos, entre outros, fornecem inúmeros elementos importantíssimos para as investigações criminais, que não podem ser desprezados pelas autoridades públicas" (ANSELMO, Márcio Adriano. *Compliance*, Direito Penal e investigação criminal: uma análise à luz da ISO 19600 e 37001. *Revista dos Tribunais*, v. 979, 2017, p. 63).

[33] Cumpre destacar a íntima relação entre as noções de *compliance* e de governança corporativa, uma vez que as medidas características do *compliance* relacionam-se com a efetividade da governança corporativa adotada por cada entidade. A destacar tal relação, veja-se o excerto do Código de Governança Corporativa do Instituto Brasileiro de Governança Corporativa (IBGC): "Os agentes de governança têm responsabilidade em assegurar que toda a organização esteja em conformidade com os seus princípios e valores, refletidos em políticas, procedimentos e normas internas, e com as leis e os dispositivos regulatórios a que esteja submetida. A efetividade desse processo constitui o sistema de conformidade (*compliance*) da organização".

na aplicação das sanções, o *compliance* desempenha importante papel em qualquer caso e, nesse sentido, sua adoção pelas corporações é incentivada.

Basicamente, há dois grandes entendimentos acerca da responsabilidade administrativa da pessoa jurídica. À exposição sintética de tais proposições teóricas não subjaz qualquer propósito de tratamento exaustivo da matéria, mas tão somente o intuito de ressaltar a relevância assumida pelo *compliance* para fins de implementação de políticas públicas de estímulos a condutas socialmente desejadas.

De uma parte, sustenta-se a responsabilização da pessoa jurídica por fato próprio, isto é, que não decorra da sua vinculação automática a ato praticado por seu administrador ou representante, mas que traduza fato efetivamente imputável a um problema operacional interno da pessoa jurídica. Assim, o fundamento para a punição não seria a vinculação da pessoa jurídica por ato praticado por seu administrador ou representante, mas sim a constatação de uma falha de organização que houvesse tornado possível a prática do ilícito pela pessoa natural em nome da pessoa jurídica.[34] Tal linha de entendimento pugna pela impossibilidade de imposição de penalidade ao ente coletivo sem a demonstração da sua própria culpabilidade, de maneira autônoma em relação à culpabilidade de cada um dos administradores ou colaboradores que pratiquem ilícitos corporativos.

Em contraposição, sustenta-se a responsabilização automática da pessoa jurídica por fato de seus administradores ou representantes no interesse ou em benefício da pessoa jurídica, sem a necessidade de realização de um juízo valorativo específico para se definir a culpabilidade do ente coletivo.[35] Tal orientação corresponde ao sistema

---

[34] "Diante da problemática anunciada – como justificar a responsabilidade da pessoa jurídica para fins punitivos –, há basicamente duas opções: ou se pune a pessoa jurídica por ato próprio ou se pune a pessoa jurídica por fato de seus administradores ou representantes. Na primeira hipótese, o fundamento para a punição não é a imputação à pessoa jurídica de um ato de administrador ou de representante, mas sim a constatação de uma falha de organização que possibilitou que as pessoas naturais em comento praticassem aquele ilícito em nome da pessoa jurídica. Assim, busca-se criar um sistema específico de culpabilidade da pessoa jurídica, no qual existiria responsabilidade por fato próprio, em razão de vício organizativo consistente na ausência de prevenção da conduta ilícita" (FRAZÃO, Ana. Programas de *compliance* e critérios de responsabilização de pessoas jurídicas por ilícitos administrativos, cit., p. 26). Da mesma autora, v., ainda, FRAZÃO, Ana. Responsabilidade de pessoas jurídicas por atos de corrupção: reflexão sobre os critérios de imputação. In: FORTINI, Cristiana (Coord.). *Corrupção e seus múltiplos enfoques jurídicos*. Belo Horizonte: Fórum, 2018, p. 36.

[35] "Feitas essas observações, pode-se afirmar que o sistema de heterorresponsabilidade – ou vicarial, de transferência, por ricochete, por empréstimo – é aquele 'se imputa transferido à empresa todo ato cometido por um agente seu, no exercício de sua atividade, com a

de responsabilidade denominado, pela tradição jurídica anglo-saxã, de *vicarious liability*, cuja base "é o princípio '*let the superior answer*' desde que o representante (*agent*) esteja agindo em nome de representado (*principal*) e em benefício deste".[36]

A rigor, as pessoas jurídicas manifestam a sua vontade e atuam por meio dos seus representantes, de modo que as ações e omissões destes podem justificar a responsabilidade daquelas, sem prejuízo da responsabilidade pessoal destes. Não quer isso dizer, contudo, que as pessoas jurídicas devem responder, no campo punitivo, sempre e incondicionalmente, por todas as ações de seus administradores ou representantes.[37] Precisamente em razão do seu caráter sancionador, a imposição de penalidades não poderia prescindir de juízo valorativo sobre a culpabilidade do ente coletivo.[38]

Para o primeiro entendimento, o *compliance* poderia até mesmo isentar a responsabilidade administrativa da pessoa jurídica. Já para o segundo entendimento, o *compliance* no máximo poderia servir de atenuante na dosimetria da pena.[39] Assim, a prevalência de uma

---

intenção de favorecê-la'" (SARCEDO, Leandro. Compliance *e responsabilidade penal da pessoa jurídica*, cit., p. 135). V., ainda, LEITE, Maurício Silva; NOBRE, Eduardo Maffia Queiroz. Responsabilidade solidária por atos de corrupção. *Revista dos Tribunais*, n. 947, set. 2014, p. 317.

[36] FRAZÃO, Ana. Programas de *compliance* e critérios de responsabilização de pessoas jurídicas por ilícitos administrativos, cit., p. 30.

[37] FRAZÃO, Ana. Implementação de programa de *compliance* deve atenuar penalidades a empresas. *CONJUR*. Acesso em 01.04.2018.

[38] "(...) ainda que se cogite possível a responsabilidade objetiva para efeitos de imputação dos atos de determinados órgãos, administradores ou representantes da pessoa jurídica, não seria justificável que as pessoas jurídicas sejam punidas por atos que não sejam considerados ilícitos ou reprováveis. Tal discussão tem inequívoca natureza constitucional, em estreita conexão com os princípios da antijuridicidade, da culpabilidade e da individualização da pena, que confluem para a conclusão de que a reprovabilidade da conduta deve ser a medida da sanção. Assim, não havendo reprovabilidade da conduta, perde-se até mesmo o parâmetro fundamental da dosimetria da pena" (FRAZÃO, Ana. Programas de *compliance* e critérios de responsabilização de pessoas jurídicas por ilícitos administrativos, cit., p. 37-38). A autora sustenta, ainda, a similitude funcional entre o regime sancionatório criminal e aquele administrativo: "Dessa maneira, é forçosa a conclusão de que, diante das inegáveis semelhanças entre o Direito Administrativo Sancionador e o Direito Penal, faz-se necessária uma base principiológica comum entre os dois, ainda que, como aponta Alejandro Nieto, esta base precise ser matizada e adaptada para ser aplicada ao primeiro, em face de sua maior flexibilidade. Entretanto, a mencionada matização não pode comprometer o pressuposto essencial do exercício de qualquer poder punitivo por parte do Estado: a necessária culpabilidade, já que a sanção é, inclusive, a medida da reprovabilidade da conduta. Logo, apenas se cogita de delito quando estão presentes os elementos da tipicidade, da antijuridicidade e da culpabilidade, não havendo qualquer razão para afastar tais conclusões em relação ao ilícito administrativo" (Ibid., p. 25-26). V. tb. SARCEDO, Leandro. Compliance e responsabilidade penal da pessoa jurídica, cit., p. 264.

[39] No que tange à relevância do *compliance* no âmbito da responsabilização por fato próprio, afirma-se: "Nesse contexto, é significativo o papel do *compliance*, já que a existência de um

ou outra linha de pensamento acerca da imputabilidade da pessoa jurídica repercute diretamente na relevância a ser atribuída à adoção de programas eficientes de *compliance* pelos agentes econômicos. Importa saber se o *compliance* pode afastar a imputabilidade da pessoa jurídica ou se, no máximo, servirá como atenuante à sanção aplicada. Em meio à dualidade de cenários possíveis, o legislador brasileiro adotou, na Lei Anticorrupção, a tese da responsabilização por fato de "terceiro", de maneira que a existência de *compliance* não tem o condão de afastar a condenação da pessoa jurídica, mas apenas serve como possível atenuante da penalidade que lhe será imposta.[40]

Importante distinguir, nesse contexto, a lógica da responsabilidade civil da lógica sancionadora própria do direito penal ou administrativo.[41] É possível, no âmbito da responsabilidade civil, que aquele que ressarcirá o dano não tenha praticado qualquer ato ilícito ou qualquer conduta reprovável (como sucede nas hipóteses da denominada responsabilidade indireta ou responsabilidade por fato de outrem, tratadas pelos artigos 932 e 933 do Código Civil).[42] O vetor que inspira

---

bom programa pode afastar o defeito de organização e, consequentemente, a responsabilidade da pessoa jurídica. De fato, o papel da autorregulação, muito mais do que mero instrumento aditivo de dever de garantia, é o de fundamentar a responsabilidade da pessoa jurídica no âmbito punitivo, conclusão que não se restringe necessariamente ao âmbito penal. Se não há defeito de organização, responderá na esfera punitiva somente a pessoa natural, sem prejuízo de que a pessoa jurídica responda, de forma objetiva e solidária, pelo ressarcimetno de eventuais danos no âmbito da responsabilidade civil" (FRAZÃO, Ana. Programas de *compliance* e critérios de responsabilização de pessoas jurídicas por ilícitos administrativos, cit., p. 29).

40 A Lei Antitruste não aduz expressamente ao *compliance* como atenuante da pena. Nada obstante, consoante se ressaltou, o Guia Programas de *Compliance* do CADE estabelece que a adoção de um programa de *compliance* robusto pode ser considerada (i) uma evidência de boa-fé e como uma atenuante no cálculo da multa, reduzindo-a, ou como (ii) um critério a ser considerado quando do cálculo da contribuição pecuniária, em eventual TCC a ser assinado pela organização, que poderia levar o percentual de desconto ao máximo permitido. "No caso brasileiro, tanto na seara anticorrupção quanto na seara antitruste, um bom programa de *compliance* jamais poderá afastar a responsabilidade da pessoa jurídica, podendo ser, na melhor das hipóteses, uma atenuante a ser considerada na dosimetria" (FRAZÃO, Ana. Dever de diligência, cit.). V. tb. FRAZÃO, Ana. Programas de *compliance* e critérios de responsabilização de pessoas jurídicas por ilícitos administrativos, cit., p. 34-36. Para uma análise do sistema de responsabilidade consagrado pela Lei Anticorrupção, v., ainda, HAGE SOBRINHO, Jorge. Lei 12.846/2013: Lei da Empresa Limpa. *Revista dos Tribunais,* v. 947, set. 2014, item 5.

41 Para uma análise pormenorizada dos princípios integrantes do Direito Administrativo sancionador, v., por todos, MOREIRA NETO, Diogo de Figueiredo; GARCIA, Flávio Amaral. A principiologia no direito administrativo sancionador. *Revista Eletrônica de Direito Administrativo Econômico,* n. 28, 2012, *passim.*

42 Art. 932 do Código Civil: "São também responsáveis pela reparação civil: I – os pais, pelos filhos menores que estiverem sob sua autoridade e em sua companhia; II – o tutor e o curador, pelos pupilos e curatelados, que se acharem nas mesmas condições; III – o

essa consequência – reparação do dano mesmo sem culpabilidade ou reprovabilidade da conduta – está calcado na ideia de repartição de riscos e da solidariedade social, que fundamenta o giro conceitual do ato ilícito ao dano injusto.[43] Já a lógica sancionadora é diversa. A aplicação de penalidades baseia-se em fundamentos distintos, pois a ideia central no âmbito sancionador não consiste em reparar o dano, mas sim em punir o ofensor.[44] Precisamente em razão dessa diversidade de escopo, afigura-se essencial a noção de culpabilidade.[45]

---

empregador ou comitente, por seus empregados, serviçais e prepostos, no exercício do trabalho que lhes competir, ou em razão dele; IV – os donos de hotéis, hospedarias, casas ou estabelecimentos onde se albergue por dinheiro, mesmo para fins de educação, pelos seus hóspedes, moradores e educandos; V – os que gratuitamente houverem participado nos produtos do crime, até a concorrente quantia". Art. 933 do Código Civil: "As pessoas indicadas nos incisos I a V do artigo antecedente, ainda que não haja culpa de sua parte, responderão pelos atos praticados pelos terceiros ali referidos".

[43] "O *dever de indenizar* não basta, ademais, à configuração do *ilícito civil*, porque o dano causado a alguém pode ser reparado por determinação legal, sem que a pessoa obrigada a repará-lo tenha cometido, em sentido estrito, *ato ilícito*. Esta consideração é da maior importância para a inteligência da *teoria da responsabilidade civil*. Porque não atentam em tal particularidade, os escritores em geral se embaraçam na explicação da chamada responsabilidade objetiva" (GOMES, Orlando. *Responsabilidade civil*. Rio de Janeiro: Forense, 2011, p. 60). O autor pugna, nessa linha de sentido, pelo "giro conceitual do ato ilícito para o dano injusto" (GOMES, Orlando. Tendências modernas na teoria da responsabilidade civil. In: FRANCESCO, José Roberto Pacheco di (Org.). *Estudos em homenagem ao Professor Silvio Rodrigues*. São Paulo: Saraiva, 1989, p. 293), assim resumido: "Uma reconstrução da teoria da responsabilidade civil e a revisão das normas que a institucionalizam começaram com a mudança de perspectiva que permite detectar outros danos ressarcíveis que não apenas aqueles que resultam da prática de um ato ilícito. Substitui-se, em síntese, a noção de ato ilícito pela de dano injusto" (Ibid., p. 294).

[44] No âmbito administrativo, a doutrina especializada ensina que a "sanção é um mal, um castigo, e, portanto, implica um juízo de privação de direitos, imposição de deveres, restrição de liberdades, condicionamentos, ligados, em seu nascedouro e existência, ao cometimento (comprovado) de um ilícito administrativo" (FRAGOSO, Heleno Cláudio. *Lições de direito penal:* parte geral. São Paulo: Bushatsky, 1978, p. 2). Na esfera penal, "a sanção característica da lei penal, ou seja, a pena, não consiste na execução coativa do preceito jurídico violado, mas na perda de um bem jurídico imposta ao autor do ilícito. (...) O Direito Penal, como direito público, distingue-se marcadamente do Direito Civil, pois a sanção própria deste último é apenas reparatória" (Ibid., p. 9).

[45] "Dentro dessa atual compreensão a respeito do caráter unitário do *ius puniendi* estatal, a tendência é de que as regras e garantias do direito administrativo sancionador, enquanto ordenamento punitivo, não sejam mais orientadas pelos princípios do direito administrativo, mas sim do direito penal. Dessa forma, a formulação e a aplicação do direito administrativo sancionador passam a ser redigidas por princípios e regras, tais como: a) legalidade e sua consectária proibição de retroatividade legal; b) culpabilidade, anteriormente desconhecida nesse ramo do direito, cuja aplicação passa a exigir a comprovação de dolo e culpa, excluindo as imputações por presunção de culpabilidade; c) mecanismos de exclusão do injusto e da culpabilidade, por exemplo, legítima defesa e estado de necessidade; d) critérios de aferição de autoria e participação" (SARCEDO, Leandro. Compliance *e responsabilidade penal da pessoa jurídica*: construção de um novo modelo de imputação, baseado na culpabilidade corporativa. Tese de doutorado. Universidade do Estado de São Paulo. São Paulo, 2014, p. 101).

Sem embargo dessa discussão, ressalte-se que a interferência do *compliance* na dosimetria da pena já consubstancia estímulo à sua adoção pelas pessoas jurídicas. Somem-se a isso as expressivas e crescentes perspectivas de utilização de padrões de *compliance* pelo legislador, o que serve de motivação à implementação de medidas tendencialmente mais aptas à consolidação de um cenário pautado pela ética empresarial e pelo respeito à legalidade.[46] Eis o potencial do *compliance* como mecanismo de atuação da função promocional do direito, em complemento da sua função repressiva, cujos contornos remontam à lição de Norberto Bobbio:

> Em poucas palavras, é possível distinguir, de modo útil, um ordenamento protetivo-repressivo de um promocional com a afirmação de que, ao primeiro, interessam, sobretudo, os comportamentos socialmente não desejados, sendo seu fim precípuo impedir o máximo possível a sua prática; ao segundo, interessam, principalmente, os comportamentos socialmente desejáveis, sendo seu fim levar a realização destes até mesmo aos recalcitrantes.[47]

A perspectiva promocional passa pela criação de normas que incentivam condutas, estabelecendo vantagens para aqueles que implementam o comportamento desejado. Desse modo, afigura-se positiva a tendência contemporânea de absorção cada vez maior do *compliance*, pelo direito positivo, como ponto de referência para o estímulo à adoção de programas destinados à consolidação de uma cultura corporativa de respeito à legalidade.

---

[46] "A importância dos referidos programas [de *compliance*] decorre do fato de que, como defendem Riley e Sokol, o *enforcement* tradicional, por si só, não é capaz de produzir o comprometimento com a lei que os programas de *compliance* pretendem construir, na medida em que a aplicação de sanções não consegue alcançar a percepção de moralidade do comportamento que está sendo regulado ao meramente colocar um preço no descumprimento das normas" (FRAZÃO, Ana. Programas de *compliance* e critérios de responsabilização de pessoas jurídicas por ilícitos administrativos, cit., p. 43).

[47] BOBBIO, Norberto. A função promocional do direito. *Da estrutura à função*: novos estudos de teoria do direito. Trad. Daniela Beccaccia Versiani. Barueri: Manole, 2007, p. 15. Pertinente, ainda, a lição de Gustavo Tepedino: "(...) o legislador, para além de coibir comportamentos indesejados — os atos ilícitos —, em atuação repressiva, age através de leis de incentivo, propõe vantagens ao destinatário da norma jurídica, quer mediante financiamentos subsidiados, quer mediante a redução de impostos, taxas ou tarifas públicas; para com isso atingir objetivos propostos por tais leis, as chamadas leis-incentivo, com finalidades específicas. Revela-se, então, o novo papel assumido pelo legislador, argutamente identificado por Noberto Bobbio como 'a função promocional do direito', consubstanciada exatamente na promoção de certas atividades ou comportamentos, almejados pelo legislador, através de normas que incentivam os destinatários, mediante o oferecimento de vantagens individuais" (TEPEDINO, Gustavo. Premissas metodológicas para a constitucionalização do direito civil. *Temas de direito civil*. 4. ed. Rio de Janeiro: Renovar, 2008, p. 9-11).

5 Síntese conclusiva

A adoção do *compliance* é cada vez mais essencial às pessoas jurídicas. Não apenas pelos incentivos legislativos ou por imposição legal, mas também porque o *compliance* atesta a seriedade do agente econômico e, com isso, possibilita mais negócios e maior inserção no mercado. A exigência de programas de integridade não é apenas legislativa, mas dos parceiros comerciais, consumidores, funcionários, porque o *compliance* busca assegurar ambiente corporativo sério, saudável e comprometido com a legalidade.[48] Não por acaso se reconhece que a adoção de programas efetivos de *compliance* pode produzir benefícios para muito além das sanções premiais previstas em lei, podendo gerar expressivas vantagens em aspectos como concorrência, atração dos consumidores e até o incremento do bem-estar dos colaboradores da pessoa jurídica.[49]

O *compliance* possui importância ímpar na prevenção de infrações e, quando estas se verificam, na adoção de medidas para o imediato retorno ao estado de normalidade e legalidade. Consubstancia sistema de controles cuja função primordial consiste exatamente em promover uma cultura de respeito à legalidade e evitar a ocorrência de violações às normas jurídicas e ao Código de Ética próprio de cada entidade.

No âmbito da responsabilidade *civil*, o *compliance* só terá impacto se esta for subjetiva, isto é, se for necessário aferir a reprovabilidade da conduta do ofensor. Se a hipótese, por outro lado, for de responsabilidade *civil* objetiva, os sistemas de *compliance* não interferirão com o dever de reparar, já que, neste caso, a ótica não está no ofensor, mas sim na plena reparação da vítima. De outra parte, no que concerne à responsabilidade administrativa, que se fundamenta na ideia de punição, os sistemas

---

[48] Em semelhante linha de sentido, v. RILEY, Anne; SOKOL, D. Daniel. Rethinkg Compliance, cit., item II.A.2.

[49] "Além de evitar prejuízos, uma firma pode almejar uma cultura organizacional ética para o seu próprio bem, para uma vantagem competitiva estratégica, ou para evitar ser competitivamente prejudicada. Uma recente pesquisa de ética empresarial revelou que 'uma cultura baseada em valores não se afasta da alta *performance*, mas na verdade gera uma vantagem competitiva'. Uma cultura ética pode ajudar firmas a atrair e reter consumidores, investidores e empregados. Uma cultura ética pode aumentar a significação das tarefas dos empregados e o bem-estar (na medida em que os empregados extraem maior sentido moral dos seus trabalhos), o que pode aumentar a lucratividade. Ao sinalizar a ética e a confiabilidade da firma, um programa ético efetivo pode tornar a firma mais atrativa para potenciais adquirentes e *joint venturers*. Os esforços de *compliance* podem reduzir as preocupações da empresa adquirente sobre litigiosidade inesperada ou atividade ilegal inflar o valor da companhia alvo" (STUCKE, Maurice E. In Search of Effective Ethics & Compliance Programs, cit., p. 777-778. Tradução livre).

de *compliance* podem desempenhar importante papel, já que têm o potencial de interferir com a configuração da culpabilidade ou com a dosimetria da pena. No Brasil, a existência de *compliance* apenas influi, a teor da Lei Anticorrupção, na dosimetria da pena. De qualquer sorte, o reconhecimento legislativo de efeitos positivos ao *compliance* configura incentivo à sua adoção e representa importante manifestação da função promocional do direito.

Referências

ANSELMO, Márcio Adriano. *Compliance*, Direito Penal e investigação criminal: uma análise à luz da ISO 19600 e 37001. *Revista dos Tribunais*, vol. 979, 2017.

AUGUSTO, Naiara Czarnobai, *Compliance* corporativo. In: *JOTA*. Acesso em: 01 abr. 2018.

BALTAZAR JUNIOR, José Paulo. *Sigilo bancário e privacidade*. Porto Alegre: Livraria do Advogado, 2005.

BARBOSA, Mafalda Miranda. Reflexões em torno da responsabilidade civil: teleologia e teleonomologia em debate. *Boletim da Faculdade de Direito de Coimbra*, v. 81, 2005.

BOBBIO, Norberto. A função promocional do direito. *Da estrutura à função*: novos estudos de teoria do direito. Trad. Daniela Beccaccia Versiani. Barueri: Manole, 2007.

BUSNELLI, Francesco Donato. *La lesione del credio da parte di terzi*. Milano: Giuffrè, 1964.

CABETE, Eduardo Luiz Santos; NAHUR, Marcus Tadeu Maciel. "Criminal compliance" *e ética empresarial*: novos desafios do Direito Penal Econômico. Porto Alegre: Nuria Fabris, 2013.

CABRERA, Michele Gironda. *Compliance* e imputação objetiva: criação de risco proibido. In: DAVID, Décio Franco (Org.). Compliance *e direito penal*. São Paulo: Atlas, 2015.

CALIXTO, Marcelo Junqueira. Breves considerações em torno do art. 944, parágrafo único, do Código Civil. *Revista Trimestral de Direito Civil*, a. 10, vol. 39, jul./set. 2009.

CARVALHO, Érika Mendes de; CARVALHO, Gisele Mendes de. *Direito Penal de risco e responsabilidade penal das pessoas jurídicas:* a propósito da orientação jurisprudencial do STJ. Doutrinas Essenciais de Direito Penal Econômico e da Empresa, v. 1. São Paulo: Revista dos Tribunais, 2011.

FRAGOSO, Heleno Cláudio. *Lições de direito penal:* parte geral. São Paulo: Bushatsky, 1978.

FRAZÃO, Ana. Dever de diligência: novas perspectivas em face de programas de *compliance* e de atingimento de metas. In: *JOTA*.

FRAZÃO, Ana. Programas de *compliance* e critérios de responsabilização de pessoas jurídicas por ilícitos administrativos. In: ROSSETTI, Maristela Abla; PITTA, Andre Grunspun (Coord.). *Governança corporativa*: avanços e retrocessos. São Paulo: Quartier Latin, 2017.

FRAZÃO, Ana. Responsabilidade de pessoas jurídicas por atos de corrupção: reflexão sobre os critérios de imputação. In: FORTINI, Cristiana (Coord.). *Corrupção e seus múltiplos enfoques jurídicos*. Belo Horizonte: Fórum, 2018.

GOMES, Orlando. *Responsabilidade civil*. Rio de Janeiro: Forense, 2011.

FRAZÃO, Ana. Tendências modernas na teoria da responsabilidade civil. In: FRANCESCO, José Roberto Pacheco di (Org.). *Estudos em homenagem ao Professor Silvio Rodrigues*. São Paulo: Saraiva, 1989.

GUARAGNI, Fábio André. Princípio da confiança no direito penal como argumento em favor de órgãos empresariais em posição de comando e *compliance*: relações e possibilidades. In: GUARAGNI, Fábio André; BUSATO, Paulo César (Coord.). Compliance *e direito penal*. São Paulo: Atlas, 2015.

GUEDES, Gisela Sampaio da Cruz. *Lucros cessantes*: do bom-senso ao postulado normativo da razoabilidade. São Paulo: Revista dos Tribunais, 2011.

HAGE SOBRINHO, Jorge. Lei 12.846/2013: Lei da Empresa Limpa. *Revista dos Tribunais*, v. 947, set. 2014.

HENNING, Peter J. Be Careful What You Wish For: Thoughts on a Compliance Defense Under the Foreign Corrupt Practices Act. *Ohio State Law Journal*, v. 73, 2012.

HESPANHA, António Manuel. *Cultura jurídica europeia*: síntese de um milénio. Coimbra: Almedina, 2015.

KONDER, Carlos Nelson. A redução equitativa da indenização em virtude do grau de culpa: apontamentos acerca do parágrafo único do art. 944 do Código Civil. *Revista Trimestral de Direito Civil*. Rio de Janeiro, v. 29, jan./mar. 2007.

KRAWIEC, Kimberly D. Cosmetic Compliance and the Failure of Negotiated Governance. *Washington University Law Quarterly*, v. 81, 2003.

LEITE, Maurício Silva; NOBRE, Eduardo Maffia Queiroz. Responsabilidade solidária por atos de corrupção. *Revista dos Tribunais*, n. 947, set./2014.

MARTINEZ, Maria Beatriz. Programas de compliance e a defesa da concorrência: perspectivas para o Brasil. *Revista do IBRAC – Direito da Concorrência, Consumo e Comércio Internacional*, v. 12, jan. 2005.

MARTINS-COSTA, Judith. Prefácio. In: SANSEVERINO, Paulo de Tarso Vieira. *Princípio da reparação integral*: indenização no Código Civil. São Paulo: Saraiva, 2010.

MAXIMILIANO, Carlos. *Hermenêutica e aplicação do direito*. 19. ed. Rio de Janeiro: Forense 2010.

MORAES, Maria Celina Bodin de. *Punitive damages* em sistemas civilistas: problemas e perspectivas. *Na medida da pessoa humana*: estudos de direito civil-constitucional. Rio de Janeiro: Renovar, 2010.

MOREIRA NETO, Diogo de Figueiredo; GARCIA, Flávio Amaral. A principiologia no direito administrativo sancionador. *Revista Eletrônica de Direito Administrativo Econômico*, n. 28, 2012.

PERLINGIERI, Pietro. *O direito civil na legalidade constitucional*. Trad. Maria Cristina De Cicco. Rio de Janeiro: Renovar, 2008.

PRIETO, Charles Stevan de Azevedo; TEIXEIRA, João Victor Olmos Aleixo. O mercado de capitais como incentivador das práticas de governança corporativa e *compliance* nas empresas brasileiras. *Revista de Direito Bancário e do Mercado de Capitais*, v. 76, 2017.

PRUDÊNCIO, Simone Silva. *Criminal compliance* e a responsabilidade penal do empresário pelo produto que cause perigo de lesão ao consumidor. In: BARBOSA, Magno Luiz; BRITO, Cristiano Gomes de (Org.). *Temas contemporâneos de direito empresarial do trabalho*. São Paulo: LTr, 2015.

RIBEIRO, Lúcio Ronaldo Pereira. Da responsabilidade penal da pessoa jurídica. *Revista dos Tribunais*, v. 758, 1998.

RILEY, Anne; SOKOL, D. Daniel. Rethinkg Compliance. *Journal of Antitrust Enforcement*, v. 3, n. 1, abr. 2015.

RIOS, Rodrigo Sánchez; ANTONIETTO, Caio. *Criminal compliance:* prevenção e minimização de riscos na gestão da atividade empresarial. *Revista Brasileira de Ciências Criminais*, v. 114, mai./jun. 2015.

ROMANIELO, Enrico Spini; PAULA, Germano Mendes de. Política antitruste e governança corporativa no brasil os programas de *compliance* como boas práticas de governança. *Revista do IBRAC*, vol. 20, 2011.

ROSENVALD, Nelson. *As funções da responsabilidade civil*: a reparação e a pena civil. 3. ed. São Paulo: Saraiva, 2017.

SAAD-DINIZ, Eduardo; SILVEIRA, Renato Mello Jorge. *Criminal compliance*: limites revisitados da cooperação normativa quanto à lavagem de dinheiro. In: Compliance, *direito penal e lei anticorrupção*, São Paulo: Saraiva, 2015.

SARCEDO, Leandro. Compliance *e responsabilidade penal da pessoa jurídica*: construção de um novo modelo de imputação, baseado na culpabilidade corporativa. Tese de doutorado. Universidade do Estado de São Paulo. São Paulo, 2014.

SILVA, Rodrigo da Guia. Contornos do enriquecimento sem causa e da responsabilidade civil: estudo a partir da diferença entre lucro da intervenção e lucros cessantes. *Civilistica.com*, a. 5, n. 2, 2016.

SILVEIRA, Renato de Mello Jorge. *Compliance* e direito penal na era pós-Lava Jato. *Revista dos Tribunais*, v. 979, maio 2017.

SILVEIRA, Renato de Mello Jorge; SAAD-DINIZ, Eduardo. Compliance, *direito penal e Lei Anticorrupção*. São Paulo: Saraiva, 2015.

STUCKE, Maurice E. In Search of Effective Ethics & Compliance Programs. *The Journal of Corporation Law*, v. 39, 2014.

TEPEDINO, Gustavo. Premissas metodológicas para a constitucionalização do direito civil. *Temas de direito civil*. 4. ed. Rio de Janeiro: Renovar, 2008.

TEPEDINO, Gustavo; SCHREIBER, Anderson. As penas privadas no direito brasileiro. In: SARMENTO, Daniel; GALDINO, Flavio (Org.). *Direitos fundamentais*: estudos em homenagem ao Professor Ricardo Lobo Torres. Rio de Janeiro: Renovar, 2006.

WOUTERS, Jan; RYNGAERT, Cedric; CLOOTS, Ann Sofie. The International Legal Framework Against Corruption: Achievements and Challenges. *Melbourne Journal of International Law*, v. 14, 2013.

Informação bibliográfica deste texto, conforme a NBR 6023:2002 da Associação Brasileira de Normas Técnicas (ABNT):

OLIVA, Milena Donato; SILVA, Rodrigo da Guia. Origem e evolução histórica do *compliance* no direito brasileiro. In: CUEVA, Ricardo Villas Bôas; FRAZÃO, Ana (Coord.). *Compliance*: perspectivas e desafios dos programas de conformidade. Belo Horizonte: Fórum, 2018. p. 29-51. ISBN 978-85-450-0564-3.

FUNÇÕES E FINALIDADES DOS PROGRAMAS DE *COMPLIANCE*

RICARDO VILLAS BÔAS CUEVA

1 Introdução

Discutem-se no presente artigo o conceito e o alcance dos programas de *compliance*, suas funções, seus perigos e desafios, bem como suas finalidades, aqui entendidas como suas aplicações práticas às diversas áreas de risco enfrentadas pelas empresas, com destaque – diante da impossibilidade de abarcar todas as áreas – para algumas das peculiaridades dos programas de *compliance* criminal, antitruste e de proteção de dados pessoais.

O enfoque é jurídico. Sem a pretensão, em espaço tão exíguo, de exaurir o tema proposto, busca-se mapear as principais características dos programas de *compliance* e suas implicações jurídicas, sem descrever métodos ou sistemas de gestão de risco de um ponto de vista gerencial. Não serão analisadas, por exemplo, normas técnicas, como a ISO 19600:2014. Sempre que possível, procura-se trazer exemplos do direito comparado, pretendendo-se, ainda, contrapor à descrição das funções e finalidades de tais programas uma abordagem crítica que problematiza algumas das premissas de que se vale o nascente direito de *compliance*.

2 Conceito e alcance dos programas de *compliance*

Os programas de *compliance*, também chamados de programas de conformidade, de cumprimento ou de integridade, são instrumentos de governança corporativa tendentes a garantir que as políticas públicas sejam implantadas com maior eficiência. Compõem-se de rotinas e práticas concebidas para prevenir riscos de responsabilidade empresarial decorrentes do descumprimento de obrigações legais ou regulatórias. Em complementação às políticas sancionatórias tradicionais, que se fundam na imputação de uma pena correspondente ao ilícito praticado, os programas de *compliance* voltam-se para a mudança de comportamento, por meio de padrões de conduta a serem observados e monitorados pelas empresas, administradores e funcionários, a fim de evitar o cometimento de ilícito.

De modo mais geral, pode-se entender o *compliance* não apenas como a observância de comandos legais e regulatórios, mas também como o cumprimento de outras exigências, tais como normas éticas, padrões de conduta fixados no seio das organizações e expectativas dos *stakeholders*. Embora obviamente sempre tenha existido preocupação com o exato cumprimento das normas, os riscos crescentes da atividade econômica, a complexidade da regulação e os recentes episódios de crises sistêmicas, bem como de violações repetidas da lei e/ou de padrões regulatórios, têm levado a um aprimoramento das normas e a uma redução da tolerância quanto a mecanismos deficientes de controle e de atribuição de responsabilidade da administração das empresas. Em consequência, têm se desenvolvido reações normativas, inicialmente nos EUA, depois na Europa e mais recentemente também no Brasil, que correspondem a uma alteração nas expectativas das autoridades reguladoras, dos credores, dos prejudicados, das associações de acionistas e das seguradoras, causada em grande medida pela ampla difusão de informações proporcionada pela internet.[1]

Tão grande tem sido seu desenvolvimento que já se fala em um direito de *compliance*, entendido como uma extensão do direito regulatório, com um impacto profundo sobre os sistemas jurídicos da *common law* e da *civil law*. O direito da regulação, definido como a gestão eficaz de falhas dos mercados, é menor em seu escopo que o direito público tradicional, mas tem se tornado mais importante com a crescente complexidade da atividade econômica e com a globalização. O direito de *compliance*, por seu turno, consiste em internalizar o direito da regulação nas empresas, sobretudo naquelas que estejam em posição de torná-lo mundialmente efetivo. O regulador converte-se em um espectador dos esforços das empresas. Seu papel evolui: ele não mais faz, assiste fazer, controla o que é feito e recebe provas do que foi

---

[1] INDERST, Cornelia; BANNENBERG, Britta; POPPE, Sina (Org.). *Compliance:* Aufbau, Management, Risikobereiche. 3. ed. Heidelberg: C.F. Müller (e-book), 2017, capítulo 1, parágrafos 1, 19 e 20.

feito, do que está sendo feito, do que será feito, permanentemente. O direito de *compliance* permite às autoridades, sobretudo as financeiras com poderes sancionatórios extraterritoriais, que tenham funções preventivas e estruturais, ter uma visão do interior das empresas que exerçam atividade internacional e que possuam contato com pessoas, territórios, ou objetos relacionados com objetivos predeterminados.[2]

Os programas de cumprimento de normas caracterizam-se como modalidade de autorregulação da atividade empresarial, estimulada pelo Estado, cuja capacidade de regular efetiva e tempestivamente a atividade econômica tem se reduzido, em vista da crescente complexidade social, do incessante desenvolvimento tecnológico e da globalização. A chamada autorregulação regulada ou corregulação consiste numa modalidade de regulação que incorpora o ente privado, subordinando-o a fins concretos ou a interesses predeterminados pelo Estado, tal como se dá na disciplina dos programas de *compliance*.[3]

Critica-se a aplicação do conceito de autorregulação regulada aos programas de *compliance* como uma contradição, na medida em que o Estado passaria a vincular-se à iniciativa das empresas, pervertendo-se a finalidade dos programas de cumprimento, que seria a de evitar a prática de ilícitos, e não de obter isenção de responsabilidade ou atenuação de sanções. Os programas de *compliance*, segundo esse argumento, podem tornar-se estratagemas de evasão da responsabilidade.[4]

Os programas de *compliance* são criticados também sob a perspectiva de que constituiriam uma ilegítima privatização da função de prevenção de irregularidades. Um primeiro problema decorrente dessa privatização seria a seletividade que se confere às empresas quanto aos fatos que serão comunicados às autoridades, tendo em vista que, por mais independente que seja o setor encarregado de *compliance*, os funcionários que dele fazem parte mantêm sua subordinação a seu empregador. Em segundo lugar, não estaria demonstrada a razão pela qual a autorregulação seria mais apta do que a heterorregulação

---

2 FRISON-ROCHE, Marie-Anne. Du droit de la régulation au droit de compliance. In: FRISON-ROCHE, Marie-Anne (Org.), *Régulation, supervision, compliance*. Paris: Dalloz, 2017, p. 1-14.

3 COCA VILA, Ivó. Programas de cumplimiento como forma de autorregulação regulada? In: SILVA SÁNCHEZ, Jesús-María; MONTANER FERNÁNDEZ, Raquel. *Criminalidad de empresa y compliance*: prevención y reacciones corporativas. Barcelona: Atelier, 2013, p. 45.

4 SOUSA MENDES, Paulo. *Law enforcement & compliance*. In: PALMA, Maria Fernanda; SILVA DIAS, Augusto; SOUSA MENDES, Paulo (Org.). *Estudos sobre* law enforcement, compliance *e Direito Penal*. Lisboa: Almedina, 2018, p. 11-20.

a produzir melhores resultados quanto ao déficit de observância das normas.[5]

De todo modo, há uma relação de complementaridade entre a imposição de políticas públicas e a autorregulação. Daí a discussão acerca de ser ou não necessário estabelecer a obrigatoriedade de programas de *compliance* e de saber se a conduta omissiva de deixar de implementá-los deve ser punida como infração administrativa ou como delito. A Alemanha adotou o primeiro modelo ao prever, no artigo 130 da Lei das Infrações Administrativas (*Ordnungswidrigkeitsgesestz*), que tal omissão deve ser punida com multa de até um milhão de euros.[6] O segundo modelo, que se cogitou implantar na Espanha, implica tratar como delito penal a conduta omissiva consistente em não evitar a prática de determinada infração (administrativa ou penal). O projeto que continha essa orientação acabou por não ser aprovado, pois conduziria ao excesso e à desproporção de punir com sanção criminal aquele que deixasse de evitar a prática de ilícito meramente administrativo.[7]

Na Alemanha, desde 2011, há norma técnica do instituto de auditores, que define princípios para uma auditoria adequada dos sistemas de *compliance* (IDW PS 980), com a finalidade de ensejar reação tempestiva dos responsáveis pelo programa de cumprimento, evitando, com isso, a prática de infrações, inclusive a sua própria omissão, punível administrativamente com multa de valor máximo elevado. Essas auditorias, uma manifestação do fenômeno de vigilância do vigilante, contrapõem-se à tendência de adotar o modelo de imputação para cima, que acaba por levar sempre à responsabilização do mais alto administrador ou do titular da empresa. Os melhores resultados são

---

[5] BUSATO, Paulo César. O que não se diz sobre o *criminal compliance*. In: PALMA, Maria Fernanda; SILVA DIAS, Augusto; SOUSA MENDES, Paulo (Org.). *Estudos sobre* law enforcement, compliance *e Direito Penal*. Lisboa: Almedina, 2018, p. 21-55.

[6] "(1) Quem, como titular de uma empresa ou negócio, de maneira dolosa ou imprudente, deixar de adotar medidas de vigilância para evitar no negócio ou empresa infrações contra deveres que obrigam ao proprietário e cuja infração se sanciona penal ou administrativamente, será sancionado administrativamente quando se houver cometido esta infração e esta se pudesse haver evitado ou dificultado essencialmente através de uma supervisão adequada. Entre as medidas de supervisão necessárias encontram-se também a seleção, nomeação e supervisão dos supervisores; (2) as empresas públicas são também consideradas negócios; (3) a sanção administrativa pode chegar a um milhão de euros quando a violação da obrigação seja sancionada penalmente. Quando a infração for sancionada com multa administrativa, a multa pode ser igual à multa que se impõe pela infração da obrigação. Isto também vale para a hipótese na qual a infração seja sancionada ao mesmo tempo penal e administrativamente, se a multa administrativa supera um milhão de euros".

[7] GÓMEZ TOMILLO, Manuel. *Compliance penal y política legislativa*: el deber personal y empresarial de evitar la comisión de ilícitos en el seno de las personas jurídicas. Valencia: Tirant lo Blanch, 2016, p. 15.

atingidos com a padronização de rotinas e comportamentos, que passam a ser verificáveis por um terceiro e desse modo tornam possível cogitar a respeito de uma responsabilidade por infração de deveres, não mais orientada para a proteção de bens jurídicos, mas para a proteção da vigência da norma.[8] Para tal padronização, as diversas normas técnicas já existentes e as ainda por desenvolver, como a ISO 19600:2014, talvez possam contribuir decisivamente, mas essa discussão, como já alertado, refoge ao escopo deste artigo.

No Brasil, o debate acerca dos efeitos jurídicos dos programas de conformidade ainda é incipiente, mas já há previsões expressas acerca da forma e dos efeitos dos programas de integridade na Lei Anticorrupção (Lei nº 12.846/2013), no decreto que a regulamenta (Decreto nº 8.420/2015) e na lei que dispõe sobre o estatuto jurídico da empresa pública, da sociedade de economia mista e de suas subsidiárias (Lei nº 13.303/2016).

3 Funções dos programas de *compliance*

As funções dos programas de *compliance* compreendem a proteção da empresa, dos administradores e empregados, a orientação e a informação dos empregados, a garantia de qualidade, o fomento à inovação e o monitoramento.[9]

A função protetiva corresponde ao objetivo primordial dos programas de conformidade, ou seja, evitar infrações de regras por meio de medidas organizacionais preventivas. Procura-se proteger a empresa, os administradores e os empregados de sanções civis, administrativas e penais. Com isso, a empresa tende a evitar não apenas ônus financeiros ou limitações às suas atividades, mas também danos à sua reputação.

A função de orientar e informar a administração e os empregados surge com a criação de um setor de *compliance*, sanando dúvidas ou suspeitas. O treinamento e a informação dos empregados é tarefa do setor de *compliance*, pois só assim a consciência de situações de risco pode contribuir efetivamente para minimizar os riscos. O grande desafio aqui, como será visto, é redefinir a cultura empresarial, de modo a

[8] MONTANER FERNÁNDEZ, Raquel. La estandarización alemana de los sistemas de gestión de cumplimiento: implicaciones jurídico-penales. In: SILVA SÁNCHEZ, Jesús-María; MONTANER FERNÁNDEZ, Raquel. *Criminalidad de empresa y compliance*: prevención y reacciones corporativas. Barcelona: Atelier, 2013, p. 145.

[9] Para as funções dos programas de compliance, v. INDERST, Cornelia; BANNENBERG, Britta; POPPE, Sina (Org.), *Compliance:* Aufbau, Management, Risikobereiche. 3. ed. Heidelberg: C.F. Müller (e-book), 2017, capítulo 1, parágrafos 65-70.

interiorizar o imperativo de cumprimento das normas e a internalizar o custo de não conformidade.

As funções de garantia de qualidade e fomento à inovação remetem ao papel dialógico dos programas de *compliance*, que se aperfeiçoam através da informação obtida dos clientes quanto à qualidade e eficiência dos produtos e serviços oferecidos pela empresa.

A função de monitoramento é ínsita aos programas de *compliance*, que não se resumem à adoção de um código de conduta, mas implicam treinamento e supervisão contínuos. É que eles não se bastam a si mesmos, sendo fundamental "um acompanhamento desses programas depois da sua aprovação e comunicação aos trabalhadores e colaboradores da empresa, designadamente através de monitorização, atualização sempre que necessário e também experimentação e testes (de adequação, de consistência, de robustez do programa, etc.)". Vale observar que, nos setores regulados, é maior o grau de abrangência e de detalhe dos programas de *compliance*, "pois a teia legal e regulamentar nesses setores é sempre mais ampla, e também mais densa e minuciosa do que nos restantes setores de atividade, para além de ser mais propensa à evolução e revisão do respectivo quadro normativo". Em consequência, o monitoramento é disciplinado de forma mais minudente do que em outros setores da atividade econômica, sobretudo quando se leva em consideração que as autoridades reguladoras subvertem o modelo da separação de poderes, pois reúnem poderes normativos, executivos e sancionatórios, o que torna indistinta e de certo modo confusa a contraposição entre direito administrativo e direito penal.[10]

3.1 A função protetiva

Os programas de *compliance* são hoje reconhecidos como elementos fundamentais da organização empresarial, não apenas como instrumentos de governança corporativa, que se prestam à administração dos diversos fatores de risco, mas também como instrumento de proteção da empresa, dos administradores e dos empregados.

Na seara penal, há vários exemplos no direito comparado. A existência de um programa de *compliance* robusto pode ser considerada uma atenuante e levar à redução da pena, de acordo com as *Federal Sentencing Guidelines*, nos Estados Unidos.[11] Em Portugal, o art. 11, 6,

---

[10] SOUSA MENDES, Paulo. *Law enforcement & compliance*, cit.

[11] Cf. <www.ussc.gov/guidelines/2015-guidelines-manual/2015-chapter-8>. V. especialmente os comentários à Seção §8B2.1. Effective Compliance and Ethics Program: "*Background*:

do Código Penal prevê que "a responsabilidade das pessoas coletivas e entidades equiparadas é excluída quando a agente tiver atuado contra ordens ou instruções expressas de quem de direito". Para a determinação concreta da pena, deve ser levado em consideração "o grau de violação dos deveres impostos ao agente", nos termos do art. 71, 2, a, do Código Penal. Na Alemanha, o *Bundesgerichtshof*, em decisão de maio de 2017 (BGH 1 StR 265/16), concluiu que a existência de programa de *compliance* pode acarretar a redução da multa aplicável à pessoa jurídica, desde que o programa seja efetivo e adequado à prevenção do ilícito e a administração da empresa tenha reagido prontamente no sentido de corrigir as deficiências do sistema de *compliance* para prevenir infrações semelhantes no futuro.

No âmbito administrativo, sustenta-se que as autoridades reguladoras devem adotar posição de neutralidade frente aos programas de *compliance*, pois estes são uma forma de autorregulação, consistindo em iniciativa própria das empresas. Em consequência, a simples existência de um programa de *compliance* não deve ter impacto automático na determinação da responsabilidade da pessoa jurídica ou no montante das sanções aplicáveis. Na prática, contudo, os programas de *compliance* acabam por ter impacto significativo na avaliação da responsabilidade da empresa e de seus administradores, bem como na determinação das sanções aplicáveis, ainda que o ônus de provar a existência e a efetividade de um programa de cumprimento seja do investigado, o que, como se observa, não constitui inversão do ônus da prova, já que o que se deve provar não integra os elementos típicos, nem constitui excludente de responsabilidade.[12]

Com a adoção de um programa de conformidade, a responsabilidade dos membros da administração das empresas deixa de se limitar apenas ao dever de prevenir infrações, mas passa também a compreender o dever de evitar que seus subordinados cometam infrações. Violações de

This section sets forth the requirements for an effective compliance and ethics program. This section responds to section 805(a)(5) of the Sarbanes-Oxley Act of 2002, Public Law 107–204, which directed the Commission to review and amend, as appropriate, the guidelines and related policy statements to ensure that the guidelines that apply to organizations in this chapter 'are sufficient to deter and punish organizational criminal misconduct'. The requirements set forth in this guideline are intended to achieve reasonable prevention and detection of criminal conduct for which the organization would be vicariously liable. The prior diligence of an organization in seeking to prevent and detect criminal conduct has a direct bearing on the appropriate penalties and probation terms for the organization if it is convicted and sentenced for a criminal offense".

[12] V. SOUSA MENDES, Paulo. *Law enforcement & compliance*, cit.

dever de supervisão dos empregados podem levar à responsabilização da empresa e de seus administradores, como se viu.

Os riscos de responsabilização da empresa e de seus administradores são múltiplos e envolvem não só os ilícitos relacionados com as normas anticorrupção, estendendo-se também ao direito antitruste, ao direito de marcas e patentes, ao direito da concorrência desleal, ao direito do trabalho, ao direito tributário, à proteção de dados pessoais, ao direito ambiental e ao direito penal, entre outros. Esses riscos naturalmente aumentam de acordo com a abrangência setorial e territorial das atividades da empresa. As instituições financeiras e as empresas listadas em bolsa são particularmente sensíveis a esses riscos.

Na Alemanha, a adoção da *business judgement rule* pela lei societária (§93 Abs. 1 AktG) aumentou as exigências quanto ao dever de cuidado dos órgãos de administração da empresa, o que também se aplica ao administrador das sociedades de responsabilidade limitada. Para afastar sua responsabilidade, os administradores devem comprovar que as decisões foram tomadas com base em ampla e suficiente informação e exclusivamente no interesse e para o bem da sociedade mercantil. Isso deve ser acompanhado da demonstração da existência de adequado e efetivo sistema de controle.

No mesmo país, os programas de *compliance* passaram a ser legalmente impostos na atividade de negociação de títulos e valores mobiliários (§33 WpHG). Em seguida, tornaram-se exigíveis no direito antitruste em razão de decisões judiciais e da prática da autoridade da concorrência (*Bundeskartellamt*), com lastro no §130 da Lei das infrações administrativas (OwiG), que se refere a "medidas necessárias de supervisão".

Ademais, o dever de criar um sistema de supervisão no âmbito societário foi introduzido no ordenamento alemão em 1998 com a Lei de Transparência e Controle Empresarial (KonTraG), que acresceu à lei societária dispositivo que impõe ao Conselho de Administração a adoção de medidas adequadas, em especial de um sistema de alarme precoce, de modo que tendências que põem em risco a continuidade da empresa possam ser cedo detectadas (§91 Abs. 2 AktG). Ainda que o dispositivo seja vago e não indique precisamente quais medidas devam ser implementadas, sua interpretação sistemática tem levado à conclusão de que o dever de supervisão, ainda que possa ser delegado, é de competência de todo o Conselho, e não apenas de um único membro designado para tal fim. Para as empresas listadas em bolsa, aplica-se ainda a prescrição do Código Comercial (§317 HGB) de que, na auditoria, seja verificado se o Conselho de Administração adotou as medidas adequadas de prevenção de risco.[13]

4 Perigos e desafios dos programas de *compliance*

A despeito de suas óbvias vantagens, os programas de *compliance* também podem representar perigos para a empresa, seja porque fundados em premissas falsas, seja porque mal executados. Assim, pode ocorrer o agravamento das sanções quando os programas tenham sido mal concebidos ou mal implementados. Um programa de fachada, que não preencha os requisitos mínimos ou que os preencha apenas formalmente, pode de fato resultar em penalidades maiores do que aquelas que seriam aplicáveis em sua ausência.[14]

Em segundo lugar, o programa de *compliance* pode mascarar a indevida transferência de responsabilidade dos administradores da empresa para o *compliance officer*. Frequentemente se diz que o *compliance officer* ocupa posição de garante que o obriga a evitar que os empregados cometam ilícitos relacionados com a atividade empresarial. Tal posição de garante, contudo, corresponde a um dever derivado, não originário. O dever de conhecimento dos órgãos da administração da empresa é originário, sendo complementado pelo dever derivado do responsável pelo cumprimento de apresentar relatórios. Do mesmo modo, o dever originário de fiscalização dos órgãos de administração é complementado pelo dever de vigilância (derivado) do responsável pelo cumprimento.[15]

Finalmente, há também o perigo de que os programas de *compliance* estimulem inspeções e auditorias internas excessivamente agressivas, em desrespeito a direitos fundamentais dos empregados, como a violação de sua privacidade ou a realização de interrogatórios que obriguem à autoincriminação.[16]

O simples fato de o trabalhador encontrar-se em relação de subordinação decorrente da relação emprego não o priva de seus direitos fundamentais, dentre eles o direito à intimidade. Os direitos

---

13 INDERST, Cornelia; BANNENBERG, Britta; POPPE, Sina (Org.), *Compliance:* Aufbau, Management, Risikobereiche. 3. ed. Heidelberg: C.F. Müller (e-book), 2017, capítulo 1, parágrafos 22 a 51.

14 V. SOUSA MENDES, Paulo. *Law enforcement & compliance*, cit.

15 V. ROBLES PLANAS, Ricardo. El responsable de cumplimineto ('compliance officer') ante el Derecho penal. In: SILVA SÁNCHEZ, Jesús-María; MONTANER FERNÁNDEZ, Raquel. *Criminalidad de empresa y compliance:* prevención y reacciones corporativas. Barcelona: Atelier, 2013, p. 319-331.

16 SOUSA MENDES, Paulo. *Law enforcement & compliance*, cit.

fundamentais, contudo, não são absolutos e devem ser sopesados, na hipótese, com o direito-dever do empresário de controlar a atividade de sua empresa. Tal ponderação, consoante a jurisprudência do Tribunal Constitucional espanhol, deve partir da prevalência dos direitos fundamentais diante do direito-dever de controle do empresário, o que significa que as restrições aos direitos fundamentais deverão superar o juízo de proporcionalidade efetuado. Se as medidas de controle superarem esse limiar, poderão ser validamente adotadas. Até mesmo o monitoramento oculto ou sub-reptício é admissível, se necessário e proporcional ao dano que se pretende evitar, embora haja uma corrente jurisprudencial que sustente que os registros das comunicações efetuadas por meio de computador ou celular somente são legítimos se houver adequada informação acerca das regras de uso desses meios e da possibilidade de monitoramento, bem como se houverem sido esgotadas as alternativas de controle menos gravosas.[17]

O principal desafio que se apresenta às empresas é a redefinição da cultura empresarial. A primeira condição de eficácia de um programa de *compliance* é a criação de uma cultura de cumprimento, ou seja, a interiorização pela administração e pelos empregados da empresa do imperativo de atuar em conformidade com o Direito. Atingir essa meta é difícil, pois as empresas visam lucro e agem "segundo o binômio benefício/perda, não se orientando binômio justo/injusto", sendo o Direito, para elas, "fator de perturbação".[18]

Não se pode descuidar, tampouco, dos vieses cognitivos a que estão sujeitos os indivíduos e os grupos. Como postulado nos estudos de *Behavioral Law and Economics*, o comportamento e as decisões dos indivíduos, longe de se pautarem por uma racionalidade perfeita, são condicionados por uma "racionalidade limitada" (*bounded rationality*), impregnada de limitações cognitivas, como erros de percepção, erros de análise e juízos enviesados. Outra condicionante é a chamada "força de vontade limitada" (*bounded willpower*), ou seja, um autocontrole limitado, que leva os indivíduos a tomarem decisões que lhes podem ser prejudiciais no longo prazo, apesar de conscientes disso, em razão de

---

[17] ESTRADA I CUADRAS, Albert; LLOBET ANGLÍ, Mariona. Derecho s de los trabajadores y deberes del empresario. In: SILVA SÁNCHEZ, Jesús-María; MONTANER FERNÁNDEZ, Raquel. *Criminalidad de empresa y compliance:* prevención y reacciones corporativas. Barcelona: Atelier, 2013, p. 225-226.

[18] QUINTELA DE BRITO, Teresa. *Compliance*, cultura corporativa e culpa penal da pessoa jurídica. In: PALMA, Maria Fernanda; SILVA DIAS, Augusto; SOUSA MENDES, Paulo (Org.). Estudos sobre *law enforcement, compliance* e Direito Penal. Lisboa: Almedina, 2018, p. 57-100.

sobrevalorizarem os benefícios de curto prazo. Por fim, há o problema do "autointeresse limitado" (*bounded self-interest*), que pode conduzir os indivíduos a agir altruisticamente, mas, em contrapartida, pode ensejar reações rancorosas ou desproporcionais quando percebem não estar recebendo tratamento equitativo ou correspondente ao que dispensaram ao outro.

Do ponto de vista da dinâmica de grupo, apontam-se três principais vieses cognitivos. O primeiro é o viés de conformidade (*conformity bias*), isto é, a tendência de mostrar-se conforme a opinião da maioria ou do grupo de referência, mesmo contrariamente às suas convicções pessoais. Além disso, verifica-se nos grupos o efeito de "obediência à autoridade" (*obedience to authority*), que pode levar o indivíduo a crer que sua conduta é correta porque indicada por um superior hierárquico ou, ainda, a crer que a responsabilidade cabe ao superior, apesar da consciência da ilicitude de sua conduta. O efeito do papel assumido, finalmente, diz respeito ao comportamento assumido pelos indivíduos quando interiorizam o papel que lhes cabe desempenhar na estrutura do grupo ou em relação a uma situação, em virtude de um sistema de crenças compartilhadas, que pode levar à relativização, ainda que gradual e imperceptível, de valores de justiça e equidade e até mesmo à racionalização justificadora de condutas desviantes.[19] Se tais vieses cognitivos não forem levados em consideração, o processo de redefinição da cultura empresarial terá poucas chances de sucesso.

5 Finalidades dos programas de *compliance*

As finalidades dos programas de *compliance* confundem-se com os riscos jurídicos enfrentadas pelas empresas e compreendem, de modo geral, o *compliance* criminal, e, especificamente, o direito antitruste, as leis anticorrupção, a lavagem de dinheiro, o direito do trabalho, o direito de proteção de dados pessoais, o direito da proteção da propriedade intelectual, o direito tributário, o direito ambiental, bem como o direito do consumidor. A seguir são destacadas peculiaridades de algumas dessas áreas de risco.

---

[19] SILVA SÁNCHEZ, Jesús-Maria; VARELA, Lorena. Responsabilidades individuales em estructuras de empresa: la influencia de sesgos cognitivos y dinámicas de grupo. In: PALMA, Maria Fernanda; SILVA DIAS, Augusto; SOUSA MENDES, Paulo (Org.). Estudos sobre *law enforcement*, *compliance* e Direito Penal. Lisboa: Almedina, 2018, p. 265-286.

5.1 *Compliance* criminal

O maior problema dos programas de *compliance* na área criminal, como acentuado por Teresa Quintela de Brito, talvez seja a tendência à "administrativização" da responsabilidade penal das pessoas jurídicas, que parece transformar o delito em mera disfunção organizativa, em defeito ou descontrole da empresa, "como se as pessoas jurídicas estivessem apenas penalmente obrigadas a adotar meios de prevenir e evitar riscos jurídico-penais, numa perspectiva *ex ante*, mas não a proteger bens jurídico-penais, respondendo pela ofensa aos mesmos através da organização coletiva".

A autora distingue "o cumprimento normativo destinado à prevenção de crimes, dos outros casos de autorregulação regulada pelo Estado cuja principal finalidade não é especificamente penal (v.g. prevenção de riscos laborais, proteção de dados, branqueamento de capitais e abuso de mercado), apesar de ambos se poderem relacionar". No primeiro caso, "a vinculatividade interna e eventual relevância jurídica externa radica na norma penal incriminadora, não na autoimposição de padrões de conduta imediatamente integrados *no* e *pelo* Direito Penal". Por outro lado, o Direito Penal pode afetar áreas "em que intervém o Direito Administrativo impondo obrigações jurídicas de autorregulação, em ordem a alcançar os objetivos (não estrita nem principalmente penais) da norma estatal, definindo a estrutura da autorregulação e os elementos dos programas de *Compliance*". Nesse caso, a vinculatividade interna e a relevância jurídica externa da autorregulação residem "na meta-regulação estatal da autorregulação das empresas. Mas, por força da subsidiariedade e do caráter de *ultima ratio* do Direito Penal, este não poderá exigir mais do que impõe o Direito Administrativo".[20]

O outro grande problema é a tendência a transferir responsabilidade para os *compliance officers*, a despeito de os deveres de evitação do ilícito permanecerem com os administradores da empresa. O dever de garante continua a ser dos superiores hierárquicos, que têm por obrigação controlar as condutas de seus subordinados.

Há, por certo, como lembrado por Paulo César Busato, quem argumente que a transferência de responsabilidade é legítima, pois "atribui a responsabilidade pelo resultado a quem tem o controle direto sobre o risco realizado no resultado, a restar para o delegante-vigilante,

---

[20] QUINTELA DE BRITO, Teresa. *Compliance*, cultura corporativa e culpa penal da pessoa jurídica, cit.

quando muito, uma participação por omissão". Ou seja, "ao implantar um sistema de *compliance* transfere-se ao *compliance officer* a responsabilidade em comissão por omissão pela evitação da violação do dever de cuidado pressuposto pelas normas em causa, e ainda, na condição do autor".

Contudo, como se viu, a tarefa de evitar o risco pertence aos administradores da empresa. Se aos responsáveis pelo programa cumprimento forem atribuídas competências decisórias, sua função seria desnaturada, pois passariam a ser gestores com atribuições cumuladas que pertencem aos administradores. Não há isenção de responsabilidade do *compliance officer*; se agir em cumplicidade com a administração, deve ser responsabilizado, mas não pode ser transformado em bode expiatório.

De todo modo, a simples criação de um sistema de conformidade não transfere automaticamente responsabilidades, já que os programas de *compliance* têm também por função gerar informações que permitam aos administradores avaliar os riscos e tomar medidas para sua contenção. Trata-se de medida de cautela, que pode ou não ser suficiente em situações concretas.[21]

5.2 *Compliance* antitruste

Não existem determinações expressas, no direito europeu, que imponham a criação de um programa de *compliance* antitruste, diferentemente do que ocorre na área de proteção de dados pessoais, na qual há inequívoco dever de manutenção de um encarregado da proteção de dados pessoais. Entretanto, em vista das drásticas sanções e da possível perda de reputação, trata-se de um preceito de boa governança. Já a cooperação com as investigações conduzidas sem aviso prévio (*dawn raids*) pelas autoridades antitruste europeia e alemã é decisiva para a fixação da pena, se constatada alguma infração, assim como a correção das informações prestadas.[22]

As políticas anticorrupção e antitruste divergem substancialmente no que se refere aos efeitos dos programas de *compliance*.[23] As autoridades

---

[21] BUSATO, Paulo César. O que não se diz sobre o *criminal compliance*, cit.

[22] INDERST, Cornelia; BANNENBERG, Britta; POPPE, Sina (Org.), *Compliance:* Aufbau, Management, Risikobereiche. 3. ed. Heidelberg: C.F. Müller (e-book), 2017, capítulo 4, parágrafos 6 e 78.

[23] V. MURPHY, Joe. Essential elements of compliance programs: cartels. In: RODAS, João Grandino; CARVALHO, Vinicius Marques. *Compliance* e concorrência. 2. ed. São Paulo: RT, 2016, p. 185: "Compliance programs matter to governments in fighting corruption. They do

da concorrência, de modo geral, recusam-se a considerar como atenuante a existência de programa de conformidade. Na Europa e nos Estados Unidos, considera-se que o principal benefício de tais programas é o fiel cumprimento da lei, evitando a prática de ilícito; se alguma irregularidade foi cometida, houve falha do programa de *compliance*. É bem verdade que as autoridades da França e do Reino Unido podem conceder uma redução máxima de 10% das multas em caso de adoção de medidas efetivas de *compliance*, e que essa redução pode chegar a 15% na Itália. Mas nos Estados Unidos, a divisão antitruste do Ministério da Justiça (DoJ) exclui a possibilidade de mitigar as penalidades aplicáveis em caso de infração à concorrência, ao entendimento de que, por definição, infrações dessa natureza remetem ao núcleo da atividade empresarial e têm elevado potencial ofensivo.

No Brasil, a nova lei de defesa da concorrência (Lei nº 12.529/2011), assim como a revogada Lei nº 8.8884/1994, não contempla expressamente os programas de conformidade. A extinta Secretaria de Direito Econômico chegou a editar norma específica a respeito, mas depois a revogou. É certo que o Guia de *Compliance* recentemente editado pelo CADE alude à possibilidade teórica de que um programa de *compliance* robusto possa ser considerado como evidência da boa-fé do infrator, o que poderia levar a uma redução da pena ou a uma redução da contribuição pecuniária, no caso de TCC. Mas o art. 45 da Lei da Concorrência, que trata da dosimetria das penas, não prevê expressamente os programas de conformidade, fazendo referência apenas à boa-fé, em caráter geral, o que torna improvável, na prática, que o agente público, atrelado à legalidade estrita, venha a conceder algum benefício ao infrator que demonstre ter ocorrido a infração a despeito da existência de sólido programa de conformidade. Não há, portanto, sinalização clara na legislação que incentive o agente econômico a adotar programa de prevenção e detecção de ilícito concorrencial.

5.3 *Compliance* anticorrupção

Em contraposição ao direito antitruste, nas mesmas jurisdições, é bem diversa a abordagem dos programas de *compliance* quando se trata das leis anticorrupção. Admite-se, em primeiro lugar, a possibilidade de não punir a empresa que tenha um programa de conformidade efetivo, até mesmo na hipótese de envolvimento de seus diretores. Além

---

not matter to governments in fighting cartels. In competition law enforcers have abandoned those o fus who do this difficult and often thankless task".

disso, mesmo que se entenda devida a punição, é possível mitigá-la se comprovada a adoção de um programa adequado.

A Lei Anticorrupção expressamente prevê a redução de multas por adoção de programas de integridade,[24] cujos parâmetros são definidos no Decreto nº 8.420/2015. A Lei nº 13.303/2016, que dispõe sobre o estatuto jurídico da empresa pública, da sociedade de economia mista e de suas subsidiárias, nos três níveis da federação, determina que tais entidades adotem regras de estruturas e práticas de gestão de riscos e controle interno que abranjam: a) práticas de controle interno; b) área de verificação de cumprimento de obrigações e de gestão de riscos e c) auditoria interna e comitê de auditoria estatutário (art. 9º). É obrigatório criar código de conduta e integridade que disponha sobre princípios e valores, instâncias internas de aplicação do código de conduta, canal de denúncias, mecanismos de proteção aos *whistle blowers*, sanções e treinamento (art. 9º, §1º). A área responsável pela verificação de cumprimento será vinculada ao diretor-presidente e liderada por diretor estatutário; se houver suspeita quanto ao diretor-presidente, a área de *compliance* poderá se reportar diretamente ao Conselho de Administração (art. 9º, §2º).

5.4 *Compliance* na proteção de dados pessoais

O novo regulamento europeu de dados pessoais, que deve entrar em vigor em maio de 2018, introduz uma cultura de *accountability*, que permite às empresas demonstrar sua observância das normas de proteção de dados pessoais e induz à adoção de programas de conformidade, em resposta à necessidade de proteger efetivamente os indivíduos em um universo em rápida mutação, com uma multiplicidade de atores, no qual a intervenção do juiz *ex post* perde relevância e funcionalidade. Para dar credibilidade a essa nova abordagem, o regulamento prevê sanções pecuniárias que podem chegar a 4% do faturamento mundial da empresa, ficando claro que a proteção de dados pessoais deve ser levada a sério pelos atores públicos e privados, a partir do quotidiano operacional das organizações.[25]

---

[24] Cf. art. 7º, VIII, da Lei nº 12.846/2013: "a existência de mecanismos e procedimentos internos de integridade, auditoria e incentivo à denúncia de irregularidades e aplicação efetiva de códigos de ética e de conduta no âmbito da pessoa jurídica".

[25] FALQUE-PIERROTIN, Isabelle. L'Europe des données ou l'individu au coeur d'un système de compliance. In: FRISON-ROCHE, Marie-Anne (Org.). *Régulation, supervision, compliance*. Paris: Dalloz, 2017, p. 29-33.

Os programas de *compliance* são ainda mais relevantes no contexto da proteção da integridade e da veracidade das informações veiculadas pelas redes sociais. O problema dos discursos de ódio e das *fake news* tem sido crescentemente tratado na Europa por meio da autorregulação. A União Europeia celebrou compromisso com as principais empresas do setor, no sentido de lhes atribuir responsabilidade pelos conteúdos ilícitos por elas veiculados. Na Alemanha, entrou em vigor, no início de 2018, uma lei (*Netzdurchsetzungsgesetz* ou *NetzDG*) que vai um passo além, ao impor às redes sociais com mais de 2 milhões de usuários o dever de remoção de conteúdos ilícitos, tal como definidos em tipos penais expressamente listados. Após notificação do prejudicado, as empresas devem remover o conteúdo em 24 horas. Em casos difíceis, o prazo é ampliado para 7 dias.

Os provedores que recebam mais de 100 reclamações anuais sobre conteúdos ilícitos são obrigados a apresentar relatórios semestrais na publicação oficial (*Bundesanzeiger*) e em seu próprio *site*. Os relatórios devem conter, entre outras, informações acerca das ferramentas disponíveis para a investigação das reclamações e dos critérios de decisão para bloqueio ou apagamento dos conteúdos ilícitos, da organização, do pessoal disponível, bem como de sua competência técnica e linguística, treinamento e supervisão para o processamento das reclamações. (§2) O procedimento para processamento das reclamações deve ser efetivo e transparente (§3, 1). A direção das redes sociais deve supervisionar mensalmente o tratamento das reclamações (§3, 2).

O estabelecimento de uma regulação autorregulada será reconhecido, desde que (§3, 6): a) seja garantida a independência e a perícia de seus analistas; b) seja assegurada uma composição técnica e uma análise tempestiva no período de 7 dias; c) haja um código de procedimento que discipline o rito e a duração da análise, bem como os deveres de comunicação das redes sociais, e preveja a possibilidade de supervisão das decisões; d) seja instalado um centro de reclamações; e e) a entidade seja suportada por vários provedores de redes sociais ou instituições, que garantam composição técnica, bem como admita a entrada de outros provedores.

O novo sistema é criticado por supostamente atentar contra a liberdade de expressão e por constituir delegação inconstitucional de atividade típica do Estado a empresas. Mas é forçoso reconhecer que o Judiciário não está aparelhado para atender às demandas para remoção de conteúdo ilícito no tempo e na quantidade necessárias. O sistema da NetzDG valoriza a transparência e a controlabilidade das regras e dos procedimentos, por meio de auditorias periódicas e da autorregulação.

6 Considerações finais

Apesar das críticas, pode-se dizer que, além de incrementar a eficiência das políticas públicas, os programas de *compliance* tendem a aumentar a transparência e diminuir, ainda que indiretamente, o déficit democrático em algumas áreas nas quais a atuação do Estado é mais opaca. Vale lembrar, a propósito, a lição de Norberto Bobbio, que caracteriza a democracia como o governo do poder visível. Assim, a publicidade é um dos princípios fundamentais do Estado constitucional, pois permite oferecer à opinião pública visibilidade, cognoscibilidade, acessibilidade e, portanto, controlabilidade dos atos de quem detém o poder. Segundo ele, o problema da invisibilidade ou da opacidade do poder reaparece no estado pós-keynesiano com nova roupagem. Agora "a classe política exerce o poder não mais apenas através das formas tradicionais da lei". É que "o governo da economia pertence em grande parte à esfera do poder invisível, na medida em que se subtrai (se não formalmente, ao menos substancialmente) ao controle democrático e ao controle jurisdicional".[26]

Informação bibliográfica deste texto, conforme a NBR 6023:2002 da Associação Brasileira de Normas Técnicas (ABNT):

CUEVA, Ricardo Villas Bôas. Funções e finalidades dos programas de *compliance*. In: CUEVA, Ricardo Villas Bôas; FRAZÃO, Ana (Coord.). *Compliance*: perspectivas e desafios dos programas de conformidade. Belo Horizonte: Fórum, 2018. p. 53-69. ISBN 978-85-450-0564-3.

[26] BOBBIO, Norberto. A democracia e o poder invisível. In: *O futuro da democracia*. Rio de Janeiro: Paz e Terra, 1989, p. 83 ss.

DESAFIOS PARA A EFETIVIDADE DOS PROGRAMAS DE *COMPLIANCE*

ANA FRAZÃO
ANA RAFAELA MARTINEZ MEDEIROS

1 Introdução

O termo *compliance* vem do verbo da língua inglesa *to comply (with)*, que significa cumprir ou agir de acordo com. A expressão refere-se ao conjunto sistemático de ações adotadas no ambiente corporativo tendentes a assegurar que as atividades desenvolvidas pelas empresas não violem a legislação vigente. Os seus objetivos principais são os de prevenir a ocorrência de infrações ou, já tendo ocorrido o ilícito, propiciar o imediato retorno ao contexto de normalidade e legalidade.

Trata-se, portanto, de políticas e procedimentos adotados pelas sociedades empresárias, ou por outras organizações, para detectar e para evitar violações legais pelos administradores, empregados e outros agentes e para promover uma cultura de ética empresarial.[1]

A expressão *compliance* pode ser utilizada em sentido amplo, para indicar tanto a observância de parâmetros legais, quanto de caráter ético e de política empresarial, quanto em sentido mais estrito, para tratar exclusivamente do cumprimento das regras previstas na lei.[2] O

---

[1] SILVEIRA, Renato de Mello Jorge. SAAD-DINIZ, Eduardo. *Compliance, direito penal e lei anticorrupção*. São Paulo: Saraiva, 2015, edição *kindle*.

[2] Partidário da primeira acepção, McNulty esclarece que *compliance*, em termos práticos, significa transformar valores éticos em algo mais tangível: as condutas éticas. O termo, como adverte o autor, compreende um espectro abrangente de mecanismos preventivos e reparadores, que devem fazer frente a uma série de riscos a depender da atividade empresarial desempenhada (MC NULTY, Paul. What is compliance?. In: CAROLE BASRI

aspecto comum a qualquer noção de *compliance* é o de estar associado ao conceito de "bom cidadão corporativo",[3] à existência de controles internos e externos, à limitação e ao equilíbrio do poder.

Nos últimos anos, o tema *compliance*, especialmente no que se refere à anticorrupção, tem aparecido na lista de prioridades de múltiplas empresas, especialmente daquelas de maior porte ou das multinacionais. Esse movimento deve-se não apenas ao reconhecimento do papel fundamental do *compliance* na prevenção de ilícitos e na criação de uma cultura corporativa baseada na competição, na ética e na integridade, mas foi incentivado também, principalmente no início, pela aplicação rigorosa de leis anticorrupção em diversos países, a exemplo dos Estados Unidos.[4]

Na verdade, como explica Basri,[5] há décadas o governo norte-americano tem incentivado a adoção de controles internos para prevenir a prática de atos ilícitos pelos empregados, especialmente em setores altamente regulados, como o bancário, o de transporte, o de segurança etc., de modo que, a partir da década 1970, tornou-se cada vez mais comum as sociedades adotarem programas para tentar detectar e prevenir certos tipos de violações legais.

Entretanto, o advento do *Foreign Corrupt Practices Act (FCPA)* nos Estados Unidos, em 1977, bem como a disseminação de convenções internacionais de combate à corrupção, a exemplo da Convenção sobre o Combate da Corrupção de Funcionários Públicos Estrangeiros em Transações Comerciais Internacionais da OCDE e da Convenção das Nações Unidas contra a corrupção, fizeram com que o movimento em favor do *compliance* ganhasse reforço, espraiando-se também para outros países, a exemplo da Inglaterra, que, em 2010, instituiu o *UK Bribery Act*, considerada uma das legislações mais rígidas sobre o tema.

(Org.). *Corporate Compliance Practice Guide: The Next Generation*, vol. 1, Mattew Bender & Company Law, 2016, edição eletrônica).

3 O termo "bom cidadão corporativo", como esclarecem Richard S. Gruner e Lous M. Brown (Organizational Justice: Recognizing and Rewarding the Good Citizen Corporation, 21, J,. Corp. L. 731, 1996, p. 732) foi extraído de um simpósio promovido pela *United States Sentencing Comission* em 1995, que teve como objetivo analisar as formas necessárias nos padrões governamentais e nos mecanismos de *enforcement* legislativo para estimular as sociedades empresariais a implementarem programas de *compliance* e mecanismos de autofiscalização.

4 BASRI, op. cit., 2017, edição eletrônica.

5 *Ibidem*.

No contexto norte-americano, ressalta-se igualmente a importância das *US Sentencing Guidelines*,[6] promulgadas em 1991, que fomentaram ainda mais o processo em busca do *compliance*, ao estatuírem que a existência de programas dessa natureza poderia servir como uma atenuante na fixação de penalidades pela prática de crimes federais pela pessoa jurídica.

No Brasil, a Lei Anticorrupção, promulgada em 2013, instituiu, pela primeira vez, a responsabilidade administrativa das pessoas jurídicas pela prática de atos de corrupção e reconheceu, expressamente, os programas de *compliance* como atenuantes quando da aplicação das respectivas sanções.

A progressiva importância do *compliance* também pode ser vislumbrada no âmbito do Direito Antitruste brasileiro. Apesar de a Lei nº 12.529/2011 não fazer referência expressa aos programas de *compliance*, o Conselho Administrativo de Defesa Econômica elaborou um Guia que, além de estabelecer as diretrizes e orientações que devem nortear a autorregulação no âmbito do direito da concorrência, deixou claro que esse tipo de iniciativa poderá ser utilizado para reduzir a sanção aplicada à empresa, aqui entendida como ente econômico, independentemente da sua estruturação jurídica.

Embora a preocupação com *compliance*, como visto não seja tão recente, pesquisa da KPMG[7] realizada em 2016 mostrou que, no Brasil, na maioria das empresas a implementação do programa de *compliance* data de pouco tempo. Da amostra, composta por 250 empresas, localizadas em diferentes regiões do país, 50% haviam implementado a área de *compliance* ou outra equivalente há menos três anos, enquanto em outros 9% a área sequer existia.

Não obstante, existem ainda diversos desafios para assegurar a efetividade dos programas de *compliance*, possibilitando que sejam instrumentos reais de transformação da realidade social e empresarial e não meras formalidades ou fachadas, utilizadas estrategicamente

---

[6] ESTADOS UNIDOS. *United States Sentencing Comission Guidelines* Manual. Washington: 2016. Disponível em: <https://www.ussc.gov/guidelines>. Acesso em: 25 nov. 2017. As*US Sentencing Guidelines* foram elaboradas pela primeira vez em 1987 pela *United States Sentencing Comission* e tinham como objetivo estabelecer critérios e parâmetros para a prolação de sentenças contra crimes federais. De lá pra cá, o texto tem sido continuamente atualizado. Para os fins aqui propostos, o que nos interessa, mais de perto, é a previsão constante da seção 8, no qual estão dispostos os critérios de condenação das pessoas jurídicas.

[7] KMPG, *Pesquisa de Maturidade do Compliance no Brasil*. 2. ed, 2017, p. 13. Disponível em: <https://home.kpmg.com/br/pt/home/insights/2017/01/pesquisa-maturidade-do-compliance-no-brasil-2a-edicao.html>. Acesso em: 31.03.2018.

como fáceis subterfúgios para manter artificialmente a reputação dos agentes envolvidos ou mesmo atenuar penalidades.

É no contexto dessas preocupações que se situa o presente artigo, que tem por objetivo explorar alguns dos pontos fundamentais para a efetividade dos programas de *compliance*, dentre os quais a imprescindível relação entre a autorregulação e a heterorregulação, o oferecimento dos devidos incentivos em face dos custos envolvidos e a influência da cultura corporativa e das teorias que orientam a gestão empresarial.

A partir do exame das questões apontadas, o artigo irá, ao final, propor alguns critérios para diferenciar programas de fachada de programas efetivos, bem como explorar os requisitos essenciais de um programa de *compliance* eficaz.

2 A delicada relação entre autorregulação e heterorregulação: a valorização da autonomia privada a partir dos devidos incentivos

A importância dos programas de *compliance* ganha força em razão das limitações do *enforcement* tradicional, baseado na regulação jurídica estatal e na imposição de sanções. Em uma sociedade cada vez mais complexa, o regime de comando-sanção, unilateralmente imposto e controlado pelo Estado, acaba sendo insuficiente para assegurar a eficácia dos comandos legais.[8]

De fato, o *enforcement* tradicional sozinho como advertem, Riley e Sokol,[9] pode ser ineficaz para assegurar a atuação regular das empresas, na medida em que ele apenas impõe um preço pelo descumprimento das normas jurídicas, a exemplo das multas pecuniárias e/ou de outras sanções, enquanto o foco deve recair também sobre a criação de uma cultura de *compliance*, de modo que o receio quanto às consequências do descumprimento legal seja um dos estímulos, mas não o único.

Daí a progressiva necessidade de se buscar novos horizontes para a regulação estatal, conectando-a com o estímulo à autorregulação. Sob

---

[8] O Estado exerce uma série de funções na ordem econômica. Além de legislador e fomentador das atividades econômicas, o Estado é também regulador de diversos mercados, controlador de inúmeras empresas estatais, investidor em outras tantas, financiador e importante adquirente de produtos e serviços. Sobre o tema, cf. FRAZÃO, Ana. *Direito da concorrência:* pressupostos e perspectivas. São Paulo: Saraiva, 2017, p. 66 e ss.

[9] RILEY, Anne; SOKOL, D. Daniel. Rethinking Compliance. *Journal of Antitrust Law*. Disponível em: <https://papers.ssrn.com/sol3/papers.cfm?abstract_id=2475959>. Acesso em: 23.11.2017.

essa perspectiva, o *compliance*, segundo Sieber,[10] representa um processo de privatização da prevenção do delito e do controle da criminalidade por meio de "sistema autorreferenciais de autorregulação regulada". A autorregulação regulada encontra-se a meio caminho entre a autorregulação pura – na qual há ampla discricionariedade – e a regulação estatal – na qual o Estado fixa todas as decisões determinantes.

Na autorregulação regulada, típica dos programas de *compliance*, há, na verdade, uma espécie de corregulação, pois as disposições estatais estabelecem preceitos, que podem ser mais ou menos detalhados, ou criam estruturas que estimulam a autorregulação e/ou tornam vinculantes medidas de autorregulação. Trata-se de um sistema intermediário, que se caracteriza, como define Sieber,[11] por conceder uma margem de discricionariedade àqueles que irão implementar o programa e pelo emprego de fórmulas para estimular ou pressionar sua adoção. A Lei nº 7753/2017, do Estado do Rio de Janeiro, por exemplo, vinculou a contratação com o Poder Público à implementação e manutenção de programas de *compliance*. Já a Lei Anticorrupção estimula a adoção da autorregulação ao erigir os programas de integridade como atenuantes quando da imposição de sanções à pessoa jurídica.

O Estado, portanto, não abre mão da tarefa de regular o mercado nem de impor regras coercitivas aos agentes privados, mas atribui a eles maior relevância no processo de conformação à regulação estatal, concedendo incentivos para a adoção de programas de *compliance*. Tais incentivos passam a ocupar, portanto, um papel estratégico não apenas para a implementação dos programas de *compliance*, como também para a extensão e a efetividade destes.

Sob essa perspectiva, é inequívoco que os incentivos para a implementação dos programas de *compliance* estão intimamente relacionados a seus efeitos sobre a responsabilização da pessoa jurídica no âmbito punitivo, seja na seara criminal, seja na seara administrativa.

De modo geral, é possível vislumbrar dois tipos de sistema: (i) o sistema vicarial ou de heterorresponsabilidade, em que se imputa à pessoa jurídica todos os atos ilícitos praticados por seus administradores, empregados ou representantes, desde que em seu benefício, e (ii) o sistema de responsabilidade próprio ou de culpabilidade da pessoa

---

[10] ULRICH, Sieber. Programas de *compliance* en el derecho penal de empresa. Una nueva concepción para controlar la criminalidad económica. In: ZAPATERO, Luis Arroyo; MARTÍN, Adán Nieto (Coord.). *El derecho penal económico en la era compliance*. Valencia: Lo Blanch, 2013, p. 76-80.

[11] Ibidem, p. 77.

jurídica, no qual a existência de um sistema de organização preventiva é a chave para decidir se ela responderá ou não pelos atos ilícitos praticados por intermédio de seus empregados.[12]

No primeiro caso, a implementação de um programa de *compliance* não serve para afastar a responsabilidade criminal ou administrativa da pessoa jurídica, mas, essencialmente, para impedir que sejam praticados atos ilícitos no desenvolvimento da atividade empresarial por empregados, por cujas ações, em regra, a sociedade responderá. Já no segundo, a pessoa jurídica só responde por ato próprio, consistente em um defeito de organização, que acabou dando causa ou abrindo espaço para o ilícito, mas não por todos os atos cometidos por pessoas individuais, sem prejuízo da responsabilidade pessoal destes e da responsabilidade objetiva da pessoa jurídica no que diz respeito aos danos causados.

Em outras palavras, se verificado que a pessoa jurídica instituiu um programa de *compliance* robusto, por meio do qual adota estrutura organizacional adequada para difundir a cultura de ética e legalidade e evitar os ilícitos, por meio inclusive da fiscalização efetiva das pessoas naturais que a presentam ou representam, ela não pode ser responsabilizada para efeitos punitivos, ainda que seja praticado um ato ilícito no curso da atividade empresarial. Faltaria o requisito da culpabilidade própria, motivo pelo qual, como adverte Sieber,[13] o cumprimento de medidas apropriadas de *compliance* é o critério jurídico central que decide sobre a imputação do ilícito à pessoa jurídica. Cria-se, em última análise, um sistema específico de culpabilidade da pessoa jurídica, baseado na responsabilidade pelo fato próprio, identificado em razão do vício organizativo consistente na ausência de prevenção da conduta ilícita.

Essa discussão é particularmente importante no que se refere aos estímulos para a adoção de programas de *compliance*. Como advertiu Martín,[14] se os funcionários de suas sociedades subornam um servidor público com o objetivo de obter determinada vantagem e, posteriormente verifica-se que, em uma delas, houve consentimento da

---

[12] Sobre a influência dos modelos de culpabilidade da pessoa jurídica sobre a implementação de programas de *compliance*, cf. FRAZÃO, Ana. Programas de compliance e critérios de responsabilização de pessoas jurídicas por ilícitos administrativos. In: ROSSETTI, Maristela A.; PITTA, Andre G. *Governança corporativa:* avanços e retrocessos. São Paulo: Quartier Latin, 2017.

[13] SIEBER, op.cit., p. 88-89.

[14] MARTÍN, Adán Nieto. *Introdução*. In: ZAPATERO, Luis Arroyo; MARTÍN, Adán Nieto (Coord.). *El derecho penal económico en la era compliance*. Valencia: Lo Blanch, 2013, p. 76-80.

alta administração e a orientação de que o suborno fosse contabilizado como o pagamento de um contrato falso e, na outra, há um esforço continuado para assegurar a eficácia do programa de *compliance* que proíbe esse tipo de conduta, não se pode atribuir o mesmo tratamento às duas situações. Haveria, é evidente, um desincentivo à empresa que promoveu esforços sistemáticos para assegurar a regularidade de suas ações.

A heterorresponsabilidade, portanto, acaba reduzindo significativamente os incentivos para a implementação dos programas de *compliance*, na medida em que sua implementação não poderá eximir a pessoa jurídica de sanção, mas tão somente atenuá-la. Trata-se do modelo adotado pela legislação brasileira, em que, como visto, a implementação dessas medidas funciona como um critério de dosimetria da pena, tanto nos ilícitos praticados contra a administração pública, tipificados na Lei nº 12.846/2013 quanto no Direito Antitruste.

Ao examinar o modelo da heterorresponsabilidade ou *vicarous liability*, Laufer[15] ressaltou que o grande problema desse modelo, no qual a pessoa jurídica também responde necessariamente pelo ilícito, é que boa parte dos incentivos para o monitoramento e a fiscalização dos empregados vêm justamente do receio de punição da pessoa jurídica. Todavia, a ideia de que o risco compartilhado – entre a pessoa jurídica e a pessoa física – estimularia a implementação do *compliance*, segundo o autor, é mais teórica do que real, pois, na prática, a pessoa jurídica tem fortes incentivos para disciplinar ou, encerrar, discretamente, a relação contratual com o empregado que atuou de maneira desviante, evitando que qualquer punição incida sobre ela. Sob essa perspectiva, não haveria tantos incentivos para a implementação de programas de *compliance*, na medida a revelação do ilícito sujeitaria a pessoa jurídica à aplicação de punições, sem que o programa pudesse ser utilizado como excludente de ilicitude.

Daí a conclusão de Arlen[16] de que "se o custo esperado pela companhia decorrente do incremento do risco de responsabilidade criminal supera o benefício para companhia decorrente da redução do número de crimes, uma companhia sujeita à *vicarious liability* não irá responder aumentando seus mecanismos de *enforcement* porque a maior

---

[15] LAUFER, S. William.Corporate Liability, Risk Shifting, and the Paradox of Compliance, 52 *The Vanderbilt Law Review*, n. 52, 1999, p. 1367.

[16] ARLEN, Jennifer, The Potentially Perverse Effects of Corporate Criminal Liability, *Jornal of Legal* Studies, n. 23, jun. 1994, p. 836.

fiscalização iria resultar em aumento na expectativa de responsabilidade da companhia".

Assim, agentes racionais irão tentar evitar a incidência de sanções ocultando ilegalidades e, ao mesmo tempo, requerendo que sejam considerados seus esforços para prevenir a ocorrência de ilícitos. Isso explica por que muitos programas de *compliance* não preveem qualquer obrigação de os agentes se reportarem às autoridades públicas.

Alguns autores, ao contrário, sustentam que o modelo de heterorresponsabilidade é justamente o que incentiva as companhias a implementarem programas de *compliance* eficazes. Para Spratling,[17] ex-Diretor do Departamento de Justiça Americano, por exemplo, a preocupação em conceder isenções é que "haveria menos incentivo para as companhias para se assegurarem de que seus programas funcionam, para aprimorá-los e para torná-los efetivos". Não se pode, segundo o autor, esquecer que o "objetivo final, ao fim e ao cabo, não é evitar a ocorrência de ilícitos e não isentar a pessoa jurídica quando esse tipo de conduta é praticado".

O problema, todavia, não está na isenção de responsabilidade, mas na ausência de critérios para distinguir, de maneira adequada, um programa de *compliance* robusto de um programa de fachada. De fato, em algumas sociedades, a finalidade do *compliance* está mais relacionada à aparência e à reputação do que propriamente à existência de uma cultura firme de ética e de cumprimento à lei. Nesses casos, não há que se falar em redução da sanção e, muito menos, em isenção da responsabilidade.

Como advertem Gruner e Brown,[18] a inexistência de critérios adequados leva à seguinte distorção: sociedades com programas substanciais poderão sofrer punições pela prática de determinados atos ilícitos por seus empregados ou administradores tão graves quanto aquelas aplicadas àquelas cujo programa é meramente de fachada. As primeiras ficarão, portanto, em nítida situação desvantagem, na medida em que terão efetuado gastos no programa que não serão recompensados. Por outro lado, sociedades com programas superficiais poderão receber um tratamento tão benéfico quanto as que investiram em um programa de *compliance* robusto, ficando em uma posição de vantagem em relação às outras. Isso porque poderão se beneficiar do

---

[17] SPRATLING, Gary R. The experience and Views of the Enforcement Community, In: *Proceedings of the Second Sumposyum on Crime And Punishement in the United States, Corporate Crime in America: Strenghthening the 'good citizen'corporation'*, set. 1995, p. 319.

[18] GRUNER; BROWN, *op. cit.*, p. 741.

comportamento ilegal e, ao mesmo tempo, incorrer em punições mais brandas, caso o ilícito seja detectado.

Tais distorções ficam ainda maiores caso se entenda que a previsão de responsabilidade objetiva prevista na Lei Anticorrupção brasileira, ao invés de se referir apenas à imputação automática à pessoa jurídica do ato ilícito praticado pela pessoa natural que a presente ou represente, dispensaria inclusive a ocorrência de qualquer ato ilícito por parte das pessoas naturais.[19]

Com efeito, parece intuitivo que, diante de modelo tão amplo de responsabilização – no qual a pessoa jurídica responde mesmo que tenha feito todo o possível para evitar o ilícito ou mesmo que não haja nem mesmo ilícito –, os agentes econômicos terão poucos incentivos para investir na prevenção do ilícito, já que sempre responderão objetivamente, independentemente dos seus esforços.

Os estímulos para a implementação do *compliance*, todavia, não se resumem apenas a seus efeitos sobre a responsabilização da pessoa jurídica. Além do *enforcement* público, há também mecanismos privados de pressão, a exemplo da *due diligence*. De fato, tem se tornado cada vez mais comum as sociedades exigirem que seus parceiros de negócios tenham programas de *compliance* efetivos.

Grandes sociedades empresárias, como a Nestlé, por exemplo, impõem aos fornecedores um Código de Ética e Conduta, cuja não observância abre espaço para o encerramento unilateral da relação contratual. Alguns autores como Martín[20] sugerem que esse tipo de exigência por uma multinacional em um país tradicionalmente corrupto pode ser, inclusive, mais efetivo para evitar os ilícitos do que a assinatura de vários convênios internacionais.

Adotado o modelo de heterorresponsabilidade, contudo, o primeiro e, mais evidente, estímulo para a instituição de *compliance* deve ser o controle de riscos e a prevenção da prática de atos ilícitos pelos administradores e empregados da pessoa jurídica. A expectativa é que a implementação de controles internos efetivos, sobretudo se

---

[19] Entende-se que a responsabilidade objetiva prevista na Lei Anticorrupção, para que esteja em conformidade com os princípios do direito administrativo sancionador, só pode ser interpretada de maneira a autorizar um juízo de imputação automática, que tem como pressuposto o ato culposo do presentante ou do representante da pessoa jurídica, e, mesmo assim, com diversas ressalvas, mas nunca para justificar a imposição de sanções à pessoa jurídica, que depende da existência de reprovabilidade da conduta. Sobre o tema, cf. FRAZÃO, Ana. Responsabilidade de pessoas jurídicas por atos de corrupção: reflexão sobre os critérios de imputação. In: FORTINI, Cristiana (Org.). *Corrupção e seus múltiplos enfoques jurídicos*. Belo Horizonte: Fórum, 2018.

[20] MARTÍN, op. cit., p. 15.

as vulnerabilidades da sociedade houverem sido adequadamente mapeadas, não só reduzam os riscos de condutas ilícitas, mas permitam sua detecção e a rápida remediação dos danos causados, minorando os prejuízos, inclusive reputacionais à empresa.

3 O problema dos custos dos programas de *compliance* e a necessária adequação diante do tamanho e das características de cada empresa

A implementação de programas de *compliance* impõe uma série de custos. A instituição de um programa robusto exige a contratação de especialistas, a elaboração de um código de ética e conduta, a avaliação permanente dos riscos, o investimento contínuo no treinamento dos empregados, a contratação de *compliance officers externos* e de auditoria externa, o investimento em mecanismos de controle interno, inclusive em tecnologia da informação, para aprimorar os mecanismos de gerenciamento dos riscos, despesas relacionadas à manutenção do comitê de *compliance*, etc.[21] Tudo isso, evidentemente, impõe consideráveis ônus à sociedade.

Ao lado dos chamados custos de manutenção, contudo, há também os custos decorrentes da não conformidade. Ao contrário dos primeiros, nos quais se incluem os custos para executar e promover a política de *compliance*, já descritos no parágrafo anterior, o segundo refere-se aos custos decorrentes da não observância do *compliance*. Trata-se, em linhas gerais, dos custos relacionados às penalidades aplicadas pelo Estado, os custos de remediação do ilícito, da eventual interrupção da atividade empresarial ou perda de oportunidades de negócios, da perda da produtividade, dos impactos sobre reputação e a marca, despesas com advogados, custas judiciais etc.

Estudo realizado por Arnold Shilder,[22] no qual se analisou o valor comercial do *compliance*, concluiu que cada U$1,00 despendido com a implantação do *compliance* representa uma economia de U$5,00, decorrente da redução de custos com demandas judiciais e danos à reputação.

---

[21] Para uma análise dos custos de transação decorrentes do *compliance*, cf. *RIBEIRO*, Márcia Carla Pereira; DINIZ, Patrícia Ferreira Dittrich. Compliance e Lei Anticorrupção nas empresas. *Revista de Informação Legislativa*, n. 205, jan./mar. 2015.

[22] SHIELDER *apud* COIMBRA, Marcelo de Aguiar; MANZI, Vanessa Alessi (Coord.). *Manual de Compliance*: preservando a boa governança e a integridade das organizações. São Paulo: Atlas, 2010, p. 5.

Apesar dos esforços de Shilder, avaliar quantitativamente os benefícios decorrentes do *compliance* constitui tarefa complexa. Mesmo quando se considera custos objetivos decorrentes da não conformidade, como a aplicação de penalidade pelo Estado, é difícil definir em termos econômicos o impacto do *compliance*. No Brasil, a dificuldade se acentua em razão da indefinição acerca dos efeitos judiciais ou administrativos da implementação do programa na esfera punitiva. Tratando-se de ato submetido à Lei Anticorrupção, por exemplo, o *compliance* poderá representar uma atenuante entre 1 a 4% na multa, observados os critérios dos arts. 17 e 18 do Decreto nº 8.420/2015. Se o caso for de infração à defesa da concorrência, contudo, não é possível saber, com precisão, o impacto do *compliance* sobre a sanção aplicada pelo CADE.

Certamente que essa imprecisão não contribui para a estruturação de bons programas de *compliance*, os quais estariam sujeitos a maiores incentivos caso os benefícios deles decorrentes, pelo menos no que diz respeito às consequências no âmbito do Direito Punitivo, fossem claros e objetivos.

Some-se a isso o fato de que, muitos dos benefícios do *compliance* são ainda mais difíceis de quantificar. Há, evidentemente, (i) vantagens reputacionais, (ii) o estímulo para maior investimento em inovação e qualidade, em razão da supressão dos benefícios decorrentes de vantagens ilícitas, que alteram a dinâmica concorrencial, (iii) melhorias do padrão de gestão organizacional, que podem contribuir para a eficiência da empresa, (iv) aumento das oportunidades de negócio, e, por fim, (v) a própria economia decorrente da prevenção do ilícito e/ou da minoração de seus danos.

É válido notar que os custos relacionados à implementação do programa irão variar de acordo com a dimensão da atividade empresarial. De fato, não se pode esperar nem exigir que uma sociedade de pequeno porte institua mecanismos de controle interno tão sofisticados quanto grandes empresas. Assim, em sociedades menores, embora se exija o mesmo grau de comprometimento com legalidade, o padrão de verificação da eficácia dos programas de *compliance* deve, de maneira geral, observar um grau menor de formalidade assim como um nível de investimento inferior do que nas grandes organizações.

Não é sem razão que, ao propor *standards* quanto à violação de normas ambientais nos Estados Unidos, o relatório final do grupo de trabalho concluiu que, em uma sociedade empresarial muito pequena, por exemplo, o próprio administrador ou sócio majoritário pode realizar a auditoria por meio de um simples *check list,* treinar os funcionários em reuniões informais e promover o monitoramento por meio de vistorias diárias ou pela observação contínua durante o exercício da gestão.[23] O exemplo ajuda a mostrar que, em determinadas circunstâncias, sistemas simples podem demonstrar o mesmo grupo de comprometimento com o *compliance*, que, em uma grande empresa, exigiria um departamento de auditoria independente, uma equipe de treinamento e de monitoramento, *softwares* sofisticados para identificar e checar as soluções para problemas de *compliance*.

Atento a essa preocupação, o Decreto nº 8.420/2015, que regulamenta a Lei Anticorrupção, dispensou as micro e pequenas empresas do cumprimento de determinados critérios, ao estabelecer os requisitos que o programa de *compliance* seja considerado na dosimetria. Dentre outras coisas, a norma abriu mão, por exemplo, da análise periódica de riscos, da existência de uma instância interna com independência, estrutura e autoridade para fiscalizar o programa assim como da existência de canais de denúncia de irregularidades.

Não se pode esquecer também de que os custos podem ser minorados por um mapeamento de riscos bem feito, que permita a alocação adequada dos recursos, de modo que os valores destinados ao *compliance* sejam investidos, prioritariamente, nas áreas mais sensíveis. É valido notar, ainda, que a implementação de controles excessivamente rigorosos pode também representar um custo para empresa ao engessar demais a gestão empresarial. Daí por que, na avaliação de riscos, todas essas questões devem ser adequadamente sopesadas.

4 A influência do *shareholder value* no *compliance* e necessidade de criar uma cultura empresarial de respeito à ética e à legislação

O desafio da implementação dos programas de *compliance*, entretanto, vai além dos estímulos oferecidos à própria empresa. Ora, se a sociedade age por meio de seus administradores e o desenvolvimento de suas atividades depende também atuação de seus empregados, é necessário criar incentivos para que esses agentes atuem em consonância com a lei. Para isso, é necessário, em primeiro lugar, tentar compreender por que as pessoas naturais praticam esses ilícitos.

---

[23] Relatório citado por GRUNER; BROWN, *op. cit.*, p. 735.

Ao examinar os motivos que levam à prática de crimes de colarinho branco, Soltes[24] concluiu que, em regra, os ilícitos não decorrem de um cálculo de custo-benefício. A conclusão é fruto de sete anos de pesquisa, durante os quais o professor de Harvard entrevistou cerca de 50 executivos que haviam praticado crimes de colarinho branco. Ao contrário do que se poderia intuir a partir da análise econômica do direito, os estudos mostraram que os executivos, em regra, não anteciparam as consequências adversas de suas ações. Em outros termos, as ações não foram motivadas porque eles acreditaram que não seriam descobertos ou punidos nem decorreram de uma análise racional de riscos e vantagens. Na verdade, a pesquisa mostrou que os administradores simplesmente não avaliaram as possíveis consequências de suas ações, agindo de maneira intuitiva.[25]

Assim, contrariando a disseminada ideia de que, em regra, o processo de decisão é ordenado por uma análise refletida de custos e benefícios, Soltes[26] concluiu que decisões racionais são muito menos frequentes na prática do que se pensa, de modo que, a menos que haja uma razão específica para desacelerar o processo de tomada de decisão, em regra, é a intuição que o orienta. No diagnóstico do professor, administradores estão constantemente envolvidos em uma série de demandas, como reuniões, e-mails, relatórios, de modo que, raramente, têm oportunidade de analisar e de refletir, com mais cuidado, sobre suas ações, agindo, muitas vezes, de maneira automática.

O que explicaria, segundo Soltes,[27] por que condutas socialmente destrutivas e favoráveis aos interesses egoísticos de seus agentes não são extremamente frequentes tanto na vida privada quanto em âmbito corporativo, seria a existência de uma inclinação natural contra a possibilidade de causar danos a terceiros, uma espécie de moral universal, que permitiria distinguir, intuitivamente, o certo do errado.

Mas, se a intuição nos impele à prática de atos moralmente corretos, qual a justificativa, então, para o cometimento de atos ilícitos pelos executivos entrevistados? Para o professor de Harvard, embora a existência de respostas afetivas que orientam o comportamento moral sejam inatas, elas também são frágeis, de modo que fora do contexto familiar e comunitário no qual as relações são próximas, baseadas no

[24] SOLTES, Eugene. Why they do it: inside the mind of the white-collar criminal. Nova Iorque: Public affairs, 2016, edição *kindle*.

[25] *Ibidem*.

[26] *Ibidem*.

[27] *Ibidem*.

contato físico entre os indivíduos, a intuição pode não ter os mesmos resultados.[28] Isso porque os danos econômicos causados por um crime corporativo são menos físicos e mais abstratos, de modo que a intuição que impele o ser humano a não causar prejuízos aos demais, nesse caso, não funcionaria de maneira eficaz.

De fato, embora suas consequências possam ser tão devastadoras quanto um crime contra a pessoa, a assinatura de uma caneta ou o *click* em um mouse criam um tipo de dano muito mais impessoal. Em uma frase, a visão de Soltes, como aliás afirmou o próprio autor, poderia ser resumida pelo ditado popular: "o que os olhos não veem, o coração não sente".[29]

Essa impessoalidade foi reforçada pela extraordinária dimensão alcançada pelas macroempresas. Quando da emergência das sociedades empresariais, como advertiu o autor, os negócios eram, usualmente, financiados por um pequeno grupo de investidores e, em geral, os titulares do capital eram também os gestores da empresa. Havia, portanto, pouco incentivo para que os administradores praticassem atos contrários ao interesse social, na medida em que o prejuízo causado à sociedade implicaria também dano a seus interesses privados.

Mais tarde, graças à socialização do risco e do investimento, a unidade econômica típica do século XIX foi substituída por uma nova de organização, que permite a agregação da riqueza de milhares de indivíduos, atribuindo a cada um deles apenas a propriedade de uma fração do capital. Houve, então, a separação da propriedade e da gestão, fenômeno revelado por Berle e Means[30] em seu famoso estudo *The Modern Corporation & Private Property*, que mostrou que, enquanto a propriedade do capital obedecia a uma força centrífuga, tendendo a dividir-se em unidades cada vez menores, o controle se concentrava nas mãos de alguns poucos administradores ou sócios.

Essa dissociação atrelada à dimensão alcançada pelas macroempresas, segundo Soltes, transformou os indivíduos – investidores, empregados, consumidores – em uma massa anônima e indivisa, que torna o dano igualmente invisível, impedindo que o senso que nos impele a evitar danos a terceiros funcione. O lapso temporal entre a conduta e as consequências das ações sobre terceiros também ajudaria a reforçar os incentivos para o não *compliance*. Isso porque, ao contrário

[28] *Ibidem.*

[29] *Ibidem.*

[30] BERLE, Adolf A; MEANS, Gardiner C. *A moderna sociedade anônima e a propriedade privada.* Tradução de Dinah de Abreu Azevedo. São Paulo: Abril Cultura, 1984.

do que ocorre em crimes como a lesão corporal, em que o autor vê, no exato instante da prática, a dor e olhar da vítima, em crimes de colarinho branco, os danos causados pela conduta só serão descobertos passados meses ou até anos após a prática e, muitas vezes, se trata de danos difusos, ou cujas vítimas são de difícil determinação.[31]

É certo que, para muitos, a visão de Soltes pode soar excessivamente romântica, senão ingênua. Isso porque, em vez de atribuir as condutas ao desejo de obter de benefícios pessoais aliada à confiança na impunidade, o professor, como visto, associa a prática, muito mais à não avaliação das consequências de suas ações pelos agentes, e à sua incapacidade de visualizar os danos de sua conduta sobre terceiros.

Todavia, mesmo aqueles que, como Soltes, entendem que não há propriamente um cálculo racional de custo e benefício, reconhecem que o comportamento dos ofensores é motivado, muitas vezes, pela pressão e pelo estímulo relacionados ao alcance de determinadas metas na empresa. Dessa maneira, teorias econômicas dominantes, tais como o *shareholder value* e o *short-termism* podem, portanto, estar intrinsecamente associadas à prática de comportamentos ilícitos, ainda que não sejam movidas por esse propósito.[32]

O *shareholder value* pode ser definido como um modelo de governança corporativa, segundo o qual a gestão social deve orientar-se pela maximização do valor das ações. O *short-termism theory* potencializa essa busca, a partir da ideia de que os resultados financeiros devem ser planejados e obtidos em curto prazo.

A ascensão dessas teorias foi motivada pela influência crescente da Escola de Chicago, que criou campo propício para o desenvolvimento de ideias como a de Milton Friedmann, que ficou conhecido pelo entendimento de que a responsabilidade social das companhias deve ser produzir lucros para seus acionistas.[33] Defensores do modelo do *shareholder value*, Kraaakman e Hansmann[34] chegaram a escrever um artigo de título audacioso, *"The End of Corporate Law"*, ressaltando que

---

[31] SOLTES, op. cit.

[32] Sobre o tema, cf. FRAZÃO, Ana. Relações entre corrupção e teorias que orientam gestão das companhias. *Consultor Jurídico*, 13 jul. 2017.

[33] FRIEDMAN, Milton. *Capitalism and Freedom*. 40.ed. Chicago/Londres: University of Chicago Press, 2002. p. 133-135. Cf. também FRAZÃO, Ana; PRATA DE CARVALHO, Angelo Gamba. Responsabilidade social empresarial. In: FRAZÃO, Ana. *Constituição, empresa e mercado*. Brasília: Faculdade de Direito – UnB, 2017.

[34] HANSMANN, Henry; KRAAKMAN, Reinier. The end of history for Corporate Law. *Georgetown Law Review*, v. 89, n. 2, p. 439-468, jan. 2001.

havia um consenso generalizado de que a legislação societária deveria se empenhar na maximização dos lucros dos acionistas.

O grande problema dessa teoria é que ela pode estimular, ainda de maneira reflexa, a criação de uma cultura corporativa que, a pretexto de buscar lucros, acabe, senão propiciando, sendo excessivamente condescendente à prática de atos ilícitos. Exatamente por isso, a eficácia de um programa de *compliance* exige, dentre outras coisas, que a alta administração transmita a ideia de que o alcance de metas empresariais não deve sobrepor-se à persecução de uma cultura organizacional ética.

O risco da prática de atos ilícitos ganha reforço porque uma das consequências da implementação do *shareholder value model* é que parte da remuneração dos administradores é fixada de maneira variável em razão do desempenho na gestão social, avaliada em função do critério de valorização das ações. Os anos 90 foram, segundo Coffee,[35] a década em que a remuneração dos administradores transmudou-se de um valor prioritariamente fixo para basear-se nas ações. Com essa mudança, a remuneração passou a ter como parâmetro a performance a curto prazo das ações. Essa mudança remuneratória, segundo o autor, transformou o valor das ações em uma preocupação diária dos administradores, muito mais do que o risco de ofertas hostis.

Não sem é sem razão que, ironicamente, meses após a publicação do artigo do Kraakman e Hansmann, que anunciava o triunfo do *shareholder value*, explodiu o escândalo financeiro da Enron, que revelou que a companhia havia praticado uma série de fraudes contábeis e fiscais, manipulando seus balanços, para esconder dívidas de cerca de vinte e cinco bilhões de dólares, motivadas, dentre outras coisas, pelo interesse dos administradores nas *stock options* que compunham sua remuneração.

Mas, ainda que, quando se fale no *shareholder value model*, a maior preocupação seja a possibilidade da realização de manobras especulativas, objetivos de lucro em curto prazo, sem maiores reflexões quanto ao cumprimento à lei e à ética, podem estimular a prática de atos ilícitos em múltiplas áreas. O caso do Ford Pinto, lançado em 1970, ajuda a explicar essa distorção. Quatros anos após seu lançamento, a National Highway Traffic Safety descobriu que, aproximadamente, 9.000 pessoas sofreram queimaduras fatais após se envolverem em um acidente, em razão de o veículo ter pegado fogo por um defeito no

---

[35] What caused Enron – A capsule Social and Economic History of the 1990s, *Cornell Law Review*, v. 89, Jan. 2004. Disponível em: <https://papers.ssrn.com/sol3/papers.cfm?abstract_id=373581>. Acesso em: 1 abr. 2018.

tanque de combustível, enquanto milhares de outras ficaram feridas. Descobriu-se, então, que, dois anos antes do lançamento do automóvel no mercado, os administradores da Ford haviam conduzido uma análise de custo e benefício, tendo optado, deliberadamente por não alterar as especificações do tanque de combustível,[36] na medida em que seriam mais custosas para a companhia do que a eventual indenização devida às vítimas.

Mais recentemente, a Volkswagen foi acusada pelo Departamento de Justiça dos Estados Unidos de alterar os testes de emissão de poluentes requeridos pela Agência de Proteção Ambiente dos Estados Unidos (EPA) e pela California Air Sources Board (CARB). A companhia reconheceu a prática dos delitos e comprometeu-se a pagar uma multa bilionária para encerrar a investigação. Com efeito, a montadora admitiu que milhares de veículos em todo o mundo, de 2009 a 2015, haviam sido equipados com um *software* que manipulava a aferição dos níveis de emissões de óxido de nitrogênio de seus motores durante testes de laboratório. Quando o *software* detectava que estava sendo testado, operava de um modo que reduzia substancialmente a emissão de óxido de Nitrogênio. Quando não se tratava de um teste, o veículo emitia até quarenta vezes mais poluentes.[37]

Os dois exemplos mostram como preocupações de curto prazo podem afetar, de maneira relevante, senão a capacidade, pelo menos a disposição dos administradores em tomarem decisões que estejam em consonância com as normas legais e com os valores éticos.

Os riscos atrelados à doutrina do *shareholder value* não passaram despercebidos. Crítico dessa teoria, Stout[38] declarou que o critério da maximização das ações era um erro para a maioria das sociedades. Segundo o autor, esse tipo de raciocínio leva os gestores a focarem de maneira míope apenas nos resultados de curto prazo sem maior preocupação com a performance a longo prazo da companhia, não apenas desencorajando investimento e inovação, mas também permitindo que as companhias ingressem em comportamentos imprudente, "sociopatas" e socialmente irresponsáveis, em prejuízo dos consumidores, empregados, da comunidade e dos próprios investidores. O autor tratou, então, de demonstrar por que o modelo do *shareholder value* não é uma exigência

---

[36] <http://www.spokesman.com/blogs/autos/2008/oct/17/pinto-memo-its-cheaper-let-them-burn/>. Acesso em: 1 abr. 2018.

[37] <http://g1.globo.com/carros/noticia/2015/09/escandalo-da-volkswagen-veja-o-passo-passo-do-caso.html>. Acesso em: 1 abr. 2018.

[38] STOUT, Lyyn. *The shareholder value myth: how putting shareholders first harms investors, corporations, and the public.* San Francisco: Nerrett-Koehler, 2012, edição *kindle.*

legal nem pode ser invocado pelos acionistas para justificar uma quebra de dever fiduciário dos administradores que atuam de maneira socialmente responsável.

A necessidade de corresponder à expectativa do aumento contínuo do valor das ações no mercado, segundo Joseph Stiglitz,[39] pode levar à excessiva assunção de risco pelos administradores, que obstinados a obter resultados de curto prazo, podem adotar decisões de consequências preocupantes, tais como (i) reduzir investimentos em inovações, (ii) tratar empregados como responsabilidade de curto prazo e não como ativos de longo prazo, (iii) adotar a chamada "*creative accounting*" para aumentar o valor das ações, em prejuízo da transparência, (iv) aumentar os percentuais de faturamento destinados à recompra de ações, para promover, artificialmente, o aumento no valor das ações, etc.

Essa preocupação torna-se particularmente importante quando se tem em mente o diagnóstico de Soltes,[40] de que boa parte da diferença, em termos de ética, das condutas adotadas em determinada sociedade empresária e em outra sociedade pode ser atribuída a uma questão cultural. Segundo o autor, a cultura é que definirá a atitude de determinados administradores e empregados frente a alguns dilemas, como a disposição para pagar uma comissão extra para determinado agente público pelo fechamento de um contrato, ou a disposição de um administrador para incluir mecanismo necessário de segurança em determinado produto mesmo correndo o risco de que a inclusão não seja aprovada pelos consumidores em razão da onerosidade etc. O que, de acordo com Soltes,[41] explica por que os gerentes de determinada sociedade irão considerar o pagamento para o fechamento do contrato a um agente do governo local uma atitude eficiente e sensata e, para outros, uma grave infração, é justamente a cultura, definida como regras tácitas que orientam a conduta e criam um comportamento coeso entre os indivíduos.

Se, dentro de uma empresa, verifica-se que os agentes adotam comportamentos conflitantes com a lei e com a regulação, será necessário inculcar novas atitudes e valores. Como conclui o professor americano,[42] com o *enforcement* reiterado e persistente ao longo do tempo, algumas normas se tornam especialmente poderosas, e passam

[39] STIGLITZ, Joseph E. *Rewriting the rules of the American Economy: an agenda for growth and shared prosperity*. Nova Iorque: W. W. Norton, 2015, edição *kindle*.

[40] SOLTES, *op. cit.*, edição *kindle*.

[41] *Ibidem.*

[42] *Ibidem.*

a operar automaticamente, funcionando, inclusive, quando se trata de decisões intuitivas.

A grande dificuldade é que, mesmo quando a empresa tem, por exemplo, um código de ética e conduta que descreve, adequadamente, as atitudes que devem ser tomadas pelos agentes, muitas vezes, as normas constituem mero discurso de retórica, sendo propaladas de maneira publicitária, sem que exista a real preocupação em cumpri-las quando do enfrentamento dos dilemas descritos acima. É por isso que, como se verá adiante, um programa de *compliance* eficiente não pode se contentar com a mera elaboração de um Código de Ética e Conduta, exigindo uma série de controles internos para a garantia de sua efetividade.

Como adverte o professor espanhol Osvaldo Artaza,[43] uma das funções de um programa eficiente de *compliance* deve ser contrabalançar orientações relativas à obtenção de resultados, que se manifestam por meio de pressões sobre aqueles em relação aos quais o desempenho na sociedade é avaliado por meio do cumprimento de metas quantitativas.

Em síntese, ainda que não se possa atribuir às teorias do *shareholder value* e do *short-termism* a responsabilidade direta pela prática dos ilícitos, é certo que a cultura corporativa exerce um papel crucial no fomento ou estímulo desse tipo de conduta. De fato, o foco na busca de resultados de curto prazo para os acionistas, sem maior preocupação com a dimensão coletiva da gestão, cria uma dificuldade adicional para a implementação de parâmetros de administração baseados na ética e no cumprimento do direito, criando um contexto cultural propício para a prática de ilicitudes. Daí a relevância de um programa de *compliance* robusto, capaz de fomentar uma cultura de respeito à ética e à legalidade.

Essa consolidação de uma cultura de respeito à ética e à legalidade, todavia, não se esgota no âmbito interno da empresa, mas envolve também um esforço racional e coerente por parte do Estado, cujo comportamento não pode ser condescendente com a prática de atos ilícitos, mas, ao contrário, deve demonstrar o repúdio a qualquer tipo de ilegalidade. Com efeito, o incentivo ao *compliance* depende do fortalecimento do ambiente institucional, isto é, das regras do jogo que deverão ser obedecidas pelos agentes econômicos, o que inclui não apenas as normas jurídicas, mas também sociais e culturais, não sendo

[43] ARTAZA, Osvaldo. Sistemas de prevención de delitos o programas de cumplimiento. Breve descripción de las reglas técnicas de gestión del riesgo empresarial y su utilidad en sede jurídico penal. Política Criminal, v. 8, n. 16, dez. 2013, p. 549. Disponível em: <https://scielo.conicyt.cl/pdf/politcrim/v8n16/art06.pdf>. Acesso em: 1 abr. 2018.

possível ignorar a relevância decisiva dessas últimas para a eficácia das primeiras, como já adiantado.

O protagonismo do Estado no processo de mudança institucional é acentuado pela multiplicidade de papéis que ele exerce na ordem econômica. Com efeito, ao atuar na regulação, no fomento e também diretamente como empresário e investidor, são inúmeras as alternativas de que o Estado dispõe para contribuir para a valorização da cultura de respeito à ética ou à legalidade ou, de forma contrária, para dificultar ou mesmo impossibilitar tal objetivo. O envolvimento das empresas estatais em práticas sistemáticas de corrupção, reveladas pela operação Lava-jato, por exemplo, cria um perigoso desestímulo para o *compliance* nas empresas privadas. Mesmo condutas muito mais sutis, como os programas de parcelamento de dívidas tributárias, conhecidos como "Refis", podem funcionar como um incentivo ao não pagamento regular dos tributos.[44]

5 A necessidade de diferenciar programas de fachada de programas efetivos

Programas de papel, como advertiu Laufer,[45] levam ao que ele chamou de "paradoxo do *compliance*". Segundo o autor, ao premiar programas ineficientes, por meio da isenção de responsabilidade ou diminuição da penalidade, estimula-se as sociedades a fazerem um cálculo racional, por meio do qual, irão implementar programas de *compliance* tão somente na medida necessária para a realocação do risco, o que levará a uma redução e não a um incremento no nível de cuidado adotado pela sociedade. Assim, o paradoxo do *compliance* só poderá ser resolvido limitando-se os incentivos que levam as sociedades a implementarem programas e iniciativas de fachada, o que exige maior definição quanto ao critério de efetividade.

Atento a essa preocupação, o Guia do CADE restringe a aplicação da atenuante da sanção às hipóteses em que existir um programa de *compliance* robusto, que atenda às diretrizes básicas elencadas no Guia e que institua medidas de controle do dano. O ônus de demonstrar a efetividade do programa ficará por conta do investigado, que deverá comprovar que a prática de condutas anticompetitivas não se coaduna com as políticas da empresa nem com as orientações

---

[44] Sobre o tema, cf. FRAZÃO, Ana. O papel do Estado diante dos programas de *compliance*. *Valor Econômico*, 29 dez.2017.

[45] LAUFER, *op.cit.*, p. 1415.

de seus administradores. No mesmo sentido, o Decreto nº 8.420/2015, que regula a Lei Anticorrupção, fixa, no art. 42, uma série de critérios que deverão ser avaliados para verificar a efetividade dos programas de integridade para fins de aplicação da atenuante da sanção prevista na lei, descritos mais adiante.

Nessa avaliação, o cuidado deve ser redobrado, pois, como adverte o CADE, é possível que sejam adotados programas complexos e, em teoria, bem estruturados, elaborados por especialistas no tema, mas que, na prática, não encontram eco na cultura corporativa e são sistematicamente ignorados pelos colaboradores.

Para minimizar os riscos de programas que só existem no papel, devem ser reforçados os elementos que funcionam mesmo sem a existência de uma direção empresarial disposta a cumpri-los, a exemplo dos *compliance officers* externos, auditores externos etc. Outra estratégia que pode ajudar a diminuir esse tipo de programa é a exigência de informações sobre o funcionamento do *compliance* pelo Estado, especialmente nos setores envolvidos em riscos mais acentuados.

Não obstante, o primeiro passo nessa avaliação deve ser a compreensão pela autoridade estatal de que o programa de *compliance* não constitui uma obrigação de resultado, mas de meio, não sendo possível, a partir da mera violação, inferir ou declarar a inefetividade dos controles internos. De fato, a implementação de um programa de *compliance* robusto não garante que não serão praticados ilícitos. Os controles internos minimizam os riscos de práticas indevidas, mas existem limites inerentes a quaisquer formas de controle. Além das falhas humanas, controles internos podem, eventualmente, ser driblados caso exista um conluio entre um grupo de pessoas.

A advertência consta das *US Sentencing Guidelines*, que, ao estabelecerem os parâmetros para a avaliação da efetividade dos programas de *compliance*, fizeram a ressalva expressa de que "a falha na prevenção ou na detecção de um delito pontual não significa necessariamente que o programa de *compliance* não seja, de maneira geral, efetivo na prevenção e na detecção de condutas criminais".

De fato, o objetivo de um programa de *compliance* não é assegurar, de maneira infalível, que não haverá o cometimento de ilícitos. É claro que um programa de *compliance* coeso, implementado de maneira apropriada, diminui consideravelmente os riscos de violação à legislação e/ou da prática de condutas antiéticas, mas a efetividade também está atrelada ao desenvolvimento de estruturas adequadas para a detecção e para a correção de falhas e infrações.

Um incidente de desrespeito às normas de *compliance*, portanto, não significa que a empresa tenha falhado na instituição de seu programa. Na verdade, é a reação a esse incidente que constituirá um forte indicativo do compromisso da empresa com o respeito às normas legais e aos parâmetros éticos. Se o descumprimento, por exemplo, decorreu de riscos que não foram adequadamente antevistos e/ou apropriadamente manejados, a reação imediata da empresa deve ser promover alterações no programa de *compliance* e reforçar os controles internos para reduzir a probabilidade de que surjam problemas semelhantes no futuro.

Definir de maneira clara os critérios para aferir a efetividade dos programas de *compliance* é importante não apenas para evitar o que Laufer[46] chamou de paradoxo do *compliance*, mas também para fornecer segurança jurídica àquelas agentes econômicos que estão verdadeiramente imbuídos do propósito de instituir um bom programa de *compliance*.

A questão é delicada porque, a pretexto de assegurar segurança jurídica, não se pode esvaziar demais a autonomia das sociedades. Como lembra Sieber,[47] os criadores do programa devem dispor de um grau de liberdade suficiente dentro da entidade para criar um sistema próprio de prevenção de ilícitos, especialmente porque, ao fim e ao cabo, a efetividade do programa de *compliance* dependerá de sua capacidade para fazer frente aos riscos inerentes a cada empresa. O estabelecimento de critérios, portanto, não dispensará uma análise caso a caso para verificar a efetividade dos programas.

6 As diretrizes gerais de um programa de *compliance* efetivo

Apesar da dificuldade de definir com elevado grau de precisão e clareza os critérios que irão distinguir um programa de *compliance* ineficaz de um programa pouco robusto, é possível extrair, tanto dos guias e documentos internacionais quanto do Decreto nº 8.420/2015, as diretrizes básicas que devem norteá-los.

O Guia do Governo Britânico relativo ao *UK Bribery Act* estabelece seis princípios que devem direcionar a elaboração de programas de *compliance*, quais sejam: (i) a elaboração de procedimentos adequados para a prevenção de atos de corrupção que sejam proporcionais aos riscos

---

[46] LAUFER, *op. cit.*

[47] SIEBER, *op.cit.*, p. 76.

de cometimento de infrações no contexto da atividade desempenhada pela empresa; (ii) o comprometimento dos indivíduos que ocupam cargos de administração e direção com uma cultura empresarial ética, (iii) a verificação periódica dos riscos, (iv) a devida diligência da empresa na identificação e na mitigação dos riscos; (v) a comunicação interna e externa, seja para a capacitação dos funcionários, seja a para a construção da imagem da empresa ou mesmo para a denúncia de ilícitos; e (vi) a constante revisão do programa e o monitoramento das atividades desenvolvidas.[48]

As *US Sentencing Guidelines* não se afastam dos critérios estipulados pelo governo britânico, pois o documento norte-americano também exige o compromisso da alta administração com o *compliance*, o desenvolvimento de uma cultura inspirada na ética, além da revisão e do monitoramento constante do programa.

O documento institui, ainda, o chamado "*culpability score*", no qual as sanções são graduadas de um acordo com um mecanismo de pontos, que atribui maior ou menor peso a determinadas atenuantes e/ou agravantes. Entre essas atenuantes, figura a existência de um programa de *compliance*.

Além dos requisitos descritos acima, as *US Sentencing Guidelines* exigem que não sejam escolhidos, para cargos com poder de autoridade razoável na administração da empresa, indivíduos que tenham se envolvido em condutas ilegais e/ou inconsistentes com um programa de *compliance* efetivo. Paralelamente, exige-se que o Código de Ética e Conduta imponha medidas disciplinares àqueles que praticarem delitos e/ou deixarem de tomar as providências necessárias para inibir a sua prática.

No Direito brasileiro, como visto, até a promulgação do Decreto nº 8.420/2015, que regulamenta a Lei Anticorrupção, não havia nem na lei, nem em atos infralegais a explicitação dos critérios a serem considerados para a formatação de um programa de *compliance* robusto. A previsão só foi instituída porque a Lei Anticorrupção, a exemplo das *US Guidelines Sentencing*, também previu a instituição dos programas de *compliance* como uma atenuante para a conduta.

O Decreto nº 8.420/2015 estabeleceu uma série de parâmetros de avaliação para determinar a efetividade do programa de *compliance*, entre

---

[48] REINO UNIDO, Ministry of Justice. *The Bribery Act 2010:* Guidance about procedures which relevant commercial organisations can put into place to prevent persons associated with them from bribing. Disponível em: <https://www.justice.gov.uk/downloads/legislation/bribery-act-2010-guidance.pdf>. Acesso em: 3 abr. 2018.

os quais merecem destaque: o comprometimento da alta administração da empresa; a elaboração de código de ética; a análise periódica de riscos; a realização de treinamentos contínuos sobre o programa; a independência da instância interna responsável pela aplicação do programa e por sua fiscalização; a instituição de procedimentos que assegurem a pronta interrupção de irregularidade ou infrações; o monitoramento contínuo visando ao seu aperfeiçoamento etc. A preocupação do legislador foi evitar que os agentes econômicos instituíssem programas inócuos com o mero intuito de se valer da atenuante descrita no art. 7º, VIII, da Lei Anticorrupção.

Após promulgação da Lei Anticorrupção e da edição do Decreto nº 8.420/2015, a CGU elaborou um guia intitulado "Programa de Integridade. Diretrizes para Empresas Privadas",[49] que descreve, de maneira mais detalhada, como fazer para cumprir os requisitos descritos no Decreto nº 8.420/2015, descritos anteriormente.

O Guia dispõe que a efetividade do programa de *compliance* depende do preenchimento de, pelo menos, cinco requisitos: (i) o comprometimento e o apoio da alta administração, (ii) a existência de uma instância responsável pelo programa, dotada de independência e autonomia, (iii) uma adequada análise do perfil da empresa e dos riscos; (iv) a estruturação de regras e instrumentos para prevenir, detectar e remediar eventuais ilícitos e (v) a existência de estratégia de monitoramento contínuo para que seja possível identificar falhas e aperfeiçoar o programa ao longo de sua execução.

A exemplo da CGU, o CADE também publicou o *Guia Programas de Compliance*, em 2016, que estimula a adoção desses programas e trata de definir os critérios que distinguem um programa de fachada de um programa efetivo. Assim como os guias estrangeiros e o Decreto nº 8.420/2015, o manual do CADE também ressalta a importância do envolvimento da alta administração, a necessidade periódica de analisar os riscos, de promover treinamentos e comunicações internas, de monitorar continuamente o programa, de realizar revisões quando necessário e de assegurar a autonomia e a independência do setor responsável pela supervisão e pela implementação do programa.

Os guias e diplomas normativos citados demonstram que, tanto no Brasil quanto em outros países, foi se consolidando o entendimento

---

[49] CONTROLADORIA-GERAL DA UNIÃO, Programas de Integridade: Diretrizes para Empresas Privadas. Brasília: CGU, 2015. Disponível em: <http://www.cgu.gov.br/Publicacoes/etica-eintegridade/arquivos/programa-de-integridade-diretrizes-para-empresas-privadas.pdf>. Acesso em: 3 abr. 2018.

de que programas de *compliance* bem-sucedidos devem centrar-se em alguns mecanismos básicos.

1. avaliação contínua de riscos e atualização do programa;
2. elaboração de Códigos de Ética e Conduta, que regulem a forma como se deve atuar na pessoa empresa;
3. organização compatível com o risco da atividade;
4. comprometimento da alta administração;
5. autonomia e independência do setor responsável pela supervisão do programa de *compliance*;
6. treinamentos periódicos;
7. criação de uma cultura corporativa de respeito à ética e às leis;
8. monitoramento constante dos controles e processos instituídos pelo programa de *compliance*;
9. canais seguros e abertos de comunicação de infrações e mecanismos de proteção dos informantes;
10. detecção, apuração e punição de condutas contrárias ao programa de *compliance*.

A análise detalhada de cada um desses requisitos extrapolaria os objetivos deste artigo, que visa, essencialmente, a descrever, de maneira mais geral, as noções introdutórias sobre o *compliance*. Os próximos tópicos, portanto, procuram apenas explicar, de maneira breve, em que consiste cada um desses requisitos, sem a menor pretensão de esgotar o assunto.

6.1 Avaliação dos riscos

O primeiro passo na implementação de um programa de *compliance* refere-se à avaliação dos riscos a que se submete a empresa. Trata-se de tarefa bastante complexa, cujo desempenho inadequado poderá comprometer seriamente a efetividade do programa de *compliance*. De fato, se o que se pretende é instituir mecanismos de controle interno capazes de minimizar a probabilidade da prática de atos ilícitos, a primeira tarefa deve ser verificar, cuidadosamente, os pontos de vulnerabilidades a que está submetida a empresa.

A análise de riscos constitui, portanto, um dos elementos essenciais de um programa de *compliance*. O objetivo é tentar antecipar as principais áreas de exposição da empresa para que sejam tomadas medidas preventivas proporcionais aos riscos identificados.

A análise de riscos, em geral, envolve entrevistas com empregados de diferentes áreas da empresa (comercial, *marketing*, jurídico, RH), além da análise de documentos (para saber, por exemplo, quem são os principais parceiros comerciais), e leva em consideração uma série de fatores, como os países em que atua, seu ramo de atividade, a celebração de contratos com a administração pública, se os produtos são comercializados de maneira direta e/ou indireta por meio de distribuidores etc.[50]

Com efeito, a depender do setor em que atua assim como do grau de concentração no mercado, por exemplo, as preocupações concorrenciais com a existência de colusão podem ser mais ou menos acentuadas. Uma sociedade que detém posição dominante no mercado deve atentar-se mais para o risco do exercício abusivo do poder de mercado, por meio de práticas unilaterais, do que propriamente com a prática de cartel.

Da mesma forma, agentes econômicos cujo grau de interação com o poder público é mais acentuado devem redobrar o cuidado com a possibilidade da prática de atos de corrupção. Especialmente quando a empresa participa frequentemente de procedimentos licitatórios e/ou quando o exercício da atividade econômica depende da concessão de licenças, autorizações e/ou de permissão do Poder Público, deve ser instituída uma política rigorosa quanto à concessão de presentes e/ou brindes, por exemplo.

Por outro lado, empresas cujo negócio pode impactar, de maneira mais relevante, o meio ambiente e/ou cujos produtos possam trazer riscos à integridade física do consumidor e/ou dos trabalhadores, devem concentrar suas atenções de maneira mais vigorosa na instituição de mecanismos de segurança, que evitem acidentes.

Além disso, quanto mais complexa for a estrutura da empresa, maiores serão os riscos envolvidos. Em sociedades com grande número de funcionários, fragmentada em diversas áreas de atuação, por exemplo, torna-se muito mais difícil para a administração monitorar de perto o cumprimento das normas, motivo pelo qual é necessário reforçar as ferramentas de controle interno capazes de inibir a prática de atos ilícitos.

Em setores regulados, como o mercado financeiro, os riscos advêm da própria complexidade e da multiplicidade de regras e regulamentos a que estão expostas as instituições financeiras. Não é sem razão que

---

[50] AYRES, Carlos. Análise Prática de programas de compliance, *Jota*, 2016. Disponível em: <https://jota.info/colunas/coluna-do-trench-rossi/coluna-dotrench-rossi-analise-pratica-de-programas-de-compliance-01022016>. Acesso em: 29.11.2017.

o setor financeiro foi um dos primeiros a desenvolver políticas de *compliance*, como revela o Comitê de Supervisão Bancária da Basiléia, criado em 1975 pelos representantes dos bancos centrais dos países que integram o G7, no intuito de elaborar e fiscalizar a implementação de práticas de *compliance*.[51]

A adequada detecção de riscos, além disso, exige uma abertura constante da empresa para considerar e para reagir ante as falhas e gargalos apontados por todos aqueles que se relacionam com a empresa. Exatamente por isso, costuma-se apontar como uma das diretrizes básicas para a instituição de programa de *compliance* bem-sucedido a revisão periódica dos riscos e a atualização das normas e procedimentos internos.

Na detecção de riscos, todavia, é necessário ter cuidado para que eventuais exageros não acabem transformando o programa de *compliance* em um verdadeiro obstáculo para o exercício da atividade empresarial. O que se pretende é identificar as áreas mais sensíveis e instituir mecanismos adequados para minimizar os riscos de responsabilização da empresa, mas não se pode, a pretexto disso, engessar demais a gestão empresarial. O desafio está justamente em encontrar esse equilíbrio.

Não se pode esquecer também de que a instituição de controles internos gera custos relevantes para a empresa, motivo pelo qual o mapeamento de riscos será essencial para ajudar a identificar aquelas áreas que exigem maior atenção, nas quais deverão ser prioritariamente alocados os recursos destinados ao *compliance*.

6.2 Código de Ética e Conduta

Avaliados os riscos, o segundo passo na instituição de um programa bem-sucedido de *compliance* deve ser a elaboração de Código de Ética e de Conduta. O Código de Ética nada mais é do que um documento escrito, no qual serão estabelecidos os valores e princípios que devem ser observados por todos os funcionários, os administradores e os terceiros que se relacionam com a empresa. Além do Código de Ética, pode haver também um Código de Conduta, que especifique, de maneira mais detalhada, as condutas vedadas e autorizadas e fixe deveres concretos aos colaboradores. Frequentemente, o Código de Ética e Conduta integram um único documento.

O objetivo principal do(s) Código(s) é, antes de tudo, deixar claro para todos os administradores e funcionários, assim como para

---

[51] MENDES, Francisco Schertel. CARVALHO, Vinícius Marques de. *Compliance:* Concorrência e Combate à Corrupção. São Paulo: Trevisan, 2017, p.135.

terceiros, que a empresa se preocupa com a observância da legislação e que pretende instituir uma cultura organizacional baseada na ética e no cumprimento legal.

Como nem sempre a legislação é clara a respeito das diversas obrigações que são impostas às empresas e aos seus funcionários, o(s) Código(s) cumprem também a importante função de traduzir, em palavras mais simples e de fácil compreensão, os diversos deveres legalmente exigíveis tanto da empresa como das pessoas naturais que dela fazem parte.

6.3 Organização compatível com o risco da atividade

Além da elaboração do Código de Ética e Conduta, que estabelecerá os valores e princípios da empresa e poderá discriminar as condutas proibidas e autorizadas, será necessário estabelecer uma organização com procedimentos e controles internos compatível com a avaliação de riscos. É importante ressaltar que isso se reflete não apenas na criação de um setor de *compliance*, mas, a depender do caso, na reestruturação mais ampla da empresa, de forma compatível as atividades e os riscos assumidos.

Sob essa perspectiva, o dever de diligência dos administradores, entendido, em termos gerais, como a obrigação de agir bem informado passa assumir também uma dimensão organizacional, exigindo-se não apenas que os administradores assegurem a existência de processos decisórios idôneos, mas também que seja instituída na empresa uma organização adequada para fazer frente às atividades desenvolvidas por ela e aos riscos assumidos. Em outras palavras, será necessário instituir sistemas de vigilância, supervisão e investigação adequados, de modo a assegurar o respeito às obrigações legais assim como possibilitar a intervenção adequada diante da identificação de problemas e ameaças.

6.4 Comprometimento da alta administração

Ao lado da adequada a avaliação de riscos, é possível que o fator mais decisivo para assegurar o êxito de determinado programa de *compliance* esteja no suporte e no comprometimento da alta administração com a sua adequada execução.

Esse requisito, intitulado normalmente como "*tone from the top*", pressupõe uma mensagem clara e inequívoca dos administradores de que a empresa está plenamente comprometida com o desenvolvimento de uma cultura organizacional na qual a ética e a observância das leis assumem papel prioritário. Para isso, não basta o mero discurso, mas são necessários exemplos.

Com efeito, mesmo mecanismos internos sofisticados não poderão surtir efeitos se houver a visão, ainda que equivocada, de que comportamentos antiéticos continuarão sendo tolerados. Em qualquer oportunidade, portanto, a alta administração deve reforçar o compromisso da empresa com a observância das normas legais. A participação em reuniões, o envio de *e-mails* e/ou de *newsletters* nos quais seja ratificado o interesse da empresa em adotar uma conduta ética constituem medidas importantes.

Todavia, mais do que esse tipo de estratégia, o compromisso da alta administração deve traduzir-se na existência de um apoio concreto para a implementação de uma estrutura de *compliance* adequada, na qual sejam assegurados os recursos necessários para sua efetividade. Isso porque, embora nem todas as medidas demandem gastos, é certo que a implementação do programa dependerá de níveis razoáveis de investimento. Uma demonstração de que a alta administração está comprometida com o *compliance* é a outorga de poderes e autonomia adequados para que as áreas de *compliance* possam realizar investimentos, mesmo sem a autorização das áreas comerciais.

Além disso, a alta administração deve participar, ativamente, da supervisão do programa de *compliance*, devendo ser informada sobre os problemas identificados, até para que possa promover a revisão do programa se necessário.

6.5 Autonomia e independência do setor responsável pela supervisão do programa de *compliance*

A competência para a supervisão e para a execução do programa de *compliance* deve competir a profissionais com suficiente autonomia e independência para conseguir implementar as políticas procedimentos e controles adequados.

Como explica Bruno Maeda,[52] se as decisões dos profissionais responsáveis pelo gerenciamento do *compliance* tiverem de ser submetidas à análise e/ou puderem ser vetadas pelos funcionários de outras

[52] MAEDA, Bruno Carneiro. Programas de compliance anticorrupção: importância e elementos essenciais. In: Alessandra Del Debbio et al (Org.). *Temas de anticorrupção e compliance*. Rio de Janeiro: Elsevier: 2013, edição *kindle*.

áreas, especialmente daquelas expostas a riscos, dificilmente conseguirão desempenhar sua função de modo adequado.

A efetividade do *compliance* está condicionada, portanto, à garantia de determinado nível de autonomia, traduzido no fornecimento de recursos suficientes para a realização das atividades assim como pela capacidade de decidir de maneira independente, sem que seja necessário consultar outras áreas.

6.6 Cultura corporativa de *compliance*

A instituição de uma cultura de *compliance* é particularmente importante, porque, tal como ocorre com o legislador, é impossível para a empresa prever de maneira exaustiva todos os riscos a que está sujeita e, principalmente, estipular, de maneira detalhada, a forma como devem comportar-se os agentes em toda e qualquer hipótese. Assim, embora seja importante estabelecer vedações expressas e claras, isso nem sempre será possível. Haverá sempre um campo de indefinições, em que o comportamento adequado só poderá ser avaliado pelo agente na hipótese concreta. É aí que a cultura de obediência à legislação e à ética assume particular relevância.

Ao tratar do tema, William C. Dudley, o CEO do Federal Reserve Bank of New York,[53] ressaltou que a cultura se refere às atitudes e comportamentos que prevalecem no âmbito da empresa, ou melhor, às normas implícitas que orientam as ações dos agentes na ausência de normas regulatórias estatais e/ou de regras expressas de *compliance*.

Como adverte o Guia de *Compliance* do CADE, a efetividade do compromisso dos agentes econômicos com os valores e objetivos expressos no Código de Ética exige não apenas a instituição de uma série de procedimentos de controle, mas principalmente uma mudança na cultura corporativa. Para isso, é necessário, como ressalta a autarquia, incorporar o *compliance* à cultura de negócios da empresa, de modo que não seja possível dissociar o cumprimento da legislação da observância de suas normas internas. Em outras palavras, a efetividade do programa será tanto maior quanto mais o *compliance* deixar de ser visto como um entrave para o desenvolvimento empresarial e passar a ser considerado uma regra fundamental, que assegura segurança e estabilidade ao negócio.

---

[53] William C. Dudley. *Enhancing Financial Stability by Improving Culture in the Financial Services Industry*. Discurso proferido no dia 20 de outubro de 2014. Disponível em: <https://www.newyorkfed.org/newsevents/speeches/2014/dud141020a.html>. Acesso em: 23 nov. 2017.

6.7 Monitoramento contínuo e atualização

Além da implementação de políticas e procedimentos de *compliance* e da instituição de um treinamento eficiente, é imprescindível que haja o monitoramento contínuo do programa, para checar se seus destinatários estão efetivamente cumprindo o previsto nos Código de Ética e Conduta bem como reagindo adequadamente às falhas ou violações.

Esse monitoramento impõe a realização de avaliações periódicas do programa, para identificar eventuais falhas e corrigi-las o mais rápido possível. O monitoramento serve, portanto, para identificar os mecanismos que não estão funcionando adequadamente e devem ser aperfeiçoados.

Paralelamente ao monitoramento, é essencial que haja também a atualização do programa de *compliance*. Identificados novos riscos, deve haver a adaptação do programa. Um programa de *compliance* defasado pode acabar tornando-se inócuo. A necessidade de atualização pode decorrer de mudanças regulatórias, mas também de alterações promovidas na estratégia de negócios e/ou na estrutura societária da empresa.

6.8 Treinamento

A eficácia de um programa de *compliance* dependerá também do fornecimento do adequado treinamento aos funcionários. De fato, de nada adianta a estruturação de um programa cuidadoso, que identifica adequadamente os riscos e estabelece mecanismos idôneos de controle interno se aqueles a quem se aplicam as normas forem incapazes de entender o comportamento que deles se espera. É por isso que o treinamento periódico é considerado um mecanismo essencial para a instituição de um programa bem-sucedido de *compliance*.

Os treinamentos serão particularmente importantes naquelas áreas em que as normas legais aplicáveis não são tão claras e/ou em que a inexistência de regulação estatal acaba deixando margem para a exposição da empresa a riscos mais acentuados.

6.9 Canais de comunicação

Um dos mecanismos extremamente relevantes quando se pretende instituir um programa de *compliance* robusto é o oferecimento de um canal de comunicação para apresentação de denúncias e para o esclarecimento de dúvidas. O mecanismo facilita que as empresas tomem conhecimento dos atos ilícitos, permitindo que adotem, prontamente, as medidas necessárias para prevenir e/ou para impedir que novas condutas semelhantes sejam praticadas.

O canal, todavia, só funciona se o empregado tiver a confiança de que não haverá retaliações e de que as informações prestadas serão mantidas sob sigilo. De fato, é imprescindível assegurar a confidencialidade do nome do denunciante, de modo integral e permanente.

7 Considerações finais

A implementação de programas de *compliance* tem adquirido progressiva importância. Esse movimento deve-se ao reconhecimento do papel fundamental do *compliance* na prevenção de ilícitos e na criação de uma cultura corporativa baseada na competição, na ética e na integridade. Com efeito, a regulação estatal sozinha acaba sendo insuficiente para assegurar a eficácia dos comandos legais. Daí o espaço que vem ganhando a autorregulação.

O *compliance*, todavia, enfrenta uma série de desafios. O primeiro deles refere-se aos incentivos para a implementação desses programas. O modelo de responsabilidade própria ou de culpabilidade da pessoa jurídica é, como visto, o que fornece os maiores estímulos à instituição do *compliance*, ao restringir a punição da pessoa jurídica àquelas hipóteses em que há um defeito de organização, que deu causa ou abriu espaço para o ato ilícito. Nesse modelo, a instituição de um programa de *compliance* robusto impede que a pessoa jurídica seja responsabilizada para fins punitivos.

A implementação de programas de *compliance*, todavia, impõe uma série de custos, na medida em que exige a contratação de especialistas, a elaboração de código de ética e conduta, a avaliação permanente de riscos, o treinamento periódico dos empregados, o investimento em mecanismos de controles internos, etc. Por outro lado, é extremamente difícil avaliar quantitativamente os benefícios do *compliance*. Em primeiro lugar, a legislação brasileira não é clara acerca dos efeitos da implementação do programa de *compliance* sobre a responsabilidade punitiva das pessoas jurídicas. Por outro, as vantagens do *compliance* não se traduzem apenas na dosimetria das sanções; há benefícios mais indiretos, tais como os reputacionais, o aumento das oportunidades de negócios, a economia decorrente da prevenção do ilícito, etc. Exatamente por isso, será necessário um adequado mapeamento de riscos, para assegurar que os investimentos sejam efeitos exatamente naquelas áreas mais sensíveis.

A análise quanto aos incentivos do *compliance*, contudo, deve ir além dos estímulos oferecidos à própria pessoa jurídica. Como a sociedade age por meio de seus administradores e empregados, é necessário compreender também o que leva esses agentes a atuarem ou não em conformidade com a legislação. Embora múltiplos fatores influenciem no comportamento desses agentes, é certo que teorias econômicas dominantes tais como o *shareholder value* e o *short-termism* podem estimular, ainda que de maneira reflexa, a criação de uma cultura corporativa que, a pretexto de buscar lucros, acaba permitindo ou sendo muito tolerante com a prática de atos ilícitos. Essa busca por resultados de curto prazo precisa, portanto, ser contrabalançada pela existência de um programa de *compliance* robusto, no qual os parâmetros de gestão levem em consideração também a ética e o cumprimento da lei.

A grande dificuldade é que, muitas vezes, esses programas acabam sendo implementados como mero discurso de retórica pelas empresas, atraídas pela possível diminuição do valor da multa na hipótese de eventual punição. Daí por que, como descrito no presente artigo, é imprescindível estabelecer critérios rigorosos para distinguir programas de *compliance* efetivos de programas de fachada, evitando-se que as empresas façam um mero cálculo racional para implementar programas apenas na medida necessária para atrair a redução da sanção, sem se preocuparem, de fato, com a implementação de medidas eficazes de fiscalização e monitoramento dos atos ilícitos.

Os Guias da CGU e do CADE, assim como a Lei Anticorrupção e o Decreto nº 8.420/2015, que a regulamentou, além de documentos internacionais, a exemplo do Guia do Governo Britânico relativo ao *Uk Bribery Act* e das *US Sentencing Guidelines*, fornecem alguns parâmetros básicos para a identificação de um programa de *compliance* efetivo, a saber: (i) avaliação contínua de riscos e atualização do programa; (ii) elaboração de Códigos de Ética e Conduta, que regulem a forma como se deve atuar na pessoa jurídica; (iii) organização compatível com o risco da atividade; (iv) comprometimento da alta administração; (v) autonomia e independência do setor responsável pela supervisão do programa de *compliance*; (vi) treinamentos periódicos; (vii) criação de uma cultura corporativa de respeito à ética e às leis; (viii) monitoramento constante dos controles e processos instituídos pelo programa de *compliance*; (ix) canais seguros e abertos de comunicação de infrações e mecanismos de proteção dos informantes e (x) detecção, apuração e punição de condutas contrárias ao programa de *compliance*.

Apesar da relevância dos requisitos descritos, um bom programa de *compliance* deve levar em conta os riscos específicos a que se submete cada empresa, que variam de acordo com seu porte, a posição de mercado, o setor em que atua, a complexidade da regulação etc. Por isso, não é possível falar em um único modelo de programa de *compliance*, na medida que sua efetividade dependerá da observância das especificidades de cada indústria e da revisão constante dos riscos envolvidos no negócio. O desafio das empresas é justamente construir um modelo sob medida, adequados às suas especificidades, sem, é claro, descurar das diretrizes gerais descritas no presente artigo.

Informação bibliográfica deste texto, conforme a NBR 6023:2002 da Associação Brasileira de Normas Técnicas (ABNT):

FRAZÃO, Ana; MEDEIROS, Ana Rafaela Martinez. Desafios para a efetividade dos programas de *compliance*. In: CUEVA, Ricardo Villas Bôas; FRAZÃO, Ana (Coord.). *Compliance*: perspectivas e desafios dos programas de conformidade. Belo Horizonte: Fórum, 2018. p. 71-104. ISBN 978-85-450-0564-3.

OS REQUISITOS DE UM BOM PROGRAMA DE *COMPLIANCE*[1] [2]

RICARDO SIMONSEN

Um programa de *compliance* tem como finalidade assegurar que a empresa observe e adira aos princípios éticos, legais e às políticas corporativas em suas atividades. O termo *compliance* já é, por si só, explicativo, pois vem do verbo *to comply*, que significa agir e estar em conformidade com uma requisição ou uma regra. Dessa forma, estar em *compliance* significa que a empresa atua alinhada ao seu arcabouço normativo e regulatório.

Podemos encontrar na literatura definições mais específicas sobre o termo *compliance*, como a constante do *Guia – Programas de Compliance do Conselho Administrativo de Defesa Econômica (CADE)*:[3]

> *Compliance* é um conjunto de medidas internas que permite prevenir ou minimizar os riscos de violação às leis decorrentes de atividade praticada por um agente econômico e de qualquer um de seus sócios ou colaboradores.

A atuação do *compliance* deve se basear nos princípios de prevenção, detecção e resposta aos atos e eventos que não estejam em conformidade com as leis, normas e políticas da companhia. Existem

---

1 O autor agradece as contribuições de Cesar Cunha Campos, Márcio Santiago Câmara, Maria Alice da Justa Lemos e Sérgio Ribeiro da Costa Werlang.

2 FGV Projetos. Esse artigo expressa exclusivamente a opinião do autor, não representando a opinião da Fundação Getulio Vargas.

3 *Guia: Programas de Compliance – Conselho Administrativo de Defesa Econômica*, 2016, pág. 9. Outras definições podem ser encontradas na literatura ou no site de organizações como a Society of Corporate Compliance and Ethics.

várias leis e normas no âmbito corporativo que abrangem os temas ambiental, concorrencial, regulatório, contratação pública e processos licitatórios, financeiro e tributário, contábil, de direitos humanos, de relações de trabalho, mercado de capitais e sistema financeiro, de conflitos de interesses, corrupção e fraude, de confidencialidade de informações, de propriedade intelectual, de sustentabilidade, entre outros. Não atuar em conformidade com elas traz um potencial de impacto, pois aumenta o risco de diversas naturezas para a empresa, seus executivos, funcionários e colaboradores, que vão do financeiro e reputacional ao social.

O *compliance* deve ser visto, integrado à gestão de riscos e à governança corporativa, como instrumento de proteção e de geração de valor da companhia. A área de *compliance* deve manter comunicação com a alta direção e atuar de forma complementar as atividades de auditoria interna, ouvidoria, gestão de riscos e controles internos. Também deve contar com o apoio das áreas de comunicação, jurídica, de tecnologia de informação, de recursos humanos, administrativa, comercial, entre outras. No âmbito externo, o *compliance* deve acompanhar as ações junto aos auditores externos, órgãos reguladores e fiscalizadores.

Não há um modelo único de *compliance* para as empresas. As suas características ideais dependem, por exemplo, da atividade, da regulação do setor, do modelo de governança, da atuação geográfica, do tipo e do tamanho da empresa. Da mesma forma, encontramos o *compliance* com diferentes níveis de maturidade estratégica, passando desde modelos mais simples, em que apenas controla a conformidade ao código de conduta, até modelos mais completos, nos quais o monitoramento e a gestão dos riscos corporativos são feitos de forma integrada. Observa-se que, independente do seu nível estratégico, o *compliance* deve ter a estrutura ótima para atingir os seus objetivos.

Programas de integridade

Dentro dos programas de *compliance* um se destaca, o Programa de Integridade Corporativa. Segundo a CGU,[4] "um programa de integridade é o conjunto de medidas e ações institucionais voltadas para a prevenção, detecção, punição e remediação de fraudes e atos

---

[4] *Manual para a implementação de programas de integridade*: orientações para o setor público, 2017.

de corrupção". No âmbito das empresas privadas temos a definição constante do Decreto nº 8.420/15, que em seu artigo 41º menciona:[5]

> Programa de integridade consiste, no âmbito de uma pessoa jurídica, no conjunto de mecanismos e procedimentos internos de integridade, auditoria e incentivo à denúncia de irregularidades e na aplicação efetiva de códigos de ética e de conduta, políticas e diretrizes com objetivo de detectar e sanar desvios, fraudes, irregularidades e atos ilícitos praticados contra a administração pública, nacional ou estrangeira.

Essa definição de programa de integridade não esgota o tema nas empresas privadas, contudo alinha esse conceito para os casos constantes desse diploma legal. Esse tem sido um dos principais focos de atuação das áreas de *compliance* das empresas que se relacionam com o poder público, dado o seu impacto legal e reputacional.

A Lei nº 12.846/13 (Lei Anticorrupção), regulamentada pelo Decreto nº 8.420/15, e a Lei nº 13.303/16 (Lei das Estatais) são marcos na definição dos programas de integridade. A Lei Anticorrupção inovou ao trazer a responsabilidade administrativa e cível dos atos lesivos contra a administração pública praticados pelos funcionários de uma empresa para a pessoa jurídica, sem prejuízo da responsabilização de seus administradores e demais pessoas que participem do ato ilícito. Outra grande inovação foi trazer a possibilidade do acordo de leniência e a redução da sanção, se for reconhecida a existência de uma área de *compliance* efetiva. Já a Lei nº 13.303/16 inovou ao trazer a obrigação de adotar estruturas e práticas de gestão de riscos e controles internos nas empresas públicas e de sociedade mista.

O conceito de integridade para o setor público tem como referência o Guia de Integridade Pública da CGU: "Integridade pública, portanto, deve ser entendida como o conjunto de arranjos institucionais que visam a fazer com que a Administração Pública não se desvie de seu objetivo precípuo: entregar os resultados esperados pela população de forma adequada, imparcial e eficiente. A corrupção impede que tais resultados sejam atingidos e compromete, em última instância, a própria credibilidade das instituições públicas".

O setor público também conta com programas de integridade, induzidos pela Instrução Conjunta MP/CGU nº 01/2016, que estabeleceu a obrigação dos órgãos do Poder Executivo Federal de implementar, manter, monitorar e revisar os controles internos de gestão. Temos

---

[5] *Programa de integridade*: diretrizes para empresas privadas – Controladoria Geral da União, 2015.

como exemplo o modelo desenvolvido pelo Ministério do Planejamento recentemente, que também utilizou como referência as orientações da CGU.

Mudança cultural

Essa mudança cultural e normativa vem ocorrendo na esteira da melhoria dos processos de gestão e de governança corporativa das empresas brasileiras, do alinhamento aos acordos internacionais assinados pelo Brasil, da verificação recente dos grandes casos de corrupção e fraude no país e pela demanda da sociedade pela melhoria da ética nos negócios. Embora há algum tempo exista no Brasil e no exterior leis que versem sobre a corrupção e fraudes contra o patrimônio público, medidas vêm sendo tomadas pelos países para coibir práticas fraudulentas envolvendo lavagem de dinheiro, evasão de divisas, ocultação de bens e outros crimes financeiros. Nesse âmbito, acordos internacionais foram recentemente assinados pelo Brasil, como o Foreign Account Tax *Compliance* Act (FACTA) e o Common Reporting Stardard (CRS). Adicionalmente, os países vêm tomando medidas de aperfeiçoamento de suas leis ambientais, regulatórias e de direitos humanos, tendo como ponto de partida os incidentes ocorridos.

Como resultado, hoje o Brasil conta com normas modernas e ações dos órgãos de controle, de fiscalização e do Poder Judiciário, alinhadas às demandas da sociedade e à busca de maior eficiência. É certo que essas normas e ações vêm produzindo efeito e conscientização nas empresas, seus funcionários e dirigentes, assim como nos agentes públicos. Diante da pressão legal e social, com a mudança de cultura e valores, vemos que hoje há uma forte demanda pela estruturação da função de *compliance* que alinhe a atuação das empresas às leis e princípios éticos corporativos.

Ainda que os programas de *compliance* tenham se estabelecido inIcialmente em empresas do setor privado, atualmente observamos a evolução dessa tendência com o crescimento da implementação de programas de integridade em estatais e no setor público. Além da esfera federal, hoje encontramos várias inciativas de implantação de programas de integridade em estados e municípios.

A recomendação de se implantar um programa de *compliance* e integridade está presente nos guias de boas práticas corporativas[6] e

[6] Como, por exemplo, no programa de integridade para empresas públicas e privadas do Ministério de Transparência e Controladoria Geral da União, no Código das Melhores Práticas

encontra-se em iniciativas que visam ao reconhecimento de empresas éticas, seja pela certificação ou pela divulgação de *rankings*. Como destaque temos o selo "Empresa Pró-Ética" da Controladoria-Geral da União e do Instituto Ethos, e o *ranking* do Ethisphere Institute e o ISO 19.600 (Sistemas de Gestão de *Compliance*).

Apesar do destaque dado no Decreto nº 8.420/15 para os programas de integridade, a empresa deve contar com programas internos de *compliance* mais abrangentes que identifiquem e monitorem os demais riscos associados ao seu negócio. Além das leis e normas, em alguns casos podemos encontrar orientações específicas, como o guia com diretrizes lançado pelo CADE em 2016, para o caso de risco concorrencial. Como citado nesse guia, "nos casos em que as áreas de exposição são múltiplas, a maior efetividade será garantida na medida em que o *compliance* concorrencial seja desenvolvido e implementado não isoladamente, mas sim como parte mais amplo e abrangente de integridade e ética corporativas".

Já contamos com uma boa literatura sobre *compliance* e programas de integridade no Brasil.[7] Há diversos artigos e reportagens que discutem os conceitos, os pilares, a estrutura e os processos necessários, o papel da governança, os fatores de sucesso, dentre outros pontos relevantes. Porém, ter um programa de *compliance* é condição necessária, mas não é suficiente, para que uma empresa atue em conformidade. Isso posto, o objetivo desse artigo é contribuir para o debate trazendo uma visão sobre quais são os requisitos para o bom funcionamento de um programa de *compliance*, que efetivamente crie valor para a empresa.

Qual é o papel do *compliance*?

A área de *compliance* tem como finalidade atuar na prevenção, detecção e na resposta aos atos corporativos que não estejam em conformidade com a legislação, políticas e normas da companhia. Na prevenção, temos as medidas de caráter educativo (treinamento), de engajamento (comunicação), ações da alta administração e a documentação corporativa (código de conduta, políticas, normas e procedimentos). Na detecção, temos as ações de análise, investigação

de Governança Corporativa do Instituto Brasileiro de Governança Corporativa (IBGC), no Guia de Programas de Compliance do CADE, no Anti-Corruption Ethics and Compliance Handbook for Business do World Bank/OECD/UNODC, no Good Practice Guidance on Internal Controls, Ethics and Compliance da OECD, no Evaluation of Corporate Compliance Program do U.S. Department of Justice.

[7] A bibliografia citada é apenas parte dessa extensa literatura.

e monitoramento dos riscos. Na resposta, temos as ações de sanção e remediação desses atos, assim como de melhoria de modelos, práticas e produtos.[8]

Várias atividades da empresa podem trazer riscos associados ao *compliance*, por vezes apresentando caráter múltiplo. Podemos citar, como exemplo e de forma não extensiva, as seguintes atividades:

- Participações em licitações
- Licenciamento ambiental
- Oferecimento de benefícios a funcionários públicos
- Fusões, aquisições e reestruturações
- Fixação de preços
- Execução de projetos em comunidades
- Elaboração de demonstrativos financeiros
- Contratação de fornecedores
- Obtenção de registros, permissões, licenças ou outras autorizações
- Obtenção de tratamento fiscal diferenciado
- Oferecimento e recebimento de patrocínios e doações
- Elaboração e revisão de contratos de obras e serviços
- Compra e venda de valores mobiliários
- Prestação de serviços

Observa-se que a área de *compliance* não deve restringir a sua atuação à conformidade legal e regulatória, mas também abranger ética, padrões/acordos voluntários e melhores práticas, tendo a visão de risco como premissa. A existência de uma área de *compliance* auxilia a empresa na boa gestão de riscos corporativos e sinaliza para a sociedade que a empresa está alinhada aos critérios de sustentabilidade socioeconômica. Como encontramos no documento do IBGC (2017), há o conceito de "estar em *compliance*", que é operacional, visando ao cumprimento obrigatório da legislação e políticas, e o conceito de "ser compliant", que é o cumprimento consciente e deliberado desses normativos, guiado pelos princípios e valores da organização.

A área de *compliance* está na 2ª linha de defesa da companhia e deve atuar em conjunto com as demais áreas, visando à maximização da sua eficiência e minimização de seus custos e dos riscos.

---

[8] Pode-se encontrar na bibliografia essa classificação com pequenas variações, como no *Compliance à Luz da Governança Corporativa do IBGC* ou na *Pesquisa Maturidade do Compliance no Brasil*, 2ª edição, da KPMG.

<table>
<tr><td>1ª linha de defesa</td><td colspan="2">Áreas de negócio e suporte operacional
Documentos, governança, políticas e código de conduta</td></tr>
<tr><td rowspan="3">2ª linha de defesa</td><td>Ouvidoria</td><td>Compliance</td></tr>
<tr><td>Gestão de riscos</td><td>Corregedoria</td></tr>
<tr><td>Controles internos</td><td>Contabilidade</td></tr>
<tr><td>3ª linha de defesa</td><td colspan="2">Auditoria interna e externa
Comitê de Auditoria</td></tr>
</table>

A área de *compliance* tem uma função econômica e social: apoio à indução da alocação eficiente de recursos pelo setor público e privado. As leis têm caráter indutivo e punitivo. É necessário que existam bloqueios dentro das corporações e dos órgãos públicos que permitam a detecção antecipada de atos ilegais e que promovam a correção a tempo. As ações preventivas e corretivas, seja pela indução ao "fazer correto" ou pela detecção e remediação do erro, têm um caráter fundamental na eficiência econômica.

Implantar uma área de *compliance* gera custos para a empresa, sejam eles (i) diretos, tais como: o salário das equipes, recursos materiais, investimentos em processos e sistemas, programas de treinamento e comunicação, contratação de terceiros, alocação de tempo da alta administração e funcionários, passagens e hospedagens, consultorias; ou (ii) indiretos, tais como equipes administrativas, financeiras, recursos humanos, entre outras. A estruturação da função de *compliance* não deve ter como princípio a burocracia, com procedimentos e controles excessivos, mas sim, a partir de uma atuação independente, o estabelecimento de uma integração com as áreas de negócios que aperfeiçoe os processos, procedimentos e práticas dessas áreas, adequando-os aos riscos de *compliance*. Para isso, nunca é demais lembrar os seus benefícios, que devem superar os custos em uma razão altamente favorável:

- Proteção à marca e à sustentabilidade da empresa
- Ganho de imagem, credibilidade e reputação
- Proteção à alta administração
- Ampliação ao acesso a mercados financeiros
- Identificação e mitigação de riscos
- Redução do risco financeiro e do custo de capital
- Manutenção do acesso a contratos públicos
- Alocação eficiente de recursos
- Atração de parcerias e de funcionários

Funcionamento da área de *compliance*

Para que a atividade de *compliance* atinja os seus plenos benefícios, ela deve se basear em seis pilares estratégicos:

Não se pode falar do funcionamento eficaz de uma área de *compliance* sem inicialmente mencionar a importância do compromisso da alta direção. Esse primeiro pilar é o que permite a área receber os recursos necessários, ter o funcionamento adequado e tomar as providências para prevenir, detectar e remediar os atos não conformes dos funcionários da empresa e partes relacionadas. O programa de *compliance* não será efetivo se os funcionários e as partes relacionadas não tiverem segurança de que as denúncias serão devidamente analisadas, dentro de um ambiente de segurança institucional, ou se desconfiarem que o programa de detecção de fraudes é seletivo. Essa credibilidade é fundamental para o correto funcionamento do *compliance*.

A demonstração do compromisso da alta direção com o *compliance* pode se dar por diversos modos, como, por exemplo:

- definindo uma área e um executivo responsável pelo *compliance*;
- aprovando e acompanhando um plano estratégico e operacional para o *compliance*, com o estabelecimento de objetivos e metas;

- incorporando o tema *compliance* nas pautas de suas reuniões;
- analisando o relatório das atividades de *compliance*;
- adotando uma conduta alinhada com os valores éticos da empresa;
- participando dos programas de treinamento e comunicação, e dos comitês de controles internos, com a incorporação do assunto em seus discursos;
- aprovando recursos suficientes para investimento, manutenção e operação do *compliance*, sempre buscando um elevado padrão e adoção das melhores práticas;
- apoiando as ações de integração do *compliance* à vida corporativa;
- apoiando as ações de prevenção, investigação e as providências de sanção e remediação.

O segundo pilar trata da estrutura de governança. Em relação a esse tema, a empresa deve contar com um *compliance* que tenha independência, autonomia, conhecimento dos processos e relacionamento com as demais áreas de controle da companhia. A independência e autonomia em relação às demais áreas são fundamentais para que o *compliance* funcione sem conflitos de interesses. É importante que as recomendações do *compliance* sejam consideradas na tomada de decisão em relação aos casos investigados ou na melhoria de processos e de produtos.

Há vários modelos organizacionais para a área de *compliance*:

i) a área de *compliance* se reporta diretamente ao diretor-presidente (CEO) – é orientado para controle, com benefícios de independência e empoderamento;
ii) a área de *compliance* se reporta diretamente ao Conselho de Administração – tem perfil similar. Se por um lado ganha em independência, por outro lado perde na integração e na agilidade;
iii) a área de *compliance* se reporta diretamente ao Diretor Financeiro (CFO) – é orientado para a exploração de sinergias com essa área, sendo menos eficientes na independência, autonomia e na especialização de temas específicos, como integridade;
iv) a área de *compliance* se reporta ao diretor jurídico – é orientado para os aspectos legais, explorando as sinergias do conhecimento dessa área com a atividade de *compliance*;

v) há outros modelos em que, por exemplo, a área se reporta ao chefe de *compliance* (COO) regional ou global, ou ao diretor de risco, nesse com a vantagem de trazer uma visão integrada de riscos.

Não há um modelo definido, pois cada empresa pode buscar as vantagens inerentes a cada um. A governança e as características da companhia podem definir diferentes modelos de *compliance*. Porém, independentemente do modelo escolhido, as responsabilidades da Diretoria e do Conselho de Administração em relação ao *compliance* devem ser claras e objetivas; ambos têm papel fundamental para o sucesso dessa atividade. Recomenda-se também que, para empresas de maior porte, a área de *compliance* seja supervisionada por um Comitê de Ética e *Compliance*. Considerando a importância da independência e autonomia, alguns especialistas recomendam que, se for necessário reforçar essas características, haja um membro independente nesse Comitê.

O terceiro pilar, que trata da infraestrutura, abrange o canal de denúncia, os equipamentos e os sistemas de informações e de dados, de registros, de detecção, de análise, de gestão, de controle e performance, repositórios, assim como recursos humanos qualificados e suficientes. O canal de denúncia deve ser facilmente acessível a qualquer funcionário da empresa ou terceiros, por meio de telefone, *e-mail*, portal *web* ou carta, e a sua forma de acesso deve ter ampla divulgação na companhia. A informação recebida no canal de denúncia deve ser tratada confidencialmente e, quando associada ao *compliance*, repassada para a classificação e posterior investigação dessa área, que pode contar com o apoio de terceiros especializados.

Outro ponto fundamental é o acesso às informações que permitam a detecção e apuração de inconformidades, incluindo contratos, *e-mails*, transações financeiras, registros contábeis, notas, bases de preços, entre outras, que devem ser complementadas com bases de dados externas. A área deve contar com uma moderna estrutura tecnológica e ferramentas que permitam a identificação, a detecção e a avaliação dos riscos, assim como o controle das ocorrências e do andamento dos processos. Recomenda-se que a base de dados cadastral e de controle de riscos seja integrada na empresa. O desafio da tecnologia em *compliance* é um tema tratado em diversos artigos.

O quarto pilar refere-se aos documentos e aos processos que regem a atuação da empresa. Os documentos são os normativos que apresentam as diretrizes relacionadas ao programa de *compliance* e norteiam o comportamento da alta direção, funcionários, colaboradores, fornecedores e partes relacionadas. Os principais documentos elaborados pela área e disponibilizados são:

- código de conduta;
- regimento da área de *compliance* e do comitê de *compliance*;
- manual de *compliance*;
- políticas[9] e normas;
- dicionário de riscos;
- principais processos corporativos e procedimentos;
- cartilhas, guias, *folders, FAQs* e materiais web com finalidade educativa e de disseminação dos valores éticos, normativos e da atuação do *compliance*.

Construir documentos claros e objetivos, que fixem os conceitos, normas e procedimentos, que não sejam extensos ou burocráticos, é um desafio. Esses documentos devem ser de fácil acesso, assim como estar em um repositório. Além desses documentos, a área de *compliance* deve contar (i) com documentos operacionais – como, por exemplo, o KYC ("Know Your Customer"); registros de fornecedores e clientes; e documentos gerenciais, relacionados à detecção, investigação, classificação e análise dos casos, e medidas corretivas e saneadoras; e (ii) com documentos gerenciais, incluindo resultados do monitoramento, evolução dos riscos, acompanhamento dos programas, performance da área, etc.

Por sua vez, os processos da área devem ser claros, conhecidos e observados pela equipe de *compliance*. Entre os processos internos bem estabelecidos, temos os referentes à elaboração e aprovação de normas internas; classificação e mapeamento de riscos; *due-diligence*; análise das denúncias, formas de apuração, investigação e remediação; análise e monitoramento dos riscos, de reporte das denúncias e identificação das inconformidades; recomendação de ações corretivas, avaliação e testes do programa de *compliance*, disponibilização do código de conduta e outros diversos documentos. Os processos e procedimentos devem ser conhecidos pelas áreas de negócio, lembrando que esses, em

---

[9] Exemplos: prevenção à corrupção, prevenção à lavagem de dinheiro, transações entre partes relacionadas, patrocínios e doações, participação em licitações, relacionamento com agentes públicos, brindes e hospitalidade, fornecedores, conflitos de interesses e partes relacionadas, conheça o seu cliente/fornecedor, registros e controles contábeis, contratação de terceiros, segurança da informação, fusões e aquisições, controles internos e *compliance*, politica concorrencial, entre outras.

conjunto com documentos de *compliance*, fornecem a segurança jurídica e operacional necessárias para a atuação da área.

O quinto pilar são as atividades de análise de riscos e monitoramento. Um bom programa de *compliance* se baseia nas seguintes linhas de atuação da área de *compliance*:

- estruturação de base de dados e acompanhamento de legislações, regulamentos e normas;
- mapeamento dos processos e procedimentos internos;
- classificação e mapeamento dos riscos;
- definição das métricas de riscos;
- identificação, análise e avaliação dos riscos e da forma de tratamento;
- monitoramento dos riscos (em processos, procedimentos, transações, contratos, informações etc.);
- implementação de procedimentos, normas e do código de conduta;
- elaboração do plano de gestão de riscos;
- estruturação das bases de dados cadastrais, de informações e de registros;
- estruturação dos bancos de dados sobre *compliance*: preços, transações, eventos, contratos, registros, etc.;
- especificação e operação dos sistemas de informação e controle;
- *due-diligence* e análise de risco em clientes, fornecedores e colaboradores;
- gerenciamento do recebimento das denúncias de *compliance* e investigação;
- recomendações de melhorias contínuas em procedimentos, produtos e serviços;
- esclarecimento de dúvidas e orientação às áreas na implantação das medidas e procedimentos de *compliance;*
- conclusão das apurações e relatórios.

Adicionalmente, a área elabora e acompanha os indicadores de performance, com a evolução do sucesso do programa de redução de riscos, e verifica o funcionamento do programa de *compliance* através de testes e auditorias periódicas, revisando o plano operacional dentro do conceito P/D/C/A. É importante a definição de métricas corretas para a gestão do *compliance*. A área apresenta relatórios periódicos para a alta direção a partir das análises dos riscos de *compliance*, assim como fornece apoio às áreas de negócios e administrativas na definição de planos de redução de riscos. A análise e o monitoramento devem ser feitos a partir dos princípios de aderência legal e de análise de riscos, individuais e conjuntos. O *compliance* ajuda a assegurar que os pontos indicados pelas auditorias interna e externa serão corrigidos.

Os planos estratégicos e operacionais da área devem ser elaborados e discutidos com a alta direção, assim como análise da performance e aderência às metas de *compliance*. É importante o entendimento do nível de risco atual, o grau de tolerância e o estabelecimento de metas. Adicionalmente, a área deve construir o plano de gestão de riscos de *compliance*, o plano de disseminação do *compliance*, os programas de melhorias em produtos, procedimentos, serviços e práticas, o plano de contingência e de remediação, entre outros.

A lista acima não é exaustiva, pois a área possui uma dinâmica própria e, como já mencionado, o seu escopo é diferente de acordo com as necessidades da empresa. A área pode contar com o apoio de especialistas, sempre que necessário. Caso a área seja supervisionada por um Comitê de Ética e *Compliance*, este pode ter as seguintes atribuições:

- aprovação e revisão do plano estratégico e operacional da área de *compliance*;
- aprovação e revisão do programa de comunicação e treinamento;
- acompanhamento da adequação das políticas, do código de conduta, dos procedimentos e dos demais normativos internos;
- aprovação do manual de *compliance* e principais documentos;
- deliberação e/ou encaminhamento dos casos trazidos pela área de *compliance*;
- acompanhamento da gestão dos riscos de *compliance* e da implementação de melhorias;
- avaliação da efetividade do funcionamento da área de *compliance*;
- análise ou aplicação de sanções previstas em normas internas.

O sexto pilar é formado pelos programas de treinamento e de comunicação. O treinamento deve ser ministrado a todos os funcionários, prestadores de serviços, fornecedores e colaboradores, em linguagem clara e acessível, através de aulas, palestras, *workshops*, *folders*, e canais *on-line*, com a equipe de *compliance* e especialistas externos. As cartilhas, guias e materiais dos cursos devem ser objetivos e aplicados à realidade da empresa, sempre que possível. Algumas empresas utilizam ferramentas tecnológicas modernas e jogos, discutem casos existentes e potenciais, e por meio do treinamento mostram os benefícios e consolidam os valores éticos da corporação. A eficácia do programa de treinamento deve ser avaliada periodicamente, e este deve ser dado em todas as regiões onde a empresa atua, respeitando os aspectos culturais.

A comunicação não é menos importante. É um instrumento de conscientização permanente e um meio de mostrar o compromisso da empresa com a prática do *compliance*. A comunicação deve ser feita de forma a atingir os diferentes públicos da empresa, internos e externos, tendo em mente os fatores culturais, sociais e econômicos, especialmente se tiver uma atuação multinacional. Pode-se usar avisos, agentes de *compliance*, *e-mails*, canais televisivos corporativos, vídeos, jornais corporativos, *banners*, canais *web*, entre outros, com pequenas mensagens ou palestras. A palavra da alta direção e seus atos são fundamentais.

Fatores diferenciais na implantação do *compliance*

Determinar quais são os fatores que geram esse diferencial não é simples, pois, em tese, o sucesso depende do funcionamento integrado dos seis pilares. Algumas pesquisas mostram que os fatores mais relevantes são associados à capacidade de conscientização da importância do *compliance* e mobilização da empresa, assim como a compreensão e monitoramento dos riscos da empresa. Esses resultados confirmam a percepção de que, em geral, uma empresa é capaz de construir a sua estrutura de *compliance*, porém enfrenta um desafio em incorporá-la à cultura corporativa e estruturar indicadores aderentes aos objetivos do *compliance*.

Buscando integrar essa visão com os pilares listados anteriormente, selecionamos três pilares cujas implantações são críticas e desafiadoras. O primeiro pilar determinante é o efetivo comprometimento da Diretoria e do Conselho de Administração. É necessário que os funcionários e executivos percebam que o programa é uma prioridade da alta direção. É esse compromisso que viabiliza a entrada da área de *compliance* nos negócios da empresa, permite que a área de *compliance* seja ouvida e que as ações corretivas sejam tomadas. Para isso é necessário que a alta direção não veja o *compliance* apenas como uma forma de ter uma salvaguarda para problemas, mas sim compreender a sua capacidade de geração de valor. Dessa forma, o real desafio não é a criação, mas sim o entendimento do seu valor.

O segundo pilar determinante é a identificação, análise e monitoramento dos riscos. Esse trabalho demanda experiência, conhecimento do negócio e de seus processos, assim como uma compreensão das fontes de risco, ambiente normativo e capacidade analítica. Um fator-chave é a integração da área de *compliance* com as áreas de negócios. Nessa integração, o *compliance* deve conhecer os produtos e serviços, clientes, fornecedores e prestadores de serviços, assim como processos de contratação e de pagamentos. O papel do agente de *compliance* é fundamental, na difusão dos conceitos e valores de *compliance* e apoio no entendimento dos riscos. Esse agente (i) ajuda nos treinamentos e na comunicação, (ii) apoia as ações de identificação, de prevenção e de redução de riscos, incluindo a melhoria de procedimentos, (iii) atua como facilitador nos testes de *compliance*, e (iv) promove a aplicação e fixação dos conceitos de *compliance* nas áreas, visando garantir a aderência às leis, políticas e normas.

O terceiro pilar é a capacidade de conscientizar os funcionários e executivos por meio do treinamento e da comunicação. Esse é um ponto recorrente nas entrevistas com gestores de *compliance*. É necessário um trabalho permanente, lúdico, que permita incorporar os valores e as ações no dia a dia da empresa. Um funcionário pode tirar nota dez em um exame e no dia seguinte cometer um ato lesivo para a sua empresa, se não tiver a conscientização do seu ato para a empresa e para si. A solução não se dá apenas por treinamentos periódicos ou peças de comunicação, mas sim pela integração da responsabilidade corporativa aos negócios e exemplo da alta direção.

A literatura aponta outros fatores críticos. Por exemplo, Chen e Soltes[10] trazem a importância da falta de capacidade de se mensurar riscos, ocorrências, sucesso do treinamento, e avaliação contínua do programa de *compliance*. Eles citam especificamente métricas incompletas ou inválidas, autorreporte e viés de seleção, confusão entre reponsabilidade legal e efetividade de *compliance*.

O *compliance* nas estatais

A Lei nº 13.303/16 definiu um novo modelo de governança e processos de licitações para as estatais. Trata-se de uma lei inovadora no arcabouço legal nacional e que vem atender a demanda da sociedade para que as estatais tenham aderência às suas finalidades e que funcionem a partir das boas práticas de governança.

ENTRE as obrigações definidas na Lei nº 13.303/16, o artigo 9º determina que a empresa pública e a sociedade de economia mista adotarão regras de estrutura e práticas de gestão de riscos e controles

---

[10] CHEN, Hui; SOLTES, Eugene. Why Compliance Programs Fail, and how to fix them. *Harvard Business Review*, April/May 2018.

internos, com a elaboração de um código de conduta e integridade, a estruturação de um canal de denúncias, que tenha processos que permitam a sanção em caso de violação a esse código, e que conte com uma política de treinamento. Ainda nesse artigo, a lei determina que a área responsável pela verificação do cumprimento de obrigações e de gestão de riscos deva ser independente, ficar vinculada ao diretor-presidente, e ser liderada por diretor estatutário.

Ao trazer a necessidade de se ter uma área de gestão de riscos e controles internos nas estatais, a lei alinha as práticas dessas empresas públicas e sociedades de economia mista às boas práticas observadas no setor privado. As estatais têm particularidades no tratamento do combate à corrupção que devem ser pontos de atenção. A principal particularidade é o fato de os seus funcionários poderem estar no polo ativo ou passivo da corrupção, o que já traz um fator de complexidade na definição de processos e procedimentos internos. Esse ponto deve ser combatido através de uma normatização corporativa adequada e um claro compromisso com o funcionamento da área de *compliance* em todas as instâncias.

Além da criação da função de gestão de risco e de controles internos, a lei aborda pontos importantes relacionados à melhoria da governança corporativa[11] e gestão de riscos que, trabalhando em conjunto com o *compliance*, formam o tripé de sustentação da atividade corporativa.

Melhoria do ambiente de negócios

A melhoria das práticas nos setores privado e público é fundamental para o incremento do ambiente de negócios, e a estruturação das áreas de *compliance* tem papel fundamental nesse processo. Porém, também é necessário que algumas normas sejam aperfeiçoadas para que as atividades que dependam da interação entre o setor público e privado tornem-se mais eficientes. Esse tema tem sido debatido em eventos[12] e entre as críticas temos:

i) projetos mal especificados e sem a devida análise de viabilidade técnica e financeira, ou sem objeto bem definido;

---

[11] Criação da atividade de auditoria interna e Comitê de Auditoria Estatutário, critério de seleção de membros e atividades do Conselho de Administração, conceito de função social.

[12] Como o seminário Obras Públicas em Tempo de Crise, promovido pela FGV em junho de 2017.

ii) contratos assumidos sem capacidade orçamentária;
iii) falta de capacidade de fiscalização especializada;
iv) alocação ineficiente de riscos;
v) atraso no cumprimento das obrigações contratuais pelo setor público e privado.

Todos os pontos destacados acima geram incertezas e a possibilidade de atrasos, aditivos, rescisões e revisões de valores, com aumento de custos e perda de eficiência para a sociedade.

Um maior investimento no planejamento físico e financeiro, com projetos básicos bem detalhados e orçamentos estruturados; melhoria dos processos licitatórios, promovendo a competição; melhor segmentação de riscos, adequando a taxa de remuneração do investidor privado ao risco suportado; a adoção de verificações independentes referentes aos aspectos físicos e financeiros, antes e durante a execução do contrato; uma execução orçamentária clara e previsível; contratos com reajustes tarifários objetivos; solução administrativa e judicial ágil; são algumas medidas que tornarão o ambiente de negócio mais seguro e eficiente.

Há algum tempo o Poder Legislativo discute mudanças na Lei nº 8.666/93 visando a modernizá-la. Os processos de contratação já vêm sendo ajustados aos poucos com a adoção do RDC – Regime Diferenciado de Contratações e dos mecanismos previstos na Lei nº 13.303/16 para as estatais. Ainda que ações mostrem que o país vem avançando no arcabouço regulatório, sem perder de vista as necessidades de controle do setor público, há muito a ser feito.

O funcionamento do *compliance*: aplicação a um programa de integridade

Abaixo é apresentado um modelo baseado na teoria dos jogos para explicar o racional do funcionamento de uma área de *compliance*. Ao trazer o resultado dessa análise para a realidade, devemos ter em mente que se trata de um modelo simplificado, com foco no tema integridade, cuja finalidade é discutir algumas características dessa área na empresa e os incentivos envolvidos.

O jogo tem quatro etapas, de acordo com a figura e descritas a seguir:

i) na primeira etapa, a empresa decide que grau de *compliance* deseja ter. Pode-se ter um *compliance* com um filtro maior ou menor. Isso se reflete em uma maior probabilidade de detectar fraudes (probabilidade α). Quanto maior a probabilidade, maior será o custo dessa área ($C(\alpha)$). A empresa escolhe $\alpha \in [0, 1]$;

ii) na segunda etapa, o executivo da empresa decide se fará o negócio seguindo os princípios éticos ou não. Toma o caminho "F" (fraude) se violar a ética e o caminho "E" (ética) se seguir o código de conduta. O executivo tem informação sobre o nível de *compliance* da empresa (probabilidade α);

iii) na terceira etapa, a área de *compliance* analisa os negócios da empresa. Se o caminho escolhido pelo executivo for "E", a operação será aprovada. Se o caminho escolhido for "F", há uma probabilidade α de a fraude ser detectada e o negócio ser interrompido com uma sanção para o executivo (perde o valor presente dos seus salários futuros, por exemplo, denominado de S no jogo). A empresa perde o valor A, pois detectou o problema, mas fará um acordo de remediação;

iv) na quarta etapa, caso o negócio lesivo não seja detectado pelo *compliance*, há uma probabilidade "p" de a fraude ser detectada pelas autoridades.[13] Se for detectada, o executivo perde P_E e a empresa perde P_C, associado à perda de negócios, reputação, acesso a financiamentos externos, entre outras sanções econômicas e sociais. Se a fraude não for detectada, o executivo ganha o valor G_E e a empresa o valor G_C.

Em cada vértice final há o resultado para o executivo e para a empresa. Consideramos um jogo sequencial. Os resultados do executivo e da empresa estão dentro dos parênteses, nessa ordem.

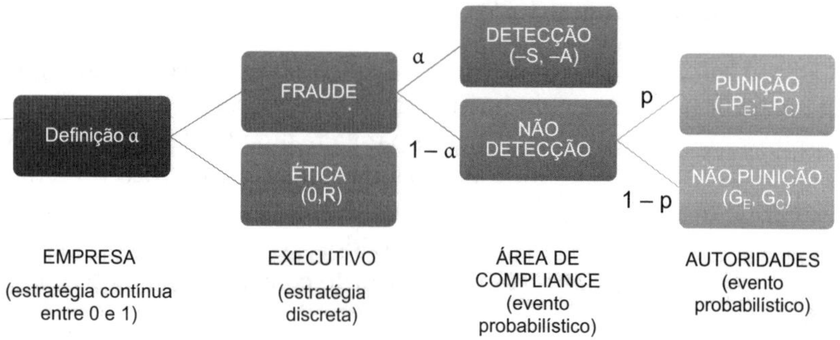

[13] É a probabilidade estimada pela empresa e pelo executivo, que podem ser diferentes na prática.

R – valor do resultado do negócio para a empresa em condições normais

S – valor presente dos salários do executivo

A – custo de remediação em caso de detecção da fraude

Pj – perda para o executivo (j = E) ou a empresa (j = C), caso as autoridades identifiquem a fraude

Gj – ganho para o executivo (j = E) ou a empresa (j = C), caso as autoridades não identifiquem a fraude

E_E(F/NC) – valor esperado do executivo caso opte pelo caminho F e não seja detectado pelo *compliance* = $p. (-P_E) + (1 - p). G_E$

E_C(F/NC) – valor esperado da companhia caso o executivo opte pelo caminho F e não seja detectado pelo *compliance* = $p. (-P_C) + (1 - p). G_C$

Dada uma probabilidade α, temos que o executivo ganha 0 se escolher o caminho "E" e ganha $(-S) . \alpha + (1 - \alpha). E_E(F/NC)$ se escolher o caminho "F". O executivo escolhe "E" se $\alpha > E_E(F/NC) / (S + E_E(F/NC))$[14], ou "F" caso contrário.

Induzir um comportamento ético demanda que a empresa monte um *compliance* que tenha uma probabilidade igual ou superior a $\alpha^* = E_E(F/NC) / (S + E_E(F/NC))$. O resultado é intuitivo: quanto maior o valor presente do benefício capturado pelo executivo com a fraude, maior deverá ser o controle que induza o comportamento ético. Da mesma forma, quanto maior for o salário do executivo e a perda de empregabilidade futura, mais ele terá a perder caso o seu comportamento irregular seja detectado. Aqui temos um ponto central. O *compliance* da empresa e as autoridades atuam de forma complementar na indução do comportamento dos executivos.

Como o *compliance* tem custos, a empresa optará pelo *compliance* que gera a probabilidade α^* para induzir o executivo a escolher o caminho ético. Não é necessário fazer o *compliance* de maior custo, mas sim o *compliance* ótimo.

Porém, a empresa pode optar por um *compliance* "mais fraco" e deixar o executivo escolher o caminho "F". A empresa tomará essa decisão se houver um α, em que:

$$R - C(\alpha^*) < \alpha. (-A) + (1 - \alpha). E_C(F/NC) - C(\alpha)$$

Se, para simplificar, considerarmos que a função é decrescente com α, então se $R - C(\alpha^*) < E_C(F/NC)$ (ou seja, se o valor esperado em

[14] $E_E(F/NC) > 0$ por hipótese, caso contrário o executivo não tem interesse em cometer o ato lesivo.

deixar o executivo fraudar for positivo) a empresa optará pelo pior caminho social escolhendo $\alpha = 0$. Caso contrário, se $R - C(\alpha^*) > E_C(F/NC)$, a empresa terá o *compliance* α^* e o executivo optará pelo caminho ético. O caminho escolhido depende das variáveis do modelo. O objetivo é que as empresas escolham o caminho do *compliance* forte.

A questão é: para a sociedade há ganhos se a empresa escolher α^*. Esses ganhos não estão capturados no jogo acima. As autoridades têm mecanismos, através da fiscalização, controle e sanção social (no modelo simples seria a calibragem de parâmetros como a probabilidade p, P_E e P_C), para a seleção ótima de α^*. Como na prática o sistema de *compliance* é formado por diferentes negócios e executivos, as autoridades podem calibrar os parâmetros de forma que α^* atinja o valor socialmente eficaz, incluindo os negócios mais relevantes.[15]

Desse jogo, observamos as seguintes conclusões:

i) quanto maior o benefício de curto prazo do executivo ao cometer a fraude, maior será o nível de *compliance* requerido;
ii) quanto maior o custo financeiro e reputacional para o executivo, menor o custo de *compliance*;
iii) quanto maior a perda para a empresa – incluindo a perda de valor de suas ações, perda de capital humano, entre outros – maior será a probabilidade de a empresa ter um *compliance* eficaz;
iv) um custo de implantação de *compliance* muito elevado desestimula a sua adoção.

Esses resultados, ainda que intuitivos, mostram a importância dos pontos citados anteriormente e a seguir. Primeiramente, um arcabouço legal que aumente a responsabilização da empresa é fundamental para que a área de *compliance* seja efetivada. Da mesma forma, é importante que haja um custo legal e reputacional imposto pela sociedade. São as perdas potenciais que fazem a empresa incorrer nos custos de *compliance* e essas perdas podem se dar pelos custos legais ou pelas consequências para a sustentabilidade de seus negócios. O que a alta direção deve ter em mente é que a efetividade do *compliance* é o que importa, ou seja, fazê-lo funcionar.

[15] O modelo é uma simplificação, pois na prática o executivo pode ter diversas estratégias, incluindo estratégias mistas. Adicionalmente, a empresa tem diversos valores de α^*, um para cada área e perfil profissional. Escolher um único α^* para toda a empresa não é a melhor solução, mas sim classificar os riscos potenciais e escolher diferentes valores de α^*.

O segundo ponto é sobre a necessidade de se contar um sistema investigativo permanente dos órgãos de fiscalização, investigação e controle. É importante reforçar o papel desses órgãos, cuja finalidade social principal não deve ser a de punir, mas sim a de, pela sua existência eficaz, disciplinar ou induzir à atitude correta. Quanto menor o benefício esperado pelas empresas com a fraude, maior a probabilidade de implantarem sistemas eficazes. O menor benefício se dará pela maior probabilidade de detecção ou pelo maior impacto financeiro.

O terceiro ponto é a necessidade de um sistema administrativo e judiciário ágeis, que possam tomar as medidas de forma rápida, sem incertezas processuais. Isso aumenta a certeza e o valor presente do impacto para a empresa e para o executivo que cometem fraudes.

O quarto ponto mostra que é necessário que as empresas tenham sistemas de *compliance* que entendam os incentivos da organização e de seus executivos e que atuem de forma eficiente e eficaz, difundindo a cultura, mapeando os riscos e tomando as ações corretivas. As ações éticas devem ser valorizadas e, com o apoio do canal de denúncia, tornarão o *compliance* mais eficiente, com menor incentivo a atos ilícitos.

O último ponto mostra a importância de se estruturar uma área de *compliance* que seja eficaz e tenha um custo compatível com os seus objetivos e benefícios socioeconômicos. Uma empresa que está sujeita a um grande prejuízo se for pega cometendo um ato lesivo certamente está disposta a investir bastante em um forte sistema de *compliance*. Porém, é importante que as empresas sujeitas a menor impacto também tenham esse incentivo.

Todo modelo simplificado traz um risco. No caso, poderia parecer que quanto menor o incentivo do executivo, menor deve ser o *compliance*. Na realidade, temos assimetria de informações (quando a "p" e α), o uso de estratégia mista e informação incompleta. O que ocorre na prática é que um executivo comete um ato lesivo quando acredita que tem um alto benefício relativo e baixa probabilidade de ser identificado. Nesse caso, como o que importa é a sua expectativa, acredita que $E_E(F/NC)$ é elevado. Isso demanda uma ação de *compliance* mais forte sempre que um executivo não tem valores éticos e acredita que "descobriu" um jeito de aumentar o seu valor esperado. Como a empresa não sabe quando isso ocorre, precisa manter um α^* baseado em suas premissas de risco potencial (mapa de risco). Assim, na realidade a empresa escolhe α sem ter certeza da estratégia do executivo, que pode mudar no tempo. Dessa forma, α^* na prática dependerá de outros fatores, incluindo a perda potencial da empresa.

Por isso os valores éticos são tão importantes: permitem que o executivo tenha responsabilidade social e corporativa de seus atos e não busque mecanismos que aumentem o valor esperado em atos lesivos. A chave é o investimento em educação, que otimiza o *compliance* e aumenta os seus benefícios.

Conclusão

As empresas vêm passando por uma mudança de paradigma com a implementação de suas áreas de *compliance* e programas de integridade, com a mudança do ambiente regulatório e com a demanda da sociedade pelo aperfeiçoamento da ética nos negócios. Embora o seu valor seja reconhecido, a eficácia dessa área depende de uma mudança cultural nas empresas.

A construção de uma área de *compliance* adequada aos seus objetivos estratégicos é um processo trabalhoso e sistemático. Neste artigo, procuramos discutir os requisitos de um bom programa de *compliance*, a partir de uma visão dos seus pilares, e os principais desafios para a sua implementação, com destaque para o compromisso da alta direção, que é a força motriz da mudança cultural, o entendimento e mensuração dos riscos e a difusão dos valores e normas éticas. É importante transmitir o valor do *compliance* aos tomadores de decisão na empresa, fortalecendo o papel da área.

Ainda que haja uma vasta literatura sobre estruturas de *compliance*, modelos de documentos internos, canais de denúncias, formas de treinamento e comunicação, cada empresa tem suas particularidades e, portanto, a necessidade de um modelo próprio. O principal desafio está em construir uma área com características próprias, cuja atividade permeie a organização e norteie a condução dos seus negócios.

Neste artigo também trouxemos à discussão os fatores que induzem a implantação eficaz de um programa de *compliance* a um custo razoável. Essa é a solução socialmente ótima, pois a atuação das empresas em conformidade com as leis gera externalidades para a toda a sociedade.

Referências

ASSOCIAÇÃO BRASILEIRA DE NORMAS TÉCNICAS. *ISO 19600: Sistema de Gestão de Compliance Diretrizes*. Rio de Janeiro, RJ, 2016.

BRASIL. Controladoria-Geral da União. *Guia da integridade pública*: orientações a Administração Pública federal: direta, autárquica e fundacional. Brasília, DF: CGU, set. 2015.

BRASIL. Controladoria-Geral da União. *Guia de Implantação de Programa de Integridade nas Empresas Estatais*. Brasília, DF: CGU, dez. 2015.

BRASIL. Controladoria-Geral da União. *Programa de integridade:* diretrizes para empresas privadas. Brasília, DF: CGU, set. 2015.

BRASIL. Ministério da Justiça. Conselho Administrativo de Defesa Econômica. *Guia Programas de Compliance.* [S.L., s.n.], 2016.

BRASIL. Ministério da Transparência e Controladoria-Geral da União. *Manual de implementação de programas de integridade:* orientações para o setor público. Brasília, DF: CGU, jul. 2017.

CHEN, Hui; SOLTES, Eugene. *Why compliance programs fail and how to fix them.* Harvard Business Review, [S.L], mar./abr. 2018.

DELLOITTE. *Lei Anticorrupção*: um retrato das práticas de compliance na era da empresa limpa. 2014.

FUNDAÇÃO GETULIO VARGAS. *Caderno FGV Projetos Compliance, Gestão e Cultura Corporativa*, Rio de Janeiro, n. 28, nov. 2016.

GORDON, Steven D. *Implementation of effective compliance and ethics programs and the federal sentencing guides.* Corporate *Compliance* Answer Book. 2018.

INSTITUTO BRASILEIRO DE GOVERNANÇA CORPORATIVA. *Compliance à luz da governança corporativa.* São Paulo, SP: IBGC, 2017. (Série: IBGC Orienta).

INSTITUTO BRASILEIRO DE GOVERNANÇA CORPORATIVA. *Guia de orientação para o gerenciamento de riscos corporativos.* São Paulo, SP: IBGC, 2007 (Série de Cadernos de Governança Corporativa, 3).

KPMG. *Pesquisa de maturidade do compliance no Brasil.* 2. ed. [S.L.: s.n.], 2017.

MCKINSEY&COMPANY. *A best-practice model for bank compliance.* Disponível em: <https://www.mckinsey.com/business-functions/risk/our-insights/a-best-practice-model-for-bank-*compliance*>. Acesso em: 02 abr. 2018.

OAB/MG; INSTITUTO MINEIRO DE MERCADO DE CAPITAIS. *Compliance*: guia para as organizações brasileiras. MG: OAB MG; IMMC, jun. 2016.

ORGANIZAÇÃO PARA A COOPERAÇÃO E DESENVOLVIMENTO ECONÔMICO. *Diretrizes da OCDE sobre Governança Corporativa para Empresas de Controle Estatal.* [S.L., s.n.], OECD.

PRICEWATERHOUSE COOPERS. *Protecting the brand*: the evolving role of the compliance function and the challenges for the next decade. 2005.

Informação bibliográfica deste texto, conforme a NBR 6023:2002 da Associação Brasileira de Normas Técnicas (ABNT):

SIMONSEN, Ricardo. Os requisitos de um bom programa de *compliance*. In: CUEVA, Ricardo Villas Bôas; FRAZÃO, Ana (Coord.). *Compliance*: perspectivas e desafios dos programas de conformidade. Belo Horizonte: Fórum, 2018. p. 105-127. ISBN 978-85-450-0564-3.

CORRUPÇÃO, CULTURA E *COMPLIANCE*: O PAPEL DAS NORMAS JURÍDICAS NA CONSTRUÇÃO DE UMA CULTURA DE RESPEITO AO ORDENAMENTO

ANA FRAZÃO
ANGELO GAMBA PRATA DE CARVALHO

1 Introdução

Não se discute a necessidade do combate à corrupção no Brasil. Os sucessivos escândalos, investigações, prisões e condenações, somados à desestabilização de diversos setores da economia em virtude do envolvimento dos maiores grupos econômicos do país em práticas corruptas, têm já há algum tempo levantado preocupações e focos de discussão sobre as ferramentas mais efetivas para combater o mal que há tanto tempo assola o país. Tratando-se de fenômeno de tal maneira difundido e enraizado, o atual "estado da arte" da corrupção muitas vezes parece tornar verdadeira a constatação de Millôr Fernandes de que se poderia classificar os indivíduos em "corrupto total" ou "idiota completo", sem qualquer meio termo.[1]

É justamente o tamanho enraizamento – ao menos aparente – da corrupção nas práticas políticas e econômicas brasileiras que produz um cenário ainda mais desesperador quando se procura obter soluções e estratégias para combatê-la. Não é infundado, portanto, o receio com a ineficácia dos meios de combate à corrupção, cuja existência não pode ser simplesmente o produto de leis inefetivas, mas sim de

[1] FERNANDES, Millôr. *Todo homem é minha caça*. Rio de Janeiro: Nórdica, 1981. p. 60.

valores carregados e compartilhados pela sociedade.[2] Daí a inutilidade de buscar encapsular o fenômeno da corrupção em modelos de análise exclusivamente jurídicos e, portanto, a importância da leitura de grandes intérpretes da sociedade brasileira que procuraram explicitar os limites e contradições da relação entre público e privado no Brasil, como é o caso de Sérgio Buarque de Hollanda, Raymundo Faoro e Roberto DaMatta.

Os programas de *compliance*, conjuntos de estratégias destinados a orientar pessoas jurídicas a prevenir e coibir práticas contrárias ao ordenamento, têm sido consagrados como ferramentas poderosas para o combate da corrupção. Não obstante, pouco se pode depreender, em termos de eficácia prática, dos já muito repetidos fundamentos e objetivos do *compliance*, como a elaboração de um código de ética e conduta, o comprometimento dos gestores, a estruturação de sistema de controle internos e a instituição de programas de comunicação.[3]

Isso ocorre porque a enumeração desses elementos não é suficiente para garantir a eficácia de programas de *compliance*, sobretudo quando dizem respeito à prevenção e ao combate à corrupção. Por certo, os programas de *compliance* não podem ser meramente formais, sob pena de serem absolutamente desnecessários. Em outras palavras, não se pode supor que programas de *compliance* e códigos de conduta corporativos sejam meras folhas de papel, servindo muito mais para ocultar práticas corruptas sob o verniz de conformidade do que para legitimamente alterar a cultura corporativa para acolher valores éticos e operacionais de combate à corrupção.

Com isso, pretende-se demonstrar o sentido da reflexão sobre a necessidade e a efetividade de programas de *compliance* num contexto em que a corrupção emerge dos mais profundos recônditos da sociedade. Não se pode admitir, por conseguinte, que programas de *compliance* sejam estruturados sem qualquer pretensão de introjeção na cultura corporativa e de modificação das práticas empresariais vigentes. Pelo contrário, é imprescindível para o combate à corrupção que o *compliance* seja implementado estruturalmente e que o respeito às normas pertinentes não decorra meramente de "sujeição ingênua",[4] mas de observância informada e ética dos preceitos legais e constitucionais aplicáveis.

---

[2] FILGUEIRAS, Fernando de Barros. Notas críticas sobre o conceito de corrupção: um debate com juristas, sociólogos e economistas. *Revista de informação legislativa*, v. 41, n. 164, p. 125-148, out./dez. 2004. p. 126.

[3] Ver: ROBERTS, Robert. The rise of compliance-based ethics management. *Public integrity*, v. 11, n. 3, p. 261-277, 2009.

[4] THOMPSON, Helen. *Ingenuous subjection*: compliance and power in the eighteenth-century domestic novel. Filadélfia: University of Pennsylvania Press, 2005.

Tendo essas questões no horizonte, o presente trabalho iniciará com uma exposição sobre as relações travadas entre corrupção, cultura e *compliance*, procurando endereçar os pontos fulcrais a serem enfrentados por um programa de *compliance* anticorrupção efetivo. Em seguida, será explorada a complexa relação entre heterorregulação e autorregulação, de maneira a elucidar os potenciais impactos – positivos e negativos – de programas de *compliance* no ambiente corporativo. Por fim, serão exploradas as disposições legais pertinentes com vistas a verificar quais as recomendações do ordenamento para a estruturação de programas de *compliance*, indicando desafios e perspectivas da implementação de programas de integridade no ordenamento brasileiro.

2 Bases culturais da corrupção e cultura corporativa do *compliance*

É notória a afirmação atribuída a David Rockefeller segundo a qual "*The business of business is business, not ethics*" (o negócio dos negócios são os negócios, e não a ética).[5] Muito embora possa parecer impactante, a frase de Rockefeller reflete de maneira clara concepções tradicionais sobre o papel quase intrínseco que se costuma atribuir à corrupção em determinados mercados, amalgamando-se às práticas empresariais como se delas fizesse parte. Não obstante as diversas tentativas de conferir atributos de moralidade ao direito,[6] ainda que diferenciando a chamada "ética pública" – que direciona a atuação estatal a um ideal de justiça – da "ética privada" – que se incorpora à boa-fé esperada dos entes privados[7] –, este último parece sempre sucumbir (ou mesmo sujeitar-se) aos anseios do poder econômico. Daí outra notória afirmação, agora de Cornelius Vanderbilt: "*Law! What do I care about the Law? Hain't I got the power?*".[8]

Não por outra razão, a corrupção passa a muitas vezes ser naturalizada e mesmo qualificada como elemento fundamental à impulsão dos agentes de mercado. Assim, a depender do contexto institucional, a corrupção pode até ser vista como prática benéfica, sendo notório o

---

[5] Ver: LUCCA, Newton. *Da ética geral à ética empresarial*. São Paulo: Quartier Latin, 2009, p. 334.

[6] PERELMAN, Chaïm. *Ética e direito*. São Paulo: Martins Fontes, 1996.

[7] MARTÍNEZ, Gregorio Peces-barba. Ética pública-ética privada. *Anuário de Filosofia del Derecho*, v. 14, p. 531-544, 1977.

[8] MCNEESE, Tim. *The robber barons and the Sherman Antitrust Act*: reshaping American business. Nova Iorque: Chelsea House, 2009. p. 51.

posicionamento de Leff, para quem a corrupção pode funcionar como o óleo que azeita o desenvolvimento econômico ao facilitar trâmites burocráticos nas relações entre Estado e agentes econômicos.[9] Com isso, pode-se desde logo verificar que não mais satisfaz à análise sociológica ou mesmo à jurídica o argumento segundo o qual a simples alteração legislativa seria suficiente para modificar os padrões de moralidade dos agentes.[10]

Certamente que o direito ainda desempenha importante função na conformação dos comportamentos dos sujeitos, na medida em que serve, no mínimo, para estruturar mercados e outros espaços sociais. Não obstante, não se pode presumir que as normas jurídicas constituem as únicas regras do jogo, na medida em que todos os espaços sociais são conformados por diversas modalidades de instituições, sejam elas normas jurídicas, sociais, culturais, dentre outras.[11] Com isso, como bem apontam Akerlof e Shiller, apesar de o princípio da mão invisível, que preconiza o autoequilíbrio dos mercados, ter desempenhado importante papel na história econômica, não mais se pode ignorar que as forças de mercado não existem de forma independente das instituições.[12]

Nesse sentido, a literatura mais antiga sobre a corrupção já demonstrava que tal fenômeno não está apenas atrelado a normas jurídicas, mas se relaciona também a um sistema e valores capaz de constranger, em maior ou menor grau, o comportamento dos indivíduos potencialmente envolvidos em esquemas de corrupção.[13] Destaca-se, na mesma linha, o trabalho de Banfield[14] sobre a relação da corrupção com a cultura política, destacando que a mudança do quadro de corrupção dependeria de processos morosos de mudança institucional, na medida

---

[9] LEFF, N. H. Economic development through bureaucratic corruption. *American Behavioral Scientist*, v. 8, n. 3, 1964.

[10] Nesse sentido: JOHNSTON, Michael. Public officials, private interests, and sustainable democracy: when politics and corruption meet. In: ELLIOTT, Kimberly Ann. *Corruption and the global economy*. Washington: Institute for international economics, 1997.

[11] FRAZÃO, Ana. Arquitetura da corrupção e as relações de mercado: somente uma mudança institucional profunda pode gerar frutos consistentes e duradouros. *Jota*. Disponível em: <https://www.jota.info/opiniao-e-analise/artigos/arquitetura-da-corrupcao-e-relacoes-de-mercado-30052016>. Acesso em: 20 maio 2018.

[12] AKERLOF, George; SHILLER, Robert. *Animal spirits*: how human psychology drives the economy, and why it matters for global capitalism. Princeton: Princeton University Press, 2009. p. xiv.

[13] FILGUEIRAS, Fernando. A tolerância à corrupção no Brasil: uma antinomia entre normas morais e política social. *Opinião Pública*, v. 15, n. 2, nov. 2009.

[14] BANFIELD, E. *The moral basis of backward society*. Chicago: The University of Chicago Research Center in Economic Development and Cultural Change, 1958.

em que dependeria da transformação de valores sociais profundamente arraigados.

Sem embargo, por mais que a aproximação da corrupção a problemas histórico-políticos torne o seu combate mais difícil e complexo, tal realidade precisa ser enfrentada de maneira direta e consciente, sob pena de não se alcançar resultados efetivos no combate a tais práticas.

É nessa linha a argumentação de Susan Rose-Ackerman,[15] para quem a corrupção é um problema econômico e político, que evidencia ineficiência na prestação de serviços públicos e na canalização de interesses privados. Nesse sentido, a corrupção nada mais é do que o resultado de um contexto institucional que permite a atuação de agentes econômicos operando egoisticamente para a maximização de seus ganhos a partir da infração às regras que conformam o ambiente político-institucional.[16] Dessa maneira, a busca de um mercado livre de tais práticas passa necessariamente pela mudança institucional em setores-chave, fortalecendo os mecanismos de controle e conferindo transparência e efetividade ao serviço público e ao mercado.[17]

Para que haja a referida mudança institucional, ou pelo menos para que se caminhe nesse sentido, é importante ampliar a reflexão sobre a relação entre poder político e poder econômico, já que a aproximação excessiva e sem transparência é um grande incentivo para a corrupção. A história mostra que ligações espúrias entre o poder político e o poder econômico são um problema generalizado em todo o mundo. Mesmo em países desenvolvidos, como os Estados Unidos, tais relações se fazem presentes. O *crony capitalism*, ou "capitalismo de compadrio" consiste justamente no favorecimento de agentes econômicos em razão da intervenção direta do Estado em suas atividades particulares.[18]

Não poderia ser diferente no Brasil, país cujos principais intérpretes têm associado o patrimonialismo, da qual a corrupção é corolário direto, às próprias origens da sociedade brasileira. Exemplo claro disso é a célebre figura do "homem cordial", introduzida por Sérgio Buarque de Hollanda em seu *Raízes do Brasil*, estruturado a partir da percepção de que, no Brasil, apenas excepcionalmente se teve um sistema administrativo e um corpo de funcionários puramente dedicado a

---

[15] ROSE-ACKERMAN, Susan. *Corruption and government*: causes, consequences and reform. Cambridge: Cambridge University Press, 1999. p. 225-226.

[16] FILGUEIRAS, op. cit., 2009.

[17] ROSE-ACKERMAN, op. cit., p. 228-229.

[18] Ver: KAND, David. *Crony capitalism*: corruption and development in South Kores and the Philippines. Cambridge: Cambridge University Press, 2004.

interesses públicos e republicanos, sendo possível acompanhar, ao longo da história nacional, o predomínio constante das vontades particulares que encontram seu ambiente próprio em círculos fechados e pouco acessíveis a uma ordenação impessoal.[19] Dessa maneira, mesmo em espaços nos quais instituições democráticas, fundadas em princípios neutros e abstratos, pretendem assentar a sociedade em normas antiparticularistas, é possível verificar "contatos primários" relativos a "laços de sangue e de coração"[20] que originam relações espúrias entre poder econômico e poder político.

O "homem cordial", assim, caracterizado pela generosidade, pelo informalismo e pela lhaneza no trato pessoal, bem como por ser avesso à observância de ritualismos sociais, representa o exato oposto do indivíduo sujeito à burocracia racional-legal weberiana, diligente e comprometido com um distanciamento das relações pessoais com relação à coisa pública. Justamente daí decorreriam – segundo a igualmente conhecida análise de Raymundo Faoro – as profundas dificuldades que assolam o capitalismo brasileiro, que, em lugar de privilegiar a competição pelo mérito, mistura características do capitalismo moderno com o ranço patrimonialista que assola o país desde a colônia e tende à perenidade, na medida em que se imiscui ao estamento burocrático que se coloca sobre a sociedade, completamente impermeável a quaisquer interesses que não seus próprios.[21]

A elite político-econômica, dessa forma, é completamente incapaz de renovar-se, pois conta com seus próprios mecanismos de eternização de vínculos pessoais constantemente sobrepostos a interesses maiores. O "homem cordial", assim, estaria tão imbricado na estrutura institucional brasileira que somente seria possível realizar negócios no Brasil com os "contatos certos", independentemente de mérito pessoal, uma vez que seriam muito mais efetivos e rentáveis investimentos na "compra" de atores públicos – das mais diversas maneiras, da corrupção ativa ao financiamento de campanha – em troca de facilidades.[22]

Nesse sentido, a corrupção passa a ser aspecto corriqueiro e trivial da vida dos sujeitos, fazendo parte do pano de fundo das transações econômicas e interações sociais da forma mais natural possível, uma vez

---

[19] HOLLANDA, Sérgio Buarque. *Raízes do Brasil*: São Paulo: Companhia das Letras, 1996. p. 146.

[20] HOLLANDA, op. cit., p. 146.

[21] FAORO, Raymundo. *Os donos do poder*: formação do patronato político brasileiro. São Paulo: Globo, 2012.

[22] Ver: LAZZARINI, Sérgio G. *Capitalismo de laços*: os donos do Brasil e suas conexões. Rio de Janeiro: Elsevier, 2011.

que está intimamente relacionada a aspectos culturais e institucionais. Interessante contradição, nesse sentido, se verificava na Alemanha que, muito embora se jactasse de ser um dos países menos corruptos da Europa, autorizava até a década de 1990 que gastos com o pagamento de propinas fossem deduzidos do imposto de renda de companhias.[23]

A profundidade dos vínculos da corrupção com aspectos institucionais também fica evidenciada a partir da pesquisa de Eugene Soltes apresentada em seu livro *Why they do it: inside the mind of the white-collar criminal*.[24] Depois de oito anos de pesquisas sobre os motivos que levam à prática dos ilícitos de colarinho branco, incluindo entrevistas com executivos processados ou presos por ilícitos dessa espécie, o professor concluiu que os crimes de colarinho branco não decorrem de um cálculo de custo-benefício, ao contrário do que se poderia intuir a partir da análise econômica do direito. Pelo contrário, muitos dos executivos entrevistados não pensaram cuidadosamente sobre as consequências dos seus atos até serem descobertos. Mais do que isso, os executivos entrevistados normalmente ultrapassaram a linha do que separa o certo do errado porque entendiam que aquilo ajudava as suas empresas a aumentarem os lucros.

Dessa maneira, juntamente de um mercado que privilegia empresas corruptas em detrimento da competição pelo mérito[25] – argumento comumente utilizado por agentes implicados em escândalos de corrupção – tem-se uma cultura corporativa orientada por um ideal de obtenção de lucros a qualquer preço, tal como ensinada pelas principais escolas de negócios do mundo e propagada nos ambientes corporativos, desempenhando um importante papel na justificação de crimes de colarinho branco.[26]

Tais informações servem para demonstrar, mais uma vez, como simples alterações legislativas não são suficientes para modificar o quadro de corrupção endêmica da economia brasileira e especialmente as práticas corruptas de estruturas empresariais específicas. Nesse sentido, afirma Roberto DaMatta que "Por termos leis geralmente drásticas

---

23 Nesse sentido: GLYNN, Patrick; KOBRIN, Stephen J.; NAÍM, Moisés. The globalizaton of corruption. In: ELLIOTT, Kimberly Ann. *Corruption and the global economy*. Washington: Institute for international economics, 1997.

24 SOLTES, Eugene. *Why they do it: inside the mind of the white-collar criminal*. Nova Iorque: Public affairs, 2016.

25 Ver: FRAZÃO, Ana. Direito antitruste e direito anticorrupção: pontes para um necessário diálogo. In: FRAZÃO, Ana (Org.). *Constituição, empresa e mercado*. Brasília: FD/UnB, 2017.

26 FRAZÃO, Ana. Relações entre corrupção e teorias que orientam a gestão das companhias. *Conjur*. Disponível em: <https://www.conjur.com.br/2017-jul-13/ana-frazao-relacoes-entre-corrupcao-gestao-companhias>. Acesso em: 20 maio 2018.

e impossíveis de serem rigorosamente acatadas, acabamos por não cumprir a lei".[27] Com isso, a própria edição de leis acaba muitas vezes por gerar desconfiança com relação a regras universalizantes, ainda que permaneça a paradoxal esperança de finalmente ver a sociedade brasileira suas leis implementadas e cumpridas.[28] Prossegue o autor:

> A força da lei é, pois, uma esperança. Para os destituídos, ela serve como alavanca para exprimir um futuro melhor (leis para nós e não contra nós), e para os poderosos serve como um instrumento para destruir o adversário político. Num caso e no outro, a lei raramente é vista como lei, isto é, como regra imparcial. Legislar, assim, é mais básico do que fazer cumprir a lei. Mas, vejam o dilema, é precisamente porque confiamos tanto na força fria da lei como instrumento de mudança do mundo que dialeticamente inventamos tantas leis e as tornamos inoperantes. Sendo assim, o sistema de relações pessoais que as regras pretendem enfraquecer ou destruir fica cada vez mais forte e vigoroso, de modo que temos, de fato, um sistema alimentando o outro.[29]

É diante do quadro descrito que os programas de *compliance* anticorrupção surgem para atacar diretamente as origens da corrupção, isto é, os elementos institucionais – para além das normas jurídicas – que conformam os comportamentos dos indivíduos. O *compliance* está fundamentado no conceito administrativo de Bom Cidadão Corporativo, consubstanciado na fidelidade à legalidade, traduzindo-se em controles internos e externos, na limitação e no equilíbrio de poder, em oportunidades de negócios, entre outros. Nos dizeres de Sieber, trata-se de um processo de privatização da prevenção do delito e do controle da criminalidade através de "sistemas autorreferenciais de autorregulação regulada".[30]

A importância dos referidos programas decorre do fato de que, como defendem Riley e Sokol,[31] o *enforcement* tradicional, por si só, não é capaz de produzir o comprometimento com a lei que os programas de *compliance* pretendem construir, na medida em que a aplicação

---

[27] DAMATTA, Roberto. *Carnavais, malandros e heróis*: para uma sociologia do dilema brasileiro. Rio de Janeiro: Rocco, 1997, p. 238

[28] DAMATTA, op. cit., p. 238.

[29] DAMATTA, op. cit., p. 238.

[30] SIEBER, Ulrich. Programas de "compliance" en el Derecho Penal de la empresa: Una nueva concepción para controlar la criminalidad económica. In: OLAECHEA, Urquizo; VÁSQUEZ, Abanto SÁNCHEZ, Salazar. Homenaje a Klaus Tiedemann. *Dogmática penal de Derecho penal económico y política criminal*. Lima: Fondo, 2001. p. 205-246.

[31] RILEY, Anne; SOKOL, D. Daniel. Rethinking Compliance. *Journal of Antitrust Law*. Disponível em: <http://papers.ssrn.com/sol3/papers.cfm?abstract_id=2475959>. Acesso em: 18 ago. 2015, p. 45.

de sanções não consegue alcançar a percepção de moralidade do comportamento que está sendo regulado ao tão somente colocar um preço no descumprimento das normas. A autorregulação é essencial, portanto, para a construção de uma cultura de *compliance*, uma vez que os incentivos para o cumprimento da lei passam a ser internos e desenvolvidos pela sociedade em lugar de serem externos e impostos pelo Estado.

Sob essa ótica, não é exagero afirmar, como o fazem Tamasauskas e Bottini,[32] que a cultura e os instrumentos de *compliance* fazem parte do ferramental indispensável para a estruturação do comportamento ético nas relações das empresas com o Estado. Por essa razão, devem ser vistos com especial cuidado, tanto sob o ponto de vista jurídico, como sob o ponto de vista econômico, uma vez que interferem de maneira profunda nas estruturas de incentivos a que estarão submetidos os integrantes da empresa. Em outras palavras, um programa de *compliance* deve interferir diretamente na estrutura de valores que conforma o ambiente corporativo, reforçando que seus integrantes fazem parte de uma estrutura organizacional única movida por princípios éticos relevantes e, ainda, procurando manter a identidade entre os valores corporativos e os valores individuais.[33]

Em outras palavras, o *compliance* deve ser capaz de incutir nos indivíduos uma cultura corporativa[34] comprometida não somente com o cumprimento da letra fria da lei, mas antes de tudo com um arcabouço de valores éticos que permite a verificação dinâmica do lícito e do ilícito, do moral e do imoral. Não basta, portanto, a "sujeição ingênua" aos preceitos legais que se fragiliza em virtude da mínima alteração do suporte fático, sendo necessário também instituir um código de ética que funcione como verdadeiro ordenamento privado de um "Estado" privado, cuja eficácia depende diretamente do consentimento e do apoio (informado) de seus "governados".[35]

---

[32] TAMASAUSKAS, Igor Sant'Anna; BOTTINI, Pierpaolo Cruz. A interpretação constitucional possível da responsabilidade objetiva na lei anticorrupção. *Revista dos Tribunais*, v. 103, n. 947, p. 133-155, set. 2014, p. 153.

[33] Ver: RODRIGUES, Suzana Braga. Cultura corporativa e identidade: desinstitucionalização em empresa de telecomunicações brasileira. *Revista de administração contemporânea*, v. 1, n. 2, maio/ago. 1997.

[34] LEITE-DA-SILVA, Alfredo Rodrigues et al. Contradições gerenciais na disseminação da "cultura corporativa": o caso de uma estatal brasileira. *Revista de Administração Pública*, v. 40, n. 3, p. 357-384, maio/jun. 2006.

[35] BRIEN, Andrew. Regulating virtue: formulating, engendering and enforcing corporate ethical codes. *Business & professional ethics journal*, v. 15, n. 2, p. 21-52, 1996. Em sentido semelhante: MCKENDALL, Marie; DEMARR, Beverly; JONES-RIKKERS, Catherine. Ethical

Não obstante, a introdução de mecanismos normativos tão complexos por iniciativa das próprias organizações – potencialmente corruptas – dificilmente ocorrerá de maneira puramente espontânea. Deve-se, por conseguinte, empregar a heterorregulação como mecanismo de fomento à autorregulação, com vistas a implementar programas de *compliance* mais efetivos e que ultrapassem a mera formalidade. No capítulo a seguir, pretende-se explorar as disposições legais do ordenamento pátrio que pretendem viabilizar tal fenômeno.

3 A relação entre heterorregulação e autorregulação e os impactos do *compliance* anticorrupção

Conforme exposto no item anterior, mudanças legislativas não são suficientes para alterar o comportamento dos agentes, que é influenciado por diversos outros fatores institucionais além do direito, dentre os quais normas sociais e culturais. Igualmente já se expôs que a corrupção é fenômeno historicamente enraizado na cultura e nas práticas sociais brasileiras, fortemente marcadas pelo patrimonialismo, e também nas práticas de mercado, o que prejudica em grande medida o adequado funcionamento do mercado e da concorrência.

Sem embargo, não se pode supor que todo e qualquer esforço seria desnecessário, já que a corrupção consistiria em elemento essencial de toda prática social ou econômica levada a cabo no Brasil. Sabe-se que isso não é verdade, muito embora se possa interpretar que diversos períodos históricos brasileiros evidenciaram situações de corrupção endêmica, marcada pelo desaparecimento de questões relativas a valores e necessidades em virtude da ausência de significados morais para a vida social e por uma prática predatória, caracterizada pela baixa solidariedade.[36]

No mesmo sentido, não se pode supor que a corrupção poderá ser extirpada da cultura brasileira se forem adotadas as práticas corretas, mas apenas que seus níveis sejam sensivelmente reduzidos para abaixo do limite dos valores, caracterizando a chamada "corrupção controlada", situação ideal em que valores e necessidades convergem para manter a corrupção sob controle.[37]

Por óbvio, igualmente não se pode supor que a corrupção somente existe nesses dois extremos, isto é, a corrupção controlada, situação

---

compliance programs and corporate illegality: testing the assumptions of the corporate sentencing guidelines. *Journal of Business Ethics*, v. 37, p. 367-383, 2002.

[36] FILGUEIRAS, op. cit., 2009, p. 404.

[37] FILGUEIRAS, op. cit., 2009, p. 404.

ideal, e a corrupção endêmica, contexto de insustentável patogenia das instituições políticas e econômicas. Naturalmente se pode fazer gradação menos rígida, inserindo-se um estado intermediário de "corrupção tolerada" no qual os atores sociais são capazes de concordar com os valores de determinada sociedade, mas não transformam tais valores em prática efetiva.[38] Em síntese, o combate à corrupção consiste na articulação da antinomia entre normas morais e práticas sociais, fatores que necessariamente deverão ser levados em consideração por qualquer sujeito que se empenhe em tal tarefa, seja o legislador, o gestor, o agente de *compliance*, dentre outros.

Muito embora as vantagens de programas de *compliance* já falem por si próprias, seus benefícios são ainda pouco conhecidos e vão de encontro – como já se disse – a práticas fortemente arraigadas no ambiente negocial e político, motivo pelo qual é necessário que a lei também forneça incentivos para sua implementação. Não se pode ignorar o conjunto de forças que impedem que agentes econômicos tranquilamente ataquem práticas corruptas identificadas em seu âmago, uma vez que contam com fortes incentivos para manter sua reputação mediante a ocultação de escândalos.

É justamente esse tipo de receio que deve ser endereçado pela autorregulação e incentivado pela heterorregulação, seja mediante o estabelecimento de sanções rigorosas em virtude do descumprimento das normas anticorrupção, seja por intermédio da estruturação de incentivos à implementação de programas de *compliance.* Em outras palavras, a autorregulação é essencial para a construção de uma cultura de respeito à legalidade e à ética, na medida em que os incentivos para o cumprimento da lei deixam de ser exclusivamente externos, impostos de maneira unilateral pelo Estado, e passam a ser também internos.

Não obstante, é preciso refletir com algum cuidado sobre a extensão de medidas de combate à corrupção que interfiram tão profundamente na estrutura organizacional das corporações. Cabe, desde logo, advertir que toda e qualquer intervenção sobre a estrutura corporativa deve levar em consideração os diversos interesses envolvidos no âmbito da empresa, o que abrange os interesses dos gestores, do poder público, dos consumidores, dos empregados, dentre outros.[39] Dessa maneira, não se pode admitir, por exemplo, programa de *compliance* que lesione os direitos de personalidade dos funcionários da empresa

---

38 FILGUEIRAS, op. cit., 2009, p. 404.

39 Ver: FRAZÃO, Ana. *Função social da empresa*: repercussões sobre a responsabilidade civil de controladores e administradores de S/As. Rio de Janeiro: Renovar, 2011.

a pretexto de combater a corrupção, uma vez que os programas de integridade devem ser também analisados com relação a seus limites jurídicos, e não apenas a partir de sua efetividade.[40]

Em sentido semelhante, a eficácia de um programa de *compliance* não pode comprometer a eficiência geral da organização mediante a introdução de procedimentos burocráticos a ponto de suprimir completamente o espaço de autonomia dos integrantes da organização em questão. É necessário, pois, que se elabore sistemas de conformidade intrinsecamente orientados ao respeito à lei, de maneira que a organização não propriamente imponha, mas facilite a inclinação de seus próprios integrantes de rejeitar práticas corruptas.[41]

É fundamental, por conseguinte, pensar simultaneamente nos impactos estruturais e comportamentais[42] de programas de *compliance*, de maneira a compatibilizar as exigências de combate à corrupção e, ao mesmo tempo, de eficiência empresarial, sem sacrificar uma em detrimento da outra. Daí a importância do permanente e dinâmico diálogo entre heterorregulação e autorregulação, relação complexa e sofisticada que, porém, vem sendo trabalhada pela legislação brasileira de maneira interessante, como se mostrará a seguir.

4 O *compliance* na legislação anticorrupção brasileira: desafios e perspectivas em sua implementação

Pode-se, a partir do exposto sobre a relação entre autorregulação e heterorregulação, passar à análise dos dispositivos normativos que tratam de programas de *compliance* anticorrupção. Naturalmente, há que se começar com a Lei nº 12.846/2013, a conhecida Lei Anticorrupção, que menciona "procedimentos de integridade" apenas no inciso VIII de seu artigo 7º, que dispõe sobre os critérios a serem levados em consideração na aplicação das sanções. De acordo com o inciso VIII, é critério para a aplicação de sanções "a existência de mecanismos e procedimentos internos de integridade, auditoria e incentivo à denúncia

---

40 Ver: SIEBER, Ulrich. Programas de "compliance" en el derecho penal de la empresa: una nueva concepción para controlar la criminalidad económica. In: NIETO, Adan. *El derecho penal económico en la era del compliance*. Valencia: Tirant lo Blanch, 2013.

41 LANGE, Donald. A multidimensional conceptualization or organizational corruption control. *The Academy of Management Review*, v. 33, n. 3, p. 710-729, jul. 2008.

42 Ver: COSTA, Natalia Lacerda Macedo. "Nudge" como abordagem regulatória de prevenção à corrupção pública no Brasil. *Revista de Informação Legislativa*, v. 54, n. 214, p. 91-111, abr./jun. 2017.

de irregularidades e a aplicação efetiva de códigos de ética e de conduta no âmbito da pessoa jurídica".

Significa dizer que a Lei Anticorrupção não *impõe* a implementação de programas de *compliance*, mas estabelece, junto de outros critérios relevantes – como a gravidade da infração, a vantagem auferida, o grau de lesão, a situação econômica do infrator, entre outros – o incentivo de que a instituição de um programa de *compliance* efetivo pode servir de atenuante na fixação da pena. No mesmo sentido pode ser interpretado o inciso VII, referente à "cooperação da pessoa jurídica para a apuração das infrações", questão que sem dúvida pode e deve ser abordada por um programa de *compliance*, que deve prever não somente meios de prevenção, mas também de tratamento adequado a eventuais casos de corrupção que surjam no interior da organização, inclusive mediante o estabelecimento de canais de denúncia eficazes.

No Decreto nº 8.420/2015, que regulamentou a Lei Anticorrupção, foram detalhadas de maneira mais aprofundada as características dos programas de integridade. Em seu artigo 18, está previsto que, na aplicação da multa administrativa prevista pela Lei Anticorrupção, aplicar-se-á atenuante de um a quatro por cento do valor cominado se a pessoa jurídica possuir e aplicar programa de integridade implementado segundo as normas previstas pelo decreto. Além disso, estabeleceu-se, no artigo 37, que o acordo de leniência firmado sob a égide da Lei Anticorrupção poderá conter cláusula que verse sobre a adoção, aplicação ou aperfeiçoamento de programa de integridade.

Ao assim prever, é duvidoso que o atual tratamento jurídico da matéria realmente ofereça os incentivos adequados para que agentes possam assumir todos os custos – financeiros e não financeiros – para implementar regras efetivas de *compliance*. Afinal, por mais que a empresa tenha um excelente programa de integridade – apto a evitar ilícitos ou identificá-los prontamente, caso ocorram, a fim de tomar medidas para restaurar imediatamente a legalidade –, jamais poderá ser exonerada de responsabilidade no âmbito punitivo, estando sujeita apenas à redução da pena em percentual não tão expressivo e que ainda será fixado de acordo com a discricionariedade da autoridade administrativa.

Por essa razão, mais esforços deveriam ser feitos no sentido de se avançar no melhor tratamento dos ilícitos corporativos, buscando referenciais que, a exemplo da teoria do defeito de organização, sejam mais compatíveis com o ambiente corporativo, com a natureza das obrigações de *compliance* – que são obviamente de meio e não de fim, especialmente em organizações grandes e complexas, com múltiplos estabelecimentos e milhares de empregados – e ofereçam incentivos mais idôneos – tanto do ponto de vista da adequação, como do ponto de vista da objetividade – para que os agentes econômicos adotem programas efetivos de integridade.[43]

Com efeito, de acordo com a teoria do defeito de organização, se a empresa toma todas as providências que estariam ao seu alcance para evitar o ilícito, se é capaz de identificá-lo prontamente e ainda toma as medidas necessárias para restaurar imediatamente a legalidade – inclusive no que diz respeito ao dever de se reportar às autoridades competentes – não deveria ser responsabilizada do ponto de vista punitivo, sem prejuízo da responsabilidade individual das pessoas naturais que, contrariamente às normas da organização, praticaram o ilícito, e sem prejuízo da responsabilidade civil objetiva da empresa por eventuais danos causados.

Não obstante, o decreto tem o mérito de definir, em seu artigo 41, o que é um programa de integridade para os fins almejados pela Lei Anticorrupção, definindo-o como o "conjunto de mecanismos e procedimentos internos de integridade, auditoria e incentivo à denúncia de irregularidades e na aplicação efetiva de códigos de ética e de conduta, políticas e diretrizes com objetivo de detectar e sanar desvios, fraudes, irregularidades e atos ilícitos praticados contra a administração pública, nacional ou estrangeira". Em seguida, prossegue o parágrafo único do artigo 41, dispondo que um programa de integridade "deve ser estruturado, aplicado e atualizado de acordo com as características e riscos atuais das atividades de cada pessoa jurídica, a qual por sua vez deve garantir o constante aprimoramento e adaptação do referido programa, visando garantir sua efetividade".

Com isso, já se pode vislumbrar alguns dos aspectos de programas de *compliance* efetivos sinalizados anteriormente. Não se pode, por óbvio, supor que exista fórmula única para implementação de programas de *compliance* em empresas das mais diversas. Pelo contrário, é preciso que tanto a estruturação de programas de *compliance* por agentes econômicos quanto a análise desses programas pelo Poder Público sejam informadas por elementos setoriais que permitam a real efetividade desses mecanismos.

No mesmo sentido, o decreto regulamentador da Lei Anticorrupção traz, em seu artigo 42, uma série de critérios por meio dos quais os programas de integridade serão avaliados, quanto à sua existência

---

[43] FRAZÃO, Ana. Programas de compliance e critérios de responsabilização de pessoas jurídicas por ilícitos administrativos. In: ROSSETTI, Maristela A.; PITTA, Andre G. *Governança corporativa*: avanços e retrocessos. São Paulo: Quartier Latin, 2017.

e aplicação, a saber: (i) comprometimento da alta direção da pessoa jurídica, incluídos os conselhos, evidenciado pelo apoio visível e inequívoco ao programa; (ii) padrões de conduta, código de ética, políticas e procedimentos de integridade, aplicáveis a todos os empregados e administradores, independentemente de cargo ou função exercidos; (iii) padrões de conduta, código de ética e políticas de integridade estendidas, quando necessário, a terceiros, tais como, fornecedores, prestadores de serviço, agentes intermediários e associados; (iv) treinamentos periódicos sobre o programa de integridade; (v) análise periódica de riscos para realizar adaptações necessárias ao programa de integridade; (vi) registros contábeis que reflitam de forma completa e precisa as transações da pessoa jurídica; (vii) controles internos que assegurem a pronta elaboração e confiabilidade de relatórios e demonstrações financeiros da pessoa jurídica; (viii) procedimentos específicos para prevenir fraudes e ilícitos no âmbito de processos licitatórios, na execução de contratos administrativos ou em qualquer interação com o setor público, ainda que intermediada por terceiros, tal como pagamento de tributos, sujeição a fiscalizações, ou obtenção de autorizações, licenças, permissões e certidões; (ix) independência, estrutura e autoridade da instância interna responsável pela aplicação do programa de integridade e fiscalização de seu cumprimento; (x) canais de denúncia de irregularidades, abertos e amplamente divulgados a funcionários e terceiros, e de mecanismos destinados à proteção de denunciantes de boa-fé; (xi) medidas disciplinares em caso de violação do programa de integridade; (xii) procedimentos que assegurem a pronta interrupção de irregularidades ou infrações detectadas e a tempestiva remediação dos danos gerados; (xiii) diligências apropriadas para contratação e, conforme o caso, supervisão, de terceiros, tais como, fornecedores, prestadores de serviço, agentes intermediários e associados; (xiv) verificação, durante os processos de fusões, aquisições e reestruturações societárias, do cometimento de irregularidades ou ilícitos ou da existência de vulnerabilidades nas pessoas jurídicas envolvidas; (xv) monitoramento contínuo do programa de integridade visando seu aperfeiçoamento na prevenção, detecção e combate à ocorrência dos atos lesivos previstos pela Lei Anticorrupção; e (xvi) transparência da pessoa jurídica quanto a doações para candidatos e partidos políticos, questão superada em virtude do julgamento da ADI nº 4.650 pelo Supremo Tribunal Federal.[44]

---

[44] STF, ADI nº 4650, Rel. Min. Luiz Fux, julg. 17.9.2015.

Além disso, o decreto ora em comento fornece importantes subsídios para a compreensão dos conceitos operacionais acima expostos, notadamente na definição do porte e das especificidades da pessoa jurídica, indicando que devem ser levados em consideração: (i) a quantidade de funcionários, empregados e colaboradores; (ii) a complexidade da hierarquia interna e a quantidade de departamentos, diretorias ou setores; (iii) a utilização de agentes intermediários como consultores ou representantes comerciais; (iv) o setor do mercado em que atua; (v) os países em que atua, direta ou indiretamente; (vi) o grau de interação com o setor público e a importância de autorizações, licenças e permissões governamentais em suas operações; (vii) a quantidade e a localização das pessoas jurídicas que integram o grupo econômico; e (viii) o fato de ser qualificada como microempresa ou empresa de pequeno porte.

Não se pode deixar de notar, ainda, que a Lei Anticorrupção carece de regulamentação também pelas diversas Unidades da Federação, o que revela questão preocupante: até janeiro de 2018, apenas metade dos Estados regulamentou a Lei Anticorrupção.[45] Com isso, é importante notar que a estruturação de programas de *compliance* e sobretudo a forma de apresentação desse mecanismo ao Poder Público pode ocorrer de maneiras distintas a depender da Unidade da Federação implicada. Note-se, ainda, que tais distinções não se limitam meramente à identificação do órgão responsável pela fiscalização da aplicação da lei ou da elaboração de normas suplementares, já que existem inclusive distinções procedimentais.

Basta notar que o Distrito Federal (Decreto nº 37.296/2016) e o Estado de Santa Catarina (Decreto nº 1.106/2017) trataram de dispor especificamente sobre o procedimento de avaliação do programa de integridade, que ocorrerá mediante a apresentação de dois documentos: o relatório de perfil e o relatório de conformidade.

De acordo com os diplomas mencionados, no relatório de perfil, a pessoa jurídica deverá: (i) indicar os setores do mercado em que atua em território nacional e, se for o caso, no exterior; (ii) apresentar sua estrutura organizacional, descrevendo a hierarquia interna, o processo decisório e as principais competências de conselhos, diretorias, departamentos ou setores; (iii) informar o quantitativo de empregados, funcionários e colaboradores; (iv) especificar e contextualizar as interações estabelecidas

---

[45] MIGALHAS. Após quase 5 anos, metade dos Estados regulamentou lei anticorrupção. *Migalhas*. Disponível em: <http://www.migalhas.com.br/Quentes/17,MI273127,51045-Apos+quase+5+anos+metade+dos+Estados+regulamentou+lei+anticorrupcao>. Acesso em: 20 maio 2018.

com a Administração Pública nacional ou estrangeira, destacando a importância da obtenção de autorização, licenças e permissões governamentais em suas atividades, o quantitativo e os valores de contratos celebrados ou vigentes com entidades e órgãos públicos nos últimos três anos e a participação desses no faturamento anual da pessoa jurídica e a frequência e a relevância da utilização de agentes intermediários nas interações com o setor público; (v) descrever as participações societárias que envolvam a pessoa jurídica na condição de controladora, controlada, coligada ou consorciada; e (vi) informar sua qualificação, se for o caso, como microempresa ou empresa de pequeno porte.

No relatório de conformidade, por sua vez, a pessoa jurídica deverá: (i) informar a estrutura do programa de integridade, indicando quais parâmetros foram implementados, descrevendo como foram implementados e explicando a importância da implementação de cada um desses parâmetros diante das especificidades da pessoa jurídica para a mitigação de risco de ocorrência de atos de corrupção; (ii) demonstrar o funcionamento do programa de integridade na rotina da pessoa jurídica, com histórico de dados, estatísticas e casos concretos; e (iii) demonstrar a atuação do programa de integridade na prevenção, detecção e remediação do ato lesivo objeto da apuração.

Observe-se, portanto, que a regulamentação expedida pelo Distrito Federal e pelo Estado de Santa Catarina preocupou-se com a demonstração não da estrutura estática do programa de *compliance* implementado por pessoas jurídicas eventualmente implicadas em acusações de corrupção, mas antes de tudo com o seu funcionamento dinâmico e seu real impacto sobre o ambiente corporativo. Tal posicionamento deve chamar a atenção dos agentes empenhados na estruturação de programas de integridade e no combate à corrupção, sendo necessário enfatizar a inutilidade de uma estrutura complexa e sofisticada que, porém, tenha difícil aplicação.

Grau ainda mais superior de complexidade é conferido à discussão sobre a implementação de programas de *compliance* a partir do momento em que entes federativos como o Distrito Federal (Lei nº 6.112/2018) e o Rio de Janeiro (Lei nº 7.753/2017) que editaram leis impondo a obrigatoriedade de implementação de programas de integridade em empresas que contratarem com a Administração, seja mediante contrato administrativo *lato sensu*, convênio, concessão ou mesmo parceria público-privada a partir de determinados valores.

Dessa maneira, pretendem as administrações proteger seu erário contra atos lesivos que possam resultar em prejuízos financeiros causados por irregularidades, desvios de ética e de conduta, entre outros problemas.

Naturalmente, cabe repisar que a simples instituição de programa de *compliance "pro forma"* não basta à satisfação dessa obrigatoriedade, devendo ser superadas quaisquer compreensões que pressuponham que basta a estruturação inicial de um programa robusto, uma vez que é fundamental um desenvolvimento tão ou mais consistente.

Note-se, com isso, que a estrutura de incentivos criada pela legislação para a implementação de programas de *compliance* pelas pessoas jurídicas não se limita a ameaças de aplicação de sanções rigorosas. Pelo contrário, o *compliance* se coloca como verdadeira vantagem competitiva, servindo como instrumento de acesso a novos mercados – nomeadamente a contratação pública – que se mostram preocupados com a higidez jurídica e ética das transações.

Pode-se perceber, portanto, que a introdução da discussão sobre o *compliance* no âmago da legislação é muito mais sofisticada do que aparenta, já que tem por intuito verdadeiramente implementar uma cultura corporativa de comprometimento com a legalidade que se traduza em resultados reais, e não em mera aparência de legalidade. Assim, pode-se verificar que a heterorregulação ainda conta com importante função no fomento à autorregulação, de sorte que ambas as esferas devem operar em conjunto para que se produza um combate à corrupção mais efetivo e adequado.

Considerando os aspectos culturais e institucionais envolvidos na corrupção, como já demonstrado na primeira parte do presente artigo, é pouco provável que ocorram modificações sensíveis sem os devidos incentivos por parte da heterorregulação. Diante da importância estratégica dessa discussão, é fundamental alertar para o fato de que, na seara anticorrupção, a mera redução da pena, em percentuais não tão expressivos e ainda sujeitos à discricionariedade da autoridade administrativa, dificilmente compensará os investimentos necessários para um bom programa de *compliance*.

Por mais que existam outros tipos de incentivos positivos ou negativos, tais como a vedação de contratação com o Poder Público por parte das empresas que não têm programas de *compliance*, é necessário pensar na relação entre autorregulação e heterorregulação do ponto de vista estrutural, oferecendo soluções atrativas e seguras para os agentes econômicos.

5 Conclusão

Não se discute que a corrupção é problema estrutural da sociedade brasileira e que existe tanto na esfera estatal quanto no interior das organizações privadas. No entanto, muito ainda se deve aprofundar sobre a relação entre o enraizamento da corrupção nas práticas sociais pátrias e a reiteração de práticas corruptas no meio corporativo e no âmago das grandes empresas. Nesse sentido, a análise institucional tem muito a contribuir para a compreensão e potencial mudança dessas práticas, seja pelo afastamento de determinismos indesejáveis, seja pelo reconhecimento de que o comportamento dos indivíduos é influenciado por diversas espécies de normas que não as jurídicas, como as normas sociais e culturais.

É preciso, por conseguinte, trabalhar para que programas de *compliance* operem satisfatoriamente na alteração da cultura corporativa de uma empresa, de maneira a incutir nas mentes de seus integrantes um sentimento orientado e informado de respeito ao ordenamento jurídico e à própria ética. Para tanto, não basta replicar fórmulas já prontas e repetidas em códigos de conduta que não guardam qualquer relação com o dia a dia das empresas. É imprescindível que programas de *compliance* sejam estruturados segundo as demandas de cada setor e de cada empresa, de sorte a tratar seus problemas singulares da maneira mais adequada possível e, portanto, externar de maneira mais eficaz o comprometimento daquela empresa específica com uma cultura de *compliance*.

Para tanto, é necessário também que sejam afastadas as antigas fórmulas de legislativas de comando e controle para dar lugar a uma "regulação da autorregulação", sendo a lei uma diretriz à elaboração de normas internas que realmente deem conta das necessidades concretas de cada ambiente corporativo no sentido da garantia do cumprimento da lei e do combate à corrupção. Em outras palavras, a heterorregulação deve servir de orientação à autorregulação, inclusive no que diz respeito ao desenvolvimento, acompanhamento e constante alteração das normas de *compliance*.

Mais do que isso, deve a heterorregulação oferecer os incentivos adequados, sem os quais dificilmente os agentes econômicos serão motivados a suportar todos os investimentos financeiros e não financeiros para a implementação de um programa efetivo de *compliance*.

É preciso entender que as normas estatais ainda desempenham um importante papel na construção de programas de *compliance*, para muito além do mero fornecimento de orientações sobre qual aspecto – de maneira meramente cosmética – deverá ser mostrado ao Poder Público para que um determinado agente econômico obtenha benefícios legais. O que se busca, na verdade, é que a sociedade como um todo – e não apenas o agente econômico específico – obtenha tais benefícios, oriundos da redução da corrupção e do incremento da competitividade dos mercados.

Referências

AKERLOF, George; SHILLER, Robert. *Animal spirits*: how human psychology drives the economy, and why it matters for global capitalism. Princeton: Princeton University Press, 2009.

BANFIELD, E. *The moral basis of backward society*. Chicago: The University of Chicago Research Center in Economic Development and Cultural Change, 1958.

BRIEN, Andrew. Regulating virtue: formulating, engendering and enforcing corporate ethical codes. *Business & Professional Ethics Journal*, v. 15, n. 2, p. 21-52, 1996.

COSTA, Natalia Lacerda Macedo. "Nudge" como abordagem regulatória de prevenção à corrupção pública no Brasil. *Revista de Informação Legislativa*, v. 54, n. 214, p. 91-111, abr./jun. 2017.

DAMATTA, Roberto. *Carnavais, malandros e heróis*: para uma sociologia do dilema brasileiro. Rio de Janeiro: Rocco, 1997.

FAORO, Raymundo. *Os donos do poder*: formação do patronato político brasileiro. São Paulo: Globo, 2012.

FERNANDES, Millôr. *Todo homem é minha caça*. Rio de Janeiro: Nórdica, 1981.

FILGUEIRAS, Fernando de Barros. Notas críticas sobre o conceito de corrupção: um debate com juristas, sociólogos e economistas. *Revista de Informação Legislativa*, v. 41, n. 164, p. 125-148, out./dez. 2004.

FILGUEIRAS, Fernando. A tolerância à corrupção no Brasil: uma antinomia entre normas morais e política social. *Opinião Pública*, v. 15, n. 2, nov. 2009.

FRAZÃO, Ana. Direito antitruste e direito anticorrupção: pontes para um necessário diálogo. In: FRAZÃO, Ana (Org.). *Constituição, empresa e mercado*. Brasília: FD/UnB, 2017.

FRAZÃO, Ana. Programas de compliance e critérios de responsabilização de pessoas jurídicas por ilícitos administrativos. In: ROSSETTI, Maristela A.; PITTA, Andre G. *Governança corporativa*: avanços e retrocessos. São Paulo: Quartier Latin, 2017.

FRAZÃO, Ana. Arquitetura da corrupção e as relações de mercado: somente uma mudança institucional profunda pode gerar frutos consistentes e duradouros. *Jota*. Disponível em: <https://www.jota.info/opiniao-e-analise/artigos/arquitetura-da-corrupcao-e-relacoes-de-mercado-30052016>. Acesso em: 20 maio 2018.

FRAZÃO, Ana. Relações entre corrupção e teorias que orientam a gestão das companhias. Conjur. Disponível em: <ttps://www.conjur.com.br/2017-jul-13/ana-frazao-relacoes-entre-corrupcao-gestao-companhias>. Acesso em: 20 maio 2018.

FRAZÃO, Ana. *Função social da empresa*: repercussões sobre a responsabilidade civil de controladores e administradores de S/As. Rio de Janeiro: Renovar, 2011.

GLYNN, Patrick; KOBRIN, Stephen J.; NAÍM, Moisés. The globalizaton of corruption. In: ELLIOTT, Kimberly Ann. *Corruption and the global economy*. Washington: Institute for international economics, 1997.

HOLLANDA, Sérgio Buarque. *Raízes do Brasil*: São Paulo: Companhia das Letras, 1996.

JOHNSTON, Michael. Public officials, private interests, and sustainable democracy: when politics and corruption meet. In: ELLIOTT, Kimberly Ann. *Corruption and the global economy*. Washington: Institute for international economics, 1997.

KAND, David. *Crony capitalism*: corruption and development in South Kores and the Philippines. Cambridge: Cambridge University Press, 2004.

LANGE, Donald. A multidimensional conceptualization or organizational corruption control. *The Academy of Management Review*, v. 33, n. 3, p. 710-729, jul. 2008.

LAZZARINI, Sérgio G. *Capitalismo de laços*: os donos do Brasil e suas conexões. Rio de Janeiro: Elsevier, 2011.

LEFF, N. H. Economic development through bureaucratic corruption. *American Behavioral Scientist*, v. 8, n. 3, 1964.

LEITE-DA-SILVA, Alfredo Rodrigues et al. Contradições gerenciais na disseminação da "cultura corporativa": o caso de uma estatal brasileira. *Revista de Administração Pública*, v. 40, n. 3, p. 357-384, maio/jun. 2006.

LUCCA, Newton. *Da ética geral à ética empresarial*. São Paulo: Quartier Latin, 2009.

MARTÍNEZ, Gregorio Peces-barba. Ética pública-ética privada. *Anuário de Filosofia del Derecho*, v. 14, p. 531-544, 1977.

MCKENDALL, Marie; DEMARR, Beverly; JONES-RIKKERS, Catherine. Ethical compliance programs and corporate illegality: testing the assumptions of the corporate sentencing guidelines. *Journal of Business Ethics*, v. 37, p. 367-383, 2002.

MCNEESE, Tim. *The robber barons and the Sherman Antitrust Act*: reshaping American business. Nova Iorque: Chelsea House, 2009.

MIGALHAS. Após quase 5 anos, metade dos Estados regulamentou lei anticorrupção. *Migalhas*. Disponível em: <http://www.migalhas.com.br/Quentes/17,MI273127,51045-Apos+quase+5+anos+metade+dos+Estados+regulamentou+lei+anticorrupcao>. Acesso em: 20 maio 2018.

PERELMAN, Chaïm. *Ética e direito*. São Paulo: Martins Fontes, 1996.

RILEY, Anne; SOKOL, D. Daniel. Rethinking Compliance. *Journal of Antitrust Law*. Disponível em: <http://papers.ssrn.com/sol3/papers.cfm?abstract_id=2475959>. Acesso em: 18 ago 2015.

ROBERTS, Robert. The rise of compliance-based ethics management. *Public Integrity*, v. 11, n. 3, p. 261-277, 2009.

RODRIGUES, Suzana Braga. Cultura corporativa e identidade: desinstitucionalização em empresa de telecomunicações brasileira. *Revista de Administração Contemporânea*, v. 1, n. 2, maio/ago. 1997.

ROSE-ACKERMAN, Susan. *Corruption and government*: causes, consequences and reform. Cambridge: Cambridge University Press, 1999.

SIEBER, Ulrich. Programas de "compliance" en el Derecho Penal de la empresa: Una nueva concepción para controlar la criminalidad económica. In: OLAECHEA, Urquizo; VÁSQUEZ, Abanto SÁNCHEZ, Salazar. Homenaje a Klaus Tiedemann. *Dogmática penal de Derecho penal económico y política criminal*. Lima: Fondo, 2001.

SIEBER, Ulrich. Programas de "compliance" en el derecho penal de la empresa: una nueva concepción para controlar la criminalidad económica. In: NIETO, Adan. *El derecho penal económico en la era del compliance*. Valencia: Tirant lo Blanch, 2013.

SOLTES, Eugene. *Why they do it: inside the mind of the white-collar criminal*. Nova Iorque: Public affairs, 2016.

TAMASAUSKAS, Igor Sant'Anna; BOTTINI, Pierpaolo Cruz. A interpretação constitucional possível da responsabilidade objetiva na lei anticorrupção. *Revista dos Tribunais*, v. 103, n. 947, p. 133–155, set., 2014.

THOMPSON, Helen. *Ingenuous subjection*: compliance and power in the eighteenth-century domestic novel. Filadélfia: University of Pennsylvania Press, 2005.

Informação bibliográfica deste texto, conforme a NBR 6023:2002 da Associação Brasileira de Normas Técnicas (ABNT):

FRAZÃO, Ana; CARVALHO, Angelo Gamba Prata de. Corrupção, cultura e *compliance*: o papel das normas jurídicas na construção de uma cultura de respeito ao ordenamento. In: CUEVA, Ricardo Villas Bôas; FRAZÃO, Ana (Coord.). *Compliance*: perspectivas e desafios dos programas de conformidade. Belo Horizonte: Fórum, 2018. p. 129-150. ISBN 978-85-450-0564-3.

PARTE II

PERSPECTIVAS E DESAFIOS DOS PROGRAMAS DE *COMPLIANCE*

COMPLIANCE SOB A PERSPECTIVA DO GOVERNO: UMA VISÃO SOBRE A ESTRUTURA DA CONTROLADORIA-GERAL DO MUNICÍPIO DE SÃO PAULO E SUA ATUAÇÃO NO TRABALHO PREVENTIVO E COMBATE À CORRUPÇÃO

ANDERSON POMINI

Introdução

A burocracia, entendida aqui em sentido não acadêmico, pode ser considerada como um dos fatores que impacta negativamente o dinamismo dos órgãos públicos. Indiscutivelmente necessária em alguns casos, é também totalmente dispensável em outros, como nas inúmeras fases e procedimentos de uma licitação que, dentro de um apertado cronograma, pode demandar mais que um ano desde os estudos preliminares do Termo de Referência à concretização da contratação dos bens ou serviços.

Logicamente, os princípios administrativos e a segurança jurídica devem nortear todos os processos, entretanto, medidas preventivas baseadas em um Programa de Integridade factível com a realidade e exequível com tenacidade e transparência, são as grandes chaves que o governo deveria fortalecer. Eis que a urgência da implementação de políticas de *compliance* que possibilita maior rapidez nas contratações e agilidade de resposta à sociedade se fazem necessárias. O respeito à legislação é um princípio basilar, entretanto, para buscar avanços com inovação, a interpretação legal tem que ser arrojada e as ações integradas com fundamentos em um manual de procedimentos dentro da ética esperada.

No Brasil, em que pesem os avanços dos programas de *Compliance* Empresarial, regrando a conduta corporativa em vias de contratar com a Administração Pública, o Estado não acompanhou com a mesma velocidade em positivar a si próprio e aos seus servidores.

Assim, por entender que compete ao gestor público contribuir com os mecanismos de prevenção e combate à corrupção, o presente artigo busca trazer a perspectiva governamental sobre os principais instrumentos que permeiam o *compliance* na esfera da administração pública municipal de São Paulo, em especial ao trabalho realizado pela Controladoria-Geral do Município (CGM).

É importante salientar que cada vez mais o conceito de *compliance* está se popularizando. Por óbvio, devido à grande extensão de significados, pode-se dizer que o termo que mais se ajustou ao seu primeiro significado condiz com o "cumprimento de regras". Quer seja no setor público ou privado, estar em *compliance* deixou de ser um grande mistério e se tornou um reconhecimento por andar nas regras de boa conduta pré-estabelecidas. Em outras palavras, trata-se de um instrumento preventivo de combate à corrupção.

Assim como o Direito está em uma incessante metamorfose para se moldar às novas realidades que surgem, o *compliance* também se adapta como uma importante ferramenta de minimização de fragilidades que possibilitem a incidência de ilícitos e irregularidades.

Na Administração Pública é comum nos depararmos com órgãos que possuam Controladorias, com foco mais voltado ao trabalho preventivo e de controle. Em uma breve síntese, é nítida a evolução dos padrões de governança nos últimos 20 anos. A maturidade corporativa das empresas aderentes a esse instituto ampliou a confiança junto ao mercado, promovendo benefícios aos negócios e ao efetivo relacionamento com o cliente.

Sob este ponto de vista, há indícios de que a adoção da política anticorrupção contribui sensivelmente para afastar a prática de delitos comumente cometidos entre as esferas privada e pública.

1 *Compliance* × corrupção: mundos diferentes em um mesmo ambiente

O termo "corrupção" é muito abrangente e subjetivo. Autores como Gabardo e Castella,[1] pontuam que há uma gradação bastante

[1] GABARDO, Emerson; CASTELLA, Gabriel Morettini e. A nova lei anticorrupção e a importância do compliance para as empresas que se relacionam com a Administração

significativa quando é avaliado o grau de corrupção em determinada ação. Os autores ponderam que, no ponto inicial desta escala, estão os pequenos desvios do cotidiano, como por exemplo, o descumprimento de filas. Já, na outra extremidade, estão os crimes organizados. Segundo eles, o *compliance* possui uma função estratégica anticorrupção, dado que é instrumento essencial das práticas negociais.

Mas a corrupção no Brasil não é fato novo. Remonta da colonização portuguesa no país, entretanto, o que antes era uma cultura declarada e, até certo ponto aceita, atualmente é reconhecida como a principal inimiga da democracia e caminha na contramão dos princípios da gestão pública desejada. Em que pese o aprimoramento das normas legais anticorrupção, elas demonstram-se insuficientes para erradicá-la integralmente. Mais do que simples positivação de normas, há a necessidade de mudança cultural da população e dos gestores.

A materialização da corrupção tomou tal dimensão no Brasil em 2015, que figuraram manchetes como a veiculada no "Estadão".[2] Na ocasião, o procurador da República Deltan Dallagnol, chefe da força-tarefa do Ministério Público Federal na Operação Lava Jato, disse que os recursos oriundos de esquemas de corrupção no Brasil desviaram dos cofres públicos algo em torno de R$200 bilhões por ano.

Utilizando-se das vias legislativas próprias, o Estado brasileiro emanou normas para que as empresas interessadas em celebrar contrato com a Administração Pública passem a constituir e efetivar programas de *compliance*, com rígido aparelhamento para manutenção do controle interno e integridade. Lastreado pelas normas encontradas em outros países, o marco legal brasileiro foi o advento da Lei Anticorrupção (Lei nº 12.846 de 1º de agosto de 2013) e o Decreto nº 8.420, de 18 de março de 2015, que contribuíram com as ações de regulamentação de posturas do ente privado ante ao eventual celebração de contrato com a administração pública.

Ainda que tal avanço mereça o título de fronteira anticorrupção no país, não é patente em todos os órgãos públicos – federais, estaduais e municipais – a intenção do Estado em regulamentar uma norma de contrapeso que imponha limites na atuação do servidor público, ou que ao menos faça imperar uma política preventiva anticorrupção.

Pública. *A&C - Revista de Direito Administrativo & Constitucional*. Belo Horizonte, ano 15, n. 60, p. 129-147, abr./jun. 2015.

2 LOPES, Elizabeth; AFFONSO, Julia. Corrupção desvia R$ 200 bi, por ano, no Brasil, diz coordenador da Lava Jato. <http://politica.estadao.com.br/blogs/fausto-macedo/corrupcao-desvia-r-200-bi-por-ano-no-brasil-diz-coordenador-da-lava-jato/>. Acesso em: 15 set. 2017.

O Estado precisa olhar para si e criar um instituto positivado para ser cumprido pelos seus próprios servidores, como seria o caso de programas de gestão preventiva e corretiva anticorrupção, como forma de colaborar com a gestão administrativa e organização pública eficiente, ampliando a postura ética e a efetividade dos serviços prestados.

Apenas para uma análise preliminar, ainda temos no país algumas capitais que não instituíram um órgão específico com as atribuições de uma controladoria. No outro oposto, em municípios como Belo Horizonte, São Paulo, Natal e Vitória, encontram-se os melhores exemplos de boas práticas. Um movimento inicial que se traduz em avanços.

Por certo, é necessário encontrar a forma de controle que não gere excesso de burocracia. Esse é um dos grandes desafios do órgão de controle: exercer o seu papel de monitorar as demandas internas, gerando dinamismo nos processos e procedimentos.

2 *Compliance* no âmbito da Administração Pública

O berço das definições sobre o alcance do *compliance* no setor público pode ser localizado no ano de 2006, na Convenção das Nações Unidas (ONU) contra a Corrupção.[3] Em tal oportunidade, o Brasil foi signatário do documento e, na sequência, publicou o Decreto nº 5.687/2006. A citada Convenção foi regulamentada com as seguintes finalidades:

i) promover e fortalecer as medidas para prevenir e combater mais eficaz e eficientemente a corrupção;
ii) promover, facilitar e apoiar a cooperação internacional e a assistência técnica na prevenção e na luta contra a corrupção, incluída a recuperação de ativos;
iii) promover a integridade, a obrigação de render contas e a devida gestão dos assuntos e dos bens públicos.

Ante tal cenário, a Assembleia-Geral da ONU definiu que cada Estado-Parte, em conformidade com os princípios fundamentais de seu ordenamento jurídico, formularia políticas coordenadas e eficazes contra a corrupção, promovendo a participação da sociedade e refletindo os

---

[3] Presidência da República. Disponível em: <http://www.planalto.gov.br/ccivil_03/_ato2004-2006/2006/decreto/d5687.htm>.

princípios do Estado de Direito, a devida gestão dos assuntos e bens públicos, a integridade, a transparência e a prestação de contas.[4]

Em seu artigo 5º, a normativa em comento estabeleceu que compete ao Estado-Parte estabelecer e fomentar práticas eficazes encaminhadas a prevenir a corrupção e avalizar periodicamente os instrumentos jurídicos e as medidas pertinentes a fim de determinar se são adequadas para combater a corrupção.

Cabe mencionar que a ONU, desde aquela época, já indicava que cada Estado-Parte procuraria aplicar, em seus próprios ordenamentos institucionais e jurídicos, códigos ou normas de conduta para o correto, honroso e devido cumprimento das funções públicas.

Mais contemporaneamente, como apontado por Juliana Oliveira Nascimento,[5] entre outras funções inerentes ao *compliance* público, se destacam: programa de integridade pública, como a criação de medidas institucionais, mecanismos e procedimentos de integridade, análise e gestão de riscos, comunicação, controles, auditoria, monitoramento e denúncia que venham a promover a atuação em conformidade com o órgão, de acordo com diretrizes internas e externas promovendo, com isso, a gestão da integridade na esfera pública.

Almeja-se, com essas medidas devidamente implementadas a minimização de chances de ocorrências de irregularidades no âmbito do setor públicos e a potencialização da observância aos princípios administrativos.

Valendo-se das lições de Jorge Vieira da Silva[6] quando expressa que "ocultar informações do público pode levar a ocultar o clientelismo, o favoritismo, a corrupção, a troca de favores políticos, enfim, serve para encobrir a má administração", a prática de ações de transparência e de fácil acessibilidade são os motores propulsores ao primeiro passo de um *compliance* na gestão pública.

Na mesma toada em que a intolerância à corrupção aumenta, os órgãos de controle necessitam acompanhar com imparcialidade as suas decisões, evitando a interferência política e o uso de ideologias, que

---

4 Disponível em: <http://www.cgu.gov.br/sobre/perguntas-frequentes/articulacao-internacional/convencao-da-onu>.

5 NASCIMENTO, Juliana Oliveira. Compliance público: O caminho para a integridade na Administração Pública. Disponível em: <http://www.lecnews.com/artigos/2016/09/23/compliance-publico-o-caminho-para-a-integridade-na-administracao-publica>. Acesso em 16 fev. 2018.

6 SILVA, Jorge Vieira da. *A transparência da democracia*: estudo sobre o orçamento da Prefeitura de São Paulo. São Paulo: Annablume, 1993, p. 199.

transformam as definições técnicas em peças acusatórias fundamentadas em mazelas involutivas.

Por estes motivos, parametrizado pelo raciocínio de Christiano Pires Guerra Xavier,[7] qualquer perspectiva do governo em relação a um programa de integridade deve estar balizada por uma política pública em que seja possível apurar a sua efetividade.

3 A Controladoria-Geral do Município de São Paulo e a integridade da Administração Pública

Criada em maio de 2013, na gestão Haddad, pela Lei nº 15.764 e reorganizada pelo Decreto nº 57.921/2017, a Controladoria-Geral do Município (CGM) atua com independência e possui autonomia administrativa, orçamentária e funcional.

A finalidade da CGM é prevenir e combater a corrupção na gestão municipal, garantir a defesa do patrimônio público, promover a transparência e a participação social e contribuir para a melhoria da qualidade dos serviços públicos. Além disso, também recebe denúncias relacionadas à corrupção e irregularidades cometidas por servidores municipais.

Para que seus objetivos sejam atingidos, a CGM é dividida em quatro áreas de atuação:[8]

i) Corregedoria-Geral do Município (CORR)
ii) Ouvidoria-Geral do Município (OGM)
iii) Coordenadoria de Auditoria Interna (AUDI)
iv) Coordenadoria de Promoção da Integridade (COPI)

Dentro dessa estrutura, vale ressaltar que a Corregedoria-Geral do Município (CORR) é um órgão de controle interno e de apuração e correição de irregularidades administrativas. A sua principal atuação visa preservar e promover os princípios da Administração Pública, bem como da probidade dos agentes públicos municipais.

Já a Ouvidoria-Geral do Município[9] (OGM) foi criada com o advento da Lei Municipal nº 13.167/2001. As principais atribuições são: examinar manifestações referentes à prestação de serviços públicos

---

[7] XAVIER, Christiano Pires Guerra. *Programas de compliance anticorrupção no contexto da Lei 12.846/13*: elementos e estudo de caso. Dissertação de mestrado. Escola de Direito de São Paulo da Fundação Getúlio Vargas, São Paulo, 2015.

[8] Disponível em: <http://www.prefeitura.sp.gov.br/cidade/secretarias/controladoria_geral/>.

[9] Disponível em: <http://www.prefeitura.sp.gov.br/cidade/secretarias/ouvidoria/a_ouvidoria/index.php?p=169803>.

pelos órgãos e entidades do Poder Executivo Municipal; propor a adoção de medidas para a correção e a prevenção de falhas e omissões pelos responsáveis pela inadequada prestação do serviço público; contribuir com a disseminação das formas de participação popular no acompanhamento e fiscalização da prestação dos serviços públicos.

A ouvidoria recebe denúncias por diversos canais, incluindo o Portal[10] e o app "SP156". Comumente são colhidas manifestações de irregularidades praticadas por servidores municipais, como descumprimento de obrigações, obtenção de vantagens, cobrança de propina ou outras situações que possam atentar contra o direito do munícipe. Trata-se de práticas de atos ilícitos cuja solução depende da atuação de órgão de controle.

Muitas vezes as denúncias são pouco embasadas e beiram especulações, mas há também os cidadãos que colaboram com a Controladoria entregando indícios de autoria e provas de materialidade de fato cometido contra a administração. Estes, sim, deveriam ter algum tipo de bonificação.

Por sua vez, a Coordenadoria de Auditoria Geral (AUDI)[11] representa a macrofunção de controle e é responsável por verificar a legalidade e legitimidade dos atos e fatos administrativos, além de avaliar os resultados alcançados, quanto aos aspectos de eficiência, eficácia e economicamente da gestão orçamentária, financeira, patrimonial, operacional, contábil e finalista das unidades da administração Direta e Indireta e de entidades de Direito Privado que recebem recursos do Município de São Paulo.[12]

Resumidamente, a efetivação de Programas de Integridade são realizadas pela COPI, a quem também compete a divulgação de dados de todos os órgãos e entidades da Prefeitura de São Paulo no Portal da Transparência.[13]

4 O *compliance* promovido pela CGM

Entre outras atuações das unidades da CGM, a representatividade mais expressiva do *compliance* público é exercida pelas unidades COPI e AUDI.

---

[10] Disponível em: <https://sp156.prefeitura.sp.gov.br>.

[11] Disponível em: <http://www.prefeitura.sp.gov.br/cidade/secretarias/controladoria_geral/a_cgm/index.php?p=153810>.

[12] Prefeitura de São Paulo. Disponível em: <http://www.prefeitura.sp.gov.br/cidade/secretarias/controladoria_geral/a_cgm/index.php?p=153810>.

[13] Disponível em: <http://transparencia.prefeitura.sp.gov.br/Paginas/home.aspx>.

Segundo informações do site da Prefeitura de São Paulo,[14] a Coordenadoria da Promoção da Integridade (COPI) tem como principal atribuição promover a transparência pública e fomentar a participação da sociedade civil na prevenção da corrupção. Além disso, deve contribuir para a promoção da ética e o fortalecimento da integridade das instituições públicas, ou seja, instituir o *compliance* na Administração Pública Municipal. Por meio de parcerias com todas as pastas da Prefeitura, a COPI visa estabelecer projetos e ações de capacitação dos agentes públicos municipais em assuntos relacionados à boa governança dos recursos públicos e elaborar cartilhas educativas para facilitar a disseminação das normas vigentes.

A Coordenadoria de Promoção da Integridade possui a seguinte estrutura:

i) Gabinete do Coordenador;
ii) Divisão de Transparência Ativa;
iii) Divisão de Fomento ao Controle Social;
iv) Divisão de Fortalecimento de Gestão;
v) Divisão de Promoção da Ética.

Potencializando o controle social, a área de Transparência Ativa compete à divulgação de dados de forma ativa, sem a necessidade de ser provocada pelo cidadão. Grande parte dos dados se relaciona com investimentos e despesas públicas. Os principais projetos desta divisão[15] estão dispostos na Tabela 1.

Entretanto, mesmo não estando relacionadas, qualquer informação deve ser disponibilizada aos cidadãos quando a gestão pública é provocada. Neste caso, é de responsabilidade da Divisão de Transparência Passiva, por intermédio do Sistema Eletrônico de Informações aos Cidadãos (e-SIC), que pode ser considerado o elo entre o cidadão que faz a solicitação com a Controladoria do Município, que direciona os pedidos para as pastas e órgãos da administração direta e indireta, os quais devem responder aos questionamentos.

Com forte apelo ao controle social e à difusão da Lei Federal nº 12.527, de novembro de 2011, Lei de Acesso à Informação (LAI), a Divisão de Fomento ao Controle Social realiza a articulação entre a

---

[14] Disponível em: <http://www.prefeitura.sp.gov.br/cidade/secretarias/controladoria_geral/coordenadoria_de_promocao_da_integridade/>.

[15] Prefeitura de São Paulo. Disponível em: <http://www.prefeitura.sp.gov.br/cidade/secretarias/controladoria_geral/coordenadoria_de_promocao_da_integridade/index.php?p=225088>. Acesso em: 26 fev. 2018.

Controladoria-Geral do Município e a sociedade civil. Conforme dados disponibilizados no portal da CGM,[16] foram realizadas 17 oficinas sobre esse tema, sendo todos abertos ao público em geral.

TABELA 1
Projetos da Divisão de Transparência Ativa

CANAL DE ACESSO	FERRAMENTAS
Portal da Transparência	receitas; despesas; funcionalismo; prefeituras regionais; governo aberto; controle social; acesso à informação; fundos municipais; compras e licitações; administração indireta; contratos, convênios e parcerias; doações, comodatos e cooperação; catálogo de bases de dados; dados abertos;
Portal dados abertos	divulgar listagem de todas as bases de dados produzidas pelos órgãos e entidades da administração municipal. Ao todo, foram catalogadas 591 bases de informação, incluindo dicionários de dados e metadados. A partir do Catálogo, a Prefeitura de São Paulo passou a trabalhar em uma plataforma livre que reunisse suas bases de dados e descrições, permitindo fácil acesso e pesquisa por parte de programadores, conferindo ainda mais transparência aos dados municipais.
Pedido Respondido	Em iniciativa inovadora, a Controladoria Geral do Município de São Paulo disponibiliza o acesso à base de dados contendo todos os pedidos de acesso à informação e todas as respostas dadas pelos órgãos da administração pública direta e indireta do município desde a implantação do Sistema e-SIC (Sistema Eletrônico de Informação ao Cidadão), em agosto de 2012.
Catálogo Municipal de Bases de Dados	Previsto pelo Decreto Municipal nº 54.779/2014, o Catálogo Municipal de Bases de Dados (CMBD) tem por finalidade divulgar uma listagem de todas as bases de dados produzidas pelos órgãos e entidades da Prefeitura de São Paulo.
Café Hacker	Um encontro entre profissionais da Comunicação – jornalistas, programadores, pesquisadores – ou cidadãos interessados em conhecer dados e informações que estão sob guarda da Prefeitura de São Paulo, de um lado; e, por outro, servidores, técnicos e representantes do poder público que lidam cotidianamente com um grande volume de informações, mas nem sempre conhecem as necessidades e demandas da população que quer acessá-las.

Fonte: Elaborado pelo autor com dados da Prefeitura de São Paulo. Disponível em: <http://www.prefeitura.sp.gov.br/cidade/secretarias/controladoria_geral/coordenadoria_de_promocao_da_integridade/a_copi/index.php?p=153070>.

---

16 Disponível em: <http://www.prefeitura.sp.gov.br/cidade/secretarias/controladoria_geral/coordenadoria_de_promocao_da_integridade/index.php?p=225090>.

As duas últimas divisões de COPI: Divisão de Fortalecimento da Gestão e Divisão de Promoção da Ética são as áreas em que mais "se faz *compliance*" na Administração Pública Municipal de São Paulo. A primeira delas tem como atribuição criar mecanismos voltados ao fortalecimento da integridade nas instituições públicas municipais de maneira transversal. Dentre as principais atividades desenvolvidas estão:

i) análise, monitoramento e a melhoria de processos, visando maior transparência;
ii) padronização de fluxos e procedimentos, para reduzir a burocracia e o retrabalho;
iii) identificação de atribuições e seus responsáveis;
iv) otimização da gestão das informações e recursos públicos e a institucionalização de atividades na Administração.

A equipe atua com o fortalecimento da gestão também acompanha algumas licitações no âmbito da Prefeitura de São Paulo, em especial na modalidade pregão e nos casos de dispensa de licitação. Ainda produzem manuais, cartilhas e materiais com orientação para que os servidores públicos possam estar em *compliance*.

Já a Divisão de Promoção da Ética, como a própria denominação condiz, é a responsável pelo fortalecimento da integridade e promoção de condutas éticas na administração municipal. Atuando em diversas frentes, o maior esforço concentra-se na produção e implementação de recursos legais para a construção de um ambiente ético, como no caso do Código de Conduta Funcional dos Agentes Públicos e da Alta Administração Municipal (Decreto nº 56.130/2015), cujo conteúdo buscou nortear a conduta funcional e ética, em conformidade com o Estatuto do Servidor.

Quanto à atuação de AUDI no *compliance* público, pode-se asseverar que o Plano Anual de Auditoria Interna define as premissas de atuação da citada coordenadoria, cujas auditorias são originadas por meio de Ordens de Serviços (OS). A Tabela 2 compila os dados de OS cumpridas de 2013 à 2017.

TABELA 2
Número de Ordens de Serviços cumpridas por AUDI (2013 – 2017)

ANO	Nº OSs
2013	75
2014	36
2015	71
2016	101
2017	140
TOTAL	**423**

Fonte: Auditoria Interna da CGM/PMSP. Disponível em: <http://www.prefeitura.sp.gov.br/cidade/secretarias/controladoria_geral/a_cgm/index.php?p=153810>.

A Tabela 3 demonstra o resumo das economias efetivas que a atuação da AUDI obteve mediante atuação majoritariamente preventiva e, ao final, a Tabela 4 apresenta números consolidados de benefícios financeiros referentes a ano de 2017.

TABELA 3
Atuação da CGM-AUDI e a Economia Efetiva ao município em 2016 e 2017

Ordem de Serviço	Unidade Examinada	Valor do Benefício (R$)
OS 022/2016	Prefeitura Regional da Penha	R$ 401.238,00
OS 036/2016	Prefeitura Regional Sé	R$ 11.988.192,00
OS 051/2016	Prefeitura Regional Sé	R$ 7.405.260,00
OS 051/2016	Prefeitura Regional Sé	R$ 2.187.419,45
OS 093/2016	Procuradoria Geral do Município	R$ 3.596.145,85
OS 092/2016	Sec. Mun. de Serviços e Obras	R$ 10.100.940,70
OS 02/2017	Prefeitura Regional Sé	R$ 1.947.000,00
OS 019/2017	Sec. Mun. de Serviços e Obras	R$ 2.143.435,55
OS 135/2017	Autarquia Hospital Municipal	R$ 13.082.100,00
TOTAL		**R$ 52.851.731,55**

Fonte: Auditoria Interna da CGM/PMSP.

Nota-se que a Administração Pública municipal paulistana está empreendendo esforços para fortalecer a cultura de controle preventivo e educador. Em 2017, houve uma sensível ampliação nos valores de economia efetiva, enquanto antes havia grande volume de economia potencial,[17] cujo foco é de atuação em atendimento a denúncias, em que, na maioria das vezes, se apuram prejuízos que já ocorreram e são bem mais difíceis de se recuperar.

TABELA 4
Informações consolidada da CGM-AUDI para o ano de 2017

Economia Potencial	R$ 190.670.222,82
Prejuízo Apurado	R$ 10.695.617,10
Ressarcimento de Valores	R$ 0,00
Economia Efetiva por Melhoria de Processos	R$ 52.450.493,55
Total no Exercício	R$ 253.816.333,47

Fonte: Auditoria Interna da CGM/PMSP.

Considerações finais

Ainda que os princípios da Administração Pública estejam estampados no artigo 37 da Constituição Federal de 1988, quais sejam – legalidade, impessoalidade, moralidade, publicidade e eficiência –, há evidências de que a não observância a eles, implica o aumento da corrupção no Brasil. O desprezo dos princípios administrativos, integram, ele próprio, a tipologia dos atos de improbidade administrativa.

Portanto, mais do que sopesar as cifras orçamentárias, temos que concretizar a mudança cultural na gestão pública e no povo brasileiro, fortalecendo a ética comportamental no relacionamento entre o ente público e o privado.

Sugerimos que as Controladorias estabeleçam os parâmetros de atuação dos servidores no âmbito da Administração Pública, como nos casos observados na iniciativa privada, onde o Controlador-Geral assumiria o papel semelhante a de um *Compliance Officer*, conforme

[17] A Portaria CGM nº 104, de 17 de novembro de 2016, institui sistemática de quantificação e registro dos benefícios do controle interno. Em seu artigo 2º, o ato normativo define os critérios do que podem ser considerados economia potencial; prejuízo apurado; ressarcimento de valores; economia efetiva por melhoria de processos. Disponível em: <http://legislacao.prefeitura.sp.gov.br/leis/portaria-controladoria-geral-do-municipio-104-de-19-de-novembro-de-2016>.

disposto por Silveira e Saad-Diniz;[18] e, assim, deveria percorrer os passos e avanços já alcançados pelo *Compliance* Empresarial.

Como bem comentado por Ribeiro e Diniz,[19] entre as principais ações também estariam a exigência de condutas adequadas e a intolerância às condutas inadequadas. A exemplo da CGM de São Paulo, os entes públicos de outros municípios deveriam ao menos contar com mecanismos e procedimentos internos de integridade, auditoria e incentivo à denúncia de irregularidades.

Os dados apontados nas Tabelas 3 e 4 reforçam o resultado positivo da atuação das auditorias de conformidade para apurar casos de irregularidades. Portanto, o crescimento dos valores de economia efetiva, ante ao volume de economia potencial é um indicador exitoso no âmbito dos controles internos.

Em suma, a conciliação da função fiscalizatória de apuração de denúncias e a preventiva/educadora corroboram para evitar a corrupção na origem.

Desenvolver um sistema de controladoria imune às pressões de natureza ideológica ou político-partidária é contribuir para eliminar o descaminho e gerar dados eficientes. Ao mesmo tempo em que se assegura o controle social, colabora-se com informações estratégicas para a tomada de decisões da alta administração. Assim, o bom exercício desse órgão de controle interno é, em última instância, o bom andamento do Estado.

Referências

BRASIL, 2013. *Manual da Lei de Acesso à Informação para Estados e Municípios.* Disponível em: <http://www.cgu.gov.br/Publicacoes/transparencia-publica/brasil-ransparente/arquivos/manual_lai_ estados municipios.pdf>. Acesso em 21 abr. 2017.

BRASIL, 2015. *Programa de Integridade: Diretrizes para empresas privadas.* Disponível em:<http://www.cgu.gov.br/Publicacoes/etica-e-integridade/arquivos/programa-de-integridade-diretrizes-para-empresas-privadas.pdf>. Acesso em 15/09/2017.

GABARDO, Emerson; CASTELLA, Gabriel Morettini e. A nova lei anticorrupção e a importância do compliance para as empresas que se relacionam com a Administração Pública. *A&C – Revista de Direito Administrativo & Constitucional.* Belo Horizonte, ano 15, n. 60, p. 129-147, abr./jun. 2015.

---

[18] SAAD-DINIZ, Eduardo. Novos modelos de responsabilidade empresarial: A agenda do direito penal corporativo. In: SAAD-DINIZ, Eduardo (Org). *Tendências em governança corporativa e compliance.* São Paulo: LibersArs, 2016.

[19] RIBEIRO, Marcia Carla Pereira; DINIZ, Patricia Dittrich Ferreira. Compliance e Lei Anticorrupção nas empresas. *Revista de Informação Legislativa.* Brasília, ano 52, n. 205, p. 87-105, jan./mar. 2015.

LOPES, Elizabeth; AFFONSO, Julia. Corrupção desvia R$ 200 bi, por ano, no Brasil, diz coordenador da Lava Jato. <http://politica.estadao.com.br/blogs/fausto-macedo/corrupcao-desvia-r-200-bi-por-ano-no-brasil-diz-coordenador-da-lava-jato/>. Acesso em 15 set. 2017.

NASCIMENTO, Juliana Oliveira. *Compliance* público: O caminho para a integridade na Administração Pública. Disponível em: <http://www.lecnews.com/artigos/2016/09/23/compliance-publico-o-caminho-para-a-integridade-na-administracao-publica>. Acesso em 16 fev. 2018.

RIBEIRO, Marcia Carla Pereira; DINIZ, Patricia Dittrich Ferreira. Compliance e Lei Anticorrupção nas Empresas. *Revista de Informação Legislativa*. Brasília, ano 52, n. 205, p. 87-105, jan./mar. 2015.

SAAD-DINIZ, Eduardo. Novos modelos de responsabilidade empresarial: A agenda do direito penal corporativo. In: SAAD-DINIZ, Eduardo (Org.). *Tendências em governança corporativa e compliance*. São Paulo: LibersArs, 2016.

SILVA, Jorge Vieira da. *A transparência da democracia*: estudo sobre o orçamento da Prefeitura de São Paulo. São Paulo: Annablume, 1993.

SILVEIRA, Renato de Mello Jorge; SAAD-DINIZ, Eduardo. *Compliance, direito peal e lei anticorrupção*. São Paulo: Saraiva, 2015.

XAVIER, Christiano Pires Guerra. *Programas de compliance anticorrupção no contexto da Lei 12.846/13*: elementos e estudo de caso. Dissertação de mestrado. Escola de Direito de São Paulo da Fundação Getúlio Vargas, São Paulo, 2015.

Informação bibliográfica deste texto, conforme a NBR 6023:2002 da Associação Brasileira de Normas Técnicas (ABNT):

POMINI, Anderson. *Compliance* sob a perspectiva do governo: uma visão sobre a estrutura da Controladoria-Geral do Município de São Paulo e sua atuação no trabalho preventivo e combate à corrupção. In: CUEVA, Ricardo Villas Bôas; FRAZÃO, Ana (Coord.). *Compliance*: perspectivas e desafios dos programas de conformidade. Belo Horizonte: Fórum, 2018. p. 153-166. ISBN 978-85-450-0564-3.

COMPLIANCE SOB A PERSPECTIVA DA CRIMINOLOGIA ECONÔMICA

EDUARDO SAAD-DINIZ

1 Introdução[1]

Nos últimos, anos tem-se observado certa tendência internacional à avaliação dos programas de *compliance* baseada em evidências científicas, com ênfase nas "métricas de efetividade".[2] No entanto, o mercado brasileiro parece ainda bastante refratário e, em grande medida, desorientado a respeito da cultura de *compliance*. Pouco se tem noticiado sobre medidas inovadoras em gestão e, na maioria dos casos, os programas de *compliance* acabam se confundindo com outros controles da empresa, reduzidos à "fachada", ou, o que é ainda pior, à aparência de "renovação ética".[3]

No campo das iniciativas de *enforcement*, as investigações, tanto aquelas motivadas pelo alcance extraterritorial do FCPA (*Foreign Corrupt Practices Act*, EUA), quanto as baseadas no marco normativo doméstico (Lei Anticorrupção nº 12.683/2013), não têm repercutido nos indicadores

1 Agradecimentos à Profa. Ana Frazão e ao Ministro Ricardo Villas Bôas Cueva pelo muito distinto convite em integrar esta obra. Este ensaio é parte do projeto de pesquisa "Vitimologia corporativa: um novo campo de pesquisa nas ciências criminais" (FAPESP/CNPQ) e do Grupo de Pesquisa CNPQ "Violação de direitos humanos no âmbito corporativo".

2 "At its core, the idea is as simple as it is crucial: Firms cannot design effective compliance programs without effective measurement tools. For many firms, appropriate measurement can spur the creation of leaner and ultimately more-effective compliance programs. Put simply, better compliance measurement leads to better compliance management", CHEN, Hui; SOLTES, Eugene. Why compliance programs fail – and how to fix them. *Harvard Business Review*, 2/2018.

3 Extensamente sobre, SAAD-DINIZ, Eduardo. Brasil vs. Golias: os 30 anos da responsabilidade penal da pessoa jurídica e as novas tendências em *compliance*. *Revista dos Tribunais*, 988/2018, p. 25-53.

de forma minimamente satisfatória nem para demonstrar sucesso de suas operações, nem mesmo atestar sua qualidade regulatória.[4] As estratégias padronizadas que caracterizam as iniciativas de integridade da OCDE já cumprem mais de duas décadas sem superar o baixo impacto em termos de modificações substanciais de governança e *compliance*.

Penalistas e publicistas têm concentrado seus esforços de pesquisa no estudo dogmático das alterações legislativas, independentemente de maior esforço empírico sobre os atos lesivos, ofensores e vítimas a que elas se destinam. Teóricos do direito administrativo sancionador e penalistas têm muito mais festejado a euforia em torno da *individual accountability*, debatido intensamente a causalidade omissiva nas funções de *gatekeeper* ou infração de dever do *compliance officer*[5] do que propriamente formulado alternativas viáveis de atribuição de responsabilidade às empresas. Alega-se incremento na "detecção" de escândalos de corrupção corporativa e esquemas fraudulentos, sob a liderança de juristas formados por modelo de ensino jurídico menos anacrônico,[6] sem que, no entanto, essas novas técnicas de investigação tenham sido acompanhadas de modificações mais sensíveis em termos de comportamento ético na empresa. A verdade é que o debate público sobre os programas de *compliance* ou bem se limita a narrativas corporativas de autoemulação, movendo retórica da *good corporate citizenship* que pouco acrescenta na construção social de conhecimento sobre a matéria, ou bem se presta à retórica política de autoridades públicas, fortemente inspiradas por certo fanatismo moral e obsessão por megaoperações punitivas.

O que falta mesmo é a revisão criminológica do regime brasileiro de prevenção às infrações econômicas. A cultura de *compliance* tem sido uma das principais representações desse regime, mas o problema não consiste apenas no domínio do conhecimento sobre a matéria. Há uma deficiência mais básica na verificação empírica das evidências

---

[4] Os dados publicados pela CGU apresentam até o momento rendimento insatisfatório frente à complexidade da corrupção no ambiente empresarial: 30 penalidades, sendo 7 publicações extraordinárias e 23 multas sobre o faturamento bruto anual (R$ 12.010.130,21). Nas demais esferas administrativas (com base na lei anticorrupção): 14 punições, sendo 4 publicações extraordinárias e 10 multas (R$ 6.081.468,07).

[5] Muito interessante panorama desta discussão pode ser encontrado em COFFEE JR., John. Understanding Enron: it's about the gatekeepers, stupid. *Columbia Law & Economics Working Paper*, 207/2002. Em reflexão crítica sobre estas tendências, SAAD-DINIZ, Eduardo; MARTINELLI, Sofia. *Gatekeepers* e soluções de *compliance*. *Revista dos Tribunais*, 979/2017, p. 69-89.

[6] FALCÃO, Joaquim. 'Lava Jato' cria nova geração de juízes, promotores e advogados. *Revista dos Tribunais*, 967/2016.

sobre as reais necessidades de *compliance*, qual o perfil dos ofensores, quem e como é vitimizado, quais as dimensões do dano movido pelo comportamento corporativo socialmente danoso, quais seriam as alternativas preferenciais de restauração. E é precisamente a partir daí que a pesquisa criminológica pode fazer a diferença. Desde os fundamentos da criminologia pós-clássica, a necessidade de dados empíricos consolidados em analítica de evidências científicas é o caminho inequívoco para a formulação de estratégias de ação político-criminal. Nada muito distinto da "criminologia *old school*" de Howard Becker: coleta de dados, analítica de evidências, recomendações de ideias estratégicas.[7]

A abertura para a pesquisa científica no âmbito da criminologia econômica encontra sua delimitação na avaliação da cultura de *compliance* baseada em coleta mais consistente de dados empíricos e no amadurecimento das evidências científicas. Assim é que se tornam viáveis recomendações mais sólidas sobre as políticas regulatórias, estratégias de *enforcement* e ações concretas de autorregulação corporativa, promovendo uma profunda redefinição do conceito e do impacto dos programas de *compliance* no Brasil. Sob esse ponto de vista é que se espera a construção de um diálogo mais efetivo, demonstrando evidências sobre as práticas sociais que poderiam de fato trazer mudanças significativas no ambiente negocial. Em função desses pressupostos, a estrutura do ensaio se divide em quatro partes principais: (1) organização das principais lições do pensamento criminológico para o estudo da criminologia econômica; (2) análise das transições dos *street crimes* para os *white-collar crimes* e dos *white-collar crimes* para os *corporate crimes*; (3) organização das principais contribuições da pesquisa criminológica comparada, com delimitação na descrição dos principais instrumentos normativos de controle social formal das organizações empresariais; (4) discussão específica das combinações possíveis entre iniciativas de *enforcement* e *compliance*.

2 Algumas lições do pensamento criminológico

O pensamento criminológico pós-clássico assume como premissa maior a verificação empírica das causas e consequências do comportamento criminoso, determinando-se a analítica do crime e da criminalidade a partir da explicação dos fatores que levam à conduta

[7] BECKER, Howard. *Evidence*. Chicago: Chicago Press, 2017, p. 4 e ss.

desviante. Assim como em Freda Adler, Gerhard Mueller e William Laufer, "os criminólogos mensuram".[8] A pesquisa criminológica se dedica à determinação concreta do comportamento criminoso e à diferenciação destas condutas e das alternativas possíveis de reação, com a finalidade de promover estratégias de redução da criminalidade e de seus impactos negativos na sociedade – inclusive em relação às consequências deletérias da criminalização de comportamentos na vida das pessoas e da comunidade em que vivem. Quer dizer, os criminólogos também conduzem a pesquisa científica para a avaliação das iniciativas do Sistema de Justiça Criminal e seu impacto na sociedade. Originalmente, foi assim que Marvin Wolfgang inscreveu seu nome entre os cânones do pensamento criminológico, mensurando o comportamento desviante e extraindo dele a construção de tipologias em *Patterns in criminal homicide* (desta métrica a noção de "precipitação vitimal" e a ideia de colaboração da vítima na realização do crime).[9] E não foi de outra forma que Edwin Sutherland, ao analisar a criminalidade relacionada à atividade empresarial, consagrou-se com a ideia de crime do colarinho branco (*white-collar crime*).[10]

A seu modo, a interpretação funcional de Émile Durkheim representou um avanço muito significativo para o pensamento criminológico. O crime não está mais limitado à compreensão do comportamento do homem delinquente, nem mesmo circunscrito à imposição de limites metafísicos à violência de Estado. O crime é um fato social e não deve ser interpretado fora da dinâmica da sociedade. Desde o *Da divisão do trabalho social*, com as noções de que o crime é "normal" e "funcional",[11] passando pelas *Regras do método sociológico*, em que o crime se definiu como a "antecipação da moral futura", expressando a moral coletiva,[12] até *O suicídio*, em que se concretizou a ideia de anomia (desintegração da ordem social como resultado da perda do referencial valorativo),[13] a interpretação funcional de Durkheim abriu espaço para a compreensão

---

8 ADLER, Freda; MUELLER, Gerhard; LAUFER, William. *Criminology and the Criminal Justice System*. 6. ed. New York: McGrall Hill, 2007, p. 28-29.

9 WOLFGANG, Marvin. *Patterns in criminal homicide*. New Jersey: Patterson Smith, 1975, 413 p.

10 SUTHERLAND, Edwin. *White collar crime: the uncut version*. New Haven: Yale University Press, 1983, p. 4 e ss.

11 DURKHEIM, Émile. *Da divisão do trabalho social*. São Paulo: Martins Fontes, 1999, p. 30 e ss.

12 DURKHEIM, Émile. *Regras do método sociológico*. São Paulo: Martins Fontes, 2007, p. 86.

13 DURKHEIM, Émile. *O suicídio: estudo sociológico*. Rio de Janeiro: Zahar, 1979, p. 188 e ss.

da regulação de comportamentos e da fundamentação moral das modernas formas jurídicas.[14]

Em oposição ao universalismo dos teóricos do controle,[15] ganhou proeminência a interpretação sociológica de Edwin Sutherland sobre os crimes de colarinho branco. Sutherland partiu da diferenciação entre o comportamento desviante convencional e o ocupacional, buscando explicar o fato de que esta última criminalidade vem, curiosamente, acompanhada de predominante respeito ao ordenamento jurídico e às regras sociais. É apenas em função das estruturas de oportunidade e aprendizagem no âmbito das organizações que os indivíduos encontram as condições necessárias para se engajar na criminalidade econômica – e isso, também curiosamente, sem que este mesmo indivíduo deixe de reprovar moralmente aquele que comete um crime tradicional. Desde Sutherland, além da compreensão da delinquência do tipo associativo (o que explica o crime é o resultado da interação com valores antissociais e padrões de comportamento criminoso *aprendidos* nas organizações empresariais),[16] já se reconhece a dificuldade de se delimitar a vítima da criminalidade corporativa, a produção de provas e as estratégias de inteligência corporativa para evitar a incidência de *enforcement*.[17] Os principais desdobramentos das teses de Sutherland couberam a Donald Cressey (com a noção de *respectable criminal* – os indivíduos de maior reputação na sociedade em regra são os responsáveis pelas maiores violações)[18] e à divergência de David Weisburd, o qual questionou a equivalência do "colarinho branco" com a ideia de "ofensores de elite" (a maior parte dos casos levados ao Sistema de Justiça criminal dizem respeito à classe média sem os privilégios da primariedade).[19]

A criminologia crítica, por sua vez, posiciona suas reflexões na atuação reativa do Estado e na compreensão do dano produzido pelo

---

[14] LUKES, Steven; SCULL, Andrew. *Durkheim and the Law*. 2. ed. London: Palgrave, 2013, p. 2.

[15] As teses do controle e as explicações universalistas da personalidade delinquente que se sucederam à interpretação funcional de Durkheim não tiveram repercussão no campo da criminologia econômica. Travis Hirschi, referência mais expressiva das teorias do controle, nega expressamente a especificidade do crime econômico. Essencialmente, o crime não passaria de "violação à lei", e a tese de Sutherland seria inconsistente, ao explicar a conformidade do comportamento da mesma forma em que explica o comportamento desviante, HIRSCHI, Travis. *Causes of delinquency*. 2. ed. New Brunswick: Transaction, 2002, p. 9 e 19.

[16] SUTHERLAND, Edwin. White collar crime... *cit.*, p. 245.

[17] SUTHERLAND, Edwin. White collar crime... *cit.*, 218 e ss.

[18] CRESSEY, Donald. "The respectable criminal". *Trans-action*, 2-1965, p. 12-15.

[19] WEISBURD, David *et al* (Org). *Crimes of the middle classes*: white-collar offenders in the Federal Courts. Chelsea: Yale Press, 1991, p. 74 e ss.

comportamento corporativo socialmente danoso.[20] Recentemente, em crítica contundente ao comportamento corporativo socialmente danoso, Gregg Barak discutiu a incorporação de técnicas de rotinização e neutralização pelo mundo corporativo (racionalizações que minimizam a moralização da infração econômica e a rejeição emocional espontânea do crime, como nos termos retributivos de Durkheim),[21] o que vale universalmente para as estratégias de gestão que recorrem ao uso cosmético dos programas de *compliance*.

O estudo das escolas de pensamento criminológico oferece sólido referencial explicativo para orientar a investigação dos fatores que levam à criminalidade econômica. Esse estudo é o que nos permite discutir a pluralidade desses fatores e nos posicionar, criticamente, frente às interpretações tradicionais sobre a motivação da criminalidade econômica, permitindo superar as leituras reducionistas do custo e benefício e as ideações sobre a ambição desmesurada dos gestores. O comportamento racional/utilitário e a ambição no âmbito corporativo (*corporate greed*) são explicações, quando muito, apenas parciais.[22] Igualmente, é preciso muito mais do que "estruturas de incentivo"

---

[20] BOX, Steven. *Power, crime and mystification*. London: Tavistock, 1983, 257 p.; PUNCH, Maurice. *Dirty Business, exploring corporate misconduct*. London: Sage, 1996, p. 22 e ss.; LEIGHTON, Paul. Corporate crime and the corporate agenda for crime control: disappearing awareness of corporate crime and increasing abuses of power. *Western Criminology Review*, 14/2013, p. 38-51.

[21] BARAK, Gregg. *Unchecked corporate power*: why the crimes of multinational corporations are routinized away and what we can do about it. London: Routledge, 2017, p. 11; demonstrando como as racionalizações de fachada não apenas evitam a atuação do *enforcement*, mas também acabam criando ambiente propício à comissão de infrações econômicas, HAUGH, Todd. The criminalization of compliance. *Notre Dame Law Review*, 92/2017, p. 1215-1269: "(...) Rationalizations are the key component in the psychological process necessary for the commission of corporate and white collar crime—they allow potential offenders to square their self-perception as "good people" with the illegal behavior they are contemplating, thus allowing bad conduct to go forward. Criminalized compliance fuels these rationalizations, and in turn, bad corporate behavior. By virtue of its origins in and fidelity to the criminal law, criminalized compliance imports many of the criminal law's delegitimizing features into the corporation—from vague and overlapping rules, to aggressive and onerous monitoring, to inconsistent enforcement and adjudication. Employees recognize this illegitimacy and incorporate it into their own thought processes, thus creating an environment ripe for rationalizations. Once rationalizations take hold, there is little stopping an employee from committing an unethical or illegal act, regardless of the compliance program in place. The result is that many compliance regimes, by mimicking the criminal law in hopes of reducing employee misconduct, are actually helping to create it. This insight, which offers a new way of conceptualizing corporate compliance, not only helps explain the ineffectiveness of many compliance programs, but also how corporations might go about fixing them" (p. 1218-1219).

[22] HEATH, Joseph. Business ethics and moral motivation: a criminological perspective. *Journal of Business Ethics*, 83/2008, p. 595-614.

para a efetividade na implementação dos programas de *compliance* e dos mecanismos sancionatórios.[23]

A pesquisa científica no campo da criminologia econômica demanda enorme esforço. Requer, antes de tudo, habilidade para acessar como as estratégias de gestão motivam as empresas e os indivíduos, avaliando como a estrutura sociedade, em sua relação intrínseca com a conjuntura econômica e a infiltração nas tramas de coesão social das comunidades em que opera pode chegar a favorecer mecanismos de controle social, ou ainda como as relações de comando e controle dos CEOs e alto escalão da empresa, a maior ou menor autonomia dos profissionais de *compliance*, a postura não colaborativa do jurídico e a cumplicidade da contabilidade criativa podem ser decisivas na prática de infrações econômicas. E isso sem mencionar que a divisão entre comportamento ético e crime, apesar de atender a investigações causais de certa forma bastante semelhantes, nem sempre é tão facilmente perceptível na investigação criminológica, imiscuindo comportamentos ilícitos em atividades legítimas.[24]

Para a criminologia econômica, o que importa mesmo é que a criminalidade corporativa é fundamentalmente criminalidade do colarinho branco. A partir dessa noção básica, pode-se entender a diferenciação entre as ocupações no âmbito da estrutura empresarial e a organização empresarial em si como resultado desse contexto mais amplo e complexo de processos decisórios e interações sociais que integram a atividade empresarial.[25] Essa compreensão é decisiva para uma interpretação mais consistente dos programas de *compliance* e de sua importância nas organizações. É nesse particular que se recobra a relevância da investigação científica sobre as causas, controles e

---

[23] Em sentido contrário, ENGELHART, Marc. *Sanktionierung von Unternehmen und Compliance*: Eine rechtsvergleichende Analyse des Straf- und Ordnungswidrigkeitenrechts in Deutschland und den USA. Berlin: D&H, 2012, p. 703 e ss.

[24] Há ampla literatura discutindo a especificidade das estruturas organizacionais e as causas da criminalidade econômica. Tradicionalmente, GEIS, Gilbert; STOTLAND, Ezra. Organizational structure and organizational crime. GEIS, Gilbert *et al* (Org) *White colar crime*: theory and research. Beverly Hills: Sage, 1980, p. 52-76; ALBANESE, Jay. What Lockheed and La Cosa Nostra have in common: the effect of ideology on criminal justice policy. *Crime and Delinquency*, 28/1982, p. 311-323; ALBANESE, Jay. *Organizational offenders*: why solutions fail to political, corporate, and organized crime. Niagara Falls: Apocalypse, 1982, p. 6 e ss.

[25] "Corporate crime is white-collar crime; but of a particular type. Corporate crime actually is *organizational* crime occurring in the context of complex relationships and expectations among boards of directors, executives, and managers, on the one hand, and among parent corporations, corporate divisions, and subsidiaries, on the other. This concept of corporate crime has developed rather gradually, and it is only natural that it should often be confused with the broader area of crime in the so-called white-collar occupations", CLINARD, Marshall; YEAGER, Peter. Corporate crime... *cit.*, p. 17.

estratégias de regulação. Por um lado, adquire-se solidez na individualização dos agentes, dimensões do dano, processos de vitimização, em que medida se pode falar em efeito intimidatório (*deterrence*) ou preventivo, avaliação da qualidade das iniciativas de *enforcement*, políticas regulatórias e inciativas corporativas.[26] Por outro, superando a mentalidade repressiva e o apego ao controle social formal, discutindo as possibilidades de estabelecer vínculos colaborativos entre a ação do particular e os órgãos fiscalizadores e reguladores.[27]

3 Dos *street crimes* aos *white-collar crimes* e dos *white-collar crimes* aos *corporate crimes*

Para fins didáticos, é bem possível encontrar certos divisores para interpretar as prioridades da política criminal internacional. A criminalidade corporativa foi por muito tempo negligenciada no Sistema de Justiça Criminal. Alguns poucos casos isolados ganharam maior exposição, como os escândalos de financiamento da campanha de Richard Nixon, porém com restrições operando em campo não mais do que simbólico, como a "moralidade pós-Watergate" (*post-Watergate morality*) e a publicação do FCPA (*Foreign Corrupt Practices Act*), sem incidência significativa na prática. Uma boa síntese histórica da política criminal predominante na Guerra Fria, sobretudo na Era Reagan, é a orientação ostensiva pela guerra às drogas (*war on drugs*), notadamente como medida de contenção do avanço do regime comunista internacional. O foco na guerra às drogas arrasta suas consequências até os dias atuais, com repercussões sensíveis, tanto nos EUA como no Brasil, na obsessão pelo encarceramento de massas (*mass incarceration*). Seguindo a análise criminológica de John Hagan, ao mesmo tempo em que se enchiam os cárceres de traficantes dos *Colombian babies*, experimentava-se a ausência de regulação da atividade empresarial.[28]

Mais recentemente, dos anos 90 até os dias atuais, a abertura dos mercados internacionais e a intensificação da globalização econômica desafiou o perfil da política criminal internacional. A priorização da criminalidade tradicional, já em grande medida "estável" pelas

---

[26] SIMPSON, Sally. *Corporate crime, law, and social control*. Cambridge: Cambrige Press, 2002, p. 9 e ss.

[27] LAUFER, William. A very special regulatory milestone. *University of Pennsylvania Working Paper*, 9/2017, p. 16 e ss.

[28] HAGAN, John. *Who are the criminals*?: the politics of crime policy from the Age of Roosevelt to the Age of Reagan. Princeton: Princeton Press, 2010, p. 101 e ss.

políticas seletivas de encarceramento e higienização urbana, foi sendo gradualmente substituída pela criminalidade corporativa. No lugar do apelo pela segurança urbana, as autoridades fiscalizadoras e reguladoras têm se apegado à segurança negocial. A compreensão tradicional da criminalidade como "gestão do medo" da classe média em face da escalada da violência na sociedade tem cedido espaço, de forma igualmente gradual, ao reforço punitivo da confiança nos negócios e na alocação de recursos, motivado por esquemas ardilosos do crime corporativo. Em vez da interpretação jurisprudencial movida pela seletividade e o populismo da higienização dos centros urbanos, os esquemas dogmáticos passam a reconhecer a necessidade de *antecipação* já no âmbito empresarial, forçando o cumprimento de determinados padrões de comportamento pelas vias da imposição de deveres na empresa, com reduzidas exigências na verificação do comportamento doloso. Esquematicamente, seria possível articular uma (1) perspectiva macropolítico-criminal e outra (2) micropolítico-criminal:

(1) PERSPECTIVA MACROPOLÍTICO-CRIMINAL

Criminalidade tradicional (*street crime*)	**Criminalidade corporativa (*corporate crime*)**
Segurança urbana	Segurança negocial
Gestão do medo	Gestão da confiança nos negócios e alocação de recursos
Violência	Ardil/engano

(2) PERSPECTIVA MICROPOLÍTICO-CRIMINAL

Criminalidade tradicional (*street crime*)	**Criminalidade corporativa (*corporate crime*)**
Dolo (*mens rea*)	Normativização e tendência à responsabilidade objetiva
Seletividade e higienização urbana	Imposição de deveres *já* no âmbito empresarial

É claro que os quadros explicativos não representam de todo uma inovação.[29] Essa transição foi investigada há quase setenta anos

29 Em outro contexto, discutimos como Nelson Hungria pensava – de forma extraordinária – que esta transição da criminalidade "violenta" para a dos "artifícios do engano" já se encontrava em curso algumas décadas antes de Sutherland, HUNGRIA, Nelson. *Fraude penal*. Rio de Janeiro: Est. Graphico, 1932, p. 6 e ss. A percepção de Nelson Hungria sobre a violência era bastante limitada à pequena criminalidade patrimonial, o que certamente limita a leitura dele. De lá pra cá, é preciso níveis mais sofisticados de compreensão do problema das drogas, não apenas pela intensificação da guerra às drogas, mas também pela configuração das modernas

por Edwin Sutherland. Apesar disso, nem os estudos originais dessa transição, nem esse esforço explicativo dos quadros esquemáticos dão conta dessa transição desde a perspectiva da indiferença moral frente ao colarinho e dos custos da criminalidade (não apenas os econômicos, mas também os sociais e morais). Gilbert Geis foi dos primeiros a apontar que a criminalidade corporativa pode ser mais danosa que a maior parte dos crimes tradicionais, de certa forma denunciando que as "federal and state statistical compilations of crime pay more attention to 'muggers' and ignore 'smoggers'".[30] Quando se pensa em crime, a indignação moral[31] recai, comodamente, sobre a criminalidade de ruas. Essa indiferença em relação aos crimes corporativos, por muito tempo obstruída pela noção de crimes sem vítima, deveria ser superada por uma mais exata compreensão dos processos de vitimização e dos danos causados pelo comportamento corporativo socialmente danoso.[32]

A partir de então, soma-se ao estudo dos *white-collar crimes* a investigação científica dos *corporate crimes*. Com certo pioneirismo, Marshall Clinard e Peter Yeager sistematizaram o estudo da criminalidade corporativa e empenharam análise detalhada do comportamento corporativo socialmente desviante. Surge com eles a classificação das mais representativas violações,[33] com base na seriedade no crime (*seriousness*

---

corporações e a evolução social das drogas, especialmente as indústrias farmacêuticas. Há ampla e muito interessante literatura a respeito, a exemplo de WAINWRIGHT, Tom. *Narconomics:* how to run a cartel. New York: Public Affairs, 2016, p. 9 e ss.; ANGELL, Marcia. *The truth about drug companies*: how they deceive us. New York: Random House, 2004, p. 3.

30 GEIS, Gilbert. Deterring corporate crime. NADER, Ralph *et al* (Org.) *Corporate power in America*. New York: Grossman, 1973, p. 12.

31 LAUFER, William. Where is the moral indignation over corporate crime?. BRODOWSKI, Dominik *et al.* (Org). *Regulating corporate criminal liability*. Heidelberg: Springer, 2014, p. 19-32.

32 "The cost of corporate crime far exceeds the total for all the thefts, burglaries, arsons, and robberies put together", CLINARD, Marshall; YEAGER, Peter. *Corporate crime*. New Brunswick? Transaction, 2009, p. xii.; sobre a seriedade das infrações econômicas ocorridas no âmbito corporativo, Jeffrey Reiman refirma os elevados custos sociais: "it takes far more dollars from our pockets than all the FBI Index crimes combined", REIMAN, Jeffrey. *The rich get richer and the poor get prison:* ideology, crime and criminal justice. 4. ed. Boston: Allyn&Bacon, 1995, p. 109. Discutimos esta questão longamente em SAAD-DINIZ, Eduardo. *Vitimologia corporativa* (em preparação).

33 "*Corporate crime* demonstrates that corporate lawbreaking covers a very wide range of misbehavior, much of it serious: among these violations are accounting malpractices, including false statements of corporate assets and profits; occupational safety and health hazards; unfair labor practices; the manufacture and sale of hazardous products and misleading packaging of products; abuses of competition that restrain trade such as antitrust and agreements among corporations to allocate markets; false and misleading advertising; environmental violations of air and water pollution, and illegal dumping of hazardous materials; illegal domestic political contributions and bribery of foreign officials for corporate benefits". CLINARD, Marshall; YEAGER, Peter. Corporate crime... *cit.*, p. x.

of crimes) e subdividida em três tipos principais: convencional (ou ordinário); ocupacional; organizacional. Crimes convencionais incluem os crimes violentos (*lower and blue-collar classes*) cometidos por meio de atividades ilegítimas, em afronta ao ordenamento jurídico. Nos crimes ocupacionais, o comportamento socialmente desviante é produzido no âmbito de atividades legítimas e por indivíduos que, em regra, mantêm respeito ao ordenamento jurídico, salvo em determinadas oportunidades que encontram para delinquir em suas ocupações. Pode chegar a ser cometido por *blue-collar* em suas ocupações, sem corresponder, no entanto, a um montante significativo. Os crimes organizacionais, por sua vez, são cometidos por organizações empresariais.

O esforço classificatório de Clinard e Yeager também foi importante para discriminar as estruturas *internas* e os fatores *externos* do comportamento corporativo socialmente danoso. O interesse criminológico nesse campo pode se dedicar à compreensão dos fatores econômicos (superando o reducionismo da motivação da "pressão financeira"), o papel determinante da cultura corporativa (respeitando, por exemplo, a observação do histórico de continuidade de *compliance* da empresa) e a personalidade, formação e a interação com a estrutura societária na qual se insere a figura dos gestores.[34]

De forma um tanto mais ampla do que os esforços iniciais "classificatórios" de Clinard e Yeager, a proposta de Braithwaite talvez tenha sido a primeira a promover a necessidade de integração das várias correntes criminológicas na explicação da criminalidade ocorrida no âmbito das organizações. Braithwaite dedicou inúmeros estudos à análise das circunstâncias que levam à criminalidade no âmbito das organizações. De forma bem convincente, integra os modelos explicativos para analisar a criminalidade corporativa: teoria da tensão para a distribuição de oportunidades legítimas e ilegítimas, teoria do etiquetamento para se compreender a estigmatização e a formação de subculturas de resistência.[35] Se bem é verdade que a estigmatização da

---

[34] CLINARD, Marshall; YEAGER, Peter. Corporate crime... *cit.*, p. xl-xli. A mentalidade classificatória, no entanto, talvez deixe desapercebida uma mais consistente compreensão da personalidade. Não apenas pela dinâmica do comportamento desviante – como as corporações influenciam direta ou indiretamente na criminalidade convencional – a partir de sua infiltração na coesão social e de sua irresponsabilidade –, mas também porque não apreende uma série de *turning points* e sucessivos processos de etiquetamento no curso da vida da empresa.

[35] BRAITHWAITE, John. Criminological theory and organizational crime. *Criminological Theory*, 6/1989, p. 333-358.

empresa – o processo de *corporate shaming*[36] – é bastante controvertida e de difícil demonstração empírica (como visto *supra*, a criminologia crítica supera essa questão a partir das reflexões sobre neutralização e rotinização, uma vez que as empresas acabam representando "mais bem do que dano", *more good than harm*), a questão da formação das subculturas como resistência à regulação e ao controle revela elevado potencial explanatório da relação entre particular e órgãos fiscalizadores e reguladores. Juntamente com Ian Aires, Braithwaite desenvolveu a noção de regulação responsiva (*responsive regulation*), que se refere à regulação baseada em escalonamento de condutas e formas correlatas – e proporcionais – de controle, ou "autorregulação regulada" (*enforced self-regulation*),[37] revista, logo em seguida, de acordo com maior sensibilidade à realidade institucional dos países em desenvolvimento.[38]

O aperfeiçoamento teórico a partir das teses de Braithwaite abre novas possibilidades para a compreensão da experiência brasileira. Tomando-se como ponto de partida a instabilidade e o desarranjo das instituições, seguido da reação indiscriminada e desproporcional dos mecanismos sancionatórios, o que se tem na verdade é um processo contínuo de desacoplamento entre autorregulação e regulação.[39] Além disso, os entraves para um modelo responsivo à criminalidade corporativa não consistem apenas na falta de estabilidade institucional. O contexto brasileiro nos remete a regime democrático em franco processo de maturação, ainda pendente de superação de resquícios do passado autoritário e forte relação de dependência econômica e da presença de multinacionais para promover suas iniciativas de desenvolvimento socioeconômico. Uma criminologia econômica eminentemente brasileira deve atuar no enfrentamento da relação incestuosa entre empresa e autoritarismo, entre marginalização da criminalidade de ruas, indiferença com a criminalidade corporativa e

---

[36] Para os fundamentos do *shaming*, BRAITHWAITE, John. *Crime, Shame, and Reintegration*. Cambridge: Cambridge Press, 1989, p. 69 e ss.

[37] Para a compreensão da "pirâmide regulatória" formada pelo escalonamento de condutas, AIRES, Ian; BRAITHWAITE, John. *Responsive regulation:* transcending the deregulation debate. New York: Oxford Press, 1992, p. 101 e ss.

[38] BRAITHWAITE, John. Responsive regulation and developing economies. *World Development*, 34/2006, p. 884-898.

[39] Em outras oportunidades pudemos criticar a noção de autorregulação regulada, SAAD-DINIZ, Eduardo. Códigos corporativos privados: alternativa para prevención de la corrupción y protección de derechos humano en el ámbito corporativo?. SAAD-DINIZ, Eduardo; SABADINI, Patricio *et al* (Org.). *Regulación del abuso en el ámbito corporativo*. Resistencia: Contexto, 2016, p. 103-116.

o fanatismo moral das campanhas de "limpeza ética".[40] A priorização da criminalidade corporativa e as iniciativas de autorregulação devem ser profundamente redefinidas, se for mesmo o caso de manifestação genuína de acerto de contas entre as organizações empresariais e a sociedade brasileira, mediado pela integridade nos negócios.

4 Pesquisa criminológica comparada e controle social formal das organizações

A criminologia econômica orienta a análise do controle social das organizações. Por agora, interessa apenas o estudo do controle social formal em perspectiva comparada, buscando intercâmbio entre as experiências internacionais e aprendizagens históricas. Semelhante estudo, no entanto, encontra determinadas barreiras com a falta de dados mais precisos sobre o controle social formal em nível global. Se bem é certo que a análise das experiências internacionais pode servir de referencial para incrementar o conhecimento nacional sobre causas, consequências, perfil criminoso, papel das multinacionais, exercício de seletividade, insuficiência de *enforcement* e possibilidades de *global regulation*, é igualmente certo que a pesquisa comparativa tampouco atende a parâmetros claros. Pouco se conhece a respeito da tradição jurídica norte-americana e suas influências na configuração global da criminalidade das organizações. Até mesmo estudos de priorização político-criminal são desconhecidos, limitando-se a investigação em ciências criminais, no mais das vezes, a análises descritivas dos instrumentos normativos.

É bastante incomum na discussão ibero-americana encontrar avaliações dos modelos pioneiros da Holanda ou França. Como bem destacado por John Vervaele, o referencial holandês poderia ser bastante significativo para situar determinados aprendizados na matéria. Vervaele demonstra que o art. 15 da lei WED dos anos 50 posicionava a função econômica como determinante para o reconhecimento da autoria e punibilidade da empresa, justificando o regime de necessidade de regulamentação socioeconômica. No CP holandês de 1965, atribui-se

[40] Em outra ocasião, questionamos a certa coincidência entre as estruturas de financiamento corporativo da Ditadura Militar e os esquemas empresariais evidenciados na Operação Lava Jato, SAAD-DINIZ, Eduardo; SPONCHIADO, Jéssica Raquel. La financiación corporativa de la Dictadura militar en Brasil: en búsqueda de la reparación de las víctimas. VÉLEZ RODRÍGUEZ, Luís A.; RODRÍGUEZ CAMACHO, David Andrés (Org.). *Sociedad y fuerza pública ante los retos de la Paz*: justicia transicional, víctimas y consolidación democrática. Bogotá: Ibañez, 2017, p. 435-457.

responsabilidade aos diretores por conduta de terceiros na empresa. Porém foi em 1976 que o art. 51, CP holandês, introduziu a responsabilidade penal empresarial, atingindo relevante consequência prática o fato de que "a punição da pessoa jurídica é muito importante para a punição dos responsáveis funcionais dentro da empresa. A qualidade de autor da pessoa jurídica não é apenas a base da punibilidade penal da pessoa jurídica, mas também a de pessoas físicas que efetivamente dirigiram a conduta ilícita".[41]

A discussão europeia tem evidenciado certa liderança na Espanha[42] e na Itália,[43] e, salvo as influentes ideias penais econômicas de Klaus Tiedemann,[44] permanecendo a persistência histórica dos alemães.[45] Recentemente, até se observam propostas legislativas, como o *Justizministerium des Landes Nordrhein-Westfalen den Entwurf eines Verbandsstrafgesetzbuchs* (2013)[46] e o *Kölner Entwurf eines Verbandssanktionengesetzes* (2017).[47] Especificamente em relação a este último, foram elaboradas promissoras

---

[41] VERVAELE, John. Societas/universitas delinquere ed puniri potest: a experiência holandesa como modelo para a Espanha?. *Revista Liberdades*, 14/2013, p. 93-130.

[42] Veja-se, por todos, NIETO MARTÍN, Adán. Cumplimiento normativo, criminología y responsabilidad penal de personas jurídicas. NIETO MARTÍN, Adán. *Manual de cumplimiento penal en la empresa*. Valencia: Tirant lo Blanch, 2015, p. 50 e ss.

[43] FIORELLA, Antonio. Alla ricerca dei comuni denominatori dell'illecito dell'ente da reato. FIORELLA, Antonio; VALENZANO, Anna Salvina (Org.). *Responsabilitá degli enti da reato e mercati emergenti*. Roma: Sapienza Università Editrice, 2017, p. 7 e ss.

[44] TIEDEMANN, Klaus; ENGELHART, Marc. *Wirtschaftsstrafrecht*. 5. ed. München: Franz Vahlen, 2017, p. 176 e ss.

[45] É contundente a crítica dogmática alemã tradicional. Por todos, FRISCH, Wolfgang. Strafbarkeit juristischer Personen und Zurechnung. *Gesamte Strafrechtswissenschaft in internationaler Dimension, Festschrift für Jürgen Wolter*. Berlin: D&H, 2013, p. 349-373.

[46] Cfr. análise crítica em HOVEN, Elisa. Der nordrhein-westfälische Entwurf eines Verbandsstrafgesetzbuches: Eine kritische Betrachtung von Begründungsmodell und Voraussetzungen der Straftatbestände. *Zeitschrift für Internationale Strafrechtsdogmatik*, 1/2014, p. 19-30.

[47] HENSSLER, Martin; HOVEN, Elisa; KUBICIEL, Michael; WEIGEND, Thomas. *Kölner Entwurf eines Verbandssanktionengesetzes*. Universität zu Köln, 2017. Toda a técnica legislativa parte do seguinte constatação de natureza criminológica: "Unternehmen und Verbände haben einen Einfluss auf die Gesellschaft, der die Wirkungen des Handelns natürlicher Personen erheblich übersteigt.1 Einerseits tragen sie entscheidend zur Wert- schöpfung und damit zum Wohlstand der Gesellschaft bei, andererseits können Straftaten, hinter denen die Macht eines Unternehmens steht, weit größere Schäden anrichten als dies bei den Taten von Individuen der Fall ist. Das geltende deutsche Recht wird dieser Situation nicht gerecht. (...) Auch wirtschaftspolitische Erwägungen sprechen nicht gegen eine Umgestaltung des Unterneh- menssanktionenrechts. Im Gegenteil: Eine sachgerechte Reform läuft den Interessen der Unternehmen nicht zuwider, sondern dient der Gleichheit der Wettbewerbsbedingungen sowie der Vorhersehbarkeit der – bislang undurchsichtigen und uneinheitlichen – Rechtsanwendung und ermöglicht eine Honorierung von Compliance-Maßnahmen". Maiores detalhes sobre, KUBICIEL, Michael; HOVEN, Elisa. JAHN, Matthias *et al* (Org.). *Das Unternehmensstrafrecht und seine Alternativen*. Baden-Baden: Nomos, 2016, p. 160.

propostas de responsabilidade penal empresarial e crimes relacionados, além dos aspectos processuais. As recomendações são orientadas pela ideia de prevenção especial e melhoria das estruturas empresariais, concebendo as infrações corporativas a partir do benefício obtido ou que deveria a empresa obter, ou a partir da infração de dever relacionado à empresa, na medida em que esta violação não se refira a uma autolesão. A fundamentação criminológica, no entanto, deve questionar as estratégias de atribuição de responsabilidade penal às empresas, determinando-se, com precisão e a partir de evidências científicas, quais os comportamentos, que tipo de associação empresarial, a modalidade sancionatória, a efetividade das medidas, danos à comunidade, as formas de restauração. Em suma, a criminologia corporativa requer revisão dos padrões tradicionais de responsabilidade empresarial e da realização prática cotidiana do Sistema de Justiça criminal, de tal forma que a pesquisa comparada e a fundamentação com base em evidências poderiam ser bastante promissoras.

De todo modo, mesmo em vista das inovações no campo da imputação penal à empresa, o legado do direito administrativo sancionador segue sendo bastante incisivo em alguns ordenamentos jurídicos,[48] inclusive no brasileiro. Traz consigo, no entanto, uma série de limitações processuais (poderes de investigação, apreensão, confisco), ademais de embotar a capacidade de endereçamento do juízo de reprovação ao comportamento corporativo socialmente danoso.[49] Na América Latina, a história da responsabilidade penal empresarial ainda é bastante, com regulamentações recentes e poucas repercussões na investigação

---

48 Analisando a experiência europeia, Vervaele critica que: "(...) o Direito sancionador administrativo é, em muitos países, uma importante forma de subdesenvolvimento, tanto em nível jurídico quanto prático. Na maioria dos Estados-Membros da União Europeia os poderes de investigação, apreensão, confisco, etc. são muito mais limitados em termos de Direito sancionador administrativo que no Direito Penal. Ao contrário da Alemanha, onde existem, em certa medida, vasos comunicantes entre as matérias administrativas e penais abrangidas na persecução, todos os outros sistemas conhecem sanções administrativas e penais completamente diferentes; os procedimentos administrativos são caracterizados por meios de investigação, apreensões, etc., muito mais limitados do que no processo penal. Claramente quando se fala da persecução das empresas é primordial dispor de meios importantes para a obtenção de provas". VERVAELE, John. Societas/universitas... *cit.*

49 A produção científica nacional, no entanto, tem se articulado em torno da consolidação da responsabilidade penal da pessoa jurídica. Desde a fundamentação político-criminal (derivada de imperativo constitucional), SARCEDO, Leandro. *Compliance e responsabilidade penal da pessoa jurídica.* São Paulo: LiberArs, 2016; em crítica ao legado autoritário do direito administrativo sancionador brasileiro, BARRILARI, Claudia Cristina. *Autorregulação regulada, criminal compliance e mecanismos sancionatórios.* São Paulo: Tese-USP, 2017; recentemente, recorrendo ao estudo dogmático do "injusto da organização", VELLUDO SALVADOR NETTO, Alamiro. *Responsabilidade penal da pessoa jurídica.* São Paulo: RT, 2018.

criminológica: Chile (*Ley 20.393/2009*), Argentina (*Ley 27.401/2017*), e Peru (*Ley 30.424/2018*).

O centenário modelo norte-americano é fortemente orientado à realização de determinadas metas sociais (aplicação do controle social, desencorajar vingança privada, expressão a moral e a opinião pública, intimidação do comportamento desviante), conferindo-lhes às estratégias de controle social formal a devida importância do reconhecimento da personalidade das empresas.[50] Em *Corporate bodies and guilty minds*, William Laufer introduz a interpretação construtivista da atribuição de responsabilidade às empresas. Essa interpretação parte do pressuposto de que a intencionalidade da empresa expressa uma noção de culpabilidade genuína da empresa (*genuine corporate fault*), a qual substitui os critérios da responsabilidade vicariante por elementos característicos (*features*), dimensões (*aspects*), e qualidades essenciais (*atributes*) da empresa.[51] Precisamente a estes atos que expressam os elementos característicos, dimensões e qualidades essenciais da empresa corresponde o estado mental corporativo.[52]

Laufer analisa quatro modelos para a compreensão da culpabilidade da empresa: 1) culpabilidade proativa; 2) culpabilidade reativa; 3) *ethos* corporativo; 4) política corporativa. Na interpretação de Laufer, a culpabilidade proativa (*proactive corporate fault – PCF*) identifica falhas nas práticas corporativas ou procedimentos de prevenção às infrações econômicas. A evidência de falhas na prevenção leva à atribuição de responsabilidade penal, podendo ser demonstrada a partir de suas políticas preventivas e da consistência na vedação de condutas em forma de códigos de conduta, ética ou treinamentos de *compliance*.

---

[50] O centenário modelo norte-americano é amplamente debatido. Para uma análise dos principais fundamentos, da forma como é recepcionada pelo ordenamento e dos instrumentos dogmáticos necessários a sua aplicação prática, KHANNA, Vik. Corporate liability standards: when should corporations be held criminally liable?. *American Criminal Law Review*, 37/2000, p. 1239 e ss.; recentemente, discutindo em detalhes os distintos modelos de imputação penal à empresa, DIAMANTIS, Mihailis. Corporate criminal minds. *Notre Dame Law Review*, 91/2016, p. 2050-2090; em rejeição à responsabilidade penal empresarial, HASNAS, John. The centenary of a mistake: one hundred years of corporate criminal liability. *American Criminal Law Review*, 46/2009, p. 1329-1358.

[51] LAUFER, William. *Corporate bodies and guilty minds*. Chicago: Chicago Press, 2006, p. 57. Estes critérios são necessários para se determinar a conduta punível da empresa: tamanho, complexidade, formalidade, funcionalidade, processo de tomada de decisão, estrutura da organização corporativa, LAUFER, William. Corporate bodies... *cit.*, p. 72.

[52] "Constructive culpability considers a wide range of states of mind derived from organizational atributes, features, processes, and structures in relation to the actions of corporate agents. In contrast to other models of corporate fault, constructive culpability considers corporate intention, knowledge, recklessness, and negligence", LAUFER, William. Corporate bodies... *cit.*, p. 77.

Ainda na linha de Laufer, as iniciativas para evitar a atribuição de responsabilidade proativa estariam concentradas nas estratégias dos altos executivos e conselhos de administração voltadas a relatórios de *compliance*, avaliações periódicas e *due diligence* defensiva.[53] A sua vez, a culpabilidade reativa (*reactive corporate fault – RCF*) serve para identificar falhas nas medidas corretivas pós-delitivas. Ela desloca a interpretação da culpabilidade e responsabilidade do âmbito dos comportamentos anteriores à prática da conduta típica (*actus reus*) para o comportamento de reação após realizada a conduta típica.[54] As teorias do *ethos* corporativo (*corporate ethos – CE*) apega-se à falha na cultura organizacional ou personalidade que leva ao envolvimento com infrações econômicas ou mesmo comportamento antiético. O e*thos* corporativo se expressa nas estruturas hierárquicas, finalidade, políticas e nos esforços demonstrados em termos de comprometimento de *compliance* e alinhamento aos padrões regulatórios,[55] porém enfatizando a omissão dos gestores não apenas na comissão de infrações econômicas, mas também na reação pós-delitiva. E, por fim, a política corporativa (*corporate policy – CP*) se dedica à configuração dos processos decisórios comunicados na empresa que refletem tanto a estrutura da organização como sua cultura a partir de decisões individuais.[56]

A crítica de Laufer a esses modelos toma por base a necessidade de reorientação normativa da responsabilidade penal empresarial em torno de uma culpabilidade corporativa genuína (*genuine corporate culpability*) e, do ponto vista técnico-jurídico, um mais acurado desenvolvimento dos conceitos e critérios de aplicação do direito penal (PCF, RCF e CE negligenciam as exigências de intencionalidade – *mens rea*) e reconhecimento da culpabilidade com base na ação, circunstâncias

---

53 LAUFER, William, Corporate bodies... *cit.*, p. 58.

54 LAUFER, William. Corporate bodies... *cit.*, p. 57-58.

55 LAUFER, William. Corporate bodies... *cit.*, p. 58.

56 LAUFER, William. Corporate bodies... *cit.*, p. 59. As teorias da política corporativa remontam aos estudos de Peter French. Mais sobre, FRENCH, Peter. *Collective and corporate responsibility*. New York: Columbia Press, 1984. É muito precisa a análise de Laufer sobre as ideias de French: "According to Peter French, the components of the corporation's internal decisions structure (CID structure), consisting of the corporation's flowchart and procedural and recognition rules, make up the elements that define corporate intentionality. Whether the action is legal or illegal, the corporation establishes certain goals and objectives for the purpose of carrying forth the action or intention. Corporate intention may be found in the express corporate policy when an illegal act is accompanied by any one of the following three criteria: (1) a corporate practice or policy violates the law; (2) it was reasonably foreseeable that a corporate practice or policy would result in a corporate agent's violation of the law; or (3) a corporation adopts or ratifies a corporate agent's violation of the law", LAUFER, William. Corporate bodies... *cit.*, p. 59.

e resultado da conduta.[57] Na linha de Laufer, significa então que uma percepção mais madura da *corporate mens rea* não apenas permitiria a recepção mais consistente de uma responsabilidade penal empresarial "genuína" como também viabilizaria decisões jurídicas melhor orientadas à culpabilidade proativa e reativa, inclusive como elementos de atenuação ou agravamento da pena.[58] RCF e CE deveriam limitar-se à interpretação pós-julgamento, uma vez que dificilmente poderiam influenciar na motivação da sentença. Mais delicado do que isso, PCF e RCF poderiam motivar decisões equivocadas sobre as dimensões da culpabilidade, gerando ou um "falso positivo" sobre o comportamento da empresa em condenação ou um "falso negativo" na absolvição.[59] Nenhum desses quatro modelos corresponderia à interpretação construtiva da culpabilidade, por se limitarem a meramente reproduzir o mesmo esquema lógico-jurídico (*proxy*) da responsabilidade individual. O caráter inovador da tese de Laufer consiste em "construir" a culpabilidade sem maior apego ao elemento subjetivo, extraindo o sentido da responsabilidade a partir de fatos, circunstâncias, condutas e intenção da organização. A construção da responsabilidade poderia ser adquirida a partir de inferências razoáveis sobre as relações possíveis entre a conduta da corporação, as circunstâncias e a possibilidade de conhecimento sobre as consequências da conduta, ou ainda pela aferição de que, pelo tamanho, estrutura, complexidade seria razoável o conhecimento do risco da atividade empresarial.[60] Apesar de que a aferição do subjetivo vem bem ancorada no objetivo, do ponto de vista da realização prática do Sistema de Justiça Criminal, na verdade as intenções e a personalidade da organização importam bem pouco, se o que de fato interessa são os elementos característicos, dimensões e

---

[57] LAUFER, William. Corporate bodies... *cit.*, p. 59.

[58] LAUFER, William. Corporate bodies... *cit.*, p. 60.

[59] "RCF also fails to capture a genuine corporate culpability to the extent that a reactive program of a corporation reflects an entity´s response to the discovery of an illegal act rather than the commission of the act itself. CE model explain little in the way of organizational culpability. They are models of organizational liability rather than culpability, which is made apparent by a summary of circumstances in which corporate fault may be found", LAUFER, William. Corporate bodies... *cit.*, p. 60.

[60] "Constructive fault permits fact finders to move beyond the strictures of subjective evidence of culpability in order to find corporate states of mind that may be more reasonably deduced or inferred – with or without the assistance of subjective evidence of the defendant. The search is for the best possible estimation of a corporate mental state through actual knowledge, as well as through reasonable inferences", LAUFER, William. Corporate bodies… *cit.*, p. 71-73.

qualidades essenciais da empresa, tal qual concretizado no caso *State of Wisconsin v. Richard Knutson, Inc.*, 7.26.1995.[61]

Ainda que incipiente e apesar de todas as limitações científicas, a pesquisa criminológica comparada pode ser decisiva na condução de melhorias significativas do controle social formal das organizações. Trata-se de passo fundamental para a melhor compreensão do próprio dos programas de *compliance* na melhoria do ambiente ético negocial.

5 *Enforcement* e *compliance*

A criminologia econômica não apenas auxilia na investigação das causas das infrações econômicas, mas também no estudo das formas de controle do comportamento corporativo socialmente danoso, do controle social do negócio e da avaliação do funcionamento do Sistema de Justiça Criminal. No que diz respeito ao funcionamento do Sistema de Justiça criminal, sua realização cotidiana é a mediação que preenche o percurso da realidade do crime à realidade do comportamento corporativo socialmente danoso. Sua maior ou menor estabilidade é essencial para a configuração de programas de *compliance* que expressem formas autênticas de manifestação do comportamento ético e colaborativo.[62]

John Hasnas, de forma bastante criativa, discute os crimes de colarinho branco particularmente envolvidos com comportamento honesto e a partir das funções da *compliance*. No entanto, para se alcançar a "justiça organizacional" (*organizational justice*), tanto as medidas de *enforcement* quanto as orientações de *compliance* e gestão organizacional devem ser, senão profundamente redefinidas, ao menos revisadas criticamente.

No que diz respeito às medidas de *enforcement*, Hasnas recupera o estudo das bases liberais do direito norte-americano – (1) exigência de *mens rea*; (2) ausência de reponsabilidade vicariante; (3) princípio da legalidade; (4) presunção de inocência; (5) exigência de prova além de dúvida razoável; (6) sigilo profissional (*attorney cliente-privilege*); (7) direito de não se autoincriminar (*privilege against self-incrimination*) – para demonstrar a certa inadequação com as demandas de efetiva investigação

---

61 WALT, Steven; LAUFER, William. Why personhood doesn´t matter: corporate criminal liability and sanctions. *American Journal of Criminal Law*, 18/1991, p. 263-287.

62 "Excellent regulators, therefore, should seek out opportunities to encourage enterprises to go beyond compliance, where there hold out the prospect of lifting the performance of all regulates, or at the very least, of improving the performance of those who go beyond compliance in a cost-effective manner", GUNNINGHAM, Neil. Compliance, enforcement, and regulatory excellence. COGLIANESE, Cary (Org.) *Achieving regulatory excellence.* Washington: The Brookings, 2017, p. 199.

da criminalidade empresarial.[63] Mas se as motivações e o caráter não violento do comportamento enganoso nos crimes de colarinho branco ("there is usually no *corpus delicti* or 'smoking gun' to introduce into evidence"[64]), a complexa dinâmica das organizações empresariais deixa a questão ainda mais delicada. Descentralização das estruturas societárias, delegação de deveres e certa pulverização dos responsáveis pelos processos de tomada de decisão representam verdadeiros entraves ao funcionamento do Sistema de Justiça Criminal justificaram determinadas "evoluções" em três campos principais: (1) revisão do conceito de responsabilidade penal empresarial; (2) produção legislativa de novas condutas ilícitas (com ênfase em menor exigência em termos de *mens rea*); e a especialização das atividades de *enforcement* por meio das (3) *U.S. Sentencing Commission´s Sentencing Guidelines for Organizations*.[65]

A realização da justiça nos programas de *compliance* tem enfrentado questões fundantes da ética negocial não menos decisivas, tais como confiança, privacidade, confidencialidade e sigilo. Por um lado, as estratégias de gestão, assim como analisado por Hasnas, criam determinados "bloqueios organizacionais" (*organizational blocks*), filtrando o fluxo de informações e uma identificação mais coerente entre decisão, responsabilidade e risco.[66] Por outro, ao trazer para o âmbito interno as investigações internas e as técnicas de obtenção de informação dos instrumentos de *compliance*, a própria empresa se assenhora do manejo da confiança e da confidencialidade das informações.[67]

---

[63] "By making it more difficult for the prosecution to obtain convictions, the liberal features of the criminal law reduced its deterrent value and thereby reduced its effectiveness in suppressing crime. Thus, Anglo-American criminal law purchased individuals´ protection against erroneous or abusive governmental action at the cost of individual´s reduced protection against the criminal activity of their fellows", HASNAS, John. *Trapped:* when acting ethically is against the law. Washington: CATO, 2006, p. 18.

[64] HASNAS, John. Trapped... *cit.*, p. 18.

[65] "The Organizational Sentencing Guidelines are designed to govern the sentencing of corporate entities convicted of violating federal law. Because such entities cannot be imprisoned, the guidelines consist of a schedule of fines to be levied against corporate violators that are determined on the basis of the offense committed and the organization´s corporate character as captured by a 'culpability score'", HASNAS, p. 45.

[66] Por conseguinte, os modelos de infração de dever não podem se limitar a simples violação de obrigações. Assim como pensamos, cumpre às empresas o dever positivo de criar as condições necessárias para o cumprimento de dever: "(...) corporate managers cannot meet their obligation to ensure that their organization is functioning both ethically and legally merely by reviewing the information that reaches their desks. They must actively seek out the information necessary to form na accurate picture of what is taking place within their organization. Thus, organizations have a positive duty to engage in ethical legal-assessment", HASNAS, John. Trapped.... *cit.*, p. 82; discutimos estas questões em SAAD-DINIZ, Eduardo. Brasil vs. Golias... *cit.*, p. 45 e ss.

[67] "To learn of potential ethical problems, organizations set up alternative, usually confidential channles of communication that allow employees to voice ethical concerns without fear

A história recente nos EUA é bastante elucidativa sobre a desorientação ou falta de regime político criminal na atuação funcional dos órgãos fiscalizadores. Do pós-Guerra Mundial ao fim da Guerra Fria, a regulação do comportamento corporativo socialmente danoso foi, em linhas gerais, absorvida pelas disputas políticas de desregulamentação dos mercados. Apenas em 1999, por meio do *Holder Memo – Bringing Criminal Charges Against Corporations*,[68] o Departamento de Justiça (*Department of Justice – DOJ*) procurou especificar a discricionariedade dos órgãos fiscalizadores, estabelecendo oito fatores a serem considerados no processo de atribuição de responsabilidade.

As autoridades fiscalizadoras deveriam levar em consideração as consequências colaterais da investigação criminal (II. 7), especialmente no que diz respeito ao "dano desproporcional a investidores inocentes" (*shareholders*), os quais poderiam ser injustamente lesados pelas iniciativas de *enforcement*, e à incriminação de empregados sem prova de responsabilização individual. Em grande medida, o *Holder Memo* veiculou a crença na capacidade de introduzir os órgãos fiscalizadores como possível estrutura de governança, a partir da percepção de que a atuação de *enforcement* impactaria em mudanças significativas na condução ética dos negócios, mas a imprecisão no emprego do critério de dano colateral foi considerada, por muito tempo, um entrave no funcionamento do Sistema de Justiça Criminal em face da alta criminalidade corporativa.

Com a escalada dos escândalos corporativos, com especial ênfase nas consequências do mundo pós-Enron (*post-Enron world*), insistiu-se na tese da infração do dever de vigilância por parte dos *gatekeepers* e despertou intensa retórica da efetividade na prevenção às

of damaging their careers. By using employee hotlines, ombudsmen, or ethics officers, organizations seek to circumvent both organizational blocks and the information-distorting effects of bureaucracy and personal interest. To learn of potential legal problems, organizations authorize their corporate counsel to gather information and conduct internal investigations under the protection of the attorney-client privilege. This allows organizations to avoid organizational blocks by going directly to the source of the information and to overcome the obscuring effects of self-interest by assuring employees that their statements to counsel will not be used against them at a later time. These mechanisms allow corporate managers to gather the information necessary to prevent or correct ethical lapses or legal violations", HASNAS, John. Trapped... *cit.*, p. 82.

68 <https://www.justice.gov/sites/default/files/criminal-fraud/legacy/2010/04/11/charging-corps.PDF>. "*General Principle*: Corporations should not be treated leniently because of their artificial nature nor should they be subject to harsher treatment. Vigorous enforcement of the criminal laws against corporate wrongdoers, where appropriate, results in great benefits for law enforcement and the public, particularly in the area of white collar crime. Indicting corporations for wrongdoing enables the government to address and be a force for positive change of corporate culture, alter corporate behavior, and prevent, discover, and punish white collar crime".

infrações econômicas.[69] Derivado deste contexto, em 2003, o *Thompson Memorandum – Principles of Federal Prosecution of Business Organizations* acrescentou a questão da responsabilidade individual em hipóteses de comportamento corporativo socialmente danoso. Apesar disso, não foi suficiente para resolver a questão da centralidade do dano, apenas enfatizando a – ainda mais porosa – noção de ("in great benefits for law enforcement and the public"), somando ao item II.7 a "impact on the public arising from the prosecution".[70]

No entanto, a principal mudança talvez tenha sido a análise da colaboração com a investigação criminal, o que deu aos fiscalizadores um persuasivo mecanismo jurídico de avaliar a resistência na produção de provas e obstrução do Sistema de Justiça Criminal. O problema é que a cooperação, concebida inicialmente a partir da voluntariedade como sua qualidade essencial, tem sido a partir de então sistematicamente substituída por técnicas coercitivas, desnaturando o que em tese se concebia como regulação responsiva. Desacompanhadas do devido controle judicial (legislativo e jurisprudencial) das novas estratégias de política criminal persecutória,[71] a adequação dessas novas técnicas de investigação com o modelo constitucional de proteção de liberdades pessoais tem merecido a preocupação dos juristas, tanto nos EUA quanto internacionalmente. A oposição/integração entre os modelos normativos de cooperação e coerção representa um dos temas mais candentes da criminologia econômica, ainda carente de mais sólida investigação científica.

Em 2007, o *McNulty Memorandum*, que manteve o nome de *Principles of Federal Prosecution of Business Organizations*,[72] foi uma tentativa

---

[69] WEISMAN, Andrew; NEWMAN, David. Rethinking corporate criminal liability. *Indiana Law Journal*, 82/2007, p. 441 e ss.

[70] <http://www.americanbar.org/content/dam/aba/migrated/poladv/priorities/privilegewaiver/2003jan20_privwaiv_dojthomp.authcheckdam.pdf>. General Principle: Corporations should not be treated leniently because of their artificial nature nor should they be subject to harsher treatment. Vigorous enforcement of the criminal laws against corporate wrongdoers, where appropriate results in great benefits for law enforcement and the public, particularly in the area of white collar crime. Indicting corporations for wrongdoing enables the government to address and be a force for positive change of corporate culture, alter corporate behavior, and prevent, discover, and punish white collar crime.

[71] "Even a casual reading of the Holder and Thompson Memos leads to the conclusion that prosecutors used their vast discretion to craft a new set of liability rules, without legislative assistance, that largely abandon principles of vicarious liability and attempt to replace the substantive law with recognition of corporate personhood. But both sets of guidelines are no substitutes for the substantive law. While purporting to part of a rigorous program of corporate prosecution, the guidelines reveal an equivocation that is remarkable", LAUFER, William. Corporate bodies... *cit.*, p. 63.

[72] <https://www.justice.gov/sites/default/files/dag/legacy/2007/07/05/mcnulty_memo.pdf>.

de corrigir excessos trazidos pelas novas técnicas de investigação. A questão da verificação de direitos fundamentais recebeu maior atenção, revendo o sigilo profissional do advogado (*attorney-client privilege*) e o âmbito de proteção da Quinta Emenda (*Fifth Amendment*).[73] Pouco tempo depois, a desorientação da atuação das autoridades de *enforcement* se refletiu na compreensão da efetividade da colaboração. Autoridades fiscalizadoras e órgãos reguladores passaram a debater se as empresas apenas apresentavam programas de "uso cosmético"[74] ou se os programas repercutiam de fato no cotidiano da atividade empresarial.

Mesmo nos EUA, a realização prática do Sistema de Justiça Criminal segue sendo bastante desorientada.[75] Como se não houvesse aprendido com o fracasso das teses sobre as falhas de *gatekeepers,* em 2015, o *Yates Memo – Individual Accountability for Corporate Wrongdoing* revê a prioridade do Departamento de Justiça, concentrando os esforços na atribuição de responsabilidade individual.[76] Em vista das mudanças

---

73 WEISMAN, Andrew; STAUFFER, Robert; BUGAN, Ana. DOJ replaces Thompson Memorandum with McNulty Memorandum. *White Collar Practice Alert*. 12-2006, p. 3.

74 NIETO MARTIN, Adan. Cosmetic Use and Lack of Precision in Compliance Programs: Any Solution?. *Eucrim*, 3/2012, p. 124 e ss.

75 "Corporate criminal enforcement has exploded in this country. Billion-dollar fines are now routine, where they were unimaginable a decade ago, across a range of industries, from Big Pharma to the largest megabanks to defense contractors and energy companies. We have federal prosecutors and the Department of Justice ("DOJ"), together with the white-collar bar, to thank for this. Their innovations have transformed what was, in decades past, a backwater area of criminal practice, in which corporate enforcement was uncommon and any resulting fines often quite minor, into a rapidly changing and exciting field of practice. Yet deep concerns remain. General Motors recently received an out-of-court deferred prosecution agreement that permits the company to avoid a conviction for concealing defects over many years – actions that cost over a hundred people their lives – accompanied by no charges for any employees. We have seen major financial institutions like AIG, Barclays, Credit Suisse, HSBC, JPMorgan, Lloyds, and UBS prosecuted repeatedly in a space of just a few years. Just imposing eye-catching corporate fines is not enough to generate lasting accountability", GARRETT, Brandon. Response: the metamorphosis of corporate criminal prosecutions. *Virginia Law Review*, 101;2015, p. Apesar de que a descrição objetiva de Garrett seja bastante elucidativa, suas recomendações para a melhoria do Sistema de Justiça Criminal são, no entanto, imprecisas: (1) acordos não devem ocorrer fora dos Tribunais; (2) deve-se dar maior publicidade aos acordos, especialmente em relação às multas efetivamente pagas e dedução de impostos; (3) processos devem ser acompanhados de responsabilidade individual ("(...) corporations that receive non-prosecution and deferred prosecution agreements typically manage to insulate individuals from prosecution, although they invariably agree to fully cooperate with prosecutors. When individuals are charged, they are typically low-level employees, not higher-ups, and they often do not receive jail time"; (4) órgãos fiscalizadores necessitam maior recursos para atividades de *enforcement*.

76 <https://www.justice.gov/archives/dag/file/769036/download>. "One of the most effective ways to combat corporate misconduct is by seeking accountability from the individuals who perpetrated the wrongdoing. Such accountability is important for several reasons: it deters future illegal activity, it incentivizes changes in corporate behavior, it ensures that the proper parties are held responsible for their actions, and it promotes the public's confidence in our

recentes de orientação, que retomam a imputação penal à empresa, talvez tenha sido precocemente festejado por doutrinadores contrários à responsabilidade penal empresarial.[77] Mais recentemente, em 2015, a Divisão de Fraude do DOJ sintetizou as recomendações para uma avaliação de efetividade *Evaluation of Corporate Compliance Programs*.[78] No campo da métrica da efetividade, há variáveis e práticas bastante decentes para medir a efetividade dos programas, e ressalvas quanto a possíveis incompletude etc.[79], parece haver ainda muito terreno para investigação na criminologia econômica. A busca por evidências científicas sobre o que exerce real influência na mudança de comportamento ético a partir de iniciativas de *enforcement* segue sendo um problema científico de primeira grandeza.

6 A título de conclusão

As estratégias de combinação entre *enforcement* e *compliance* merecem ainda maior esforço da pesquisa criminológica. Por agora, bastaria apresentar alternativas mais imaginativas do que a responsabilidade do *compliance officer* ou dos *gatekeepers*. Maior sofisticação entre *enforcement* e *compliance* pressupõe a verificação empírica sobre

---

justice system". Reconhece, no entanto, que "in large corporations, where responsibility can be diffuse and decisions are made at various levels, it can be difficult to determine if someone possessed the knowledge and criminal intent necessary to establish their guilt beyond a reasonable doubt. This is particularly true when determining the culpability of high-level executives, who may be insulated from the day-to-day activity in which the misconduct occurs. As a result, investigators often must reconstruct what happened based on a painstaking review of corporate documents, which can number in the millions, and which may be difficult to collect due to legal restrictions".

[77] Assim Jesús-María Silva Sánchez: "(...) Parece claro que (el *Yates Memo*) conlleva un golpe de timón en el *American Way* de afrontar la delincuencia de empresa y que, de algún modo, se vuelve al principio: a dar prioridad a la responsabilidad individual. Muchos de nosotros tan ufanos hablando de la identidad corporativa, del "*ethos*" y el "*pathos*" de la persona jurídica, de su ciudadanía... Tan contentos con que la eximente de Modelos de Prevención de Delitos de julio 2015 supuestamente reforzaba esa idea de autorresponsabilidad y, al final, resulta que los americanos nos salen con que hay que centrarse en los individuos y, en especial, en los administradores y directivos", SILVA SANCHEZ, Jesus-Maria. Yates Memorandum. *InDret Penal*, 4/2015.

[78] "Companies routinely produced large binders of policies and procedures and counted the number of controls in their financial systems. And yet they offered no evidence of having tested those policies, procedures, and controls, nor did they track how many breaches they had experienced. A company might cite its long-standing internal whistle-blower program, for instance, but not have data on the program´s rate of usage by employees. Firms also routinely reported how many times they had trained wrongdoers on the very topic of their misconduct, apparently blind to the irony of defending their compliance efforts that way", CHEN, Hui; SOLTES, Eugene. Why compliance programs... *cit.*

[79] CHEN, Hui; SOLTES, Eugene. Why compliance programs... *cit.*

a relevância do *compliance officer* não apenas na evitação de resultado delitivo, mas sobretudo na promoção de melhorias substanciais no comportamento ético na empresa. Ao estudo do comportamento antissocial (quem são as organizações ofensoras, como são os processos de vitimização, qual a natureza do dano, quais as medidas preferenciais de restauração) devem-se somar iniciativas que evidenciem comportamento pró-social e medidas de autorregulação privada, informando novos padrões de controle social informal.[80]

Talvez assim, buscando essas convergências e orientações normativas para além do senso comum da *rational choice* e das leituras superficiais da análise de custo e benefício e estruturas de incentivo, seja possível alcançar uma determinação mais consistente das estratégias de responsabilidade penal empresarial e uma orientação mais coerente para a realização cotidiana do Sistema de Justiça Criminal. Não é apenas uma questão de imposição de deveres, nem muito menos sobrecarga das funções de *compliance* ou mesmo a histeria da comunicação de operações suspeitas (*information overload*). O que a criminologia econômica tem a ensinar aos programas de *compliance* é a necessidade de priorizar o controle social formal da empresa e encontrar as evidências do comportamento corporativo pró-social. Esta parece ser uma promissora agenda de pesquisa, a partir da qual se espera que os programas de *compliance* possam apresentar alguma evidência de sua efetividade, superando as narrativas corporativas convencionais e a retórica do *enforcement*.

Informação bibliográfica deste texto, conforme a NBR 6023:2002 da Associação Brasileira de Normas Técnicas (ABNT):

SAAD-DINIZ, Eduardo. *Compliance* sob a perspectiva da criminologia econômica. In: CUEVA, Ricardo Villas Bôas; FRAZÃO, Ana (Coord.). *Compliance*: perspectivas e desafios dos programas de conformidade. Belo Horizonte: Fórum, 2018. p. 167-191. ISBN 978-85-450-0564-3.

[80] PARKER, Christine. *The open Corporation: effective self-regulation and democracy*. Cambridge: Cambridge Press, 2002, p. 31 e ss.; LAUFER, William. A very special regulatory milestone... *cit.*, p. 16 e ss.

COMPLIANCE SOB A PERSPECTIVA DA FUNÇÃO SOCIAL DA EMPRESA E DA GOVERNANÇA CORPORATIVA

CAROLINE PINHEIRO

1 Introdução

A discussão sobre a interpretação de algumas regras societárias, considerando uma perspectiva funcional e crítica, é tema de grande relevância para o desenvolvimento de diversos institutos, entre os quais, os programas de integridade ou, como são comumente denominados, programas de *compliance*.

A necessidade de examinar a existência e o funcionamento desses programas sob a perspectiva do princípio da função social da empresa e da governança corporativa constitui enorme desafio, na medida em que sua concretização significa o condicionamento da atividade empresária à realização da justiça social.[1]

É no contexto dessas preocupações que se coloca o presente artigo, cujo objetivo é propor uma reflexão sobre o papel do *compliance* diante da dificuldade de compatibilizar os inúmeros interesses envolvidos na atividade empresarial.

Para atingir seu objetivo, o artigo inicialmente abordará a discussão sobre interesse social. Em seguida, tratará sobre a dimensão do conceito e da função do *compliance* e, por último, apresentará uma abordagem crítica do direito societário e o papel do *compliance* no cenário atual.

---

[1] FRAZÃO, Ana. *Função Social da empresa*: repercussões sobre responsabilidade civil dos controladores e administradores das S/As. Rio de Janeiro: Renovar, 2011, p. 203.

2 Interesse social: uma reflexão permanente

A questão que aqui se afigura impacta diretamente na antiga, porém atual, discussão no direito empresarial: o significado de interesse social,[2] que por sua vez está relacionado com outro intenso debate: o contratualismo e institucionalismo.

Do contratualismo, resumidamente, é possível extrair dois conceitos de *interesse social*: (i) o interesse dos sócios atuais; e (ii) o interesse dos sócios atuais e futuros, tendo essa segunda conceituação contribuído para ampliação da dimensão de interesse social.

Considerando que não há espaço para definição de interesse baseada exclusivamente no interesse dos sócios, a evolução da teoria contratualista passou a associar o interesse social à obtenção de maximização do valor de venda das ações das sociedades, numa visão preponderantemente voltada para o aspecto financeiro, o que pode ter comprometido negativamente o desenvolvimento do direito societário. [3]

No que concerne à teoria institucionalista, desenvolvida por Walther Rathenau,[4] ela é voltada para a tradução, em termos jurídicos, da função econômica de interesse público (e não apenas privado) das sociedades.[5] Assim, essa teoria se desenvolve a partir do reconhecimento e da valorização dos órgãos de administração das sociedades. No institucionalismo, a administração tem caráter neutro e defende os interesses empresariais.

---

[2] Esse debate, ainda atual, conduz a outra discussão: o contratualismo *versus* o institucionalismo.

[3] Na visão de Calixto Salomão Filho: "Do ponto de vista prático, o efeito óbvio é o estímulo à busca desenfreada de aumento do valor de venda das ações por todos os agentes do mercado. Essa preocupação exclusiva, criadora de realidade unifocal de difícil controle por instrumento jurídico, é responsável, hoje, pela forte tendência à interpretação permissiva de regras contábeis, à mudança de regras contábeis ou até mesmo à maquiagem de balanço, fenômenos endêmicos e conhecidos na realidade societária americana, da qual o caso Enron e os escândalos com empresas de auditoria são apenas pequena parte, até agora visível." SALOMÃO FILHO, Calixto. *O novo direito societário*. São Paulo: Malheiros, 2011, p. 32.

[4] RATHENAU, Walther. La realtà dela società per azione. Riflessione suggerite dall' esperienza degli affari. *Rivista delle Società*, 1966, p. 912 et seq. apud SALOMÃO FILHO, Calixto. *O novo direito societário*. São Paulo: Malheiros, 2011, p. 163.

[5] "É muito conhecida a concepção dita da 'empresa em si', que Walter Rathenau divulgou na Alemanha, ao final da Primeira Guerra Mundial, sustentando que os empresários detêm o poder de controle não para servir os capitalistas – sócios ou acionistas – e sim no interesse público representado pela empresa como organização que transcende a sociedade comercial. A lei acionária germânica, de 1937, aceitou (pelo menos verbalmente) essa concepção no seu §70, ao assinar aos membros do *Vorstand*, sob sua responsabilidade, o dever de dirigir os negócios sociais segundo o 'bem do estabelecimento' (*Wohl des Betriebs*) e dos seus empregados, assim como no interesse comum da nação e do *Reich*." COMPARATO, Fábio Konder. *O Poder de Controle na Sociedade Anônima*. São Paulo: Malheiros, 1983, p. 299.

Tal teoria não se sustentou, entre outros motivos, pelo grau de independência atribuído à administração em relação aos interesses dos acionistas majoritários e minoritários.[6]

Apesar do antagonismo das duas teorias ter fomentado seu desenvolvimento e evolução, através de caminhos distintos, nenhuma delas foi capaz de resolver os problemas que decorrem da definição de interesse social.

Contudo, o desenvolvimento da teoria institucionalista para o denominado 'institucionalismo integracionista' ou 'teoria organizativa' – caracterizado precipuamente pela criação de leis sobre a participação operária nos órgãos diretivos das grandes empresas – conduziu reflexão importante sobre o funcionamento das sociedades na perspectiva da função social, partindo da premissa de que o interesse social não se reduz ao interesse dos sócios e precisa ser concebido de forma harmônica com os demais interesses envolvidos na sociedade. Assim, o integracionismo revelou-se mais organizativo do que institucional, criando, por assim dizer, uma nova concepção de interesse social, pautada na preservação da empresa.[7]

São consequências da adoção desta concepção: (i) colaboração na persecução do interesse social predeterminado; e (ii) a limitação do objeto do conflito de interesses às questões de rentabilidade e às questões organizativas, ambas definidas pela preservação da empresa.[8]

No Brasil, como de costume, buscou-se a convivência das citadas teorias.[9] Como resultado criou-se um sistema que busca – ao mesmo tempo – conferir proteção aos acionistas minoritários e institucionalizar poderes e deveres dos gestores,[10] esse cenário abriu espaço para

---

6 SALOMÃO FILHO, Calixto. *O novo direito societário*. São Paulo: Malheiros, 2011, p. 33.

7 As leis que foram criadas nessa perspectiva também apresentavam distanciamento dos princípios institucionalistas e receberam críticas por supostamente não serem coerentes com suas premissas, dada a confiança que o sistema depositava no chamado *Vorstand*, órgão ligado ao acionista controlador.

8 SALOMÃO FILHO, Calixto. *O novo direito societário*. São Paulo: Malheiros, 2011, p. 37.

9 Não por outra razão, o Código Comercial não fazia referência à sociedade, mas sim a contrato; o Código Civil, no art. 981 estabelece os requisitos essenciais do contrato de sociedade e a Lei nº 6.404/76 prevê o incentivo para a sociedade de grande porte de duas formas: i) a possibilidade de concentração empresarial; e ii) a facilitação à capitalização das empresas através do mercado de ações. –

10 "Manifestação dessa tendência é o artigo 116, parágrafo único, que estabelece deveres genéricos para o acionista controlador com relação aos demais acionistas da empresa, aos trabalhadores e à comunidade em que atua. Sobre a utilidade desse tipo de declaração genérica, que não encontra tradução em regras organizativas, existem muitas dúvidas. Pode-se questionar se não acaba servindo, como ocorreu na Alemanha, para justificar atuações dos acionistas majoritários e seus representantes no interesse próprio em nome de um maldefinido interesse social." SALOMÃO FILHO, Calixto. *O novo direito societário*. São

questionamentos que, de forma isolada, o direito societário não tem sido capaz de responder.

Assim, a tentativa de harmonização do interesse social e o esforço interpretativo voltado à preservação da empresa no preenchimento da sua função social exigiram a abertura do direito para outros ramos que pudessem auxiliar na organização da atividade empresarial. É nesse ambiente que devem transitar os programas de integridade.[11]

Diante do fato de que os programas de *compliance* relacionam-se, em alguma medida, com a noção de limitação do poder dos gestores, entende-se que sua implementação pautada na função social da empresa pode auxiliar na forma de interpretação sobre as normas de conduta que interferem no dia a dia da atividade empresária, sobretudo em relação à gestão. Nesse sentido, percebe-se que a função exercida pelos programas pode (e deve) resultar na indução de comportamento dos *stakeholders*, gerando um impacto positivo em suas esferas de atuação e possibilitando a transformação da estrutura societária, considerando: (i) a delimitação do interesse social (na perspectiva da teoria institucional organizativa); (ii) a utilização de parâmetros éticos tanto na tomada de decisão como na imputação das responsabilidades; e (iii) a efetiva realização da função social da empresa.

3 *Compliance*: finalidades, sentidos e uma breve abordagem sobre as teorias aplicáveis

Inúmeros estudos sobre *compliance* revelam que o instituto possui diversas dimensões e acepções, sendo tratado como: (i) ato de estar em conformidade com os regulamentos internos e externos;[12] (ii) conjunto de procedimentos adotados por uma determinada sociedade, objetivando aperfeiçoar o cumprimento de normas legais, regulamentos e políticas; e (iii) fator de mitigação de riscos e responsabilidades.[13]

Paulo: Malheiros, 2011, p. 39. Nessa obra, o autor menciona outros exemplos genéricos, tais como: (i) o caráter parassocietário conferido ao acordo de acionistas, que acaba servindo para prevalência do interesse do acionista controlador; e (ii) a reintrodução da Oferta Pública de Ações à disciplina de fechamento de capital, valorizando o momento da saída como forma de proteção ao minoritário. Ibidem.

[11] Não por outra razão, há clara aproximação do direito antitruste e da análise econômica do direito, como verdadeiros instrumentos que, ao lado do direito societário, têm como missão resolver os conflitos que decorrem da complexa concepção de interesse social.

[12] MANZI, Vanessa Alessi. *Compliance no Brasil*: consolidação e perspectivas. São Paulo: Saint Paul, 2008, p. 15.

[13] RIBEIRO, Marcia Carla Pereira; DINIZ, Patrícia Dittrich Ferreira. Compliance e lei anticorrupção. *Revista de Informação Legislativa*, v. 52, n. 205, p. 87-105. jan./mar. 2015, p. 88.

Por outro lado, numa dimensão publicista, os programas de integridade aparecem como conjunto de procedimentos voltados à prevenção e combate de crimes e atos atentatórios à administração pública. Observa-se, nesse caso, que os objetivos para essa dimensão estão mais voltados à realização do interesse público.

Diante do exposto, o sentido que mais colabora com a finalidade do *compliance* é o que apresenta os programas de integridade como linha mestra de orientação da sociedade empresária. Nesse contexto, o instituto deve ser atrelado à ideia de contenção de riscos e segurança jurídica.[14]

Assim, *compliance* é um conjunto de ações a serem adotadas no ambiente corporativo (i) para que se reforce a anuência da sociedade à legislação vigente, de modo a prevenir a ocorrência de infrações (ii) para que ocorra o imediato retorno ao contexto de normalidade e legalidade, esse segundo caso para as hipóteses em que o ilícito já aconteceu.

A aplicação do instituto conforme a Lei nº 12.846/13 e seu Decreto regulamentador nº 8.420/15 autorizam avaliação do programa de integridade para fins de atenuação da penalidade de multa sobre o faturamento bruto da empresa. Aproxima-se, por assim dizer, da legislação norte-americana (*Foreign Corrupt Pratices Act* – FCPA) que não admite a isenção total de responsabilidade, afastando-se, na mesma medida, da lei anticorrupção inglesa (*UK Bribery Act 2010*) que elenca a robustez de um programa de *compliance* como espécie de defesa absoluta, capaz de isentar a responsabilidade da pessoa jurídica.

Contudo, considerando a importância do *compliance* e sua amplitude, não parece razoável a redução à conclusão literal e absoluta, sem reflexão, ponderação e exame das inúmeras circunstâncias e

Disponível em: <https://www2.senado.leg.br/bdsf/bitstream/handle/id/509944/001032816.pdf?sequence=1>. Acesso em: 25 jan. 2017.

14 "Não se pode confundir o *Compliance* com o mero cumprimento de regras formais e informais, sendo seu alcance bem mais amplo, ou seja, "é um conjunto de regras, padrões, procedimentos éticos e legais, que, uma vez definido e implantado, será a linha mestra que orientará o comportamento da instituição no mercado em que atua, bem como a atitude dos seus funcionários [CANDELORO, Ana Paula P.; RIZZO, Maria Balbina Martins de; PINHO, Vinícius. *Compliance 360º: riscos, estratégias, conflitos e vaidades no mundo corporativo*. São Paulo: Trevisan Editora Universitária, 2012, p. 30]. Será um instrumento responsável pelo controle dos riscos legais ou regulatórios e de reputação, devendo tal função ser exercida por um *Compliance Officer*, o qual deve ser independente e ter acesso direto ao Conselho de Administração" RIBEIRO, Marcia Carla Pereira; DINIZ, Patrícia Dittrich Ferreira. Compliance e Lei Anticorrupção nas empresas. *Revista de informação legislativa*, v. 52, n. 205, p. 87-105, jan./mar. 2015, p. 88.

peculiaridades afetas ao caso concreto, sem mencionar a finalidade da norma[15] que cria os programas de *compliance*.

Nesse sentido, ressalte-se que, mesmo no rígido sistema norte-americano, há precedente em que a responsabilização da pessoa jurídica foi afastada pelo fato de o ato lesivo ter se mostrado diminuto quando em comparação com o vigoroso programa de *compliance* adotado pela sociedade, que inclusive foi responsável por identificar a irregularidade e reportá-la às autoridades competentes,[16] demonstrando que a ilicitude era ato isolado de um preposto e que não se compatibilizava com a cultura organizacional que, de fato, existia.

Adicionalmente, considerando a concepção do mercado como um ambiente que não é livre de falhas, conforme preconizado por Ronald Coase,[17] o *compliance* precisa servir não apenas para avaliar a responsabilidade, mas também como forma de reduzir a assimetria de informações. Com isso, é possível que o estabelecimento de determinados contornos conferidos pelos programas mitiguem riscos.

Note-se, contudo, que a instituição do *compliance* como ferramenta de mitigação de riscos e conflitos de agência corresponde a custos (que não são baixos). Na perspectiva da teoria econômica, tais custos correspondem ao inevitável reflexo do problema da agência e da assimetria de informações que são ínsitos ao mercado.[18]

---

15 "Tal solução [...] é mais consentânea não apenas com os objetivos da Lei Anticorrupção, mas também como princípios elementares do direito punitivo" FRAZÃO, Ana. Implementação de programa de *compliance* deve atenuar penalidades a empresas. *Revista Consultor Jurídico – CONJUR*, São Paulo, 2015. Disponível em: <http://www.conjur.com.br/2015-nov-28/ana-frazao-implementacao-compliance-atenuar-penas-empresas>. Acesso em: 4 jul. 2017.

16 Outro precedente que merece destaque no mesmo sentido é o caso Ralph Lauren, que resultou na *responsabilidade penal da matriz para as ações das subsidiárias da América Latina.* O DOJ e a SEC alcançaram ambos acordos com a Ralph Lauren Corporation, em 2013, para as propinas alfandegárias de sua subsidiária argentina entre 2004 e 2009. Os acordos resultaram em mais de US$ 1,6 milhões em multas e penalidades – uma quantidade significativamente reduzida em função da ampla cooperação da empresa. ELLIS, Matt. As principais histórias da FCPA em na América Latina. Disponível em: <http://fcpamericas.com/portuguese/principais-historias-da-fcpa-em-2013-na-america-latina/>. Acesso em: 20 nov. 2017.

17 COASE, Ronald. The nature of the firm. Economica, New Series, Vol. 4, nº 16 (nov. 1937) Nov., 1937), p. 386-405. Disponível em: http://www.jstor.org/stable/2626876?seq=1#page_scan_tab_contents. Acesso em 21 de janeiro de 2018.

18 Trata-se, ao final e ao cabo, de um problema de confiança entre as partes envolvidas nas operações, um fator simplesmente essencial, nas palavras de Brian. R. Cheffins "Um tema-chave no trabalho pioneiro sobre os custos da agência foi explicar como a empresa amplamente desenvolvida prosperou, apesar da aparente dificuldade de uma separação de propriedade e controle, com ênfase em como os conselhos com sucesso, o mercado de talentos gerenciais e o Mercado para o controle corporativo abordaram a potencial divergência de interesse entre gerentes e acionistas". CHEFFINS, Brian. R. The history of corporate governance. *University of Cambridge Faculty of Law Research Paper No. 54/2011*. Disponível em: <http://ssrn.com/abstract=1975404>. Acesso em: 17 set. 2017. Tradução livre.

O problema de agência tem desdobramento direto e imediato na dinâmica das sociedades, ultrapassando a relação entre a administração e o proprietário para chegar a situações de conflito entre administradores e os *stakeholders* e, na dinâmica empresarial no Brasil, conflitos entre acionista controlador e minoritários. A solução da questão está longe de ser definitivamente sanada e é objeto de reflexão no âmbito da governança corporativa há tempos, merecendo destaque o trabalho de Mark J. Roe intitulado "Political precoditions to separating ownership from the corporate control".[19]

Contudo, o raciocínio aqui proposto é o seguinte: se a governança corporativa é considerada como mecanismo sintetizador de práticas e normas harmonizadoras dos interesses (nem sempre convergentes) de uma sociedade, o *compliance* possui natureza muito mais ampla, sendo instrumento capaz de direcionar a resolução dos conflitos internos e mitigar riscos externos através da conformação entre princípios e valores em prol do interesse social e da função social da empresa.

A eficiente implementação dos programas de integridade pode influir na determinação dos custos de transação e aumentar os benefícios decorrentes de cooperação entre as partes. Nesse sentido, vale conferir a posição de Douglas North:

> Mas no contexto do comportamento individual de maximização da riqueza e de informações assimétricas sobre os atributos valiosos do que está sendo trocado (ou o desempenho dos administradores), os custos de transação são um determinante crítico do desempenho econômico. As instituições e a eficácia da execução (juntamente com a tecnologia empregada) determinam o custo das transações. Instituições eficazes aumentam os benefícios das soluções cooperativas ou o custo da deserção, para usar os termos teóricos do jogo. Em termos de custo de transação, as instituições reduzem os custos de transação e produção por troca, de modo que os ganhos potenciais do comércio sejam possíveis.[20]

Nesse contexto, vale dizer que alguns conceitos da Análise Econômica do Direito são de fundamental importância para o exame do *compliance*, é o caso da teoria dos custos de transação e sua influência na interação entre os agentes e nas condições de negociação.

Como é sabido, os custos de transação podem ser divididos em *ex ante* e *ex post*. Os primeiros são compostos pelos gastos voltados a

---

[19] ROE, Mark J. Political precoditions to separating ownership from the corporate control. *Stanford Law Review*, v. 53, n. 3, p. 539-606, 2000.

[20] Tradução livre. NORTH, Douglas C. Institutions. *Journal of Economic Perspective*, v. 5, n. 1, 1991, p. 98.

preparar, negociar e salvaguardar um acordo, estando atrelados ao custo de informação para acessar tais dados. Os segundos, por sua vez, referem-se a ajustamentos, adaptações e monitoramentos resultantes da execução de um contrato, quando afetado por falhas, erros, omissões e alterações inesperadas. É na teoria da firma, sustentada por Ronald Coase em artigo intitulado *The Nature of the Firm*, que se observam os primeiros pontos de ligação entre a organização interna das sociedades e os custos de transação.[21] Além disso, a atmosfera presente na relação de trocas influencia os custos de transação, de forma que este conceito se relacionada com a confiança nas relações organizacionais.

Aplicando-se ao *compliance*, tem-se que o aumento da segurança nas relações entre particular/governo e particular/particular importa no reconhecimento de que os custos de transação restam diminuídos com a implementação de programas de integridade. Nesse sentido, oferecendo maior confiabilidade e previsibilidade às relações, o *compliance* tem importante papel na redução de custos na atividade empresarial. Soma-se a isso o fato de que, mediante implementação de um programa seguindo corretamente as diretrizes legais e infralegais sobre o assunto, a sociedade não só evita a responsabilidade, como, nos casos em que ela já foi reconhecida, diminui a extensão do dano.

Ademais, vale destacar o caráter amplo que deve ser conferido ao *compliance*, seja a partir do agrupamento de teorias voltadas à dissuasão e sanções como meios eficazes para prevenir e punir o descumprimento às normas, na tentativa de alterar o cálculo de custos e benefícios dos agentes (teorias racionalistas), seja a partir de teorias voltadas para o desenvolvimento de mecanismos de cooperação e assistência (teorias normativistas).

A complexidade do instituto demanda aplicação conjunta de diferentes modelos teóricos (teoria econômica, racionalista e normativista), uma vez que: (i) o grau de conformidade da atuação de acionistas controladores e de administradores reflete – diretamente – na linha de atuação da própria companhia; e (ii) a compreensão sobre o que leva o indivíduo ou o órgão a ter ou não o interesse de cumprir as normas às quais se deve submeter não se afigura como algo simples. É preciso considerar a natureza do agente analisado, com a consequente (e complexa) divisão entre as órbitas internacionais e domésticas, que partem de premissas distintas para justificar a conformação de atuação.

---

[21] TONON, Daniel Henrique Paiva. *Compliance e programa interno de integridade de acordo com a legislação anticorrupção brasileira*. 2016. 111 f. Dissertação (Mestrado Profissional em Administração) – Programa de Pós-graduação em Administração, Faculdades Metropolitanas Unidas, São Paulo, 2016, p. 20. Disponível em: <http://arquivo.fmu.br/prodisc/mestradoadm/dhpt.pdf>. Acesso em: 27 jun. 2017.

Para que os programas sejam dotados desse poder transformador, capaz de conduzir as tomadas de decisão das sociedades nos melhores caminhos possíveis, é preciso que se constituam como novos centros de decisão. Isto é, parâmetros diferentes de onde a decisão acerca do que é legal/ilegal e adequado/inadequado possa ser emanada.

A verdade é que muitas regras e padrões que antes eram tratados como meras opções políticas (por exemplo, os padrões de certificação ISO) passaram a ter uma nova dimensão e constituem (quando adotadas) uma forma de identidade e um perfil diferenciado da própria organização que a institui. Tal fato gerou, de certa maneira, o aperfeiçoamento de padrões de conduta nas sociedades, seja internamente, seja através dos parâmetros determinados nas relações contratuais com outras sociedades.

É evidente que a existência desses regimes não significa a substituição de uma forma de organização por outra, prevalecendo, evidentemente, as estruturas baseadas na própria legislação societária. Contudo, os problemas contemporâneos e o aumento da complexidade das sociedades, sobretudo quando se trata de grupos econômicos com atuação transnacional, por exemplo, requer a instituição de arranjos institucionais capazes de orientar essas novas configurações.

Nesse sentido, o *compliance* – desde que adequadamente implementado – apresenta significativa relevância, seja pela configuração com potencial para abarcar os arranjos societários e os problemas decorrentes da própria complexidade dessas estruturas, seja por sua autonomia em relação aos órgãos da alta administração, o que permite a criação de uma espécie de "ordem jurídica interna" capaz de disseminar valores e encorajar comportamentos pautados em uma cultura organizacional ética.

Tendo em vista que a responsabilidade e a função social da empresa devem parametrizar os programas de *compliance*, é necessário que seu conteúdo possua normas que resultem – em determinadas situações – na relativização do lucro, submetendo-o à preservação da cultura ética nos negócios. Sem esse tipo de regra, muito provavelmente o instituto não atingirá seu desiderato.

4 Direito e poder: uma visão crítica do *compliance* e do objeto do direito societário

Uma leitura crítica em relação ao *compliance* deve ser no sentido de que esse instrumento seja capaz dar curso – no âmbito das sociedades – às normas já existentes e muitas vezes ignoradas (ainda que parcialmente), inclusive por administradores e controladores.

Nesse sentido, é preciso compatibilizar as diretrizes e práticas adotadas no âmbito das sociedades com a lei e os padrões estabelecidos pelas entidades reguladoras e autorreguladoras, de maneira que haja clara conformidade entre a tomada de decisão e os compromissos sociais assumidos.[22]

A proposta aparentemente simples e revigorada no Brasil, a partir da lei anticorrupção, é que – diante da possibilidade de a sociedade empresária sofrer sanções não apenas administrativas, mas, precipuamente, criminais, em razão da violação de normas por seus dirigentes ou empregados, quando agem em seu nome e em seu proveito (sofrendo a sociedade com o pagamento de multas e degradação da sua imagem, além de outras consequências punitivas) – a implantação do *compliance* preveniria a ocorrência de infrações, mitigando esses riscos.

Com o mesmo escopo defensivo, mas já na hipótese de terem ocorrido infrações, os membros da sociedade ou mesmo um terceiro, por intermédios dos programas, tomariam a iniciativa de comunicá-las aos órgãos oficiais de fiscalização e controle, com o propósito de atenuar ou mesmo se eximir das respectivas sanções. Nesse sentido, os programas caminhariam simetricamente com o contexto socioeconômico contemporâneo.[23]

É mister registrar que houve adaptação do direito penal para lidar com a realidade das pessoas jurídicas e dos crimes corporativos, através dos novos contornos interpretativos conferidos aos princípios da lesividade e taxatividade, por exemplo. No cenário brasileiro, destaca-se a posição de Rogerio Greco, para quem "responsabilizar penalmente a pessoa jurídica é um verdadeiro retrocesso em nosso Direito Penal. [...] A pessoa jurídica, como sabemos, não possui vontade própria. Quem atua por ela são os seus representantes. Ela, como entre jurídico, sem o auxílio das pessoas físicas que a dirigem, nada faz".[24]

Com efeito, tais reflexões impactam diretamente em questões relacionadas ao *compliance* e sua implementação, sobretudo considerando o cenário corporativo atual e a necessidade de aplicação de pena e de

---

[22] Fábio Medina Osório, com razão destaca que *"um programa de probidade empresarial efetivo, com controles internos eficientes – de obediência às regras intra e extra institucionais – irradiará seus efeitos para além da sua personalidade jurídica e de fato, alcançando a sua cadeia de fornecimento, seus clientes, a sociedade e o mercado, correspondendo, em última análise, a um mecanismo importante de prevenção"*. OSÓRIO, Fábio Medina. 'Compliance efetivo' ou 'compliance de fachada', eis a questão. *Estado de Minas*, 8 out. 2017. Opinião, p. 11. Disponível em: <https://i0.wp.com/www.fabiomedinaosorio.com.br/wp-content/uploads/2017/10/artigo-estado-de-minas.jpg>. Acesso em: 17 out. 2017.

[23] SAAD-DINIZ, Eduardo; ADACHI, Pedro Podboi. *Tendências em governança corporativa e compliance*. Ed. LiberArs. São Paulo: 2016, p. 13.

[24] GRECO, Rogério. *Curso de direito penal*: Parte Geral. Impetus: Niterói, 2012, p. 176-178. v. 1.

sanções voltadas à perda da reputação da sociedade empresária, na tentativa de moldar o comportamento dos agentes em seu comprometimento de cumprir com as regulamentações a que estão submetidos.

Assim, na perspectiva da função social da empresa e com objetivo de combater as condutas ilícitas e fraudes corporativas, o *compliance* caracteriza-se por: (i) o dever de monitorar as obrigações e prazos da sociedade; (ii) transparência e acesso às informações não sigilosas; (iii) o correto arquivamento e registro de dados; (iv) uma adequada forma de escrituração contábil; (v) existência de canais de denúncia independentes e efetivos para os integrantes da sociedade; (vi) elaboração de manuais e guias éticos claros; e (vii) efetivação de treinamento permanente do quadro pessoal da sociedade, bem como uma estrutura institucionalizada que se faça permanente independente das transições ocorridas no quadro de gestão da companhia.

Reforça-se, portanto, a ideia de que o *compliance* adequado atua no fortalecimento da transparência. Isso porque a sociedade, com o intuito de evitar responsabilidade corporativa, positivada em leis anticorrupção e normativas expedidas pelos órgãos reguladores do mercado financeiro, deve promover a divulgação clara e precisa das informações relevantes sobre seu desempenho econômico e financeiro. Tal atitude viabiliza que sócios e *stakeholders*, caso tenham interesse, obtenham sem grandes dificuldades todas as informações pertinentes, exceto aquelas protegidas por sigilo. Esse, inclusive, parece ter sido o sentido pretendido pelo Decreto nº 8.420/15, quando tratou dos programas de integridade nas companhias e exigiu, no art. 42, inciso XVI, a "transparência da pessoa jurídica quanto a doações para candidatos e partidos políticos", por exemplo.

Apesar do esforço legislativo acerca dos programas de integridade e da própria lei anticorrupção, o país permanece monopolizado por denúncias de corrupção empresarial. Embora esteja ocorrendo punição criminal das pessoas envolvidas, a discussão, como dito, muitas vezes se reduz à aplicação de indenizações e multas. Essas sanções, apesar de serem extremamente importantes, tal como compensações na reparação de danos, não constituem medidas suficientes na esfera econômica e empresarial para transformar a mentalidade e muito menos para corrigir as condutas.[25]

Sobre o ponto, vale ressaltar que mesmo multas substanciais, com caráter punitivo, caso não sejam direcionadas às condutas e às

---

[25] SALOMÃO FILHO, Calixto. Respostas estruturais para a corrupção empresarial. *Valor Econômico*. 1 abr. 2015.

pessoas que se beneficiam dos ilícitos, são de relativa, pra não dizer de pouca, eficácia.

Diante do exposto, é necessária a ponderação sobre mudanças estruturais, seja pela lei ou voluntariamente através de normativas internas que permitam a realização dos diversos interesses envolvidos e contribuam para realização da função social da empresa. Nesse sentido, a discussão sobre interesse social como algo precipuamente voltado para obtenção de lucros (concepção contratualista) ou como núcleo responsável por congregar interesses dos *stakeholders*, permanece atual no direito societário.

Ademais, o desenvolvimento econômico, a globalização e o papel da empresa no contexto social não deixam dúvidas quanto ao fato de que o interesse social não deve estar restrito ao aumento da lucratividade, sobretudo considerando que a organização e a estrutura desses interesses traduzem a própria função social da empresa. No ordenamento brasileiro, tanto o art. 170 da Constituição da República, como o art. 116 da Lei das Sociedades por Ações sustentam essa conclusão.

Não obstante isso, a definição do fim não determina o caminho ou a estratégia para sua consecução. Portanto, a escolha pelo modelo ideal deve considerar as opções que mais contribuam para o atendimento do interesse social. Nesse passo, o estudo da alocação do poder empresarial e das ferramentas para sua disciplina e funcionamento é fundamental para definição da estratégia a ser adotada, bem como a utilização de instrumentos que estabeleçam como e de que forma o exercício do poder será realizado.

Assim, o exercício do poder no âmbito das sociedades pode considerar alguns arranjos e contextos. No sistema de capital concentrado, por exemplo, existem dois modelos antagônicos para esse exercício: (i) o modelo em que o acionista controlador comanda as atividades e, em contrapartida, tem um regime especial de responsabilidade, conforme instituído no Brasil pela lei societária; e (ii) a abordagem estruturalista em que há o esforço de construção de mecanismos que viabilizem instrumentos de consecução dos interesses dos *stakeholders*.

Por outro lado, no sistema de capital pulverizado, tal como ocorre nos Estados Unidos e na Inglaterra, a discussão gira em torno da relação entre administração e acionistas, sendo que estes últimos assumiram postura mais ativista. Nesse contexto, o debate doutrinário transita em torno das hipóteses de aumento de poder do acionista.[26]

---

[26] MUNHOZ, Eduardo Secchi. *Quem deve comandar a companhia?* Alocação do poder empresarial: sistema de freios e contrapesos. In: KUYVEN, Luiz Fernando Martins (Org.). *Temas essenciais de direito empresarial*: estudos em homenagem a Modesto Carvalhosa. São Paulo: Saraiva, 2012, p. 507.

Considerando o panorama acima descrito e a necessidade de que o exercício do poder sirva aos interesses dos *stakeholders* e à função social da empresa, é preciso destacar, em cada um dos modelos, algumas premissas básicas.

Assim, na hipótese de sistema de capital concentrado, em que exercício de poder está sob o comando do acionista controlador, é necessário observar:

i) como o poder empresarial é estruturado e monitorado;
ii) se os instrumentos estabelecidos pela legislação, para o monitoramento do exercício de poder de controle (regra de conflito de interesses e definição de poder de controle), garantem que a atuação do sócio seja voltada para o interesse social;
iii) a existência de normas adequadas e instituições fortes com capacidade de assegurar o seu cumprimento forçado (*enforcement*);
iv) o valor das ações de controle comparativamente às demais ações da companhia.[27]

Numa outra perspectiva sobre o exercício do poder, também na hipótese de capital concentrado, está a abordagem pela teoria orgânica ou estruturalista, proposta por Calixto Salomão Filho, em que:

i) não é considerada a clássica divisão proposta por Alfredo Lamy Filho e José Luiz Bulhões Pedreira na lei societária entre acionista, controlador e empreendedor de um lado e acionista investidor do outro;
ii) os acionistas não controladores devem ocupar o centro da estrutura de poder;
iii) os deveres fiduciários do acionista controlador não são considerados apenas em relação aos demais acionistas, mas em relação aos *stakeholders* e – sempre que possível – devem internalizar o plano decisório da companhia;
iv) é necessária a redefinição da regra de conflito de interesses, de modo a proibir o voto do acionista sempre que tiver interesse formalmente conflitante com o da companhia.

[27] Nesse sentido, quanto maior o valor das ações de controle, menos eficiente será o modelo societário, indicando, assim, que o controlador tem grande capacidade de obtenção de benefícios privados em detrimento dos demais.

Assim, a análise do conflito não ocorrerá *a posteriori*, como no caso do conflito material, mas sim de forma apriorística.[28]

O sistema de capital pulverizado, por sua vez, é caracterizado pelo deslocamento do poder de controle dos acionistas para o administrador, ressaltando, por assim dizer, a dissociação entre a propriedade e o comando da atividade. As atenções são voltadas para a disciplina dos conflitos entre administradores e acionistas e o exercício de poder dos administradores é monitorado de acordo com: (i) o estabelecimento dos deveres fiduciários; (ii) o mercado de controle acionário; e (iii) a possibilidade de atuação de ofertas hostis de aquisição de controle.[29]

Não obstante a visão clássica acerca dos deveres fiduciários, admite-se que os administradores considerem não apenas os interesses dos acionistas, mas também os dos *stakeholders*. É o que preconiza a teoria da produção coletiva (*team production*), desenvolvida por Margareth Blair e Lynn A. Stout, conforme sintetizado por Eduardo Secchi Munhoz:

> [A] companhia corresponde a uma forma de produção coletiva, em que cada uma das partes, com objetivo de obter resultado melhor para todos, concorda em delegar parte de seu poder a um líder hierárquico que, ao tomar decisões, arbitra os interesses de todos. No ápice da estrutura de poder da companhia, situam-se os administradores que possuiriam a posição de neutralidade e independência necessária para mediar os diversos interesses envolvidos no curso da atividade empresarial, capazes de decidir, em cada caso, no sentido de uma solução melhor para todos.

Nos Estados Unidos, a dispersão acionária em um conjunto reduzido de acionista tem contribuído para o aumento do poder dos

---

[28] Nesse sentido, vale mencionar os Pareceres de Orientação da CVM 34/2006, 35/2008 e o Caso Tractebel que analisam especificamente a hipótese de conflito de interesses.

[29] "Com respeito aos deveres fiduciários, debate-se sobre a possibilidade de imputar aos administradores o dever de atender a outros interesses que não o dos acionistas (*other constituencies*). Segundo determinada corrente, dominante na doutrina norte-americana, os deveres dos administradores dizem respeito apenas aos interesses dos acionistas, não devendo ser considerados outros interesses (*shareholder primacy*). Não se trata de reconhecer à companhia o papel de apenas contribuir para a maximização da riqueza dos acionistas (visão contratualista), mas sim de concluir que a melhor forma de determinar que os administradores conduzam a empresa no sentido de sua função social é a de estabelecer que estes devem visar à maximização da riqueza dos acionistas. O princípio é que, ao conferir-se diferentes deveres aos administradores, por vezes conflitantes, o monitoramento do cumprimento de sua função torna-se de difícil aplicação. Todas as decisões podem ser justificadas segundo um dos interesses conflitantes cuja defesa pelos administradores é admitida. A ideia é que, ao servir a dois mestres (ou mais) o administrador pode não servir a nenhum." MUNHOZ, Eduardo Secchi. *Quem deve comandar a companhia?* Alocação do poder empresarial: sistema de freios e contrapesos. In: KUYVEN, Luiz Fernando Martins (Org.). *Temas essenciais de direito empresarial*: estudos em homenagem a Modesto Carvalhosa. São Paulo: Saraiva, 2012, p. 512.

administradores e para a prevalência de suas decisões sobre o destino da companhia. A situação pode ser considerada ainda mais complexa diante da combinação das *poison pills* (mecanismo de defesa contra a oferta hostil) e a *staggered boards* (regra de substituição escalonada dos membros do conselho de administração), esta última considerada "elemento central do poder dos administradores [...] na medida em que impede que os acionistas substituam no curto prazo, a maioria dos administradores, de modo a implantar a modificação de uma determinada política empresarial".[30]

Contudo, o excesso de poder da administração é visto de forma problemática, notadamente considerando os escândalos corporativos. Nesse sentido, propostas para o aumento do poder dos acionistas e eliminação da regra de substituição escalonada (*staggered boards*) ganham força, sobretudo diante da modificação do padrão de dispersão acionária com a presença cada vez mais forte dos investidores institucionais.[31] A participação desse tipo de investidor fortalece o discurso de defesa do aumento dos direitos dos acionistas em face dos direitos exercidos pelos administradores.[32]

Nesse sentido, dois argumentos demonstram a fragilidade da teoria dos deveres fiduciários: (i) os administradores são influenciados por interesses pessoais como, por exemplo, o aumento de remuneração, a manutenção de seus cargos, entre outros e (ii) na medida que os acionistas não podem influenciar na companhia, os administradores têm ampla liberdade para atuar na realização de seus próprios interesses, sem falar na proteção da regra da decisão empresarial.

---

30 MUNHOZ, Eduardo Secchi. *Quem deve comandar a companhia?* Alocação do poder empresarial: sistema de freios e contrapesos. In: KUYVEN, Luiz Fernando Martins (Org.). *Temas essenciais de direito empresarial*: estudos em homenagem a Modesto Carvalhosa. São Paulo: Saraiva, 2012, p. 513.

31 Fundos de pensão, *hedge funds* (fundos que adotam um número de estratégia que não podem ser adotadas por fundos tradicionais de investimento) e fundos de *private equity* (atividade financeira realizada por instituições que investem em sociedades não listadas em bolsa de valores, para captar recursos e alavancar o desenvolvimento da empresa).

32 "No Reino Unido, a despeito de haver dispersão acionária, a presença de acionistas institucionais sempre foi muito importante, ao contrário do padrão de acionistas atomizados verificado nos Estados Unidos. Por isso, o direito societário britânico sempre imputou aos acionistas uma parcela importante do poder empresarial. É exemplo disso o regramento da aquisição de controle acionário naquele país. De acordo com o *Takeover Panel*, os administradores ficam impedidos de adotar medidas defensivas contra ofertas de aquisição de controle, salvo se para tanto forem previamente autorizados pelos acionistas (*no frustration rule*). Além disso, no Reino Unido, é assegurada aos acionistas ampla possibilidade de remoção de seus administradores." MUNHOZ, Eduardo Secchi. *Quem deve comandar a companhia?* Alocação do poder empresarial: sistema de freios e contrapesos. In: KUYVEN, Luiz Fernando Martins (Org.). *Temas essenciais de direito empresarial*: estudos em homenagem a Modesto Carvalhosa. São Paulo: Saraiva, 2012, p. 514.

Não por outra razão, a presença de blocos minoritários de acionistas capazes de exercer influência relevante sobre a gestão da companhia pode ser considerada benéfica para a condução dos negócios empresariais, uma vez que podem constituir uma espécie de freio para que os administradores atuem no interesse da companhia.[33]

Tais observações demonstram que, no sistema de capital pulverizado, a existência de deveres fiduciários pode não ser suficiente para assegurar que os administradores atuem no interesse da companhia em detrimento de seu próprio interesse. Portanto, além do estímulo à formação de blocos de acionistas, é necessário o afastamento de regras que consolidam o amplo poder dos administradores.[34]

No Brasil, a experiência é de alocação do poder empresarial no sistema de capital concentrado e o acionista controlador – em função da titularidade de direitos de sócio que lhe asseguram a preponderância nas deliberações sociais – além de eleger a maioria dos administradores, tem a prerrogativa de determinar o destino do empreendimento.

A ideia de que o comando empresarial é atribuído ao acionista é consolidada em nosso ordenamento, de forma que, causa alguma estranheza as hipóteses de atribuição de poderes empresariais a outros atores como, credores, fornecedores ou trabalhadores.[35] Assim, o acionista controlador prepondera quase de forma absoluta na condução da atividade empresarial, conferindo aos demais acionistas, papel de meros investidores, alheios à condução da sociedade.

De acordo com esse sistema, o monitoramento do controlador ocorre de acordo com um regime especial de deveres e responsabilidades

---

[33] Ibidem, p. 512.

[34] Nessa mesma linha, uma vez mais merece destaque a posição de Eduardo Secchi Munhoz: "As considerações anteriores corroboram a conclusão de que tanto no sistema de capital concentrado quanto no de capital pulverizado o poder empresarial, exercido seja pelo acionista controlador, seja pelos administradores, há de ser monitorado e limitado de modo a assegurar que atue no sentido do interesse social". MUNHOZ, Eduardo Secchi. *Quem deve comandar a companhia?* Alocação do poder empresarial: sistema de freios e contrapesos. In: KUYVEN, Luiz Fernando Martins (Org.). *Temas essenciais de direito empresarial*: estudos em homenagem a Modesto Carvalhosa. São Paulo: Saraiva, 2012, p. 516.

[35] Em relação aos trabalhadores é importante destacar a experiência alemã da cogestão. De acordo com Eduardo Secchi Munhoz, trata-se de experiência particular, limitada à participação dos trabalhadores na administração, não se cuidando de sua preponderância na direção da empresa. O comando da empresa por seus próprios trabalhadores foi verificado em determinados casos, mas baseado no fato de os trabalhadores serem titulares de participações acionárias, isto é, não se trata de comando a partir de relações exclusivas de contrato de trabalho ou de prerrogativas de sindicatos ou de associações de trabalhadores. MUNHOZ, Eduardo Secchi. *Quem deve comandar a companhia?* Alocação do poder empresarial: sistema de freios e contrapesos. In: KUYVEN, Luiz Fernando Martins (Org.). *Temas essenciais de direito empresarial*: estudos em homenagem a Modesto Carvalhosa. São Paulo: Saraiva, 2012, p. 508.

adotado pela Lei nº 6.404/76. A adoção feita pelo legislador é o reflexo do reconhecimento do papel do empresário-empreendedor no mercado. Não por outra razão, a lei estabeleceu normas em torno dessa figura, assegurando-lhe opções para organizar a empresa e atribuindo-lhe responsabilidade em caso de desvio do uso de seu poder.[36]

A regra de conflito de interesses e a definição de poder de controle são os critérios de monitoramento estabelecidos pela Lei nº 6.404/76.[37] O sucesso de tais regras está em assegurar que o acionista exerça seu poder no sentido do interesse social, de forma a evitar a obtenção de benefícios privados pelo controlador. Contudo, de acordo com Eduardo Secchi Munhoz, a "extração de benefícios privados do controle, ainda que decorra do descumprimento dos deveres fiduciários do acionista controlador, sendo, portanto, ilícita, torna-se frequente na medida em que as punições são raras e poucos efetivas".[38]

Considerando os impactos que os programas de integridade exercem sobre a atuação dos gestores, reitera-se que não apenas o dever de evitar conflito de interesses, mas também o dever de lealdade e o dever de sigilo[39] guardam estreita relação com o *compliance* na medida em que determinam as condutas esperadas dos administradores, sobretudo dos que atuam em posição de fiscalização e defesa dos interesses da companhia. Contudo, o *compliance* não é diretamente responsável por empreender medidas de caráter estrutural no âmbito das sociedades. Assim, é razoável e esperado que esses programas constituam instrumentos capazes de dar curso efetivo às regras que já existem e, se for o caso, seu conteúdo complemente declarações de

---

[36] Ibidem, p. 509.

[37] Artigos 115, 116, 117 e 246 da Lei nº 6.404/76.

[38] MUNHOZ, Eduardo Secchi. *Quem deve comandar a companhia?* Alocação do poder empresarial: sistema de freios e contrapesos. In: KUYVEN, Luiz Fernando Martins (Org.). *Temas essenciais de direito empresarial*: estudos em homenagem a Modesto Carvalhosa. São Paulo: Saraiva, 2012, p. 510.

[39] Sobre conflito de interesses, a Arezzo Indústria e Comercio S.A., companhia aberta com suas ações negociadas sob o ticker ARZZ3 e listadas no Novo Mercado da BM&FBovespa desde 2011, prevê em seu código de ética: "3. Conflito de Interesses: A Arezzo&Co insiste na lealdade de todos os seus colaboradores, e sabendo disso, os colaboradores não devem se envolver em qualquer comuta ou situações que criaria um conflito real ou potencial de interesse ou ainda criar a aparência de tal conflito. Conflitos de interesse surge, quando a atividade pessoal de um empregado ou de interesse pessoal é contrária aos interesses da empresa. Essas atividades ou interesses pessoais podem influenciar na decisão do colaborador, fazendo com que o empregado tome decisões com base no potencial de ganho pessoal, ao invés de nos melhores interesses da empresa. Devemos estar atentos para as situações que possam sugerir ou gerar um conflito entre nossos interesses pessoais de nossos colaboradores e/ou de outros públicos com os interesses da Companhia". Disponível em: <https://www.canaldeetica.com.br/arezzoco/files/CodigodeEtica.pdf>. Acesso em: 24 out. 2017.

princípios, através de identificação expressa dos interesses legitimamente protegidos pelas normas.[40]

Apesar dessa importante missão, a discussão que se estabelece passa pela reflexão do *compliance* como algo que possui como característica o cumprimento de padrões, porém sem predeterminação quanto ao conteúdo ou finalidades desse tipo de padrão. Diante dessa realidade, como será possível creditar alguma esperança de resultado ao *compliance*, sobretudo diante do fato de que seu funcionamento depende, intimamente, de uma mudança de direção em relação ao objeto do próprio direito societário?

Tal questionamento se justifica porque enquanto o direito societário estiver voltado precipuamente para garantia de resultados econômicos, através de formulações direcionadas, quase que exclusivamente à eficiência empresarial, não haverá criação de mecanismos capazes de ir além da transitoriedade acerca do princípio da eficiência e/ou em condições de produzir incentivos/estímulos à prevenção de grandes fraudes, cada vez mais recorrentes no âmbito empresarial.[41]

Diante desse cenário, duas teorias merecem ser implicitamente consideradas na prática dos ilícitos corporativos: (i) a concepção do interesse social calcada na maximização do valor das ações da companhia (*shareholder value theory*) e (ii) os resultados financeiros devem ser planejados e obtidos em curto prazo (*short-termism*).[42]

---

40 Assim, através da aplicação dos programas de integridade será possível concretizar os objetivos da teoria estruturalista do direito preconizados por Calixto: "o objetivo de uma teoria estruturalista do direito assim caracterizada é definir um método amplo que permita (através da elaboração ou identificação de dispositivos declaratórios [...]) a consideração e o sopesamento dos interesses envolvidos pela aplicação do direito". SALOMÃO FILHO, Calixto. *Teoria crítico-estruturalista de direito comercial*. São Paulo: Marcial Pons, 2015, p. 261.

41 É o que se depreende, por exemplo, das observações de Eugene Soltes em sua obra *Why they do it: inside the mind of the white-collar criminal*, em que examinou, durante cerca de oito anos de pesquisa com entrevistas de executivos processados ou presos por crimes de colarinho branco. A partir das respostas dos executivos, o professor concluiu, em linhas gerais, que: (i) os crimes de colarinho branco nem sempre decorrem de um cálculo de custo-benefício, mas da falta de reflexão do executivo sobre as consequências de seus atos e (ii) os executivos entendiam que tais violações contribuíam para o aumento do lucro da empresa

42 Em relação à percepção sobre essas teorias e seus efeitos nos crimes corporativos, destacou Ana Frazão em artigo recente: "Com efeito, a partir da década de 1970, a influência crescente da Escola de Chicago foi criando campo propício para o acolhimento da visão de Milton Friedman de que a única responsabilidade social das companhias é a de aumentar seus lucros. O sucesso foi tal que Hansmann e Krakmann, no famoso artigo *The end of history for Corporate Law*, anunciaram o triunfo irrestrito da *shareholder value theory*. [...]. Existe, pois, uma relação quase umbilical entre as teorias do *shareholder value* e do *short-termism*, assim como os efeitos de ambas apenas podem ser suficientemente compreendidos no contexto atual da financeirização da economia, diante da qual as companhias são vistas essencialmente como conjuntos de ativos financeiros. Na verdade, a própria financeirização da economia pode ser vista como consequência da emergência de novas formas de controle

É certo que, além das razões ínsitas às próprias teorias, a atuação dos gestores também é pautada nos incentivos financeiros particulares, sobretudo diante do fato de que a remuneração dos administradores é atrelada ao seu desempenho que, por sua vez, é vinculado à valorização das ações. Conforme bem anotado por Ana Frazão, "uma das consequências é que, conforme o caso, o interesse dos administradores pode predominar sobre o interesse dos próprios acionistas na gestão empresarial".[43]

Não por outra razão, a forma do pagamento dos administradores é apontada como um dos principais problemas atuais da gestão empresarial, uma vez que as metas de curto prazo acabam ditando o tom da administração em detrimento do planejamento voltado aos ganhos de longo prazo.[44]

Assim, como consequência da excessiva assunção de riscos pelos gestores, resume Ana Frazão:

> a *shareholder revolution* faz com que os CEOs busquem retornos a curto prazo de qualquer jeito, mesmo às custas de várias consequências nefastas tais como (i) redução de investimentos em inovações saudáveis e a prosperidade a longo prazo; (ii) tratamento de empregados como responsabilidades de curto prazo e não como ativos de longo prazo; (iii) crescente desproporção entre a remuneração dos executivos, que chegou a patamares que não podem ser justificados por sua produtividade; (iv) crescente adoção do que se chama de *creative accounting*, para aumentar valor das ações e consequentemente inflar a remuneração dos CEOs;

---

e gerenciamento com base no *shareholder value*, o que implica uma reconceitualização da natureza da própria empresa, vista crescentemente como um pacote de ativos (*bundle of assets*), sujeito ao aumento ou desmantelamento por parte dos executivos de acordo com o mercado." FRAZÃO, Ana. Relações entre corrupção e teorias que orientam gestão das companhias. *Consultor Jurídico*. 13 jul. 2017. Opinião. Disponível em: <https://www.conjur.com.br/2017-jul-13/ana-frazao-relacoes-entre-corrupcao-gestao-companhias>. Acesso em: 20 nov. 2017.

[43] Idem.

[44] Nesse sentido, Joseph Stiglitz assevera: "A maneira mais fácil de começar a enfrentar o pagamento dos executivos é ajustar o código tributário, que privilegia a remuneração dos executivos através da compensação de equidade, em particular as opções de compra de ações. Eliminar ou restringir a lacuna de desempenho-pagamento (pelo qual o pagamento excessivo do CEO recebe um tratamento favorável) não só ajudaria a resolver o pagamento dos executivos, mas também desencorajaria os CEOs a se comportarem como especuladores financeiros. O Congresso deve manter o atual limite de US $ 1 milhão na dedutibilidade da remuneração dos executivos e eliminar a exceção para o chamado salário de desempenho; Esta dedutibilidade também deve ser expandida para os executivos mais bem pagos em uma empresa em geral." (STIGLITZ, Joseph E. *Rewriting the rules of the American Economy*: an agenda for growth and shared prosperity. Nova Iorque: W. W. Norton, 2015. Disponível em: <https://community-wealth.org/sites/clone.community-wealth.org/files/downloads/report-stiglitz.pdf>. Acesso em: 13 nov. 2017. Tradução livre).

(v) grande aumento dos percentuais do faturamento das companhias destinados à recompra de ações e distribuição de dividendos, já que o fato de parte da remuneração dos CEOs ser em *stocks options* cria um grande incentivo para usar o dinheiro da companhia para comprar de volta suas ações, fazendo o preço subir.[45]

Sobre a *shareholder value theory* e seus efeitos nefastos sobre a gestão das companhias,[46] que se tornam incapazes de reconhecer ou agir conforme critérios morais, destaca-se o entendimento de Lynn A. Stout:

> Finalmente, considere os diferentes interesses dos investidores, que não se importam se as empresas ganham lucros com comportamentos ilegais ou prejudiciais à sociedade, e investidores pró-sociais, que não desejam que as empresas que investem prejudiquem outros ou violem a lei. O primeiro grupo quer que os gerentes 'desbloqueiem o valor para o acionista" a qualquer custo, independentemente de qualquer dano causado a outras pessoas ou ao ambiente. O segundo grupo não. O investimento social – pode até chamá-lo de investimento sociopático – pode não prejudicar os lucros das empresas em longo prazo. Assim, apresenta um problema diferente de outras estratégias de valor para os acionistas, discutidas acima, que reduzem os retornos de investimento de longo prazo. Mas apresenta problemas de eficiência ética, moral e econômica próprios. (Tradução livre)[47]

A partir do panorama apresentado, percebem-se os efeitos que essas teorias – somadas às características não estruturais que prevalecem no contexto societário, sobretudo no Brasil – exercem sobre o desenvolvimento de uma cultura corporativa desvirtuada de

---

[45] FRAZÃO, Ana. Relações entre corrupção e teorias que orientam gestão das companhias. *Consultor Jurídico*. 13 jul. 2017. Opinião. Disponível em: <https://www.conjur.com.br/2017-jul-13/ana-frazao-relacoes-entre-corrupcao-gestao-companhias>. Acesso em: 20 nov. 2017. Nesse mesmo sentido, é a posição de Lynne L. Dallas: "Having the compensation of employees depend on the long-term performance of their firm is also likely to change a firm's culture as attention is directed away from immediate self-interest and gratification to behaviors that will enhance the long-term health of the firm. [...]". DALLAS, Lynne L. Short-termism, the financial crisis, and corporate governance. *Journal of Corporation Law*, n. 37, p. 265-364, feb. 2012. Em tradução livre: "Fazer com que a remuneração dos funcionários dependa da performance de longo prazo da empresa provavelmente também mudará a cultura dessa empresa, uma vez que a atenção é dirigida para longe do auto-interesse imediato e se gratificae comportamentos que irão melhorar a saúde da empresa a longo prazo. [...]."

[46] FRAZÃO, Ana. Relações entre corrupção e teorias que orientam gestão das companhias. *Consultor Jurídico*. 13 jul. 2017. Opinião. Disponível em: <https://www.conjur.com.br/2017-jul-13/ana-frazao-relacoes-entre-corrupcao-gestao-companhias>. Acesso em: 20 nov. 2017.

[47] SOUT, Lynn A. The shareholder value myth. *Cornell Law Faculty Publications*, Paper 771. Disponível em: <http://scholarship.law.cornell.edu/cgi/viewcontent.cgi?article=2311&context=facpub>. Acesso em: 3 nov. 2017.

valores éticos, da função social da empresa e distanciada dos princípios almejados pelos programas de *compliance*.

Ainda quanto ao ponto, é preciso pensar em alternativas internamente capazes de delinear novos parâmetros estruturais para interpretação sobre a atuação dos gestores, tais como: (i) determinação para atuação em estratégias de longo prazo; (ii) remuneração dos gestores considerando desempenho de longo prazo; (iii) percepção dos funcionários sobre a atuação da gestão; (iv) parâmetros mínimos de transparência sobre a divulgação das estratégias adotadas; entre outras medidas.[48]

Nessa lógica, é facilmente perceptível que o papel dos programas de integridade pode ir muito além da possibilidade de atenuação de sanções administrativas, conforme dispõe o art. 7º, VIII da Lei nº 12.846/2013. Sua função e objetivo são capazes de auxiliar na consolidação de novos parâmetros para a interpretação das normas societárias.

Dessa forma, o sucesso dos programas de integridade no funcionamento das sociedades empresárias, na perspectiva da função social da empresa e da governança corporativa, como instrumento indutor de uma cultura ética, capaz de reduzir fraudes e, consequentemente, aumentar a eficiência, não depende apenas de uma discussão sobre a estrutura e/ou a forma desses programas, mas, sobretudo, sobre os critérios de interpretação da estrutura do direito societário nos dias de hoje.

A redução dos programas de integridade a instrumentos para reprodução de padrões econômicos de eficiência, muito provavelmente,

[48] Nesse sentido, destaca Lynne L. Dallas: "Alterar o dever fiduciário dos conselhos, como sugere a professora Nadelle Grossman, *exigirndoque os diretores atuem principalmente nos interesses de longo prazo de sua empresa também é um método importante para mudar as culturas corporativas*. Embora alguns casos de Delaware tenham indicado que os conselhos de administração deveriam atuar nos interesses de longo prazo de suas empresas, esses casos prevêem que os conselhos tenham o poder discricionário de determinar os horizontes de tempo para suas decisões, o que significa que eles podem se engajar em curto prazo sem medo de responsabilidade. Enquanto a mudança na lei de dever fiduciário *proposta pelo Professor Grossman pode fazer pouca diferença do ponto de vista da responsabilidade do diretor por causa da regra da decisão empresarial, ela teria uma função 'expressiva', que se refere ao 'impacto cultural da lei através da mudança de crenças e da internalização de normas legais'*. A natureza do relacionamento legal determina a configuração institucional na qual as decisões dos funcionários são tomadas e impactam nas percepções dos funcionários sobre seus papéis e responsabilidades. *Outras mudanças na lei, por exemplo, para impor obrigações fiduciárias a uma ampla gama de participantes no mercado,* também terão efeitos benéficos ao mudar as percepções de relações de transacionais para relações de aliança". DALLAS, Lynne L. Short-termism, the financial crisis, and corporate governance. *Journal of Corporation Law*, n. 37, p. 265-364, feb. 2012. Grifo nosso. Tradução livre.

resultará em completa estagnação e inoperância para o cumprimento de seu completo potencial.[49]

Note-se que a discussão é muito mais profunda e se relaciona diretamente com a indagação sobre as mudanças estruturais possíveis de serem introduzidas no âmbito das sociedades, bem como se a existência dos programas de *compliance* é capaz de operar qualquer mudança estrutural ou se isso depende, essencialmente, da forma de organização da própria sociedade.

As dificuldades só aumentam a partir da compreensão de que certos problemas não encontram respostas e/ou soluções previamente estabelecidas nas searas empresarial ou jurídica, demandando análises que vão além da mera observação do ordenamento jurídico ou da práxis societária.[50]

No âmbito do direito societário, a reflexão sobre o comportamento dos agentes que compõem a sociedade é fundamental para o estabelecimento de regras, limites e de diretrizes que irão conduzir a relação dos sócios entre si e com terceiros. Essas normas, como visto anteriormente, não emanam apenas da lei e dos estatutos, mas podem também advir dos programas de *compliance*.[51]

---

[49] Nesse sentido, Fábio Medina Osório destaca: "Em breve, será necessário auditar muitos 'programas de compliance' para testar sua utilidade. E quem o fará? São muitas as instituições fiscalizadoras e esse universo tende a se expandir. Não há dúvida de que o próprio Ministério Público, para além das competências das autoridades administrativas, tem atribuições para postular a aplicação da Lei Anticorrupção com sanções que se agravarão quando constatada a aplicação de 'compliance de fachada'. [...] Dadas as dificuldades inerentes ao modelo brasileiro e aos problemas oriundos do emaranhado jurídico, as empresas necessitam de segurança jurídica, adotando programas de prevenção que inspirem confiança. Essa 'indústria' que atualmente fomenta programas de 'compliance de fachada' certamente é apenas um castelo de areia, prestes a desmoronar logo ali na frente, como o noticiário já vem revelando". OSÓRIO, Fábio Medina. 'Compliance efetivo' ou 'compliance de fachada', eis a questão. *Estado de Minas*, 8 out. 2017. Opinião, p. 11. Disponível em: <https://i0.wp.com/www.fabiomedinaosorio.com.br/wp-content/uploads/2017/10/artigo-estado-de-minas.jpg>. Acesso em: 17 out. 2017.

[50] "Implica para tanto fazer estudos verdadeiramente interdisciplinares que não tenham em conta exclusivamente variáveis exógenas e determinantes do ponto de vista econômico (como o lucro e a produção tecnológica), mas também estudos sociológicos e antropológicos sobre o comportamento de aglomerados humanos. Afinal, se é de aglomerados humanos que se está tratando (e este é o caso das relações internas de uma sociedade), é de se imaginar que as ciências que se ocupam das relações entre aglomerados humanos sejam consideradas. As organizações empresariais, por sua natureza grupal e por influência na sociedade são particularmente carentes desse tipo de estudo. Em particular, regras sobre estímulos comportamentais à cooperação são bem adaptadas a explicar e disciplinar a natureza agregadora das sociedades e sua influência sobre as relações sociais". SALOMÃO FILHO, Calixto. *Novo Direito Societário*. 4. ed. São Paulo: Malheiros, 2011, p. 55.

[51] Conforme anotado por Fábio Medina Osório: "o legislador outorgou à empresa um dever de vigilância sobre seus dirigentes, funcionários, contratantes e fornecedores. Criou-se um espaço público não estatal, aumentando consideravelmente o espectro de atores ligados

Contudo, além da forma e do conteúdo da norma (interna ou externa), há o fato de que o estabelecimento dessas relações depende intrinsecamente do comportamento ético e cooperativo entre as partes/ pessoas na organização, fatores que devem ser encorajados e estimulados, entre outras formas, pelo *compliance*.

Assim, o cumprimento de regras éticas, ainda que sob o pretexto de desenvolvimento do todo com resultados positivos para as partes, não é, ao menos para parcela significativa, algo natural ou espontâneo, pois também depende da estrutura e sua forma de organização, que precisa ser capaz de minimizar (campo da prevenção) e punir (campo da sanção) comportamentos que não se coadunam com o ambiente ético cooperativo.[52]

5 Considerações finais

Considerando que a abordagem deste artigo considera, dentre outras coisas, a análise da influência da estrutura de poder sobre a realidade das sociedades, é importante ressaltar que as estruturas de poder são identificadas na administração e no controle – órgãos diretamente responsáveis por influenciá-la – seja na substituição do direito e de práticas éticas por relações hierárquicas, afastada ainda que de forma relativa de padrões jurídicos, seja na criação de um ambiente incapaz de fomentar comportamentos cooperativos e padrões autointeressados.[53]

Tendo em vista a permanente tensão entre o direito e o poder, existente não apenas no direito societário, mas especialmente nele, é que se justificou a introdução no direito antitruste de regras cujo objetivo é conter o poder de mercado.

A existência de tais normas é consectário lógico de que a mera existência de regras de conduta não é suficiente para disciplinar a atuação das sociedades. Isso porque a correção de padrões por meio de normas que são voltadas à sanção de fatos isolados é incapaz de disciplinar uma atividade contínua de abuso (como as que ocorrem em situações de conflito de interesses e abuso de poder de controle).

---

ao combate à corrupção". OSÓRIO, Fábio Medina. 'Compliance efetivo' ou 'compliance de fachada', eis a questão. *Estado de Minas*, 8 out. 2017. Opinião, p. 11. Disponível em: <https://i0.wp.com/www.fabiomedinaosorio.com.br/wp-content/uploads/2017/10/artigo-estado-de-minas.jpg>. Acesso em: 17 out. 2017.

52 SALOMÃO FILHO, Calixto. *Novo Direito Societário*. 4. ed. São Paulo: Malheiros, 2011, p. 55.

53 SALOMÃO FILHO, Calixto. *Novo Direito Societário*. 4. ed. São Paulo: Malheiros, 2011, p. 56.

Não por outra razão, conclui-se quanto ao ponto que a prevalência do poder sobre o direito dificulta a organização das sociedades. Contudo, é preciso estar atento para o fato de que no direito societário não é pacífica a posição sobre os efeitos da prevalência de relações hierárquicas sobre as jurídicas.

Reitera-se, nesse ponto, a possibilidade de eliminação do controle concentrado, que tem como apoiadores aqueles que entendem tal concentração como forma de diminuição de custos de agência e, consequentemente, como fator de eficiência:

> Não é fácil discutir essa posição em bases puramente teóricas. A razão principal está na impossibilidade de mensuração e comparação dos "custos de supervisão" e seus efeitos sobre o funcionamento "eficiente" da sociedade com os "custos do abuso e do conflito" por parte do controlador absoluto da sociedade. A solução do impasse não parece estar em alguma decisão definitiva sobre estruturas concentradas ou diluídas de controle. Mesmo tomando partido em termos teóricos sobre a questão, essa definição tem limitada utilidade prática. No mais das vezes, a definição por uma estrutura societária ou outra tem raízes históricas nas respectivas economias. É o que ocorre nos EUA com a desconcentração acionária e na Alemanha e no Brasil, inversamente, com a concentração acionária.[54]

A controvérsia parece estar distante de um deslinde, sobretudo considerando o contexto em que as sociedades empresárias estão inseridas. Por isso é que são necessárias mudanças sugeridas pelo próprio direito que resultem em novas soluções estruturais. Essas mudanças permitiriam alterar o padrão de comportamento entre os sócios.[55]

Assim, propõe-se o estabelecimento de programas de integridade como mecanismo capaz de produzir *standards* e conduzir acionistas controladores e administradores a uma mudança de comportamento.

Nesse viés, os programas precisam se distanciar das propostas e modelos falaciosos e burocráticos para constituírem-se como instrumentos da própria sociedade que permitam e estimulem o autocumprimento cooperativo de regras jurídicas e éticas.

Contudo, tal tarefa não se apresenta como algo simples, seja pela falta de estímulos decorrentes da própria estrutura do ordenamento jurídico brasileiro, em que a base do direito societário tende a pender para o lado da autonomia da vontade e não da igualdade, seja pela

---

[54] Idem, p. 58.

[55] SALOMÃO FILHO, Calixto. *Novo Direito Societário*. 4. ed. São Paulo: Malheiros, 2011, p. 58.

vocação da prática empresarial em simplificar os efeitos que decorrem da complexa concepção de interesse social.

Além disso, fatores supostamente voltados ao estímulo de cooperação parecem tímidos na legislação das sociedades por ações. Assim, tendo em vista as diversas discussões apresentadas, somada à persistente dificuldade de separação entre interesse pessoal e o interesse social, é renovada a convicção de que os programas de integridade podem servir ao estabelecimento de parâmetros importantes para a conduta dos gestores e contribuir para realização do interesse dos *stakeholders* e da função social da empresa.

Nesse contexto, é possível afirmar que tanto a governança corporativa como *compliance* constituem temas de extrema importância para que o direito societário encontre sua melhor função.

Referências

CHEFFINS, Brian. R. The history of corporate governance. *University of Cambridge Faculty of Law Research Paper No. 54/2011*. Disponível em: <http://ssrn.com/abstract=1975404>.

COMPARATO, Fábio Konder. *O poder de controle na Sociedade Anônima*. São Paulo: Malheiros, 1983.

DALLAS, Lynne L. Short-termism, the financial crisis, and corporate governance. *Journal of Corporation Law*, n. 37, p. 265-364, feb. 2012.

ELLIS, Matt. As principais histórias da FCPA em na América Latina. Disponível em: <http://fcpamericas.com/portuguese/principais-historias-da-fcpa-em-2013-na-america-latina/>.

FRAZÃO, Ana. *Função social da empresa*: repercussões sobre responsabilidade civil dos controladores e administradores das S/As. Rio de Janeiro: Renovar, 2011, p. 203.

FRAZÃO, Ana. Implementação de programa de *compliance* deve atenuar penalidades a empresas. *Revista Consultor Jurídico – CONJUR*, São Paulo, 2015. Disponível em: <http://www.conjur.com.br/2015-nov-28/ana-frazao-implementacao-compliance-atenuar-penas-empresas>.

FRAZÃO, Ana. Relações entre corrupção e teorias que orientam gestão das companhias. *Consultor Jurídico*. 13 jul. 2017. Opinião. Disponível em: <https://www.conjur.com.br/2017-jul-13/ana-frazao-relacoes-entre-corrupcao-gestao-companhias>.

GRECO, Rogério. *Curso de direito penal*: Parte Geral. Impetus: Niterói, 2012. v. 1.

KUYVEN, Luiz Fernando Martins (Org.). *Temas essenciais de direito empresarial*: estudos em homenagem a Modesto Carvalhosa. São Paulo: Saraiva, 2012.

MANZI, Vanessa Alessi. *Compliance no Brasil*: consolidação e perspectivas. São Paulo: Saint Paul, 2008.

MUNHOZ, Eduardo Secchi. *Quem deve comandar a companhia?* Alocação do poder empresarial: sistema de freios e contrapesos. In: KUYVEN, Luiz Fernando Martins (Org.). *Temas essenciais de direito empresarial*: estudos em homenagem a Modesto Carvalhosa. São Paulo: Saraiva, 2012.

NORTH, Douglas C. Institutions. *Journal of Economic Perspective*, v. 5, n. 1, 1991.

OSÓRIO, Fábio Medina. 'Compliance efetivo' ou 'compliance de fachada', eis a questão. *Estado de Minas*, 8 out. 2017. Opinião, p. 11. Disponível em: <https://i0.wp.com/www.fabiomedinaosorio.com.br/wp-content/uploads/2017/10/artigo-estado-de-minas.jpg>.

OSÓRIO, Fábio Medina. 'Compliance efetivo' ou 'compliance de fachada', eis a questão. *Estado de Minas*, 8 out. 2017. Opinião, p. 11. Disponível em: <https://i0.wp.com/www.fabiomedinaosorio.com.br/wp-content/uploads/2017/10/artigo-estado-de-minas.jpg>.

RIBEIRO, Marcia Carla Pereira; DINIZ, Patrícia Dittrich Ferreira. Compliance e lei anticorrupção. *Revista de Informação Legislativa*, v. 52, n. 205, p. 87-105. jan./mar. 2015, p. 88. Disponível em: <https://www2.senado.leg.br/bdsf/bitstream/handle/id/509944/001032816.pdf?sequence=1>.

ROE, Mark J. Political precoditions to separating ownership from the corporate control. *Stanford Law Review*, v. 53, n. 3, p. 539-606, 2000.

SAAD-DINIZ, Eduardo; ADACHI, Pedro Podboi. *Tendências em governança corporativa e compliance*. LiberArs. São Paulo: 2016.

SALOMÃO FILHO, Calixto. *O novo direito societário*. São Paulo: Malheiros, 2011.

SALOMÃO FILHO, Calixto. Respostas estruturais para a corrupção empresarial. *Valor Econômico*. 1 abr. 2015.

SALOMÃO FILHO, Calixto. *Teoria crítico-estruturalista de direito comercial*. São Paulo: Marcial Pons, 2015.

STIGLITZ, Joseph E. *Rewriting the rules of the American Economy*: an agenda for growth and shared prosperity. Nova Iorque: W. W. Norton, 2015. Disponível em: <https://community-wealth.org/sites/clone.community-wealth.org/files/downloads/report-stiglitz.pdf>.

TONON, Daniel Henrique Paiva. *Compliance e programa interno de integridade de acordo com a legislação anticorrupção brasileira*. 2016. 111 f. Dissertação (Mestrado Profissional em Administração) – Programa de Pós-graduação em Administração, Faculdades Metropolitanas Unidas, São Paulo, 2016, p. 20. Disponível em: <http://arquivo.fmu.br/prodisc/mestradoadm/dhpt.pdf>.

Informação bibliográfica deste texto, conforme a NBR 6023:2002 da Associação Brasileira de Normas Técnicas (ABNT):

PINHEIRO, Caroline. *Compliance* sob a perspectiva da função social da empresa e da governança corporativa. In: CUEVA, Ricardo Villas Bôas; FRAZÃO, Ana (Coord.). *Compliance*: perspectivas e desafios dos programas de conformidade. Belo Horizonte: Fórum, 2018. p. 193-218. ISBN 978-85-450-0564-3.

DESAFIOS PARA A IMPLEMENTAÇÃO DE PROGRAMAS DE *COMPLIANCE* NO BRASIL

FABIO SELHORST
FÁBIA DUPONT
MARIA TICIANA ARAÚJO

1 Dos programas de *compliance* e dos mecanismos de integridade

Em linhas gerais, um programa de *compliance* visa à conformidade com a lei e as demais normas incidentes sobre a atividade de uma determinada instituição, com o objetivo de proteção desta, de seus colaboradores, clientes, fornecedores e da sociedade como um todo. Já um mecanismo de integridade vai além. Trata-se de fazer o certo por convicção, independentemente do comando legal ou normativo aplicável. Neste caso, a proteção é a consequência, e não o objetivo. Em regra, o programa de *compliance* objetiva a mitigação de risco de responsabilização da empresa, enquanto os mecanismos de integridade objetivam evitar a ocorrência do ato lesivo em si.

De fato, a Lei brasileira Anticorrupção nº 12.846/2013, regulamentada pelo Decreto nº 8.420/15, contemplou não apenas regras puras de *compliance*, mas a introdução de mecanismos de integridade, onde o risco a ser mitigado é da ocorrência da ilicitude propriamente dita, e não apenas da responsabilização por ela.

A Portaria nº 909/15 da Controladoria-Geral da União, que trata da avaliação de programas de integridade de pessoas jurídicas, ao executar o Decreto nº 8.420/15, prevê claramente que programas de integridade devem mitigar o risco da ocorrência de atos lesivos, não apenas ater-se à mitigação do risco de responsabilização da pessoa jurídica.

Ou seja, o que se busca em nossa sociedade global atual é um regramento que estabeleça ambientes éticos e condutas que assegurem à coletividade uma maior segurança nas relações institucionais, entre elas e entre estas e os indivíduos.

Dessa forma, qualquer programa que uma determinada instituição busque implementar deve contemplar tanto as normas de *compliance* quanto os mecanismos de integridade. Assim, estará tal instituição atingindo os chamados éticos da sociedade e garantindo maior confiabilidade às relações econômicas.

Portanto, utilizamos neste artigo a nomenclatura "programas de *compliance*" para denominar programas amplos que contemplem tanto as normas de *compliance* quanto os mecanismos de integridade.

2 Cultura organizacional e a elaboração dos programas de *compliance*

Comumente, um programa de *compliance* nasce da vontade institucional, seja ela motivada pelo desejo de formalizar as regras de conduta esperadas para determinadas atividades, pela provocação de outros atores públicos ou privados relacionados àquela instituição ou ainda pela necessidade econômica de participar de determinados setores ou atividades.

Da vontade à implementação efetiva do programa de *compliance*, a instituição deverá passar por alguns estágios de maturação, tais como mapeamento da cultura organizacional, regras e procedimentos já existentes, engajamento de colaboradores em diversos níveis, avaliação de custos e recursos disponíveis. Passada a fase de mapeamento, deverá ainda a instituição desenhar um programa de *compliance* que efetivamente faça sentido para a sua realidade e nesta fase nascem os primeiros desafios.

Não é incomum observar instituições que desejam um programa de *compliance* sem se darem conta de que este deverá ser o resultado de um aprofundado trabalho de adequação à cultura organizacional e à atividade econômica ou social envolvida. Portanto, programas de *compliance* não são o que em inglês se chamaria de "*one size fits all*". Ou seja, o programa deve ser construído individualmente, partindo-se da identidade organizacional da instituição que pretende tê-lo efetivo.

Fazer a "importação" de programas de *compliance* de outras organizações, "comprar" um programa pré-formatado por especialistas da área, como se um programa de *compliance* fosse um livro que se retira da prateleira, é um erro crasso de direcionamento estratégico. Esse caminho não raramente leva a instituição a destinar recursos a um programa não efetivo, que não dialoga com seus interlocutores internos e externos.

Sendo assim, o primeiro e principal passo para o nascimento de um programa de *compliance* efetivo é a análise da cultura organizacional. Seja a instituição uma empresa privada ou pública, transnacional ou nacional, fechada ou aberta, grande ou pequena, será ela um microuniverso cultural, onde as pessoas se pautam em determinados valores éticos e culturais para fazer escolhas diárias.

Não é à toa que a construção de uma cultura de integridade está no topo da lista de prioridades dos profissionais de *compliance*. Organizações com fortes culturas éticas costumam ter menos casos de más condutas e maior quantidade de denúncias quando existem desvios. Fortes culturas éticas também costumam estar associadas ao engajamento de seus colaboradores aos programas existentes e à performance financeira.

Portanto, uma vez mapeada a cultura organizacional, deverão os responsáveis identificar se será necessário um trabalho prévio de fortalecimento cultural ou se aquela organização está pronta para dar os próximos passos em direção à criação e implementação de um programa de *compliance*.

3 Da implementação dos programas de *compliance*

Tão logo sejam ultrapassadas as fases de identidade cultural e de elaboração de um programa sob medida para determinada organização, chega o momento de trazê-lo à vida. E este é o momento crucial onde as organizações encontram as principais pedras e buracos do caminho.

A implementação dos programas de *compliance* passa necessariamente por um plano de comunicação ampla e irrestrita, por todos os meios adequados àquele ambiente. Como dito, a organização deve encontrar seus caminhos para a implementação, assim como deve desenhar um programa sob medida para sua cultura e valores. O que, no final do dia, se deve atingir é o conhecimento geral de seus colaboradores, seja através de ferramentas digitais, treinamentos e sessões presenciais ou divulgação nos espaços físicos.

Mas a comunicação por si só não é suficiente. É preciso criar engajamento nos seus colaboradores. É preciso que os colaboradores acreditem na relevância do programa e sintam-se donos desse tema. O engajamento também acontece de diferentes formas, a depender do indivíduo e do ambiente organizacional onde está inserido. Mas é certo que o posicionamento claro da alta administração é decisivo neste processo. Organizações cujos administradores não acreditam no programa de *compliance* ou falham em comunicar seu verdadeiro apoio, tendem a falhar nesse processo. É preciso que haja um diálogo claro entre o topo da pirâmide e todos os níveis abaixo dele.

No entanto, comunicar e engajar não serão suficientes para a efetiva implementação do programa, se ele não for um organismo vivo desde o seu nascedouro. E para tanto, o programa deve conter mecanismos de medição contínuos e constante diálogo com as partes envolvidas. Exemplos incluem a adoção de um sistema de canal de denúncia anônima, protocolos de investigação, desenho de controles operacionais apropriados, treinamentos de *compliance* e implementação, monitoramento e auditoria de políticas e procedimentos internos.

3.1 Do papel dos *compliance officers*

A "cultura come a estratégia no café da manhã". Esta é uma conhecida frase que denota a importância da mudança da cultura de uma instituição com vista a implementar mudanças estratégicas. Mas o que isso significa no âmbito do *compliance*?

Normalmente as organizações têm a tendência natural a resistir à mudança e permanecer como estão. Organizações, assim como pessoas, preferem a estabilidade e rejeitarão novas iniciativas, a menos que o plano seja feito ao encontro da resistência natural.

Para liderar uma mudança bem-sucedida, é importante que os profissionais de *compliance* adotem e alavanquem princípios gerais de mudança de gestão. Para isso, é preciso outorgar poderes e independência aos *compliance officers*, que sem estes e desconectados do processo decisório, facilmente poderão falhar e não atingir os objetivos pretendidos no processo de mudança.

O papel do *compliance officer* é também o de gerenciar os riscos reputacionais para as organizações, o que normalmente requer implementar grandes mudanças que impactam equipes, pessoas e comunidades. Para, de fato, ajudar a organização a reduzir o risco de imagem, é preciso ter certeza que tais iniciativas são sustentáveis. Essas devem ser suportadas no topo, adotadas no meio e mantidas por todos os funcionários da organização.

3.2 Senso de urgência

Organizações raramente mudam substancialmente a menos que haja um senso de urgência. É preciso iniciar com um diagnóstico da mudança necessária, a quantificação dos benefícios que futuramente virão dessa mudança e uma avaliação da capacidade para mudar. E, ainda, quando proposta uma mudança significativa, a liderança precisa ter dimensões muito claras do potencial prejuízo caso não seja implementada dentro do prazo pretendido.

A análise essencial é de custo-benefício, e por isso é preciso quantificar o que é possível atingir e ser pacientemente persistente. Por natureza, algumas importantes iniciativas de *compliance* podem levar um tempo considerável para ganhar tração. Por isso, é fundamental que a liderança esteja comprometida com o senso de urgência de tais iniciativas, devendo comunicá-las de maneira efetiva.

O senso de urgência deve permear os projetos em curso, os objetivos dos colaboradores, e os compromissos organizacionais. Uma vez compreendidos esses fatores, é possível progredir com a confiança de que as iniciativas de *compliance* serão suportadas por toda a organização.

3.3 Coalisão de profissionais

Não se deve menosprezar os benefícios de ter o suporte certo, no lugar certo, no momento certo. Forçar um programa de *compliance* sem um forte apoio político-organizacional, sem o envolvimento da alta liderança, sejam eles acionistas, membros do Conselho de Administração ou dos altos níveis do corpo executivo ou diretivo, o torna vulnerável.

Mas, então, quem deve ser envolvido? Cada organização terá uma resposta para esta pergunta, de acordo com sua estrutura e dinâmica de poderes decisórios e operacionais. Algumas perguntas que podem auxiliar na condução dessa análise individual podem ser: (i) quem é ou poderá ser afetado pelo programa de *compliance,* considerando a atual dinâmica de poder? (ii) qual processo operacional do negócio é ou poderá ser atingido? (iii) quais funções têm as pessoas ou os recursos necessários para influenciar o programa?

Engajar atores-chave para serem apoiadores, membros do projeto ou consultores informais é essencial. Quando as mudanças alcançarem a curva de resistência, o suporte deles será imprescindível para se identificar antecipadamente o porquê e de que forma as mudanças do programa de *compliance* podem se apresentar difíceis ou demoradas. Por isso é importante que esses atores-chave estejam envolvidos desde o princípio e mantenham permanentemente a comunicação sobre o projeto, tornando-o vivo através do *feedback* contínuo.

3.4 Comunicação da mudança de visão, missão e valores

Caso o programa impacte a cultura organizacional significativamente, é preciso rever toda a estrutura de visão, missão e valores.

A missão é a declaração do propósito da organização, a sua finalidade, o motivo da sua existência. A missão da empresa deve comunicar de forma clara e objetiva o que se espera de todos os seus colaboradores e também como a organização quer ser reconhecida por seus clientes, parceiros, autoridades, fornecedores, competidores, enfim, por seus *stakeholders*. Por ser a identidade da empresa, não é comum mudá-la no decorrer de sua existência. Entretanto, em situações mais extremas de mudança de cultura organizacional, é possível que isso seja necessário. Nesse caso, responder algumas perguntas pode guiar o caminho. Para que a empresa existe? Para quem? O que a empresa faz?

Já a visão deve representar o futuro do negócio, aonde a empresa almeja chegar, o que pretende alcançar. A visão normalmente é criada para um período pré-determinado de tempo e por isso costuma mudar ao longo do tempo, em virtude do momento em que se encontra a organização e o cenário no seu entorno. A visão deve ser realista e passível de ser colocada em prática, ou seja, deve demonstrar a todos quando a empresa deseja alcançar determinado ponto.

Existem muitas formas de se atingir a visão da empresa e todos devem ter em mente quais são os princípios ou crenças que norteiam as decisões, comportamentos e atitudes dos envolvidos. Esses são os valores de uma organização.

Comumente, a mudança cultural que precede os programas de *compliance* impacta a visão e os valores daquela organização. E há um risco de descrédito quando o projeto conflita com esses importantes norteadores da atividade empresarial.

Para abraçar as mudanças, as pessoas precisam ter uma visão clara do futuro, os valores que as norteiam. Os programas de *compliance* devem estar totalmente alinhados com isso e todos devem tomar conhecimento das mudanças.

Para grandes mudanças, é recomendável engajar os profissionais de comunicação para ajudar a veicular as informações e mensagens e a elaborar suas estratégias de comunicação com vistas a alcançar toda a audiência necessária. É fato que toda mudança de larga escala merece seu próprio plano de comunicação.

3.5 Criação de ganhos a curto prazo

Como parte do projeto de implementação de programas de *compliance*, é importante a criação de ciclos formais e informais de *feedback*, que forneçam dados válidos de como a mudança está assumindo o controle na cultura – ou, contrariamente, sendo passiva ou ativamente rejeitada.

Toda empresa tem colaboradores bem conectados, que adotam mudanças rapidamente e influenciam outros funcionários a fazer o mesmo. É importante identificar esses profissionais e envolvê-los desde o início, dando poder para que eles contribuam para o projeto e estejam sempre encorajados a se manifestarem.

E quando se estiver diante de resistentes, deve haver o engajamento no diálogo, com a intenção de aprender sobre a resistência, que pode representar somente um indivíduo ou todo um grupo de pessoas. Sempre será exposta alguma informação necessária para a avaliação e o processo de retroalimentação da mudança intentada pelo programa de *compliance*.

Todos os progressos na implementação dos programas devem ser celebrados, até mesmo os progressos regulares no calendário devem ser comemorados. Por isso, é importante medir a profundidade da implementação e direcionar variáveis e causas, certificando-se de que todas as ferramentas foram utilizadas para tornar o programa mais fácil e orgânico para toda a organização.

3.6 Sustentar a mudança é essencial

A sustentabilidade da mudança é um passo importante, pois é onde, de fato, a verdadeira mudança de cultura acontece. Consolidar, medir e comunicar os ganhos, monitorar a percepção organizacional, estar preparado para revisitar o processo e ajustar os custos imprevistos são medidas essenciais. Mais importante, estar aberto para se colocar no lugar das diferentes áreas da organização e como o programa os impacta, construir bons relacionamentos internos, escutar líderes-chave e deixar que eles expressem como estão experimentando a mudança.

É preciso compreender que mudanças, por vezes, podem ser difíceis e, portanto, é extremamente necessário ter empatia com o impacto que elas trarão. Isso não apenas traz confiança, um melhor relacionamento com a equipe envolvida, como também ajuda na aceitação e apoio às mudanças advindas dos novos programas de *compliance*. Esse sentimento também é crucial no topo da liderança organizacional. Veja-se que aqueles que estão elaborando e implementando as mudanças raramente são aqueles que decidiram, em primeiro momento, realizar a mudança.

Em princípio, não se deve considerar a resistência como algo pessoal. Por outro lado, não se deve apenas apoiar nas relações de confiança como forma de controle. É preciso inspirar pessoas, mas haverá um número de colaboradores que fará a coisa errada, se puderem. Confiança é base, mas também é necessário ter ferramentas de verificação e controle.

Na expertise da alavancagem da nova gestão, deve-se assegurar que a mudança de *compliance* é verdadeiramente adotada e torna-se parte da forma como a organização conduz os negócios. Os profissionais de *compliance* que sabem como navegar pela curva da mudança são grandes ativos para a organização e exercem um papel crucial como efetivos administradores da reputação e da nova cultura daquela organização.

4 Peculiaridades advindas da natureza das organizações

Cada organização tem sua própria identidade, determinada por sua visão, missão e valores, setor econômico, modelo de negócios, território onde está inserida, porte e tantos outros fatores.

Entretanto, alguns desafios são particulares à implementação de programas de *compliance* em três grupos distintos: empresas familiares, empresas transnacionais e empresas públicas.

4.1 Empresas familiares

É fato que todas as empresas, mesmo as familiares, ou as empresas de pequeno e médio porte, devem ter programas efetivos de *compliance*, vez que a lei anticorrupção brasileira deve ser aplicada a todas as empresas, sem distinção.

Parte dos empresários tende a achar que o risco de violação das regras de *compliance* está principalmente na atuação de colaboradores operacionais e dos terceiros, o que significaria, portanto, que empresas menores, com menos funcionários, estariam menos expostas a estes riscos. Contudo, isso é um erro. Não são incomuns os casos em que as pessoas que estão nos níveis de liderança são justamente as quem trazem risco à organização.

Da mesma forma, algumas empresas familiares podem ser tentadas a crer que o fato de a família ter altos níveis de valores éticos e morais já é suficiente para prevenir a ocorrência de irregularidades, que poderiam levar a condenações e penalidades severas.

Nessas empresas, mais do que em quaisquer outras, os líderes têm um importante papel em comunicar seu apoio à implementação de determinado programa de *compliance*. A pessoalidade tende a ser a marca na criação da cultura empresarial das organizações familiares. Portanto, caso a liderança deixe de tornar clara a comunicação das diretrizes de *compliance*, grandes são as chances de que a empresa careça de apoio genuíno de seus colaboradores e, por consequência, venha a enfrentar dificuldades para a implementação de seu programa.

Outra dificuldade comum nesse tipo de organização é a falta de ferramentas padrão. Os programas demandam recursos significativos para que sejam efetivos. Organizações menores podem tender a não destinar os recursos adequados para a criação das ferramentas necessárias.

Por outro lado, tais organizações podem se mostrar mais ágeis na comunicação e no engajamento de seus profissionais, já que suas dimensões tendem a possibilitar o diálogo direto e o consequente comprometimento das partes envolvidas.

4.2 Empresas transnacionais

Por sua vez, as empresas transnacionais costumam contar com ferramentas de programas de *compliance*. O desafio aqui é justamente a utilização destas num formato que serve bem à matriz, mas não às suas filiais e subsidiárias. Todo programa deve, necessariamente, refletir a realidade específica da organização onde se insere. Importar programas pré-fabricados da matriz de uma transnacional pode não só tornar o programa inefetivo, mas também expor a empresa a riscos locais.

Empresas transnacionais tendem a ser organizações de maior porte e abrangência e, consequentemente, manter mais relações com fornecedores terceiros. Os terceiros são todos os fornecedores que integram a cadeia da organização e não somente aqueles que "falam" e "agem" em nome da empresa. Os riscos que os programas de *compliance* devem evitar é de o terceiro cometer uma ilicitude propriamente dita e não apenas da organização ser responsabilizada por essa ilicitude. Não se deve apenas criar muros de proteção, mas sim exigir que se faça a coisa certa por convicção.

Mas como se assegurar de que os fornecedores são íntegros? A própria lei já traz uma dica: ter um programa de *compliance* com o cumprimento de dezesseis elementos e verificar se há efetividade. São os fornecedores que devem demonstrar a sua conformidade. No entanto, para evitar parcialidade de ambas as partes (fornecedor e organização), por vezes faz-se necessária a adoção de organismos independentes com o objetivo de que essa verificação seja realizada.

Dada também a abrangência de uma empresa transnacional, é importante ressaltar a relevância dos treinamentos *on-line* e presenciais. Tais treinamentos devem ser efetivos. A efetividade é advinda dos objetivos daquele programa e deve ser pensada individualmente para cada organização. Deve-se perguntar: os treinamentos são adequados à natureza e aos riscos da empresa? O público-alvo é correto e completo? Como assegurar a presença de todas as partes relevantes nesses treinamentos?

4.3 Empresas estatais

As empresas públicas e as sociedades de economia mista, enquanto pessoas jurídicas de direito privado administradas pelo Poder Público, encontram ainda mais dificuldades na implantação dos programas de *compliance*.

Infelizmente, dados recentes na história brasileira demonstram a utilização das empresas estatais como forma de satisfação de interesses pessoais e políticos. Já em 2005, o *"Escândalo dos Correios"* deu início à apuração de um esquema de corrupção e fraude em licitações. Coincidência ou não, nos anos seguintes o lucro da estatal despencou em mais de um bilhão em 2012 para apenas alguns milhões em 2014.

Na Eletrobras, sociedade da economia mista federal, a investidora privada relatou recentemente um prejuízo bilionário nos últimos 15 anos, segundo ela, em razão de corrupção e ineficiência. Em relação à Petrobras, também sociedade de economia mista federal, somente os fatos apurados pela operação "Lava Jato" estimaram um prejuízo de dezenas de bilhões para a empresa estatal.

Nesse cenário, aproximadamente vinte anos após a Emenda Constitucional nº 19/1998, que conferiu nova redação ao §1º do o art. 173 da Constituição Federal de 1988, entrou em vigor a Lei nº 13.303/2016 que dispõe sobre o *estatuto jurídico da empresa pública, da sociedade de economia mista e de suas subsidiárias*, no âmbito da União, dos Estados, do Distrito Federal e dos Municípios.

Embora a Lei Anticorrupção nº 12.846/2013 já houvesse criado obrigações para as estatais ao prever que violações ao patrimônio público ou contra os princípios da Administração Pública podem repercutir em responsabilização administrativa/judicial, foi somente com a Lei nº 13.303/2016 que a adoção de mecanismos de *compliance* se tornou compulsória para elas.

Essa lei introduziu uma pluralidade de mecanismos jurídicos que restringem severamente a autonomia dos governantes e, em especial, dos gestores na condução das atividades das empresas estatais. Trata-se de um importante viés normativo direcionado ao controle, à transparência, e à integridade da gestão administrativa da coisa pública.

Uma das inovações da lei das estatais trata da menção expressa, pelo art. 27, *caput*, da necessidade de exercício, pelas empresas públicas e sociedades de economia mista, de uma função social específica.

Esse dispositivo prevê que as empresas estatais terão a função social de realização do interesse coletivo ou de atendimento do imperativo de segurança nacional expressas no instrumento de autorização legal para a sua criação. Embora essa função social não seja novidade, pois já havia sido mencionado no art. 173 da CF, a lei delimitou a concretização da finalidade específica constante da autorização do Estado para criação da empresa.

O motivo que justifica a criação de determinada estatal é o grande delimitador da sua atuação e da sua função. Por isso, uma gestão de *compliance* torna-se imprescindível, inclusive no âmbito de fiscalização à obediência da função para qual a estatal foi constituída.

Mas o grande desafio não está no texto da lei, mas sim em sua aplicabilidade. Para que a lei possa trazer resultados práticos, é necessário que se crie uma cultura de integridade, de transparência e de observância das novas regras estabelecidas pela lei, na busca por atividades mais íntegras e morais, de acordo com a ética pública e, também, com base no respeito à coisa pública.

De fato, a norma, por si só, não tem um viés de conscientização dos administradores, colaboradores e investidores das empresas, nem da sociedade em geral, já que não foca na importância da adoção de uma cultura de integridade corporativa e de valores éticos, fundamentais no atual cenário nacional e internacional. Também ignora a necessidade de sustentabilidade dos negócios firmados pelas empresas estatais. Lei limita-se a impor regras de *compliance*, sem fomentar uma cultura de integridade propriamente dita.

Outra ameaça à efetividade de um programa de *compliance* nas empresas estatais diz respeito ao custo necessário para sua implementação e acompanhamento. Como já salientado, para que um programa de integridade seja efetivo ele deve ser desenhado e projetado individualmente, de acordo com a necessidade de cada empresa, ou seja, há que ser *taylor-made*. Os chamados "programas de prateleira" prejudicam a efetividade de um programa de integridade, tornando-o ineficiente.

Ocorre que no caso das estatais, as contratações por meio de processo licitatório conforme exigido por lei muitas vezes tem como critério de escolha vencedor o menor preço, o que pode prejudicar a contratação de um programa de *compliance* que seja realmente efetivo para aquela empresa estatal.

Por fim, a cultura nas empresas estatais de gestão empresarial vinculada a cargos e mandatos políticos partidários sazonais é fato que pode dificultar a consolidação de um programa de integridade, o qual, por sua vez, exige total comprometimento dos gestores com a continuidade e aprimoramento de programas de *compliance* eventualmente adotados, os quais necessitam de tempo para amadurecerem e efetivamente serem incorporados à cultura da empresa.

5 Conclusão

Sejam as empresas de grande, médio ou pequeno porte, sejam privadas ou públicas, nacionais ou transnacionais, de capital aberto ou fechado, familiares ou não, todas devem se adequar à legislação nacional e internacional e às recentes demandas de nossa sociedade por empresas mais éticas e íntegras.

A obrigatoriedade legal é inexorável e não atendê-la coloca as empresas em situação de risco de sofrer severas punições, inclusive de penas pecuniárias altíssimas. Algumas condenações podem até mesmo levar à extinção da empresa, como infelizmente aconteceu em alguns casos recentes do nosso país.

Não se trata somente de cumprir o mandamento legal. Nossa sociedade urge por organizações mais íntegras, que atendam aos anseios de maior ética em nossas comunidades. As empresas são importantes veículos de disseminação cultural e têm o poder de influenciar seus colaboradores, fornecedores, parceiros e até concorrentes.

Não há dúvidas de que as empresas enfrentam e enfrentarão desafios no momento da implementação dos programas de *compliance*, mas este é certamente um investimento que vale a pena, por garantir a segurança reputacional da empresa e evitar que determinada organização se exponha a riscos severos, inclusive o da extinção da empresa.

Falar em programas de *compliance* já não é mais exclusividade das transnacionais, que solicitadas por matrizes estrangeiras, implementavam programas com o fim de atender aos anseios de acionistas estrangeiros e legislações internacionais.

O novo cenário brasileiro é também o das empresas com culturas mais éticas e definitivamente este é um caminho sem volta.

Informação bibliográfica deste texto, conforme a NBR 6023:2002 da Associação Brasileira de Normas Técnicas (ABNT):

SELHORST, Fabio; DUPONT, Fábia; ARAÚJO, Maria Ticiana. Desafios para a implementação de programas de *compliance* no Brasil. In: CUEVA, Ricardo Villas Bôas; FRAZÃO, Ana (Coord.). *Compliance*: perspectivas e desafios dos programas de conformidade. Belo Horizonte: Fórum, 2018. p. 219-231. ISBN 978-85-450-0564-3.

PROGRAMAS DE INTEGRIDADE E GOVERNANÇA DAS EMPRESAS ESTATAIS: UMA VISÃO PORTUGUESA NO CONTEXTO DA UNIÃO EUROPEIA

DOMINGOS SOARES FARINHO

1 Introdução

1.1 O quadro legal de partida

Os Estados-membros da União Europeia possuem setores empresariais distintos, sendo assim diversos os modelos de governança que encontramos nos diferentes países, mas a União tem desempenhado um papel importante na uniformização de certos aspectos daqueles modelos, sobretudo através de uma atividade de monitorização da situação nos diversos Estados-membros. Um domínio em particular foi especialmente agudizado pela crise: os mecanismos de transparência que permitem avaliar de forma alargada a saúde financeira das empresas estatais. É necessário que estes mecanismos de acompanhamento, avaliação e reporte sejam melhorados e contribuam para permitir compreender em tempo útil a trajetória econômica deste tipo de empresas.[1]

O contexto de crise e a necessidade de ajustamentos do setor empresarial estatal perante as autoridades da União levou a transformações quer no quadro legal de vários Estados-membros, quer nos procedimentos de governança desenvolvidos como mecanismos

---

[1] Cf. European Commission – Directorate-General for Economic and Financial Affairs, State-Owned Enterprises in the EU: Lessons Learnt and Ways Forward in a Post-Crisis Context – Institutional Papel 031, Julho 2016, Cidade do Luxemburgo, 2016, p. 1.

de autorregulação. Em Portugal, é neste período que a designação de gestores públicos passa a ter um crivo mais fino com a atribuição de competências à Comissão de Recrutamento e Selecção para a Administração Pública (conhecida como CReSAP)[2] nos termos do Estatuto de Gestor Público,[3] determinando-se neste diploma que, não obstante a designação de gestores para as empresas públicas ser uma decisão do Conselho de Ministros, "deve ser acompanhada de avaliação, não vinculativa, de currículo e de adequação de competências ao cargo de gestor público da personalidade a que respeita a proposta de designação, realizada pela Comissão de Recrutamento e Selecção para a Administração Pública". Esta entidade passou a avaliar de forma transparente, independente e qualificada um conjunto de gestores, propostos como opções do Governo, enquanto accionista.

De forma generalizada, nos primeiros anos do presente século houve evoluções interessantes nos mecanismos de governança do setor empresarial estatal dos vários países da União, sobretudo no que diz respeito ao aumento da transparência na tomada de decisões,[4] como já referido, mas estamos ainda a caminhar para uma maior e melhor adoção da boa governança nas empresas estatais.[5]

Em Portugal, como em qualquer ordenamento jurídico, o ponto de partida para apurarmos a existência e conteúdo de programas de integridade e de governança das empresas estatais deve ser a lei, uma vez que a conformação axiológica de direito público implica esse enquadramento, ainda que a operação de tais empresas se faça, em regra, sob a égide do direito privado. No caso o diploma que enquadra o nosso tema é a Lei nº 133/2013, de 3 de outubro, que aprova regime jurídico do sector público empresarial (doravante "RJSPE"). O objeto deste diploma é, em parte, "[o]s princípios e regras aplicáveis à constituição, organização e governo das empresas públicas", nos termos da alínea b) do nº 2 do artigo 1º. O regime respeitante aos "princípios de bom governo societário" está compreendido entre os artigos 37º e 54º do referido diploma, estando em linha com as orientações da OCDE em matéria de bom governo de empresas detidas pelo Estado,[6]

---

2 Criada pela Lei nº 64/2011, de 22 de dezembro.

3 Aprovado pelo Decreto-Lei nº 71/2007, de 27 de março.

4 Cf. European Commission – Directorate-General for Economic and Financial Affairs, State-Owned..., cit., p. 19 e ss.

5 Cf. Vicente, Pedro, Corporate Governance e Setor Empresarial Público em Portugal, Coimbra, Almedina, 2015, p. 57 e ss.

6 Cf. OECD Guidelines on Corporate Governance of State-Owned Enterprises, OECD, 2005, disponível em https://www.oecd-ilibrary.org/docserver/9789264244160-en.pdf?

alinhamento que encontramos na esmagadora maioria dos países da União Europeia. Este regime jurídico tem uma dupla função. Por um lado, ele desempenha um papel activo e directo na ordenação do bom governo das empresas estatais. Por outro, ele serve de interface com outros regimes jurídicos que desempenham um papel importante no bom governo das empresas públicas. Deste modo o RJSPE é uma peça determinante do sistema de programas de integridade e de governança das empresas estatais, sendo a fonte de quaisquer programas que possamos encontrar em casos concretos.

A abordagem da lei, enquanto regime jurídico axiológico, é uma abordagem minimalista, demonstrando o entendimento, quer do legislador, quer da doutrina, sobre o lugar da lei no que toca a bom governo: ao legislador cabe apenas organizar o tabuleiro onde as peças se movem, a estratégia do movimento deve ficar para as próprias empresas em articulação com o accionista Estado, enquanto accionista único ou maioritário. Digamos que para o legislador fica o que de específico têm as empresas estatais face às demais empresas que concorrem no mercado. As exigências acrescidas pela prossecução do interesse público através da forma empresarial são o objeto da abordagem legislativa de bom governo que encontramos no RJSPE.

As exigências de integridade de boa governança das estatais traduzem-se num conjunto mínimo de atividades e documentos obrigatórios, às quais podem acrescer outros, de acordo com o entendimento dos conselhos de administração e/ou do accionista estatal.

O programa mínimo obrigatório que resulta do RJSPE é composto por:

a) Plano de atividades e orçamento (artigo 44º/1/f) RJSPE);
b) Documentos anuais de prestação de contas e relatório trimestrais de execução orçamental (artigo 44º/1/h e i RJSPE);
c) Plano de Prevenção de Riscos de Corrupção (artigo 46º/1 RJSPE);
d) Código de Ética (artigo 47º RJSPE);
e) Documentos respeitantes às medidas em matérias de responsabilidade social (artigo 49º do RJSPE;
f) Plano de Igualdade (artigo 50º RJSPE)
g) Relatório de boas práticas de governo societário (Relatório de Governo Societário) (artigo 54º de RJSPE);

expires=1522369350&id=id&accname=guest&checksum=82DF5BE7C99FEA8F586D8131A30FD945 (última visualização 28.03.2018).

O conjunto destes documentos e das atividades necessárias para os elaborar constitui o programa mínimo obrigatório das empresas públicas estatais e integra-o nas exigências de boa governança da OCDE. As Linhas de Orientação de Governança Corporativa de Empresas Estatais apontam para[7]:

a) Transparência e adequação dos objetivos fixados para as empresas estatais, assegurando-se um bom mecanismo de *compliance* no acompanhamento do desempenho desses objetivos;
b) Maior autonomia e qualificação da gestão, através de fixação de requisitos remuneratórios e de habilitações, limitando-se a intervenção direta do Estado na gestão;
c) Aproximação à forma jurídica e económica das empresas privadas, como elemento concorrencial.

Como se pode perceber pelos objectos dos documentos extraídos do quadro legal português em matéria de bom governo, as linhas de orientação da OCDE neste domínio são concretizados por intermédio de um programa que integra esses documentos, para além da própria estrutura legal aplicável ao setor público empresarial, e vai mesmo além dele. Para controlar a boa elaboração de todos estes documentos, o RJSPE conta com a Unidade Técnica de Acompanhamento e Monitorização do Setor Público Empresarial (UTAM),[8] que apoia o representante do accionista Estado (em Portugal, o Ministério das Finanças através da DGTF – Direcção-Geral de Tesouro e Finanças). Assim, o caso português é um bom exemplo do cenário de governança e integridade no setor público estatal dos países da União Europeia,[9] na medida em que este país tem procurado submeter-se e aplicar as linhas de orientação da OCDE, quer através do seu quadro legal, quer através de políticas

---

[7] Cf. OECD Guidelines..., cit., p. 17 e ss.

[8] A UTAM foi criada pelo RJSPE e tem publicado relatórios sobre o cumprimento das práticas de bom governo. A título de exemplo veja-se o último ano disponível: http://www.utam.pt/documentos/Relatório%20sobre%20o%20Cumprimento%20das%20Práticas%20de%20Bom%20Governo%20-%202015.pdf (última visualização e 28.03.2018).

[9] Alguns dos Estados-membros de referência têm programas compostos por documentos muito semelhantes aos que decorrem no direito português do RJSPE. Por exemplo, em França, encontramos, através da Agência das Participações do Estados, documentos respeitantes à transparência e reporte, à paridade de género, e a remunerações, entre outros. Cf. https://www.economie.gouv.fr/agence-participations-etat/letat-et-gouvernance-des-entreprises-0 (última visualização em 12.04.18).

efetivas levadas a cabo nas empresas estatais. O cenário é idêntico na maioria dos países da União Europeia.

1.2 Bom governo e cumprimento de regras

Referimos já governança e *compliance*. E convocámos a relação estabelecida pela OCDE entre ambos os conceitos. É fácil confundir-se bom governo com cumprimento de regras (*compliance*), pois existe efetivamente uma ligação estreita entre ambos. Porém, o bom governo de instituições começa antes e acaba depois do cumprimento de regras. Com efeito, o bom governo das empresas estatais implica um conjunto de princípios, regras e procedimentos que visam planear e avaliar o desempenho das empresas públicas para assim se conseguir a máxima eficiência face aos objetivos que lhe são atribuídos. O cumprimento de regras surge como nuclear para garantir o sucesso do planeamento e permitir uma avaliação profícua.[10] Assim se obtém um bom governo de empresas públicas. A adoção de certos princípios e procedimentos, ainda que não obrigatórios, mas acordados como geradores de maior eficiência, dirá sempre respeito ao cumprimento de regras, mas demonstra que um programa de bom governo só se cumpre com adequada *compliance*, mas está para além dela. Esta distinção é especialmente importante a propósito das empresas estatais, pois não obstante o predomínio do direito privado, o sector público é um sector habituado a uma regulação pela lei e portanto de uma *compliance* estrita, que por vezes se confunde com bom governo e pode fazer esquecer aquilo que também é designado por *soft law*, por escapar ao domínio das regras juridicamente injuntivas e sancionáveis.[11]

Aquilo de que vamos cuidar nesta brevíssima análise é do modo como o regime jurídico de bom governo das empresas estatais se deve concretizar e se concretiza efetivamente para além do quadro legal, onde tão importante quanto o *compliance* de regras jurídicas é, se assim o quisermos chamar, o *compliance* de orientações de bom governo que surgem de variados quadrantes, quer de estudos de caso com

---

10 Cf. Lucas, José Miguel, "Empresas públicas e corporate governance – da definição da prossecução do interesse público ao controlo externo efetuado pela supervisão" in Revista de Direito das Sociedades, Ano VIII, Nº 1, p. 30.

11 Aliás, no nosso domínio a soft law é especialmente importante. Tomando o caso português, registe-se a existência das recomendações da Comissão do Mercado de Valores Mobiliários sobre o governança societária, bem como o seu Código de Governo das Sociedades, para além do Código de Governo das Sociedades do Instituto Português de Corporate Governance.

importância expressiva no mercado, quer de organizações de referência como a OCDE, Banco Mundial ou FMI.[12]

1.3 Os tópicos específicos da (boa) governança das empresas estatais

Existe um conjunto de tópicos fundamentais do bom governo societário, transversais a todas as empresas que atuam no mercado, independentemente da sua natureza, seja ela pública ou privada. Contudo, sobre estes tópicos acresce um conjunto mais restrito de tópicos que apenas são convocados pela natureza pública das empresas estatais e que diz respeito à peculiar natureza dos seus accionistas, que começa por parecer ser a cúpula das várias administrações públicas, mas acaba por se revelar serem os próprios membros da comunidade política, enquanto eleitores e contribuintes fiscais.

A este respeito, os dois principais tópicos que a OCDE destaca a propósito das empresas estatais são i) o perigo de uma abordagem demasiado próxima por parte do accionista, eivada de uma motivação política ou ii) uma atitude de desleixo na supervisão que mine os incentivos para os gestores públicos actuarem nos melhores interesses da empresa e do interesse geral.[13] Estes dois tópicos convocam o tema do duplo grau de agência no âmbito das empresas públicas.[14] O que está aqui em causa é afinal, a necessidade de assegurar a alquimia de uma empresa que deve simultaneamente ser competitiva no mercado em que opera, dado o seu objeto social, e a realização de interesses públicos específicos, num quadro de subordinação ao poder democrático e não necessariamente orientado pelo mercado.[15]

A aplicação da distinção entre "principal" e "agente" no âmbito da clássica teoria da agência revela-se extremamente difícil, pois existe uma rede de agentes envolvidos na prossecução dos interesses das empresas estatais sem que seja claro para os níveis mais inferiores das delegações de agência quem é o principal.[16]

---

[12] Cf. a este respeito o recente relatório do FMI, Böwer, Uwe, IMF Working Paper, State-Owned Enterprises in Emerging Europe: The Good, the Bad, and the Ugly, European Department, October 2017.

[13] OECD Guidelines..., cit., p. 12.

[14] Cf., por todos, a este respeito, Lomba, Pedro; e Lino, Duarte Schmidt, Democratizar o governo das empresas públicas: O problema do duplo grau de agência in A.A.V.V., O Governo das Organizações – A vocação universal do corporate governance, Coimbra, Almedina, 2011, p. 683-720.

[15] Cf. Lomba, Pedro; e Lino, Duarte Schmidt, op. cit., p. 703.

[16] OECD Guidelines..., cit., p. 12.

Nesta medida, torna-se ainda mais importante a existência de programas de integridade e de governança das empresas estatais como forma de assegurar que estas se mantêm, qual Ulisses entre Cila e Caríbdis, longe de um controlo político que possa não garantir as melhores opções e ponderações de mercado e de interesse público e longe de um desleixo gestionário que possa deitar a perder esta forma específica de prossecução de tarefas públicas.

Por último, uma das categorias de referência é a existência de um quadro legal estável, em linha com a tipicidade de formas-jurídico privadas existentes para as demais empresas presentes no mercado.[17] Este é um dos grandes problemas portugueses na medida em que, não obstante a partir de 1999, com o Decreto-Lei nº 558/99, de 17 de dezembro, ter sido instituída a regra das empresas estatais sob a forma de sociedade comercial, nos termos do Código das Sociedades Comerciais, manteve-se, o que sucede até à data, um tipo de forma legal designada por Entidade Pública Empresarial, que surge no sistema como um híbrido de conformação fluida (cf. artigos 56º e ss do RJSPE). Deixamos esta nota apenas como lembrete e não como foco de análise, uma vez que, sendo um problema de resolução legal, escapa ao conteúdo possível de um programa de integridade e governança. A composição orgânica e o adequado inter-relacionamento orgânico são seminais para uma boa integridade e governança de qualquer empresa, não sendo as estatais exceção. A dispersão provocada pelo duplicação de modelos, entre o societário privado e a entidade pública empresarial, é ainda agravada pela dispersão de modelos de administração previstos no Código das Sociedades Comerciais, sendo assim necessária especial cautela na regulação das relações interorgânicas no domínio empresarial público.[18]

Como notámos supra, o setor público português procurou integrar estes tópicos no seu quadro orientador e neste domínio assume particular relevância a Resolução do Conselho de Ministros (RCM) nº 49/2007, de 28 de Março, que definiu os Princípios de Bom Governo (PBG) dirigidos ao Estado (enquanto acionista e *stakeholder*) e às empresas por ele detidas. Assim, é atribuído um especial enfoque ao princípio da transparência, ao controlo de risco e à prevenção de conflitos de interesse, incentivando a excelência do governo societário. Estes princípios viriam a ser integrados no RJSPE e pode dizer-se que

---

[17] Idem, ibidem, p. 18.

[18] Sobre a composição orgânica e a governança de empresas públicas cf. Lucas, José Miguel, op. cit., p. 20 e ss.

ele procura dar cumprimento a todas as orientações da OCDE neste domínio.

2 Programas de integridade e de governança

2.1 Preparação e revisão dos programas

O conhecimento específico do objeto de atuação da empresa, por mais evidente que seja como requisito, é o primeiro dos elementos que deve estar assegurado na preparação de um bom programa de integridade e de governança. Com efeito, o conhecimento rigoroso do objeto empresarial permite determinar objetivos de médio e longo prazo de forma mais eficiente e permite compreender onde estão os pontos fracos e fortes da actuação da empresa, levando a uma melhor resposta, quer ao nível de governo, quer ao nível de comunicação da actividade com todas as partes interessadas. É por isso importante reler regularmente esse objeto e verificar o seu alinhamento com o quadro mais vasto dos objetos setoriais onde a empresa se integra. E este quadro mais vasto é necessariamente encimado pelos interesses públicos que justificaram a criação e justificam a manutenção de uma empresa pública, criando-se assim um diálogo permanente entre interesse público e objeto social prosseguido no mercado.[19]

De seguida, e com base neste apuramento rigoroso do objeto da empresa, é fundamental fazer análises de risco de acordo com os resultados do perfil traçado. No caso das análises de risco em matéria de corrupção, a lei portuguesa vai mesmo mais longe e esclarece, por remissão para a alínea a) do nº 1 do artigo 2º da Lei nº 54/2008, de 4 de Setembro, que cria o Conselho de Prevenção da Corrupção, quais as matérias sobre as quais deve ser feita uma análise anual de risco.

Para além destas análises de risco, a lei prescreve também, nos termos do nº 1 do artigo 47º do RJSPE, que seja elaborado um "código de ética que contemple exigentes comportamentos éticos e deontológicos". A tónica aqui é, por um lado, demonstrar um dos principais meios para minimizar os riscos de governo de uma instituição, no caso de uma empresa estatal, através da salvaguarda de comportamentos geradores de confiança, e por outro, assegurar que a prossecução dos objetivos da empresa se faz não apenas por referência a um sentido material dos fins visados, mas também através de um esteio subjetivo capaz de assegurar tal sentido material. Ou seja, num código de ética a minimização dos

---

[19] Cf. Lucas, José Miguel, op. cit., p. 14 e ss.

riscos de governo não é um fim em si mesmo, mas uma consequência da busca por um padrão de atuação que se entende como gerador ótimo de qualquer objetivo visado pela empresa. Dentro deste âmbito avulta a determinação de regras sobre conflitos de interesses entre titulares de funções nas empresas.

Outro elemento preparatório é o desenho de um plano de treino para colaboradores em áreas de especial risco do governo.

Finalmente, nos termos dos artigos 44º e 45º do RJSPE é necessário levar em consideração um conjunto de obrigações de publicidade e de transparência.

Pode dizer-se que, desde o final do século XX, mas seguramente a partir da versão atual (2013) do RJSPE, com a adaptação de quase todo o setor público empresarial às novas regras de bom governo, a fase de preparação apenas é aplicada pontualmente, aquando do surgimento de novas empresas públicas. A maioria das empresas estatais limita-se a gerir os seus programas de integridade e governança, procurando avaliar, em regra dentro de um horizonte anual, o bom cumprimento das várias obrigações que sobre elas impendem. Este trabalho de planeamento e de revisão dos programas deve envolver várias estruturas das empresas, nomeadamente, para além da própria administração, as áreas com responsabilidades fiscais, jurídicas, financeiras e de recursos humanos. O cruzamento interno de dados e a convergência de conhecimento e de preocupações setoriais é a chave para a adequada elaboração de bons programas de governança e integridade.

2.2 Âmbito e conteúdo dos programas

2.2.1 Estratégia de bom governo

O exercício da função accionista surge no RJSPE como o primeiro dos aspectos de bom governo e nos termos das alíneas a) e b) do nº 1 do artigo 38º fica claro que a definição de objetivos de médio prazo (3 anos) é uma das principais funções do accionista público, o que implica o desenho de uma estratégia apropriada para o conseguir. Daí que um primeiro e irredutível requisito de um programa de integridade e governança das empresas estatais seja a definição de uma estratégia de bom governo que permita alinhar os objetivos políticos de prossecução do interesse público do accionista com o objeto social da empresa no médio prazo. Como explicita o nº 1 do artigo 24º do RJSPE: "As orientações estratégicas para as empresas públicas correspondem ao exercício da função política do Governo que, por resolução do

Conselho de Ministros, define e aprova o conjunto de medidas ou diretrizes relevantes para o equilíbrio económico e financeiro do sector empresarial do Estado". Esta estratégia deve ser alinhada, "no respeito pelas orientações estratégicas e sectoriais, pelos objetivos financeiros e restrições orçamentais em cada ano em vigor", com a definição e comunicação da política sectorial a prosseguir, com base na qual as empresas públicas desenvolvem a sua atividade; com a emissão das orientações específicas de cariz sectorial aplicáveis a cada empresa; com a definição dos objetivos a alcançar pelas empresas públicas no exercício da respetiva atividade operacional; e com a definição do nível de serviço público a prestar pelas empresas e promover as diligências necessárias para a respetiva contratualização. Ou seja, o primeiro propósito de um programa de integridade e governança deve ser acertar estes dois níveis estratégicos com os objetivos de médio e curto prazo de cada empresa específica. Não pode haver boa governança sem este esforço inicial de alinhamento e sem um esforço contínuo com a sua manutenção. O programa de integridade e governança, nas suas múltiplas derivações visa justamente assegurar que a estratégia pública está perpetuamente alinhada com a atividade da empresa no mercado e com a percepção pública desta atividade.[20]

2.2.2 A estrutura do programa de integridade e governança

Com a estratégia delineada, há que construir o programa de integridade e governança nos limites do quadro legal existente. Isto significa desde logo decidir como é formalmente composto o programa, tomando a decisão de escolher as atividades que o irão integrar os documentos que o irão constituir. Como demonstrámos supra, com o Regime Jurídico do Setor Público Empresarial, Portugal delimitou legalmente o conteúdo mínimo formal de um programa de integridade e governança referido a um conjunto de documentos obrigatoriamente elaborados pelas empresas estatais. Este programa pode compreender, além deste mínimo obrigatório, outros elementos que accionistas e órgãos das empresas entendam como necessários.

É chegado o momento de olharmos com maior detalhe para os documentos do quadro legal de referência e procurar perceber em que

[20] Cf. a este respeito, Bovaird, Tony, Strategic management in public sector organizations in Bovaird, Tony; Loeffler, Elke (ed.), "Public Management and Governance", London, Routledge, 2003, p. 57 e ss.

medida as preocupações de boa governança e integridade que convergem a partir da doutrina e de organizações internacionais, influenciam ou devem influenciá-los.

a) Plano de atividades e orçamento, documentos anuais de prestação de contas e relatórios trimestrais de execução orçamental

Excetuados planos estratégicos plurianuais, o plano de atividades e o orçamento compõem, por excelência, o binómio anual de governança da empresa estatal. Este binómio assume especial importância no que diz respeito ao tópico de ponderação das opções exigidas pela prossecução económica do objeto da empresa com as exigências de prossecução do interesse público pela empresa. É sobretudo nos planos estratégicos e, anualmente, no plano de atividades, que esta ponderação deve ser feita para posterior execução, estando subordinada às orientações estratégicas de exercício da função política do Governo, previstas no artigo 24º, nas alíneas a) e b) do nº 1 do artigo 38º e no nº 4 do artigo 39º do RJSPE. Aliás, em demonstração da articulação entre o cumprimento do plano de actividades, tal como proposto pela administração das empresas públicas, e as orientações estratégicas da função política, por força do nº 2 do artigo 25º do RJSPE, a administração deve apresentar relatórios trimestrais de execução do plano e de orçamento. E, "em função dos resultados apresentados, quer ao nível operacional, quer ao nível do equilíbrio económico e financeiro, ou sempre que a avaliação do desempenho dos administradores e da qualidade da gestão, a efetuar pelos órgãos competentes, se revele negativa", pode a autonomia de gestão ser restringida pelo accionista estatal, nos termos do nº 4 do artigo 25º do RJSPE.

Para auxiliar o exercício da função política do Governo e o exercício da função accionista, o RJSPE criou, através do nº 3 do seu artigo 1º, a Unidade Técnica de Acompanhamento e Monitorização do Sector Público Empresarial (UTAM), a qual desempenha importantes funções no âmbito da elaboração e execução dos planos de atividades e do orçamento. Com efeito, cabe à UTAM analisar as propostas de planos de atividades, nos termos do nº 7 do artigo 39º do RJSPE,, apreciando a sua conformidade e compatibilidade face ao equilíbrio das contas públicas e da execução orçamental das verbas afetas a cada ministério". Nos termos do nº 8 do mesmo artigo, "[a] análise referida [...] é vertida em relatório elaborado pela Unidade Técnica, dirigido ao membro do Governo responsável pela área das finanças", sendo que, nos temos do nº 9 do citado artigo, aprovado este relatório "pelo membro do Governo responsável pela área das finanças, [ele] acompanha as propostas de plano de atividades e orçamento, que não produzem quaisquer efeitos até à respetiva aprovação pelos membros do Governo responsáveis pelas áreas das finanças e do sector de atividade". Fica assim criado um reforçado mecanismo de exercício de controlo político sobre as propostas de plano de actividades e de orçamento.

Acresce a este controlo político do accionista o controlo financeiro específico pelo Tribunal de Contas e pela Inspeção-Geral de Finanças, nos termos do artigo 26º do RJSPE.[21]

Já no que diz respeito à prestação de contas, e para além da já mencionada estreita relação entre o plano de actividades e orçamento com os relatórios trimestrais de execução, que é acompanhada de perto pela Direção-Geral do Tesouro e Finanças, nos termos do nº 11 do artigo 39º do RJSPE, é ainda elaborado um documento anual de prestação de contas.

Estes documentos são especialmente importantes para assegurar a transparência e a responsabilização das empresas públicas, na medida em que neles se integra um conjunto de informação fundamental para todas as partes interessadas. Não é por isso surpreendente que, nos termos da alínea f) do nº 1 do artigo 44º do RJSPE, a sua divulgação seja obrigatória.

b) Plano de Prevenção de Riscos de Corrupção

Em cumprimento do disposto no artigo 46º do RJSPE, as empresas estatais devem elaborar planos de prevenção de riscos de corrupção, assentes em regras de prevenção de conflitos de interesses, divulgação de rendimentos, incompatibilidades e impedimentos, no cumprimento de toda a "legislação e a regulamentação em vigor relativas à prevenção da corrupção". Como se pode perceber pelo teor remissivo do artigo 46º, estes planos de prevenção estão em permanente atualização, não só face às evoluções legais em matéria de exigência de mecanismos de prevenção, mas também face à própria evolução das atividades desempenhadas pelas empresas. Infelizmente, na economia do presente estudo, não podemos fazer uma análise aprofundada dos principais mecanismos que integram estes planos de prevenção de riscos de corrupção, sendo a este respeito importante conhecer a prática do Conselho de Prevenção da Corrupção,[22] que funciona junto do Tribunal de Contas português. Tem especial importância neste domínio o mapeamento das áreas de risco e

[21] A este respeito cf. Lucas, José Miguel, op. cit., p. 35 e ss.

[22] Criado pela Lei nº 54/2008, de 4 de setembro.

a construção de mecanismos adequados a cada uma dessas áreas.[23] Um bom programa de integridade deve assegurar a existência de mecanismos de reporte a violações do código de ética (ver ponto seguinte) ao mais alto nível da empresa, de uma forma que proteja os denunciantes que estejam de boa-fé. Além disso o programa deve assentar na existência de mecanismos que permitam rapidamente aferir a violação denunciada, ou outras, incluindo o estabelecimento de auditorias independentes que assegurem a credibilidade da empresa pública perante denúncias que afetem ou possam afetar toda a hierarquia organizacional

c) Código de Ética

Os códigos de Ética são um dos mais importantes e difundidos instrumentos de governança no mundo empresarial. Este instrumento aplica-se naturalmente às empresas estatais e o RJSPE não deixou de prever a necessidade da sua aprovação, no artigo 47º.

O conteúdo dos códigos de ética tem conhecido uma progressiva uniformização, com empresas de referência a liderarem a definição de matérias entendidas como relevantes no comportamento das pessoas que as integram. Os principais tópicos neste domínio abarcam áreas muito diversas, como o adequado comportamento e urbanidade em grupo, no que diz respeito a roupa e linguagem, passando pela recusa de consumo de drogas ou abuso de substâncias que possam toldar a consciência e as normais faculdades, mas dizendo também respeito a situações de assédio sexual e moral, conflitos de interesses e outros temas mais próximos de domínios legais.

O importante é estabelecer-se uma matriz ética que não apenas previna a violação de regras jurídicas, mas traduza um perfil de pessoa associado a empresa que crie confiança e atractividade em relação a ela.

Neste domínio, a adoção de códigos de conduta por empresas estatais não conhece qualquer especialidade face às empresas privadas, exceto na medida em que tais códigos integrem preocupações e valores associados à prossecução do interesse público, algo que deve acontecer.

d) Documentos respeitantes às medidas em matérias de responsabilidade social

Uma das últimas preocupações a ser integrada no léxico de governança e integridade das empresas públicas prende-se com a

[23] A este respeito é importante consultar o relatório elaborado pelo Conselho de Prevenção da Corrupção relativo ao mapeamento de riscos específicos de corrupção e infrações conexas nas entidades do Setor Público. Disponível em: http://www.cpc.tcontas.pt/documentos/outros/relatorio_mapeamento_riscos_2018.pdf (última visualização 09.04.18).

responsabilidade social e, sobretudo ambiental. Os últimos anos têm visto um aumento das preocupações com a responsabilidade social corporativa, alargada mais recentemente também à responsabilidade ambiental corporativa. Esta visão, de que as empresas, sobretudo as grandes empresas, devem prestar apoio às comunidades das quais surgem, nas quais se baseiam, e nas quais operam, criou um verdadeiro novo setor de preocupação corporativa com muitas empresas devotando uma parte considerável dos seus recursos a iniciativas de responsabilidade social e ambiental, muitas vezes externalizando mesmo esta atividade através da criação de fundações. As empresas estatais, desde logo pela sua habitual grande dimensão são casos de especial aplicabilidade das preocupações associadas às tarefas de responsabilidade social e ambiental. Acresce neste domínio específico que as preocupações sociais e ambientais confundem-se com as naturais atribuições do accionista principal ou único das empresas estatais: o Estado. Assim, é natural que o accionista, de um modo transversal, pretenda ver reflectido nas suas empresas este tipo de preocupações, procurando alinhá-las (sem que isso seja causa de perda de competitividade) com os fins públicos de natureza social e ambiental.

O artigo 49º do RJSPE vem ancorar este tipo de preocupações e prevê que as "empresas públicas devem prosseguir objetivos de responsabilidade social e ambiental, a proteção dos consumidores, o investimento na valorização profissional, a promoção da igualdade e da não discriminação, a proteção do ambiente e o respeito por princípios de legalidade e ética empresarial", colocando, nas empresas públicas, o patamar num plano muito elevado.

e) Plano de Igualdade

A preocupação com a igualdade de género deixou há muito de ser apenas uma questão política, discutida num patamar público, para se tornar também uma questão de governança empresarial.

No caso das empresas públicas, cada vez mais Estados têm adotado medidas de fomento da participação feminina nas empresas[24] e, no caso português, o nº 6 do artigo 31º, o RJSPE lança o mote: "Cada um dos órgãos de administração e de fiscalização das empresas públicas deve ter por objetivo a presença plural de homens e mulheres na sua

[24] Portugal, seguindo as pisadas da Alemanha e da Islândia, aprovou recentemente, em 17 de julho de 2018, uma proposta de lei (Proposta de Lei 106/XIII) que "aprova medidas de promoção da igualdade remuneratória entre mulheres e homens por trabalho igual ou de igual valor" e que está para promulgação pelo Presidente da República.

composição". Nesta medida o nº 2 do artigo 50º do mesmo diploma vem generalizar esta preocupação específica prevendo que as empresas estatais "adotam planos de igualdade tendentes a alcançar uma efetiva igualdade de tratamento e de oportunidades entre homens e mulheres, a eliminar discriminações e a permitir a conciliação entre a vida pessoal, familiar e profissional". Este tipo de planos coloca no centro das discussões empresariais de boa governança a procura por medidas eficazes de igualdade de género. Ao mesmo tempo demonstra como as preocupações de governança se têm diversificado cada vez e como se tem entendido que muitos são os elementos que contribuem para uma maior eficiência das empresas.

f) Relatório de boas práticas de governo societário (Relatório de Governo Societário)

Para sumariar o próprio programa de governança e integridade de cada empresa pública estatal tem vindo a desenvolver-se o hábito de muitas empresas elaborarem e publicitarem relatórios de boas práticas de governança, assim reunindo num único documento uma avaliação global sobre o modo como a boa governança tem sido prosseguida. No caso das empresas públicas este hábito foi mesmo erigido em dever jurídico, estando previsto no nº 1 do artigo 58º do RJSPE.

A elaboração de forma apropriada e adaptada às características de cada uma das empresas públicas de cada um dos documentos que explorámos supra permite falar de um verdadeiro programa de governança e integridade. Tome-se o exemplo luso da RTP – Radio Televisão Portuguesa, S.A., sociedade anónima totalmente controlada pelo Estado. Podemos dizer que o seu programa de integridade e governança é composto pelos seguintes documentos: i) Planos de atividades; ii) Relatórios de Atividades; iii) Relatórios de governo societário; iv) Plano de Prevenção de Riscos de Corrupção; iii) Código de Ética; iv) Relatórios de Sustentabilidade; v) Relatórios de Igualdade de Género.

Como se pode perceber estes documentos integram o programa legal obrigatório desenvolvendo-o a partir do objeto social específico da RTP. Eles não se limitam a cumprir a lei – no caso, o RJSPE –, mas, partindo da lei, ordenam o modo como as empresas públicas se posicionam no mercado perante todas as partes interessadas. Pela análise de um plano de governança e integridade começamos por perceber como a empresa se vê a si própria e, depois, como vê o mercado em que opera e as partes interessadas que a influenciam e motivam. E, igualmente importante, como pretende ser vista por todos.

3 Especificidades dos programas das empresas estatais

Os dois elementos que se destacam no programa típico de governança e integridade das empresas estatais prendem-se, sem surpresas, com a influência do interesse público no seu objeto e na sua atividade.

Em primeiro lugar a necessidade de apresentar um programa, cujos documentos assegurem, de modo articulado e uniforme, uma *presença pública* no mercado.

Em segundo lugar, a ameaça apresentada pela corrupção, obrigando ao desenvolvimento de verdadeiros sub-programas específicos de prevenção dos riscos de corrupção, torna-se um dos elementos distintivos deste tipo de programa, não obstante a preocupação com os conflitos de interesses, transparência e *compliance* legal da *corporate governance* atual.

Estas duas especificidades devem alertar-nos para a natureza necessariamente individual dos programas de integridade e de governança, não obstante a base legal comum, que, por vezes, mascara esta individualidade e pode fazer esquecê-la. Em matéria de programas de governança e integridade não há um modelo único que sirva a todos.[25] O significado do quadro legal comum deve ser interpretado como o estabelecimento de uma gramática de boa governança através da qual cada empresa pública conta a história da sua instituição e a apresenta, sem cair no erro de tentar uniformizar também conteúdos. Por outro lado, sublinha-se assim a importância de entidades de supervisão transversal das empresas estatais como a DGTF e a UTAM.

Pensando apenas na estrutura que a lei portuguesa desenha e que, juntamente com a de outros Estados-membros da União Europeia está alinhada com as orientações da OCDE e as preocupações de várias outras instituições internacionais, importa, pois, perceber que o peso, o conteúdo e o alcance de cada um dos documentos que integra o programa de integridade e de governança de uma empresa pública deve procurar espelhar os pontos fortes e fracos da empresa, de modo a que cada um desses documentos seja uma forma de robustecer e defender a atuação empresarial.[26]

---

[25] Cf., a este respeito, Loeffler, Elke, Public governance in a network society in in Bovaird, Tony; Loeffler, Elke (ed.), "Public Management and Governance", London, Routledge, 2003, p. 57 e ss, p. 207 e ss.

[26] Cf. World Bank, Corporate Governance of State Owned Enterprises – A toolkit, 2014.

Informação bibliográfica deste texto, conforme a NBR 6023:2002 da Associação Brasileira de Normas Técnicas (ABNT):

FARINHO, Domingos Soares. Programas de integridade e governança das empresas estatais: uma visão portuguesa no contexto da União Europeia. In: CUEVA, Ricardo Villas Bôas; FRAZÃO, Ana (Coord.). *Compliance*: perspectivas e desafios dos programas de conformidade. Belo Horizonte: Fórum, 2018. p. 233-249. ISBN 978-85-450-0564-3.

DESAFIOS PARA A IMPLEMENTAÇÃO DE PROGRAMAS DE *COMPLIANCE* EM MULTINACIONAIS

PATRÍCIA GODOY OLIVEIRA

1 Introdução

Este artigo pretende trazer algumas ideias sobre os desafios para a implementação local de políticas corporativas globais, em empresas que atuem em diversos países do mundo. Pretende-se, aqui, trazer algumas sugestões práticas para aumentar a adesão dos colaboradores ao que a alta administração define como importante e prioritário com relação ao que se espera deles em termos de comportamento ético.

Normalmente, o Código de Ética ou de Conduta da empresa traz as definições dos principais valores daquela organização. Em certa medida, traz a régua com a qual os comportamentos serão medidos. Esse documento, assim, serve de balizador para as atuações individuais dentro daquela empresa.

Ainda que os valores prioritários sejam definidos em tais códigos, usualmente existe uma dose bem grande de subjetividade em seus termos. Isso porque, ao mesmo tempo que pretende nortear os comportamentos dos seus colaboradores, a empresa não pode engessar a sua atuação individual, situação ainda mais complexa em casos de empresas multinacionais, em que povos de culturas diversas coexistem e trabalham para o fim comum de perpetuidade (ou sobrevivência) da empresa. Nenhuma empresa sobrevive sem a capacidade de inovar e de se modificar. O puro engessamento das condutas dos colaboradores seria contraproducente.

Escândalos corporativos demonstram que a busca pelo lucro em si não é suficiente para as empresas, dados os riscos envolvidos. O conflito entre o curto prazo e o médio ou longo prazos estará sempre presente nas grandes corporações, principalmente aquelas de capital aberto, em que se trabalha de um "*quarter*" (trimestre) para o outro, numa incessante necessidade de superação de patamares de resultados cada vez maiores. A capacidade da empresa de gerar lucros, ganhos por ação, gerar "*cash flow*" que garanta recursos para investir em aquisições e inovação, dentre tantos outros fatores, baliza o preço das ações no mercado. Os investidores institucionais buscam, assim, a perpetuidade ou sobrevivência da empresa ainda mais do que os lucros. Não há que se falar em perpetuidade ou sobrevivência sem lidar com os riscos que aquela empresa apresenta, pela sua atividade, e eficácia das diversas medidas de mitigação de tais riscos.

Os Códigos de Ética ou Conduta trazem, assim, regras para a convivência e a atuação dos profissionais naquela organização, de maneira a "nivelar o terreno" ("*level the playing field*"). A partir dessa base comum, então, cada indivíduo ou área da empresa poderá buscar maior efetividade de atuação, inovação, eficiência etc.

Em grandes corporações também estão sempre presentes os conflitos de agência, em que os interesses individuais dos executivos podem conflitar com os interesses da empresa como um todo. É importantíssimo que a organização crie incentivos para alinhamento de tais interesses, para que se aproxime do objetivo de perpetuidade.

Assim, a busca pela maior adesão às políticas corporativas (para alinhamento dos interesses e mitigação de riscos corporativos) passa necessariamente pela avaliação dos aspectos que influenciam os comportamentos individuais dos colaboradores. Quanto maior o entendimento dos fatores que levam as pessoas a agirem como o fazem, maior será a efetiva mitigação dos riscos corporativos. E tais fatores variam dependendo da cultura e do contexto em que o indivíduo se insere. Não é possível, então, esperar que a adesão às políticas corporativas globais se dê de maneira igual em culturas diversas.

A partir de reflexões sobre o processo decisório individual, este artigo pretende trazer alguns exemplos pragmáticos que podem ser usados para que cada colaborador busque fazer a coisa certa nas diversas situações. As reflexões aqui trazidas poderão também servir de base para a troca de experiências entre profissionais que se interessem por este não tão novo campo de atuação, mas que recentemente tem ganhado evidência incontestável nesse mundo cada vez mais complexo em que vivemos.

2 Definição e escopo de *compliance* para a sua empresa

Todas as empresas têm características individuais e, portanto, são diferentes entre si. E assim também será o Departamento de *compliance*. O próprio termo "*compliance*" não tem uma tradução simples para o Português. A palavra mais usada é "conformidade" (cumprimento de regras) e também há quem chame de "integridade" (termo muito mais abrangente do que simplesmente cumprimento de regras). Porém ambos os termos podem não representar exatamente o escopo desta área em uma determinada empresa ou instituição. Ao mesmo tempo, vemos que os colaboradores costumam justificar tudo o que não podem fazer como "regra de *compliance*", o que também não é adequado.

Assim, é importante que cada organização defina o que será tratado por este departamento e seu escopo e foco de atuação. Desnecessário dizer que assuntos relacionados a eventuais descumprimentos de políticas corporativas não são "problema" exclusivo da área de *compliance*, já que ela trata de riscos corporativos em geral (e não é a única área que trata deste tema). Ou seja, eventuais descumprimentos aumentam as chances de materialização dos riscos corporativos, gerando consequências negativas que podem ou não ser fatais para a organização.[1]

Vejamos algumas citações que auxiliam no entendimento da definição de *compliance*:

> No início da década de 90, quando o termo passou a ser adotado como princípio (sobretudo em instituições bancárias), *compliance* era apenas sinônimo de adequação jurídica. Com o tempo, percebeu-se que era impossível implementar procedimentos de conformidade sem conhecimento pleno dos processos internos, metodologias de trabalho utilizadas, políticas de estoques, estratégias de gestão de pessoas, técnica de melhoria contínua, harmonização contábil, etc. Assim, nos dias de hoje o conceito foi enriquecido com a abordagem sistêmica, do "chão" da fábrica à sala do presidente da empresa.[2]
>
> *Compliance* – do termo inglês *comply* – significa o ato ou procedimento para assegurar o cumprimento das normas reguladoras de determinado

---

1 "A implantação efetiva de uma política de *Compliance* auxilia na busca e na consolidação da confiança em âmbito nacional e internacional, valor inestimável para uma empresa, porque motiva a reciprocidade e suplanta métricas monetárias, deixando de ser apenas um ônus e revelando-se como a mais perfeita tática competitiva de negócio." (RIBEIRO, Marcia Carla Pereira; DINIZ, Patrícia Dittrich Ferreira. *Compliance* e lei anticorrupção nas empresas. Disponível em: <https://www12.senado.leg.br/ril/edicoes/52/205/ril_v52_n205_p87.pdf>. Acesso em: 09 abr. 2018).

2 ENDEAVOR BRASIL. *Compliance*. Disponível em: <https://endeavor.org.br/*compliance*/>. Acesso em: 09 abr. 2018.

> setor. Vogel descreve o *compliance* como um "conceito que provem da economia e que foi introduzido no direito empresarial, significando a posição, observância e cumprimento das normas, não necessariamente de natureza jurídica.
>
> (...) Nessa linha, as empresas tem desenvolvido programas e políticas que agregam (i) a orientação, formação e reciclagem de empregados e diretores sobre políticas de combate à lavagem de dinheiro; (ii) a elaboração de Códigos internos de conduta, organizar a coleta, sistematização e checagem de informações sobre clientes, empregados, parceiros, representantes, fornecedores e operações praticadas com sua colaboração ou assistência; (iii) o desenvolvimento de sistemas de comunicação interna e externa que facilite o repasse de informações sobre atos suspeitos; (iv) a implementação de sistema de controle interno de atos imprudentes ou dolosos, com mecanismos de apuração e sanção disciplinar.[3]

Impossível, assim, segregar completamente *compliance* das demais áreas da empresa que lidam com riscos corporativos e reputação:

> Uma vez que tais colaboradores podem apresentar diferentes motivações e graus de tolerância a riscos, o programa tem por função ditar valores e objetivos comuns, garantindo sua observância permanente. Programas de *compliance* podem abranger diversas áreas afetas às atividades dos agentes econômicos, como corrupção, governança, fiscal, ambiental e concorrência, dentre outras, de forma independente ou agregada.[4]

Ainda sobre a necessidade de comprometimento da alta administração da empresa, temos material preparado pela Associação Brasileira de Bancos Internacionais:

> Para que a "Função de *compliance*" seja eficaz, é necessário o comprometimento da Alta Administração e que esta faça parte da cultura organizacional, contando com o comprometimento de todos os funcionários. Todos são responsáveis por *compliance*. Um Programa de *compliance* eficaz pode não ser o suficiente para tornar uma empresa à prova de crises. Mas certamente aprimorará o sistema de controles internos e permitirá uma gestão de riscos mais eficiente.[5]

---

3 Pierpaolo Cruz Bottini. O que é *Compliance* no âmbito do Direito Penal?. Disponível em: <https://www.conjur.com.br/2013-abr-30/direito-defesa-afinal-criminal-*compliance*>. Acesso em: 09 abr. 2018.

4 CADE – Conselho Administrativo de Defesa Econômica. Guia – Programas de *Compliance*. Disponível em: <http://www.cade.gov.br/acesso-a-informacao/publicacoes-institucionais/guias_do_Cade/guia-*compliance*-versao-oficial.pdf>. Acesso em: 09 abr. 2018.

5 ABBI – Associação Brasileira de Bancos Internacionais. Função de *Compliance*. Disponível em: <http://www.abbi.com.br/download/funcaode*compliance*_09.pdf>. Acesso em: 09 abr. 2018.

Dependendo do tamanho e estrutura da empresa, a área de *compliance* terá função mais preventiva ou mais repressiva, embora constatemos ambos os aspectos na sua atuação. A área de *compliance* poderá atuar em conjunto com o Departamento Jurídico, com a área de Recursos Humanos, de Controles Internos, de Governança Corporativa ou de Auditoria Interna, por exemplo, em determinadas situações, dependendo do caso concreto. Sobre o tema:

Importante também mencionar a relação entre Governança Corporativa e *compliance*, que se complementam:

> Não há como negar a proximidade dos termos em questão. Porém, uma das grandes diferenças entre eles é a relação com certos valores empresariais. A governança corporativa está intimamente ligada com as questões éticas, com a moral objetiva. Basicamente, a relevância maior é a imagem que a empresa passa para os stakeholders.
>
> A governança engloba ações voltadas para o reforço da reputação da organização, garantindo não só os benefícios internos de se trabalhar em regularidade ética, mas também o ganho competitivo ao ser reconhecida externamente como um negócio íntegro e altamente confiável.
>
> Por outro lado, o compliance tem uma forte relação com a transparência nas atividades. O fato é que, hoje, grande parte dos escândalos de corrupção e fraudes empresariais acontecem nos bastidores das empresas, as quais valem da ocultação e obstrução de acesso às informações relacionadas a condução da empresa.[6]

Vejamos comentários sobre Auditoria, *Compliance* e Controles Internos:

> A auditoria interna, muitas vezes, é confundida pela Alta Administração com a função de *compliance*, no entanto a primeira atua mais nas verificações de controles internos existentes que visam mitigar os riscos dos negócios. A segunda atua mais na criação, definição, divulgação de normas e procedimentos e treinamentos, além de efetuar o monitoramento das transações diárias.
>
> (...) "Não adianta a empresa implantar um excelente sistema de controle interno sem que alguém verifique periodicamente se os funcionários estão cumprindo o que foi determinado no sistema, ou se o sistema não deveria ser adaptado às novas circunstâncias. Os objetivos da auditoria interna são exatamente esses, ou seja: – verificar se as normas internas

---

6 Disponível em: <http://deps.com.br/governanca-corporativa-e-*compliance*-voce-entende-as-diferencas/>. Acesso em: 09 abr. 2018.

estão sendo seguidas, – avaliar a necessidade de novas internas ou de notificação das já existentes. (Crepaldi, 2009, p. 365)".[7]

De acordo com *slides* elaborados pela empresa PWC em maio de 2011, conforme publicação da Associação Brasileira de Bancos[8]: "um programa disciplinado e sistemático de *compliance* e de auditoria interna precisa ser inserido em um contexto moderno de Governança Corporativa". E uma estrutura de Governança que considere estes conceitos deveria contemplar uma estrutura de suporte à gestão e uma estrutura de suporte aos acionistas. A primeira deveria contar com os seguintes departamentos: (a) gerenciamento de risco (matriz de risco e classificação de risco), (b) controles internos (determinação dos controles internos que respondam aos riscos identificados), (c) *compliance* (criação de ambiente e cultura de cumprimento de marcos regulatórios e normas relacionadas a princípios e valores) e (d) jurídico (identificação e interpretação de leis que impactem os negócios). A segunda contaria com os seguintes órgãos: (a) conselho de administração (apoio na definição de estratégia e do apetite de risco) e (b) comitê de auditoria (controle de gestão, seja com a auditoria interna, seja com a auditoria externa).

A realidade de cada cultura organizacional deverá ser levada em consideração para que se possa delimitar claramente as funções entre as várias áreas da empresa envolvidas na mitigação de riscos corporativos. Não existe um único organograma eficiente que se aplique a todas as empresas, mas é certo que todos os departamentos envolvidos precisam atuar de forma alinhada e complementar. Com base nas considerações acima e na realidade de cada organização, pública ou privada, recomendamos que haja um alinhamento sobre a abrangência de atuação da área de *compliance*, de maneira a evitar dubiedades.

3 Definição dos principais riscos corporativos

Conhecer os riscos enfrentados pela atividade desenvolvida pela corporação é premissa de qualquer programa efetivo de *compliance*.

7 DALLA PORTA, Flaviano Carvalho. As diferenças entre auditoria interna e *compliance*. Disponível em: <https://www.lume.ufrgs.br/bitstream/handle/10183/35445/000788473.pdf?sequence=1>. Acesso em: 09 abr. 2018.

8 FÓRUM DA ASSOCIAÇÃO BRASILEIRA DE BANCOS. Como a atuação integrada do *compliance* e da auditoria interna pode se tornar estratégica na governança corporativa. Disponível em: <http://www.abbc.org.br/arquivos/*compliance*_auditoria_e_governanca_corporativa.pdf>. Acesso em: 09 abr. 2018.

Não se pode priorizar o que não se conhece a fundo. Nesse sentido, o departamento de *compliance* precisa entender a operação da empresa, saber como ela funciona e, mais do que isso, como a empresa se relaciona com seus clientes, fornecedores e demais interessados. O entendimento do mercado em que se insere aquela atividade empresarial também é fundamental para conseguir definir o que traz maior ou menor risco à perpetuidade ou sobrevivência da empresa.

O risco trazido por terceiros que atuem na cadeia produtiva da empresa nos parece ser sempre presente, independentemente da atividade. A maneira de mitigar o risco de terceiros pode variar bastante, dependendo de cada realidade, mas a necessidade de especialização e redução de custos trouxe a terceirização como maneira eficiente de alocação de recursos. Assim, é comum que a área de *compliance* seja envolvida, de alguma forma, nos procedimentos de "*know your vendor*" (procedimentos de aprovação/monitoramento de fornecedores).

Existem diversas técnicas capazes de auxiliar as empresas a definir quais são os principais riscos do negócio. O objetivo desse artigo não é apresentá-las ou discutir sua eficácia, mas sim chamar a atenção para a necessidade de definição clara dos principais pontos de atenção da atividade da empresa, o que balizará a eficiente aplicação de recursos em sua mitigação. *Compliance* deve focar no que realmente importa e que faz a diferença, e não se preocupar com questões acessórias ou irrelevantes. Ou simplesmente porque está na moda.

Mas tratando do que está atualmente muito em voga em nosso país, o risco de corrupção parece ser um dos maiores em qualquer atividade. O termo corrupção, aqui, é usado de forma bem mais abrangente do que na lei penal brasileira. Corrupção ora é definida como a entrega indevida de algo "de valor" a outra parte (ou recebido de outra parte) como contraprestação para algum benefício qualquer (que poderia ou não ser justificado por outras razões). Nessa definição estão abrangidas empresas privadas e públicas, agentes privados ou públicos, qualquer coisa com valor sendo entregue, e também para atingimento de um fim lícito ou ilícito. A título de exemplo do que difere da lei brasileira, temos colaboradores de empresas privadas recebendo presentes de outras empresas privadas para conquistar a preferência na escolha de um fornecedor. Ou mesmo o oferecimento de emprego a familiares dos funcionários como forma de conquistar negócios da empresa (independentemente da capacidade profissional do familiar). Também estariam abrangidas situações em que exista uma combinação de troca de favores entre negociações distintas. Enfim, aqui o termo é muito mais amplo do que em qualquer sistema legal, para fins de estudo.

Considerando essa definição ampla, mitigar o risco de corrupção é uma tarefa com muitas vertentes. Englobaria, por exemplo, eventuais políticas de terceiros, políticas de relacionamento com fornecedores, política de recebimento e entrega de presentes, política de compras, política de conflito de interesses pessoais ou corporativos, política de relacionamento com órgãos públicos, entre tantas outras que cada empresa prefira tratar separadamente, dada a sua relevância para aquela atividade especificamente desenvolvida.

Em geral, as Políticas de Terceiros (ou de "*Third Parties*" como são usualmente conhecidas) servem para que os colaboradores saibam como lidar com os terceiros e como demonstrar/documentar a maneira como lidam com os terceiros.[9] Entendemos ser importante, inclusive, a definição de "terceiros" para aquela organização, já que os riscos representados por uma determinada classe de terceiros são diferentes de outra classe de terceiros, a depender da atividade empresarial. Lidar com fornecedores privados é diferente de tratar com fornecedores públicos, por exemplo, dadas as particularidades de atuação de cada um. Um fornecedor de energia para uma empresa prestadora de serviços traz riscos diversos caso a atividade da empresa em questão seja de "*data center*", por exemplo, que depende da garantia do fornecimento de energia constante. Da mesma forma, uma empresa que dependa de distribuidores em sua cadeia de vendas apresenta riscos distintos de uma empresa que faça vendas diretas ao consumidor.

Ainda dentro do escopo anticorrupção, a política que trata de como lidar com autoridades públicas ou governamentais, seja como cliente, seja como regulador ou supervisor costuma ser recorrente nas empresas. Isso é especificamente importante em razão de a maioria (se não a totalidade) das legislações dos vários países do mundo trazer consequências graves e específicas para corrupção no trato da coisa pública. Desnecessário relembrar aqui o risco das atividades de alguns poucos colaboradores em algum país remoto macularem a reputação da empresa em nível global.

---

[9] Vale aqui lembrar que não basta "ser honesto", mas é preciso "parecer honesto". Logicamente que a honestidade é premissa de qualquer Código de Conduta empresarial (até mesmo de empresas que estiveram envolvidas em escândalos enormes). Aqui, o ponto é ressaltar a importância de não só fazer a coisa certa, mas ter como demonstrar que fez a coisa certa, justamente para comprovar que a empresa entende de seus riscos corporativos e os mitiga, com alguns procedimentos específicos que independem das pessoas envolvidas. O fato de haver documentação de tratamento daquele determinado risco, em si, já é uma mitigação, por representar uma dificuldade adicional caso algum colaborador pretenda fazer a coisa errada. Desnecessário dizer que procedimentos que tendam a comprovar a forma e não atinjam o conteúdo do efetivo cumprimento são um desserviço à mitigação de riscos.

Outro foco de atenção é o recebimento ou a entrega de presentes. É cada vez mais comum empresas limitarem os valores envolvidos e darem preferência a brindes corporativos, em que a marca da empresa fica estampada no que é entregue (o que mitiga o valor de eventual revenda daquele bem). A definição do valor depende, também, de muitos fatores a serem levados em conta, como, por exemplo, o perfil de consumidor da empresa. Uma empresa que trabalhe no mercado de luxo tem perfis de brindes corporativos completamente diferentes de um banco que atue com produtos massificados. Da mesma forma, os costumes locais acerca de presentes podem variar absurdamente dependendo da cultura de cada país em que a empresa atua. Assim, alguma flexibilidade é importante, ainda que se determine uma política global contendo valores máximos únicos.

Além do risco de corrupção, vale lembrar o risco nos relacionamentos com empresas concorrentes. Atividades que pareçam inocentemente comuns, como a participação em associações de classe, por exemplo, podem gerar questionamentos acerca de cartel ou "*price fixing*" (acordos de fixação de preços entre concorrentes). É bem comum, assim, a existência de políticas específicas sobre contato entre concorrentes.

Outro risco que cada vez está mais presente é o relacionado à privacidade. Diversas legislações ao redor do mundo (que são mais e mais exigentes conforme os vazamentos de informações vão sendo revelados) determinam como dever de qualquer empresa o cuidado e a proteção dos dados sensíveis de consumidores, clientes, fornecedores e colaboradores. Não só existe a necessidade de proteção, mas também as legislações passam a criar deveres específicos às empresas no tratamento de tais dados, tais como a obrigatoriedade de apagar informações (o chamado direito ao esquecimento, por exemplo) ou a determinação de um "*Privacy Officer*" (pessoa física responsável pelo cumprimento de tais políticas). Entender os riscos próprios de cada empresa na coleta e tratamento de dados em geral passa, assim, a ocupar um lugar de destaque na definição dos riscos corporativos.

Além dos exemplos ora citados, muitos são os potenciais riscos que as empresas enfrentam em seu dia a dia. Só o conhecimento detalhado da atividade da empresa – que não pode ser estanque, já que as atividades podem variar em maior ou menor grau ao longo do tempo – poderá auxiliar a administração na correta gestão de seus riscos.[10]

---

[10] Vale ressaltar que a empresa pode fazer uso de seguros para transferir as consequências financeiras de parte de seus riscos, mas o risco de sinistro continua com a empresa. O eventual

4 Políticas globais de *compliance*

a) Cultura da empresa *vs.* diversas culturas locais

A pessoa jurídica (empresa) como sujeito de direitos é uma criação racional, lógica. As ações tomadas pela empresa são, afinal, tomadas por pessoas físicas em seu nome. O aspecto humano está, assim, sempre presente nas ações e omissões da empresa. Da mesma forma, impossível deixar de levar em conta que os seres humanos por trás da empresa estão inseridos em uma ou mais culturas. Empresas globais sofrem, então, influência de diversas culturas locais. Ainda assim, estudos mostram que existe uma cultura empresarial em cada organização, que transcende os indivíduos.

A criação de uma cultura empresarial pode ser deliberada ou não. E vemos que, cada vez mais, as corporações trabalham para consolidar uma única cultura composta pelos valores que são prioritários para aquela organização. O fortalecimento da cultura é, também, ação de mitigação de riscos corporativos, na medida em que pretende padronizar alguns comportamentos de cada indivíduo na sua atuação empresarial.

As diversas culturas locais, assim, precisam ser consideradas para que se consiga consolidar a cultura corporativa. Na mesma medida, os procedimentos para cumprimento das políticas globais precisam ser flexíveis/adaptáveis o suficiente para ganharem adesão de pessoas inseridas em culturas distintas. Se o que se pretende é que todos os colaboradores ao redor do mundo cumpram as políticas da empresa, esses fatores culturais locais precisam ser levados em consideração.

Paralelamente às diversas culturas, também precisamos levar em conta os diversos idiomas dos colaboradores daquela organização. Achar que todos os empregados são fluentes nos principais idiomas traz, em si, um incentivo contrário ao cumprimento das políticas. E a empresa não deve simplesmente traduzir literalmente suas políticas, mas sim adaptar as suas redações, para que o colaborador entenda exatamente o seu conteúdo. O mesmo vale para os treinamentos de *compliance*. Uma alternância entre treinamentos online e treinamentos presenciais no idioma local é saudável para que um número maior de colaboradores seja impactado. A flexibilidade sobre a forma de transmitir o conteúdo também é interessante.

---

risco reputacional não é transferível, além de tantos outros riscos não seguráveis. Cada um merece um tratamento específico, o que só pode ser feito com o seu correto entendimento.

O tema da flexibilidade no cumprimento das políticas corporativas, entre os profissionais que atuam em *compliance*, não é pacífico e suscita paixões. Neste artigo, pretende-se apresentar uma visão pragmática com base empírica, que não esgota o tema ou invalida perspectivas diferentes. O propósito é suscitar o debate e futuros estudos sobre o assunto.

A criação de códigos de ética ou conduta em corporações multinacionais geralmente parte de sua matriz. E a sua confecção advém da cultura organizacional daquela entidade. Dessa forma, dependendo de onde está localizada a matriz da empresa, o código de conduta parte do pressuposto que as pessoas reagem conforme aquela cultura local. Logicamente, não podemos afirmar haver uma única forma de reação entre os vários indivíduos de uma mesma cultura, mas é possível encontrar alguns fatores mais prevalentes do que outros em termos de tomada de decisão. Não estamos aqui falando de culturas mais ou menos éticas, mas sim da própria definição do que é ético e também da forma como aqueles indivíduos lidam com o cumprimento de procedimentos.

Traços culturais que são relevantes nesta análise, por exemplo, são aqueles que se referem à hierarquização de determinada sociedade em relação a outra. Mesmo em sociedades onde não se cogita desrespeitar o superior há transgressões individuais. Porém, a análise de traços culturais pode ser muito subjetiva, e também pode ser, em muitos casos, acusada de generalizações excessivas ou mesmo discriminatórias.

Por essas e outras razões, passaremos agora a trazer à tona mais atentamente o processo decisório individual e quais os fatores que as pessoas levam em conta ao tomar uma decisão sobre risco.

5 Processo decisório individual dos colaboradores

Os economistas costumam dizer que as pessoas, em geral, buscam maximizar seus lucros e isso impacta suas decisões individuais. Daniel Bernoulli formulou a teoria chamada de "*Expected Utility*" em 1738 e até hoje diversos pensadores se debruçaram sobre o tema, tais como Von Neumann e Morgenstern (1944) e Savage (1954).

Desde então, a "*Utility Theory*",[11] em suas várias formas, tem sido usada como premissa de comportamento racional. Porém, em 1977, Daniel Kahneman e Amos Tversky apresentaram outra teoria, chamada

[11] Em termos gerais, ainda que não consigam quantificar a utilidade de um determinado bem ou serviço, as pessoas conseguem classificar referidos bens ou serviços em ordem de preferência, em decisão racional.

de "*Prospect Theory*", pela qual afirmam que a teoria anterior, embora importantíssima e aplicável em diversas situações, não conseguia abranger como as pessoas gostariam de se comportar. Pela "*Prospect Theory*", os indivíduos nem sempre levam em consideração a sua situação patrimonial (utilidade) final após a decisão a ser tomada, mas, ao invés disso, consideram perdas e ganhos com o resultado da decisão que vão tomar. Não se trata simplesmente de definir se as pessoas têm aversão ao risco ou aceitam conviver com ele, de afirmar que as pessoas "olham o status quo como um ponto de referência, e avaliam os resultados como mudanças positivas ou negativas, ou seja, ganhos ou perdas".[12]

O referido artigo demonstra que as pessoas têm menos chances de tomarem decisões em que percebem riscos de perdas, comparativamente à maior chance de tomarem as mesmas decisões quando percebem o risco de ganho. Ou seja, os indivíduos têm menor tolerância ao risco de perda do que ao risco de ganho. Além disso, esse artigo também cria o que chama de "*uncertainty weight*", que não mede somente a probabilidade percebida de ocorrência de uma determinada consequência do risco pelo indivíduo (chamada de "*subjective probability*"), mas também reflete o quanto aquele indivíduo está preparado para correr aquele determinado risco (além da probabilidade de ele se materializar).

Certamente, a "*Prospect Theory*" pode nos ajudar a entender o processo decisório individual em situações de *compliance*, de cumprimento ou não de políticas corporativas, que podem não trazer consequências monetárias para os colaboradores, individualmente.

Gary Becker, vencedor do prêmio Nobel de Economia de 1992, fez diversas investigações sobre o comportamento humano e sobre o processo decisório individual em seu estudo "Crime and Punishment – An Economic Approach", de 1968. Em tal artigo, Becker diz que há um conjunto muito mais rico valores e preferências que são levadas em consideração na decisão tomada pelo criminoso de praticar o crime. Ao falar sobre a prática de crimes, ressaltou que há sempre uma ponderação entre o benefício auferido pelo ato, o risco de ser pego, a pena a ser aplicada e as opções alternativas de alocação do tempo (que é sempre escasso).

Nessa linha, vale a pena avaliar os aspectos que podem ter impacto no processo decisório individual dos colaboradores para a elaboração e implementação das políticas corporativas, entendendo que cada indivíduo está inserido no contexto cultural da empresa e

---

[12] KAHNEMAN, Daniel; TVERSKTY, Amos. Prospect Theory: an Analysis of Decision Making Under Risk. Thecnical Report PTR-1042-77-4, de 1977.

da sociedade em que vive. Se o objetivo é aumentar as chances de cumprimento das políticas corporativas como forma de mitigação de riscos, há que se levar em conta a ponderação racional e o "*uncertainty weight*" que existe na tomada de decisão individual, considerando a existência de assimetria de informações.

Passemos, então, a tratar da relação entre os vários fatores na implementação de políticas globais de *compliance*. De maneira simplificada, vamos levar em consideração a relação entre os seguintes fatores: de um lado, os ganhos percebidos com o cumprimento, que são reduzidos pelos custos do cumprimento, e, de outro lado, a probabilidade de ser pego (caso a decisão seja de não cumprir as políticas corporativas) multiplicada pelas perdas efetivas caso o descumprimento seja detectado. Entendemos que a correta compreensão desses quatro fatores pode ajudar na implementação de políticas corporativas, tanto na definição dos procedimentos para cumprimento das políticas quanto no desenho dos treinamentos de *compliance*, considerando sempre o contexto cultural de cada filial da empresa.

a) Ganhos com o cumprimento

Em geral, ao serem questionadas, as pessoas alegam sempre quererem fazer a coisa certa (ainda que nem sempre o façam). Podemos, assim, partir do pressuposto de que há algum valor – maior ou menor – reconhecido pelos indivíduos em geral em cumprir as políticas empresariais. Porém, sabemos que o espectro é enorme na escala de valores que cada pessoa apresenta.

Assim, o aumento de adesão às políticas passa necessariamente pela valorização dos ganhos com o cumprimento. É importante mostrar aos colaboradores o que eles de fato ganham ao cumprir as políticas, ainda que tais ganhos não sejam monetários. A percepção de ganho é muito maior com exemplos vindos de cima da hierarquia organizacional, ou "*tone from the top*",[13] que é fator crucial para que as pessoas entendam o valor que a corporação enxerga no *compliance*. Se todos os gestores, em todos os níveis hierárquicos, reforçam a importância de cumprimento das políticas corporativas como *pressuposto* de atuação de cada colaborador, fica claro que o descumprimento é pior para os colaboradores individualmente (ou seja, traz perdas e não ganhos).

13 "Tone from the top" é outra expressão que não tem uma tradução simples. Trata-se do engajamento, das manifestações faladas e escritas da alta direção da empresa e também de seus exemplos. Qualquer programa de *compliance* só é efetivo se contar com o apoio irrestrito dos principais executivos daquela organização.

Porém a percepção de valor vai muito além do que diz o chefe. Existem pessoas que alegam simplesmente quererem "dormir bem à noite". Esse sentido de paz de espírito também é fator relevante para a decisão de cumprimento de políticas corporativas para tais pessoas. Aliás, pode até ser o fator preponderante.

Há, no entanto, ideias práticas que podem aumentar a percepção de valor para além da paz de espírito, considerando, por exemplo, a posição do colaborador no grupo de funcionários da empresa. Premiações de *compliance* são eficientes neste sentido, para que o funcionário seja reconhecido positivamente perante os seus pares. Exemplos positivos também devem ser comunicados em eventos corporativos maiores, para evitar que a disseminação de experiências positivas dependa unicamente da capacidade de "marketing pessoal" daquele colaborador envolvido.

Aumentando a percepção de ganho individual com o cumprimento das políticas corporativas, a empresa recebe em troca a maior mitigação de seus riscos corporativos, já que passa a influenciar comportamentos desejáveis. Quanto maior a percepção de ganho, maior a adesão ao cumprimento.

b) Probabilidade de ser pego em descumprimento

As novas tecnologias são um enorme apoio no aumento da probabilidade que o colaborador que faz a coisa errada tem de ser pego. Telefones celulares corporativos, *e-mails* da empresa e *notebooks* são ferramentas fornecidas hoje em dia pelas empresas para que o colaborador realize suas tarefas. Em sendo ferramentas corporativas, não se pode falar em expectativa de privacidade como se fossem bens particulares.[14]

Hoje em dia, as pessoas também colocam aspectos de suas vidas privadas em mídias sociais, e é muito comum outros colaboradores serem adicionados como amigos, o que lhes permite ter acesso aos seus "*posts*". Isso facilita em muito que as empresas cheguem a tomar conhecimento de parte da vida privada de seus colaboradores.

As pessoas, em geral, também têm uma tendência a conversar sobre as suas vidas privadas. Essas conversas podem dar margem a questionamentos de sinais exteriores de riqueza.

---

[14] Sabemos da divergência jurisprudencial nos Tribunais pátrios sobre os limites do uso das provas obtidas por meio das investigações em tais ferramentas, mas não entraremos nesta discussão neste artigo. Para fins de estudo, partiremos do pressuposto que a empresa sempre poderá monitorar seus equipamentos.

Nesse contexto, a probabilidade de ser pego descumprindo alguma política de recebimento de viagens de fornecedores, por exemplo, aumenta sensivelmente. A percepção geral sobre esse aumento de probabilidade é fator que tende a incentivar o cumprimento das políticas (ou ao menos um cuidado maior se a decisão for aquela de descumprimento).

Vale lembrar o quanto já mencionado pela "*Prospect Theory*", de que as pessoas são mais ou menos aptas a correrem riscos, independentemente da percepção sobre a probabilidade de ser pego. Fatores culturais podem afetar esse ponto. Mas é certo que existe uma correlação positiva entre a maior probabilidade de ser pego e o cumprimento de políticas corporativas.

Para além das mídias sociais, é importante mencionar que as chamadas "linhas éticas", se bem desenhadas e aplicadas, são mecanismos muito eficientes na detecção de violações. Para atingir seus objetivos, elas devem ser abertas ao público em geral para denúncias. Devem, também, permitir contato em diversos idiomas. Além disso, garantir que pessoas possam fazer denúncias de maneira anônima[15] tende a aumentar a sua utilização, dado que muitas pessoas têm medo de retaliação. O Código de Conduta da empresa e a aplicação de tal código precisam garantir a não retaliação do denunciante. Isso não pode ser apenas discurso ou letra morta na política da empresa. O critério para a não retaliação deve ser, entendemos, o da boa-fé na formulação da denúncia. Boa-fé, neste sentido, pode ser definida como a denúncia não tendo sido feita, ela mesma, em retaliação a algum ato praticado pelo denunciado.[16] Finalmente, para que a linha ética seja de fato mitigadora de riscos, todas as denúncias feitas deverão ser investigadas e as ações corretivas, tomadas. As ações corretivas podem

---

15 Neste ponto, vale citar o juiz Sergio Moro, em entrevista defendendo a colaboração premiada: "Em muitos casos, as únicas pessoas que podem servir como testemunhas são igualmente criminosos. Quem, em geral, vem criticando a colaboração premiada é, aparentemente, favorável à regra do silêncio, a omertà das organizações criminosas, isso sim reprovável" (https://www.em.com.br/app/noticia/politica/2017/10/21/interna_politica,910319/juiz-sergio-moro-defende-delacao-premiada.shtml). Citamos esta frase para ressaltar a necessidade de se permitir denúncias anônimas no âmbito da linha ética empresarial, como forma de se chegar à verdade do ocorrido (quebrar a "omertà", o pacto oligárquico de impunidade), e não para defender instituto similar dentro das organizações (isto seria objeto de outro estudo específico, dada a complexidade do tema). O propósito de investigações de denúncias de linha ética não é o mesmo de uma eventual persecução criminal.

16 Uma denúncia feita por um empregado contra seu chefe, que, após investigação, se mostre absolutamente desprovida de fundamento (ainda que haja indícios) e que traga indicações suficientes que demonstram que o único objetivo do denunciante era denegrir a imagem de seu chefe, com o intuito de tomar o seu lugar, por exemplo, seria um desrespeito à boa-fé esperada.

ser as mais diversas, desde a demissão, com ou sem justa causa, dos colaboradores que descumpriram as políticas (até mesmo com eventual notícia dos fatos levada às autoridades competentes), passando por advertências formais ou informais, e até mesmo, ou principalmente, revisão dos processos corporativos de maneira a melhorar os controles sobre determinados riscos.

c) Perdas ao ser pego em descumprimento

Ao ser pego em um descumprimento de políticas corporativas, o colaborador pode ser penalizado de maneiras diferentes. As leis trabalhistas necessariamente precisam ser levadas em conta para a determinação das possíveis consequências de determinados atos pelos funcionários. E, neste ponto, organizações que atuam em países diversos precisam contar com apoio local, não só com relação à cultura, mas também com relação às leis aplicáveis.

Em muitas jurisdições, o empregador não pode demitir o funcionário sem motivo, diferentemente do Brasil, o que coloca ainda mais peso nas investigações de infrações às políticas corporativas, que precisam atender a mais este requisito em tais países.

A demissão é uma das consequências possíveis para o colaborador que viola políticas corporativas, porém existe uma série de outras não tão extremadas, a depender do julgamento sobre a violação ocorrida. Se a violação é somente com relação à forma, mas não ao conteúdo, por exemplo, as consequências deveriam ser mais brandas. Advertências formais ou informais podem existir, ou mesmo treinamentos obrigatórios, ou afastamento ou realocação de funções, sempre respeitada a legislação. Enfim, a criatividade neste ponto deve ser usada para objetivar atingir os interesses da perpetuidade da empresa, considerando os incentivos gerados sobre aquele colaborador punido e sobre a coletividade de empregados.[17]

Há que se mencionar, também, as consequências subjetivas com a aplicação de penas. E, neste ponto, vale ressaltar a diferença entre os aspectos culturais, que têm um peso relevante a ser considerado. A vergonha de ser potencialmente identificado como violador de políticas

---

[17] Embora a empresa deva garantir, para seu próprio interesse, a confidencialidade das investigações e das punições, sabemos que a empresa tem limitado controle sobre seus empregados. Todos os cuidados devem, no entanto, ser tomados como, por exemplo, a exigência de assinatura de acordos específicos de confidencialidade para as investigações, e reforço constante, pela empresa, da importância de manter o sigilo. Ainda assim, seria ingênuo imaginar que, às vezes, os demais colaboradores não consigam deduzir, por indícios, a ocorrência de determinada investigação ou aplicação de penalidades.

corporativas pode ser mais presente em colaboradores de uma cultura do que de lugares diversos do planeta. Por isso, ressaltamos que, embora haja alguma necessidade de centralização de investigações (para dar unidade e consistência e evitar interferências locais), entendemos ser absolutamente essencial conhecer a cultura envolvida naquele ambiente, seja para conduzir as investigações, seja para a justa dosimetria das consequências negativas. Deve haver um equilíbrio entre as forças para que aquela punição gere os corretos incentivos na coletividade de empregados, que deverá ser impactada para aumentar o cumprimento das políticas internas da empresa.

d) Custo do cumprimento

O cumprimento das políticas internas sempre tem custo para os colaboradores e para a empresa. O tempo gasto com o preenchimento de formulários, por exemplo, sejam eles impressos ou digitais, poderia ser usado para outros fins dentro da empresa, que alguns podem considerar mais nobres ou eficazes (alternativa de alocação de tempo, que é sempre escasso).

No entanto, como já dito antes neste artigo, cada vez mais, a empresa tem o dever, para sua própria proteção, de documentar o cumprimento das políticas de *compliance*. Esse custo, além de ser da empresa, também é pessoal do colaborador que toma a decisão de cumprir as políticas. E é deduzido do ganho que ele percebe com o cumprimento. Ou seja, quanto maior o custo, menor o ganho individualmente percebido. E quanto menor o ganho, menores os incentivos criados para o cumprimento.

Dessa constatação óbvia surge a conclusão de que as empresas precisam avaliar minuciosamente os procedimentos desenhados para o cumprimento individual das políticas internas. Voltaremos a esse ponto no próximo tópico.

Outros custos associados pelos colaboradores ao cumprimento das políticas internas envolvem restrições pessoais. Podemos citar como exemplo uma situação onde, em razão da limitação de recebimento de presentes de fornecedores, o colaborador não poderá aceitar uma maravilhosa viagem cultural. Aqui, novamente, deve ser considerada a cultura local na avaliação, embora seja quase impossível, nos dias de hoje, que a empresa permita viagens nababescas pagas por seus fornecedores, em razão do claro conflito de interesses.

A proibição do recebimento de presentes, em geral, ainda que de valor não tão alto, representa uma restrição ao colaborador, e isso sem sombra de dúvida é um custo percebido por ele, redutor dos ganhos pelo cumprimento. O que mais importa, em nosso entendimento, é que os colaboradores sejam previamente informados sobre o custo do cumprimento das políticas em treinamentos periódicos, para que surpresas negativas ao tentar cumprir as políticas não criem incentivos contrários.

6 Procedimentos para cumprimento local das políticas globais

e) Flexibilidade *vs.* padronização

Considerando todos os fatores até então citados, entendemos que, embora os valores descritos nos Códigos de Conduta sejam inegociáveis, os procedimentos descritos para o cumprimento de determinadas políticas não devem ser estáticos e herméticos, sob pena de não criar os corretos incentivos. Devem, sim, comportar adaptações locais que levem em conta o contexto cultural de determinados colaboradores.

A padronização de procedimentos, sem dúvida, evita que cada filial gaste tempo desenvolvendo novos fluxos e processos que já podem ter sido pensados na matriz. No entanto, vemos que, embora deva haver certa consistência na experiência do colaborador com relação ao cumprimento de políticas internas, as diferentes realidades precisam ser consideradas. Os próprios fluxos e processos de negócios são distintos, e assim também os detalhes de documentação do cumprimento das políticas.

Passemos a considerar exemplos práticos, para facilitar o entendimento.

Tomemos uma empresa de corretagem de imóveis corporativos de luxo. Naturalmente, a atividade da empresa exige que seus colaboradores se relacionem no mercado de luxo, promovam encontros temáticos para atrair interessados, exatamente para atingir o seu objetivo comercial de intermediar vendas de imóveis. Dependendo do tamanho da filial de negócio, existe uma área de Marketing dedicada à organização de tais eventos. Em outras filiais menores, o próprio gerente de vendas os promove. Mas é sempre interessante, para fins da racional utilização dos recursos da empresa, que haja algum controle e aprovação prévia de tais gastos. E a aprovação prévia deverá ser dada por outra área que não a área de Marketing, diretamente envolvida nos eventos. Caso os gastos por convidado superem uma determinada quantia, a análise prévia deverá contar também com a área de *compliance*. Nesse sentido, os procedimentos de *compliance* estariam perfeitamente inseridos nos processos organizacionais daquela realidade corporativa. Caso a área de negócios já tenha desenhado e implantado seus próprios controles, não entendemos prático implantar novos formulários específicos para *compliance*. A análise deverá, assim, ser feita de maneira holística, inclusive considerando o fato de que os clientes convidados também devem respeitar as políticas internas de eventos de suas próprias empresas. Seria uma situação indesejável que os clientes tivessem sua participação em evento questionada pelo próprio chefe.

No exemplo acima, a política de *compliance* seria cumprida dentro dos procedimentos normais de aprovação prévia do evento, sem a criação de formulários específicos, desde que os fluxos já existentes abrangessem todas as informações necessárias pela área de *compliance* para a sua análise (que tem conotação diferente da análise de custos do evento). A flexibilidade, neste caso, seria de se adequar os fluxos já existentes (talvez incluindo questões específicas) para também permitir a análise de *compliance*. A política corporativa global de eventos, nesse exemplo, não precisaria ter procedimentos estanques específicos. Ela poderia, sim, mencionar que os fluxos locais de aprovação deveriam abranger questionamentos acerca dos costumes locais e do eventual conflito de interesses, passando também pelo questionamento sobre a existência de políticas de eventos dos clientes (que podem limitar a participação de empregados dos clientes). A área de *compliance* local poderia, em situações específicas, até mesmo sugerir o envio de correspondência aos clientes informando sobre o custo do evento e colocando-se à disposição caso as políticas internas do cliente exijam maiores explicações ou autorizações.

Outra situação que costuma causar impactos diferentes, dependendo da cultura local, é a maneira pela qual as investigações de *compliance* são conduzidas, em especial com relação ao envio de "*hold notice*"[18] para o colaborador envolvido.

O mero recebimento de uma carta nesses termos pode gerar um desconforto ou apreensão grandes, mesmo que o funcionário tenha cumprido todas as regras internas e externas. E pessoas em contextos culturais distintos têm reações distintas a cartas desse teor. Não há como

---

[18] Correspondência avisando que aquele colaborador é pessoa de interesse para determinada investigação e que não deverá destruir qualquer possível prova, seja física ou eletrônica, sobre os fatos que estão sendo investigados. Além disso, em geral também ressalta que o colaborador não deverá comentar sobre aquela investigação com nenhuma outra pessoa dentro da organização que não aquelas especificamente citadas na carta, nem mesmo com seu chefe imediato. A prática de envio de "*hold notices*" no Brasil vem se disseminando, dado que é do interesse das empresas gerenciar a expectativa de seus colaboradores com relação ao que se espera deles. Assim, por escrito, não há posteriores alegações de que a destruição de documentos possa ter ocorrido sem a intenção de prejudicar. Retira-se a subjetividade do que o colaborador deve cumprir naquele âmbito.

simplesmente desconsiderar o efeito causado por tais correspondências, ainda que a empresa entenda ser de seu interesse enviá-las. O próprio recebimento pode ser considerado um incentivo ao cumprimento das políticas corporativas para quem recebe. O destinatário é lembrado por escrito, em tais ocasiões, que as suas ações dentro da empresa são importantes, são passíveis de revisão e devem atender às políticas internas (como forma de resguardar o próprio empregado).

Nesse caso, se a empresa entende que os benefícios do envio da carta são superiores aos incentivos contrários, a área de *compliance* local deverá ter certa flexibilidade para a sua redação, dado o contexto cultural. A empresa deve reconhecer que existem diferenças culturais e usar os recursos locais para dosar o conteúdo das cartas, de maneira a atingir os objetivos especificamente desejados (dependendo da gravidade da alegação feita, por exemplo).

Outra situação que entendemos necessitar de certa flexibilidade é a dosimetria das penalidades a serem aplicadas em caso de violação das políticas. Como já dito anteriormente, infrações quanto aos procedimentos (forma) de cumprimento das políticas devem receber penalização inferior àquelas que atingem o próprio conteúdo da norma.

Diferentemente das leis penais, não nos parece interessante que a empresa defina condutas e as penalidades respectivas, justamente por todas as diferenças culturais e legislativas entre os países onde a empresa atua, e também para não criar os incentivos contrários. O que a empresa pretende, afinal, é evitar o comportamento proibido e não aplicar penas após a violação.

No início deste artigo, falamos sobre a definição dos principais riscos corporativos. Entendemos que a flexibilidade nos processos de verificação de cumprimento das políticas corporativas deve levar em conta exatamente os principais riscos daquela organização. Não se pode, por exemplo, deixar de documentar a análise das chamadas "*Third Parties*" em situações em que esse risco seja um dos principais da empresa. Porém, cada realidade local deverá definir quais as certidões, por exemplo, que exige dos terceiros para provar a devida *due diligence*. Como já dissemos, um terceiro que não esteja envolvido na atividade-fim da empresa pode ter níveis de *due diligence* menos exigentes do que aqueles de cuja atuação a empresa dependa.

7 Conclusão

Após todas as análises mencionadas ao longo deste artigo, esperamos ter demonstrado alguns dos principais desafios de implementação de políticas de *compliance* em multinacionais que atuam em diversas localidades do planeta, com foco no processo decisório individual dos colaboradores.

Considerando as diversas culturas das pessoas que deverão cumprir referidas políticas, elas precisam ser claras e abertas o suficiente para poderem ser implementadas. Devem focar nos valores e nos riscos que realmente importam para aquela organização. E, em nossa opinião, devem fugir de detalhes com relação à forma de sua implementação, deixando a cargo dos responsáveis locais as adaptações necessárias com relação aos procedimentos de cumprimento.

Como a implementação de políticas pressupõe influenciar comportamentos dos empregados, não há que se falar em ciência exata. Estamos no campo da ciência comportamental, em que a Economia e o Direito podem trazer ideias interessantes e eficazes para auxiliar na definição de políticas e sua correta implementação, considerando os incentivos gerados. Para realmente influenciar comportamentos, a empresa precisa criar uma verdadeira "cultura de *compliance*", em que os colaboradores se veem o tempo todo confrontados com bons exemplos de todos os lados.

Experiências bem-sucedidas em uma determinada realidade podem não ser passíveis de reprodução com os mesmos resultados em outra coletividade. Mas podem servir de inspiração para se entender o que levou ao sucesso. E, para isso, devemos pensar em como aquela experiência impactou na percepção dos colaboradores com relação aos ganhos, às perdas, à probabilidade de ser pego em descumprimento e às penalidades ao ser pego. Estes fatores influenciam as pessoas em seus processos decisórios individuais nos momentos imediatamente precedentes à tomada de uma decisão de cumprimento ou descumprimento de políticas internas.

A comunicação do que se espera dos colaboradores deve ser feita constantemente e de várias maneiras, já que as pessoas são impactadas de formas diferentes. A escolha do idioma é relevante, e sempre se deve dar preferência ao idioma local. Treinamentos online devem ser intercalados com treinamentos presenciais, que tragam exemplos práticos com os quais as pessoas se identificam. Mensagens periódicas com foco específico e restrito também tendem a ser eficazes, na medida em que fazem as pessoas se lembrarem daqueles pontos ressaltados. A criação de "*compliance champions*"[19] em cada área da empresa também

---

[19] Trata-se de escolher pessoas (que não são do departamento de *compliance*) nas várias áreas da organização para receberem treinamento mais intensivo sobre as políticas de *compliance* e servirem de disseminadores da cultura.

pode ser muito eficaz para a disseminação das práticas, desde que tais pessoas sejam valorizadas dentro da estrutura. As pessoas cumprirão as políticas internas na medida em que perceberem consistência entre o discurso e a prática.

A existência de linha ética independente, com a correta investigação dos fatos reportados, e que cumpra o compromisso de não retaliação, é ferramenta das mais relevantes, por ser um canal aberto de comunicação, principalmente se também permitir denúncias anônimas.

O que se pretende, afinal, é o cumprimento das políticas internas, que servem para estabelecer os padrões mínimos de comportamento esperado de todos os colaboradores. O engajamento total e irrestrito da alta administração é fator dos mais essenciais. Sem ele, não há consistência, o que destrói a credibilidade do programa.

O propósito, afinal, dos códigos de conduta e dos programas de *compliance* é mitigar os riscos corporativos, visando à perpetuidade e sobrevivência da empresa, que é feita de pessoas. As ações ou omissões das pessoas daquela organização podem afetar negativamente a reputação da empresa como um todo, independentemente de onde tais ações ou omissões tenham ocorrido. Empresas que atuam em diversos lugares ao redor do planeta precisam tomar cuidados muito maiores para a correta e irrestrita implementação de suas políticas em todas estas localidades. O engajamento individual dos colaboradores é, assim, forma de mitigação de riscos corporativos. E o engajamento só será atingido com o reconhecimento dos fatores que influenciam os processos decisórios individuais.

Referências

ABBI – Associação Brasileira de Bancos Internacionais. Função de *compliance*. Disponível em: <http://www.abbi.com.br/download/funcaode*compliance*_09.pdf. Acesso em: 09.abr.2018. Disponível em: http://deps.com.br/governanca-corporativa-e-*compliance*-voce-entende-as-diferencas/>>. Acesso em: 09 abr. 2018.

BECKER, Gary. Crime and Punishment: an Economic Approach, *The Journal of Political Economy*, Vol. 76, No. 2. (Mar.-Apr., 1968), p. 169-217. Disponível em: <https://www.journals.uchicago.edu/doi/pdfplus/10.1086/259394>. Acesso em: 09 abr. 2018.

BOTTINI, Pierpaolo Cruz. O que é *compliance* no âmbito do Direito Penal? Disponível em: <https://www.conjur.com.br/2013-abr-30/direito-defesa-afinal-criminal-*compliance*>. Acesso em: 09 abr. 2018.

BUSINESS Ethics – Readings and Cases in Corporate Morality, 5th edition, Wiley Blackwell, Edited by Michael Hoffman, Robert E. Frederick, and Mark S. Schwartz.

CADE – Conselho Administrativo de Defesa Econômica. Guia – Programas de *compliance*. Disponível em: <http://www.cade.gov.br/acesso-a-informacao/publicacoes-institucionais/guias_do_Cade/guia-*compliance*-versao-oficial.pdf>. Acesso em: 09 abr. 2018.

DALLA PORTA, Flaviano Carvalho. As diferenças entre auditoria interna e *compliance*. Disponível em: <https://www.lume.ufrgs.br/bitstream/handle/10183/35445/000788473.pdf?sequence=1>. Acesso em: 09 abr. 2018.

ENDEAVOR BRASIL. *Compliance*. Disponível em: <https://endeavor.org.br/*compliance*/>. Acesso em: 09 abr. 2018.

FÓRUM DA ASSOCIAÇÃO BRASILEIRA DE BANCOS. Como a atuação integrada do *compliance* e da auditoria interna pode se tornar estratégica na governança corporativa. Disponível em: <http://www.abbc.org.br/arquivos/*compliance*_auditoria_e_governanca_corporativa.pdf>. Acesso em: 09 abr. 2018.

FRIEDMAN, M.; SAVAGE, L. J. The Utility Analysis of Choices Involving Risks. *Journal of Political Economy*, 1948, 56:279-304.

KAHNEMAN, Daniel; TVERSKTY, Amos. Prospect Theory: an Analysis of Decision Making Under Risk. Thecnical Report PTR-1042-77-4, de 1977.

KAHNEMAN, Daniel; TVERSKTY, Amos. Ethics and *Compliance* Programs in Multinational Organizations. Springer Gabler, 2012.

KAHNEMAN, Daniel. Choice, Values and Frames. Cambridge University Press, 2000.

RIBEIRO, Marcia Carla Pereira; DINIZ, Patrícia Dittrich Ferreira. *Compliance* e lei anticorrupção nas empresas. Disponível em: <https://www12.senado.leg.br/ril/edicoes/52/205/ril_v52_n205_p87.pdf>. Acesso em: 09 abr. 2018.

SAVAGE, L. J. The Foundations of Statistics. New York: Wiley, 1954.

VON NEUMANN, J.; MORGENSTERN, O. *Theory of Games and Economic Behavior*. Princeton University Press, 1944.

Informação bibliográfica deste texto, conforme a NBR 6023:2002 da Associação Brasileira de Normas Técnicas (ABNT):

OLIVEIRA, Patrícia Godoy. Desafios para a implementação de programas de *compliance* em multinacionais. In: CUEVA, Ricardo Villas Bôas; FRAZÃO, Ana (Coord.). *Compliance*: perspectivas e desafios dos programas de conformidade. Belo Horizonte: Fórum, 2018. p. 251-273. ISBN 978-85-450-0564-3.

QUEM PRECISA DE PROGRAMAS DE INTEGRIDADE (*COMPLIANCE*)?

THIAGO MARRARA

Introdução: a necessidade de ampliação do debate[1]

O debate acerca da adoção de programas empresariais de integridade se fortaleceu tremendamente no Brasil com a publicação da Lei Anticorrupção em 2013. Ao tratar do sancionamento de pessoas jurídicas pela prática dos atos ilícitos enumerados em seu art. 5º, a lei estipulou critérios materiais e pessoais de dosimetria e, ao fazê-lo, exigiu que se leve em consideração na punição a "existência de *mecanismos e procedimentos internos de integridade,* auditoria e incentivo à denúncia de irregularidades e a aplicação efetiva de códigos de ética e de conduta no âmbito da pessoa jurídica" (art. 7º, inciso VIII, g.n.). Com a preocupação de não deixar o mandamento morrer, o legislador ainda atribuiu ao Executivo a tarefa de fixar "os parâmetros de avaliação dos procedimentos previstos no inciso VIII" (art. 7º, parágrafo único).

Mais tarde, em 2015, a MP nº 705 contribuiu provisoriamente para reforçar a necessidade desses programas de prevenção de ilícitos e controle interno no âmbito das pessoas jurídicas sujeitas à Lei Anticorrupção. Ao modificar o art. 16, que cuida do acordo de leniência, a MP inseriu, como obrigações do infrator colaborador, "o comprometimento

---

[1] Esse breve ensaio absorve as reflexões apresentadas no painel de encerramento do Seminário *Programas de Compliance: Instrumento de incentivo à transparência, à governança e ao combate à corrupção*, realizado em 2017 no STJ. Registro, aqui, meus agradecimentos ao Ministro Ricardo Villas Boas Cueva e à Professora Ana Frazão, pelo gentil convite à participação no evento e à reflexão sobre o tema.

da pessoa jurídica na implementação ou na melhoria de mecanismos internos de integridade" (redação do inciso IV, então incluído no art. 16).[2] No entanto, a determinação transcrita perdeu vigência, uma vez que a Medida Provisória não foi convertida no prazo constitucional.

Ainda assim, atentos aos potenciais benefícios dos programas de integridade, os agentes econômicos reagiram, originando um novo nicho de mercado. Tanto as pessoas jurídicas, com o escopo de evitar riscos de sanções muito severas, inclusive de modo a comprometer suas atividades, quanto as consultorias, os institutos especializados e os escritórios de advocacia lançaram-se à formatação de programas do gênero e à sua rápida disseminação. Porém, pelo fato de que grande parte das ações nesse campo tem-se guiado por propósitos comerciais – sobretudo o de negociar e vender programas de integridade a agentes econômicos de maior porte para lhes permitir colher os benefícios das novas exigências legais –, o debate sobre o tema, quando realizado no setor privado, acabou por se restringir à realidade das grandes empresas e aos maiores e mais visíveis casos de corrupção.

É dessa restrição do debate que resulta a questão provocativa que batiza e move este breve ensaio: quem precisa de programas de *compliance*? E a partir dela se desdobram muitas outras. Inexistem dúvidas de que grandes empresas que se relacionam com o Estado necessitam da política de gestão em análise, mas será que a restrição do tema não acabará por transformá-la em mais um ralo de recursos empresariais? Em outras palavras, será que a adoção de programas por agentes econômicos de maior porte terá algum efeito numa realidade em que a enorme maioria dos sujeitos que se relacionam com o Estado continua a agir como antes? Caso se conclua que é de fato preciso expandir a aplicação da integridade a outros sujeitos, como isso ocorrerá? E mais: quem arcará com os programas de agentes que não dispõem de recursos para tanto? Deverá o próprio Estado custear ou fomentar programas para parcela dos entes privados com quem se relaciona ou não?

A premissa que guia as reflexões desenvolvidas a seguir é a de que não basta continuar o debate aberto no mercado, na política e na academia acerca de programas de integridade para grandes agentes econômicos; por mais relevantes que sejam suas interações com a

---

[2] A respeito dos impactos da MP nº 705 sobre a lei anticorrupção e os programas de leniência, cf. MARRARA, Thiago. Comentários ao art. 16. In: DI PIETRO, Maria Sylvia Zanella; MARRARA, Thiago (Org.). *Lei anticorrupção comentada*. Belo Horizonte: Fórum, 2017, p. 195 e seguintes.

Administração Pública e os projetos que com ela desenvolvem em conjunto. Para que a política de prevenção da corrupção se torne efetiva no país, há que se estender e adaptar a pauta da integridade a pelo menos três outros grupos de sujeitos: às microempresas e às empresas de pequeno porte; aos entes do terceiro setor e ao próprio Estado.

1 *Compliance* e a realidade empresarial brasileira

A realidade empresarial brasileira é rica e complexa, refletindo-se na diversidade de vínculos contratuais dos Estados com os agentes de mercado. Agentes de grande porte, sobretudo os campeões nacionais, detêm seu papel de relevo, exercem uma função essencial à viabilização de grandes projetos, sobretudo no setor de infraestrutura, e suas práticas gozam de visibilidade, influenciando as dos demais. Porém, eles são minoria, uma minoria bem reduzida. A realidade empresarial é a das empresas de menor porte, sobretudo das microempresas e empresas de pequeno porte, instituições voltadas ao pequeno comércio, com pouca estrutura, baixo capital de giro, reduzido número de empregados, mas essenciais à subsistência da vida de milhões de família.

A realidade empresarial brasileira é a de empresa de menor porte. Segundo o SEBRAE, das aproximadamente 6,5 milhões de empresas brasileiras, cerca de 99% são microempresas (ME) ou empresas de pequeno porte (EPP) e, destas, 57% são familiares.[3] De 2009 a 2012, o número desse tipo de empresas subiu de em 25% (ME) e 43% (EPP) e passou a compor o seguinte universo:

[3] SEBRAE. Relatório especial. Empresas familiares. Setembro de 2015. Disponível em: <http://www.bibliotecas.sebrae.com.br/chronus/ARQUIVOS_CHRONUS/bds/bds.nsf/db16fac96aa7a4f7f1b8af2dc5e000a1/$File/5986.pdf>.

Gráfico 1 – Evolução da participação das ME e EPP no universo

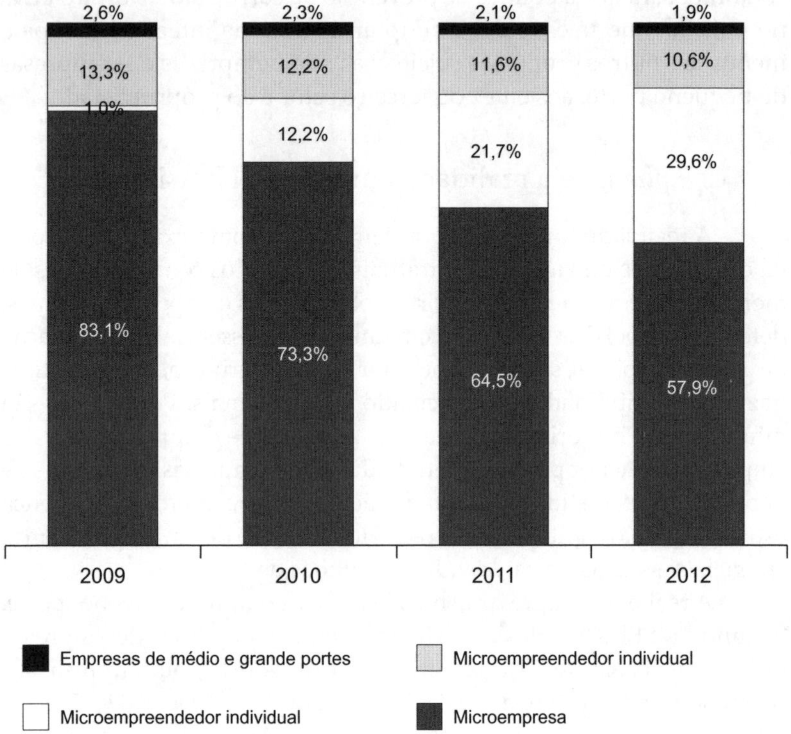

Fonte: SEBRAE.[4]

Ainda de acordo com o SEBRAE, juntas, as ME e EPP são responsáveis pela geração de pouco mais de 50% dos empregos com carteira assinada no setor privado e exercem um papel enorme no setor de comércio varejista e de serviços, como demonstra a tabela a seguir a partir de dados de 2009 a 2011:

[4] SEBRAE. A evolução das microempresas e empresas de pequeno porte. 2014. Disponível em: <http://www.bibliotecas.sebrae.com.br/chronus/ARQUIVOS_CHRONUS/bds/bds.nsf/800d694ed9159de5501bef0f61131ad4/$File/5175.pdf>.

MÉDIA 2009/2011					
Número de empresas					
Atividade	Micro Empresas	Pequenas Empresas	Micro e Pequenas Empresas	Médias Empresas	Grandes Empresas
TOTAL	100%	100%	100%	100%	100%
Serviços (âmbito FAS)	33,8%	35,1%	33,9%	30,6%	50,2%
Comércio Atacadista	5,5%	6,9%	5,7%	7,7%	9,4%
Comércio Varejista	48,1%	38,2%	47,0%	15,6%	18,5%
Indústria Extrativa Mineral	0,2%	0,4%	0,2%	0,6%	0,6%
Indústria de Transformação	10,0%	15,2%	10,6%	35,1%	18,2%
Construção Civil	2,4%	4,3%	2,6%	10,4%	3,1%

Fontes: Sebrae e FGV, a partir de dados do IBGE.

A evolução quantitativa das microempresas e empresas de pequeno porte no Brasil também teve um impacto nas contratações públicas, sobretudo para a contratação de fornecimento de bens e serviços, áreas em que elas atuam com primazia. E esse impacto se exacerbou inegavelmente na década de 2000, pelo menos por dois fatores: (i) a criação do pregão como modalidade licitatória nacional em 2002 e sua intensa utilização nos anos subsequentes, sobretudo no formato digital; de sorte a reduzir custos de deslocamentos e a viabilizar a participação das empresas menores em certames de fornecimento de bens e serviços comuns e (ii) a edição, em 2006, da Lei Complementar nº 123 com o objetivo de dar vida ao art. 146, inciso III, alínea "d",[5] e principalmente ao art. 179 da Constituição da República, que assim dispõe: "A União, os Estados, o Distrito Federal e os Municípios dispensarão às microempresas e às empresas de pequeno porte, assim definidas em lei, tratamento jurídico diferenciado, visando a

[5] "Art. 146. Cabe à lei complementar: (...) III – estabelecer normas gerais em matéria de legislação tributária, especialmente sobre: d) definição de tratamento diferenciado e favorecido para as microempresas e para as empresas de pequeno porte, inclusive regimes especiais ou simplificados no caso do imposto previsto no art. 155, II, das contribuições previstas no art. 195, I e §§12 e 13, e da contribuição a que se refere o art. 239."

incentivá-las pela simplificação de suas obrigações administrativas, tributárias, previdenciárias e creditícias, ou pela eliminação ou redução destas por meio de lei".

No Estatuto de 2006, foram estabelecidos inúmeros mecanismos discriminatórios visando favorecer os agentes econômicos de menor porte no acesso a mercados públicos, o que catapultou sua participação nas contratações realizadas pelos três entes da federação. Esses mecanismos de tratamento favorecido, especificamente no âmbito da licitação, sofreram novas expansões nos últimos anos, sobretudo com a edição da Lei Complementar nº 147 de 2014 e 155 de 2016. Dessa maneira, hoje, sua participação em mercados públicos vem sendo ainda mais estimulada por meio dos seguintes instrumentos aplicáveis às licitações públicas:[6]

- contratação direta exclusiva em dispensa de licitação por baixo valor;
- licitação exclusiva para contratos de até 80 mil Reais;
- possibilidade de regularização fiscal e trabalhista diferida;
- empate ficto na qualificação de propostas comerciais;
- cotas de contratação no fornecimento de bens ao Estado;
- subcontratação obrigatória em contratos de obras e serviços; e
- margens de preferência em relação à proposta comercial.

Isso revela que em contratos de reduzido valor, as micro e pequenas empresas tendem a agir praticamente sozinhas, em disputa interna. Por conseguinte, tornou essencial debater uma política de prevenção à corrupção adaptada à sua realidade e também a suas relações contratuais com o Estado. Em contratos de baixo valor, como os que geram a dispensa preferencial ou a contratação exclusiva, favorecendo as empresas menores, tende a haver reduzido ou nenhum excedente para investimento em políticas de integridade. Exatamente por isso, ainda que a lei anticorrupção preveja normas concessivas de benefícios para agentes econômicos que desenvolvam *compliance*, dificilmente esses mandamentos produzirão algum efeito prático nas contratações de agentes menores. Assim, os níveis de corrupção tenderão a permanecer como estão.

---

[6] Em mais profundidade sobre o assunto, MARRARA, Thiago; RECCHIA, Paulo. Microempresas (ME) e empresas de pequeno porte (EPP) em licitações: comentários aos meios discriminatórios da LC 123 e suas modificações recentes. *Revista de Direito Público Contemporâneo*, v. 1, n. 1, 2017; SANTOS, José Anacleto Abduch. As licitações e o Estatuto da Microempresa. *Revista Eletrônica sobre a Reforma do Estado (RERE)*, 14, 2008 e FORTINI, Cristiana. As regras de habilitação, empate e desempate para micro e pequenas empresas. *Revista do Tribunal de Contas do Estado de Minas Gerais*, n. 1, 2008.

Nesse contexto, portanto, caso o Estado e a sociedade realmente desejem combater a corrupção por meio de estímulos da gestão empresarial mais responsável, focada na prevenção de ilícitos; será necessário refletir que tipo de programa de integridade se mostrará mais adequado aos agentes econômicos de menor porte e, em segundo lugar, como os altíssimos custos desses programas se pagarão.

Soluções a essas dúvidas podem ser buscadas em duas estratégias, pelo menos. A primeira delas tem natureza impositiva e punitiva. Consiste em exigir que os agentes econômicos, incluindo as microempresas e empresas de pequeno porte, criem programas de *compliance* sob pena de multa ou de vedação de participação em certames. Exemplo maior dessa estratégia se vislumbra na Lei Fluminense nº 7.753/2017, que ganhou bastante destaque na imprensa.[7] De acordo com esse diploma, as empresas de qualquer porte que desejarem contratar com o Estado do Rio de Janeiro (qualquer órgão ou entidade da Administração Direta ou Indireta) deverão dispor de programa de integridade, seguindo determinados parâmetros legais (como a criação de códigos de ética, canais de denúncia e de procedimentos de prevenção de ilícitos em contratos com o Estado).

Com essa lei, a adoção do programa de integridade deixa de ser uma faculdade com vistas a eventuais benefícios em condenação pela Lei Anticorrupção e torna-se um dever do contratado – dever cuja violação ocasionará a aplicação de multa pecuniária diária e baseada num percentual do valor do contrato. Note-se, porém, que a norma atinge apenas contratos com certa duração mínima e possua valores relativamente altos (1,5 milhão para obras e serviços de engenharia e 650 mil Reais para fornecimento de bens e serviços).[8] Nesse sentido, a política de integridade dificilmente atingirá grande parte dos contratados e, certamente, deixará de fora do grupo as empresas de menor porte, que se concentram em contratos, licitados ou não, de valor muito inferior.

---

7 ALVES, Rafael. Obrigatoriedade de compliance já é realidade. *O Estado de São Paulo*, 15 de novembro de 2017, edição digital, Disponível em: <http://politica.estadao.com.br/blogs/fausto-macedo/obrigatoriedade-de-compliance-ja-e-realidade/>.

8 Vale a transcrição: "Art. 1º – Fica estabelecida a exigência do Programa de Integridade às empresas que celebrarem contrato, consórcio, convênio, concessão ou parceria público-privado com a administração pública direta, indireta e fundacional do Estado do Rio de Janeiro, cujos limites em valor sejam superiores ao da modalidade de licitação por concorrência, sendo R$ 1.500.000,00 (um milhão e quinhentos mil reais) para obras e serviços de engenharia e R$ 650.000,00 (seiscentos e cinquenta mil reais) para compras e serviços, mesmo que na forma de pregão eletrônico, e o prazo do contrato seja igual ou superior a 180 (cento e oitenta) dias".

Além disso, o problema da solução fluminense reside em seu caráter impositivo e descolado da realidade. Como dito, a efetividade do *compliance* no Brasil depende da consideração das fraquezas e deficiências das microempresas e empresas de pequeno porte. Nesse sentido, compromissos, autodeclarações ou mesmo a imposição de sanções terão pouca eficiência e, no máximo, servirão para estimular programas de integridade de fachada, copiados de modelos quaisquer, sem qualquer preocupação com sua operacionalidade.

Exatamente por essas implicações negativas, prefere-se outra solução ao problema, qual seja, a de se adotar uma política de fomento a construção de programas de integridade, sobretudo por meio de capacitações, auxílios financeiros, técnicos e humanos. Nesse sentido, são imagináveis inúmeras medidas, como: (i) a de que dirigentes da pessoa jurídica passem por capacitações, por exemplo, no SEBRAE; (ii) a de que se prevejam verbas para que as ME e EPP que contratam com o Estado possam construir seus programas de integridade; ou (iii) o oferecimento de consultoria estatal gratuita a essas entidades. Medidas como essas poderiam ser previstas, por exemplo, na Lei Complementar nº 123/2006, obrigando os três níveis da federação (União, Estados e Municípios) a colaborarem com uma estratégia de universalização dos programas de integridade, sobretudo em favor dos agentes econômicos menos capacitados. Políticas como essa, vale lembrar, servirão igualmente aos agentes de grande porte, na medida em que quanto maior for o comprometimento dos agentes econômicos com comportamentos idôneos, sobretudo no campo das contratações públicas, mais valor e efetividade ganhará a concorrência como instituição.

2 *Compliance*, contratualização administrativa e terceiro setor

As reflexões sobre quem necessita de *compliance* parecem muitas vezes presas a uma percepção ultrapassada da contratação pública. Como dito, no geral, restringem-se o discurso e o debate sobre os programas de integridade aos grandes agentes econômicos, que, na maior parte das vezes, relacionam-se com o Estado por meio de contratos de finalidade concessória ou contratos de natureza instrumental (como os de fornecimento de bens, de prestação de serviços ou de obras tratados na Lei de Licitações de 1993).

Ocorre que, desde o final da década de 1990, nota-se uma forte tendência de contratualização da Administração Pública brasileira. Os contratos de concessão e os contratos de serviços, bens e obras não mais explicam toda a riqueza das parcerias entre Estado e sociedade e nas quais, não raro, a corrupção encontra seu ninho. É preciso entender o fenômeno contratual público de modo alargado, abrangente, nele inserindo novos instrumentos jurídicos de ajustamento que surgem inclusive no âmbito das atividades administrativas restritivas e extremamente verticalizadas.

Sob essa perspectiva, ao menos quatro tipos de modelos contratuais devem ser levados em conta, quais sejam: (i) os já referidos contratos instrumentais, como os de fornecimento de bens, de prestação de serviços e de construção de obras por agentes de mercado a pedido da Administração, bem como contratos de locação, de seguro e outros envolvendo os entes públicos em suas tarefas cotidianas; (ii) os contratos de natureza concessória, como a concessão comum, as duas modalidades de parceria público-privada (administrativa e patrocinada), além de outros instrumentos que exercem função análoga, como os contratos de gestão com Organizações Sociais em certos setores; (iii) os contratos de cooperação administrativa, como os convênios, os termos de parcerias como instituições privadas de interesse público, os acordos de cooperação, os termos de fomento etc.; e (iv) os acordos celebrados no exercício de atividades restritivas (principalmente o poder de polícia e o poder disciplinar), como os compromissos de cessação de prática, os acordos de condicionantes em licenciamento e os acordos de leniência.

Tomando-se como premissa que a corrupção é movida principalmente pelo desejo de poder e de recursos financeiros, em todos esses contratos, é natural que haja elevados estímulos à sua aparição. Daí se conclui ser ingênuo e arriscado limitar o debate acerca da prevenção da corrupção aos grandes contratos de concessão ou de construção de infraestruturas e aos agentes econômicos de maior porte. É preciso estendê-lo para outros campos, inclusive o das relações entre a Administração e o terceiro setor, composto por entidades privadas não estatais que exercem funções de interesse público sem o intuito de lucro.

Com efeito, desde a reforma gerencial, a alegada necessidade de se reduzir os gastos estatais e, por conseguinte, retirar o Estado de inúmeras tarefas, concentrando-o na regulação, veio acompanhada de um movimento de fortalecimento de parcerias, tanto com agentes econômicos no campo dos serviços públicos tarifados, quanto com o setor público não estatal, ou seja, o terceiro setor. Leis e leis federais foram editadas exatamente para viabilizar essa intenção. No âmbito federal, criou-se a figura da Organização Social – OS (Lei nº 9.637/1998) e, mais tarde, lançou-se o rótulo da Organização da Sociedade Civil de

Interesse Público – OSCIP (Lei nº 9.790/1999). Estados e Municípios, ao longo dos anos, reviram suas leis sobre entidades de utilidade pública e, em maior ou menor medida, incorporaram os modelos federais.

Ao longo dos anos, os efeitos surgiram. As entidades do terceiro setor se multiplicaram e hoje formam uma comunidade com aproximadamente 250 mil entidades. Ao mesmo tempo, os escândalos de corrupção e de desvio de dinheiros tornaram-se cada vez mais frequentes, dando início a um movimento de burocratização dessas relações de parceria, sobretudo no intuito de se combater o populismo, a imoralidade, o mau uso de recursos públicos e, principalmente, a corrupção.

Não foi por outro motivo que, aproximadamente quinze anos após a promulgação das leis federais que lançaram os rótulos e os regimes das OS e das OSCIP, o Congresso retomou o assunto e, com muito mais fôlego, editou uma longa lei a cuidar das relações contratuais de parceria do Estado com as chamadas Organizações da Sociedade Civil – OSC (Lei nº 13.019/2014).[9] Diferentemente das leis do final da década de 1990, esse diploma tem impacto nacional, ou seja, atinge as relações de parcerias entre o terceiro setor e as Administrações federal, estaduais e municipais. Além disso, seu conteúdo é amplo e burocratizante (num bom sentido, diga-se bem), pois a lei em questão abarca seis capítulos que, respectivamente, cuidam: i) das disposições preliminares, incluindo normas sobre o objeto da lei, sua aplicabilidade, definições conceituais essenciais etc.; ii) da celebração do termo de colaboração, do termo de fomento e do acordo de cooperação (inserido pela Lei nº 13.204 em alteração posterior); iii) da formalização e da execução das parcerias, com especial destaque para o procedimento objetivo de escolha pelo chamamento público; iv) da prestação de contas; v) das responsabilidades

---

[9] Sobre o surgimento desse importante diploma, vale o registro histórico: "Em 2011, criou-se um Grupo de Trabalho Interministerial (GIT) em resposta a demandas sociais que surgiram em 2010 para se regulamentar a situação das Organizações da Sociedade Civil (OSC). O GIT foi coordenado pela Secretaria Geral da Presidência da República e contou com a participação da Casa Civil, da Controladoria-Geral da União, da Advocacia Geral da União, do Ministério do Planejamento, Orçamento e Gestão, do Ministério da Justiça, do Ministério da Fazenda, do Instituto de Pesquisa Econômica Aplicada (IPEA) e de 14 Organizações da Sociedade Civil de representatividade nacional. Em 2012, com os resultados obtidos pelas pesquisas e análises empreendidas pelo GIT, confeccionou-se relatório final contendo proposta de uma futura regulamentação das Organizações da Sociedade Civil. Elaborou-se então um anteprojeto de lei focado na contratualização das relações jurídicas entre as OSC e a Administração Pública. Em 2013, intensificaram-se as discussões no Congresso Nacional sobre o projeto, do que resultou a edição da Lei n. 13.019, de 31 de julho de 2014". CESARIO, Natália de Aquino; MARRARA, Thiago. O que sobrou da autonomia dos Estados e Municípios para legislar sobre parcerias com o terceiro setor? In: MOTTA, Fabrício; MÂNICA, Fernando Borges; OLIVEIRA, Rafael Arruda (Org.). *Parcerias com o terceiro setor*. Belo Horizonte: Fórum, 2017, p. 92.

e das sanções e vi) das disposições finais, inclusive da vigência, que foi diferenciada para Municípios.

De um lado, com a Lei nº 13.019 e a multiplicação legal dos módulos de parceria por ela ocasionada, espera-se uma crescente formalização das relações entre Estado e terceiro setor, além de mais transparência no tocante aos gastos de recursos estatais com atividades de interesse público desempenhadas por particulares sem finalidade lucrativa. De outro, a previsão de normas de monitoramento, prestação de contas, responsabilização e sanção dos entes do terceiro setor deve contribuir grandemente com o combate ao populismo, a relações clientelistas, à má gestão e, mais importante, à corrupção, sobretudo numa perspectiva repressiva.

Em termos preventivos, porém, a legislação mencionada avançou apenas de modo parcial. Em outras palavras, ainda que se note na lei uma preocupação em se selecionar entidades mais idôneas e experientes com base no procedimento de "chamamento público", bem como em se monitorar e controlar os resultados da parceria, não se vislumbra, no seu texto, qualquer meio para o desafio de se universalizar o *compliance* no âmbito das entidades privadas atuantes em áreas de interesse público por meio de contratos administrativos de cooperação.

Diante dessa constatação, a dúvida antes explicitada coloca-se novamente. Será possível materializar uma cultura de prevenção da corrupção, com base em uma nova lógica de gestão privada das instituições, sem que se reflita sobre um modelo de programa de integridade adequado à realidade do terceiro setor? Para além da adaptação do modelo de programa, considerando-se que as entidades do terceiro setor não desempenham atividades com intuito lucrativo e, em muitas situações, sobrevivem com o suporte de recursos público, quem arcará com seus sistemas de *compliance*?

Uma solução concebível a esses problemas seria a de exigir, tal como se tem feito com empresas em geral, o compromisso do desenvolvimento de programas internos de integridade pelas entidades fomentadas. Paralelamente, seria adequado que o próprio Estado, em suas propostas de parceria com o terceiro setor, disponibilizasse capacitação e recursos financeiros para a estruturação desses programas, vinculando a existência do programa à possibilidade de participação em chamamentos públicos e o funcionamento do programa à manutenção das relações de parceria e do consequente repasse de recursos financeiros, humanos ou materiais. Por essas vias ou por outras, imprescindível é apenas que se passe a refletir sobre a integridade no terceiro setor para além de uma visão meramente repressiva da corrupção.

3 O papel do Estado: controle interno basta?

A edição da lei anticorrupção revelou um interessante cenário de reconfiguração de ilícitos de corrupção. A partir de então, não mais se reduz a corrupção à troca de favores ou vantagens entre um particular e um agente público, como tipicamente se vê no direito penal. Para configurá-la, também é possível a atuação isolada, mas desde que ela se dê na relação com o Estado. Isso significa que há, ao menos, três arranjos subjetivos para a prática de atos do gênero: o clássico, da corrupção realizada em conjunto por um ou mais particulares com um ou mais agentes públicos; a corrupção envolvendo apenas agentes públicos, que se encaixa geralmente nas hipóteses de improbidade (sobretudo as de enriquecimento ilícito); e as cometidas exclusivamente pelos particulares, como frequentemente se vislumbra nos cartéis licitatórios.

Independentemente desse alargamento do fenômeno, fato é que a efetiva prevenção da corrupção depende do comportamento estatal em maior ou menor grau. Como bem alerta Ana Frazão, "uma conclusão é certa: se o Estado pretende incentivar os agentes privados a cumprirem a legalidade, ele deve ser o maior interessado em dar o exemplo e oferecer os incentivos corretos em todas as suas searas de atuação. A partir do momento em que ele falha nessa missão... cria-se um perigoso desincentivo para as empresas privadas".[10]

É nesse contexto que se entende como inevitável a extensão da discussão dos programas de integridade para o âmbito estatal. Seja para evitar o envolvimento de agentes públicos em práticas de corrupção, seja para criar e disseminar exemplos estimulantes a transformações da própria sociedade e do mercado, seja ainda para que as entidades públicas logrem avaliar e monitorar os programas de integridade que eles exigem dos particulares contratados – como se viu na legislação fluminense –, é fundamental que o Estado desenvolva suas próprias estratégias internas.

Partindo-se dessa premissa, as indagações que se colocam são basicamente duas: como relacionar e adaptar o modelo particular de integridade ao clássico sistema de controle interno[11] da Administração

---

[10] FRAZÃO, Ana. O papel do Estado diante de programas de compliance. *Valor Econômico*, 29 de dezembro de 2017.

[11] A expressão controle interno designa um conjunto de meios de fiscalização, de prevenção, de repressão e de correção de comportamentos irregulares e ilícitos. O controle interno se diferencia do externo pelo posicionamento do controlador e do controlado. Nele, ambos se encontram dentro da mesma entidade, da mesma pessoa jurídica, ou de um mesmo poder. Já no controle externo, o órgão e o ente controlador não estão posicionados na mesma entidade

Pública? E em que medida o controle interno, nos moldes existentes, pode se aprimorar a partir das experiências do mercado?

Para se tentar contribuir com a construção de respostas a essas duas questões finais, em primeiro lugar, explicitar-se-ão as deficiências do controle interno para, em segundo lugar, verificar como ele poderia se beneficiar das novas práticas de gestão privada no campo da prevenção da corrupção.

Como se sabe, a crise brasileira não deixa de ser uma crise dos controles da Administração Pública. O cenário de impunidade, de insegurança, de corrupção, de choque entre poderes, de escassez de recursos públicos para investimento em políticas essenciais resulta, em grande medida, de falhas graves no funcionamento dos inúmeros mecanismos jurídicos que a Constituição disponibiliza para se viabilizar o controle das ações e omissões do Estado e de seus agentes. As falhas são de funcionamento, de operação, de condução dos instrumentos de controle. Não se trata de um problema quantitativo, ou seja, não há que se falar da ausência de normas e de meios de controle, mas sim de dificuldades operacionais. Controles existem e são muitos! Não há necessidade de inventar novos. É preciso que se confira a eles efetividade, que se os coloque em prática, sem o que seus instrumentos e órgãos se transformarão em fonte inútil de custos para o Estado.

A primeira questão relevante, portanto, é simples: por que o controle interno não funciona como deveria? Em apertada síntese, retomando alguns aspectos que desenvolvi em outro estudo sobre o tema,[12] os fatores que dificultam a eficiência do controle podem ser resumidos a:

i) *Falta de especialização técnica*: Controlar pressupõe conhecer uma situação ou objeto e entendê-lo. Sem isso, não se controla ou, na melhor das hipóteses, controla-se muito mal.

---

ou no mesmo Poder. Há duas pessoas jurídicas ou, pelo menos, dois poderes: um deles em posição de monitorado e outro em posição de controlador. Exatamente por isso se diz que o controle externo envolve tanto o desenvolvido por um Poder sobre outro, quanto o executado, no âmbito do Poder Executivo, pela Administração Direta em relação à Indireta que lhe esteja vinculada. Diferentemente do externo, o controle interno, por se desenvolver no âmbito de uma única entidade estatal, independe de previsão explícita em lei. Como tarefa inerente e essencial a qualquer instituição pública, sua criação por ato normativo infralegal basta para lhe conferir validade jurídica. Como esclarece José Cretella Júnior, "no direito público, a atividade autotutelar é incessante. Dela não pode a administração prescindir". CRETELLA JÚNIOR, José. Da autotutela administrativa. *Revista de Direito Administrativo*, v. 108, 1972, p. 48.

[12] Cf. MARRARA, Thiago; GONZALEZ, Jorge Agudo (Org.). *Controles da Administração e judicialização de políticas públicas*. São Paulo: Almedina, 2017, cap. 2.

Caso o agente responsável pelo controle não compreenda tecnicamente o assunto ou matéria sob sua observação, dificilmente terá condições de avaliá-la com precisão para aferir sua regularidade ou irregularidade. Isso revela uma regra geral básica: o controle demanda conhecimentos técnicos e, por conseguinte, exige capacitação constante.

ii) *Proximidade entre controlador e controlado:* A Administração Pública, seja em suas tarefas executórias, seja nas funções de controle que lhe cabem, sofre forte influência, ora lícita, ora ilícita, de uma série de fatores, incluindo os de ordem política e econômica, assim como as influências pessoais derivadas de sentimentos, relações de amizade, coleguismo, inimizade ou parentesco. Mesmo a administração burocratizada, como alerta Jacques Chevalier, não funciona de modo mecânico, previsível e coerente.[13] Reconhecer que, a despeito do princípio constitucional da legalidade e da impessoalidade, o ambiente administrativo jamais foi ou será neutro representa o primeiro passo para se entender a importância do isolamento, da autonomia ou do distanciamento entre controlador em relação ao controlado e seus poderes. Nas situações em que a proximidade entre controlador é muito alta, como costuma ocorrer no controle interno hierárquico dentro de um mesmo órgão público (intraorgânico), as pressões desfavoráveis à ação efetiva do controlador aumentam de maneira diretamente proporcional. Essas pressões derivam de eventuais articulações políticas manejadas contra o controlador, de seu medo frente a retaliações presentes ou futuras, de ameaças expressas e, não é de se descartar a hipótese, de reais danos físicos, morais ou profissionais. Não

---

13 Nas palavras do autor francês, "l'administration, même bureaucratisée, ne fonctionne jamais de manière aussi rigoureuse, 'machinique', avec cette parfaite cohérence et previsibilité des comportements; il faut tenir compte des facteurs personnels qui déterminent le comportement des agents, des hiérarchies parallèles et des stratifications qui influent sur la structure du pouvoir, des stratégies des acteurs et des arrangements en marge du système des rôles officiel. L'administration est un *systeme complexe,* dont l'organisation formelle n'épuise pas les potentialités". CHEVALIER, Jacques. *Science administrative,* 4a ed. Paris: PUF, 2007, p. 348. Em outro trecho, aduz o autor: "Les organisations, les entreprises, les administrations ne fonctionnent jamais, contrairement à certaines illusions webériennes ou tayloriennes, sur un mode purement 'rationnel', conformément à des règles impersonnelles et objectives. Toutes organisation est formée d'individus ayant leurs besoins et leurs motivations spécifiques, et dont les comportements ne peuvent être enfermés une fois pour toutes dans un cadre normative pré-établi", p. 359.

é por outra razão que o tema da imunização e do insulamento do controlador se mostra tão relevante.

iii) *Corporativismo e clientelismo*: o corporativismo pode ser simplificadamente definido como um movimento de autoproteção dos interesses de classes profissionais que também sucede dentro da Administração Pública e, em estágio mais avançado, busca a imunização recíproca de grupos de agentes públicos contra fatores desestabilizadores externos e a manutenção de privilégios e benefícios; inclusive pelo sufocamento de instrumentos de controle interno capazes de afetá-los. Como nem todas as entidades estatais dispõem de corpos neutros e especializados de controladores, é comum que as tarefas de controle interno se desenvolvam exclusivamente por meio de mecanismos de autocontrole e de controle hierárquico. O perigo que aí reside deriva do fato de que o controle interno hierárquico se mostra extremamente suscetível ao corporativismo nas entidades em que a composição profissional dos órgãos decisórios se destaca pela baixa heterogeneidade, sendo dominada por um grupo específico de profissionais. Em ambientes assim, torna-se praticamente impossível o controle hierárquico efetivo das falhas ou ilegalidades cometidas por membros do grupo dominante. Já nas hipóteses em que as decisões de controle hierárquico contra falhas ou ilegalidades cometidas pelo membro do grupo dominante não geram efeitos nocivos reflexos para o coletivo, mas somente efeitos individuais contra aquele que agiu irregularmente, entra em jogo o clientelismo, ou seja, um sistema de troca de favores entre seus membros, baseado em um pacto de proteção recíproca ou de imunização contra qualquer elemento de ataque externo. No *clientelismo*, os controladores, sobretudo os que dependem de eleição pelos pares, trocam seu apoio a situações irregulares ou ilícitas por votos e apoio político. Exatamente pelos efeitos nocivos que isso gera, tem-se paulatinamente valorizado a criação do chamado controle interno especializado, por órgão separado, autônomo e distanciado dos órgãos executórios.

vi) *Impunidade ou insuficiência punitiva*: A impunidade reinante na Administração Pública brasileira e as insuficiências punitivas por deformações institucionais e procedimentais ou falhas de gestão configuram outro inimigo do controle interno. A impunidade e as insuficiências punitivas a que se faz menção são fáticas, reais, ocorrentes no mundo do ser, no quotidiano da Administração Pública. Não se trata de um problema derivado da insuficiência de mecanismos jurídicos de controle, mas sim da falta de vontade e de condições políticas para se aplicá-los com efetividade. Além disso, elas decorrem de inúmeras dificuldades procedimentais que maculam a legalidade dos mecanismos de controle.

v) *Custos elevados*: o direito não é movido sem custos! As normas não saltam do texto legal e transformam-se em realidade sem intervenções naturais. Normas dependem de pessoas, de sua vontade, de sua interpretação, de seu desejo de aplicá-las como se deve, de energia, de comportamentos. Tudo isso gera custos, gastos, despesas das mais variadas espécies. E se regressarmos ainda mais no processo jurídico, chegar-se-á à conclusão de que a própria existência das normas custa. A gênese normativa não ocorre gratuitamente, sem dor, sem tensões e conflitos – sem custos, portanto. O exame do controle interno jamais escaparia a essa regra. Não há dúvida de que ele gera custos de muitas espécies, dentre os quais merecem destaque os financeiros, os humanos e os profissionais. Por esses e outros fatores, a efetividade do controle pressupõe a superação das dificuldades financeiras e orçamentárias de cada entidade estatal, além de luta contra as restrições culturais a investimento fundamentais em atividades do gênero.

4 O que programas de integridade ensinam ao Estado?

Além de se debater as inúmeras soluções pontuais aos problemas que dificultam a efetividade do controle – o que não cabe aqui –, é essencial, no atual debate sobre programas de integridade, lançar os olhos sobre a experiência dos entes privados e refletir como eles podem contribuir para a reestruturação e o aprimoramento das tradicionais formas de controle que existem na Administração Pública.

Como se viu ao início, ao tratar da dosimetria das sanções, o art. 7º da Lei Anticorrupção menciona exclusivamente os programas de integridade para agentes de mercado. Porém, tais programas nada mais são que políticas institucionais destinadas a monitorar a compatibilidade das ações e omissões de certa entidade e seus agentes com o ordenamento jurídico e as políticas internas. Sua utilidade consiste em evitar a ocorrência de infrações e, por conseguinte, impedir a responsabilização da entidade por ilícitos e todas as consequências nocivas que daí derivam. Em última instância, os programas configuram uma forma de controle interno das entidades particulares, com ou sem finalidade lucrativa. Exatamente por isso, há elementos básicos reconhecidos pelos especialistas para a implementação bem-sucedida de programas do gênero que podem ser também úteis para a melhoria dos controles internos do Estado.

O primeiro desses elementos se expressa no *comprometimento da alta administração*. Dele se extrai, como condição de sucesso de instrumentos de controle, a necessidade de se superar o modelo de legalidade dúplice, diferenciada ou assimétrica que perdura na Administração Pública brasileira, pela qual o ordenamento externo e a ordem interna da entidade valem em sua inteireza somente para os agentes de menor escalão, enquanto os agentes de maior hierarquia são submetidos a um sistema normativo privilegiado, diferenciado, marcado pela menor efetividade e maior brandura. Sem que a alta administração se envolva e também se proponha a observar as normas internas com, no mínimo, o mesmo comprometimento dos servidores de menor escalão, certamente o programa não decolará, nem sequer obterá apoio necessário, inclusive financeiro. Ademais, a falta de compromisso das lideranças ocasionará a perda de sua legitimidade entre os demais agentes públicos.

O segundo requisito necessário é a criação de um *órgão de integridade*, que atue de maneira neutra e autônoma em relação ao resto da entidade e disponha dos recursos necessários para materializar o programa. No âmbito da Administração Pública, isso poderia ser viabilizado pela transformação de comissões de ética em comissões de integridade, responsáveis pela promoção da cultura ética dentro da entidade pública, pela definição das prioridades e metas do programa, pelo seu monitoramento, pela elaboração de medidas de coordenação e cooperação interna e por sua avaliação. Referidas comissões também deveriam ser responsáveis pelo estabelecimento de políticas disciplinares e, ainda, pela preparação das comissões responsáveis por sua execução.

O terceiro requisito que pode ser extraído da experiência privada consiste na *elaboração das normativas*, bem como na revisão de normas disciplinares dentro da entidade pública no intuito de se compatibilizá-las com a política de integridade e ética institucional. Não basta, contudo, criar referidas normativas. É preciso ainda divulgá-las intensamente e revisá-las de tempos em tempos. A comissão de integridade pública teria, portanto, o papel de atualizar códigos de ética e também as normas disciplinares e guias comportamentais da entidade.

Enfim, em quarto lugar, alinhando-se ao que ocorre no âmbito dos programas privados de integridade, seria essencial ao órgão público responsável pela política de integridade elaborar *instrumentos de capacitação e de fomento* ao cumprimento das normas de integridade dentro da entidade estatal. Os instrumentos de capacitação, especificamente, devem ser direcionados não apenas aos agentes públicos, mas também aos usuários de serviços e a terceiros que lidam diretamente com a entidade. A seu turno, os programas internos de fomento ou estímulo de respeito ao controle poderão se basear em sanções premiais de diversos tipos e no reconhecimento constante da observância da política de integridade pelos agentes públicos.

Esses quatro exemplos simples mostram que as ciências do direito administrativo e do direito público, no contexto de intensa e gravosa crise do Estado brasileiro, têm muito a ganhar com as reflexões e os conhecimentos gerados no mercado por ocasião do fortalecimento das políticas de combate à corrupção e da estruturação dos chamados programas de integridade. Em muitos aspectos, os avanços atingidos por esses programas podem ser transportados para a Administração Pública para suprir as deficiências e superar as dificuldades dos clássicos mecanismos de controle interno, que constituem fatores determinantes do problemático cenário em que se encontra a nação. É nesse sentido, portanto, que se deve estender a discussão sobre o *compliance* para um campo muito maior, que ultrapasse a mera vida dos grandes agentes econômicos, e atinja a necessária participação do Estado em uma política de prevenção da corrupção que se quer efetiva.

5 Conclusão

Em boa síntese, Frazão afirma que o objetivo dos programas de *compliance* é modificar o ambiente institucional em que se encontram os agentes econômicos.[14] E o intuito desse ensaio foi demonstrar, a partir dessa premissa, que não existe modificação do ambiente institucional sem reflexões e políticas amplas de integridade. Em outras palavras, não basta discutir políticas que levem em conta apenas a atuação das grandes empresas, responsáveis pelos longos e caríssimos contratos de construção de infraestruturas públicas ou concessão de serviços públicos.

---

[14] FRAZÃO, Ana. O papel do Estado diante de programas de compliance. *Valor Econômico*, 29 de dezembro de 2017.

É necessário refletir sobre a integridade de todos os entes privados e estatais que se envolvem, em maior ou menor medida, com o fenômeno da corrupção. Daí resulta a preocupação com a adaptação e o custeio de programas de integridade para microempresas e empresas de pequeno porte, para entidades do terceiro setor e para o próprio Estado.

O primeiro desafio a se superar, nesse escopo, é o das microempresas e empresas de pequeno porte, que representam quase 99% do total de empresas brasileiras e cuja participação em contratações públicas tem aumentado de modo intenso nos últimos anos, principalmente pela disseminação do pregão eletrônico e pela aplicação das medidas discriminatórias previstas na Lei Complementar nº 123. É preciso pensar em estratégias de adaptação dos programas de *compliance* para essas empresas de menor porte, com reduzido corpo de funcionários e baixo capital. Não basta impor sua adoção goela abaixo, por exemplo, mediante leis que obriguem a adoção da política. O Estado tem o papel de fazer mais que legislar. Necessita oferecer apoio, suporte, recursos materiais, conhecimento e recursos financeiros para que esses entes, mais vulneráveis e desestruturados, possam também contribuir com a prevenção da corrupção. Programas reservados apenas a grandes empresas, ou seja, a 1% das empresas, serão obviamente incapazes de promover a mudança de ambiente institucional que se espera.

O segundo desafio consiste em repensar o *compliance* diante do fenômeno da contratualização administrativa e, por conseguinte, da intensificação de relações e interações do Estado com entes privados, não estatais, sem finalidade lucrativa, como as OS, as OSCIP e as OSC. Na medida em que tais entidades, frequentemente, vivem de recursos financeiros do Estado para desenvolver suas atividades fins, é de se refletir se os ajustes cooperativos de parceria social com o terceiro setor não deveriam prever recursos para a estruturação de programas de prevenção de corrupção. Embora a Lei nº 13.019 tenha dado um grande passo na moralização das relações do Estado com o terceiro setor, e também na transparência e no controle das atividades desses entes, ela ainda trabalha a corrupção num foco mais repressivo que preventivo. Daí a importância de se analisar a conveniência de reformas que viabilizem meios de financiar e estimular os programas internos de integridade.

O terceiro e último desafio diz respeito ao enorme papel do Estado na mudança do ambiente institucional e na prevenção da corrupção. Conquanto o conceito de corrupção tenha se expandido e hoje seja possível cogitar de manifestação desse fenômeno a despeito da participação de agentes públicos, a integridade no desempenho de tarefas estatais não deixou de ser imprescindível. Falar de integridade estatal é essencial, na medida em que, pelo exemplo ético, a conduta do Estado pode influenciar os agentes econômicos a se moverem em direção a boas práticas. Além disso, a adoção de sistemas de integridade tende a reduzir corrupção envolvendo agentes públicos e, na relação da Administração com a sociedade, permite que se possa avaliar melhor os programas desenvolvidos pelos agentes de mercado ou do terceiro setor no âmbito dos contratos administrativos mais variados.

No entanto, o Estado já tem sua forma própria de *compliance*, representada por mecanismos de controle interno cuja criação a Constituição da República impõe. Nesse cenário, em vez de se falar da criação de programas estatais de integridade, buscou-se verificar em que medida a Administração Pública poderia aprender com a experiência privada e aperfeiçoar seus mecanismos tradicionais de controle interno, de modo a superar as inúmeras deficiências que os marca e que, em grande parte, estão por trás da crise institucional brasileira. A esse respeito, destacaram-se quatro aspectos para reflexão: (i) a necessidade do envolvimento mais ativo e maior comprometimento dos agentes públicos da alta administração; (ii) a importância de se investir em órgãos especializados de controle; (iii) o imprescindível aprimoramento de normativas sobre moralidade e comportamento ético dentro de cada entidade pública e (iv) a imprescindibilidade de investimento constante em difusão do conhecimento e aprimoramento dos agentes públicos.

Referências

ALVES, Rafael. Obrigatoriedade de *compliance* já é realidade. *O Estado de São Paulo*, 15 de novembro de 2017, edição digital, Disponível em: <http://politica.estadao.com.br/blogs/fausto-macedo/obrigatoriedade-de-*compliance*-ja-e-realidade/>.

CESARIO, Natália de Aquino; MARRARA, Thiago. O que sobrou da autonomia dos Estados e Municípios para legislar sobre parcerias com o terceiro setor? In: MOTTA, Fabrício; MÂNICA, Fernando Borges; OLIVEIRA, Rafael Arruda (Org.). *Parcerias com o terceiro setor*. Belo Horizonte: Fórum, 2017.

CHEVALIER, Jacques. *Science administrative*. 4.ed. Paris: PUF, 2007.

CRETELLA JÚNIOR, José. Da autotutela administrativa. *Revista de Direito Administrativo*, v. 108, 1972.

DI PIETRO, Maria Sylvia; MARRARA, Thiago (Org.). *Lei anticorrupção comentada*. Belo Horizonte: Fórum, 2017.

FORTINI, Cristiana. As regras de habilitação, empate e desempate para micro e pequenas empresas. *Revista do Tribunal de Contas do Estado de Minas Gerais*, n. 1, 2008.

FRAZÃO, Ana. O papel do Estado diante de programas de *compliance*. *Valor Econômico*, 29 de dezembro de 2017.

GONZALEZ, Jorge Agudo; MARRARA, Thiago (Org.). *Controles da Administração e judicialização de políticas públicas*. São Paulo: Almedina, 2016.

MARRARA, Thiago. Comentários ao art. 16. In: DI PIETRO, Maria Sylvia Zanella; MARRARA, Thiago (Org.). *Lei anticorrupção comentada*. Belo Horizonte: Fórum, 2017.

MOTTA, Fabrício; MÂNICA, Fernando Borges; OLIVEIRA, Rafael Arruda (Org.). *Parcerias com o terceiro set*or. Belo Horizonte: Fórum, 2017.

RECCHIA, Paulo; MARRARA, Thiago. Microempresas (ME) e empresas de pequeno porte (EPP) em licitações: comentários aos meios discriminatórios da LC 123 e suas modificações recentes. *Revista de Direito Público Contemporâneo*, v. 1, n. 1, 2017.

RIBEIRO, Márcia Carla Pereira; DINIZ, Patrícia Dittrich Ferreira. *Compliance* e Lei Anticorrupção nas empresas. *Revista de Informação Legislativa*, n. 205, 2015.

RODRIGUEZ-BLANCO, Veronica. Law Actually: Practical Reason, Anarchism and the Legal Rule-Compliance Phenomenon. *Revista Brasileira de Direito*, v. 11, n. 1, 2015.

SANTOS, José Anacleto Abduch. As licitações e o Estatuto da Microempresa. *Revista Eletrônica sobre a Reforma do Estado (RERE)*, 14, 2008.

SEBRAE. A evolução das microempresas e empresas de pequeno porte. 2014. Disponível em: <http://www.bibliotecas.sebrae.com.br/chronus/ARQUIVOS_CHRONUS/bds/bds.nsf/800d694ed9159de5501bef0f61131ad4/$File/5175.pdf>.

SEBRAE. Relatório especial. Empresas familiares. Setembro de 2015. Disponível em: <http://www.bibliotecas.sebrae.com.br/chronus/ARQUIVOS_CHRONUS/bds/bds.nsf/db16fac96aa7a4f7f1b8af2dc5e000a1/$File/5986.pdf>.

Informação bibliográfica deste texto, conforme a NBR 6023:2002 da Associação Brasileira de Normas Técnicas (ABNT):

MARRARA, Thiago. Quem precisa de programas de integridade (*compliance*)?. In: CUEVA, Ricardo Villas Bôas; FRAZÃO, Ana (Coord.). *Compliance*: perspectivas e desafios dos programas de conformidade. Belo Horizonte: Fórum, 2018. p. 275-295. ISBN 978-85-450-0564-3.

LENIÊNCIA, *COMPLIANCE* E O PARADOXO DO OVO OU DA GALINHA: DO *COMPLIANCE* COMO INSTRUMENTO DE AUTORREGULAÇÃO EMPRESARIAL

AMANDA ATHAYDE
ANA FRAZÃO

1 Introdução

O famoso paradoxo do ovo ou da galinha traz o seguinte questionamento: quem nasceu primeiro: o ovo ou a galinha? Para alguns o ovo veio primeiro, pois a galinha, para nascer, teria que surgir a partir de um ovo. Para outros, a galinha veio primeiro, pois o próprio ovo, para ser colocado, demandaria a existência de uma galinha.

Analogicamente, esse paradoxo pode ser trazido para a realidade empresarial em algumas situações, nas quais igualmente haverá pergunta semelhante: quem "nasce" primeiro, um acordo de leniência ou um programa de *compliance*? Para alguns, a descoberta de um ilícito leva à busca pela negociação de um acordo de leniência e, em seguida, conduz à instituição de um programa de *compliance* empresarial. Por outros, o programa de *compliance* existente é que levaria à descoberta das infrações e, consequentemente, a um acordo de leniência. Trata-se, portanto, de uma discussão sobre causa e consequência. A leniência é causa ou consequência de um programa de *compliance*?

A nosso ver, sob a perspectiva dos acordos de leniência, é possível se ter ambos os cenários, e tentaremos identificar e expor nesse artigo a existência de incentivos públicos e privados que levam a cada uma das situações. Em seguida, faremos breves considerações sobre o *compliance* como mecanismo de autorregulação empresarial, bem como as suas consequências na postura dos administradores das sociedades empresárias. Ao final, serão apresentadas nossas conclusões preliminares sobre essa reflexão.[1]

2 Leniência como causa e *compliance* como consequência

A leniência pode ser a causa da instituição de programas de *compliance*. Pense-se na situação hipotética de uma sociedade empresária que identificou, mesmo sem existir um *compliance* prévio, o cometimento de um ilícito. Ao solicitar aconselhamento jurídico do seu advogado, foi recomendado que procurasse as autoridades competentes para que iniciasse, desde logo, a negociação de uma leniência. A depender do tipo de ilícito detectado, a decisão empresarial por procurar um Programa de Leniência pode resultar no início de uma multiplicidade de negociações, com diferentes órgãos. Assim, como requisito para a celebração final do referido acordo, algum (ou alguns) órgão(os) exigiu(ram) que a empresa[2] instituísse um programa de *compliance*. O fluxo que se observa nesses casos, portanto, é o seguinte, no qual o *compliance* é uma consequência da negociação de acordos de leniência:

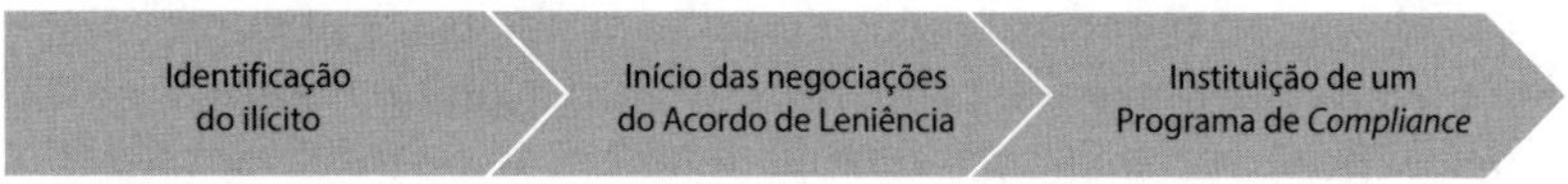

Tal *iter* pode ser verificado no Decreto regulamentar da Lei Anticorrupção (Lei nº 12.846/2013), Decreto de nº 8.420/2015, no qual há a previsão de que eventual Acordo de Leniência celebrado deverá conter, necessariamente, cláusula que verse sobre a adoção, aplicação ou aperfeiçoamento do programa de integridade (art. 37, inciso IV do Decreto nº 8.420/2015).

Assim, independentemente da prévia existência de um programa de *compliance* ser critério para redução da penalidade aplicável,[3] na

---

1 Agradecemos à pesquisadora Agnes Macedo de Jesus pela pesquisa bibliográfica que subsidiou a elaboração desse artigo pelas autoras.

2 A referência à empresa é proposital – e não às sociedades empresárias – para designar o agente econômico, qualquer que seja o meio de sua organização e independentemente das formas jurídicas, especialmente da personalidade jurídica. É com esse sentido que a expressão "empresa" será utilizada ao longo de todo o artigo.

3 Exemplificativamente, na "Lei Anticorrupção" (Lei nº 12.846/2013), o art. 7º, VIII prevê que a existência de mecanismos e procedimentos internos de integridade, auditoria e incentivo à

ausência deste, a sua implementação será requisito necessário para a celebração do Acordo de Leniência Anticorrupção[4] em âmbito federal. Igualmente, nos "Acordos de Leniência com o Ministério Público", a Orientação 7 da 5ª Câmara de Coordenação e Revisão do Ministério Público Federal é que os Acordos de Leniência com efeitos cíveis e criminais terão como requisito mínimo o compromisso de implementar programa de *compliance*/conformidade/integridade ou equivalente.[5]

---

denúncia de irregularidades e a aplicação efetiva de códigos de ética e de conduta no âmbito da pessoa jurídica serão levados em consideração na aplicação das sanções. Nos termos da Lei de Defesa da Concorrência (Lei nº 12.529/2011), por sua vez, não há previsão legal de que a existência de um Programa de *Compliance* possa ser considerado no âmbito da aplicação das penas. Em que pese isso, no Guia de *Compliance* do Conselho Administrativo de Defesa Econômica (CADE), há a sinalização de que esse fator pode ser levado em conta no momento da dosimetria da pena, enquanto elemento caracterizador de "boa-fé" do infrator, nos termos amplos do art. 45 desta Lei nº 12.529/2011.

4 A competência para celebração dos Acordos de Leniência Anticorrupção, no âmbito federal, é da Controladoria Geral da União (CGU), mas diante de controvérsias jurídicas, a Advocacia-Geral da União (AGU) também tem atuado nessas negociações, que em seguida são submetidos ao Tribunal de Contas da União (TCU). O art. 16 da Lei nº 12.846/2013 prevê que: "§10. A Controladoria-Geral da União – CGU é o órgão competente para celebrar os acordos de leniência no âmbito do Poder Executivo federal, bem como no caso de atos lesivos praticados contra a administração pública estrangeira". A portaria interministerial CGU/AGU, de 15 de dezembro de 2016, determina que, assim que receber a solicitação, a CGU deverá comunicará a AGU, que indicará membros para compor a comissão de negociação (art. 3º, §2º). Ainda, conforme o art. 5º da referida portaria, "§4º No âmbito da comissão de negociação, compete especificamente aos membros indicados pela Advocacia-Geral da União avaliar a vantagem e procedência da proposta da empresa em face da possibilidade de propositura de eventuais ações judiciais"; "§5º O relatório final conterá capítulo próprio com a análise das questões jurídicas realizada pelos membros indicados da Advocacia-Geral da União". Por sua vez, a Instrução Normativa nº 74 do TCU dispõe sobre a fiscalização do Tribunal de Contas da União quanto à organização do processo de celebração de acordo de leniência pela administração pública federal. "A fiscalização dos processos de celebração de acordos de leniência inseridos na competência do Tribunal de Contas da União, inclusive suas alterações, será realizada com a análise de documentos e informações [...]" (art. 1º). Veja que "a apreciação do Tribunal sobre as etapas que compõem a celebração de acordos de leniência [...] constituirá condição necessária para a eficácia dos atos subsequentes" (art. 3º). Importante ressaltar ainda que Leniência Anticorrupção depende do preenchimento de alguns requisitos, nos termos da legislação atualmente vigente no Brasil: (I) ser primeira: que a empresa candidata seja a primeira a manifestar interesse em cooperar para a apuração do ato lesivo específico, quando tal circunstância for relevante; (II) cessar a conduta: que a empresa cesse sua participação na infração noticiada ou sob investigação a partir da data de propositura do acordo; (III) admitir participação: que a empresa admita sua participação no ilícito; (IV) cooperar: que a empresa coopere plena e permanentemente com a investigação e o processo administrativo, comparecendo, sob suas expensas, sempre que solicitado, a todos os atos processuais, até a decisão final (inclusive com o cálculo dos valores); (V) cooperar e obter resultado: que da cooperação resulte a identificação dos demais envolvidos na infração e a obtenção célere de informações e documentos que comprovem a infração noticiada ou sob investigação; e (VI) existir um programa de integridade: que a empresa institua ou aperfeiçoe o Programa de Integridade empresarial.

5 Item 7.5. "Obrigações da colaboradora (mínimas), da Orientação 7 da 5ª Câmara de Coordenação e Revisão do Ministério Público Federal: "compromisso de implementar programa de compliance (conformidade ou integridade) ou equivalente e de se submeter

Em linha com essas iniciativas, que relacionam diretamente a leniência ao *compliance*, verifica-se também o crescimento de incentivos públicos à criação de programas de *compliance* empresariais. Ora, diante da definição da Estratégia Nacional de Combate à Corrupção e à Lavagem de Dinheiro (ENCCLA) de que uma de suas prioridades seria a criação de mecanismos que incentivassem a adoção de programas de integridade em contratações públicas (Ação nº 5/2016),[6] esse modelo de incentivos públicos para a criação de programas de *compliance* tem se espalhado em legislações federais e estaduais ao redor do Brasil.

Na nova "Lei das Estatais" (Lei nº 13.303/2016), são exigidas regras de governança corporativa e práticas de *compliance* no estatuto das companhias estatais.[7] Ainda, o Ministério da Fazenda passou

---

a auditoria externa, às suas expensas, se for o caso". A Orientação 7 da CCR do MPF traz ainda os requisitos para o chamado Acordo de Leniência "Cìvel-Criminal", quais sejam (I) oportunidade: a circunstância de ser a primeira empresa a revelar os fatos desconhecidos à investigação; (II) efetividade: a capacidade real de contribuição da colaboradora à investigação, por meio do fornecimento de elementos concretos que possam servir de prova; (III) utilidade: devendo ficar explicitados quantos e quais são os fatos ilícitos e pessoas envolvidas, que ainda não sejam de conhecimento do MPF, bem como quais são os meios pelos quais se fará a respectiva prova; (IV) informações e provas: apresentação de informações e provas relevantes; (V) cessação: cessar as condutas ilícitas; (VI) compliance: implementar programa de compliance/conformidade/integridade/equivalente e se submeter a auditoria externa; (VII) colaboração: Colaborar de forma plena, sem qualquer reserva, com as investigações, durante toda a vigência do Acordo de Leniência, portando-se com honestidade, lealdade e boa-fé; (VIII) reparação de danos: pagamento de valor relativo à antecipação de reparação de danos, ressalvado o direito de outros órgãos buscarem o ressarcimento adicional, prestando garantias; e (IX) multa: pagamento da multa, prestando garantias. Veja que a Leniência "Cível-Criminal" não se confunde com a Colaboração Premiada, de cujos requisitos são (conforme o art. 4º da Lei 12.850/2013): (I) colaboração: colaboração efetiva e voluntária com a investigação e o processo criminal; (II) resultado 1 – coautores e partícipes: da colaboração resulte a identificação dos demais coautores e partícipes da organização criminosa e das infrações penais por eles praticas; (III) resultado 2 – estrutura hierárquica e divisão de tarefas: da colaboração resulte a revelação da estrutura hierárquica e da divisão de tarefas da organização criminosa; (IV) resultado 3 – prevenção: da colaboração resulte a prevenção de infrações penais decorrentes das atividades da organização criminosa; (V) resultado 4 – recuperação do proveito ou produto: da colaboração resulte a recuperação total ou parcial do produto ou do proveito das infrações penais praticadas pela organização criminosa; e (VI) resultado 5 – localização da vítima: da colaboração resulte a localização de eventual vítima com a sua integridade física preservada.

6 Estratégia Nacional de Combate à Corrupção e à Lavagem de Dinheiro (ENCCLA). Ações de 2016, XIII Reunião Plenária. Disponível em: <http://enccla.camara.leg.br/acoes/acoes-de-2016>.

7 É o que dispões o art. 6º da Lei nº 13.303/2016, *in verbis*: "O estatuto da empresa pública, da sociedade de economia mista e de suas subsidiárias deverá observar regras de governança corporativa, de transparência e de estruturas, práticas de gestão de riscos e de controle interno, composição da administração e, havendo acionistas, mecanismos para sua proteção, todos constantes desta Lei". A referida Lei, no que concerne às práticas de governança exigidas, determina a criação e divulgação de um Código de Conduta e Integridade (art. 9º, §1º), de um "canal de denúncias que possibilite o recebimento de denúncias internas e externas relativas ao descumprimento do Código de Conduta e Integridade e das demais normas internas de ética e obrigacionais" (art. 9º, §1º, inciso III), de "mecanismos de proteção que

a condicionar, a partir de 2017, a concessão de seguro de crédito à exportação[8] às empresas que demonstrassem ter programa de *compliance* anticorrupção instituído, visando a promover um ambiente de negócios mais íntegro, nacional e internacionalmente.[9]

A Lei Estadual do Rio de Janeiro nº 7.753/2017, por exemplo, sancionada em outubro de 2017, dispõe sobre a obrigatoriedade de instituição de Programa de Integridade[10] nas empresas que contratarem com o Poder Público fluminense. Essa exigência tem por objetivo, segundo o art. 2º da lei, (I) proteger a administração pública estadual dos atos lesivos que resultem em prejuízos financeiros causados por irregularidades, desvios de ética e de conduta e fraudes contratuais; (II) garantir a execução dos contratos em conformidade com a lei e regulamentos pertinentes a cada atividade contratada; (III) reduzir os riscos inerentes aos contratos, provendo maior segurança e transparência na sua consecução; e (IV) obter melhores desempenhos e garantir a qualidade nas relações contratuais.

O mesmo se verifica no Distrito Federal, onde a Lei nº 1806/2017, sancionada em fevereiro de 2018, também torna obrigatória a implantação de programas de integridade para empresas que celebrem contratos acima de determinado valor com o Distrito Federal.[11] Nota-se, nesse

impeçam qualquer espécie de retaliação a pessoa que utilize o canal de denúncias" (art. 9º, §1º, inciso IV), realização de treinamentos periódicos sobre o Código de Conduta a seus empregados (art. 9º, §1º, inciso VI), análise de pré-qualificação de fornecedores com a exigência de consulta ao Cadastro Nacional de Empresas Inidôneas (art. 37) e presença da matriz de riscos como cláusula contratual (art. 69, inciso X).

[8] O seguro de crédito à exportação provê cobertura da União para operações de crédito à exportação contra riscos comerciais, políticos e extraordinários para quaisquer bens e serviços exportados a partir do Brasil. Encontra previsão legal na Lei nº 6.704/1979.

[9] Para maiores informações: <http://www.fazenda.gov.br/noticias/2017/dezembro/em-evento-sobre-anticorrupcao-sain-apresenta-medidas-para-fortalecer-seguro-de-credito-a-exportacao>; <http://www.camex.gov.br/noticias-da-camex/1946-definicao-de-diretrizes-para-o-sistema-de-compliance-do-seguro-de-credito-a-exportacao>; <http://www.fazenda.gov.br/noticias/2016/maio/sain-apresenta-novos-procedimentos-de-compliance-a-exportadores>; e <http://www.sain.fazenda.gov.br/assuntos/credito-e-garantia-as-exportacoes/compliance-no-seguro-de- credito-a-exportacao>.

[10] Lei Estadual do Rio de Janeiro nº 7.753/2017, que dispõe sobre a instituição do Programa de Integridade nas empresas que contratarem com a Administração Pública do Estado do Rio de Janeiro e dá outras providências. *O Programa de Integridade consiste, no âmbito de uma pessoa jurídica, no conjunto de mecanismos e procedimentos internos de integridade, auditoria e incentivo à denúncia de irregularidades e na aplicação efetiva de códigos de ética e de conduta, políticas e diretrizes com o objetivo de detectar e sanar desvios, fraudes, irregularidades e atos ilícitos praticados contra a administração pública do Estado do Rio de Janeiro.*

[11] Projeto de Lei Distrital n. 1.806/2017, que dispõe sobre a obrigatoriedade da implantação do Programa de Integridade nas empresas que contratarem com a Administração do Distrito Federal, em todas as esferas de Poder, e dá outras providências. O Programa de Integridade consiste, no âmbito de uma pessoa jurídica, no conjunto de mecanismos e procedimentos

contexto, que a redação de ambas as legislações estaduais é basicamente idêntica, o que sugere um padrão que pode vir a se espalhar para outros estados e municípios no país.

Há divergências na doutrina quanto aos efeitos dessa exigência. Por um lado, autores como Beaton-Wells e Tran[12] sustentam que seria plenamente razoável exigir que a criação de um programa de *compliance* seja uma condição necessária para a celebração de Acordos de Leniência, dado que o benefício do acordo supera sobremaneira os custos da instituição de um programa de *compliance*. Por outro lado, William J. Kolasky, ex-procurador-geral adjunto da Divisão Antitruste do DOJ (*Department of justice*) entende que "the true benefit of compliance programs is to prevent the commission of antitrust crimes, not to enable organizations that commit such violations to avoid prosecution for them".[13]

É importante ressaltar, entretanto, que a exigência de adoção de programas de *compliance* em acordos de leniência não tem como objetivo propriamente evitar investigações, mas sim o objetivo mais amplo de evitar a prática do ilícito, mantendo-se a legalidade e a ética nas práticas empresariais. Por mais que a própria OCDE ressalte que não existe um consenso global sobre o peso legal dos programas de *compliance* na avaliação da responsabilidade e da multa apropriada a serem impostas ao infrator,[14] parte-se da premissa de que tais programas, se consistentes e efetivos, podem ter importante papel na modificação da própria cultura empresarial.

---

internos de integridade, auditoria, controle e incentivo à denúncia de irregularidades e na aplicação efetiva de códigos de ética e de conduta, políticas e diretrizes com o objetivo de detectar e sanar desvios, fraudes, irregularidades e atos ilícitos praticados contra a administração pública do Distrito Federal.

[12] BEATON-WELLS, C.; TRAN, C. (Ed.) (2015) *Anti-cartel enforcement in a contemporary age*. Hart Publishing, Oxford. p. 192. Segundo os autores, as discussões sobre esse tema giram em torno de cinco pontos: (A) o Programa de Compliance como uma condição para o programa de leniência corporativo e o mecanismo de auto-regulação; (B) a exigência de um "programa de leniência adequado"; (C) ações disciplinares internas com relação à conduta de cartel sujeita ao Programa de Leniência; (D) políticas de leniência internas; (E) tentativas do proponente da leniência para obstruir, sonegar ou manipular informações para o Programa de Leniência.

[13] Disponível em: <https://www.justice.gov/atr/speech/antitrust-compliance-programs-government-perspective>. Acesso em: 11 abr. 2018.

[14] Organização para a Cooperação e Desenvolvimento Econômico (OCDE), *Policy Roundtable: Promoting Compliance with Competition Law*. 2011, OCDE, 27 de março de 2012, p. 14. Disponível em: <http://www.oecd.org/daf/competition/promotingcompliancewithcompetitionlaw2011.pdf>. Acesso em: 11 abr. 2018. Segundo a OCDE, "there is no international consensus on whether competition law violators that had compliance programmes in place at the time of the violation should be given lighter sanctions".

Nota-se, portanto, que há boas razões para que a leniência possa ser a causa para a instituição de programas de *compliance*, dado que instituições públicas ou mesmo legislações estatais condicionam um determinado ato (celebração de um acordo de leniência, contratação pública, etc.) à existência do programa.

Apesar de louváveis as iniciativas, nota-se que o *compliance*, nesses casos, acaba indo a reboque das legislações, ou seja, se torna uma consequência de incentivos públicos, que induzem o comportamento empresarial nessa direção. Dessa maneira, o *compliance* acaba se tornando um bilhete de ingresso para a obtenção de benefícios perante o Poder Público. Quer celebrar contrato com a Administração Pública? Institua um Programa de Integridade. Quer obter seguro de crédito à exportação? Demonstre-me que tem um programa de *compliance*. Quer celebrar um acordo de leniência? Mostre-me que já possui ou que vai criar um programa de *compliance*/Conformidade/Integridade. Trata-se, a nosso ver, de estratégia que leva o *Compliance* "à força" as empresas, como solução de curto prazo, o que pode resultar em diversos riscos, como a criação de um Programa de Integridade "de fachada", sem o efetivo comprometimento da alta administração e dos funcionários.

Isso mostra aspecto delicado da questão da exigência, ainda que indireta, do *compliance* em qualquer circunstância, e especialmente como requisito para a celebração de acordos de leniência. Como a obrigatoriedade, mesmo que transversa, é algo incompatível com a espontaneidade que deve caracterizar a autorregulação, a sua consequência prática pode ser a proliferação de programas de *compliance* com pouco potencial para efetivamente mudar as práticas e a cultura corporativa das empresas afetadas.

3 *Compliance* como causa e leniência como consequência

O *compliance*, por sua vez, também pode ser causa da celebração de acordos de leniência. Pense-se, por exemplo, em uma situação hipotética em que a sociedade empresária instituiu um programa de *compliance* no Brasil, em decorrência da orientação da matriz estrangeira. Com isso, uma série de procedimentos é iniciada, entre eles os treinamentos e as entrevistas, desde o mais alto escalão até o escalão operacional. Nestes, foi possível identificar os principais riscos a ilícitos e instituir mecanismos para se prevenir riscos futuros de práticas indevidas por seus funcionários. Ademais, com a instituição de um "canal direto" de denúncias ("*hot line*"), por exemplo, foi possível que outras informações tenham sido obtidas diretamente dos funcionários envolvidos ou daqueles próximos, que tiveram conhecimento da infração.

Diante disso, é possível que a empresa identifique que alguns de seus funcionários e executivos praticam ou praticaram ilícitos. Em casos assim, a empresa pode decidir por não apenas cessar sua participação e evitar que isso aconteça novamente no futuro, mas também iniciar negociações com as autoridades competentes para acordos de leniência, por exemplo. O fluxo que se observa nesses casos, portanto, é o seguinte, no qual o *compliance* é a causa da negociação de acordos de leniência:

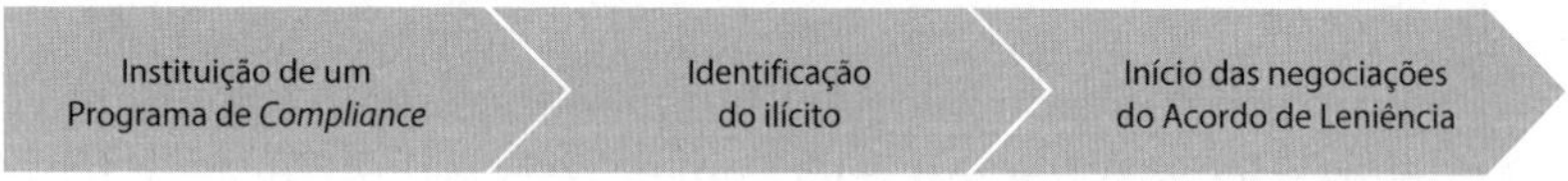

Esse parece ser o cenário, a nosso ver, na seara antitruste. Nem o Conselho Administrativo de Defesa Econômica (CADE) no Brasil,[15] nem o Departamento de Justiça dos Estados Unidos,[16] nem a Comissão

---

[15] No âmbito do direito da concorrência, o Programa de Leniência Antitruste encontra previsão na Lei nº 12.529/2011, e visa a combater infrações à ordem econômica. O órgão competente para celebrar os acordos é a Superintendência-Geral do Conselho Administrativo de Defesa Econômica (CADE). Nos termos do art. 86 da Lei nº 12.529/2011, "o Cade, por intermédio da Superintendência-Geral, poderá celebrar acordo de leniência [...]". A referida Lei traz ainda os requisitos para a celebração do Acordo de Leniência Antitruste, quais sejam: (I) primeira: que a empresa seja a primeira a se qualificar com respeito à infração noticiada ou sob investigação; (II) cessação: que a empresa cesse sua participação na infração noticiada ou sob investigação a partir da data de propositura do acordo; (III) provas da SG/CADE: que no momento da propositura do acordo, a Superintendência-Geral não disponha de provas suficientes para assegurar a condenação do Proponente; (IV) confissão: que a empresa confesse sua participação no ilícito; (V) cooperação: que a empresa coopere plena e permanentemente com a investigação e o processo administrativo, comparecendo, sob suas expensas, sempre que solicitado, a todos os atos processuais, até a decisão final sobre a infração noticiada proferida pelo Cade; e (VI) resultado da cooperação: que da cooperação resulte a identificação dos demais envolvidos na infração e a obtenção de informações e documentos que comprovem a infração noticiada ou sob investigação.

[16] Requisitos da Leniência nos Estados Unidos antes do início das investigações: (I) ineditismo na denúncia fornecida ao órgão antitruste; (II) após a denúncia, que a empresa cesse sua participação na prática ilícita; (III) cooperação total da empresa leniente nas investigações; (IV) o crime denunciado deve ser um ato da própria empresa e não atos isolados de funcionários ou executivos da mesma; (V) quando possível, a empresa deve indenizar as partes lesadas; e (VI) necessidade de a empresa delatora não ter coagido outras empresas a participarem da atividade ilegal, bem como não ter liderado ou incentivado a prática infratora. Requisitos da Leniência nos Estados Unidos no curso da investigação: (I) ser a primeira empresa a apresentar a denúncia, e que esta a habilite a ingressar no Programa de Leniência; (II) necessidade de o órgão antitruste não ter provas contra a empresa delatora no momento em que esta decide fazer a denúncia; (III) após a denúncia, que a empresa cesse sua participação na atividade ilícita; (IV) cooperação total da empresa nas investigações; (V) possibilidade de a empresa indenizar a parte lesada (*restitution clause*); (VI) o crime denunciado deve ser um ato da própria empresa, e não atos isolados de seus funcionários ou executivos; (VII) a Divisão Antitruste deve determinar que a concessão de leniência para esta empresa não

Europeia na Europa,[17] nem o *Bundeskartellamt* na Alemanha,[18] exigem como pré-requisito para a celebração de um acordo de leniência a existência de um programa de *compliance*. Todos eles tendem a ver a negociação de um acordo de leniência como consequência da adoção de comportamentos empresariais adequados, sem a necessidade de vincular a negociação à existência de um programa de *compliance*.[19] Tampouco se trata da realidade dos acordos de leniência no Sistema Financeiro Nacional, recentemente previstos na Lei nº 13.506/2017, a

seja injusta com outros; para tanto, deve considerar a natureza da atividade ilegal, isto é, do crime antitruste, além do papel que a empresa denunciante desempenhou na atividade ilícita, bem como o momento em que decidiu apresentar-se ao órgão responsável pela punição. Disponível em: <https://www.justice.gov/atr/file/810281/download>. Acesso em: 11 abr. 2018.

17 Na União Europeia, os requisitos para o Acordo de Leniência Antitruste são os seguintes: (I) a empresa é a primeira a fornecer evidências que permitem a Autoridade da Concorrência (AC) investigar o suposto cartel; (II) a AC, quando do momento do pedido de leniência, ainda não tinha evidências suficientes para iniciar a investigação ou ainda não tinha iniciado uma investigação relacionada ao alegado cartel; e (III) cumprimento das condições associadas à leniência, quais sejam: (a) encerrar o envolvimento com o suposto cartel imediatamente após o pedido de leniência, salvo se a continuidade do envolvimento seja necessária para preservar as investigações; (b) que a empresa coopere genuinamente, inteiramente e de forma contínua, desde o pedido de leniência até o encerramento do caso; e (c) a empresa não ter destruído evidências importantes para o caso nem divulgado o cartel ou qualquer conteúdo contemplado pelo requerimento de leniência (salvo para outras ACs, sejam elas da UE ou não). Disponível em: <http://ec.europa.eu/competition/ecn/mlp_revised_2012_en.pdf>. Acesso em: 11 abr. 2018.

18 O *Bundeskartellamt* (autoridade da concorrência alemã) prevê como requisitos dos Acordos de Leniência: Parágrafo 3 – (I) que o participante seja o primeiro do cartel a contatar a autoridade alemã e antes que esta tenha evidências suficientes para obter um mandado de busca; (II) que o participante forneça informações verbais e escritas e, quando possíveis, evidências que permitam a obtenção do mandado de busca; (III) que o participante não tenha sido o único líder do cartel e nem tenho coagido outros participantes a entrar no conluio; e (IV) que o participante coopere inteiramente e de forma contínua com a autoridade alemã. Se quando da requisição do acordo de leniência o *Bundeskartellamt* já tiver obtido um mandato de busca, o participante receberá imunidade se: Parágrafo 4 – (I) for o primeiro do cartel a contatar a autoridade alemã e antes que esta tenha evidências suficientes para provar a existência do ilícito; (II) que o participante forneça informações verbais e escritas e, quando possíveis, evidências que permitam a comprovação da existência do ilícito; (III) que o participante não tenha sido o único líder do cartel e nem tenho coagido outros participantes a entrar no conluio; (IV) que o participante coopere inteiramente e de forma contínua com a autoridade alemã; e (V) nenhum outro participante do cartel obtenha a imunidade do parágrafo 3. Disponível em: <http://www.bundeskartellamt.de/SharedDocs/Publikation/EN/Leitlinien/Notice%20-%20Leniency%20Guidelines.pdf?__blob=publicationFile&v=5>. Acesso em: 11 abr. 2018.

19 Ressalva-se, porém, o fato de que, por vezes, o CADE tem celebrado Termos de Compromisso de Cessação (TCCs) com empresas investigadas que contêm como cláusulas do acordo a instituição de programas de *compliance*. Para maiores informações sobre o TCCs, sugere-se a leitura do Guia de TCCs do CADE.

serem celebrados pelo Banco Central do Brasil (BC) e pela Comissão de Valores Mobiliários (CVM).[20] [21]

Nesses casos, o *compliance* decorre dos próprios agentes privados. Essa tomada de decisão pode ser resultado de diversos fatores, como, por exemplo, obrigações societárias e de governança corporativa em bolsas de valores, análises internas sobre os riscos de não cumprimento das leis e seus custos financeiros, instituição de um programa global para o grupo econômico empresarial, exigência de fornecedores ou contrapartes contratuais, fatores reputacionais, elementos morais/éticos da alta direção, investigações e processos em curso ou anteriores, entre

[20] No sistema financeiro nacional, os Acordos de Leniência foram instituídos por meio da Lei nº 13.506/2017, sob a denominação de "Acordos em Processo de Supervisão". São competentes para celebrar este tipo de acordo tanto o Banco Central do Brasil (BACEN) quanto a Comissão de Valores Mobiliários (CVM). O art. 30 da Lei nº 13.506/2017 prevê que "o Banco Central do Brasil poderá celebrar acordo administrativo em processo de supervisão com pessoas físicas ou jurídicas que confessarem a prática de infração às normas legais ou regulamentares cujo cumprimento lhe caiba fiscalizar, com extinção de sua ação punitiva ou redução de 1/3 (um terço) a 2/3 (dois terços) da penalidade aplicável, mediante efetiva, plena e permanente cooperação para a apuração dos fatos, da qual resulte utilidade para o processo, em especial [...]". Em seu art. 34, a Lei nº 13.506/2017 determina que "aos processos administrativos sancionadores conduzidos no âmbito da Comissão de Valores Mobiliários aplica-se, no que couber, o disposto no §3º do art. 19 e nos arts. 21, 22, 24, 25, 29, 30, 31 e 32 desta Lei [...]". Em outras palavras, o referido artigo permite à CVM firmar acordos de leniência. A Lei nº 13.506/2017 traz também alguns requisitos para a Leniência no âmbito do Sistema Financeiro Nacional: (I) primeira: que a empresa seja a primeira a se qualificar com respeito à infração noticiada ou sob investigação (mas pode não ser a primeira também – art. 30, §4º); (II) cessação: que a empresa cesse sua participação na infração noticiada ou sob investigação a partir da data de propositura do acordo; (III) provas do BACEN/CVM: que no momento da propositura do acordo, a autoridade não disponha de provas suficientes para assegurar a condenação do Proponente; (IV) confissão: que a empresa confesse sua participação no ilícito; (V) cooperação: que a empresa coopere plena e permanentemente com a investigação e o processo administrativo, comparecendo, sob suas expensas, sempre que solicitado, a todos os atos processuais, até a decisão final sobre a infração noticiada proferida pelo Bacen/CVM; e (VI) resultado da cooperação: que da cooperação resulte utilidade para o processo, a identificação dos demais envolvidos na infração e a obtenção de informações e documentos que comprovem a infração noticiada ou sob investigação.

[21] Na SEC (Securities and Exchange Commission) dos Estados Unidos, em contrapartida, os requisitos para a concessão da leniência às companhias são: (I) auto-policiamento antes da descoberta do ilícito, incluindo o estabelecimento de procedimentos eficazes de compliance e um *tone at the top* (exemplo de cima) apropriado; (II) reportar a conduta ilícita quando esta for descoberta, incluindo a realização de um relatório completo acerca da natureza, extensão, origens e consequências da conduta inadequada, bem como a divulgação completa, efetiva, imediata da má conduta ao público, às agências reguladoras e às organizações autorreguladas; (III) remediação, incluído a demissão ou o disciplinamento apropriado dos infratores, modificando e melhorando os controles e procedimentos internos para prevenir a reincidência da má conduta, e compensando adequadamente os prejudicados; e (IV) cooperação com as autoridades responsáveis pela aplicação da lei, incluindo o fornecimento ao pessoal da SEC de toda a informação relevante para as violações subjacentes e bem como informações acerca dos esforços da empresa para reparar os danos do ilícito. Disponível em: <https://www.sec.gov/spotlight/enforcement-cooperation-initiative.shtml>. Acesso em: 11 abr. 2018.

outros. Independentemente da origem da tomada de decisão, o mais importante resultado é a mudança da cultura organizacional da empresa.

Nesse sentido, o *compliance* começa a se consolidar como uma cultura, e não uma política.[22] O programa de *compliance* passa a ser, assim, por iniciativa própria do agente privado, o elemento motriz das mudanças, e não uma simples consequência de incentivos públicos. Ao se colocar como causa dos acordos de leniência, o *compliance* mostra todo o seu potencial de efetividade, possibilitando que o ilícito seja reportado às autoridades quando elas não têm sequer conhecimento ou quando ainda não têm provas suficientes para a sua identificação.

4 *Compliance* como instrumento de autorregulação empresarial

Pode-se dizer ainda que o *compliance* é uma importante ferramenta para a autorregulação[23] das empresas. Esta autorregulação, como bem coloca Stucke,[24] deve ser uma grande frente a ser explorada, a fim de se buscar uma mudança nos valores e práticas empresariais, por meio da criação de uma nova cultura empresarial, baseada na ética e no cumprimento das normas legais. Mesmo que a regulação pelo Estado e suas multas continuem tendo papel essencial,[25] veja que o Estado

---

[22] SNYDER, Brent. Compliance is a Culture, Not Just a Policy. Remarks as Prepared for the International Chamber of Commerce/ United States Council of International Business Joint Antitrust Compliance Workshop. New York, Sept. 2014.

[23] Dentre as possíveis formas de autorregulação, o modelo de autorregulação regulada (ou, na doutrina anglo-saxônica, *self-regulation*) é a mais comum e importante forma de manifestação da participação privada no processo regulatório, sendo destacados três possíveis modelos para sua implementação: *delegated self-regulation*, *devolved-self-regulation* e *cooperative self-regulation*. A autorregulação regulada é caracterizada pela intervenção dos entes privados no processo de regulação, de forma subordinada aos fins de interesse público estabelecidos pelo Estado. Este, titular do direito de regular, recorre às empresas para que colaborem com a elaboração de normas. Neste sentido, ver mais em: OGUS, Anthony. Self-regulation, in PARISI, Francesco (org.) Production of Legal Rules. Encyclopedia of Law and Economics, 2ª ed. Edward Elgar, vol. 7, 2011.

[24] STUCKE, Maurice. *Search of Effective Ethics & Compliance Programs*. Journal of Corporation Law. v. 39, n. 4, 2014. p. 771-772. Disponível em: <https://cclg.rutgers.edu/wp-content/uploads/39JCorpL769.pdf>. Acesso em: 12 abr. 2018.

[25] FRAZÃO em FRAZÃO, Ana (Org.). *Constituição, empresa e mercado*. Brasília: Faculdade de Direito – UnB, 2017, p. 18. Disponível em: <http://www.docs.ndsr.org/livrogecem.pdf>. Acesso em: 12 abr. 2018) ressalta que para que haja um real engajamento dos agentes do mercado nessa cruzada ética é crucial que o Estado promova os devidos incentivos. Daí porque, para a autora, a extensão e a eficácia da autorregulação dependem necessariamente da heterorregulação (a regulação tradicional do Estado). Nas palavras da autora, "Com efeito, a autorregulação apenas faz sentido se a sua eficácia puder ser atestada e monitorada. Consequentemente, a mera adesão a um programa de compliance não deixa de ser um

já não é capaz de, por si só, garantir um mercado livre de práticas anticoncorrenciais, atos de corrupção e ilícitos financeiros, i.e. condutas ilegais e antiéticas.

Cada vez mais se torna claro, portanto, que a adesão e o comprometimento voluntário dos agentes econômicos são cruciais para o efetivo e eficaz combate a tais ilegalidades. Neste ponto, os programas de *compliance* como instrumentos de autorregulação ganham grande destaque na medida em que, como defendem Riley e Sokol,[26] o *enforcement* tradicional, por si só, não é capaz de produzir o comprometimento com a lei que os programas de *compliance* pretendem construir. A aplicação de sanções, por si só, não consegue alcançar a percepção de moralidade do comportamento que está sendo regulado ao meramente colocar um preço no descumprimento das normas. De acordo com os autores, há, então, a necessidade de tirar o debate do papel do Estado e voltá-lo às necessárias mudanças dos valores sociais. A autorregulação e, especificamente, o *compliance* procuram fazer parte da construção dessa cultura de respeito voluntário à legalidade. Assim, Riley e Sokol reforçam: "compliance is on the agenda not because of a fear of enforcement, but rather because ethical and compliant business is 'the right thing to do'".[27]

Isso posto, ainda assim é possível se questionar: tendo em vista que a regulação provoca relativo cerceamento de liberdade, por que os agentes econômicos teriam incentivos para se autorregular? A lógica é a de que a autorregulação permite aos agentes, como maiores conhecedores de sua atividade e dia a dia empresarial, estabelecer padrões de qualidade e normas de conduta de forma mais efetiva e eficiente. Daí, mais uma vez, a importância da adoção de incentivos para programas de *compliance,* vistos como instrumentos de uma mudança "de dentro para fora", como controles da ilicitude através de "sistemas autorreferenciais de autorregulação regulada",[28] capazes de fornecer diretrizes adequadas à estrutura interna das empresas para que os

---

protocolo de boas intenções, as quais dependerão de certo tempo para a comprovação da sua eficácia".

[26] RILEY, Anne; SOKOL, D. Daniel. Rethinking Compliance. Journal of Antitrust Law, p. 45. Disponível em: <http://papers.ssrn.com/sol3/papers.cfm?abstract_id=2475959> Acesso em: 12 abr. 2018.

[27] *Idem.*

[28] SIEBER, Ulrich. Programas de "compliance" en el Derecho Penal de la empresa: Una nueva concepción para controlar la criminalidad económica. In: OLAECHEA, Urquizo; VÁSQUEZ, Abanto SÁNCHEZ, Salazar. *Homenaje a Klaus Tiedemann*. Dogmática penal de Derecho penal económico y política criminal. v. 1., p. Lima: Fondo, 2001. p. 205-246.

ilícitos sejam prevenidos de maneira mais efetiva, muitas vezes antes de projetarem seus efeitos.[29]

Nesse ponto, Frazão[30] ressalta a importância do Estado na eficácia dos programas de *compliance*, por meio da criação de estímulos, incentivos, legitimação e segurança para que os agentes econômicos tomem medidas de autorregulação, como o *compliance*, que, ainda que benéfico, é normalmente custoso e trabalhoso.

Nesse sentido, o Estado, por meio da heterorregulação, deve i) esclarecer os principais objetivos de um programa de *compliance*, os critérios materiais que devem ser atendidos, bem como os sistemas de monitoramento e readequações; ii) ser sensível à necessária adaptação dessas exigências de acordo com o porte e o perfil dos agentes econômicos, a fim de não criar custos excessivos ou mesmo inexequíveis, especialmente para os pequenos e médios empresários; iii) criar canais de comunicação com os agentes econômicos; e iv) fiscalizar adequadamente a eficácia dos referidos programas.

Todos esses objetivos, como é intuitivo, estão muito além das discussões relacionadas aos acordos de leniência, mas se aplicam igualmente a tais hipóteses, já que provavelmente apenas será causa da leniência um programa de *compliance* que atenda aos requisitos já mencionados e que possa identificar rapidamente a prática ilícita. Da mesma forma, só faz sentido que um programa de *compliance* seja consequência da leniência se for para atender aos referidos requisitos, evitando a reincidência e ainda prevenindo, de forma mais ampla, os ilícitos corporativos.

5 Conclusão

Uma vez superada a apresentação do paradoxo do ovo ou da galinha entre leniência e *compliance*, bem como a introdução da noção de *compliance* como instrumento de autorregulação empresarial, cumpre avaliar as consequências desse novo cenário na postura dos advogados, dos trabalhadores, administradores e controladores das sociedades empresárias, da própria empresa e dos servidores públicos.

Há alguns anos, podia-se dizer com relativa serenidade que o padrão da advocacia tradicional em casos de investigação de ilícitos

---

[29] FRAZÃO, op. cit., 2017, p. 17 e 18.

[30] FRAZÃO, Ana (Org.). *Constituição, Empresa e Mercado*. Brasília: Faculdade de Direito – UnB, 2017, p. 18. Disponível em: <http://www.docs.ndsr.org/livrogecem.pdf>. Acesso em: 12 abr. 2018

de "colarinho branco", no exterior[31] e no Brasil,[32] era de dificultar ao máximo o acesso às evidências pela autoridade investigadora e, após eventual condenação, recorrer ao Judiciário para questionar todos possíveis vícios formais e materiais da decisão, em todas as instâncias cabíveis. Esses tempos, porém, parecem estar mudando, e repercutindo também na definição de novas estruturas das sociedades empresárias e no comportamento dos seus administradores.

Tem-se notado que, em ilícitos como o cartel e a fraude a licitação, por exemplo, as multas aplicadas pelas autoridades públicas têm crescido exponencialmente. Ademais, nesses ilícitos e também em outros, como os de corrupção e lavagem de dinheiro, a persecução criminal tem se tornado concreta,[33] e trazido riscos reais quanto ao efetivo cumprimento

[31] Esse padrão internacional da advocacia tradicional é reconhecido, por exemplo, por SCHROEDER, Dirk. Squaring the circle in cartel cases: compliance, fines, leniency and settlement from a private practitioner's perspective. Competition L. Int'l 39 (2008).

[32] De acordo com Antonio Rodrigo Machado, presidente da Comissão Anticorrupção e Compliance, o cenário brasileiro de crise e escândalos de corrupção demanda uma nova postura dos advogados: "a nossa atuação vai se dar no Poder Judiciário, nas instâncias administrativas, mas também com criatividade e inovação na busca de um mercado empresarial cada vez mais voltado à atuação responsável e eficiente perante o Poder Público. Por isso, o setor de compliance torna-se tão importante para a atuação do profissional da advocacia, agindo de forma preventiva e colaborando com a proteção do dinheiro público e uma concorrência empresarial cada vez mais voltada à responsabilidade social". (<http://www.oabdf.org.br/noticias/compliance-representa-o-futuro-das-pessoas-juridicas-no-brasil/>). Veja que os "Escritórios de advocacia e consultorias chegaram a quadruplicar as equipes que oferecem serviços para empresas que querem corrigir ou prevenir condutas irregulares" (<https://g1.globo.com/economia/negocios/noticia/compliance-vira-mercado-em-alta-para-escritorios-de-advocacia-e-consultorias.ghtml>).

[33] Nos Estados Unidos, dá-se grande importância à criminalização de cartéis, pois "Criminalization has many investigative and prosecutorial advantages. Criminalization results in enhanced domestic investigative powers, the use of Mutual Legal Assistance Treaties for investigative assistance between jurisdictions, greater possibilities for extradition, increased incentives for individuals to cooperate with investigations, and increased incentives for leniency applications." (<https://www.justice.gov/sites/default/files/atr/legacy/2009/07/10/247824.pdf>). Por isso, nos EUA "prosecuting cartel offenses – and deterring the formation of cartels and the activities of cartelists – continues to be our [Antitrust Division of the U.S. Department of Justice] highest priority" (<https://www.justice.gov/atr/speech/global-antitrust-enforcement>). No Brasil, "though in the books for over 20 years, the crime of cartels was very seldom prosecuted until the last ten years, having really taken off in the last five years, before reaching the point today where over 300 individuals are currently facing criminal prosecution in Brazil" (Disponível em: <https://www.competitionpolicyinternational.com/assets/Uploads/CalliariSep-151.pdf>. Acesso em: 11 abr. 2018). De acordo com Ana Paula Martinez (em MARTINEZ, Ana Paula. *Repressão a Cartéis: Interface entre Direito Administrativo e Direito Penal*. São Paulo: Singular, 2013, apêndice IV), as sanções mais significativas aplicadas a cartéis pelo Cade entre 1994 e 2012 foram nos cartéis de Aço, Combustíveis em Lages, Companhias Aéreas, Jornais no Rio de Janeiro, Vergalhões de Aço, Pedra Britada, Laboratórios de referência, Vitaminas, Vigilância privada, Frigoríficos, Extração de Areia, Gases Industriais e hospitalares e Peróxido de Hidrogênio. As multas para as empresas vão de R$ 3.034,41 (multa da COMPROVE Consultoria Cível e Contábil no cartel de extração de areia) e chegam a R$ 1.758.545.326,50 (multa da White

de tempo de pena de reclusão pelos indivíduos.[34] As ações de reparação de dano, públicas e privadas, vêm sendo ajuizadas e começam a ter suas decisões proferidas e cumpridas.[35] Buscas e apreensões se tornam de certo modo uma realidade cotidiana,[36] e o oferecimento de denúncias cíveis e criminais, a abertura de processos administrativos, todos noticiados pela mídia em tempo real, têm tornado as investigações de certo modo palpáveis e palatáveis para a sociedade.

Essa nova realidade traz, consigo, um novo padrão da advocacia, preocupado com a prevenção de ilícitos e com a mitigação dos danos em caso de seu cometimento prévio. Os chamados profissionais de *compliance*[37] passam, então, a atuar fortemente dentro das empresas, tanto

---

Martins Gases Ind. Ltda no cartel de gases industriais e hospitalares). Veja também dados da Operação Lava Jato acerca da quantidade de tempo de prisão dos indivíduos condenados: <http://infograficos.oglobo.globo.com/brasil/lava-jato-personagens.html?mobi=1>.

[34] Exemplificadamente, pode-se mencionar: "Foram condenados por corrupção ativa e associação criminosa os ex-executivos da Andrade Gutierrez Antônio Pedro Campello de Souza Dias (15 anos, somando as penas de três crimes, pois ele também foi condenado por lavagem de dinheiro), Elton Negrão de Azevedo Júnior (oito anos, dois meses e 29 dias), Flávio Gomes Machado Filho (oito anos, dois meses e 20 dias) e Paulo Roberto Dalmazzo (oito anos, dois meses e 20 dias)" (<http://agenciabrasil.ebc.com.br/politica/noticia/2017-08/lava-jato-moro-condena-renato-duque-e-ex-executivos-da-andrade-gutierrez>). Ainda, "A Justiça Federal em Curitiba condenou nesta quarta-feira (5 de agosto de 2015) executivos e ex-executivos da OAS, empreiteira investigada na Operação Lava Jato" (<http://g1.globo.com/pr/parana/noticia/2015/08/justica-condena-executivos-da-oas-por-crimes-investigados-na-lava-jato.html>). E mais: "Executivos da Galvão Engenharia têm pena aumentada em processo da Lava Jato" (<https://g1.globo.com/rs/rio-grande-do-sul/noticia/executivos-da-galvao-engenharia-tem-pena-aumentada-em-processo-da-lava-jato.ghtml>).

[35] As ações de reparação de dano podem ser postuladas tanto pelos clientes prejudicados pela conduta, com base no CPC e na responsabilidade civil do CC (comprovado dano individual, nexo de causalidade e culpa), bem como pelo Ministério Público, com base na Lei de Ação Civil Pública (comprovado o dano social).

[36] Só no âmbito da Operação Lava Jato, deflagrada em 2014 e que continua até os dias atuais, já foram cumpridos, pelo menos, 844 mandados de busca e apreensão, tanto no Brasil quanto no exterior (<http://www.pf.gov.br/imprensa/lava-jato/numeros-da-operacao-lava-jato>). Ademais, o caso de corrupção e fraude nos Fundos de Pensão contou também com aproximadamente 106 mandados de busca e apreensão (<http://g1.globo.com/distrito-federal/noticia/2016/09/operacao-contra-fraude-em-fundos-de-pensao-leva-pf-8-estados-e-df.html>).

[37] O termo "compliance" advém do verbo inglês "*to comply*", que significa "*to act according to an order, set of rules, or request*" (<https://dictionary.cambridge.org/pt/dicionario/ingles/comply>). Assim, compliance denota estar em conformidade com as leis, cumprir com os regulamentos internos e externos das instituições, e tem como função principal garantir que as exigências dos órgãos de regulamentação e seus padrões estejam efetivamente sendo colocados em prática, em todos os níveis existentes da empresa (previdenciário, trabalhista, contábil, fiscal, ambiental, financeiro, jurídico, etc.). A gestão de compliance garante a existência de um sistema de controles internos que demonstre, de forma transparente, que a estrutura organizacional adotada e os procedimentos internos estão em conformidade com os regulamentos externos e afetos à organização. Tal atividade não se confunde com a auditoria interna (atividade objetiva e sistemática que, por meio de amostragens, busca acrescentar valor e melhorar as operações e o desempenho econômico de uma organização) e a gestão de risco (voltada à identificação, avaliação, mitigação e monitoramento de riscos). Antes,

na estruturação quanto na manutenção dos chamados Programas de *Compliance*. Ao invés de dificultar o acesso às evidências pela autoridade investigadora, esse novo perfil de advogado pode recomendar que a empresa e os indivíduos procurem pró-ativamente a autoridade investigadora para colaborar, antes mesmo de esta ter conhecimento da infração. Pode, ademais, recomendar que seu cliente abra mão de recursos judiciais, caso essa seja uma condição para a celebração de um acordo de colaboração, por exemplo. O advogado reconhece, então, que a diferença de minutos, horas ou dias pode ser crucial para determinar o nível de redução de pena que um colaborador pode ter,[38] de modo que a leniência passa a ser objeto de discussões entre amigos em conversas informais e internamente nas tomadas de decisão empresariais.

Com isso, a postura dos investigados também parece mudar. O dilema do prisioneiro,[39] que antes era desconhecido por muitos, passa a ser assunto discutido entre amigos em rodas de conversas

---

tais áreas são complementares e formam os pilares de uma boa governança coorporativa (adoção de boas práticas em uma entidade – em especial, transparência, princípios de equidade, *accountability* e responsabilidade corporativa – visando atender às necessidades e interesses ligados a exigências econômicas, regulatórias e jurídicas).

[38] Veja que no CADE, por exemplo, existe uma ordem de chegada para a negociação do Acordo de Leniência. Assim, havendo disponibilidade para a propositura do acordo de leniência a respeito de uma determinada conduta, o primeiro proponente a comparecer perante a SG para denunciar tal infração poderá apresentar ao órgão uma proposta de Acordo de Leniência. Caso mais tarde apareçam outros proponentes, estes entrarão em uma "fila de espera", organizada por ordem de chegada (2º, 3º e 4º colocados, por exemplo). Importante pontuar que os proponentes não têm conhecimento da posição exata em que se encontram na fila de espera. Conforte o Guia do CADE para Acordo de Leniência, (<http://www.cade.gov.br/acesso-a-informacao/publicacoes-institucionais/guias_do_Cade/guia_programa –de-leniencia-do-cade-final.pdf>) "constar em 'fila de espera' pode ser importante por pelo menos dois motivos. Em primeiro lugar porque o próximo proponente da fila (2º, 3º, 4º, etc., conforme a ordem cronológica) será convidado a negociar novo Acordo de Leniência caso a negociação do Acordo de Leniência Antitruste em andamento seja rejeitada". Em segundo lugar, "porque, caso a negociação do Acordo de Leniência em andamento seja aceita e o acordo seja assinado, os proponentes que ainda estiverem 'em fila de espera' terão seus pedidos de senha automaticamente convertidos em pedidos para negociação de Termo de Compromisso de Cessação (TCC) [...]. Nesse caso, os proponentes serão convocados, também segundo a ordem dos pedidos de senha para negociação de leniência, para manifestar interesse na negociação de TCC".

[39] O dilema do prisioneiro, jogo que simula o impasse entre cooperar e trair, se estrutura da seguinte maneira: dois criminosos, A e B, são presos e interrogados separadamente. A polícia não possui provas suficientes para os condenar, então oferece a ambos um acordo: (i) se um dos criminosos trair e o outro permanecer em silêncio, o que traiu sai livre e o silente cumpre 10 anos de prisão; (ii) se ambos ficarem em silêncio (cooperarem entre si), serão condenados a 1 ano de prisão cada; e (iii) se ambos traírem, cada um leva 5 anos de prisão. Logicamente, o melhor resultado conjunto a ser obtido pelos criminosos seria se os dois quedassem silentes, pois assim ambos serão soltos. Porém, o melhor resultado individual (para um prisioneiro apenas e não para outro) é a traição: caso "A" traia e "B" não, "A" sairá livre; se "A" trai e "B" também, "A" pegará uma pena menor.

informais. Qual o risco de ser pego cometendo um ilícito? Vale a pena delatá-lo, "entregar" os coautores e obter reduções de pena? Em quais circunstâncias? Qual o melhor momento para colaborar com uma investigação? Será que o trabalhador que tem conhecimento de uma determinada infração tem o dever de denunciar? Ou será que esse dever é exigido dos administradores e controladores, enquanto faceta do dever de diligência destes exigido nos termos da lei societária?[40]

Essa mudança de mentalidade, por sua vez, passa também a influenciar a estruturação interna das empresas, que passam a se preocupar com o eventual cometimento de ilícitos por seus funcionários e executivos, diante das múltiplas repercussões daí decorrentes. Quais as áreas mais sensíveis ao cometimento de ilícitos na empresa? Quais as cautelas que devem ser adotadas? Há treinamentos específicos a serem realizados a fim de prevenir os ilícitos? E diante da constatação de que um ilícito foi cometido, qual deve ser a postura empresarial? Quais os mecanismos de governança interna que são possíveis de se mitigar tais riscos?

Essa nova realidade também traz consigo um novo padrão de servidores públicos, que têm que estar preparados para a negociação de acordos com as empresas e os indivíduos que pretenderem colaborar, respeitados, sempre, os limites previstos nas respectivas legislações. Uma mentalidade estritamente punitivista destes deve dar espaço a uma compreensão mais ampla de que os acordos de leniência e os programas de *compliance* podem ser relevantes aliados para a obtenção de resultados sociais promissores de médio e longo prazo no Brasil.

Por fim, destacamos que há de se ter muita cautela ao lidar com o problema da corrupção e dos ilícitos corporativos, a fim de que as soluções enderecem não apenas as consequências atuais e pontuais do problema, mas sobretudo as suas causas. Daí a importância de medidas que, como a cooperação e a autorregulação em favor do *compliance*, possam modificar as instituições vigentes, que propiciam, incentivam ou toleram excessivamente as práticas de corrupção.[41] Somente por

---

[40] Para maiores discussões a respeito do assunto, sugere-se a leitura de artigos anteriores destas autoras: ATHAYDE, Amanda. Can shareholders claim damages against company officers and directors for antitrust violations? The Japanese experience and possible lessons to Brazil. In: SILVEIRA, Paulo Burnier da (Org.). *Competition Law and Policy in Latin America: recent experiences*. Editora Kluwer, 2017, 244. FRAZÃO, Ana. Dever de diligência: novas perspectivas em face de programas de *compliance* e de atingimento de metas. Portal Jota, 15 de Fevereiro de 2017. Disponível em: <http://jota.info/colunas/constituicao-empresa-emercado/dever-de-diligencia-15022017>. Acesso em 16 abr. 2018.

[41] Ver FRAZÃO, Ana. *Arquitetura da corrupção e as relações de mercado*: Somente uma mudança institucional profunda pode gerar frutos consistentes e duradouros. Portal Jota, 30 de Maio

meio da alteração das regras do jogo, da dinâmica competitiva dos mercados e da reformulação dos espaços de ação tanto do Estado como dos agentes econômicos é que se poderá pensar em uma solução isonômica, prospectiva e eficaz para o problema dos ilícitos corporativos.

Informação bibliográfica deste texto, conforme a NBR 6023:2002 da Associação Brasileira de Normas Técnicas (ABNT):

ATHAYDE, Amanda; FRAZÃO, Ana. Leniência, *compliance* e o paradoxo do ovo ou da galinha: do *compliance* como instrumento de autorregulação empresarial. In: CUEVA, Ricardo Villas Bôas; FRAZÃO, Ana (Coord.). *Compliance*: perspectivas e desafios dos programas de conformidade. Belo Horizonte: Fórum, 2018. p. 297-314. ISBN 978-85-450-0564-3.

---

de 2016. Disponível em: <http://jota.info/artigos/arquitetura-da-corrupcao-e-relacoesde-mercado-30052016>. Acesso em 16 abr. 2018.

PARTE III

PRINCIPAIS TIPOS DE *COMPLIANCE*

COMPLIANCE ANTICORRUPÇÃO: ASPECTOS GERAIS

FÁBIO MEDINA OSÓRIO

1 Breve histórico e conceito de corrupção

A literatura trata do conceito de corrupção há muito tempo, e de modo diversificado. Tal abordagem trilha múltiplos caminhos, entre eles o histórico, cultural, econômico, sociológico, jurídico, filosófico. Existe também abundante produção literária e doutrinária quanto às causas, raízes e consequências desse fenômeno. Entre o vasto material que se propõe ao estudo da corrupção, podemos aqui citar como referências clássicas os trabalhos de *Raimundo Faoro,*[1] *Gilberto Freyre,*[2] *Sérgio Buarque de Holanda,*[3] *Fábio Medina Osório*[4] entre outros, no Brasil. Contudo, até mesmo entre os mais respeitados trabalhos, persistem as divergências quanto aos enfoques, vertentes analíticas, causas, conceitos e consequências da corrupção.

No âmbito internacional, debate semelhante aponta idêntica dificuldade no tocante à criação de unidade de teorias, o que acaba por dissolver a corrupção em múltiplas disciplinas e revelar sua interface com a moral, a religião, a ética, a economia, o direito, a sociologia e outras áreas do conhecimento.[5]

---

1 FAORO, Raimundo. *Os donos do Poder:* formação do patronato político. 5. ed. Globo. 2012.

2 FREYRE, Gilberto. *Casa-Grande & Senzala*. 34. ed. Record. 1998.

3 HOLANDA, Sérgio Buarque. *Raízes do Brasil*. 26. ed. Companhia das Letras, 2006.

4 OSÓRIO, Fábio Medina. *Teoria da Improbidade Administrativa*: má gestão pública, corrupção e ineficiência. 3. Revista dos Tribunais, 2013.

5 Em geral, o tema que ocupa a pauta de doutrinas internacionais é a corrupção, uma espécie muito difundida de má gestão pública. Repare-se em alguns dos doutrinadores internacionais que tratam do tema: HEIDENHEIMER, Arnold J. Topografia de la corrupción: investigaciones

A história da corrupção, embora antiga, o é desde pontos de vista sociológicos e éticos, culturais ou filosóficos, não exatamente jurídicos, na medida em que as próprias leis – nos moldes hoje concebidos – constituem produtos relativamente recentes na trajetória da humanidade, remontando mais diretamente à Revolução Francesa como produto da modernidade e elemento fulcral da separação de poderes.[6]

Ainda que o estudo do fenômeno da corrupção não seja uma novidade, cabe observar que a corrupção tem sido um dos temas centrais do processo comunicativo de globalização, unindo esforços e energias internacionais, tanto para o seu combate quanto para a implementação, difusão e fortalecimento de ferramentas preventivas e de diagnóstico precisos, visando objetivos comuns aos povos civilizados e democráticos.[7]

Ao ganhar destaque, o desenvolvimento de estudos mais modernos que tratam do fenômeno da corrupção se depara com dois pontos: o primeiro é a necessidade de que se formulem novas formatações nas políticas públicas, de modo que se evite a propagação dos atores e processos corruptos e corruptores; o segundo é a identificação de que se trata de uma complexa situação, multifacetária e sofisticada, que certamente não se encaixa numa terminologia unitária tão carregada e pesada quanto a corrupção pública e muito menos no restrito conceito jurídico ou jurídico-penal. Os inúmeros fatores observados revelam uma limitação do olhar, fruto de uma percepção míope do fenômeno, não apenas porque a corrupção se enraíza em fatores multicausais ligados a fenômenos diversos, embora próximos, mas também porque os fenômenos patológicos que se conectam à desonestidade e à ineficiência

---

em uma perspectiva comparativa. *Revista Internacional de Ciencias Sociales*, n. 149, sep. 1996; MENY, Yves. *La corruption dans l avie publique in probèmes politiques et sociaux*: Dossiers d'actualité mondiale, La documentation française, Paris, n. 779, 24 janvier 1997; CASSESE, Sabino. *Crisis y transformationes del derecho administrativo*. Documentación Administrativa, n. 250-251, p. 215-225, ene./ago. 1998. NIETO, Alejandro. *El desgobierno judicial*. 3. ed. Fundación Alfonso Martín Escudero. Madrid: Trotta, 2005; PERELLI, Luciano. *La corruzione politica nell'antica Roma:*Tangenti, malversazioni, malcostume, illeciti, raccomandazioni. 3. ed. Milano: R.C.S. Libri S. p. A., 1999.

6 O fenômeno jurídico – ou o fato juridicamente relevante – é apenas uma das facetas possíveis da vida em sociedade, nem sempre a mais frequente. Daí que, não raro, confunde-se uma abordagem sociológica ou política com a literatura de um fato ou fenômeno jurídico, em face de a nomenclatura dada ao objeto de estudos ser idêntica. Sem embargo, a corrupção, para firmarmos como esse exemplo, pode ser objeto de um foco sociológico, político, histórico, econômico, religioso e, inclusive, jurídico. Neste sentido consulte-se a clássica obra de FREUND, Julien. *L'essence du politique. Philosophie politique*. Sirey, 1965. Em sentido semelhante, OSÓRIO, Fábio Medina *Teoria da Improbidade Administrativa*: má gestão pública, corrupção e ineficiência. 3. Revista dos Tribunais. 2013.

7 *Ibidem*.

funcionais merecem exame global, indicando necessidade constante de recortes epistemológicos.[8]

Urge perceber, desde logo, que tratar de corrupção é tarefa complexa, razão pela qual o foco do presente artigo é, nesta etapa introdutória, analisar a corrupção relacionada à má gestão pública e sua interface com o "*compliance*" como mecanismo de proteção das pessoas jurídicas e de prevenção e repressão dessa patologia. Ainda assim, impende destacar que a extensão do conceito de corrupção, ao contrário do que parece fluir nos meios de comunicação social, não se limita à má gestão pública, até porque existem outras figuras jurídicas dignas de relevância e funcionamentos muito eficazes.

Diante das decisivas e imprescindíveis contribuições dos historiadores, tais como Perelli[9] e Nencini,[10] destaca-se que, embora não definissem com precisão a *podridão* moral na Antiga Roma, a "*corrupção*" já era relacionada aos maus costumes no ambiente da administração pública. As notícias desta *podridão,* desde os tempos remotos, levam à conclusão de que a corrupção é um mal dos homens, não dos tempos. O elemento ético-normativo, ou moral, é indissociável de qualquer conceito que se queira atribuir a esse fenômeno.

Com base no entendimento de que a corrupção é um mal dos homens é que surge o questionamento: como avaliar essa *podridão*, senão através de seu contraste com valores do universo normativo vigente em determinado contexto histórico? Evidente que se poderia avaliar esta resposta em numerosas correntes filosóficas para discutir o sentido da moralidade, mas aqui se parte de uma premissa de julgamento ético do indivíduo por sua coletividade, transcendendo o regramento jurídico. Esse julgamento pode recair também sobre as empresas, evidentemente, e suas condutas ativas ou omissivas.

---

[8] *Ibidem.*

[9] Consulte-se a obra fundamental do autor PERELLI, Luciano. *La corruzione politica nell'antica Roma:* tangenti, malversazioni, malcostume, illeciti, raccomandazioni. 3. ed. Milano: R.C.S. Libri S. p. A., 1999, uma das mais respeitadas referências no assunto. Disse o autor que "se prima del III secolo avanti Cristo abbiamo scarze notizie di corruzione, ciò deriva del fato che per quel período mancano testimonianza a idealizzare il passato. Ma quando arriviamo ala prima produzione letteraria consistente che costituisce um documento direto dei tempi, cioè alle commedie di Plauto, intorno al 200 A.C., troviamo amplia testimonianza di malcostome nella gestione degli affari privati e pubblici". O que se supõe, portanto, com esta afirmação é que a corrupção é um fenômeno dos homens, não dos tempos. Consulte-se ainda JEANNENEY, Jean-Noél. *Historie de la corruption. La corruption internacionale.* Paris, 1999, p. 57-62 e MIRRI, Maria Beatrice. *Corruzione*: enciclopedia giuridica. Roma, 1998, p. 1-12, para uma visão histórica sumária do fenômeno, sem discrepâncias fundamentais quanto à evolução do problema e suas novas dimensões no século XX.

[10] NENCINI, Ricardo. *Corroti e corruttori nel tempo antico.* Ed. Shakespeare and Company, 1993.

A corrupção revelava uma *podridão* ética do homem em face dos valores sociais e morais vigentes em seu tempo histórico, traduzindo uma espécie de decomposição de seu espírito. Porém, Montesquieu trouxe esse conceito para um âmbito institucional, para revelar esta expressão como fórmula de decomposição das instituições.[11] O que se observa é uma transposição do campo moral para o institucional na abordagem de Montesquieu.

É na formação do Estado Moderno que o fenômeno da corrupção adquire dimensões dramáticas a partir da ideia de separação das esferas pública e privada e, bem assim, das limitações jurídicas ao exercício dos poderes públicos.[12]

Mais especificamente, a preocupação com o fenômeno da corrupção ganha maior dimensão – e isso não deixa de impressionar – a partir dos anos 60 do século XX, como reação aos escândalos produzidos pelo caso Lockheed: a fabricante de aviões civis e militares Lokkeed Martin pagou subornos milionários na Europa e em outros países para obter contratos e veio a ser alvo de uma grande investigação em território americano, daí emergindo a necessidade de normas transnacionais, com eficácia extraterritorial.

Nesse contexto, surgem os instrumentos internacionais, editados por entidades supranacionais, com o propósito de uniformizar e conferir efetividade ao combate à corrupção pública e privada, o que será detidamente analisado no tópico 5 deste ensaio acadêmico. Os Estados Unidos da América, de modo muito pragmático, impulsionaram outros países, e mesmo a comunidade internacional, a editar leis anticorrupção, porque percebeu que essa patologia seria prejudicial à economia de mercado.

De toda forma, o conceito de corrupção de que se valem os organismos transnacionais não é exclusivamente penal, tampouco administrativo, mas sim ético-sociológico, o que o torna apto a ser ajustado em múltiplos ordenamentos jurídicos. O conceito prevalente passou a ser a utilização de poderes públicos, por agentes governamentais, para atingir interesses privados, tema que será abordado mais detidamente em tópico autônomo.[13]

E veremos que as diretrizes internacionais para o *compliance* anticorrupção seguem o mesmo caminho, conquanto previstos em

---

[11] MONTESQUIEU. *O espírito das leis*. Abril Cultural, 1993.

[12] JIMENEZ DE PRAGA, Manuel. *La corrupción en la democracia*. Alianza, D.L., 1997.

[13] OSÓRIO, Fábio Medina. *Teoria da improbidade administrativa:* má gestão pública, corrupção e ineficiência. Revista dos Tribunais, 2013.

instrumentos de Direito Internacional. Isso porque, em muitas hipóteses, no caso do Brasil, constituem referências ético-normativas para as empresas e balizas vinculantes para o Estado-legislador. Nos conceitos ético-sociológicos, ou ético-normativos de corrupção, são abarcadas inúmeras condutas, inclusive aquelas atípicas do ponto de vista jurídico (quando vistas do ângulo do direito interno de um determinado país).

Não por acaso, devemos recordar da clássica divisão de Heidenheimer em corrupção *branca, negra e cinza,* classificação esta que leva em consideração a percepção das elites e da opinião pública em relação aos níveis de transgressões e qual seu enquadramento normativo.[14]

2 O Brasil e o microssistema jurídico de combate à corrupção

Os atos de corrupção minam o interesse público em sua essência, provocando descrença no Estado e naquela que é a ideia-matriz de nossa Constituição: a de que vivemos em uma República, na qual a Lei se aplica a todos indiscriminadamente. Ocorre que ilícitos da espécie importam não só em danos graves ao erário, como também em afronta direta aos valores e direitos fundamentais da ordem jurídica vigente, devendo, por isso, ser combatidos por variados ramos do Direito.[15]

---

[14] Recorde-se HEIDENHEIMER, Arnold J. *Political corruption*: reading in comparative analysis. New York: Ed. Rinehart and Winston, 1970. HEIDENHEIMER, Arnold J. Topografia de la corrupción: investigaciones em uma perspectiva comparativa. *Revista Internacional de Ciencias Sociales*, n. 149, sep. 1996 e os tradicionais pontos de vista classificatórios. A mais comum de todas as modalidades talvez seja, curiosamente, a chamada "corrupção branca", aquela que se infiltra sorrateiramente nas instituições, ganhando ares de oficial e institucionalizada. É a dita corrupção dotada de roupagem legal ou institucional, projetada de modo sutil na sociedade, sem comportar os mesmos remédios destinados àquelas modalidades mais ostensivas. Por estar acobertada, essa espécie de "corrupção" talvez seja a mais nefasta de todas, com efeitos invisíveis e culturais muito importantes, dificultando quando não inviabilizando seu controle e contenção.

[15] Para a Organização das Nações Unidas, a corrupção impõe uma série de problemas, "which may endanger the stability and security of societies, undermine the values of democracy and morality and jeopardize social, economic and political development". Como se não bastasse, há forte relação "between corruption and other forms of crime, in particular organized crime and economic crime, including moneylaundering", mais uma razão pela qual deve ser combatida. Cf. UN. **Resolution on Action Against Corruption**. 12 Dec. 1996. No mesmo sentido está a Organização dos Estados Americanos, quando assevera que "the Member States of the Organization Of American States, convinced that corruption undermines the legitimacy of public institutions and strikes at society, moral order and justice, as well as at the comprehensive development of peoples; considering that representative democracy, an essential condition for stability, peace and development of the region, requires, by its nature, the combating of every form of corruption in the performance of public functions, as

A incidência da corrupção em países em desenvolvimento é mais frequentemente endêmica, já que os ambientes costumam ser propícios à proliferação sólida e impune de práticas espúrias, sem controles e com pouca transparência.[16]

Entre os ramos do Direito, dois deles se sobressaem no protagonismo, em geral, no tratamento repressivo à corrupção. Trata-se do Direito Penal e do Direito Administrativo Sancionador.

---

well as acts of corruption specifically related to such performance; persuaded that fighting corruption strengthens democratic institutions and prevents distortions in the economy, improprieties in public administration and damage to a society's moral fiber; recognizing that corruption is often a tool used by organized crime for the accomplishment of its purposes; [...] determined to make every effort to prevent, detect, punish and eradicate corruption in the performance of public functions and acts of corruption specifically related to such performance", para estatuir o seu **Inter-American Convention Against Corruption**. 29 Mar. 1996. Essa convenção foi, inclusive, internalizada pelo ordenamento jurídico pátrio por meio da seguinte normativa: BRASIL. **Decreto nº 4.410, de 7 de outubro de 2002**. A Organização para a Cooperação e o Desenvolvimento Econômico, bem como a União Européia, não destoam: "it is obvious that corruption is an important threat to democratic institutions and processes. It has negative political, economic and social consequences. Politically, it lowers the quality of democracy and governmental performance and creates negative social capital. When corruption is high, there is no political equality, and preferential treatment for the most corrupt is the rule in political regimes where corrupt networks hold the power. In highly corrupt countries, corrupt politicians and civil servants have an interest in maintaining an inefficient public administration, because they can then selectively offer protection from the inconvenience of this inefficiency. Corruption requires trust among the actors who take part in illegal exchanges; this trust favours the spread of dense social networks, but these networks are synonymous with patronage, personal clienteles and bribery. Political corruption feeds and reproduces these networks. Economically, corruption impedes development and discourages investment. Socially, it promotes economic and psychological inequality and spreads parochial and particularised, exclusive trust. Particularised trust prevents the development of generalised and inclusive trust, and generalised trust is essential for social solidarity and fair policy-making. To sum up, citizens. dissatisfaction with the functioning of governments and political parties has quickly translated into falling levels of satisfaction with democracy, falling levels of generalised trust, and increasing levels of popularity of populist candidates and extremist parties. In a well functioning democratic system there is a basic principle, which is that politics should be about identifying and promoting the general interest while respecting the pre-established rules of the game. Politicians should remember that principle. Civil servants should also bear it in mind when they participate in the formulation of policies and whenever they make decisions, prepare or implement those decisions and evaluate them. Disregarding that principle is one of the causes of the low confidence in basic democratic institutions and one of the most importante reasons why most citizens in some countries are not satisfied with the functioning of their democracies". OECD; EU. Conflict-of-interest policies and practices in nine EU member states: a comparative review. 18 Jun. 2007, p. 7-8. Sigma. Disponível em: <http://www.oecd.org/officialdocuments/publicdisplaydocumentpdf/?doclanguage=en&cote=gov/sigma(2006)1/rev1>.

[16] Jonathan Moran centra seus estudos no fenômeno da corrupção nos países em desenvolvimento, focando o caso da Coréia do Sul, onde os níveis de transgressão chegaram a patamares elevados e, hoje, se encontram razoavelmente sob controle, segundo noticiários internacionais. MORAN, Jonathan. Corruption and NIC development: a case study of South Corea. *Crime, Law and Social Change*. The Netherlands, Kluwer, v. 29. n. 2-2, 1998.

Sob o influxo do Direito Administrativo, entabulam-se relações, apropriadamente denominadas de relações de administração, nas quais ao sujeito ativo se impõe um dever, ao invés de um poder, que se sobrepõe à autonomia da vontade do agente. A essa relação jurídica, "que se estrutura ao influxo de uma finalidade cogente, chama-se relação de administração".[17] A boa administração comportaria, por esse ângulo, um universo de condutas eticamente exigíveis dos administradores públicos, tivessem ou não previsão expressa no ordenamento jurídico passivo.[18]

Sustentamos que o Direito Administrativo é um ramo do Direito Público, constituído por normas de organização e normas de comportamento, que se aplicam às administrações públicas, ao Poder Executivo, em todas as esferas, regulando suas relações entre si, com os demais poderes, órgãos estatais e com os administrados, bem como incidindo sobre a função materialmente administrativa de qualquer entidade pública ou privada.[19]

Já quanto ao conceito de sanção administrativa, apresentamos o seguinte conceito: "Consiste a sanção administrativa em um mal ou castigo, porque tem efeitos aflitivos, com alcance geral e potencialmente pro futuro, imposto pela Administração Pública, materialmente considerada, pelo Judiciário ou por corporações de direito público, a um administrado, jurisdicionado, agente público, pessoa física ou jurídica,

---

[17] LIMA, Ruy Cirne. *Princípios de direito administrativo*. 7. ed., rev. e reelaborada por Paulo Alberto Pasqualini. Malheiros, 2007, p 105: "Concebe-se geralmente a relação jurídica como expressão de um poder do sujeito de direito sobre um objeto do mundo exterior, seja aquele uma cousa existente per se, seja uma abstenção ou um fato, esperados de outro sujeito. Nessa concepção da relação jurídica, sem dificuldade se compreendem todas as variedades de que a noção de direito subjetivo é suscetível. Nela, não parece possa compreender-se, porém, nenhuma espécie de relacionamento jurídico, no qual se suponha, ao sujeito ativo, um dever, ao invés de um poder, sobrepondo-se-lhe à autonomia da vontade, o vínculo de uma finalidade cogente. Alguns momentos de reflexão, entretanto, tornam, para logo, evidente que, entre essa espécie de relacionamento jurídico e a que se exprime pelo conceito corrente, a diferença apurável nada tem de essencial. O que se denomina "poder" na relação jurídica, tal como geralmente entendida, não é senão a liberdade externa, reconhecida ao sujeito ativo, de determinar autonomamente, pela sua vontade, a sorte do objeto, que lhe está submetido pela dependência da relação jurídica, dentro dos limites dessa mesma relação. Limite-se ainda mais a liberdade externa de determinação, reconhecida ao sujeito ativo da relação jurídica, vinculando-o, nessa determinação, a uma finalidade cogente, e a relação se transformará imediatamente, sem alteração, contudo, de seus elementos essenciais. À relação jurídica que se estrutura ao influxo de uma finalidade cogente, chama-se relação de administração".

[18] OSÓRIO, Fábio Medina. *Teoria da improbidade administrativa*: má gestão pública, corrupção e ineficiência. Revista dos Tribunais, 2013.

[19] OSÓRIO, Fábio Medina. *Direito Administrativo Sancionador*. 5. ed. Revista dos Tribunais, 2015.

sujeitos ou não a especiais relações de sujeição com o Estado, como consequência de uma conduta ilegal, tipificada em norma proibitiva, com uma finalidade repressora ou disciplinar, no âmbito de aplicação formal e material do Direito Administrativo".

Quanto à perspectiva jurídico-penal brasileira, há deveres gerais de obediência a regras de conduta e a não violação de tipos penais que protegem valores importantes à coletividade, cuja vigência é assegurada por instituições de controle e fiscalização.

No caso do Direito Penal, a corrupção está prevista no artigo 317, *caput*, do Código Penal,[20] o qual cuidou da repressão penal em face da conduta censurável do funcionário público que solicita, recebe ou aceita promessa de vantagem indevida para virtual, potencial ou futura prática ou omissão de ato ou fato relacionado com a função pública. A leitura do dispositivo evidencia que se trata de um crime formal, ou seja, de consumação antecipada e independe do resultado, como assentam doutrina e jurisprudência.[21]

Em sede jurisprudencial e em sentido semelhante, o Supremo Tribunal Federal (STF) tem entendido que não é necessária a prática do chamado "*ato de ofício*" para configurar o delito de corrupção passiva. Por esse posicionamento, o tipo que descreve a prática da corrupção se alargou ao admitir que basta a perspectiva de um ato decorrente das atribuições funcionais do agente público. A nova configuração legal partiu do voto de Joaquim Barbosa na Ação Penal nº 470, popularmente conhecida como Mensalão e que consolidou a jurisprudência no sentido de que não se exige a prática efetiva de um determinado ato de ofício.

O microssistema jurídico de combate à corrupção, de modo abrangente, envolve combate não apenas ao conceito jurídico-penal de corrupção, mas também a ilícitos que remetam às violações de deveres funcionais correlatos. Da mesma forma deve ser tratado o Direito Administrativo Sancionador[22] de ilícitos contra a função pública, à

---

[20] Art. 317, CP: "solicitar ou receber, para si ou para outrem, direta ou indiretamente, ainda que fora da função ou antes de assumi-la, mais em razão dela, vantagem indevida, ou aceitar promessa de tal vantagem".

[21] "Habeas Corpus. Corrupção passiva. Trancamento de ação penal. Ausência de justa causa. Materialidade. Crime formal. Ordem denegada. 3. Concluir pela ausência de justa causa, por força da insuficiência de elementos sobre a materialidade delitiva, com base na não apreensão das quantias supostamente recebidas, não é medida apropriada frente a natureza formal do delito de corrupção passiva, que se consuma pela simples solicitação da vantagem ilícita." (STJ, HC nº 176058 PA, rel. Min. Marco Aurélio Bellizze, *DJe* 16.08.12).

[22] Vale lembrar que o Direito Administrativo Sancionador é o ramo que cuida das infrações e das sanções de Direito Administrativo, seja formal, seja materialmente considerado. Assim, não importa, aos efeitos desse conceito aqui vertido, que o órgão aplicador seja a Administração Pública ou o Judiciário. E tanto isso é verdade que, no caso dessa Lei Anticorrupção, as

ordem econômica, à ordem tributária, ordem consumerista, mercado de capitais, sistema financeiro nacional, livre concorrência, entre outros valores correlatos a interesses difusos e coletivos.

Veja-se que na própria Constituição de 1988 já se prevê que as convenções de direitos humanos devem ser interpretadas como instrumentos de luta contra a corrupção, pois políticas públicas relacionadas à saúde, educação, segurança, ordem econômica, tributária, e tantas outras necessidades coletivas, resultam deterioradas pela corrupção. Numa linha evolutiva, o microssistema repressivo pode ser percebido como um conjunto de normativas voltadas ao combate à corrupção, destacando-se: Código Penal, Lei dos Crimes de Responsabilidade, Lei da Ação Popular, Decreto-Lei dos Crimes de Responsabilidade de Prefeitos e Vereadores, a Lei da Comissão de Valores Mobiliários, a Lei da Ação Civil Pública, a Lei de Improbidade Administrativa, a Lei de Licitações e Contratos Administrativos, Lei da Defesa da Concorrência, a Lei dos Crimes de Lavagem de Dinheiro, a Lei da Ficha Limpa, a Lei de Acesso à Informação, a Nova Lei Antitruste, a Lei de Conflito de Interesses, a Lei de Probidade Empresarial, e a Lei de Organização Criminosa, para ficarmos apenas com algumas das mais importantes.

Paralelamente à legislação, observa-se um conjunto de entidades públicas e órgãos de controle com legitimidade para promover o combate à corrupção, são eles: Ministério Público, Banco Central, Ministério da Transparência (antiga CGU); Advocacia-Geral da União (AGU); e Conselho Administrativo de Defesa Econômica (CADE); Tribunal de Contas dos Estados (TCEs); Polícia Federal (PF); Receita Federal; Conselho de Atividades Financeiras (COAF); Procuradoria Geral da Fazenda Nacional (PGFN), Tribunal de Contas da União (TCU), entre outros.

Acrescente-se, ainda, que a novel legislação nacional anticorrupção (Lei nº 12.846/2013 e o Decreto nº 8.420/2015) incluem os atores privados, particulares e empresas no centro da arena de combate à corrupção, permitindo a colaboração e o controle efetivo destes agentes.

O desafio imposto às pessoas físicas e jurídicas, públicas ou privadas, é compreender esse ambiente normativo, bem como se adaptar à Era Lava Jato,[23] em que múltiplas instituições atuam conjuntamente,

---

sanções previstas no seu art. 6º podem, nas hipóteses de omissão, vir a ser aplicadas pela via da ação civil pública.

23 A operação Lava Jato é a maior iniciativa de combate a corrupção e lavagem de dinheiro da história do Brasil. Iniciada em março de 2014, com a investigação perante a Justiça Federal em Curitiba de quatro organizações criminosas lideradas por doleiros, a Lava Jato já apontou irregularidades na Petrobras, maior estatal do país, bem como em contratos vultosos, como

valendo-se de novas ferramentas legalmente previstas, tais como: delação premiada, acordo de leniência, medidas cautelares, a ação controlada, o acesso a dados cadastrais, a interceptação telefônica, a quebra dos sigilos bancário e fiscal, entre outras.

3 O sistema jurídico de responsabilidade objetiva de empresas pela prática de atos corruptos

A respeito deste tópico atinente ao sistema jurídico de responsabilidades e sancionamentos impostos aos envolvidos em práticas ilícitas, é importante frisar que, no campo do Direito Penal Ambiental, já se contemplava a possibilidade de responsabilidade objetiva de pessoa jurídica a partir da regulamentação legal implementada em 12 de fevereiro de 1998, com a promulgação da Lei Federal nº 9.605.[24]

No Direito Administrativo Sancionador, sempre foi cabível a responsabilidade de pessoas jurídicas por ilícitos, nas mais diversas áreas, mas a aplicação da responsabilidade objetiva por atos de corrupção veio a ser expressa partir da Lei nº 12.846/2013 – conhecida como Lei Anticorrupção Empresarial – uma vez que, em seu artigo 1º, contempla "a responsabilização objetiva administrativa e civil de pessoas jurídicas pela prática de atos contra a administração pública".[25]

---

o da construção da usina nuclear Angra 3. Possui hoje desdobramentos no Rio de Janeiro e no Distrito Federal, além de inquéritos criminais junto ao Supremo Tribunal Federal para apurar fatos atribuídos a pessoas com prerrogativa de função. Estima-se que o volume de recursos desviados dos cofres públicos esteja na casa de bilhões de reais. Soma-se a isso a expressão econômica e política dos suspeitos de participar dos esquemas de corrupção investigados. Maiores detalhes em <www:http://www.mpf.mp.br>.

[24] O artigo 225, §3º, da Constituição da República estabelece textualmente que: "Todos têm direito ao meio ambiente ecologicamente equilibrado, bem de uso comum do povo e essencial à sadia qualidade de vida, impondo-se ao poder público e à coletividade o dever de defendê-lo e preservá-lo para as presentes e futuras gerações. **§3º** As condutas e atividades consideradas lesivas ao meio ambiente sujeitarão os infratores, pessoas físicas ou jurídicas, a sanções penais e administrativas, independentemente da obrigação de reparar os danos causados." Nesse sentido são os precedentes: STJ. 6ª Turma. RMS nº 39.173-BA, Rel. Min. Reynaldo Soares da Fonseca, julgado em 6/8/2015 (Info 566). STF. 1ª Turma. RE nº 548181/PR, Rel. Min. Rosa Weber, julgado em 6/8/2013 (Info 714), bem como a Lei nº 9.605/1998 (Lei de Crimes Ambientais).

[25] Art. 1º Esta lei dispõe sobre a responsabilização objetiva administrativa e civil de pessoas jurídicas pela prática de atos contra a administração pública, nacional ou estrangeira. Parágrafo único. Aplica-se o disposto nesta lei às sociedades empresárias e às sociedades simples, personificadas ou não, independentemente da forma de organização ou do modelo societário adotado, bem como a quaisquer fundações, associações de entidades ou pessoas, ou sociedades estrangeiras, que tenham sede, filial ou representação no território brasileiro, constituídas de fato ou de direito, ainda que temporariamente.

No entanto, há de se ressaltar que se trata de uma espécie de responsabilidade por culpabilidade por organização defeituosa.[26]

A lei (que designo como Lei da Probidade Empresarial) prevê, no art. 7º, VII,[27] a possibilidade de atenuação ou até mesmo o afastamento da sanção inicialmente cogitada, ao estatuir a obrigatoriedade de as pessoas jurídicas adotarem e contemplarem em suas estruturas "a existência de mecanismos e procedimentos internos de integridade, auditoria e incentivo à denúncia de irregularidades e a aplicação efetiva de códigos de ética e de conduta no âmbito da pessoa jurídica", instrumentos esses que, em seu conjunto, integram o que se pode denominar *compliance* anticorrupção efetivo.[28]

Quanto aos destinatários e sujeitos passivos, questiona-se: quais pessoas estão expostas à incidência da Lei de Probidade Empresarial? Todas as que mantiverem alguma espécie de vínculo com o Poder Público, dele recebendo recursos? Não necessariamente. Ante a leitura da lei, compreendo que está sujeito aquele que pratica ilícito contra a Administração Pública e Improbidade Administrativa. Daí a importância, nesse contexto, de uma interpretação restritiva dos tipos sancionadores contidos na própria lei. Em que pese a previsão de abarcar toda e qualquer sociedade simples e empresária, penso que sabidamente a Lei nº 12.846/13 não se aplica a determinadas modalidades de pessoas jurídicas, como é o caso dos escritórios de advocacia, os quais integram

---

[26] A culpabilidade das pessoas jurídicas remete à evitabilidade do fato e aos deveres de cuidado objetivos que se apresentam encadeados na relação causal. Pensamos que o mais correto seria dizer que as decisões das pessoas jurídicas podem ser valoradas à luz de critérios objetivos próprios da análise das condutas culposas: atuou razoavelmente a pessoa jurídica, observando todos os deveres objetivos de cuidado? Tal indagação poderia expressar no fundo uma exigência de mínima culpabilidade (...). Nada impede que a lei ou as normas contratuais estabeleçam sistemas de responsabilidade fundados na teoria do risco da atividade ou de outros critérios que embasam a responsabilidade objetiva, especialmente dentro da liberdade de configuração legislativa, com fundamento na proteção de interesses coletivos, ajustando-se ao princípio da proporcionalidade. Se há obrigações da pessoa jurídica alcançar determinados resultados ou evitar certos efeitos ou atos, resulta possível sancionar as omissões ou ações violadoras desses preceitos de forma objetiva, desde que tal perspectiva derive, explícita ou implicitamente, da norma aplicável ao caso concreto. Osório, Fábio Medina. *Teoria da Improbidade Administrativa*: má gestão pública, corrupção e ineficiência. 3. ed. Revista dos Tribunais, 2013.

[27] "Art. 7º Serão levados em consideração na aplicação das sanções: VII – a cooperação da pessoa jurídica para a apuração das infrações; VIII – a existência de mecanismos e procedimentos internos de integridade, auditoria e incentivo à denúncia de irregularidades e a aplicação efetiva de códigos de ética e de conduta no âmbito da pessoa jurídica; X – (VETADO). Parágrafo único. Os parâmetros de avaliação de mecanismos e procedimentos previstos no inciso VIII do caput serão estabelecidos em regulamento do Poder Executivo federal."

[28] INTERNATIONAL COMPLIANCE ASSOCIATION. What is compliance? Disponível em: <https://www.int-comp.org/careers/a-career-in-compliance/what-is-compliance>.

o rol dos prestadores de serviços essenciais à Justiça, ao lado dos membros do Ministério Público e da magistratura (art. 133 da CF). E isso porque magistrados, advogados e membros do Ministério Público já estão submetidos aos ditames republicanos da Lei de Improbidade Administrativa (Lei nº 8.429/92) e à legislação de regência dos crimes contra a Administração Pública, não podendo sujeitar-se às penalidades próprias às pessoas jurídicas privadas desenhadas na lei.[29]

Assim, constitui requisito para incidência da Lei nº 12.846/13 a necessidade de que as pessoas jurídicas pratiquem atos atentatórios à Administração Pública, nacional ou estrangeira, na modalidade de improbidade administrativa ou crime contra a Administração Pública, e esse já seria um fator de restrição conceitual ao campo de incidência da lei.[30]

Adota-se, na lei, um sistema de imputação objetiva. Cuida-se de teoria funcionalista do Direito Sancionador.[31] Desta forma, a pessoa jurídica será responsável na eventualidade de que sua conduta gere riscos proibidos. E isso dependerá muito do papel a ser desempenhado pela empresa no contexto social e de sua responsabilidade, comprometimento social voltado ao combate à corrupção. Para tanto, será fundamental valorar os deveres de cada empresa e a dimensão de suas atividades, assim como as regras e mecanismos corporativos (*compliance*) que presidem sua atuação proba e eficiente.[32]

Nessa perspectiva funcionalista, o ilícito pressupõe, já no âmbito da tipicidade, violação às expectativas sociais quanto à manutenção da vigência da regra. Ações não perigosas jamais podem ser consideradas típicas. O resultado lesivo também há de estar conectado ao risco criado

---

[29] OSÓRIO, Fábio Medina. Probidade empresarial: Lei 12.846/13. *Revista da Escola da Magistratura do TRF da 4. Região*. v. 1, n. 1. out. 2014. Ed: Tribunal Regional Federal da 4. Região, 2014.

[30] Nesse contexto, devo relembrar o conceito de sanção administrativa, que introduzi no Brasil em 1999 e tem sido aceito nos Tribunais: Consiste a sanção administrativa, portanto, em um mal ou castigo, porque tem efeitos aflitivos, com alcance geral e potencialmente *pro futuro*, imposto pela Administração Pública, materialmente considerada, pelo Judiciário ou por corporações de direito público a um administrado, jurisdicionado, agente público, pessoa física ou jurídica, sujeito ou não a especiais relações de sujeição com o Estado, como consequência de uma conduta ilegal, tipificada em norma proibitiva, com uma finalidade repressora ou disciplinar, no âmbito de aplicação formal e material do Direito Administrativo. A finalidade repressora, ou punitiva, já inclui a disciplinar, mas não custa deixar clara essa inclusão, para não haver dúvidas. OSÓRIO, Fábio Medina. *Direito Administrativo Sancionador*. 5. ed. Revista dos Tribunais, 2015.

[31] OSÓRIO, Fábio Medina. Direitos imanentes ao devido processo legal sancionador na constituição de 1988. In: MARTINS, Ives Gandra; REZEK, Francisco (Org.). *Constituição Federal*: avanços, contribuições e modificações no processo democrático brasileiro. Revista dos Tribunais, 2008, p. 149-166.

[32] *Ibidem*.

e a repercussão social, política e econômica. As sanções adquirem um caráter utilitarista, inclusive em consonância com linguagem econômica do Direito, para além dos vetores clássicos importados de parâmetros de referência mais específicos.

4 Os destinatários da norma e a atenuação, exclusão de responsabilidade. O *compliance* anticorrupção, programa de integridade ético-corporativa

Sabe-se que o conceito de *compliance*[33] remete a categorias amplas. Ricardo Cueva trouxe à tona, nesta obra, um brilhante estudo muito elucidativo sobre conceito e funções do *compliance*, ao qual me reporto.

Como tratado anteriormente, a Lei nº 12.846/13 prevê no artigo 7º, inciso VIII, que os programas de *compliance* se constituem em mecanismos e procedimentos internos de integridade, auditoria, incentivo à denúncia de irregularidades e a aplicação efetiva de códigos de ética e de conduta no âmbito da pessoa jurídica. O dispositivo aludido se deve em grande parte ao disposto no artigo 12, 2, f, do capítulo II, da Convenção das Nações Unidas Contra a Corrupção,[34] adotando medidas para prevenir a corrupção e melhorar as normas contábeis e de auditoria no setor privado.

Curioso constatar que a maioria – senão a totalidade – das grandes empresas flagradas na Operação "Lava Jato" (tida como a maior operação anticorrupção da história do Brasil e uma das maiores do mundo) tinha "programas de *compliance*" em andamento.

Contudo, tratava-se do *compliance* "de fachada", definido pelo Conselho Administrativo de Defesa Econômica (Cade) como aquela espécie de programa superficial ou mascarado, ou seja, aquele programa que não é aplicado na cultura corporativa da empresa ao ser ignorado por colaboradores, dirigentes, fornecedores, ou pessoas ligadas à empresa. A autarquia ainda dispõe em seu guia que:

---

[33] Aqui adota-se o conceito ditado pelo CADE em seu Guia: "Compliance é um conjunto de medidas internas que permite prevenir ou minimizar os riscos de violação às leis decorrentes de atividade praticada por um agente econômico e de qualquer um de seus sócios ou colaboradores". Disponível em: <http://www.cade.gov.br/acesso-a-informacao/publicacoes-institucionais/guias_do_Cade/guia-compliance-versao-oficial.pdf>.

[34] <Art. 12 As medidas que se adotem para alcançar esses fins poderão consistir, entre outras coisas, em: f) Velar para que as empresas privadas, tendo em conta sua estrutura e tamanho, disponham de suficientes controles contábeis internos para ajudar a prevenir e detectar os atos de corrupção e para que as contas e os estados financeiros requeridos dessas empresas privadas estejam sujeitos a procedimentos apropriados de auditoria e certificação. Decreto nº 5.687/2006>.

entidades podem adotar programas superficiais e/ou sem preocupação alguma com a manutenção do ambiente competitivo, apenas com a intenção de se valerem deles como circunstância atenuante em caso de condenação. Podem também adotar programas extremamente complexos e em teoria bem estruturados, elaborados por especialistas no tema e que implicam em gastos elevados, mas que não encontram qualquer eco na cultura corporativa e são sistematicamente ignorados por colaboradores.[35]

Isso posto e reconhecendo o valor da cultura de *compliance* no âmbito empresarial, resta questionar: quais são os elementos centrais de um *compliance* anticorrupção no Brasil? Quais normas internacionais e nacionais devem ser consideradas pela empresa para fins de implementação e monitoramento do seu programa de *compliance*? Quais as consequências e as finalidades de um *compliance* anticorrupção para uma empresa?

As respostas a essas indagações são complexas, passando pela necessidade de se exigir uma série de cumprimento a múltiplas normativas, sendo possível asseverar desde logo o seguinte:

a) observância do dever de vigilância dos sócios que ostentam posições de garantidores, coibindo fontes de perigo concreto e até abstratos à sociedade;[36]
b) respeito aos deveres de autorregulação das empresas em face de comando legal pelo controle dos riscos que gera à sociedade;
c) assunção de responsabilidades pelas empresas por suas organizações defeituosas, evitando resultados lesivos por meio do dever de vigilância daqueles hierarquicamente superiores sobre seus subordinados;
d) adoção de conjunto de mecanismos e procedimentos internos de integridade, auditoria e incentivo à denúncia

---

35 CADE. *Guia Compliance 2016*. Disponível em: <http://www.cade.gov.br/acesso-a-informacao/publicacoes-institucionais/guias_do_Cade/guia-compliance-versao-oficial.pdf>.

36 Quanto à responsabilidade dos membros de cargos mais altos das empresas vale tomar como exemplo a notícia de que o chefe do executivo do Barclays Jes Staley, foi multado em £ 642.430 (871.000 dólares) pelos reguladores do Reino Unido na sexta-feira por tentar identificar um denunciante anônimo que fez alegações sobre o papel de Staley no recrutamento de outro funcionário. A Autoridade de Conduta Financeira e a Autoridade de Regulamentação Prudencial disseram que Staley não "agiu com a devida habilidade, cuidado e diligência" tentando caçar o denunciante. Notícia disponível em: <http://www.fcpablog.com/blog/2018/5/11/barclays-boss-staley-fined-870000-for-trying-to-unmask-whist.html>. Acesso em: 17 de maio 2018.

de irregularidades e aplicação efetiva de códigos de ética e de conduta, políticas e diretrizes com objetivo de detectar e sanar desvios, fraudes, irregularidades e atos ilícitos praticados contra a administração pública, nacional ou estrangeira;

e) implementação efetiva de registros contábeis que reflitam de forma completa e precisa as transações da pessoa jurídica;

f) implantação de controles internos capazes de assegurar a pronta elaboração e confiabilidade de relatórios e demonstrações financeiras da pessoa jurídica;

g) implantação de procedimentos específicos destinados a prevenir fraudes e ilícitos no âmbito de processos licitatórios, na execução de contratos administrativos ou em qualquer interação com o setor público, ainda que intermediada por terceiros, tal como pagamento de tributos, sujeição a fiscalizações, ou obtenção de autorizações, licenças, permissões e certidões

Essas premissas são extraídas inicialmente de um conjunto de normativas básicas, aplicáveis às pessoas jurídicas brasileiras que atuam no Brasil ou no exterior, e às estrangeiras que atuam no Brasil. Porém, um *compliance* anticorrupção vai muito além dessas exigências elementares.[37]

Certamente, o programa de *compliance* deve respeitar e se adequar ao histórico normativo iniciado a partir do *Foreign Corrupt Practices Act* – FCPA, ainda de 1977, até as mais recentes ISO (como a 37001), de 2016, e outras que surjam pelo caminho dinâmico deste universo veloz e disruptivo.[38] Contudo, vale frisar que, embora seja dada muita atenção

---

[37] Neste sentido, Arnold & Porter LLP, a international law firm. Disponível em: <http://www.fcpablog.com/blog/2014/5/1/anti-corruption-compliance-meeting-the-global-standard.html>. Acesso em: 17 de maio 2018. Devendo também ser observado o Decreto Federal nº 8.420/2015 regulamentador da Lei Anticorrupção nº 12.846/2013.

[38] Toma-se aqui como referência do histórico normativo de compliance: 1977 – Estados Unidos, *Foreign Corrupt Practices Act* – FCPA; 1996 – OEA, *American Convention Against Corruption* (aprovada pelo Congresso Nacional, em 25 de junho de 2002, e promulgada pelo Decreto nº 4.410, de 7 de outubro de 2002); 1997 – China, Criminal Law (revisada em 2011 para prever a responsabilização pelo pagamento de propinas a agentes oficiais nacionais e estrangeiros (Clauses 164; 385 – 393); 1997 – OCDE, Convention on Combating Bribery of Foreign Public Officials in International Business Transactions (ratificada em 15 de junho de 2000 e promulgada pelo Decreto Presidencial nº 3.678, de 30 de novembro de 2000); 2003 – ONU, Convention Against Corruption (assinada pelo Brasil, em 9 de dezembro de 2003, e promulgada pelo Decreto nº 5.687, de 31 de janeiro de 2006); 2010 – Reino Unido, United Kingdom Bribery Act – UKBA; 2010 – Brasil, Instituição do Cadastro Empresa Pró-Ética; 2012 – The World Bank Group – Diretrizes sobre Prevenção e Combate à Fraude e à Corrupção no Financiamento de Programas para Resultados; 2013 – Brasil,

à Lei de Práticas de Corrupção no Exterior dos EUA e à Lei de Suborno do Reino Unido, uma série de outras normas e diretrizes internacionais anticorrupção são aplicáveis a empresas multinacionais, tal como será exposto detidamente no item 5 desta investigação acadêmica.

Definitivamente, a projeção de um programa de conformidade anticorrupção eficaz, que atenda aos requisitos de muitas jurisdições diferentes, parece ser uma tarefa difícil. Não basta a observância à legislação nacional anticorrupção, mesmo porque há normativas constitucionais, legais e infralegais, e reguladores de todas as esferas federativas. Também é necessário observar boas práticas internacionais.

Deve-se lembrar que as diretrizes fundamentais se iniciam em âmbito internacional, não apenas em razão do caráter extraterritorial da própria Lei Anticorrupção, mas por conta da normatização global da matéria e do princípio da segurança jurídica.

4.1 Tipicidade das condutas na lei anticorrupção empresarial brasileira

A tipicidade das condutas das pessoas físicas na Lei nº 12.846/13 é parte integrante da tipificação da conduta da pessoa jurídica, mas são tipos distintos. Evidente que alguém deve ser acusado de praticar um ilícito com base na legislação anticorrupção para que a imputação de responsabilidade possa ser deduzida contra a pessoa jurídica. Essa Lei nº 12.846/13, pela natureza aberta de seus tipos sancionadores, permite integração e interação com legislações diversas.

Assim sendo, crimes contra a Administração Pública, de um modo geral, cabem no âmbito da Lei Anticorrupção nº 12.846/13, mas exigem ritos administrativos próprios instrumentalizados por meio de processos de apuração de responsabilidade (PAR). Há independência entre as instâncias jurídico-penal e administrativa. Quando se fala em "*compliance* criminal", por isso, não deixa de ser estranho, pois não há responsabilidade penal da pessoa jurídica em nosso sistema, e sim responsabilidade objetiva, civil e administrativa, à luz do direito administrativo sancionador, especialmente no campo da Lei nº 12.846/13.

Lei Anticorrupção (Lei nº 12.846/13); 2014 – ISO 19600 – ISO Compliance (Compliance Management Systems – Guidelines); 2016 – ISO 37001 – Sistemas de Gestão Antissuborno; 2017 – FGV e Transparência Internacional – Novas Medidas Contra a Corrupção (projeto em andamento)

A indenização ou reparação do dano, como se sabe, não é uma "sanção administrativa", e se submete ao parâmetro da responsabilidade civil.[39]

Por sua vez, ilícitos concorrenciais podem encaixar-se no âmbito dos tipos sancionadores da improbidade empresarial.[40] Ilícitos tributários também. Imagine-se a conduta de uma pessoa jurídica que dificulte a atividade de fiscalização ou investigação de órgãos, entidades ou agentes públicos, inclusive da Receita Federal. Lavagem de capitais está prevista na Lei nº 9.613/1998 (Lavagem de dinheiro) e também há modalidade de tipificação mais ampla de espécie de organização ilícita, conforme se extraí inclusive do tipo constante do art. 5º da Lei nº 12.846/2013. Financiar, custear, patrocinar de qualquer modo a prática de atos ilícitos previstos na lei. Então, quais são os atos ilícitos? Quaisquer atos ilícitos que atentem contra o patrimônio público nacional ou estrangeiro, contra princípios da Administração pública ou contra os compromissos internacionais assumidos pelo Brasil. Evidentemente que esses tipos são abertos e carecem de integração normativa e ampla fundamentação numa eventual inicial acusatória.

O legislador define os atos típicos de forma exemplificativa (e não taxativa):

> Art. 5º Constituem atos lesivos à administração pública, nacional ou estrangeira, para os fins desta Lei, todos aqueles praticados pelas pessoas jurídicas mencionadas no parágrafo único do art. 1º, que atentem contra o patrimônio público nacional ou estrangeiro, contra princípios da administração pública ou contra os compromissos internacionais assumidos pelo Brasil, assim definidos:
>
> I – prometer, oferecer ou dar, direta ou indiretamente, vantagem indevida a agente público, ou a terceira pessoa a ele relacionada;
>
> II – comprovadamente, financiar, custear, patrocinar ou de qualquer modo subvencionar a prática dos atos ilícitos previstos nesta Lei;

---

39 OSÓRIO, Fábio Medina. *Direito Administrativo Sancionador*. 5. ed. Revista dos Tribunais, 2015.

40 Improbidade administrativa é a má gestão pública gravemente desonesta ou gravemente ineficiente, causada por ações ou omissões, dolosas ou culposas, de agentes públicos no exercício de suas funções ou em razão delas, com ou sem a participação dos particulares, observados os pressupostos gerais de configuração típica e de imputação. A improbidade é espécie do gênero má gestão pública. A corrupção é espécie do gênero improbidade. As graves desonestidades e ineficiências funcionais dos agentes públicos resultam da violação, dolosa ou culposa, de normas legais e constitucionais que regem as funções públicas, com grave agressão a direitos fundamentais e a normas da cultura administrativa vigentes. O dolo e a culpa se observam de acordo com a estrutura textual de cada dispositivo, não se podendo presumir que os atos culposos estejam circunscritos ao art.10 da Lei de Improbidade. OSÓRIO, Fábio Medina. *Teoria da Improbidade Administrativa*: má gestão pública, corrupção e ineficiência. 3. ed. Revista dos Tribunais, 2013.

> III – comprovadamente, utilizar-se de interposta pessoa física ou jurídica para ocultar ou dissimular seus reais interesses ou a identidade dos beneficiários dos atos praticados;
>
> IV – no tocante a licitações e contratos:
>
> a) frustrar ou fraudar, mediante ajuste, combinação ou qualquer outro expediente, o caráter competitivo de procedimento licitatório público;
>
> b) impedir, perturbar ou fraudar a realização de qualquer ato de procedimento licitatório público;
>
> c) afastar ou procurar afastar licitante, por meio de fraude ou oferecimento de vantagem de qualquer tipo;
>
> d) fraudar licitação pública ou contrato dela decorrente;
>
> e) criar, de modo fraudulento ou irregular, pessoa jurídica para participar de licitação pública ou celebrar contrato administrativo;
>
> f) obter vantagem ou benefício indevido, de modo fraudulento, de modificações ou prorrogações de contratos celebrados com a administração pública, sem autorização em lei, no ato convocatório da licitação pública ou nos respectivos instrumentos contratuais; ou
>
> g) manipular ou fraudar o equilíbrio econômico-financeiro dos contratos celebrados com a administração pública;
>
> V – dificultar atividade de investigação ou fiscalização de órgãos, entidades ou agentes públicos, ou intervir em sua atuação, inclusive no âmbito das agências reguladoras e dos órgãos de fiscalização do sistema financeiro nacional.

Contudo, a referida lei federal já foi regulamentada pelo Decreto federal nº 8.420/2015, conforme antes exposto, e pode inclusive ser disciplinada e detalhada pelos Estados e Municípios brasileiros, o que se traduz numa multiplicação de regras e princípios que podem integrar os tipos sancionadores definidos na Lei nº 12.846/2013.

A propósito, o Decreto nº 8.420/2015, em seus artigos 41[41] e 42,[42] define critérios e parâmetros para a avaliação da efetividade dos programas de integridade ético-corporativa (*compliance*).

---

[41] "Art. 41. Para fins do disposto neste Decreto, programa de integridade consiste, no âmbito de uma pessoa jurídica, no conjunto de mecanismos e procedimentos internos de integridade, auditoria e incentivo à denúncia de irregularidades e na aplicação efetiva de códigos de ética e de conduta, políticas e diretrizes com objetivo de detectar e sanar desvios, fraudes, irregularidades e atos ilícitos praticados contra a administração pública, nacional ou estrangeira. Parágrafo Único. O programa de integridade deve ser estruturado, aplicado e atualizado de acordo com as características e riscos atuais das atividades de cada pessoa jurídica, a qual por sua vez deve garantir o constante aprimoramento e adaptação do referido programa, visando garantir sua efetividade."

[42] "Art. 42. Para fins do disposto no §4º do art. 5º, o programa de integridade será avaliado, quanto a sua existência e aplicação, de acordo com os seguintes parâmetros:

Contudo, é inviável ignorar que a interpretação das inúmeras instituições e órgãos encarregados de aplicar a legislação nacional em referência pode gerar insegurança jurídica. Afinal, a União Federal, os Estados, os Municípios, o Ministério Público Federal, os Ministérios Públicos dos Estados, a Advocacia Pública dos Estados, Advocacia

---

I – comprometimento da alta direção da pessoa jurídica, incluídos os conselhos, evidenciado pelo apoio visível e inequívoco ao programa;
II – padrões de conduta, código de ética, políticas e procedimentos de integridade, aplicáveis a todos os empregados e administradores, independentemente de cargo ou função exercidos;
III – padrões de conduta, código de ética e políticas de integridade estendidas, quando necessário, a terceiros, tais como, fornecedores, prestadores de serviço, agentes intermediários e associados;
IV – treinamentos periódicos sobre o programa de integridade;
V – análise periódica de riscos para realizar adaptações necessárias ao programa de integridade;
VI – registros contábeis que reflitam de forma completa e precisa as transações da pessoa jurídica;
VII – controles internos que assegurem a pronta elaboração e confiabilidade de relatórios e demonstrações financeiros da pessoa jurídica;
VIII – procedimentos específicos para prevenir fraudes e ilícitos no âmbito de processos licitatórios, na execução de contratos administrativos ou em qualquer interação com o setor público, ainda que intermediada por terceiros, tal como pagamento de tributos, sujeição a fiscalizações, ou obtenção de autorizações, licenças, permissões e certidões;
IX – independência, estrutura e autoridade da instância interna responsável pela aplicação do programa de integridade e fiscalização de seu cumprimento;
X – canais de denúncia de irregularidades, abertos e amplamente divulgados a funcionários e terceiros, e de mecanismos destinados à proteção de denunciantes de boa-fé;
XI – medidas disciplinares em caso de violação do programa de integridade;
XII – procedimentos que assegurem a pronta interrupção de irregularidades ou infrações detectadas e a tempestiva remediação dos danos gerados;
XIII – diligências apropriadas para contratação e, conforme o caso, supervisão, de terceiros, tais como, fornecedores, prestadores de serviço, agentes intermediários e associados;
XIV – verificação, durante os processos de fusões, aquisições e reestruturações societárias, do cometimento de irregularidades ou ilícitos ou da existência de vulnerabilidades nas pessoas jurídicas envolvidas;
XV – monitoramento contínuo do programa de integridade visando seu aperfeiçoamento na prevenção, detecção e combate à ocorrência dos atos lesivos previstos no art. 5º da Lei nº 12.846, de 2013; e
XVI – transparência da pessoa jurídica quanto a doações para candidatos e partidos políticos.
§1º Na avaliação dos parâmetros de que trata este artigo, serão considerados o porte e especificidades da pessoa jurídica, tais como:
I – a quantidade de funcionários, empregados e colaboradores;
II – a complexidade da hierarquia interna e a quantidade de departamentos, diretorias ou setores;
III – a utilização de agentes intermediários como consultores ou representantes comerciais;
IV – o setor do mercado em que atua;
V – os países em que atua, direta ou indiretamente;
VI – o grau de interação com o setor público e a importância de autorizações, licenças e permissões governamentais em suas operações;
VII – a quantidade e a localização das pessoas jurídicas que integram o grupo econômico; e
VIII – o fato de ser qualificada como microempresa ou empresa de pequeno porte."

Pública Federal, entre outras entidades e órgãos legitimados, podem atuar, administrativa e judicialmente, na propositura de medidas e ações contra administrados e jurisdicionados.

Portanto, as orientações e as diretrizes internacionais, tal como analisaremos adiante, representam importante mecanismo de integração, interpretação e aplicação das normas de combate à corrupção e da adequada efetividade dos programas de *compliance*.

4.2 Tipicidade da conduta da empresa por organização defeituosa: o *compliance* inefetivo

Certamente, os tipos exemplificados anteriormente e que estão previstos no art. 5º da Lei Anticorrupção podem ser violados por pessoas físicas ou jurídicas. Porém, para efeitos de responsabilidade, a tipicidade é diferente.

No caso das pessoas físicas, a responsabilidade decorre da comprovação do elemento subjetivo (aferição da culpa ou dolo), inerente à prática do ato. E há múltiplas esferas. Veja-se o artigo 3º:

> Art. 3º A responsabilização da pessoa jurídica não exclui a *responsabilidade individual* de seus dirigentes ou administradores ou de qualquer pessoa natural, autora, coautora ou partícipe do ato ilícito.
>
> §2º Os dirigentes ou administradores somente serão responsabilizados por atos ilícitos na *medida da sua culpabilidade*. (grifei)

Trata-se de princípio constitucional a obrigatoriedade de individualização das penas.[43] No caso, a lei estabelece vetores para as

---

[43] Resulta evidente que a lei deve regular a individualização da pena (art. 5º, XLVI, CF), sendo que esse último direito se desdobraria em três etapas distintas, a saber: a legislativa, a judicial e a executória. Essas observações se aplicam inteiramente ao Direito Administrativo Sancionatório, com as diferenciações cabíveis. No mesmo sentido deste entendimento está a jurisprudência do STJ: "[...] 3. É cabível a impetração de mandado de segurança contra ato administrativo que impôs sanção disciplinar de demissão ao servidor, porquanto os atos administrativos comportam controle jurisdicional amplo. Nesses casos, o controle não se limita aos aspectos legais e formais do procedimento. Deve o Poder Judiciário examinar a razoabilidade e a proporcionalidade do ato, bem como a observância dos princípios da dignidade da pessoa humana, da culpabilidade e da *individualização da sanção*. Precedentes do STJ. 4. Na hipótese, constata-se que o Tribunal de origem se distanciou da orientação jurisprudencial deste Superior Tribunal, pois, a despeito de consignar ser possível a modificação da pena de demissão por outra mais branda, em face das peculiaridades do caso concreto – devolução dos valores e confissão espontânea do recorrente –, assim não procedeu, por entender que a revisão pelo Judiciário do ato administrativo disciplinar está adstrita ao exame da legalidade do procedimento disciplinar, e do cabimento e da regularidade formal da penalidade, sendo inviável, portanto, a análise do mérito administrativo. 5. Outrossim, não estando o acórdão recorrido em sintonia com a jurisprudência desta Corte Superior

autoridades fundamentarem seus posicionamentos: a gravidade da infração; a vantagem auferida ou pretendida pelo infrator; a consumação ou não da infração; o grau de lesão ou perigo de lesão; o efeito negativo produzido pela infração; a situação econômica do infrator; a cooperação da pessoa jurídica para a apuração das infrações; a existência de mecanismos e procedimentos internos de integridade, auditoria e incentivo à denúncia de irregularidades e a aplicação efetiva de códigos de ética e de conduta no âmbito da pessoa jurídica; o valor dos contratos mantidos pela pessoa jurídica com o órgão ou entidade pública lesados.

Destaca-se que, se não houver análise exaustiva de cada um dos vetores elencados na lei, será nula a decisão condenatória, por violação a dispositivos legais[44] e constitucionais[45] referentes ao princípio da motivação das decisões. Esses vetores devem ser observados tanto na seara judicial quanto na administrativa.

No tocante às pessoas jurídicas, descabe, desde logo, responsabilidade penal por ilícitos contra a Administração Pública. Todavia, é possível a responsabilidade por atos ilícitos por falta de *compliance*

---

de Justiça, é medida que se impõe a cassação do acórdão recorrido quanto a esse aspecto, devendo os autos serem devolvidos ao Tribunal de origem para que seja realizado o exame da proporcionalidade da aplicação da pena de demissão em face da conduta perpetrada pelo impetrante, ora recorrente. 6. Recurso ordinário em mandado de segurança parcialmente provido" (STJ. RMS nº 17.735/MT, Rel. Ministra Laurita Vaz, Quinta Turma, julgado em 12.11.2013, *DJe* 25.11.2013).

[44] Lei nº 12.846/13, art. 6º, §1º: "As sanções serão aplicadas fundamentadamente, isolada ou cumulativamente, de acordo com as peculiaridades do caso concreto e com a gravidade e a natureza das infrações". Lei nº 9.784/99, art. 50: "Os atos administrativos deverão ser motivados, com indicação dos fatos e dos fundamentos jurídicos, quando: I – neguem, limitem ou afetem direitos ou interesses; II – imponham ou agravem deveres, encargos ou sanções; III – decidam processos administrativos de concurso ou seleção pública; IV – dispensem ou declarem a inexigibilidade de processo licitatório; V – decidam recursos administrativos; VI – decorram de reexame de ofício; VII – deixem de aplicar jurisprudência firmada sobre a questão ou discrepem de pareceres, laudos, propostas e relatórios oficiais; VIII – importem anulação, revogação, suspensão ou convalidação de ato administrativo. §1º A motivação deve ser explícita, clara e congruente, podendo consistir em declaração de concordância com fundamentos de anteriores pareceres, informações, decisões ou propostas, que, neste caso, serão parte integrante do ato. §2º Na solução de vários assuntos da mesma natureza, pode ser utilizado meio mecânico que reproduza os fundamentos das decisões, desde que não prejudique direito ou garantia dos interessados. §3º A motivação das decisões de órgãos colegiados e comissões ou de decisões orais constará da respectiva ata ou de termo escrito". De forma semelhante, é a recente Lei nº 13.655/2018 que, ao alterar a LICC (Lei de Introdução ao Código Civil), introduziu normas referentes à segurança jurídica no âmbito do direito público.

[45] Art. 93, IX, CF: "Todos os julgamentos dos órgãos do Poder Judiciário serão públicos, e fundamentadas todas as decisões, sob pena de nulidade, podendo a lei limitar a presença, em determinados atos, às próprias partes e a seus advogados, ou somente a estes, em casos nos quais a preservação do direito à intimidade do interessado no sigilo não prejudique o interesse público à informação".

efetivo, mesmo que não tenha praticado diretamente o ato, uma vez que prevalece a teoria da responsabilidade objetiva nesse caso.

O elemento de ligação da pessoa jurídica com o infrator decorre da previsão do art. 1º da Lei Anticorrupção, que dispõe no sentido de que:

> Art. 1º Esta Lei dispõe sobre a responsabilização objetiva administrativa e civil de pessoas jurídicas pela prática de atos contra a administração pública, nacional ou estrangeira.
>
> Parágrafo único. Aplica-se o disposto nesta Lei às sociedades empresárias e às sociedades simples, personificadas ou não, independentemente da forma de organização ou modelo societário adotado, bem como a quaisquer fundações, associações de entidades ou pessoas, ou sociedades estrangeiras, que tenham sede, filial ou representação no território brasileiro, constituídas de fato ou de direito, ainda que temporariamente.

Esse conceito de responsabilidade objetiva deve ser interpretado no sentido de que a pessoa jurídica é obrigada a adotar um *compliance anticorrupção* efetivo. Do contrário, haveria uma responsabilidade draconiana, inadmissível em nosso ordenamento jurídico.

Já tive oportunidade de escrever a esse respeito, ainda nos primórdios do advento da lei:

> A toda evidência, não obstante o silêncio do legislador, a Lei 12.846/13 aplica-se a pessoas jurídicas de direito privado, sociedades simples ou empresárias, fundações e associações das quais seja possível e razoável exigir mecanismos de denúncia, auditoria e controladoria internos, sem que isso venha a ferir sigilos profissionais, menos ainda suas finalidades institucionais.
>
> A Lei 12.846/13 concentra seu foco nos atos de corrupção. Diz a lei, em seu art. 4º, que subsiste a responsabilidade das pessoas jurídicas, uma vez praticados atos atentatórios à Administração Pública, mesmo nas hipóteses em que houver "alteração contratual, transformação, incorporação, fusão ou cisão societária", dispondo, em seu §1º, que, [...] nas hipóteses de fusão e incorporação, a responsabilidade da sucessora será restrita à obrigação de pagamento de multa e reparação integral do dano causado, até o limite do patrimônio transferido, não lhe sendo aplicáveis as demais sanções previstas nesta lei decorrentes de atos e fatos ocorridos antes da data da fusão ou da incorporação, exceto no caso de simulação ou evidente intuito de fraude, devidamente comprovados.
>
> A lei também estabelece, em seu art. 4º, §2º, que
>
> [...] as sociedades controladoras, controladas, coligadas ou, no âmbito do respectivo contrato, consorciadas serão solidariamente responsáveis pela prática dos atos previstos nesta lei, restringindo-se tal responsabilidade à obrigação de pagamento de multa e reparação integral do dano causado.

As sociedades consorciadas serão alcançadas pela lei, o que significa dizer que, no âmbito dos respectivos contratos de consórcios, será necessário fixar mecanismos de *compliance*.[46]

4.3 *Compliance* anticorrupção como elemento de exclusão da tipicidade da conduta ilícita da empresa

Para que as empresas possam ter imunidade frente à responsabilidade objetiva por atos de terceiros, necessitam contar com uma estrutura interna dotada de independência, capacidade operacional e autoridade responsável pela aplicação do programa de integridade e fiscalização de seu cumprimento, bem como canais de denúncia de irregularidades, abertos e amplamente divulgados a funcionários e terceiros, e de mecanismos destinados à proteção de denunciantes de boa-fé, com competências para:

a) imposição de medidas disciplinares em caso de violação do programa de integridade;
b) manejo de procedimentos que assegurem a pronta interrupção de irregularidades ou infrações detectadas e a tempestiva remediação dos danos gerados;
c) realização de diligências apropriadas para contratação e, conforme o caso, supervisão, de terceiros, tais como, fornecedores, prestadores de serviço, agentes intermediários e associados;
d) verificação, durante os processos de fusões, aquisições e reestruturações societárias, do cometimento de irregularidades ou ilícitos ou da existência de vulnerabilidades nas pessoas jurídicas envolvidas;
e) monitoramento contínuo do programa de integridade visando seu aperfeiçoamento na prevenção, detecção e combate à ocorrência dos atos lesivos previstos no art. 5º da Lei nº 12.846, de 2013;
f) e verificação da transparência da pessoa jurídica quanto a doações para candidatos e partidos políticos.[47]

---

46 OSÓRIO, Fábio Medina. Probidade empresarial: Lei 12.846/13. *Revista da Escola da Magistratura (Emagis) do TRF da 4. Região*. v. 1, n. 1 (out. 2014). Ed. Tribunal Regional Federal da 4. Região, 2014.

47 No Brasil, o STF proibiu a prática de financiamento de empresas destinado às campanhas eleitorais e aos partidos políticos, nos termos do Acórdão da ADI nº 4650-DF publicado em 17.09.2015.

Definitivamente, a instituição de tais elementos, extraídos da referida lei e também do Decreto nº 8.420/2015, no ambiente corporativo, e em conjugação com os múltiplos elementos já citados anteriormente, é capaz inclusive de romper o nexo de causalidade suscitado para a imposição da sanção administrativa ou civil, com a consequente atenuação ou até mesmo exclusão da penalidade cogitada.

O processo deve ser efetivo, no entanto. Para isso, há que ser robusto, documentado, transparente.

Em outras palavras, a teoria da responsabilidade objetiva imposta às pessoas jurídicas, no âmbito do combate à corrupção, é passível de mitigação e modulação por meio da adoção de um programa de *compliance* efetivo.

5 A integração entre as normas nacionais e internacionais no combate à corrupção

Para que as empresas tenham um "*compliance* anticorrupção efetivo", necessitarão definir conceitualmente o que é corrupção. Em boa parte, como já foi possível perceber, esse conceito está demarcado no Direito Penal e no próprio Direito Administrativo Sancionador brasileiro. Porém, há cláusulas gerais e, além disso, os instrumentos normativos internos das empresas não estão adstritos à legislação, pois podem e devem combater a corrupção num âmbito ético-normativo. Um equilíbrio será necessário, para que as próprias empresas não incorram em demasiada rigidez regulatória interna, de tal sorte a paralisar suas atividades ou gerar insegurança jurídica em suas relações. Também parece conveniente que se ajustem às culturas onde atuem.

Como já referi, o conceito de corrupção, sobretudo, por carecer de elementos indeterminados e cláusulas gerais, depende não apenas de concretizações múltiplas, e intervenções codificadas, mas também de interpretações razoáveis e proporcionais compatíveis com culturas corporativas, organizacionais e regulatórias.

Relembrando aqui o histórico já traçado neste trabalho, forçoso sublinhar que, na evolução do tratamento desta temática, importantes iniciativas, em diversos países, impulsionaram a promulgação de inúmeras normas anticorrupção no Mundo.

Sempre temos como referências a lei de 1977, autêntico marco histórico, a *Foreign Corrupt Practices Act – FCPA* nos Estados Unidos da América;[48] a Lei de 2010, a *United Kingdom Bribery Act – UKBA*, prevendo

---

[48] Com a Foreign Corrupt Practices Act – FCPA é que foi possível responsabilizar criminal e civilmente os agentes privados nacionais, especialmente as companhias abertas emissoras de

a responsabilidade pelo pagamento e recebimento de propinas a oficiais nacionais e estrangeiros, que expôs as condutas proibidas no âmbito privado, regrando também o direito concorrencial e comercial, no Reino Unido; a Lei de 2011, a *Criminal Law*, na China, que previu a responsabilização pelo pagamento de propinas a agentes oficiais nacionais e estrangeiros.[49]

Qual o conceito que é adotado pelas instituições transnacionais no tocante à corrupção? Em síntese, um conceito de cunho ético-sociológico, que pressupõe abertura para que os países, a partir do princípio democrático, procedam a configuração dos ilícitos dentro de um amplo espectro conceitual.

Transparência Internacional, Banco Mundial, ONU (Organização das Nações Unidas) partem da premissa de que a corrupção pública constitui a grave violação de deveres públicos para alcançar fins privados, rompendo-se a essência do tecido normativo, por parte de alguém em posição decisória que, dessa forma, frustra a segurança jurídica e as legítimas expectativas da sociedade. Esse conceito alcança pessoas jurídicas, na medida em que estas são responsáveis pelos atos de seus dirigentes ou prepostos.

Por isso, a corrupção é descrita, em geral, não só na literatura especializada – e aqui temos possibilidade de fazer referência global a um importante e sólido conjunto de doutrinas –, como também nos escritos do Banco Mundial e do Fundo Monetário Internacional,[50] como

---

títulos e valores mobiliários registrados na SEC – Securities and Exchange Commission, ou, ainda, que tenham algum tipo de operação no território estadunidense, ligada ao mercado de capitais ou não, envolvidos em atos de corrupção de oficiais estrangeiros e/ou fraudes contábeis.

49 Já a China Criminal Law (de 1997, revisada em 2011) previu a responsabilização pelo pagamento de propinas a agentes oficiais nacionais e estrangeiros – clauses 164; 385-393.

50 Tanto um como o outro definem a corrupção como o abuso da função pública para obter benefícios privados (<http://www.worldbank.org> e http://www.imf.org). Entende-se aqui "corrupção" como o *"abuso do cargo público para obtenção de ganhos privados"*. Trata-se de tradução livre da definição mais difundida de "corrupção", formulada pelo Banco Mundial, qual seja, *"the abuse of public office for private gain"*. Vale ainda ressaltar os conceitos relacionados, nas palavras do mesmo Banco *Mundial: "public office is abused for private gain when an official accepts, solicits, or extorts a bribe. It is also abused when private agents actively offer bribes to circumvent public policies and processes for competitive advantage and profit. Public office can also be abused for personal benefit even if no bribery occurs, through patronage and nepotism, the theft of state assets, or the diversion of state revenues. This definition is both simple and sufficiently broad to cover most of the corruption that the Bank encounters, and it is widely used in the literature. Bribery occurs in the private sector, but bribery in the public sector, offered or extracted, should be the Bank's main concern, since the Bank lends primarily to governments and supports government policies, programs, and projects"*. WBG. Helping countries combat corruption: the role of the World Bank. Sep. 1997, p. 8. Outra definição semelhante é a do Transparência Internacional, que conceitua corrupção como *"the abuse of entrusted power for private gain"*. TI. How do you define corruption? Por fim, veja-se também o conexo conceito de corrupção elaborado pelo

toda aquela ação ou omissão do agente público que o leva a desviar-se dos deveres formais e materiais de seu cargo, com o objetivo de obter benefícios privados.[51]

No largo conceito adotado pelo Banco Mundial, Transparência Internacional, ONU e outras instituições, condutas como nepotismo, lavagem de capitais, fraudes licitatórias, conflitos de interesses, trocas de favores, persecuções de interesses privados por agentes públicos, comportamentos clientelistas, podem caracterizar *corrupção*, sem que, necessariamente, encontrem tipificação jurídica num dado país. Bastaria uma reprovação moral, ética, ou de algum tecido normativo que lhe empreste força suficiente para tal qualificativo. Não precisamos de maior esforço para constatar que semelhante definição enseja campo aberto para insegurança jurídica.

Além disso, diversos outros *standards* normativos e padrões de conduta ético-corporativa devem ser observados pelas empresas nacionais e multinacionais interessadas em assegurar um ambiente corporativo 'limpo', imune às práticas corruptas e deletérias de agentes, públicos e privados, impulsionados por interesses egoístas e amorais. Mas o que seriam interesses egoístas e amorais? Depende muito de outros conceitos, culturas, regras, princípios e conformações legislativas, normativas, legais ou infralegais.

Tais diretrizes internacionais inclusive realizarão as conformações e integrações imprescindíveis à adequada interpretação e aplicação das normas nacionais e das boas práticas internacionais, evitando insegurança jurídica e instabilidade regulatória. Depende, ainda, dos níveis regulatórios das próprias empresas.

Registre-se, a propósito, que eventuais alegações de suposta ausência de força cogente e de baixa densidade normativa destes instrumentos no âmbito nacional não devem prosperar entre nós. O Brasil é Estado-membro da ONU – Organização das Nações Unidas – devendo obediência e respeito às diretrizes internacionais de combate à corrupção em espaços públicos e privados, internalizadas no ordenamento nacional mediante Decreto federal nº 5.687/2006 devidamente editado.

Fundo Monetário Internacional, qual seja, "*the abuse of public authority or trust for private benefit*". IMF. The IMF and Good Governance, Factsheet. Apr. 2015.

51 NIETO, Alejandro. *Corrupción em la Espanã democrática*. Barcelona: Ariel. 1997: assinala a importância dos benefícios ou interesses privados na corrupção. Segundo RODRIGUEZ-ARANA MUÑOZ, Jaime. *Ética institucional:* mercado 'versis' función pública. Madrid: Dykinsin, 1996: o termo "corrupção" admite distintas aproximações. Sem embargo, existe um denominador comum: "*a utilização em proveito próprio dos poderes públicos*".

Por força de aderência a tratados internacionais, o Brasil vem reforçando seu arcabouço jurídico na tutela de diversos valores e regras que dizem respeito ao combate à corrupção e probidade administrativas, nessa linha mais abrangente de proteção aos direitos fundamentais, conforme já exposto neste trabalho.[52]

Quanto às diretrizes da União Europeia, embora o Brasil não seja integrante desta entidade supranacional, tais vetores normativos devem inspirar o ambiente nacional e pautar inclusive a tentativa brasileira de efetiva implementação e desenvolvimento do Mercosul. Ademais, empresas brasileiras atuantes no continente europeu estão submetidas a regras da União Europeia.

Neste contexto, as diretrizes e as orientações acerca da aferição e efetividade dos Programas de Integridade corporativa e combate à corrupção devem estar lastreadas também em 3 (três) documentos, instrumentos formais e internacionais, são eles: o Relatório de Anticorrupção da União Europeia;[53] o Guia Prático de Condutas Empresariais destinadas à implementação da ética corporativa elaborado pela Organização das Nações Unidas – ONU;[54] o Pacto Global das Nações Unidas.[55]

O relatório produzido pela Comissão da União Europeia traz importantes reflexões e análises acerca do custo da corrupção para os Estados, os cidadãos e a inciativa privada.

Aponta-se uma relação direta entre a corrupção e a efetividade de direitos fundamentais, indicando a corrupção como elemento corrosivo dos direitos fundamentais sociais e do direito de viver em um ambiente livre de corrupção, bem como comprometendo a confiança dos cidadãos em processos democráticos e instituições políticas.

Estima-se que a corrupção, por si só, represente um custo para a economia da União Europeia equivalente a 120 mil milhões de euros/ano, apenas um pouco menos do que o orçamento anual da União Europeia. Em outras palavras, tais recursos desviados poderiam ser

---

[52] Convenção Interamericana contra a Corrupção, a Convenção das Nações Unidas contra a Corrupção e a Convenção sobre o Combate da Corrupção de Funcionários Públicos Estrangeiros em Transações Comerciais Internacionais da Organização para a Cooperação e Desenvolvimento Econômico (OCDE).

[53] *Relatório da Comissão ao Conselho e ao Parlamento Europeu. Relatório Anticorrupção da UE.* elaborado pela Comissão Europeia da UE, Bruxelas, 3.2.2014. Disponível em: <http://europa.eu/european-union>.

[54] *An Anti-Corruption Ethics and Compliance Programme for Business: A Practical Guide,* elaborado pelo United Nations Office on Drug and Crime, September 2013. Disponível em: <http://onu.org.br>.

[55] *An United Nations Global Compact – Guidance on the 10 th Principle Against Corruption.* Disponível em: <http://onu.org.br>.

aplicados em saúde, educação e melhorias voltadas à qualidade de vida dos cidadãos europeus.[56]

Neste sentido, o combate à corrupção é atribuição de todos os Estados membros da União Europeia, devendo os integrantes da entidade supranacional criar os instrumentos institucionais e legais imprescindíveis à prevenção e ao combate à corrupção.

Por exemplo, a Comissão da União Europeia anunciou, no ano de 1999, uma política de tolerância zero no que respeita à fraude e à corrupção e, na sequência desta iniciativa, foi criado o OLAF (Organismo Europeu de Luta Antifraude) destinado a incrementar os mecanismos de controle antifraude e ampliar os canais de informação, transparência e controle social (*accountability*) das consequências dos atos corruptos praticados no ambiente europeu. Para tanto, torna-se imprescindível também a qualificação e o treinamento, de profissionais experientes, *experts* e com *know-how* qualificado em processos sancionatórios de combate à corrupção, seja em relação às autoridades integrantes de órgãos da União Europeia ou no tocante aos auditores/colaboradores independentes.

Sem dúvida, o OLAF, criado no final do século passado, pressiona, por meio de recomendações e sanções impostas, os Estados membros da União Europeia à adoção de medidas internas capazes de conter ou eliminar a corrupção nos espaços público e privado.

A Comissão da União Europeia adotou, no ano de 2011, um pacote anticorrupção a ser observado pelos Estados membros da UE. O primeiro relatório, publicado em fevereiro de 2014, indica a situação de cada Estado-membro, apontando as medidas anticorrupção tomadas, o grau de efetividade e as melhorias ainda necessárias ao combate mais efetivo da corrupção no ambiente europeu.

Contudo, em relação aos avanços já alcançados, cabe apontar que o Parlamento Europeu e o Conselho da União Europeia criaram novos atos legislativos baseados em propostas da Comissão, dentre elas: i) uma reforma das normas relativas aos contratos públicos (proposta da Comissão de 2011, adotada em fevereiro de 2014); ii) a apreensão de ativos de origem criminosa (proposta da Comissão de 2012, adotada em março de 2014), iii) o alargamento do âmbito do conceito de corrupção com o objetivo de englobar o suborno de pessoas que não são formalmente funcionários públicos mas que estão envolvidas na gestão de fundos da UE (proposta da Comissão de 2013).

---

[56] Inquérito da União Europeia sobre corrupção, realizado em 2013 e publicado em fevereiro de 2014, evidencia tais dados.

Outro exemplo de medida interessante refere-se ao controle da Comissão Europeia sobre as reformas do Poder Judiciário implementadas pelos respectivos Estados membros da UE,[57] uma vez que tal medida visa garantir observância aos limites do Estado Democrático de Direito, aos contornos de atuação do Poder Judiciário, evitando que a descrença generalizada em torno da representatividade das instituições políticas contamine o princípio da separação e harmonia entre os Poderes, criando um Judiciário egocêntrico, onipotente e onipresente.

Entre as demais medidas delineadas nestes instrumentos internacionais a favor do combate à corrupção, cabe destacar a utilização de ferramentas analíticas e tecnológicas[58] destinadas a detectar os indicadores de suposta fraude ou prática corrupta, por meio de controle e programas de domínio da informação. Definitivamente, a tecnologia de informação, à disposição das sociedades empresárias e de autoridades públicas, pode identificar os diversos partícipes de atos ou práticas corruptas, especialmente em tempos de inteligência artificial.

As novas tecnologias, inovações criativas, disruptivas de informação aceleram o processo de identificação de ilegalidades e, por conseguinte, uma nova plataforma tecnológica destinada a promover o intercâmbio de informação entre os empresários e autoridades públicas deve ser constantemente estimulada, otimizando o tempo despendido à identificação de casos suspeitos, bem como na identificação de elementos de prova para a instauração de processos corporativos internos de identificação de auditorias e imputação de responsabilidades funcionais, além de fortalecer processos de prevenção.[59]

Como se não bastasse, é premente insistir na relevância direta do relatório da União Europeia à luz do marco normativo nacional de combate à corrupção (Lei nº 12.846/2013 e Decreto nº 8.420/2015), uma vez que as diretrizes europeias de luta à corrupção são plenamente aplicáveis, por exemplo, às empresas brasileiras com atividades e negócios em curso no velho continente europeu.

Ademais, a União Europeia estabelece graves sanções àqueles Estados descomprometidos com as boas práticas de anticorrupção, o que pode incentivar a adoção de medidas sancionatórias equivalentes em atos normativos internacionais, dos quais o Brasil seja signatário. No

---

57 Por exemplo, a União Europeia ameaça a Polônia com sanções se o país não reverter reforma no Judiciário Jornal Estadão. Disponível em: <http://internacional.estadao.com.br/>.

58 Como o sistema antifraude 'Pluto' disponível em A luta da União contra a fraude e a corrupção, p. 15, documento editado pela Comissão Europeia da UE, disponível no site <http://europa.eu/pol/index_pt.htm http://europa.eu/JF89wH>.

59 *Ibidem.*

Brasil, seria recomendável que a União fomentasse Estados e Municípios a adotarem, num pacto federativo, posturas similares, para recebimento de recursos públicos.[60]

Outro importante instrumento internacional de combate à corrupção encontra-se no Guia Prático de Programa de Normas Anticorrupção e de *Compliance* para negócios e atividades empresarias,[61] editado pelo Escritório das Nações Unidas sobre Drogas e Crime – UNODC (*"United Nations Office on Drug and Crime"*), órgão integrante da ONU, estrutura supranacional da qual o Brasil faz parte.

Entre os indicadores e os critérios de implementação do *Compliance* em estruturas empresariais, tal documento indica relevante alternativa conferida às empresas – de pequeno, médio e grande porte – no tocante à possibilidade de delegação da gestão e da execução de medidas contra a corrupção a terceiros especialistas, prestadores *experts* alheios à estrutura da empresa, caracterizando a figura do *Compliance Officer*. Tal medida alternativa asseguraria inclusive maior independência deste colaborador, agente externo frente a eventuais interesses dos integrantes da empresa que estejam dissociados dos propósitos institucionais e das práticas anticorrupção.

Ressalte-se também que o referido Guia, diante da estrutura das empresas, maior ou menor porte, confere tratamento não isonômico devidamente proporcional conforme as distinções razoáveis identificadas no ambiente corporativo.

Ademais, esse Guia internacional contempla o desenvolvimento e a melhoria contínua de programas, políticas e procedimentos anticorrupção que reflitam as seguintes características:[62]

- consistência com todas as leis aplicáveis: as empresas podem realizar pesquisas sobre as diferentes leis e regulamentos dos países nos quais irá operar. As empresas também podem designar especialistas jurídicos para revisar o projeto do programa no que diz respeito à sua consistência com as leis nacionais e internacionais.

---

[60] Tal como o Ministério da Transparência (antiga CGU) pretende estimular com a adoção e a certificação do Selo Pró-Ética conferido às empresas com boas práticas de combate à corrupção.

[61] *An Anti-Corruption Ethics and Compliance Programme for Business: A Practical Guide*, elaborado pelo United Nations Office on Drug and Crime, September 2013. Disponível em: <http://onu.org.br>.

[62] *An Anti-Corruption Ethics and Compliance Programme for Business: A Practical Guide*, p 25/27, elaborado pelo United Nations Office on Drug and Crime, September 2013. Disponível em: <http://onu.org.br>.

- adaptação aos requisitos específicos: o programa anticorrupção deve ser adaptado à natureza da empresa. Resultados da empresa, avaliação de risco determinam a extensão dos riscos e as áreas específicas que as medidas anticorrupção devem ser alvo. Outros requisitos podem incluir a cultura organizacional, preferências ou costumes. Por exemplo, as preferências de funcionários podem indicar a melhor maneira de ministrar treinamentos.
- participação das partes interessadas: uma abordagem participativa na implementação e melhoria contínua do programa cria um senso de propriedade entre as partes interessadas. Apoia o reconhecimento e a aceitação do combate à corrupção. Uma abordagem participativa pode ser buscada por:
  - processos interativos: fornecendo informações e solicitando *feedback*, permitindo discussões informais ou rodadas de consultas formais com os funcionários.
  - envolvimento de todas as partes interessadas: convocação de sindicatos, auditores ou até mesmo investidores ou parceiros de negócios para comentar sobre o combate à corrupção programa.
  - abordagens participativas estabelecem confiança e compreensão entre os indivíduos afetada pelo programa. Isso ajuda a reduzir objeções ou resistência ao programa. Por exemplo, aumentando a compreensão da necessidade de um forte sistema de controles internos para proteger os ativos de uma empresa pode evitar obstáculos surgirem na implementação.
- responsabilidade compartilhada: o cumprimento do programa anticorrupção é obrigatório e deve aplicar-se a todos os níveis, funções e áreas da empresa. Isto é crucial evitar a impressão de duplicidade de critérios e flexibilidade na interpretação das políticas e procedimentos. Regras e princípios devem ser os mesmos para diretores, gerentes de topo e funcionários da linha de frente. Consistência e uniformidade durante a aplicação do programa deve refletir especialmente nos recursos humanos da empresa, políticas de recursos.
- acessibilidade: informações sobre o programa anticorrupção e apoio ao material deve ser facilmente acessível. As empresas podem considerar a publicação de informações no site da

empresa e em boletins informativos, publicações e outras formas de comunicação e veículos. A informação acessível permite a promoção do programa entre funcionários e parceiros de negócios. Medidas dedicadas, tais como suporte e aconselhamento, podem ser oferecidas para tratar de questões e preocupações, e para aumentar a compreensão do programa da empresa.

- clareza e objetividade: o conteúdo do programa anticorrupção deve ser facilmente compreendido. Portanto, é preferível evitar siglas ou termos técnicos. Políticas informações de apoio (por exemplo, material de treinamento) podem ser traduzidas pelas principais linguagens operacionais da empresa. Compreensão pode ser aumentada fornecendo exemplos do mundo real, orientação e ferramentas convenientes, que tornam as políticas genéricas relevantes a nível prático.
- promover uma cultura interna baseada na confiança: uma cultura baseada em confiança permite a tradução de políticas anticorrupção em valores, normas e princípios. Cria um ambiente favorável para funcionários honestos e éticos que procuram aconselhamento em situações difíceis e não tomam decisões que possam levar a uma violação das políticas anticorrupção.
- aplicabilidade: O programa anticorrupção não deve ser aplicável apenas a funcionários da empresa, mas também para parceiros de negócios relevantes e *stakeholders*. O envolvimento de partes externas nas estratégias de comunicação, treinamentos e outras medidas podem ajudar a alcançar um maior nível de entendimento e reduzir o risco de corrupção (por exemplo, solicitações corruptas de fornecedores).
- continuidade: estabelecer um programa anticorrupção não deve ser visto como um projeto único, mas sim como um processo contínuo. O programa deve ser continuamente adaptado a ambientes de negócios em mudança e aprendizado interno.
- eficiência: o programa anticorrupção deve usar os recursos da empresa adequadamente. Se os recursos financeiros e humanos são aplicados de forma ineficiente, a empresa incorre em custos e encargos desnecessários. Isso pode levar a uma diminuição da eficácia do programa global, comprometendo sua sustentabilidade. O programa deve, portanto, ser continuamente otimizado.

Por fim, o referido Guia internacional confere tratamento específico às políticas de conflito de interesses que também devem ser contempladas em Programas de Integridade, *Compliance*. Em relação ao conflito de interesses, o ponto-chave é a transparência nas posições, nos processos decisórios e nos próprios interesses tanto dos *players* quanto da empresa e das partes envolvidas nas relações passíveis de decisões.

Conflitos de interesse ocorrem em todas as organizações, mas não são sempre negativos, conforme acentuado neste documento supramencionado. Portanto, o termo não deve ser usado de forma pejorativa para implicar comportamento ilegítimo ou mesmo um ato corrupto necessariamente. Um funcionário que esteja enfrentando conflitos de interesses pode decidir sobre o melhor interesse da empresa. Um funcionário também pode se envolver em atividades externas que sejam legais e benéficas para a empresa e para seu próprio interesse. No entanto, tais situações podem ser facilmente mal interpretadas e lançam dúvidas sobre a objetividade de uma decisão específica. As empresas devem estar cientes dos vários tipos de conflitos de interesse e abordá-los apropriadamente com políticas e procedimentos de *compliance* (por exemplo, uma estratégia clara de comunicação e documentação em caso de conflitos de interesse).

Como ponto de partida, uma definição clara de conflitos de interesse combinada com uma política detalhada deve ser fornecida pela empresa, em sua política regulatória interna, num *compliance* anticorrupção, para evitar insegurança jurídica. Devido ao fato de que conflitos de interesse não são per se ilegítimos, é importante que a política seja ilustrada por exemplos que descrevam os riscos de tais situações, sem engessar relações legítimas. Como alguns conflitos de interesse incluem uma parte externa (presentes, benefícios ou compromissos externos), é importante que as políticas e procedimentos da empresa não sejam apenas conhecidos pelos funcionários, mas também por seus parceiros de negócios e outras partes interessadas externas.[63]

E mais, o referido Guia internacional – ao qual estamos aqui nos reportando como referência analítica – refere-se à motivação dos parceiros de negócios a aderir aos padrões da empresa,[64] devendo existir

---

[63] Neste sentido é a Lei nº 12.813/2013 que define situações que configuram esse tipo de conflito durante e após o exercício de cargo/emprego no Executivo Federal. Em outras palavras, tal lei deve ser observada atentamente pelas empresas, num compliance anticorrupção, quando houver interação com o setor público.

[64] *An Anti-Corruption Ethics and Compliance Programme for Business: A Practical Guide*, p. 61, United Nations Office on Drug and Crime, September 2013. Disponível em: <http://onu.org.br>.

medidas que incentivem os parceiros à adesão aos padrões anticorrupção (recompensas, prêmios, bonificações) e sanções específicas (proibição de contratar, multas).

Por último, mas não menos importante, deve-se observar também o Guia internacional, manual da ONU que contempla 10 (dez) princípios de combate à corrupção mundial: *Reporting Guidance on the 10th Principle Against Corruption*.[65]

Tal Pacto Global das Nações Unidas é um apelo às empresas em todo o mundo para voluntariamente alinhar suas operações e estratégias aos princípios universalmente aceitos nas áreas de direitos humanos, trabalho, meio ambiente e anticorrupção, bem como a adotar práticas em apoio às metas da ONU, tendo sido lançado no ano de 2000. Esse documento traduz enorme representatividade corporativa no mundo – com mais de 8.000 signatários baseados em cerca de 135 países.

Com efeito, o referido Guia internacional estabelece os parâmetros que devem ser adotados pelas empresas:

i) melhorar a integração organizacional de questões ambientais, sociais e de governança;
ii) abordar a ampliação dos negócios da empresa, com a identificação de oportunidades e riscos empresariais;
iii) melhorar gestão e eficiências operacionais;
iv) acessar as experiências e as boas práticas de seus diretores, gerentes e demais empregados;
v) atrair, motivar e reter empregados;
vi) aumentar a credibilidade da empresa e conferir continuidade à sua atividade empresarial mediante a concessão de licenças e autorização pelas autoridades públicas competentes;
vii) melhorar a reputação corporativa e a imagem da marca empresarial;
viii) participar de um diálogo proativo e construtivo com a sociedade civil e outras partes interessadas;
ix) fortalecer as relações das partes interessadas, tanto globalmente quanto localmente;
x) estabelecer melhores ligações com a Organização das Nações Unidas;
xi) assumir um papel de liderança em questões críticas;

---

[65] *An United Nations Global Compact – Guidance on the 10 th Principle Against Corruption*. Disponível em: <http://onu.org.br>.

xii) incrementar a rede colaborativa, *networking* com outras organizações;
xiii) responder às expectativas do mercado financeiro e melhorar o acesso ao capital, atraindo diferentes investimentos público e privado.

Além desses valores, princípios, ideais de observância pelas empresas, tal guia internacional da ONU indica as etapas imprescindíveis à caracterização de um *compliance* efetivo, afastando aqueles programas de integridade de 'fachada'.[66]

Entre tais etapas, destaca-se o "*tone from the top*" caracterizado pelo apoio e comprometimento da alta administração, elemento determinante e essencial ao estabelecimento da cultura organizacional de combate à corrupção.

O "*tone from the top*" influencia as normas e valores pelos quais a empresa opera e aos quais todos os funcionários e parceiros comerciais relevantes devem aderir. Ademais, o "tone from the top" é definido pela alta administração da empresa, como seu(s) proprietário(s), Diretores Executivos, Conselho de Administração ou órgão equivalente. O "*tone from the top*" deve demonstrar a propriedade do programa anticorrupção. Isso implica que a alta administração considera a prevenção da corrupção como sua própria responsabilidade. A efetividade deve ser demonstrada a partir do topo da organização, de cima para baixo, com práticas comprovadas documentalmente.

O "*tone from the top*" deve refletir o apoio irrevogável e a avaliação de valores fundamentais à empresa, como integridade, transparência e responsabilidade corporativa. Em outras palavras, o compromisso da alta direção deve prevenir e combater a corrupção por meio de 2 (duas) importantes iniciativas:

i) fomentando políticas públicas sobre tolerância zero à corrupção no ambiente corporativo e
ii) desenvolvendo a implementação de um programa corporativo anticorrupção.

A alta administração precisa implementar o exemplo, deixar claro que a corrupção é absolutamente intolerável em quaisquer níveis de hierarquia funcional, sendo a proibição documentada e publicizada por uma declaração formal de 'tolerância zero à corrupção', no ambiente

[66] *An United Nations Global Compact – Guidance on the 10 th Principle Against Corruption*, p. 10 e ss. Disponível em: <http://onu.org.br>.

empresarial, independentemente da repercussão e dos danos econômicos decorrentes de atos isolados ou de práticas corruptas reiteradas, o que, a nosso ver, deve estar consubstanciado em práticas efetivas de prevenção e, sobretudo, cooperação com autoridades públicas.

Por força do compromisso da alta administração, a direção da empresa deve promover eventos internos e externos (por ex., treinamentos de funcionários, reuniões de acionistas, conferências, fiscalizações e monitoramentos contínuos, punições) que reflitam objetivamente essa cultura. Definitivamente, a declaração de compromisso da empresa deve ser apoiada por um programa anticorrupção efetivo, compreendendo políticas minuciosas[67] e procedimentos[68] consistentes e coerentes, não apenas teóricos, e muito menos camuflados ou de fachada.

E mais, o apoio e o compromisso da direção superior não devem ser vistos como uma atividade esporádica, momentânea, decorrente do lançamento de um programa de integridade corporativa anticorrupção. A empresa deve estar comprometida como uma demonstração contínua do aperfeiçoamento e da efetividade das normas e valores contemplados no programa empresarial anticorrupção, cuja inspiração dos indicadores e critérios de aferição revele efetividade do Programa. Os indicadores devem ser transparentes e passíveis de rastreamento nos instrumentos internacionais mencionados ao longo deste ensaio acadêmico, bem como nas regras e princípios do direito interno aplicável ao caso concreto que eventualmente enseje fiscalização de um órgão controlador.[69]

Nesse mesmo sentido, a seguirmos as diretrizes deste documento, o papel da Alta Gerência ("Senior Management") é o de implementação do "*tone from the top*", garantindo que a tolerância zero à corrupção e às políticas e procedimentos detalhados de apoio sejam entendidos por todos os funcionários e parceiros de negócios relevantes, em outras palavras, o "tone from de top" resulta no engajamento desde o topo da empresa até a base na implementação do programa de modo efetivo.[70]

---

[67] Mais informações sobre políticas detalhadas de combate à corrupção podem ser encontradas no capítulo III, seções D e E. *An United Nations Global Compact – Guidance on the 10 th Principle Against Corruption*. Disponível em: <http://onu.org.br>.

[68] Mais informações sobre práticas anticorrupção podem ser encontradas no capítulo III, seções F-L. *An United Nations Global Compact – Guidance on the 10 th Principle Against Corruption*. Disponível em: <http://onu.org.br>.

[69] *An United Nations Global Compact – Guidance on the 10 th Principle Against Corruption*. Disponível em: <http://onu.org.br>.

[70] *An United Nations Global Compact – Guidance on the 10 th Principle Against Corruption*. Disponível em: <http://onu.org.br>.

Nesta linha, o quadro a seguir, extraído na íntegra do Pacto Global, além da etapa *"tone from the top"*, indica as outras etapas capazes de identificar um *Compliance* efetivo:

Desired Reporting Elements (continua)

ID	Reporting Elements	Examples of what to report on
D1	**Commitment and policy:** Publicly stated formal policy of zero-tolerance of corruption	• Provide or describe the current policy. • Describe where the policy can be found (e.g., website). • Describe the extent to which the policy covers all legal entities and locations over which you have effective control.
D2	**Commitment and policy:** Statement of support for international and regional legal frameworks, such as the UN Convention against Corruption	• Describe general statements of support for international and regional frameworks; making specific mention of the treaty or framework supported. • Describe your organization's initiatives, if any, to mark the annual International Anti-Corruption Day (9 December).
D3	**Commitment and policy:** Carrying out risk assessment of potential areas of corruption	• Describe your current risk assessment procedures (e.g., how often it is carried out, who is in charge, which parts of your organization are covered, how results are dealt with). • Describe the business units and subsidiaries for which a risk assessment has been undertaken.
D4	**Commitment and policy:** Detailed policies for high-risk areas of corruption	• List the areas of potential risk of corruption which are covered by detailed anticorruption policies. • Describe where these policies can be found and how they are made available to all employees and business partners concerned.
D5	**Commitment and policy:** Policy on anticorruption regarding business partners	• Outline your definition of business partners (e.g., suppliers, agents, joint ventures). • Describe how your organization's anti-corruption commitment extends to business partners as well as how anti-corruption commitments from your business partners extend to your organization. • Describe your identified high-risk business partners by industry (e.g., public sector). • Describe the coverage of your supply chain related to the extension of the anticorruption policy (identified sizes or types of suppliers, producers). • Specify detailed policies for business partners.
D6	**Implementation:** Actions taken to encourage business partners to implement anticorruption commitments	• Outline your definition and scope of business partners (e.g., suppliers, agents, joint ventures). • Describe specific communication measures and actions, such as training taken to encourage your business partners to implement anti-corruption programmes. • Describe the process of monitoring the effectiveness of such communication measures and actions.

Desired Reporting Elements

(continua)

ID	Reporting Elements	Examples of what to report on
D7	**Implementation:** Management responsibility and accountability for implementation of the anti-corruption commitment or policy	• Describe how responsibilities are assigned in your organizational structure. • Provide, if possible, specific reporting indicators used in your organization to support responsibility and accountability for implementation of the anti-corruption commitment or policy.
D8	**Implementation:** Human Resources procedures supporting the anti-corruption commitment or policy	• Describe how your organization implements effective documented personnel policies and processes that support the anti-corruption commitment, including references to how these were developed (e.g., including consultation with employees, mandatory compliance with the anti-corruption policies and procedures, orientation of recruits, appraisal, remuneration and recognition procedures and disciplinary processes). • Report measures of activities and results, such as percentages of recruits that have received anti-corruption orientation or numbers of employees dismissed for non-compliance with organization policies.
D9	**Implementation:** Communications (whistleblowing) channels and follow-up mechanisms for reporting concerns or seeking advice	• Describe individual solutions already implemented or envisaged. • Provide statistics of the use of the whistleblowing, advice or hot lines. • Specify a break-down of the types of inquiries, provided this will not lead to a breach of confidentiality or security for the reporting employees.
D10	**Implementation:** Internal accounting and auditing procedures related to anticorruption	• Describe the internal controls policies and processes (e.g., frequency, scope of organizational coverage, degree of control automation, international frameworks used). • Report whether internal and external audits have taken place. • Report on the specific mandates given to the audit function, internal and external where applicable.
D11	**Monitoring:** Participation in voluntary anticorruption initiatives	• List voluntary initiatives or collabourative actions in which your organization participates. Examples are sector initiatives, chamber of commerce or trade association initiatives, inter-governmental and national working groups, international initiatives. • Specify the type of involvement (active/passive membership) as well as duration of membership.
D12	**Monitoring:** Leadership review of monitoring and improvement results	• Describe the oversight of the review process (e.g., who has ultimate oversight, who conducts the review, who reviews the results, frequency of reviews). • Describe actions taken, including improvement results.
D13	**Monitoring:** Dealing with incidents	• State that there is a process in place for dealing with incidents including remedial steps. • Describe the process. • State the nature and number of incidents dealt with and number of disciplinary actions.

Desired Reporting Elements

(conclusão)

ID	Reporting Elements	Examples of what to report on
D14	**Monitoring:** Public legal cases regarding corruption	• List in a corporate publication (such as your annual report or sustainability report or on your website) any current public investigations, prosecutions or closed cases (take care to avoid stating any information that may be misleading or compromising).
D15	**Monitoring:** Use of independent external assurance of anti-corruption programmes	• State that an external assurance of your anti-corruption programme has been carried out. • Specify the nature and the scope of such an external assurance, i.e. if assurance has been on the programme design and/or effectiveness of the programme. • Specify the scope of the engagement, e.g., company, subsidiary, business unit or function. • Describe if the outcomes of an external assurance are publicly available. If yes, please specify.

Note-se que tais etapas contemplam as atividades de criação do comitê de *compliance*, implementação do *compliance* e monitoramento do programa de integridade empresarial.

Dessa feita, pode-se sustentar que o referido programa de *compliance* deve resumidamente obedecer a 6 (seis) etapas, sendo que cada uma delas terá um resultado específico.

A primeira etapa '*tone from the top*', já mencionada detidamente neste ensaio, visa implementar a coerência, o engajamento e a preocupação da alta direção com o Programa de Integridade essenciais à verificação da sua efetividade, sendo essencial a construção de diálogos consistentes e bem documentados para demonstrar o comprometimento com ética e integridade e a prevenção e combate às condutas corruptas e fraudulentas e a sua supervisão contínua. Já a etapa 2 – revisão documental – visa à análise de documentos e instrumentos da empresa para identificar áreas de vulnerabilidade em decorrência da sua atividade e da sua natureza empresarial. A terceira etapa, por sua vez, consistiria na adoção de entrevistas estratégicas destinadas à realização de coleta e análise de elementos para identificar a hierarquia de fato da organização, a estrutura do poder decisório, a praxe institucional e comercial e a percepção da corrupção, visando identificar os focos e riscos da sua atividade e relativos a sua natureza. A etapa 4 formaria a matriz de risco do negócio, com o mapeamento dos riscos constatados nas etapas anteriores e das pessoas sensivelmente expostas, em conjunto com o repositório normativo correspondente à atividade e natureza da empresa, visando à correção proporcional de condutas anticorporativas e implementação da cultura de atuação em *compliance* e a etapa 5 consistiria em normatização contemplando a documentação das regras éticas afeitas à nova identidade empresarial em cartilhas de políticas e procedimentos, atentando às condutas de prevenção da corrupção e demais fraudes empresariais, à preocupação para com a integridade, aos possíveis sancionamentos internos sobre condutas fraudulentas e corruptas, ao monitoramento constante do programa e dos seus instrumentos e demais situações consideradas sensíveis. Por fim, a etapa 6 refere-se à comunicação e ao treinamento da promoção do programa de probidade empresarial, visando à conscientização e treinamento do público interno (colaboradores) e disseminação dos valores éticos da empresa para o público externo (parceiros, fornecedores e sociedade em geral).

Outras etapas ainda existem, pois o programa é dinâmico, e a pretensão aqui não é expor a estrutura de um programa de *compliance* efetivo, cuja complexidade não caberia neste ensaio. A ideia foi traçar linhas gerais que revelem algumas balizas elementares, tanto no âmbito conceitual da corrupção, quanto do próprio *compliance* anticorrupção.

De um modo geral, não há fórmulas fechadas para se construir um "*compliance* anticorrupção efetivo" no Brasil. Ao contrário, ainda estamos nos valendo de referências e diretrizes muito vagas, num ambiente traumático em que inúmeras empresas, diante da operação Lava Jato, foram flagradas valendo-se do *compliance* de fachada.

Se fraudes, ilícitos contra a administração pública, ordem econômica ou tributária, patrimônio público, livre concorrência, ocorrem e são praticados por pessoas ligadas a empresas, estas podem vir a ser responsabilizadas por suas organizações defeituosas.

O principal fundamento defensivo de uma empresa acusada por enquadramento na Lei Anticorrupção brasileira será a apresentação de um robusto programa de *compliance* efetivo, que demonstre processos internos de cooperação com autoridades públicas e apuração de responsabilidades dos infratores.

Ambientes transparentes, com tecnologia de ponta, e proporcionais à responsabilidade da empresa e aos seus lucros no mercado, serão cada vez mais exigidos. Um setor privado com deveres públicos, eis o novo paradigma. Há quem diga que o setor público transferiu suas responsabilidades ao privado. Porém, o que vem ocorrendo é o compartilhamento de responsabilidades, desde 1977. A equiparação de corruptos e corruptores é vital para o fortalecimento das democracias, pois a corrupção é vista como fenômeno que deteriora a agenda econômica e viola direitos fundamentais inerentes ao desenvolvimento das Nações civilizadas.

Ambientes autorregulados, que evitem a ingerência extrema do Judiciário e mitiguem danos reputacionais inerentes aos processos sancionadores, serão a tendência contemporânea. Daí a razão de ser da proliferação de ferramentas consensuais de resolução dos conflitos, que possibilitem às empresas colaborar com os Poderes Públicos, como é o caso do acordo de leniência, que se fortalece no Brasil.[71]

Também a fiscalização da concorrência, com departamentos investigatórios privados ou utilização de estratégias mais agressivas de atuação de colaboração junto às autoridades públicas (em detrimento da cultura dos carteis), deve ser outra tendência. Diante do arcabouço punitivo vigente, dificilmente as empresas optarão por participar de organizações criminosas, pelo alto risco envolvido. Será muito melhor denunciar seus concorrentes corruptos às autoridades públicas, e investir nas investigações privadas e na chamada advocacia acusatória.

Referências

CASSESE, Sabino. *Crisis y transformationes del derecho administrativo*. Ed. Documentación Administrativa, n. 250-251, ene-ago. 1998.

FAORO, Raimundo. *Os donos do Poder:* formação do patronato político. 5. ed. Globo. 2012.

FREUND, Julien. *L'essence du politique:* philosophie politique. Ed. Sirey, 1965.

FREYRE, Gilberto. *Casa-Grande & Senzala*. 26. ed. Record,1998.

HEIDENHEIMER, Arnold J. *Political corruption:* reading in comparative analysis. New York: Rinehart and Winston, 1970.

HEIDENHEIMER, Arnold J. Topografia de la corrupción: investigaciones em uma perspectiva comparativa. *Revista Internacional de Ciencias Sociales*, n. 149, sep. 1996.

HOLANDA, Sérgio Buarque. *Raízes do Brasil*. 26. ed. Companhia das Letras, 2006.

JEANNENEY, Jean-Noél. *Historie de la corruption*: la corruption internacionale. Paris, 1999.

JIMENEZ DE PRAGA, Manuel. *La corrupción en la democracia.* Alianza, D.L, 1997.

JONES, Edwin. *Politics, bureaucratic corruption, and maladministration in the third world*: some Commonwealth carribbean constiderations. Ed. Revue Internationale des Sciences Administratives, Bruxelles. 1985.

LIMA, Ruy Cirne. *Princípios de direito administrativo*. 7. ed., rev. e reelaborada por Paulo Alberto Pasqualini. Malheiros, 2007.

MENY, Yves. Corruptión "fin de sigilo": cambio, crisis y transformación de los valores. *Revista Internacional de Ciencias Sociales*, n. 149, sep. 1996.

MENY, Yves. *La corruption dans l avie publique in probèmes politiques et sociaux:* Dossiers d'actualité mondiale, La documentation française, Paris, n. 779, 24 janvier 1997.

---

[71] Neste sentido, é a Lei nº 13.506/2017 (art. 11) e a Lei nº 12.846/2013 (art. 16) que previram o instituto do acordo de leniência, bem como a Resolução do Conselho Nacional do Ministério Público que estende a prática de acordos inclusive às ações de improbidade administrativa.

MENY, Yves. *La corruption de la Republique*. Collection L'espace du politique France: Librairie Artème Fayard, 1992.

MENY, Yves. La décennie de la corruption. *Le Débat*, v. 77, nov./déc. 1993.

MENY, Yves. Los grupos y el Estado em Francia: colaboracion y oposicion, aregulos y corrupcion. *Revista del Centro de Estudios Constitutionales*, Madrid, n. 7, sep./dic. 1990.

MIRRI, Maria Beatrice. *Corruzione*: enciclopedia giuridica. Roma, 1998.

MONTESQUIEU. *O espírito das leis*. Abril Cultural, 1993.

MORAN, Jonathan. Corruption and NIC development: a case study of South Corea. *Crime, Law and Social Change*. The Netherlands, Kluwer, v. 29. n. 2-2, 1998.

NENCINI, Ricardo. *Corroti e corruttori nel tempo antico*. Ed. Shakespeare and Company, 1993.

NIETO, Alejandro. *Corrupción en la Espanã democrática*. Barcelona: Ariel. 1997.

NIETO, Alejandro. *El desgobierno judicial*. Fundación Alfonso Martín Escudero. 3. ed. Madrid: Trotta, 2005.

OSÓRIO, Fábio Medina. *Direito administrativo sancionador*. 5. ed. Revista dos Tribunais, 2015.

OSÓRIO, Fábio Medina. Direitos imanentes ao devido processo legal sancionador na constituição de 1988. In: MARTINS, Ives Gandra; REZEK, Francisco (Org.). *Constituição Federal:* avanços, contribuições e modificações no processo democrático brasileiro. São Paulo: Revista dos Tribunais, 2008.

OSÓRIO, Fábio Medina. O princípio da culpabilidade e a improbidade administrativa na Lei 8.429/92. In: FREITAS, Cristiano Chaves de et al. *Estudos sobre improbidade administrativa*: em homenagem ao professor J. J. Calmon de Passos. São Paulo: Juspodivm, 2012.

OSÓRIO, Fábio Medina. Probidade empresarial: Lei 12.846/13. *Revista da Escola da Magistratura (Emagis) do TRF da 4. Região*. v. 1, n. 1 (out. 2014). Ed. Tribunal Regional Federal da 4. Região, 2014.

OSÓRIO, Fábio Medina. *Teoria da Improbidade Administrativa*: má gestão pública, corrupção e ineficiência. 3. ed. Revista dos Tribunais, 2013.

PERELLI, Luciano. *La corruzione politica nell'antica Roma:* Tangenti, malversazioni, malcostume, illeciti, raccomandazioni. 3. ed. Milano: R.C.S. Libri S. p. A., 1999.

RODRIGUEZ- ARANA MUÑOZ, Jaime. *Ética institucional*. Mercado 'versis' función pública. Madrid: Dykinsin, 1996.

Documentos e sites consultados

AN ANTI-CORRUPTION ETHICS AND *COMPLIANCE* PROGRAMME FOR BUSINESS: A Practical Guide, elaborado pelo United Nations Office on Drug and Crime, September 2013. Disponível em: <http://onu.org.br>.

AN UNITED NATIONS GLOBAL COMPACT – Guidance on the 10 th Principle Against Corruption. Disponível em: <http://onu.org.br>.

GUIA *COMPLIANCE* 2016. Disponível em: <http://www.cade.gov.br/acesso-a-informacao/publicacoes-institucionais/guias_do_Cade/guia-*compliance*-versao-oficial.pdf>.

RELATÓRIO DA COMISSÃO AO CONSELHO E AO PARLAMENTO EUROPEU. Relatório Anticorrupção da UE. Elaborado pela Comissão Europeia da UE, Bruxelas, 3.2.2014, (2014). Disponível em: <https://europa.eu/european-union>.

<http://www.fcpablog.com/blog/2014/5/1/anti-corruption-*compliance*-meeting-the-global-standard.html>

<http://www.imf.org>

<http://www.worldbank.org>

<https://www.int-comp.org/careers/a-career-in-*compliance*/what-is-*compliance*>

<http://www.mpf.mp.br>

<http://portal.stf.jus.br/>

<http://www.stj.jus.br/>

Informação bibliográfica deste texto, conforme a NBR 6023:2002 da Associação Brasileira de Normas Técnicas (ABNT):

OSÓRIO, Fábio Medina. *Compliance* anticorrupção: aspectos gerais. In: CUEVA, Ricardo Villas Bôas; FRAZÃO, Ana (Coord.). *Compliance*: perspectivas e desafios dos programas de conformidade. Belo Horizonte: Fórum, 2018. p. 317-359. ISBN 978-85-450-0564-3.

PROGRAMAS DE *COMPLIANCE* – DESAFIOS DA MULTIPLICIDADE INSTITUCIONAL PARA O SETOR PRIVADO

VINICIUS MARQUES DE CARVALHO
MARCELA MATTIUZZO
BRUNO SILVA E SOUZA

1 Introdução

O presente estudo pretende tratar do tema da implementação de programas de *compliance* pelo setor privado no Brasil, especialmente nas áreas mais afeitas ao direito econômico e comercial, como antitruste, combate à corrupção e mercado de capitais, frente à ampla gama de órgãos investidos de competências para promover investigações e sanções nessas esferas, em um fenômeno que aqui chamaremos de multiplicidade institucional.

A crescente demanda por uma agenda de medidas voltadas a uma maior transparência e integridade tem sido destaque no setor privado em virtude, especialmente, do destaque conferido à agenda de combate à corrupção nas mais diversas esferas do Poder Público e de grandes empresas.

O que pretendemos explorar é de que maneira as competências atribuídas a diversas autoridades trazem desafios à estruturação de programas de *compliance*, na medida em que órgãos distintos podem investigar condutas semelhantes – ou até mesmo idênticas – e possuir padrões diferenciados de análise de legalidade, bem como exigências diversas para os programas de conformidade das empresas.

Uma vez que os parâmetros variam de órgão a órgão, além da insegurança jurídica – em face da possibilidade de acordos e termos celebrados em esferas negociais distintas não serem, necessariamente, reconhecidos por todas as autoridades e avaliados segundo os mesmos parâmetros – surge também a dificuldade em direcionar comportamentos.

Tanto no âmbito da disciplina concorrencial, com destaque para atuação do Conselho Administrativo de Defesa Econômica (CADE), quanto no combate à corrupção, quanto ainda no sistema financeiro, é inegável o papel do *compliance* como um mecanismo para promover uma governança corporativa mais eficiente e que minimize os riscos de sanções ou danos à reputação.

2 A relevância do *compliance* no contexto empresarial atual

Diferentes fatores têm demonstrado ser imprescindível o investimento em programas de *compliance* no contexto presente, principalmente para empresas e organizações de maior porte – ainda que o desenvolvimento da atividade econômica em um mundo globalizado tenha inserido empresas de médio e pequeno porte nessa seara, dada a crescente necessidade de internacionalização para se manterem competitivas.

O primeiro desses fatores é a **reputação** do Brasil – e por tabela de seu setor empresarial. O índice anual da Transparência Internacional (TI), mais importante organização não governamental de combate à corrupção, intitulado Índice de Percepção da Corrupção (CPI, conforme a sigla em inglês) traz o Brasil na 96ª posição, ao lado de Colômbia, Indonésia, Panamá, Tailândia e Zâmbia e atrás de Uruguai (23ª), Ruanda (48ª), Sri Lanka e Timor Leste (91ª). Ainda que impulsionado por uma maior percepção da corrupção como resultado do recente momento político, tal resultado representou uma queda de 17 posições em relação ao ano de 2017; um resultado extremamente preocupante para um país com PIB estimado em R$6,5 trilhões para o ano de 2017 e cuja economia procura se reerguer em um momento pós-crise econômica, com o rebaixamento da nota de crédito soberano por diversas agências internacionais e consequente queda do investimento estrangeiro, fruto de um momento de insegurança econômica, política e jurídica.[1]

---

[1] Para mais sobre esse tema, vide: CARVALHO, V. M.; MENDES, F. S. F. Compliance no mundo empresarial e contemporâneo. In: *Compliance:* concorrência e combate à corrupção. São Paulo: Trevisan Editora, 2017. Cap. 1, p. 11-41.

Atingidas em cheio pelos desdobramentos da Operação Lava-Jato, maior investigação sobre corrupção conduzida até hoje no Brasil, diversas empresas têm nos programas de integridade e transparência um mecanismo para tentar superar a crise de reputação. Além do compromisso público de abandonar práticas de corrupção e afastar controladores e executivos envolvidos nos atos ilícitos do comando das companhias, o investimento em práticas voltadas ao combate à corrupção vem sendo implementado e reproduzido por diversas outras empresas nos mais amplos setores da economia. Dessa forma, o *compliance* se torna pedra fundamental para que o setor privado se insira numa dinâmica de mercado mais transparente e ética, evitando possíveis crises financeiras e danos à imagem.

Um segundo fator que ressalta a importância do investimento em *compliance* é a **complexificação do aparato legislativo brasileiro**. É evidente que a complexidade das operações econômicas em ambientes e mercados cada vez mais rigorosamente regulados cresce. O descumprimento dessa intrincada e numerosa legislação tem, muitas vezes, acarretado em consequências muito severas para os responsáveis. Assim, a implantação de um bom programa de *compliance* impacta diretamente na alocação de riscos concretos que as empresas enfrentam em virtude da crescente sofisticação de suas atividades, bem como da própria legislação.

Tendo em vista as dificuldades encontradas pelas empresas para controlar os atos praticados por seus colaboradores, em decorrência da crescente especialização e divisão de tarefas, é preciso atenção redobrada. As formas jurídicas de responsabilização da pessoa jurídica são cada vez mais numerosas, em decorrência da ampliação de competência conferida a diferentes órgãos para investigar e responsabilizar condutas indesejáveis. A ampliação dos mecanismos de responsabilização de agentes públicos e privados segue uma tendência de ampliação de normas jurídicas a que as empresas são submetidas, numa clara tentativa de multiplicar os mecanismos disponíveis para investigação e condenação.

Ainda, a implantação de um programa de *compliance* é relevante em virtude dos tipos de penalidades que podem ser impostas às empresas, diferentes de sanções tradicionais de caráter pecuniário, como (i) a proibição de participarem em licitações, (ii) a interrupção de contratos com o governo e, ainda, (iii) o cancelamento de qualquer benefício, incentivo ou empréstimo proveniente do Poder Público.

Um terceiro fator é o movimento mais recente de valorização do *compliance* não somente na avaliação de prejuízos que podem advir de uma análise *a posteriori* por parte das autoridades competentes, mas sua **exigência legal para que empresas possam participar de contratações públicas**.

Cresce no Brasil um movimento para tornar obrigatória a adoção de programas de integridade para licitações. Um exemplo claro é a Lei nº 6.112/2018, do Distrito Federal, que torna o programa necessário na modalidade tomada de preços para empresas que visem celebrar com o governo local contratos acima de R$80 mil com duração superior a seis meses. Foram adotados textualmente critérios objetivos para verificar a efetividade dos programas apresentados pelas empresas, buscando afastar a implantação de "*compliance* de fachada". A intenção é gerar incentivos para que se compreenda que a implementação de um programa de *compliance* vai além de representar um custo para a empresa, e pode ser também um fator que agrega valor, impactando positivamente na sua reputação perante a sociedade e o mercado.[2]

Outras iniciativas no mesmo sentido incluem ações capitaneadas pela Estratégia Nacional de Combate a Corrupção e Lavagem de Dinheiro (ENCCLA). Criado a partir de Decreto Presidencial no ano de 2003 e filiado ao Ministério da Justiça, o órgão procura coordenar as atuações de setores do governo, da sociedade civil e da procuradoria pública através da troca de informações, promoção de estratégias forenses de cooperação entre diferentes instituições e incentivos a reformas tanto legislativas quanto institucionais que possam instigar a colaboração. Em 2016, a ação 5 da entidade tinha como objetivo propor a criação de mecanismos que incentivem a adoção de programas de integridade em contratações públicas.

Ainda podemos citar os Projetos de Lei nºs 7.149/2017 e 9.062/2017, propostos pelos deputados Francisco Floriano (DEM-RJ) e Hugo Leal (PSB-RJ), respectivamente. Em tramitação no Congresso Nacional, tais projetos preveem a obrigatoriedade no desenvolvimento de programas de *compliance* para as pessoas jurídicas que celebrem contrato com a administração pública a partir da alteração da Lei nº 12.846/2013, a chamada "Lei Anticorrupção", e da Lei nº 8.987/95, que dispõe sobre o regime de concessão e permissão da prestação de serviços públicos conforme a Constituição Federal. Além disso, essa alteração estabeleceria

---

[2] Por esse motivo, a Transparência Internacional Brasil se uniu à Fundação Getúlio Vargas (FGV) para elaborar o maior pacote de medidas contra corrupção do mundo, contando com mais de 80 proposições – que variam entre projetos de lei, propostas de emendas constitucionais e resoluções administrativas – baseadas no que há de mais efetivo na experiencia internacional de enfrentamento da corrupção. (Disponível em: <www.transparenciainternacional.org.br>).

diretrizes objetivas a serem observadas pelas empresas, versando sobre transparência, integridade e adoção de medidas objetivas para implementação e observância dessas práticas dentro do mundo corporativo.

Não mais sendo vista como um inócuo reflexo de uma burocracia ineficiente,[3] a corrupção agora é considerada um elemento que mina a expansão econômica e que ameaça a transparência governamental e a coesão social;[4] seu combate é hoje agenda prioritária nacional. Dessa forma, diversas reformas legislativas foram realizadas, dando a entes e autarquias da administração pública competência para enfrentar à corrupção, promover investigações e aplicar sanções a condutas ilícitas. A questão que se coloca agora é se essa expansão de competências e atribuições a diversos entes é de alguma forma empecilho para o alinhamento de incentivos no setor privado, como discutiremos a seguir.

3 A multiplicidade institucional

Para além dos desafios inerentes à implementação de um programa de *compliance*, como o desenho de uma estrutura de governança coesa e a estruturação de um ferramental de análise de risco robusto, o que buscaremos enfatizar neste artigo são as dificuldades de desenho de tais programas tendo em vista um fator externo às empresas: a multiplicidade institucional.

Tal conceito vem desde muito sendo utilizado pela teoria organizacional para se referir a diversos fenômenos. Aqui, utilizamos a expressão no sentido da existência de mais de um arranjo ou opção dentro de um dado campo institucional.[5] Levando em conta que tal campo seja o combate à corrupção e as infrações à ordem econômica de maneira ampla, multiplicidade institucional descreve a pluralidade de instituições exercendo funções alinhadas com esse objetivo, assim como a existência simultânea de múltiplas formas de punição por tais instituições. Sendo assim, diferentes agentes, com competência

---

3 Cf. HUNTINGTON, S., 1968. *Political order in changing societies*. New Haven: Yale University Press.

4 Cf. BARDHAN, P., 1997. Corruption and development: a review of issues. *Journal of Economic Literature*, 35(3), p. 1320-46. Gray, C.W, and KAUFMANN, D., 1998. *Corruption and development. Finance and Development*, 35(1), p. 7-10. Mauro, P., 1998. Corruption and the composition of public expenditure. *Journal of Public Economics*, 69, p. 263-79.

5 SCOTT, W. R. (1994). Institutions and organizations: Toward a theoretical synthesis. In: SCOTT, W. R.; MEYER J.W. (Ed.). *Institutional environments and organizations*: Structural complexity and individualism (p. 55-80). California: Sage Publications Inc.

não privativa, se debruçam sobre um mesmo fato, podendo gerar sobreposições entre suas esferas.

Há argumentos a favor e contra a multiplicidade institucional, que destacam pontos positivos e também negativos da convivência de diversas autoridades na perseguição de objetivos similares. Pensando do lado das dificuldades, podemos ressaltar que a multiplicidade leva a possíveis ineficiências no sistema e, no limite, à insegurança jurídica. Isso porque cada um dos atores envolvidos possui entendimento diverso – e mesmos objetivos ligeiramente divergentes – em sua atuação, transmitindo sinais trocados ao setor privado. Um exemplo dessas atuações que procuram estabelecer comportamentos conformes em searas diferentes ocorre na atuação dos programas de *compliance* concorrencial analisados pelo CADE e os programas de integridade sob o escopo da CGU. Estas searas são diferentes não apenas porque estão voltadas a diplomas normativos distintos, mas também porque a lógica que embasa suas respectivas condutas ilícitas não é a mesma: nos casos de cartel, ilícito antitruste, é razoável admitir que a probabilidade de que um funcionário isolado numa determinada empresa tenha capacidade de organizar um acordo anticompetitivo é baixa; enquanto nos casos de corrupção, pode ser considerada típica a conduta praticada por um indivíduo que, sozinho e por meio de um ato isolado, procura obter uma vantagem facilmente identificável, como o caso de um suborno de um funcionário público para obtenção de uma licença.

Já pelo lado dos benefícios, é possível dizer que a repartição de competências para tratar de uma única função pode gerar ganhos. Um exemplo claro é a especialização: uma vez que determinados órgãos são capazes de abordar questões específicas de forma mais adequada que outros – e.g., o CADE focando em investigações de cartéis, a CGU em fraudes à licitação, a CVM em ilícitos cometidos no mercado financeiro, e assim por diante – ganha o sistema como um todo. Esse critério tem como aspecto positivo a criação de um modelo de compensação e complementação, uma vez que, quando um dos entes apresenta alguma disfuncionalidade no exercício de suas atribuições, outro pode compensá-lo a fim de atingir o objetivo comum de ambos – voltando ao mesmo exemplo, o CADE pune um cartel em licitação e assim dá uma sinalização às empresas sobre a ilicitude da conduta, ainda que a CGU não investigue aquela mesma prática por fraude à licitação.[6]

[6] PRADO, Mariana Mota; CARSON, Lindsey. *IRIBA Working Paper: 09*. Brazilian Anti-Corruption Legislation and its Enforcement: Potential Lessons for Institutional Design. Toronto

Como destacam Mota Prado, Carson e Correa,[7] analisando especificamente o caso da corrupção, a multiplicidade institucional resultaria em uma dinâmica de colaboração e complementariedade, na medida em que, primeiramente, promoveria um *enforcement* mais efetivo da lei. Ainda segundo as autoras, essa sobreposição traria uma melhor alocação de recursos humanos, financeiros e outros mais disponíveis. Assim, diferentes instituições com diferentes habilidades para executar uma mesma tarefa específica, com diferentes conjuntos de habilidades se complementam, melhorariam a eficácia geral no combate à corrupção. Essas vantagens ainda sugerem que a multiplicidade institucional, em alguns casos, pode ser uma estratégia eficaz para combater a corrupção.

É ainda possível apontar uma eficiência quanto à competição "horizontal" de diferentes juízos em jurisdições não exclusivas. A atuação de mais de um órgão e a concorrência de competências pode gerar uma corrida pela detecção de ilícitos, uma vez que mais de um agente público teria a prerrogativa de atuar sobre o fato. Novamente utilizando o exemplo de cartéis em licitação, se CADE, CGU e MP todos tiverem competência para o tema, é possível que exista algum nível de disputa pela liderança das investigações, o que tende a gerar um número maior de casos investigados e punidos.

Dessa forma, um extenso acervo normativo sobre corrupção e infrações à ordem econômica, reflexo de mudanças no entendimento acerca dos danos trazidos por esses processos, e ação legislativa sobre áreas consideradas críticas para seu combate levaram à uma pluralidade de instituições responsáveis pelo monitoramento, pela investigação e pela sanção aos envolvidos com práticas consideradas ilícitas.

3.1 Multiplicidade no Brasil

Transportado para o Brasil, esse dilema se verifica com clareza no cenário de sobreposição de normas e autoridades legitimadas para tratar de temas voltados à ordem econômica. A complexidade das normas que regulam a adequação da atividade empresarial, como a Lei nº 12.529/2011 (Lei de Defesa da Concorrência ou LDC), a Lei nº 12.846/2013 (Lei Anticorrupção), a Lei nº 9.613/1998 (tipificação dos crimes de lavagem de dinheiro e ocultação de bens) e a Lei nº 12.850/2013 (Lei de Organizações Criminosas), muitas publicadas na última década,

---

[7] PRADO, Mariana Mota; CARSON, Lindsey D.; CORREA, Izabela. The Brazilian Clean Company Act: Using Institutional Multiplicity for Effective Punishment (2016). *Osgoode Legal Studies Research Paper Series*. 119. Disponível em: <http://digitalcommons.osgoode.yorku.ca/olsrps/119>.

fazem com que o espaço de ação de cada órgão não seja delimitado de forma clara. As diversas condutas passíveis de punição, que variam desde cartéis e fraudes à licitação, passam por fraudes fiscais e uso indevido de informação privilegiada, até ilícitos como organização criminosa, refletem diretamente no número de autoridades competentes para investigar e punir as condutas. Consequentemente, o *enforcement* espelha tal realidade.

Existem, pelo menos, seis órgãos competentes para investigação de empresas e empresários em temas ligados ao combate à corrupção, a infrações à ordem econômica e mercado de capitais na esfera federal: o Ministério Público (MP),[8] a Controladoria-Geral da União (CGU),[9] o Conselho Administrativo de Defesa da Concorrência (CADE),[10] o Tribunal de Contas da União (TCU),[11] a Comissão de Valores Mobiliários (CVM) e o Banco Central (Bacen)[12] – sem mencionar a Advocacia Geral da União (AGU)[13] e o próprio Poder Judiciário.[14]

Esse cenário tem gerado certa insegurança jurídica para os atores privados em dois níveis. Um primeiro voltado propriamente ao ***enforcement* das leis** – não se sabe ao certo quais as autoridades competentes para aplicação de cada uma delas. Um segundo, mais propriamente relacionado às exigências e diretrizes que cada entidade exara determinando o que seria um efetivo cumprimento das normas – e por consequência quais as **diretivas para um programa de *compliance* robusto**.

Um exemplo do primeiro tipo de desafio é a celebração dos chamados acordos de leniência. Reconhecidamente relevantes em face

---

[8] Lei nº 8.625, de 12 de fevereiro de 1993, chamada Lei Orgânica Nacional do Ministério Público.

[9] Lei nº 13.341, de 29 de setembro de 2016, com a criação do Ministério da Transparência, Fiscalização e Controladoria-Geral da União – CGU.

[10] Lei nº 12.529, de 30 de novembro de 2011, chamada Lei de Defesa da Concorrência.

[11] Lei nº 8.443, de julho de 1992, chamada Lei Orgânica do Tribunal de Contas da União.

[12] Lei nº 13.506, de 13 de novembro de 2017, dispondo sobre processo administrativo sancionador na esfera de atuação do Banco Central do Brasil e da Comissão de Valores Mobiliários.

[13] Lei Complementar nº 73, chamada Lei Orgânica da Advocacia-Geral da União.

[14] Tratando de *enforcement administrativo*, os atos da Administração Pública podem ser divididos em vinculados e discricionários, sendo ambos passíveis de revisão pelo Judiciário. A respeito de decisões vinculadas, não existe restrição quanto ao controle judicial, uma vez que, sendo todos os seus elementos estabelecidos na lei, caberia ao Judiciário examinar a conformidade do ato com o ordenamento. No entanto, se tratando de um ato discricionário, parte-se da premissa que, apesar de ser passível de controle judicial, o legislador atribuiu certo grau de discricionariedade administrativa à autoridade pública. Dessa forma, a revisão do mérito em decisões administrativas deve ser realizada com cautela afim de se ponderar quais as possibilidades de intervenção do Poder Judiciário que, ainda que escassas, ocorrem em casos específicos corroborados pela doutrina e jurisprudência.

de sua eficiência no combate e na prevenção de ilícitos, os acordos de leniência são um instituto central dentro desse processo de investigação de condutas e punições a infrações. Ao fornecer aos entes privados a possibilidade de mitigar eventuais danos econômicos e reputacionais, na mesma medida em que consegue agir com celeridade na resolução e no cessar da conduta ilícita, consiste numa saída que pode ser explorada pelas empresas e pelo Poder Público.

Ocorre, no entanto, que há graus muito distintos de experiência institucional no que diz respeito a leniências. Boa parte dos órgãos públicos que hoje estão habilitados para a assinatura de tais acordos adquiriu tal competência recentemente. O primeiro caso concreto em que acordos de leniência respaldados na Lei Anticorrupção foram perseguidos com afinco foi precisamente a operação Lava-Jato e, evidentemente, colocar à prova um instituto num caso cuja complexidade é tão elevada é extremamente desafiador para todos os envolvidos.

Há, no entanto, uma experiência institucional consolidada de acordos de leniência no Brasil, a leniência para infrações de natureza concorrencial, levada a cabo por meio do papel central do CADE e seu programa de negociação de acordos, que existe no Brasil desde 2000, tendo o primeiro acordo sido efetivamente celebrado em 2003.[15]

Ainda que o programa tenha sido criado em 2000, o protagonismo do CADE na celebração de acordos deriva, também, da publicação da Lei nº 12.529/2011, a Nova Lei de Defesa da Concorrência ou LDC. Como efeito imediato da reestruturação do CADE, a criação da Superintendência-Geral (SG) absorveu funções de instrução e processamento de infrações à ordem econômica, função antes exercida pela Secretaria de Direito Econômico (SDE). Uma mesma equipe, sob uma mesma

[15] Em outubro de 2003, um dos membros de cartel promovido por empresas de serviços de vigilância do Rio Grande do Sul para fraudar licitações públicas, a empresa Antares e seu proprietário, Rubem Baz Orelli, apresentou-se à Secretaria de Direito Econômico ("SDE") para delatar um cartel e colaborar com as autoridades. O alvo do cartel eram licitações organizadas pela Superintendência Regional da Receita Federal no Rio Grande do Sul e pela Secretaria Municipal de Saúde de Porto Alegre. A fim de obter imunidade total das multas administrativas e das sanções criminais, o beneficiário do Programa de Leniência apresentou provas diretas de fraudes às licitações, incluindo testemunhos de empregados e documentos trocados entre integrantes do cartel. Foi instaurado processo administrativo contra 21 empresas, três entidades e 30 pessoas físicas que integrariam o cartel. Em 2007, o CADE impôs multas que variavam de 15 a 20% do faturamento bruto de 2002 a 16 empresas pela prática do cartel. Administradores das empresas condenadas e três associações de classe também foram condenados e multados pelo CADE. As multas impostas foram superiores a R$ 40 milhões. O CADE, na mesma ocasião, reconheceu que o beneficiário do Programa de Leniência cumprira com as condições impostas no Acordo e, portanto, nenhuma sanção lhe foi importa na esfera administrativa, tendo havido ainda a extinção automática da punibilidade no âmbito criminal.

coordenação tratava de condutas diferentes, em diferentes estágios processuais, com diferentes níveis de eficiência e graus de complexidade.[16] Assim, era evidente a dificuldade quanto ao estabelecimento de um programa de leniência com o requerido grau de especialização técnico-funcional. A reforma fortaleceu o instituto da leniência, já de fundamental importância dentro da SDE. A reorganização funcional, temática e processual da SG, com uma melhor alocação de recursos e uma gestão mais eficiente, promoveu a construção de uma unidade de dedicação praticamente exclusiva de análise e processamento de pedidos e acordos de leniência, através da coordenação da chefia de gabinete da SG.

Vale ressaltar que esse trabalho promoveu um maior número de julgamentos e condenações por parte do Tribunal, e a continuidade da abertura de novos casos, em setores cada vez mais diversificados.[17] Em relação aos acordos de leniência, o avanço foi extremamente significativo. Apenas no ano de 2017, foram assinados 21 acordos pela SG, mesmo número de acordos assinados de 2005 a 2011.[18]

Atualmente, o ordenamento jurídico brasileiro dispõe de duas outras previsões explícitas de programas de leniência: (i) no Sistema de Combate à Corrupção, em virtude do advento da Lei Anticorrupção; e, mais recentemente, (i) no âmbito do Sistema Financeiro e do Mercado de Valores Mobiliários, com a promulgação a Lei nº 13.506/2017, que institui a leniência do Banco Central e da CVM.

A previsão legislativa de programas de leniências para outras autoridades que não o CADE deriva principalmente da onda de exposição de supostos esquemas criminosos complexos envolvendo inúmeros agentes políticos e grandes empresas nacionais e estrangeiras, deflagrados nos últimos anos no cenário nacional. No contexto de reações do Legislativo às manifestações populares de 2013 e do anseio de diversas instituições em tomar partido na aclamada batalha contra corrupção, a possibilidade de acordo de leniência foi incluída na tramitação da Lei Anticorrupção e permaneceu até sua sanção e

---

[16] Cf. ANDRADE, Diogo Thomson de. A Lei 12.529/2011 e a Nova Política de Defesa da Concorrência. In: CARVALHO, Vinicius Marques de (Org.). São Paulo: Singular, 2015.

[17] Somente em relação aos Processos Administrativos de Acordos de Leniência julgados em 2017, podemos citar o (i) Cartel de Airbags, cintos de Segurança e volantes (PA nº 08700.004631/2015-15); (ii) Cartel de Manutenção Predial (PA nº 08012.006130/2006-22) e (iii) Rolos Cerâmicos Refratários (PA nº 08700.004627/2015-49), além de outros 2 casos que constam como sigilosos, demonstrando a diversidade de setores os quais o CADE possui investigações.

[18] Segundo informações oficiais do CADE em: <http://www.CADE.gov.br/assuntos/programa-de-leniencia>.

publicação. A lógica é a de permitir que empresas sob investigação por condutas ilícitas praticadas contra a Administração Pública possam negociar com a própria prejudicada a atenuação das sanções em troca da colaboração nas investigações. Interpretada de maneira literal, o texto da Lei Anticorrupção deixa claro que é a Administração Pública a responsável por negociar esses acordos, atribuindo tal competência para a Controladoria-Geral da União em âmbito federal.

Vale ainda ressaltar que, nesse contexto, o Ministério Público Federal (MPF) tem celebrado acordos de leniência da Lei Anticorrupção sem a interveniência de outras autoridades, com base em leitura da Constituição, mais especificamente da competência do MP para promover a ação penal pública, o inquérito civil e a ação civil pública (artigo 129, I, III e IX da Constituição Federal), pela possibilidade de extinção de punibilidade ou redução de penas pela colaboração do réu e pelas Leis de Proteção às Vítimas e Testemunhas, de Lavagem de Dinheiro e das Organizações Criminosas. Ainda assim, como não existe previsão expressa na Lei nº 12.846/2013 que atribua tal competência e a Administração não participou dos primeiros processos de leniência conduzidos pelo MPF, a União tem questionado tal atitude. Mais especificamente, ela ingressou com ação de improbidade administrativa contra a Odebrecht por conta do acordo assinado pela empresa e pelo MPF, não reconhecendo qualquer negociação que tenha sido feita sem sua interveniência.[19]

O debate chegou ao Judiciário, sendo que o Tribunal Regional Federal da 4ª Região decidiu, em agosto de 2017, que a leniência assinada pelo MPF com a Odebrecht deveria ser ratificada pela CGU, ente competente para assinatura do acordo segundo a Lei Anticorrupção, sob pena de não produzir quaisquer efeitos jurídicos.[20] Hoje, as negociações da empresa com CGU e AGU estão avançadas, para que o acordo seja válido também perante essas autoridades.[21]

O acordo assinado pelo MPF com a Andrade Gutierrez é outro exemplo do mesmo embate. Ele inclui o cartel em licitação realizada

[19] AGU derruba decisão que havia desbloqueado faturamento e bens da Odebrecht. Disponível em: <http://www.agu.gov.br/page/content/imprimir/id_conteudo/557196>. Acesso em 17 abr. 2018.

[20] A referida decisão foi tomada no âmbito do Agravo de Instrumento nº 5023972-66.2017.4.04.0000/PR.

[21] Segundo informações do Valor Econômico, a Odebrecht chegou a um entendimento verbal com a CGU para assinatura do acordo de leniência da empresa. A empresa, que já havia firmado acordo com o MPF no final de 2016, pagará um valor próximo a R$ 3,8 bilhões. Para maiores informações: <http://www.valor.com.br/empresas/5407589/odebrecht-chega-acordo-verbal-com-cgu-para-assinar-leniencia>. Acesso em 24 abr. 2018.

pela Valec Engenharia, Construções e Ferrovias S.A. para construção da Ferrovia Norte-Sul e Ferrovia de Integração Oeste-Leste. O CADE não participou da assinatura da referida leniência e conduz seus próprios procedimentos sobre os mesmos fatos, tendo assinado acordo com outra empresa, a Camargo Corrêa, em abril de 2016.[22]

Ainda que o assunto esteja sendo endereçado pelo judiciário, a ausência de previsão expressa na lei é uma questão a ser resolvida. Da perspectiva de preservação do Estado Democrático de Direito, é importante que a investigação e punição de condutas siga procedimentos claros e estabelecidos em lei, de modo que um fato não possa ser apurado e sancionado múltiplas vezes por órgãos diferentes. A repetição da apreciação de um mesmo fato por diversos entes é fator desestabilizador. Como já dito, a Andrade Gutierrez assinou leniência com o MPF a respeito de fatos investigados também no CADE, onde a empresa signatária da leniência – e beneficiária da extinção de punibilidade – é a Camargo Corrêa. Ou seja, apesar de ter colaborado com o Ministério Público na apuração da conduta de cartel em licitações da Valec e ter se comprometido a pagar R$1 bilhão, a Andrade Gutierrez ainda estaria sujeita à condenação no âmbito do processo administrativo antitruste a respeito dos mesmos fatos. A insegurança é evidente.

No que tange ao segundo tipo de desafio, uma vez que autoridades distintas possuem critérios diferentes para avaliação de programas de *compliance* – e desejam transmitir ao setor privado incentivos por vezes divergentes para a atuação empresarial – saber como desenhar programas efetivos torna-se ainda mais complexo. Nada garante que tais autoridades farão o mesmo tipo de avaliação sobre os programas e que as análises serão convergentes – e é legítimo que as avaliações não sejam iguais, já que as autoridades estão preocupadas com a aplicação de leis distintas e com tipos de ilícitos também distintos. Para as empresas, no entanto, é um tanto quanto enigmático desvendar essa teia de competências e incentivos.

Para melhor explorar esse ponto, trataremos abaixo em maior detalhe de três "tipos" de programas de *compliance* – se é que podemos chamá-los assim: antitruste, combate à corrupção e mercado financeiro e valores mobiliários. Se o objetivo é entender como conciliar incentivos e desenhar programas robustos, é primeiro necessária uma breve

---

[22] CADE, MPF/GO e Polícia Federal realizam operação para investigar suposto cartel em licitações de ferrovias. Disponível em: <http://www.CADE.gov.br/noticias/CADE-mpf-go-e-policia-federal-realizam-operacao-para-investigar-suposto-cartel-em-licitacoes-de-ferrovias>. Acesso em 17 abr. 2018.

descrição de como a doutrina e as próprias autoridades têm entendido tais programas recentemente.

3.1.1 Defesa da concorrência

O *compliance* concorrencial consiste na adoção de um programa de prevenção de condutas puníveis de acordo com a Lei nº 12.529/2011. A disseminação desses programas no país se deu principalmente pela necessidade de gestão de riscos de empresas que se preocupam com perdas econômicas advindas do descumprimento da LDC, bem como pelo já citado reforço do *enforcement* nessa seara pelo Sistema Brasileiro de Defesa da Concorrência. A identificação antecipada de riscos aos quais uma empresa se expõe em virtude de práticas comerciais se faz mister no planejamento empresarial nos dias de hoje.

Por meio do "Guia para Programas de *Compliance* Concorrencial", publicado pelo CADE em 2015 com a consolidação das melhores práticas e procedimentos usualmente adotados pela autoridade, busca-se a orientação de agentes privados e a promoção de maior segurança jurídica para a implementação de programas robustos. Assim, o guia tem por finalidade geral servir de mecanismo de transparência administrativa e orientação, não possuindo caráter vinculante. Tais orientações tem como base a experiência do próprio CADE, bem como outras fontes de direito comparado. Dessa forma, os parâmetros do guia podem ser utilizados como referências para agentes econômicos, ainda que se ressalte que tais práticas devem sempre ser analisadas e verificadas conforme particularidades de cada caso.

Em se tratando de *compliance*, o CADE procura demonstrar vantagens concretas para as organizações que apresentem programas efetivos, como possível redução de multas e contribuições pecuniárias para os que já possuíssem programas efetivos à época da conduta investigada, uma vez que tal medida, segundo entendimento do Conselho, configura um elemento caracterizador de boa-fé, o que é critério legal para a atenuação de punições. Recentemente, o Conselho também tem considerado que a implementação de programas robustos pode configurar motivo para a redução de contribuições.[23] O benefício conferido a empresas que apresentem um programa de *compliance*

---

[23] O Guia de Termo de Compromisso de Cessação de Condutas para casos de cartel, em sua versão mais atualizada e publicada pelo CADE em 2017, traz expressamente no ponto II.2.1.3, referente à alíquota das multas, a "existência de programa de *compliance* que tenha relação direta com a propositura do TCC e/ou que tenha resultado na colaboração apresentada" como caracterizador de boa-fé da empresa e atenuante.

efetivo em matéria concorrencial demonstra uma posição de destaque desses programas na agenda da autarquia.

3.1.2 Combate à corrupção

O *compliance* anticorrupção, por sua vez, consiste em práticas especialmente voltadas para o combate a ilícitos da Lei Anticorrupção e de outros diplomas normativos relacionados, como a Lei nº 8.666/1993. Tais programas são mecanismos internos de integridade que estabelecem um conjunto de procedimentos a serem implementados pelas empresas com o intuito de evitar, detectar e sanar práticas de desvios, fraudes, irregularidades e atos ilícitos em geral por seus administradores, empregados e representantes contra a administração pública, seja ela nacional ou internacional.

Com a possibilidade de responsabilização objetiva das pessoas jurídicas por atos lesivos previstos pela Lei Anticorrupção, não há necessidade de comprovação de culpa em eventual infração, basta que o ato seja praticado em interesse ou benefício da pessoa ou empresa em questão. Dessa forma, empresas de todos os portes são levadas a adotarem programas de *compliance* efetivos e eficientes a fim de se resguardarem contra sanções administrativas e abalos em sua reputação, sem mencionar a possibilidade de persecução penal de seus administradores.

O Decreto Federal nº 8.420/ 2015, que regulamenta a Lei Anticorrupção, traz, entre diversas outras normas, algumas diretivas para a estruturação de programas de integridade. Além disso, estabelece os mecanismos e procedimentos de integridade que devem ser adotados pela empresa e monitorados pela CGU para que atores privados possam vir a gozar da redução do valor de multa de um a quatro por cento, decorrente da aplicação de programa de integridade.[24] Os artigos 41 e seguintes do decreto falam em detalhe sobre o programa, seus requisitos e como tal programa deverá ser avaliado no âmbito da Lei Anticorrupção.

---

[24] Art. 18, inciso V, do Decreto nº 8.420/2015:
"Art. 18. Do resultado da soma dos fatores do art. 17 serão subtraídos os valores correspondentes aos seguintes percentuais do faturamento bruto da pessoa jurídica do último exercício anterior ao da instauração do PAR, excluídos os tributos: (...)
V – um por cento a quatro por cento para comprovação de a pessoa jurídica possuir e aplicar um programa de integridade, conforme os parâmetros estabelecidos no Capítulo IV."

Em consonância, a CGU vem lançando, desde 2015, guias e cartilhas voltadas à propagação e consolidação dos programas de *compliance* nas mais diferentes esferas da iniciativa pública e privada. Destaca-se o *Programa de Integridade: Diretrizes Para Empresas Privadas*, que traz parâmetros para programa de integridade da Lei Anticorrupção e assim auxiliam os agentes privados a implementarem seus respectivos programas de *compliance*.

3.1.3 Mercado financeiro e valores mobiliários

Recentemente investidos de novos poderes sancionatórios dentro da esfera administrativa por meio da Lei nº 13.506/2017, o Banco Central do Brasil e Comissão de Valores Mobiliários são mais dois agentes de regulação da atividade de diversas empresas agora capacitados para a assinatura de acordos de leniência.

O *compliance* desse mercado, conhecido por ser desde muito altamente regulado, é marcado por análises de processos financeiros, verificando se todas as operações foram corretamente autorizadas, liquidadas, ordenadas, pagas, registradas e escrituradas, com a finalidade de assegurar a fidelidade dos registros e proporcionar credibilidade às transações e operações, ou seja, analisar os fatos e ocorrências que afetam o patrimônio financeiro e mobiliário da empresa.

Por ser tão recente, é de se aguardar se a nova lei terá maiores impactos e se levará as autoridades a exarar manifestações mais coesas sobre programas de *compliance*, como ocorreu com CADE e CGU.

3.2 *Compliance* e multiplicidade institucional – Os desafios

A múltipla ação de diversas autoridades dentro do campo institucional de combate à corrupção e de infrações à ordem econômica tem sido benéfica para a consecução de seu objetivo principal – a detecção de ilícitos e sua punição. Aprimoraram-se os mecanismos de detecção e punição de condutas lesivas, de modo que, somente no âmbito da Operação Lava-Jato foram celebrados ao menos 160 acordos, dentre delações premiadas e leniências. No ano de 2016, o CADE celebrou um recorde de 54 Termos de Compromisso de Cessação de Condutas, 11 leniências e teve o valor recorde recolhido ao Fundo de Direitos Difusos (FDD), cerca de R$700 milhões.

O sucesso no combate à corrupção ainda pode ser corroborado pelas recentes negociações entre diversos agentes privados e o Ministério

Público Federal, que resultaram no recolhimento de valores bilionários, principalmente nos processos da Operação Lava-Jato – como o acordo de leniência firmado entre a empreiteira Andrade Gutierrez e o MPF, pelo qual a empresa pagará R$1 bilhão a título de indenização. Estima-se que já foram recolhidos mais de R$11,9 bilhões por meio de acordos de colaboração e leniência – um valor recorde na história brasileira.[25]

Tratando da atuação institucional dentro do mercado financeiro e de valores mobiliários, a Lei nº 13.506/17 é um marco regulatório importante que disciplina o funcionamento do processo administrativo sancionador nas esferas de atuação do Bacen e da CVM. Ainda que no mercado de capitais instrumentos negociais como Termos de Compromisso já sejam muito utilizados para o encerramento de processos administrativos, a nova legislação consolida e fortalece a competência do Banco Central do Brasil para utilização desse instrumental. Em uma atuação conjunta com o MPF e o TCU, por exemplo, a CVM pôde participar das negociações de um acordo de leniência celebrado com a JBS após as acusações de práticas de *inside trading*, recomendando pela tipificação técnica da conduta como "prática não equitativa de mercado", ilícito administrativo, em detrimento do crime de manipulação de mercado.[26]

No entanto, ainda que considerados esses avanços, não se pode afirmar que a confluência de diversos dispositivos e regulações sobre a atividade empresarial seja, de todo, livre de qualquer problemática. Não há plena clareza dos procedimentos a serem seguidos em casos que possam envolver a aplicação de mais de uma lei, ou a respeito do parâmetro de conduta esperado do setor privado. Dessa forma, a insegurança jurídica ainda se coloca como desafio.

Conforme exposto, a multiplicidade de autoridades competentes para avaliar repercussões criminais e administrativas das condutas pode gerar falta de clareza para o empresariado, tanto em casos nos quais a empresa pretende colaborar com alguma investigação quanto na implementação e consolidação de um eficiente programa de *compliance*. Em relação às leniências, a dificuldade foi tamanha que o primeiro acordo "completo", englobando AGU, CGU e Procuradoria/MP no âmbito da

[25] Lava Jato: MPF recupera R$11,9 bi com acordos, mas devolver todo dinheiro às vítimas pode levar décadas. Disponível em: <http://www.bbc.com/portuguese/brasil-43432053>.

[26] J&F negocia incluir manipulação de mercado em acordo de leniência. Disponível em: <https://www1.folha.uol.com.br/mercado/2018/02/jf-negocia-incluir-manipulacao-de-mercado-em-acordo-de-leniencia.shtml>.

Operação Lava-Jato foi firmado em 16 de abril de 2018[27] – mais de três anos após a atribuição da competência negocial à CGU.

A resolução do problema certamente não é simples e imediata. É necessária a colaboração entre as diferentes instituições públicas para estabelecer um cenário no qual a iniciativa privada tenha bases e procedimentos claros para agir.

A adoção de programas de *compliance* busca garantir o cumprimento da lei pela organização privada e, mais que prevenir ilícitos, auxilia na rápida identificação de irregularidades e, consequentemente, em sua rápida remediação. A multiplicidade institucional não pode servir como um mecanismo que afaste entidades privadas do auxílio às investigações, mas deve sim atuar fomento aos programas de integridade e de promoção de um cenário propício para investigação e cooperação. Além disso, o programa, quando robusto e bem estruturado, deve ser uma forma efetiva de demonstrar à autoridade o comprometimento da empresa com o cumprimento da lei.

Dessa forma, sinais trocados das autoridades sobre o que seriam programas efetivos e adequados são prejudiciais. O exemplo mais claro desse potencial problema se dá na interface entre Lei Anticorrupção e LDC. Tanto um diploma normativo quanto o outro consideram a existência de programas de *compliance* como critérios para avaliar eventual punição a empresa. Nada garante, no entanto, que tais autoridades farão o mesmo tipo de avaliação sobre o programa e que tais análises convergirão para um mesmo entendimento. Tal incerteza na avaliação dos programas de integridade provém, em alguma medida, da própria estruturação da lei.

Enquanto a Lei Anticorrupção e o Decreto nº 8.420/2015 tratam diretamente de programas de integridade a fim de estabelecer critérios dispostos em forma de uma *check-list*, a serem avaliados para se aferir a robustez de cada programa e definir percentuais exatos de diminuição de eventuais multas, a Lei nº 12.529/2011 em nenhum momento menciona a palavra *compliance* ou qualquer equivalente. O entendimento do CADE de que tais programas são relevantes e devem ser considerados na lógica punitiva advém especialmente do Guia da autoridade – que pode ser adaptado a depender do caso concreto, e portanto menos rígido que a estrutura normativa da lei. A forma exata pela qual o Sistema Brasileiro

---

27 Lava Jato firma 1º acordo de leniência 'completo', com AGU, CGU e Procuradoria. Disponível em: <https://www1.folha.uol.com.br/mercado/2018/04/agencias-de-publicidade-firmam-1o-acordo-de-leniencia-com-agu-cgu-e-procuradoria.shtml>.

de Defesa da Concorrência considerará tais programas, portanto, será determinada essencialmente pela construção jurisprudencial.[28]

Do ponto de vista substancial, há possíveis conflitos no sentido de que para atingir os objetivos da defesa da concorrência é possível que as autoridades façam uso de ferramentas incompatíveis com aquelas aplicáveis ao combate à corrupção. É factível que a CGU, ao exarar parâmetros para programas de integridade, procure garantir a maior e mais absoluta transparência de preços ofertados pelas empresas que participam de um processo licitatório, a fim de limitar os possíveis acordos escusos entre o setor privado e o setor público. O CADE, por outro lado, pode orientar certa cautela ao divulgar os mesmos preços, pois a transparência absoluta pode facilitar a colusão.

A convergência das orientações das autoridades é importante pois, além de trazer segurança e facilitar a efetiva orientação das empresas em um ou outro sentido, ajudará a fomentar uma responsabilidade compartilhada de promoção do *compliance* no Brasil. A legislação de diversos países, inclusive a brasileira, reflete a noção de que também é papel das empresas desenvolver mecanismos para proteger os mercados de práticas nocivas. Acompanhando o entendimento de outros ordenamentos, como o estadunidense, que entende como positiva a presença prévia de um programa de integridade, o ordenamento brasileiro deve caminhar sempre como um condutor de comportamentos que promova resultados positivos à economia e ao mercado. Inserir as empresas nesse contexto depende fortemente de fornecer-lhes sinais claros de como tais programas são valorizados e quais os parâmetros para sua avaliação pelo poder público.

Ainda que pelo ordenamento pátrio se atribua a função de *advocacy* às autoridades públicas, a ideia de implantação de programas de *compliance* decorre justamente de uma visão de que não é tarefa exclusiva do Estado a detecção de ilícitos, pois o setor privado também pode – e deve – fomentar condutas conformes à lei. Sendo assim, nas experiências bem sucedidas e consolidadas, como o *compliance* concorrencial, LDC e CADE[29]; a relação entre a disciplina pública da

[28] MATTIUZZO, M. Concorrência e corrupção: programas de compliance no debate jurídico-institucional brasileiro. *Revista de Defesa da Concorrência*, Brasília, v. 5, n. 1, maio 2017.

[29] O CADE foi tido pela Global Competition Review, publicação especializada no setor, como a melhor autoridade antitruste das Américas em 2011, 2015 e 2017. Além disso, a atuação internacional da autoridade vem crescendo, tendo assumido a vice-presidência da International Competition Network de 2013 a 2016 e reforçado as iniciativas de cooperação internacional em casos de condutas e concentrações. Para mais, vide: SILVEIRA, Paulo Burnier da. O novo CADE no cenário internacional. In: CARVALHO, Vinicius Marques de.

concorrência e a autorregulação privada é de mútuo reforço: o *compliance* concorrencial tanto é mais efetivo quanto mais crível for o *enforcement* regulatório; e este, por sua vez, é tanto mais eficiente quanto mais empresas internalizarem a cultura competitiva.[30]

4 Conclusão

Como elaborado ao longo desse texto, o Brasil vive hoje um cenário de multiplicação – e complexificação – de seu arcabouço normativo. Isso é particularmente verdade no que tange à regulação econômica de forma ampla, que busca traçar parâmetros para a atuação privada. Essa realidade tem diversas consequências, uma delas é a multiplicidade institucional, ou seja, a pluralidade de autoridades públicas responsáveis pela aplicação da lei. Nesse contexto, há um desafio importante a ser superado: o alinhamento de incentivos e de sinais às empresas. A aplicação das diversas normas incidentes sobre a atividade empresarial precisa guardar coerência a fim de atingir seus objetivos.

Em relação aos programas de *compliance*, essa questão é particularmente relevante, pois determina como o setor privado se estrutura internamente para garantir o cumprimento da lei. É tarefa do poder público enviar sinais coerentes para os administrados, na maior medida possível, a fim de garantir que existam incentivos reais para adoção desse tipo de programa.

Informação bibliográfica deste texto, conforme a NBR 6023:2002 da Associação Brasileira de Normas Técnicas (ABNT):

CARVALHO, Vinicius Marques de; MATTIUZZO, Marcela; SOUZA, Bruno Silva e. Programas de *compliance* – desafios da multiplicidade institucional para o setor privado. In: CUEVA, Ricardo Villas Bôas; FRAZÃO, Ana (Coord.). *Compliance*: perspectivas e desafios dos programas de conformidade. Belo Horizonte: Fórum, 2018. p. 361-379. ISBN 978-85-450-0564-3.

A Lei 12.529/2011 e a nova política de defesa da concorrência. São Paulo: Singular, 2015, p. 65-73.

30 SCHAPIRO, Mario Gomes; MARINHO, Sarah Morganna Matos. *Compliance* concorrencial: cooperação regulatória na defesa da concorrência?. *Revista de informação legislativa: RIL*, v. 53, n. 211, p. 273-299, jul./set. 2016. Disponível em: <http://www12.senado.leg.br/ril/edicoes/53/211/ril_v53_n211_p273>.

ALGUMAS LINHAS SOBRE *COMPLIANCE* CRIMINAL

PIERPAOLO CRUZ BOTTINI
BEATRIZ DIAS RIZZO
MARCELA ROCHA

1 Introdução

Por muito tempo, a atividade do advogado criminalista foi direcionada exclusivamente à *defesa,* à atuação em um inquérito ou processo penal, em que seu cliente era acusado de um crime, e o profissional *reagia* por meio de estratégias e argumentos com o escopo de convencer as autoridades da inocência ou da menor culpabilidade de seu cliente.

Nos últimos anos, ao lado da defesa, alguns profissionais passaram a trabalhar com a *prevenção de crimes,* a desenvolver um conjunto de estratégias para evitar que pessoas físicas e jurídicas se envolvam com práticas criminosas.

Trata-se do *criminal compliance,* que não é nada mais do que a instalação de políticas e práticas para evitar o envolvimento do cliente com delitos. Um conjunto de *cuidados* e *cautelas* para garantir que a norma penal seja cumprida e impedir as consequências de sua eventual violação.

A essa explicação, em regra, surge a assertiva: se alguém quer evitar problemas com a Justiça Penal, não precisa de aconselhamento técnico ou profissional: basta não cometer crimes.

A ressalva faz sentido.

Em regra, aqueles que optam, pessoal ou profissionalmente, por uma vida dentro da lei não deveriam se preocupar com a Justiça

Penal. Porém, quando se trata de direito penal econômico, de crimes financeiros, de caráter técnico e sofisticado, praticados dentro de organizações empresariais, a mera resolução de "não cometer crimes" pode ser insuficiente.

Em primeiro lugar porque em estruturas mais complexas há *divisões de tarefas* e *delegações de poder*, de forma que poucos têm a consciência *total* dos atos praticados e sua adequação à norma penal. Às vezes uma conduta aparentemente *neutra* e *inócua* pode ser a chave para uma atividade de relevância penal. Uma assinatura em demonstrativos financeiros, a autorização para venda de produtos, a concordância com um contrato de consultoria podem ser a *conditio sine qua non* para a *gestão fraudulenta,* para um *crime contra o consumidor* ou para a *lavagem de dinheiro.* A assinatura pode ser indispensável para dar ares de regularidade à fraude contábil; a autorização para a distribuição de bens adulterados; o contrato de consultoria para dar aparência de licitude à transferência de vantagens indevidas a servidores públicos.

Evidente que o *desconhecimento* do gestor sobre o uso criminal que outros possam fazer de seus *atos* afasta a responsabilidade penal, por ausência de dolo. Mas sempre é possível afirmar que ele *desconfiava* de que terceiros poderiam usar sua assinatura, autorização ou concordância para atos ilícitos, ou que *deveria ter desconfiado* no caso concreto. Em suma, é possível que seja acusado de agir com *dolo eventual,* de *assumir* o risco de colaborar com o crime, embora não tivesse pleno conhecimento do contexto.

Em segundo lugar, é importante lembrar que executivos e gestores, em âmbitos empresariais, não respondem apenas por suas *ações,* por atos *positivos* de prática ou colaboração com crimes. Ao ocupar determinadas posições, tais personagens podem ser considerados *garantes,* o que significa que têm o *dever* de impedir delitos nos setores que *dirigem,* sobre os quais têm *domínio funcional.* Nesses casos, segundo a lei penal, caso tenham condições de impedir o crime e não o façam, respondem como se o tivessem praticado diretamente.

O diretor de segurança do trabalho é responsável e tem o *dever* de evitar atos ilícitos que afetem a integridade do trabalhador. Caso tenha ciência que, em determinado setor da empresa, são descumpridas normas de segurança, e tenha *poder efetivo* de solucionar o problema, sua *omissão* será equiparada ao ato de violar as regras de cuidado, e ele responderá como se tivesse *ordenado* a conduta.

Por fim, há a imensa seara dos *crimes culposos,* nos quais o executivo responde por *imprudência* ou *negligência.* Nesses casos – que abundam na seara do consumidor, do meio ambiente, em âmbito hospitalar – não é necessária uma resolução de delinquir. A mera *falta de cuidado* é suficiente para a responsabilidade penal. E a indefinição sobre o conceito de *cuidado* faz da insegurança jurídica o pano de fundo de tais atividades.

Em suma, participar de uma atividade *coletiva* e *organizada,* como a de uma empresa, exige cuidados. Por mais que o gestor ou executivo não tenha intenção de praticar crimes, eventuais falhas ou omissões podem atrair a imputação penal.

Nessa seara, ganha *relevância* o *criminal compliance.* Passa a ser necessária a adoção de políticas para evitar a responsabilidade penal por *omissão, imprudência,* ou por atos de *terceiros,* com os quais o executivo tenha relação *horizontal* (sócios, pares na administração), *vertical* (funcionários), parceiros comerciais ou mesmo com clientes.

Aqui, o *criminalista* tem um trabalho distinto.

Não se trata mais de analisar a *acusação* e definir estratégias de defesa, mas de *pensar* o contexto da empresa diante de sua experiência, refletir sobre os pontos de *risco,* e recomendar práticas que *minimizem* a possibilidade de imputações pela prática de crimes. Trata-se de recobrar toda sua experiência forense e indagar qual seria a imputação possível naquele cenário e quais elementos de fato seriam relevantes para uma boa defesa, para, então, reduzir os *pontos cegos,* nos quais floresceria uma acusação, e ampliar as *boas práticas,* fecundas em argumentos de defesa para eventuais explicações.

Um exemplo.

Um executivo de uma empresa é responsável pela assinatura de contratos de consultoria jurídica e de serviços de uma grande corporação, e observa no noticiário que inúmeras empresas usam tais contratos para justificar repasses de vantagens indevidas para servidores públicos, em atos de corrupção. Nesse caso, o profissional de *criminal compliance* avaliará o contexto organizacional da empresa, a distribuição de responsabilidades, estudará os *deveres de cuidado* e a eventual *posição de garante* daquele executivo para sugerir *cautelas* necessárias a fim de evitar futuras imputações de colaboração com corrupção ativa e lavagem de dinheiro.

Nesse cenário, pode recomendar alterações nos normativos internos da empresa para distribuir responsabilidades de fiscalização, exigindo de determinados funcionários a verificação da regularidade de preço e dos serviços prestados, e seu reporte regular ao executivo, a fim de evitar a *cegueira deliberada.* Pode também sugerir pesquisas prévias sobre profissionais diversos, a criação de um cadastro de agentes passíveis de contratação, e o monitoramento dos prestadores de serviços em cadastros, listas ou imprensa para evitar a contratação de empresas suspeitas.

Evidente que nada disso impede a prática de ilícitos no seio da empresa, mas ao menos restará delimitada a responsabilidade sobre aquele que agiu com *dolo* e *má-fé*, e protegidos os demais profissionais cuja atuação não era direcionada à conduta delitiva.

Enfim, o profissional de *compliance* acaba por jogar um xadrez consigo mesmo, adiantando movimentos que poderiam ser feitos por um adversário inexistente, e que, se a política for bem-sucedida, jamais virá a existir. A *prevenção*, e não a *absolvição*, passa a ser o foco. A *tranquilidade*, e não a *justiça ao final*, passa a ser o objetivo.

Para isso, algumas questões merecem análise.

2 O porquê do *compliance*

A implementação de políticas de *compliance* foi vista com reservas pelas empresas durante muito tempo (e ainda o é, de certa forma) por alguns motivos. Um deles é o paradoxo que a estrutura carrega consigo, uma vez que ao buscar uma redução de responsabilidades administrativas e penais, um sistema eficaz de *compliance* pode acabar por antecipar ou mesmo produzir uma imputação que de outra forma não seria revelada ou descoberta. Outro motivo de rechaço são os custos para a implementação dos procedimentos. E, por fim, há quem aponte a *"perda de mobilidade da gestão negocial"*[1] diante do engessamento produzido pelo atrelamento às *best practices*.

Com o passar dos tempos, percebeu-se que tal *paradoxo* é apenas aparente e os problemas atrelados ao *compliance* não têm a extensão imaginada. Notou-se que a detecção eficaz de falhas pelo sistema de *compliance* permite a antecipação de crises, a atenuação de sanções e mesmo o aprimoramento interno dos controles para evitar a repetição.

A questão dos custos é superada quando se percebe que a economia neste setor pode resultar em perdas maiores pela imposição de sanções patrimoniais, e diante dos custos para recuperar a imagem e garantir a defesa jurídica da empresa e de seus dirigentes.[2] Por fim, o risco do *imobilismo* só existirá se o descumprimento de normas for uma

---

[1] SILVEIRA, Renato M. J.; SAAD-DINIZ, Eduardo. Noção penal dos programas de compliance e as instituições financeiras na "nova Lei de Lavagem": Lei 12.683/2012. *Revista de Direito Bancário*, n. 57, jul./set. 2012, p. 309.

[2] COIMBRA, Marcelo de Aguiar; MANZI, Vanessa Alessi. *Manual de compliance*. São Paulo: Atlas, 2010, p. 4.

alternativa de gestão. Excluída essa hipótese, abre-se um amplo campo de atividades, inclusive com o destaque do sistema de *compliance* como um valor positivo na agenda empresarial e uma *vantagem competitiva*.[3]

3 *Compliance* e reputação

A adoção de políticas de *compliance*, antes de tudo, merece ser observada sob uma perspectiva da imagem da empresa. Ao dizer que está em *compliance* uma empresa comunica que suas relações são orientadas por normas que proporcionam segurança jurídica e proteção a sua reputação. E a reputação de uma empresa é definida pela forma como é percebida pelo mercado, concorrentes, colaboradores, clientes.

O mercado publicitário tem a ensinar ao universo jurídico. Não foi à toa que as cervejarias no Brasil foram abandonando paulatinamente os excessos de mulheres de biquíni em suas peças publicitárias. As mulheres passaram a representar uma fatia maior no mercado consumidor de cerveja e a se manifestarem contra o uso da figura feminina de forma sexista. E as marcas, que precisavam e queriam se adaptar à nova consumidora, mudaram. A nova linguagem das cervejarias precisa estar em conformidade com essa nova consumidora.

Adaptar-se às demandas mutantes de opinião pública e de um ambiente de negócios cada vez mais rigoroso e humores menos previsíveis é uma obrigação da alta gestão corporativa. É neste contexto que deve ser visto o papel fundamental do *compliance* e da percepção de um programa de integridade corporativa pelos diversos segmentos com os quais as corporações interagem.

Nos anos 1990, o U.S. Army War College criou uma classificação para descrever condições e situações, considerando um mundo multilateral e imprevisível que resultou do fim da Guerra Fria. Criou-se, assim, o VUCA WORLD *(volatility, uncertainty, complexity and ambiguity)*. Este conceito passou a ser aplicado por diversas corporações que enfrentavam e enfrentam dificuldades para estabelecer planos de longo prazo. E, hoje, o *compliance* pode e deve ser uma ferramenta facilitadora, que proporcione segurança jurídica, na construção de cenários futuros.

---

[3] BLANCO CORDERO, Isidoro. Eficacia del sistema de prevención del blanqueo de capitales. Eguzkilore. *Cuaderno del Instituto Vasco de Criminologia*, San Sebastian, n. 23, p. 117-138, 2009. COIMBRA, Marcelo de Aguiar; MANZI, Vanessa Alessi. *Manual de compliance*. São Paulo: Atlas, 2010, p. 9.

No cenário nacional, as crises de reputação caminharam de mãos dadas com crises jurídico-penais. O gráfico destacado[4] demonstra o aumento do número de operações realizadas pela Polícia Federal. Foram centenas de investigações que atingiram em cheio tanto pessoas físicas quando jurídicas e, em alguns casos, destruíram – irreversivelmente – a imagem dos investigados, condenados posteriormente ou não.

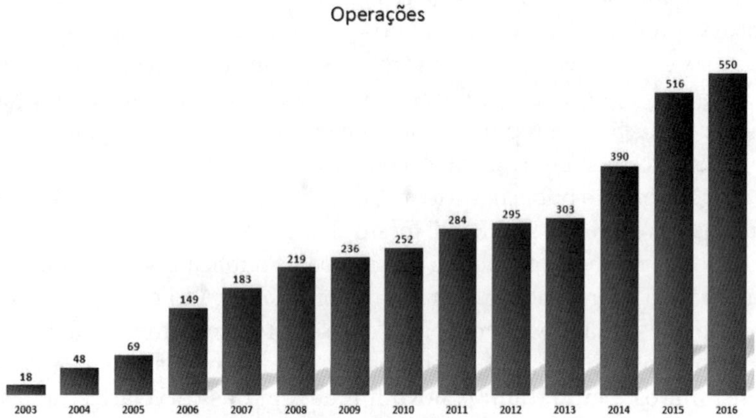

As mudanças de paradigma não surgem de idealizações abstratas, mas de verdadeiros terremotos. E o gráfico destacado explica parte das razões pelas quais a credibilidade jurídica de gigantes do mercado foi abalada. Esse novo paradigma comportamental imposto às empresas exigiu respostas à altura para que o sistema econômico pudesse voltar a operar com o mínimo de previsibilidade.

No início de cada ano, o Reputation Institute pesquisa a reputação de milhares de empresas em todo o mundo. No Brasil, 330 empresas foram pesquisadas em janeiro de 2017. "Produtos e serviços" ainda são os fatores mais relevantes na formação da reputação de uma empresa. Mas, desde 2007, o quesito "cidadania" perde espaço e "governança", ganha. Esta inversão de relevância de atributos na formação da reputação de uma empresa demonstra o quanto se clama por empresas mais éticas e transparentes.

O derretimento das bolsas, a grande crise financeira de 2008 nos EUA – que praticamente jogou o mundo à beira de um colapso similar ao verificado durante a grande depressão dos anos 1930 –, exigiu mais transparência e a adoção de um arsenal de iniciativas garantidoras de

---

4 <http://www.pf.gov.br/imprensa/estatistica/operacoes>.

que aquilo que as empresas dizem fazer está efetivamente sendo feito e percebido desta forma pelos segmentos da sociedade com os quais ela se relaciona: judiciário, concorrentes, mercado, agências reguladoras. E a nova ponte para essa percepção comum passou a ser o *compliance*.

Nesse sentido, a conformidade é como uma espécie de idioma de práticas corporativas que garante um diálogo fluido, com menos risco tanto jurídico quanto de dano à imagem das empresas.

A cada dois anos, é feita uma pesquisa pelo grupo Aon, líder mundial em gerenciamento de risco, com 1.843 empresas, representantes de 33 áreas espalhadas em 64 países e regiões. As contribuições de quase 2.000 entrevistados de empresas públicas e privadas foram taxativas quanto ao risco mais temido pelas empresas: crise de imagem, crise na percepção transmitida pela empresa.

O público interno é uma mídia poderosa. Ele é o principal embaixador dos valores das empresas. Ele precisa estar convencido da firmeza e dos benefícios advindos das novas regras para, além de praticá-las, difundi-las. O colaborador precisa estar convencido de que as normas de *compliance* estão ali como medida de segurança para ele próprio, para os fornecedores, para os clientes, e não como medidas que dificultem seu desenvolvimento e o impeçam de trabalhar.

As regras de conformidade devem ser vistas do ponto de vista da comunicação muito mais do que um acervo normativo de boas práticas e exigências éticas e legais. Elas são um argumento real de persuasão de instituições, investidores, fornecedores, parceiros, consumidores, mídia, judiciário, receita, governos, com base na correção com que uma determinada empresa atua.

A sustentabilidade também já se apresentou como uma nova linguagem entre as empresas e na relação que elas estabelecem com a sociedade. O tema *sustentabilidade* entrou na agenda nas décadas de 60 e 70, com a publicação dos livros *Primavera silenciosa*[5] e *Os limites do crescimento*.[6] Com a Conferência de Estocolmo, essas questões começaram a surgir no cenário governamental e empresarial. E um tema que antes se restringia ao ambiente científico ganhou o mundo. A partir dos anos 1990, as empresas atentas ao radar de longo prazo passaram a investir em práticas mais sustentáveis.

Isso foi resultado das regulações e acordos setoriais, mas também da cobrança por parte do mercado consumidor. Uma empresa que não

---

5 CARSON, Rachel. Primavera silenciosa. Melhoramentos, 1962.

6 MEADOWS, Dennis L.; MEADOWS, Donella; RANDERS, Jorgen; BEHRENS, William W. *Os limites do crescimento*. Ed. Qualimark, 1972.

adotou práticas mais sustentáveis não se adaptou à ordem produtiva vigente dos últimos 20 anos pelo menos. O *compliance* é a nova ordem, a nova linguagem entre as pessoas jurídicas.

Num mundo cada vez mais competitivo e em que a ética não é uma escolha, é uma premissa, problemas éticos são motivo para descarte. Portanto, o *compliance* é uma necessidade competitiva, um pressuposto essencial para que qualquer instituição possa começar a disputar as oportunidades. Para ser competitivo, precisa ser e *parecer ser* ético. E o *compliance* é um instrumento fundamental para uma empresa se fazer competitiva, é um instituto de *resiliência* da instituição, garantindo uma elasticidade que transforma a crise ou as falhas detectadas em oportunidades de demonstração de firmeza e integridade, bem como de aprimoramento dos procedimentos internos de controle.[7]

4 Características do *compliance*

Um programa de *compliance* deve ser eficiente, no sentido de garantir ao máximo o cumprimento das normas referentes ao setor de atividade da empresa. Trata-se de manter suas operações dentro dos limites do *risco permitido.*

Para isso, o programa deve contemplar, ao menos, (i) a orientação, formação e treinamento de empregados e diretores sobre políticas de prevenção ao delito; (ii) a elaboração de códigos internos de conduta, organizar a coleta, sistematização e checagem de informações sobre clientes, empregados, parceiros, representantes, fornecedores e operações praticadas com sua colaboração ou assistência; (iii) o desenvolvimento de sistemas de comunicação interna e externa que facilitem a comunicação de informações sobre atos suspeitos; às autoridades públicas; e (iv) a implementação de sistema de controle interno de atos imprudentes ou dolosos, com mecanismos de apuração e sanção disciplinar.

A *estrutura* do *criminal compliance* – independentemente de sua formatação concreta no interior da instituição – deve contar com: (i) coordenador e equipe voltados *exclusivamente* ao desenvolvimento de políticas de *criminal compliance,* ou, ao menos, impedidos de atuar nos setores operacionais da instituição; (ii) *interdisciplinaridade,* ou seja, composto de profissionais de diversas áreas (contabilidade, direito civil, administrativo, penal etc.);[8] (iii) *competência,* ou seja, composto

---

[7] COIMBRA, Marcelo de Aguiar; MANZI, Vanessa Alessi. *Manual de compliance.* São Paulo: Atlas, 2010, p. 9.

[8] BACIGALUPO, Enrique. *Compliance y derecho penal.* Buenos Aires: Hannurabi, 2012, p. 38.

de profissionais qualificados e experientes; e (iv) *ampla abrangência,* ou seja, voltado para o desenvolvimento de sistemas de cumprimento de normas e atos normativos, bem como para a implementação de medidas de harmonização da política com os entendimentos jurisprudenciais e administrativos.

Esses últimos dois aspectos merecem atenção. Se as *políticas de integridade* têm por escopo garantir o *cumprimento de normas,* é fundamental conhecê-las, acompanhar suas constantes revisões e os entendimentos de juízes e tribunais sobre sua abrangência e aplicação.

5 Marco legal

A estruturação de políticas de *criminal compliance* deve ter como premissa inicial o acompanhamento constante das leis e dos atos normativos que regulam o setor específico de atuação da empresa. Assim, no que concerne à *lavagem de dinheiro,* por exemplo, é fundamental o conhecimento das *resoluções* do BACEN e do COAF. As empresas que atuam no *mercado de capitais* devem ter as normas da CVM como parâmetro; as que transacionam *seguros,* as normas da SUSEP, e assim por diante.

Para além das normas *nacionais,* o conhecimento das *recomendações internacionais* importa para a construção de uma política de integridade adequada, pois fixam parâmetros de *risco permitido* e de *boa prática, e* podem ser consideradas como *fontes de interpretação* pelo Judiciário.[9]

No contexto internacional importa ainda acompanhar orientações e posicionamentos das autoridades em países com relações institucionais próximas do Brasil, em especial se a empresa tem atividades no exterior.

Um exemplo: em setembro de 2015, o Departamento de Justiça Americano (DOJ), através de sua Procuradora Geral, *Sally Yates,* redigiu um documento (*Yates Memorandum*) dirigido a todos os setores de investigação criminal e não criminal do órgão, contendo a recomendação para que procuradores tenham como foco e busquem a responsabilização pessoal de funcionários e executivos por delitos corporativos, não obstante as multas elevadas que têm sido aplicadas nos EUA, como resultado de acordos de leniência e colaborações premiadas com as empresas envolvidas nas investigações.

O Memorando Yates, portanto, é um documento que materializa a revisão das práticas adotadas pelo DOJ e difundidas ao longo das

---

[9] CASANOVAS YSLA, Alberto. *Legal compliance:* principios de cumplimiento generalmente aceptados. Madrid: Difusion Juridica, 2012, p. 33.

últimas décadas; sinaliza uma virada de foco nas investigações criminais e civis promovidas pelo órgão.

As recomendações do Memorando afetam diretamente empresas e executivos brasileiros, cujas companhias atuem nos Estados Unidos e estejam inscritas na Bolsa de Valores de NY ou que, por qualquer outro motivo, tal qual a realização de transações financeiras com bancos americanos, estejam sujeitas às disposições do *Foreign Corrupt Practices Act* (FCPA).

Assim, tanto normas *nacionais* como diplomas e orientações *internacionais* são o marco sobre o qual se erige uma política de integridade eficiente.

6 Tendências jurisprudenciais

O desenvolvimento de um sistema adequado de *integridade na seara criminal* deve levar em consideração os institutos dogmáticos e as construções jurisprudenciais contemporâneas.

A recente adoção, pelos Tribunais brasileiros, de institutos jurídicos do direito *anglo-saxão*, como a *cegueira deliberada*, e as linhas mais amplas e abrangentes de responsabilização desenvolvidas pela jurisprudência – em especial após o julgamento da Ação Penal 470[10] – têm impacto direto na elaboração de sistemas e políticas de *criminal compliance*.

i) Cegueira deliberada

A maior parte dos crimes econômicos exige o *dolo*, ou seja, que o agente *conheça* as circunstâncias do crime e tenha *vontade* de consumá-lo.

Cegueira deliberada (wilfull blindness) é um instituto dogmático desenvolvido nos Estados Unidos da América pelo qual se reconhece o *dolo* não apenas nas hipóteses em que o agente *tem ciência* (dolo direto) de que com a sua conduta contribui para o crime, mas também nos casos em que *cria conscientemente uma barreira institucional*, com o objetivo de *desconhecer* que seu comportamento colabora com a prática do delito.[11]

Por ocasião do julgamento da já citada Ação Penal 470, o Ministro Celso de Mello chegou a admitir expressamente a adoção da *cegueira deliberada* no crime de lavagem de dinheiro, como indica *Informativo do STF:*

---

[10] Embora o acórdão não tenha sido publicado até o momento da entrega do presente estudo, os contornos principais das decisões são conhecidos, seja pelos Informativos do STF, seja pela publicidade das sessões com transmissão ao vivo pela televisão.

[11] Para uma visão detalhada do instituto, BLANCO CORDERO, *El delito de blanqueo de capitales*. 3. ed., Cap. VII, 3.3; PRADO, *Dos crimes:* aspectos subjetivos, p. 237 e MORO. *Crime de lavagem de dinheiro*, p. 69.

Ato contínuo, o decano da Corte, Min. Celso de Mello admitiu a possibilidade de configuração do crime de lavagem de valores mediante dolo eventual, com apoio na teoria da cegueira deliberada, em que o agente fingiria não perceber determinada situação de ilicitude para, a partir daí, alcançar a vantagem pretendida.[12]

Da mesma forma, outros tribunais têm adotado a teoria da cegueira deliberada[13]

Ainda que tal teoria não seja admitida de forma *pacífica* e existam sérias críticas doutrinárias à sua utilização no direito brasileiro – por nós compartilhadas – sua aceitação parcial cria *riscos* para executivos e empresas que não adotem *políticas de integridade* que lhes permitam conhecer eventuais desvios ou más condutas.

Para evitar a responsabilidade penal nesses casos, a *política de compliance* deve incorporar: (i) *postura de prevenção,* de forma que qualquer *suspeita* sobre a atividade, operação ou cliente resulte na não realização do negócio, na comunicação às autoridades da operação ou, ao menos, na conservação de registro dos *motivos* que determinaram a realização do negócio e sua não comunicação e dos *pareceres* que fundamentaram tal decisão; (ii) *medidas de alerta seletivo,* consistentes na comunicação – pelo responsável pela operação – ao seu superior hierárquico, de atos suspeitos.[14]

Ademais, para evitar a imputação de *criação de barreiras de conhecimento* na estruturação dos setores da empresa/instituição, é recomendável a estruturação de um sistema funcional de apuração de infrações disciplinares, que facilite denúncias ou suspeitas por parte de empregados ou mesmo do público externo.

ii) *Ampliação dos institutos de autoria e participação*

Outro ponto que merece destaque é a ampliação do conceito de *autoria e participação delitiva* e seus desdobramentos para uma adequada formulação de políticas de prevenção dentro das instituições financeiras.

Há tempos, a doutrina penal tem desenvolvido teorias e propostas de ampliação da responsabilidade penal para caracterizar como *autor*

---

[12] Informativo 684, sem grifos.

[13] TRF4, ACR nº 2003.70.00.056661-8, Sétima Turma, Relator Márcio Antônio Rocha, D.E. 12.08.2010; TJMS, 29858 MS nº 2007.029858-9, Relator: Des. Claudionor Miguel Abss Duarte, Data de Julgamento: 18.02.2009, Seção Criminal.

[14] Ver BUJAN-PEREZ, Carlos Martinez. *Derecho penal económico y de la empresa*. Parte general. Valencia: Tirant lo Blanch, 2007, p. 208. Também previstas pelo "*Compliance Function at Market Intermediaries*", Apendice A, abril de 2005, publicado pela *International Organization of Securities Comissions (IOSCO).*

o agente que não *executa* diretamente o ato criminoso, mas comanda ou coordena outros que o façam (*autores de escritório).*

Nesse contexto, as teorias *formais de autoria,* que caracterizavam o *autor* do delito como aquele que *executava diretamente* a ação descrita no verbo penal, foram superadas e substituídas por *teorias materiais de autoria* – como a teoria do *domínio do fato* – ou por propostas de ampliação da *autoria mediata* através da ideia de *aparatos organizados de poder*[15] – permitem classificar como *autor* o chefe de organizações criminosas estruturadas hierarquicamente.

Da mesma forma que o conceito de autoria, outros institutos dogmáticos foram *alargados* diante de uma política criminal que busca inibir a prática de crimes econômico-financeiros, como o *nexo de causalidade,* a *culpabilidade* e as fronteiras do *crime omissivo impróprio.* Em relação ao último, algumas considerações são pertinentes.

Em regra, os *crimes econômicos* (ambientais, financeiros, de consumo, etc.) são *comissivos,* representam um *ato positivo* do agente, de forma que não cabe falar em *omissão própria* nos crimes em comento. No entanto, o delito pode ser praticado por *omissão imprópria,* nos termos do art. 13, §2º, do CP. Basta, para isso, que o agente tenha o *dever de impedir o resultado* – o *dever de garante* –, *capacidade* de fazê-lo, e não evite sua ocorrência.[16]

Assim, se considerarmos que o dirigente da instituição financeira tem o *dever legal* ou *assumiu a responsabilidade* ou *o risco* de produzir o resultado, é possível sua responsabilização criminal, mesmo que por *omissão,* ou seja, mesmo que não tenha contribuído *ativamente* para o crime. Nessa linha, busca-se responsabilizar o diretor da instituição pela omissão diante do *dever* decorrente das *competências fixadas de organização empresarial.*[17]

Para evitar a responsabilidade por omissão imprópria, recomenda-se a fixação clara de *atribuições de poder e tarefas,* estabelecendo

---

15 ROXIN, Claus. *Autoría y dominio del hecho en derecho penal.* Madrid: Marcial Pons, 2000, p. 269.

16 BITTENCOURT, Cezar Roberto. *Tratado de Direito Penal.* v. 1. 16. ed. São Paulo: Saraiva, 2011, p. 281.

17 BUJAN-PEREZ, Carlos Martinez. Derecho penal económico y de la empresa. Parte general. Valencia: Tirant lo Blanch, 2007, p. 205. Para uma análise mais pormenorizada, ver: ROTSCH, Thomas. *Criminal compliance. Zeitschrift ür Internationale Strafrechtsdogmatik.* Kiel, 2010/10, p.617, 2010. Ainda, SILVEIRA, Renato M. J.; SAAD-DINIZ, Eduardo. Noção penal dos programas de compliance e as instituições financeiras na "nova Lei de Lavagem": Lei nº 12.683/2012. *Revista de Direito Bancário,* n. 57, jul./set. 2012, p. 312; CARO-JOHN, José Antonio. Delito de infraccion de deber: fundamentos y significado. In: POLAINO-ORTS, Miguel. *Derecho penal funcionalista.* Azcapotzalco Flores, 2009, p. 237. Também BIANCHI, Eliza. Criminal compliance sob a ótica do estudo do risco. Disponível em: <http://jus.com.br/revista/texto/18901/criminal-compliance-sob-a-otica-do-estudo-do-risco>.

expressamente o *dever de garantia* de cada agente de acordo com a *responsabilidade assumida* estatutariamente (CP, art. 13, §2º, "b").

iii) Da relativização do sigilo bancário

Ao longo do tempo, os Tribunais construíram um entendimento – em muitos aspectos, questionável – de progressiva *relativização* dos sigilos bancários e fiscais, em especial em relação ao COAF, que merece ser observado para fins de *prevenção* e de construção de políticas de relacionamento institucional.

Nesse sentido, merece destaque o julgamento pelo STF da ADI nº 2.859/DF (*DJe* 21.10.2016). Antes da edição da Lei Complementar nº 105/01, o COAF não tinha poder de acessar informações bancárias e fiscais. Recebia das instituições financeiras e demais entidades dos setores sensíveis apenas um registro da operação considerada atípica (identificação das partes e valores totais). Para produzir seus RIFs (Relatórios de Inteligência Financeira), tinha de requerer judicialmente a quebra de sigilo fiscal e bancário dos envolvidos.

Com a entrada em vigor da Lei Complementar nº 105/01, o COAF passou a ter acesso direto às informações financeiras das operações suspeitas a ele reportadas (art. 2º §6º), podendo conciliá-las com informações recebidas de outros bancos, ou dos demais setores sensíveis. A ADI nº 2.859 decidiu pela constitucionalidade desse acesso e do compartilhamento das informações sigilosas no âmbito da Administração Pública.

Uma vez inoponíveis ao COAF os direitos ao sigilo fiscal e bancário, a assertividade e a qualidade dos RIFs produzidos cresceram, possibilitando às autoridades acesso a informações mais elaboradas.

Nesse cenário, outra questão foi colocada à Justiça Criminal brasileira: se o relatório do COAF seria ou não elemento indiciário suficiente para embasar medidas cautelares como quebra de sigilo fiscal e bancário, interceptações telefônicas e telemáticas, buscas e apreensões.

Em 2011, no julgamento do HC nº 191.378/DF (Rel. Min. Sebastião Reis Júnior), a 6ª Turma do STJ decidiu não ser admissível o deferimento de quebra de sigilo bancário, fiscal, telefônico e telemático com base em relatório recebido do COAF. O entendimento que se formou na ocasião foi no sentido de ser necessária a instauração de inquérito policial e a realização de outras diligências, para buscar previamente outros meios de prova.

Todavia, em 2017, no julgamento do HC nº 349.945/PE (Rel. Min. Rogério Schietti Cruz), a 6ª Turma mudou seu posicionamento e reconheceu a legalidade de quebra de sigilo fiscal e bancário com base, exclusivamente, nas informações recebidas do COAF. Manteve apenas o posicionamento de que a quebra de sigilo telefônico e telemático exige outros elementos prévios de prova. E legitimou as medidas de busca e apreensão deferidas como consequência das quebras de sigilo bancário, fiscal, telefônico e telemático anteriormente autorizadas.

Por isso, qualquer política de *prevenção* e *integridade* deve levar em consideração o grau de sigilo dos documentos internos para fins de construir políticas de relacionamento institucional adequadas e racionais.

iv) Tendências internacionais

Ainda no campo da jurisprudência, assim como no *marco legal,* importa acompanhar *tendências internacionais,* em especial nos países que colaboram com o Brasil em investigações e compartilhamento de provas.

Como exemplo, pode-se apresentar o recente aumento de severidade da atuação da Justiça Criminal na Suíça, no que diz respeito às deficiências na estrutura de *compliance* dos bancos.

Há atualmente naquele país mais de 60 processos criminais em curso envolvendo funcionários de 25 instituições financeiras que tiveram como clientes, empresários e funcionários públicos envolvidos na Operação Lava Jato.

No final de 2017 foi proferida a primeira condenação (em 2ª Instância) do diretor de *compliance* de um banco, por ter sido negligente, deixando de comunicar à agência de inteligência financeira operações financeiras envolvendo a conta de ex-funcionário da Petrobras.[18]

Muito embora o executivo tenha sido condenado a uma sanção pecuniária, considerada leve (15 mil francos suíços), a decisão foi entendida no país como um recado de que a Justiça Criminal vai aprofundar os casos em investigação e buscar a responsabilização pessoal dos intermediários financeiros, seja por não terem sido diligentes quanto à origem dos recursos de seus clientes, seja por não terem feito as comunicações de operações suspeitas, conforme determinação legal.

Ao mesmo tempo, a Procuradoria Suíça está buscando a condenação criminal também das instituições financeiras, usando, como precedente, decisão proferida em relação à Alston, muito embora, em princípio, segundo as regras do país, apenas os funcionários dos bancos possam ser responsabilizados como coautores ou partícipes dos crimes de lavagem de dinheiro eventualmente praticados por seus clientes.

---

[18] <http://politica.estadao.com.br/noticias/geral,pela-1-vez-suica-condena-banqueiro-por-papel-na-lava-jato,70002149464>. <http://epocanegocios.globo.com/Empresa/noticia/2016/10/epoca-negocios-lava-jato-na-suica-investiga-25-bancos.html>.

7 Conclusão

Pelo exposto, uma política de *criminal compliance* eficaz dependerá da implementação de regras e procedimentos com sofisticação proporcional ao tamanho da empresa, e sempre deverá levar em conta as normas específicas para o ramo de atividades desenvolvidas – que definem o âmbito do *risco permitido* – e a interpretação jurisprudencial e administrativa de tais regras, que revelam o sentimento dos julgadores a respeito da extensão e aplicabilidade de cada preceito.

Com isso, preserva-se a *imagem* da instituição, evita-se seu envolvimento com práticas delitivas e limita-se a responsabilidade penal àqueles funcionários e executivos que efetivamente contribuíram para o ilícito, garantindo aos demais integrantes da pessoa jurídica a segurança de que, uma vez cumpridas as normas de cuidado instituídas, não haverá qualquer risco em sua atividade.

Referências

ABEL SOUTO, Miguel. *El blanqueo de dinero en la normativa internacional:* especial referencia a los aspectos penales. Santiago de Compostela: Universidad de Santiago de Compostela, 2002.

BACIGALUPO, Enrique. *Compliance y derecho penal.* Buenos Aires: Hannurabi, 2012.

BADARÓ, Gustavo Henrique Righi Ivahy; BOTTINI, Pierpaolo Cruz. *Lavagem de dinheiro:* aspectos penais e processuais penais: comentários à lei 9.613/1998 com as alterações da Lei 12.683/2012. São Paulo: Revista dos Tribunais, 2012.

BARROS, Marco Antonio de. *Lavagem de capitais e obrigações civis correlatas.* São Paulo: Revista dos Tribunais, 2007.

BASSIOUNI, M. Cherif. Mecanismos internacionales de control de las ganancias procedentes de actividades ilícitas. *Revista de Derecho Penal y Criminología*, n. 6, p. 53-136, 1996.

BIANCHI, Eliza, *Criminal compliance sob a ótica do estudo do risco.* Disponível em: <http://jus.com.br/revista/texto/18901/criminal-*compliance*-sob-a-otica-do-estudo-do-risco>.

BITTENCOURT, Cezar Roberto. *Tratado de Direito Penal.* 16. ed. São Paulo: Saraiva, 2011. v. 1.

BLANCO CORDERO, Isidoro. Eficacia del sistema de prevención del blanqueo de capitales. Eguzkilore. *Cuaderno del Instituto Vasco de Criminologia.* San Sebastian, n. 23, p. 117-138, 2009.

BLANCO CORDERO, Isidoro. *El delito de blanqueo de capitales.* 3. ed. Cizur Menor: Thomson, 2012.

BLAU, Charles W. *The United States Bank secrecy Act*: a federal tool in the prosecution of financial crimes. Tokyo, 1984.

BLAU, Charles W. *The right to financial privacy and the criminal referral process*: a conflict in terms and purpose of the money laundering statutes. University Press, 2004.

BONFIM, Edilson Mougenot; BONFIM, Marcia Monassi Mougenot. *Lavagem de dinheiro*. São Paulo: Malheiros, 2008.

BUJAN-PEREZ, Carlos Martinez. *Derecho penal económico y de la empresa*: parte general, Valencia: Tirant lo Blanch, 2007.

BUONICORE, Bruno Tadeu. Criminal *compliance* como gestão de riscos empresariais. In: *Boletim IBCCRIM* 234, maio 2012.

CABETTE, Eduardo Luiz Santos; NAHUR, Marcius Tadeu Maciel. *Criminal compliance e ética empresarial*. Porto Alegre: Nuria Fabris, 2013.

CANDELORO, Ana Paula P., RIZZO, Maria Balbina Martins de, PINHO, Vinicius. *Compliance 360º*. São Paulo: Trevisan, 2012.

CALLEGARI, André Luís. *Lavagem de dinheiro:* aspectos penais da Lei nº. 9.613/98. Porto Alegre: Livraria do Advogado, 2008.

CARO-JOHN, José Antonio. Delito de infraccion de deber: fundamentos y significado. In: POLAINO-ORTS, Miguel. *Derecho penal funcionalista*. Azcapotzalco Flores, 2009.

CASANOVAS YSLA, Alberto. *Legal compliance*: principios de cumplimiento generalmente aceptados. Madrid: Difusion Juridica, 2012.

COIMBRA, Marcelo de Aguiar; MANZI, Vanessa Alessi. *Manual de compliance*. São Paulo: Atlas, 2010.

DE CARLI, Carla Veríssimo. *Lavagem de dinheiro*: ideologia da criminalização e análise do discurso. 2. ed. Porto Alegre: Verbo Jurídico, 2012.

DELMANTO, Roberto; DELMANTO JÚNIOR, Roberto; DELMANTO, Fábio Machado de Almeida. *Leis penais especiais comentadas*. Rio de Janeiro: Renovar. 2006.

DUFFY; HEDGES: Money laundering statutes: the business executive's conundrum. *International Trade Issue*, 1991.

FURTADO, Regina Helena. A importância do *compliance* no novo direito penal espanhol. *Boletim IBCCRIM*, n. 235, p. 11-12, jun. 2012.

HIRSCH, Moshe. *Compliance* with International Norms: the Impact of International Law on International Cooperation. *Revista InDret*, n. 3, 2010.

LEITE, Alaor. *Dúvida e erro sobre a proibição no direito penal*: a atuação nos limites entre o permitido e o proibido. São Paulo: Atlas, 2013.

MADRUGA, Antenor. *Novo guia para um programa de compliance eficiente*. Disponível em: <http://www.conjur.com.br/2012-nov-22/cooperacao-internacional-guia-programa-*compliance*-eficiente>.

MAIA, Rodolfo Tigre Maia. *Lavagem de dinheiro*: lavagem de ativos provenientes de crime: anotações às disposições criminais da Lei 9.613/98. 2. ed. São Paulo: Malheiros, 2004.

MANZI, Vanessa Alessi. *Manual de compliance*. São Paulo: Atlas, 2010.

MORO, Sergio Fernando. *Crime de lavagem de dinheiro*. São Paulo: Saraiva, 2010.

PAZ-ARES, Candido. El gobierno corporativo como estrategia de creación de valor. *Revista de Derecho Mercantil*, n. 251, 2004.

OLIVEIRA, William Terra de. A criminalização da lavagem de dinheiro: aspectos penais da Lei 9.613/98. *Revista Brasileira de Ciências Criminais*, a. 6, n. 23, 1998.

PELLEGRINA, Lucia Dalla; MASCIANDARO, Donato. The risk vased approach in the new european anti-money laundering legislation: a law and economics view. Disponível em: <http://papers.ssrn.com/sol3/papers.cfm?abstract_id=1182245>.

PITOMBO, Antônio Sérgio A. de Moraes. *Lavagem de dinheiro*: a tipicidade do crime antecedente. São Paulo: Revista dos Tribunais, 2003.

RAGUÉS I VALLÈS, Ramon. *La ignorância deliberada en derecho penal.* Barcelona: Atelier Libros Jurídicos, 2007.

REALE JÚNIOR, Miguel. Figura típica e objeto material do crime de "lavagem de dinheiro". In: ANDRADE, Manuel da Costa de; ANTUNES, Maria João; SOUSA, Susana Aires de (Org.). *Estudos em homenagem ao Prof. Doutor Jorge de Figueiredo Dias.* Coimbra: Coimbra, 2010. v. III, p. 559-576.

RIZZO, Maria Balbina. *Prevenção à lavagem de dinheiro nas instituições do mercado financeiro.* São Paulo: Trevisan, 2013.

ROSA, Mario. *Como lidar com crises de imagem.* 3. ed. São Paulo: Gente, 2001.

ROTSCH, Thomas. Criminal *compliance. Revista InDret,* n. 1, 2012.

ROTSCH, Thomas. *Criminal compliance. Zeitschrift ür Internationale Strafrechtsdogmatik.* Kiel, 2010.

ROXIN, Claus. *Derecho penal: parte general.* Tomo I. Madrid: Editorial Civitas, 1997.

ROXIN, Claus. *Autoría y domínio del hecho en derecho penal.* Madrid: Marcial Pons, 2000.

SAAVEDRE, Giovani A. Reflexões iniciais sobre criminal *compliance. Boletim IBCCRIM* 218, jan. 2011.

SANCTIS, Fausto Matin de. *Crime organizado e destinação de bens apreendidos:* lavagem de dinheiro, delação premiada e responsabilidade social. São Paulo: Saraiva, 2009.

SANCTIS, Fausto Matin de. *Combate à lavagem de dinheiro*: teoria e prática. Campinas: Millenium Editora, 2008.

SHECAIRA, Sérgio Salomão; ANDRADE, Luiz Bueno de. *Compliance* e direito penal. *Boletim IBCCRIM* 222, maio 2011.

SIEBER, Ulrich. *Programas de Compliance no Direito penal empresarial*: um novo conceito para o controle da criminalidade econômica. Trad. Eduardo *Saad-Diniz.* Mimeo, 2012.

SILVA SANCHEZ, Jesús-Maria; MONTANER FERNÁNDEZ, Raquel. *Criminalidad de empresa y compliance.* Barcelona: Atelier, 2013

SILVEIRA, Renato M. J.; SAAD-DINIZ, Eduardo. Noção penal dos programas de *compliance* e as instituições financeiras na "nova Lei de Lavagem": Lei 12.683/2012. *Revista de Direito Bancário,* n. 57, jul./set. 2012.

SCHÜNEMANN, Bernd. Cuestiones básicas de dogmática jurídico-penal y de política criminal acerca de la criminalidad de empresas. In: *Anuário de derecho penal y ciências penales,* XLI, fasc. II.

VILARDI, Celso Sanchez. O crime de lavagem de dinheiro e o início de sua execução. *Revista Brasileira de Ciências Criminais,* n. 47, v. 12, 2004.

WELZEL, Hans. *Derecho penal alemán*: parte general. 11. ed. Trad. Juan Bustos Ramirez e Sergio Yañez Pérez. Santiago: Jurídica de Chile, 1993.

WELLNER, Philip. Effective *compliance* programs and corporate criminal prosecutions. *Cardozo Law Review*, New York, v. 7-1, p. 499, out. 2005.

ZAGARIS, Bruce. Money laundering: an international control problem. *International Handbook on Drug Control*. Westport, 1992.

Informação bibliográfica deste texto, conforme a NBR 6023:2002 da Associação Brasileira de Normas Técnicas (ABNT):

BOTTINI, Pierpaolo Cruz; RIZZO, Beatriz Dias; ROCHA, Marcela. Algumas linhas sobre *compliance* criminal. In: CUEVA, Ricardo Villas Bôas; FRAZÃO, Ana (Coord.). *Compliance*: perspectivas e desafios dos programas de conformidade. Belo Horizonte: Fórum, 2018. p. 381-398. ISBN 978-85-450-0564-3.

O *COMPLIANCE* E A COOPERAÇÃO NO PROCESSO ADMINISTRATIVO DE LICENCIAMENTO AMBIENTAL[1]

MAGNO FEDERICI GOMES,
WARLEY RIBEIRO OLIVEIRA

Introdução

O Brasil, utilizando-se de princípios oriundos do Direito Administrativo holandês, tem buscado efetuar a gestão administrativa ambiental. Em contramão a esta iniciativa pública brasileira, o mundo tem presenciado reiterados casos de corrupção, o que antes era algo privativo do setor político, agora está sendo observado em todos os ramos do Poder Público, desde a gestão administrativa até o futebol.

A Organização das Nações Unidas (ONU), inclusive, trata desse assunto em um dos seus Objetivos de Desenvolvimento Sustentável (ODS). A sociedade mundial tem presenciado atos de corrupção e falta de boa governança em toda a sua gestão, não sendo algo exclusivo do Poder Público ou privado, sendo necessária uma implantação imediata de pressupostos éticos de boa governança.

O Direito Ambiental não tem sido diferente. Os licenciamentos ambientais brasileiros necessitam de intervenção de gestão baseada na governança corporativa, com institutos basilares como equidade, *compliance*, *accountability* e responsabilidade corporativa.

1 Trabalho financiado pelo Projeto FAPEMIG nº 5236-15, resultante dos Grupos de Pesquisas (CNPQ): Regulação Ambiental da Atividade Econômica Sustentável (REGA), NEGESP e CEDIS (FCT-PT).

Quando se trata de Direito Ambiental, por mais que o Brasil possua instrumentos de controle, como auditorias ambientais, licenciamentos técnicos e certificações, tais meios não geram uma segurança a sociedade.

Dessa forma, o problema que se pretende responder é se o modelo administrativo holandês serve como paradigma para o licenciamento ambiental brasileiro na atualidade.

Com isso, o objetivo deste estudo é demonstrar se os princípios da boa governança, baseados na cooperação, no *compliance* e na transparência estão sendo realmente aplicados no Direito Administrativo Ambiental brasileiro, quando se trata de licenciamento ambiental.

Utilizou-se no trabalho a metodologia teórico-documental, com técnica dedutiva e consulta a fontes bibliográficas, tendo como marco teórico a obra de Niebuhr (2014).

Apresenta-se neste artigo a sociedade de risco, bem como o ODS da ONU, que visa à redução da desigualdade social, com ênfase na boa governança e na transparência. Posteriormente, discorre-se sobre o Direito Administrativo holandês e sua relação com o princípio da cooperação no Direito Administrativo brasileiro, passando a analisar a corrupção no país, com dados estatísticos. Por fim, estuda a aplicação efetiva do princípio da cooperação no licenciamento ambiental, inclusive nos instrumentos de licença técnica, auditoria ambiental, *compliance* e na transparência.

1 A sociedade de risco

Com o passar dos tempos, a sociedade se desenvolveu e superou inúmeros obstáculos, cada qual atrelado a uma determinada época. Sem embargo, a atuação do homem sobre o meio ambiente foi se intensificando, decorrente do aumento da população e da evolução tecnológica.

Na lição de Beck (2011, p. 09), a sociedade, no século XIX, objetivou controlar a natureza. Por sua vez, após a consecução de tal pretensão, passou a explorá-la de maneira exagerada, isso ao final do século XX.

Como resultado, surgiu um cenário de abundância material de setores da população, sem prejuízo da pauperização da civilização pós-moderna, em flagrante injustiça socioambiental.[2] Esse fenômeno de

[2] Conforme Acselrad, Mello e Bezerra (2009, p. 21), que mencionam: "procurou-se tornar evidente que as forças de mercado e práticas discriminatórias das agencias governamentais concorriam de forma articulada para a produção de desigualdades ambientais". Tais autores

transformação da sociedade clássica em "sociedade de risco", também denominada sociedade industrial, foi colocado em xeque por Beck:

> Se hoje for comprovado de forma social vinculante que o formaldeído, DDT etc., nas suas concentrações em que essas substâncias químicas são encontradas nos objetos de uso cotidiano e nos alimentos, têm efeitos danosos à saúde, essa constatação seria equivalente a uma catástrofe, pois elas estão presentes em toda parte. Isto torna claro que, o potencial de ameaça das forças produtivas a margem de manobra para a pesquisa científica torna-se cada vez mais estreita. Hoje em dia, admitir que se cometeu um erro na estipulação de tetos para a tolerância de pesticidas – o que, no fundo, é o que normalmente acontece na ciência –, equivale ao desencadeamento de uma catástrofe política (ou econômica), devendo por isso mesmo ser evitada. (BECK, 2011, p. 65)

A sociedade de risco acaba por postergar as ameaças por ela mesma produzidas, publicizando degradações ambientais que geram maior comoção social. Assim, os riscos tornam-se fatos públicos e notórios, passando a ser entendidos como fatores políticos. Dessa maneira:

> [...] o que conta decisivamente em favor disso é uma sintomática e simbólica 'superação' do risco. Os riscos precisam aumentar com sua superação. Na verdade não devem ser superados em suas causas, em suas fontes. Tudo acontece no âmbito da cosmética do risco: embalagem, mitigações sintomáticas da poluição, instalação de filtros purificadores ao mesmo tempo em que se mantêm as fontes poluidoras. Ou seja, nada preventivo, mas apenas uma indústria e uma política simbólicas de superação da multiplicação dos riscos. (BECK, 2011, p. 68)[3]

Nesse ínterim, a sociedade industrial se situa sobre os riscos por ela gerados, produzindo desequilíbrios social, econômico e político, sem se perguntar as vantagens dessa suposta evolução pela qual passou. Conforme Beck:

> As ciências, portanto, da maneira como estão constituídas – em sua ultraespecializada divisão do trabalho, em sua compreensão de métodos e teorias, em sua heterônoma abstinência da práxis –, não estão em

---

(2009, p. 47) apresentaram pesquisas do Brasil que buscam demonstrar a coincidência entre degradação ambiental e locais de população de baixa renda.

3 Em análise à teoria de Beck (2011), explicitou-se que "os riscos são cientificados e ao mesmo tempo são comercializados. Se a fome pode ser superada em boa parte do mundo, mas não nele todo, os riscos se tornam um novo produto, um 'saco sem fundo', que não pode ser exaurido e nem aplacado" (GOMES; MESQUITA, 2016, p. 18).

> condições de reagir adequadamente aos riscos civilizacionais, de vez que têm destacado envolvimento em seu surgimento e expansão. (BECK, 2011, p. 71)

Nesse contexto surge a profissionalização sistêmica em atividades específicas, "mas ninguém é competente para lidar com os riscos da modernização" (BECK, 2011, p. 74). De modo que a "trapaça científica" e a corrupção aparecem como formas de se sobrepor a racionalidade social na avaliação dos riscos. Assim:

> O reverso da natureza socializada é a socialização dos danos à natureza, sua transformação em ameaças sociais, econômicas e políticas sistêmicas da sociedade mundial altamente industrializada. Na globalidade da contaminação e nas cadeias mundiais de alimentos e produtos, as ameaças à vida na cultura industrial passam por metamorfoses sociais do perigo: regras da vida cotidiana são viradas de cabeça para baixo. Mercados colapsam. Prevalece a carência em meio à abundância. Caudais e demandas são desencadeados. Sistemas jurídicos não dão conta das situações e fatos. As questões mais prementes causam desdém. Cuidados médicos falham. Edifícios de racionalidade científica ruem. Governos tombam. Eleitores indecisos fogem. E tudo isso sem que a suscetibilidade das pessoas tenha qualquer coisa que ver com suas ações, ou suas ofensas com suas realizações e ao mesmo tempo em que a realidade segue inalterada diante e nossos sentidos. (BECK, 2011, p. 10)

Assim, alguns perigos atuais são conhecidos e, ressalvada a corrupção na Administração Pública, podem ser facilmente controlados. Todavia, existem riscos não dedutíveis, isto é, que não são de conhecimento geral. Esses últimos não serão objeto deste trabalho, pois envolvem o estudo da precaução ambiental.[4]

2 Do objetivo do desenvolvimento sustentável

Um dos pilares da gestão nas instituições privadas é o lucro, sempre moldado, em tese, pelo instituto da boa fé contratual, regido pelo Código Civil brasileiro (CC/2002). Este pilar, é claro, visa aumentar integração, competitividade e a rentabilidade do setor, já que o maior objetivo dessas instituições é alcançar patamares econômicos cada vez melhores.

---

[4] Para aprofundamentos, ver: GOMES; MESQUITA, 2016, p. 16-33.

No setor privado, em sua grande maioria, a intervenção do Poder Público é mínima, sem a necessidade de observância dos planos e projetos governamentais que não alcançam determinados setores. Consequentemente, o capitalismo e a busca pelo desenvolvimento econômico desenfreado imperam de tal forma que levam a práticas ilícitas e imorais, como fraudes, corrupção e suborno.

Com o discurso de implantação de desenvolvimento econômico, muitas empresas e instituições cometem atos reprováveis pela sociedade, sem a observância a princípios éticos e morais. Popularmente, o conceito de desenvolvimento econômico é aplicado de maneira equivocada na esfera mercantil brasileira. O desenvolvimento econômico não pode ser implantado de forma isolada. Sua implementação deve ser analisada sob a ótica do tripé: econômico; social e sustentável. Assim, discorrem Both e Fischer:

> A eficiência econômica é pré-requisito para a melhoria da qualidade de vida da população e preservação do meio ambiente. Do contrário, surgirão falsas alternativas, como um livre comércio, que continuarão a degradar a qualidade de vida do Planeta, sem a preocupação com coleta de resíduos, lixo orgânico, gastos desnecessários com energia ou desperdício de água e demais recursos naturais. (BOTH; FICHER, 2017. p. 50)[5]

Em contraponto com o que ocorre no setor privado, o setor público busca a prestação de serviços essenciais para a harmonia de convivência em sociedade, baseada nos princípios da Administração Pública tutelados, não de forma exclusiva, no art. 37 da Constituição da República de 1988 (CR/1988).[6] São eles a "legalidade, impessoalidade, moralidade, publicidade e eficiência" (BRASIL, 1988).

Como já explicitado no parágrafo anterior, a gestão pública não está pautada somente nos princípios elencados no art. 37 da CR/1988,

---

[5] Note-se que o instituto da sustentabilidade é multidimensional e ultrapassou a ideia das dimensões ambiental e econômica. Assim, "é consensual que deve haver inter-relações entre as dimensões e que indicadores que ficam restritos a apenas uma dimensão não refletem a sustentabilidade" (FROEHLICH, 2014, p. 165). Todas as dimensões devem coexistir entre si (BIZAWU; GOMES, 2016, p. 18-21), sem qualquer preponderância. A partir daí, a dimensão jurídico-política da sustentabilidade pugna pela implementação dos direitos fundamentais, entre os quais constam os direitos à boa Administração Pública, à democracia e à informação, todos contrários à corrupção endêmica. Para aprofundamentos, ver: GOMES; FERREIRA, 2017, p. 93-111.

[6] Art. 37 da CR/1988. "A Administração Pública direta e indireta de qualquer dos Poderes da União, dos Estados, do Distrito Federal e dos Municípios obedecerá aos princípios de legalidade, impessoalidade, moralidade, publicidade e eficiência e, também, ao seguinte [...]" (BRASIL, 1988).

devendo ser aplicada em sua gestão os princípios da governança corporativa: transparência, equidade, *accountability*, responsabilidade corporativa e sustentabilidade. Nesse sentido:

> The long-term nature and impact of many of the public sector's responsibilities mean that it should define and plan outcomes and that these should be sustainable. The governing body should ensure that its decisions further the entity's purpose, contribute to intended benefits and outcomes, and remain within the limits of authority and resources. Input from all groups of stakeholders, including citizens, service users, and institutional stakeholders, is vital to the success of this process and in balancing competing demands when determining priorities for the finite resources available. (INTERNATIONAL FEDERATION OF ACCOUNTANTS, 2014, p. 13)

Os princípios basilares da governança corporativa trazem à luz atos procedimentais obscuros, gerando uma confiabilidade por parte do tomador do serviço, que no caso da Administração Pública é a própria sociedade. São prestadas contas dos atos e procedimentos públicos (*accountability*), além de fazer com que o agente se sinta responsável por todo o processo administrativo, trazendo uma satisfação profissional ao setor estatal. Assim conceituam-se tais princípios:

> *Opennes* (Transparência): é requerido para assegurar que as partes interessadas (sociedade) possam ter confiança no processo de tomada de decisão e nas ações das entidades do setor público, na sua gestão e nas pessoas que nela trabalham; *Integrity* (Integridade): compreende procedimentos honestos e perfeitos. É baseada na honestidade, objetividade, normas de propriedade, probidade na administração dos recursos públicos e na gestão da instituição; *Accountability* (responsabilidade de prestar contas): as entidades do setor público e seus indivíduos são responsáveis por suas decisões e ações, incluindo a administração dos recursos públicos e todos os aspectos de desempenho e, submetendo-se ao escrutínio externo apropriado. (PEREIRA, 2010, p. 118)

Em concordância com esse entendimento, e na busca de um desenvolvimento pautado na base econômica, social e ambiental, a ONU criou os ODS. Eles são pautados na necessidade da população mundial, abordando desde a pobreza e paz mundial, até a redução da corrupção e a implantação dos institutos da governança no setor público, como se pode perceber no pronunciamento de Helen Clark: "os novos Objetivos de Desenvolvimento Sustentável orientarão o desenvolvimento para os próximos quinze anos, oferecendo uma oportunidade de atender aspirações globais dos cidadãos para um futuro mais pacífico, próspero e sustentável" (PNUD, 2015).

Com adesão de 193 países, os 17 ODS foram subdivididos em 169 metas. No ODS nº 16, fala-se em promover sociedades pacíficas e inclusivas para o desenvolvimento sustentável, proporcionar o acesso à jurisdição para todos e construir instituições eficazes, responsáveis e inclusivas em todos os níveis. Trata-se de implantar e fortalecer uma governança global nas instituições, além da redução da corrupção e do suborno em todas as suas formas.

O que só corrobora a preocupação mundial com a gestão pública, usando como alternativa para redução da ineficiência estatal através da implantação dos institutos da governança corporativa, principalmente nas instituições que se relacionam com o setor privado, evitando que seus agentes possam ser corrompidos por ofertas ilícitas.

3 O Direito Administrativo holandês: análise do princípio da cooperação

O Direito Administrativo holandês é utilizado como modelo no Direito Administrativo brasileiro. Naquele país, o Direito Administrativo é pautado pela cooperação, negociação e consensualidade, não somente dos entes privados, como ocorre no Brasil pelo princípio da reciprocidade dos entes federativos, mas sim entre o Poder Público e o setor privado, segundo Niebuhr (2014).

O princípio da cooperação e eficiência no Direito Administrativo holandês pressupõe atos de governança e transparência, trazendo sempre a sociedade para a implantação, fiscalização e coordenação dos atos administrativos ambientais. Veja-se:

> Toma-se por base o modelo holandês: cooperação, negociação e consensualidade entre os atores envolvidos (público e privado) são as bases da política de governança ambiental na Holanda. Como aponta Roger A. GREENWAY, o modelo holandês ("Dutch Model") é uma alternativa à política de comando e controle que reflete justamente a realidade apontada – de que nem sempre o governo sabe a melhor maneira de alcançar objetivos ambientais e que uma solução em concreto adequada para uma indústria pode não ser adequada para outra. (NIEBUHR, 2014, p. 206)

A participação ativa da sociedade deve ser tutelada em todas as normas que regulam os procedimentos, sejam eles administrativos ou judiciais, nas questões de licenciamento ambiental. A sociedade é parte essencial no desenvolvimento dos processos administrativos ambientais e a integração entre a sociedade e o Estado é fator imprescindível para um processo transparente e eficiente. Assim também entende Souza, ao discorrer sobre o princípio da cooperação no Direito Ambiental:

> O princípio da cooperação é de fundamental importância para o Direito Ambiental. Seu enunciado expressa a necessidade de uma ação integrada, dentro de uma visão holística, da comunidade de nações, dos diversos níveis de poder dentro de um país; e, do mesmo modo, de uma ação integrada entre povo e governo, Estados e Municípios. O formato contemporâneo de Estado não prescinde de uma divisão de poder entre povo e governantes; antes, porém, pressupõe verdadeira integração da sociedade com os detentores do poder, para colaborar na formulação, no planejamento e na execução das políticas públicas. (SOUZA, 2016, p. 302)

Por exemplo, as audiências públicas ocorrem apenas no processo de licenciamento ambiental das atividades de grande potencial de degradação ambiental, ou seja, apenas nas atividades em que o órgão público competente define ser uma atividade de potencial degradação ao meio ambiente. Contudo, os critérios para enquadrar as atividades tomam como base o porte e a atividade, com consulta ao anexo constante na Resolução CONAMA nº 237/1997, ainda que seja um rol exemplificativo.

Ainda, pode-se comprovar que, inclusive, no Relatório de Desenvolvimento Humano,[7] emitido pela ONU no ano de 2014, a cooperação da sociedade, integrada com o Estado, é uma das alternativas para a redução da desigualdade social em uma comunidade. Assim discorrem Calgaro e Pereira:

> Existe, porém, a necessidade de combater a vulnerabilidade, principalmente dos grupos sociais mais marginalizados e carentes, reduzindo as desigualdades em todas as dimensões do desenvolvimento humano, permitindo que esses seres humanos possam ter a sua dignidade e respeito garantidos perante uma sociedade globalizada e moderna. Para se reduzirem as desigualdades e a vulnerabilidade social, uma das alternativas seriam políticas públicas sociais no âmbito local, além da cooperação social das populações, dos governos, ou seja, de todos os que compõem a sociedade. (CALGARO; PEREIRA, 2017, p. 283)

Com isso, faz-se necessária cada vez mais a implantação e a efetividade do princípio da cooperação no procedimento de licenciamento ambiental. A sociedade local deve ir além das audiências públicas,

---

[7] A vulnerabilidade ameaça o desenvolvimento humano – e, a menos que seja abordada de forma sistemática, mediante a alteração das políticas e normas sociais, o progresso não será nem equitativo nem sustentável (RDH2014, 2014, internet).

buscando uma participação ativa em todo o processo ambiental,[8] pois ela, cujos membros figuram como afetados,[9] é a real interessada, além de estar diretamente ligada e prejudicada com os impactos ambientais de um empreendimento licenciado. Tal medida visa inclusive a redução da desigualdade local e o desenvolvimento humano de uma comunidade.

4 O licenciamento ambiental

O meio ambiente, nos termos da CR/1988, quando se trata da competência material, possui atribuição comum, isso conforme explicita o art. 23 da CR/1988,[10] não tendo que falar sobre hierarquia entre os entes da Federação, tanto União, Estados, Distrito Federal e Municípios possuem o poder-dever de proteção do meio ambiente sob a ótica *lato senso*.

A esse envolvimento mútuo dos membros federados, com uma participação conjunta e alçada de mesmo nível hierárquico, é dado o nome de cooperação administrativa, no qual a participação da União, dos Estados e do Município na gestão e proteção do meio ambiente é essencial para a tutela dos direitos ambientais.[11]

Ainda que no Brasil a cooperação administrativa avance a passos lentos, a CR/1988 já tutela a participação e a atuação conjunta dos entes federados em matéria de proteção ambiental desde o seu estabelecimento, sem que haja supremacia de poder para um ou para outro. Nesse mesmo sentido, Guerra entende:

> Tratando-se de meio ambiente, pode-se afirmar que a competência é comum em consonância com o teor do Art. 23 da Constituição da República que atribui a todos os entes federativos o dever de proteção do meio ambiente, bem como a preservação da fauna e da flora. Assim, é possível afirmar que todos os entes da federação - União, Estados, Distrito Federal e Municípios – podem atuar em um mesmo nível sem que haja supremacia de um em detrimento de outro. (GUERRA, 2015, p. 161)

---

[8] Em sentido equivalente, GOMES; TEIXEIRA, 2017, p. 128-146.

[9] Art. 9ª da Lei nº 9.784/1999. "São legitimados como interessados no processo administrativo: [...] II - aqueles que, sem terem iniciado o processo, têm direitos ou interesses que possam ser afetados pela decisão a ser adotada; [...]" (BRASIL, 1999).

[10] Art. 23 da CR/1988. "É competência comum da União, dos Estados, do Distrito Federal e dos Municípios: [...] VI - proteger o meio ambiente e combater a poluição em qualquer de suas formas [...]" (BRASIL, 1988).

[11] No mesmo sentido MARIA; GOMES, 2017, p. 306, 313 e 320.

Quando se fala em competência legislativa, a CR/1988 estabelece em seu texto o alcance e as limitações de cada ente; logo, a competência da União na edição de normas gerais e os Estados e Municípios competentes para edição de normas específicas e suplementares. A União deve legislar de forma privativa quando se trata de assuntos de interesse nacional.

Contudo, em 08 de dezembro de 2011, foi aprovada a Lei Complementar (LC) nº 140/2011, que regula a competência comum entre os entes da Federação constantes nos incisos III, IV e VII, do *caput* e parágrafo único do art. 23 da CR/1988, principalmente no que diz respeito a proteção e preservação do meio ambiente.

Assim, a LC nº 140/2011 foi editada a fim de regular e direcionar as ações e políticas públicas no que se refere à proteção do meio ambiente em cada ente federativo, definindo a competência de cada um, além das competências concorrentes.

Ainda na LC nº 140/2011, a União teve sua competência regulamentada pelo art. 7º, o Estado pelo art. 8ª e os Municípios pelo art. 9ª. De tal maneira que as divisões de competência nos termos da LC nº 140/2011 passaram a ter um rol taxativo, sob pena de ferir a divisão federativa, mesmo com a inexistência de hierarquia entre os entes.

São ações da União, entre outras, formular, executar e fazer cumprir, em âmbito nacional, a Política Nacional do Meio Ambiente; exercer a gestão dos recursos ambientais no âmbito de suas atribuições. Dessa forma, discorre Guerra:

> Promover ações relacionadas à Política Nacional do Meio Ambiente nos âmbitos nacional e internacional, promover o licenciamento ambiental de empreendimentos e atividades: a) localizados ou desenvolvidos conjuntamente no Brasil e em país limítrofe; b) localizados ou desenvolvidos no mar territorial, na plataforma continental ou na zona econômica exclusiva; c) localizados ou desenvolvidos em terras indígenas; d) localizados ou desenvolvidos em unidades de conservação instituídas pela União, exceto em Áreas de Proteção Ambiental (APAs); e) localizados ou desenvolvidos em 2 (dois) ou mais Estado; promover o desenvolvimento de estudos e pesquisas direcionados à proteção e à gestão ambiental, divulgando os resultados obtidos. (GUERRA, 2015, p. 165)

Quando se trata da competência dos Estados-Membros na matéria de licenciamento, percebe-se que há uma complementação das competências do ente federal. Desse modo:

> [...] promover o licenciamento ambiental de atividades ou empreendimentos utilizadores de recursos ambientais, efetiva ou potencialmente poluidores ou capazes, sob qualquer forma, de causar

> degradação ambiental, ressalvado o disposto nos arts. 7º e 9º da Lei Complementar nº 140/2011; promover o licenciamento ambiental de atividades ou empreendimentos localizados ou desenvolvidos em unidades de conservação instituídas pelo Estado, exceto em Áreas de Proteção Ambiental (APAs). (GUERRA, 2015, p. 167)

A edição da LC nº 140/2011 foi de grande importância e um marco nas divisões das competências ambientais, isso porque sanou problemas como a invasão e sobreposição de competências, principalmente com uma atuação descentralizada, pautada na democracia e na eficiência na gestão do licenciamento ambiental das atividades potencialmente degradadoras do meio ambiente.

Contudo, por mais que essa divisão de competências tenha sido um marco na regulação do poder-dever dos entes federativos em matéria de licenciamento ambiental, a LC nº 140/2011 previu a cooperação entre os entes da federação e, mais do que isso, a cooperação da sociedade no que tange à proteção ambiental, principalmente quanto à participação da população no desenvolvimento das ações administrativas para o licenciamento ambiental. Visou alcançar a previsão legal máxima em matéria ambiental, prevista no art. 225 da CR/1988.[12]

O princípio da cooperação, conforme conceito de Piva (2007), faz com que a sociedade não seja apenas uma partícipe na atuação de proteção e gestão ambiental por parte do Estado, atuando ativamente na formulação e execução das políticas públicas. Esse instituto é tratado como um princípio que leva em consideração a ideia de atuação da sociedade em cooperação com o Estado na escolha de prioridades ambientais, por meio da participação de diferentes grupos sociais e do princípio da informação, formulação e execução de políticas ambientais.

O que se evidencia no Brasil, para controle de certificações ambientais e acompanhamento da qualidade dos empreendimentos quanto ao funcionamento e ao atendimento as normas ambientais, são as certificações técnicas e as auditorias ambientais. Entretanto, o que não se observa é a efetividade deste meio de controle, já que não há uma participação da sociedade nestes institutos.

As auditorias ambientais visam em sua principal missão, reduzir os custos de multas e penalidades externas, pois elas identificam e

---

[12] Art. 225 da CR/1988. "Todos têm direito ao meio ambiente ecologicamente equilibrado, bem de uso comum do povo e essencial à sadia qualidade de vida, impondo-se ao Poder Público e à coletividade o dever de defendê-lo e preservá-lo para às presentes e futuras gerações" (BRASIL, 1988).

propõem soluções para minimizar o impacto de erros ambientais (*compliance* em sua concepção inicial). Assim também entende Sales:

> Auditoria ambiental é o seu uso como instrumento de controle ambiental, ou seja, como uma medida utilizada pelas autoridades ambientais no cumprimento de suas políticas e obrigações legais de fomento, fiscalização e implementação de normas e políticas ambientais que um dos principais objetivos desse tipo de auditoria consiste na fiscalização e implementação das normas ambientais por meio do controle, promovido pelas autoridades ambientais, do cumprimento das políticas ambientais e obrigações legais das empresas. As formas possíveis dessa aplicação são variadas e se estendem desde atividades de cunho informativo e educacional destinadas a esclarecer e fomentar a adoção de auditoria até medidas de controle que impõe a sua adoção compulsória, passando por medidas de incentivos indireto. (SALES, 2001, p. 101)

No Brasil, as auditorias, em sua grande maioria, ainda são voluntárias, assim como nos Estados Unidos, Canadá e alguns países da União Europeia. Contudo, há um movimento legislativo para torná-las obrigatórias, passando a ser chamadas de auditorias compulsórias. O grande problema é que nas auditorias compulsórias está prevista a participação do Poder Público, ou seja, mais uma vez a sociedade ficará à margem desse instituto.

Segundo Piva (2007, p. 4161), o setor da indústria petrolífera, nos termos da Resolução nº 265/2000, é o único no Brasil em que são exigidas obrigatoriamente auditorias ambientais, mas com fundamentos nos graves acidentes que já ocorreram nessas atividades e não visando a proteção do meio ambiente.

Dessa forma, a participação da sociedade, em atendimento ao princípio da cooperação, não é efetivada nas auditorias ambientais, mesmo sendo de grande importância que a sociedade participe desses meios de controle ambiental.

O que se tem que ter em mente é que todos esses institutos de controle e fiscalização dos empreendimentos, seja por certificações técnicas, seja por meio de auditorias ou das certificações por empresas especializadas, devem objetivar a participação da sociedade no empreendimento causador do dano ambiental,[13] visando trazer, na base do Direito Administrativo holandês, os pressupostos da cooperação e solidariedade.

---

[13] No mesmo sentido e sugerindo outros modos de participação social nos licenciamentos ambientais, ver: GOMES; TEIXEIRA, 2017, p. 128-146.

Tem por escopo, ainda, uma gestão através da boa governança, sob a ótica da transparência dos atos administrativos ambientais.

Isso se dá pelo fato do princípio da publicidade, previsto no art. 37 da CR/1988, conforme já exposto neste trabalho. Deve o cidadão ter acesso às informações que dizem respeito a todos os atos da Administração Pública, ressalvando os de sigilo por segurança nacional. Esse é um princípio que visa o controle social e a efetividade da cooperação entre o Poder Público e a sociedade. Veja:

> Extrai-se do princípio da publicidade que o povo tem o direito de conhecer os atos praticados na Administração Pública, passo a passo, para o exercício do controle social, derivado do exercício do poder democrático. Destaca-se o "caráter educativo, informativo ou de orientação social" das divulgações, exigido pelo artigo 37 da CF/88 que revela a preocupação da assembleia constituinte com a compreensibilidade das informações para o controle social. (PLATT NETO; CRUZ; ENSSLIN; ENSSLIN, 2007, p. 77)

Enquanto não for o Brasil um país com uma gestão transparente, pautada pela ética e moral, não será possível alcançar a efetiva participação da sociedade. A corrupção brasileira gera enormes prejuízos econômicos, sociais e ambientais para a sociedade, como será visto no próximo item desse artigo.

5 A corrupção no Brasil

Para se compreender este ponto no presente estudo é necessário primeiramente entender o conceito de corrupção adotado no estudo de Brei, não se excluindo os demais entendimentos quanto à citada definição. Assim:

> A corrupção é definida como padrão de comportamento que se afasta das normas predominantes em um dado contexto (Friedrich, 1966). Esse comportamento desviante se associa a uma particular motivação, que é o ganho privado a expensas do público. No ato corrupto existe sempre ganho para o corruptor e o corrupto e perda para outros, especialmente o público. Violações do interesse comum, por vantagens especiais, são corruptas (Rogow & Lasswell, 1970). Um ato corrupto viola responsabilidades em relação a pelo menos um sistema de ordem pública ou cívica que se baseia na precedência do interesse comum sobre o interesse específico. (BREI, 1996, p. 67)

Nessa linha, o Brasil tem enfrentado, ao longo de vários anos, atos corruptos na Administração Pública. Os órgãos de fiscalização, tais como o Ministério Público, as polícias e os Tribunais de Contas, pautados na transparência e com o intuito de acabar com este mal que assola a gestão pública brasileira, têm efetuado forças tarefas para identificar e punir o corruptor e o corrupto presente no Poder Público, atendendo um dos ODS da ONU. Tudo na busca de uma sociedade pautada na boa governança, para reduzir a corrupção. A ausência de transparência na esfera pública, além de atingir diretamente o princípio da cooperação, incentiva a prática de corrupção, fazendo com que agentes corruptores possam efetuar tais práticas e não serem identificados, nem pelos agentes reguladores e nem pela sociedade, gerando assim impunidade. Conforme discorre Rezende, observa-se:

> Na prática, a transparência das ações do governo ainda se encontra distante do ideal. Isso pode ser medido, por exemplo, quando examinamos os resultados dos recursos aplicados na área social no país. As inversões federais aplicadas nessa área são significativas — 15,7% do PIB — consideradas em proporção com o PIB em 2000 (MATIAS PEREIRA, 2001). Os resultados obtidos mostram que há má gestão na aplicação dos recursos do Estado, conseqüência (*sic)* da corrupção e da forma distorcida dos gastos que estão associados a tais atividades. Esse é um problema público, no qual se constata o grande desperdício na gestão do gasto social no Brasil e seu papel como instrumento de reprodução das desigualdades existentes, todo ele derivado de seu impacto redistributivo nulo, na melhor das hipóteses, quando não regressivo. (REZENDE, 1994, p. 37)

Com isso, a corrupção, por ser um ato ilícito, pode se dar por diversas maneiras, possuindo várias vertentes, tais como: corrupção ativa em transação internacional, peculato, tráfico de influência, advocacia administrativa, crimes contra a Lei de licitação, corrupção eleitoral, concussão, condescendência criminosa, inserção de dados falsos em sistema de informação, crimes de responsabilidades de prefeitos e vereadores, improbidade administrativa, prevaricação, violação de sigilo funcional, corrupção ativa e passiva, facilitação de contrabando e descaminho, emprego irregular de renda ou verbas pública e modificação ou alteração não autorizada de sistema de informação.

De acordo com a ONG *Transparency International,* o Brasil ocupa a 79ª posição em um total de 176 países com maior incidência de corrupção no mundo, no censo de 2016 (TRANSPARENCY INTERNATIONAL, 2017a, internet). Para se ter uma ideia, o Brasil possui um índice de corrupção maior que o Chile, que se situou em 24ª no *ranking* (TRANSPARENCY INTERNATIONAL, 2017b, internet).

Um país que sempre foi rico em recursos naturais, com uma qualidade técnica de mão de obra acima dos padrões normais, mas com uma gestão pública que não se baseia nos princípios administrativos, não utiliza princípios éticos e morais para ser gerido em sua grande extensão territorial. Trata-se de um verdadeiro descalabro.

No mapa da corrupção, os países com melhor pontuação, que estão pintados de amarelo no mapa a seguir, são superados de longe por países em laranja e vermelho, onde os cidadãos enfrentam de forma diária o impacto tangível da corrupção. Facilmente, percebe-se que o Brasil enfrenta uma situação política e econômica com grande índice de corrupção, comparável com Estados soberanos do Oriente Médio. Nesse sentido:

Figura 1 – Corruption Perceptions Index (2016)

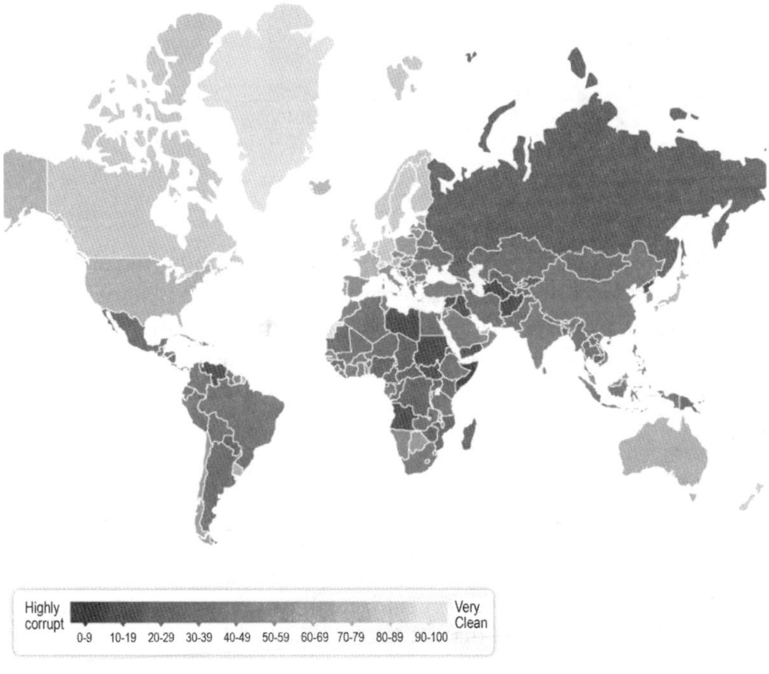

Fonte: TRANSPARENCY INTERNATIONAL, 2017c.

O cenário apresentado pela referida ONG não difere das estatísticas apontadas pelo Ministério Público Federal brasileiro, que possui uma ferramenta que publica, para a sociedade (seguindo o princípio da transparência) os processos judiciais e extrajudiciais em curso por ano, no combate a corrupção. Percebe-se que nos últimos cinco anos foram autuadas 135.331 (cento e trinta e cinco mil trezentos e trinta e um) demandas, tendo como objeto principal atos corruptos.[14] Observa-se:

Figura 2 – Processos autuados contra a corrupção por ano (2017)

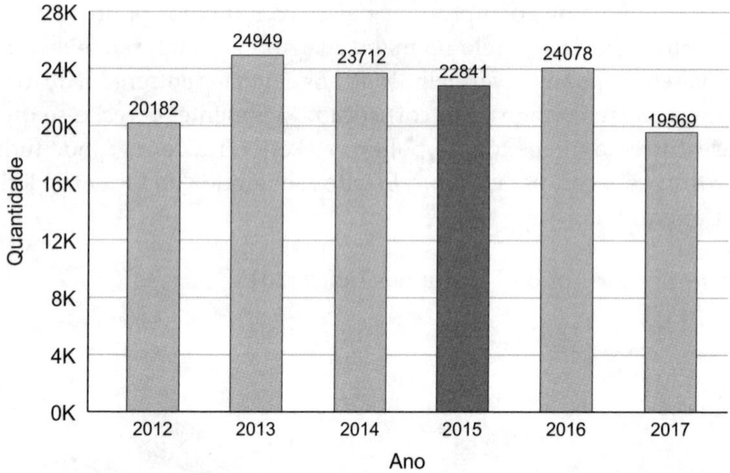

Fonte: BRASIL. Ministério Público Federal, 2017.

Ainda, ressalta-se que a corrupção faz com que investimentos estrangeiros parem de se direcionar ao país, já que não restam dúvidas de que, quanto maior for a incidência de corrupção em uma sociedade, menor será o investimento privado por meio de empresas sérias e comprometidas com a boa governança coorporativa, com a transparência e com o *compliance*. Assim:

> O nível de corrupção (uma vez que a corrupção é e pode ser existente em qualquer nação) é um indicador essencial para os investidores que buscam realizar negócios fora de suas jurisdições. E tal correlação parece óbvia, pois onde há um alto nível de instabilidade social e política, baixos indicadores de crescimento econômico, redução do investimento doméstico e o uso ineficiente (irresponsável) dos recursos públicos,

[14] A atuação do Ministério Público Federal no combate aos crimes ambientais e à corrupção acabou por criar uma opção de política criminal, de índole prática, permitindo a imputação penal das pessoas jurídicas, segundo decisão do Supremo Tribunal Federal. Para aprofundamentos, ver: COSTA; MAROTTA, 2017, p. 358-377.

ocorrerá mais corrupção, e tais elementos interferem na qualidade das instituições nacionais. (GOMES; PIGHINI, 2017, p. 24-25)

O mencionado demonstra que, com a ausência de critérios de boa governança e transparência na gestão pública brasileira, o resultado é totalmente desfavorável para a sociedade, tanto no fator social quanto no econômico, demandando total atenção da população. Necessita-se, assim, de instrumentos efetivos de *compliance* na estrutura governamental, com exigência de prestação de contas por parte dos gestores públicos (*accountability*), com a finalidade de redução e melhoria nos *rankings* internacionais, que figuram como critério de confiabilidade no país em diversos panoramas internacionais.

Considerações finais

O Direito Administrativo brasileiro pautado, entre outros princípios, na cooperação, não tem sido efetivo quando se trata da aplicação no Direito Ambiental. Por ser um ramo do Direito Público, cujos princípios basilares estão expressos no art. 37 da CR/1988, a sociedade não tem uma contraprestação na aplicação dessas regras nucleares por parte do Poder Público.

Como se pôde perceber neste estudo, a inexistência de uma boa governança, sustentada pelos pilares da transparência, equidade, *compliance*, *accountability* e responsabilidade corporativa, não é uma falha apenas do Poder Público brasileiro, já que inclusive a ONU, em seus ODS, abarcou a pauta de implantação da boa governança como uma das saídas para a desigualdade social, em seu ODS nº 16.

Todavia, observa-se que, regionalmente, o Brasil tem sido um país que figura em posição muito negativa nos *rankings* que apontam os Estados com maior índice de corrupção. E neste artigo ficou latente que um dos motivos dessa posição negativa se dá pela ausência de boa governança, principalmente quando se trata de transparência no segmento público.

Para um país que busca utilizar o Direito Administrativo holandês como modelo, percebe-se uma ineficiência enorme na tentativa de utilização desse paradigma. Como se pode perceber em um dos apartados deste trabalho, no licenciamento ambiental brasileiro não há uma participação direta e efetiva da sociedade a ponto de dizer que exista a aplicação do princípio da cooperação. O que se enxerga é uma participação ínfima e apenas para se cumprir requisitos legislativos (formais), o que é contrário à ideia de *compliance*.

Os instrumentos de regulação dos empreendimentos licenciados por meio do Poder Público, após a emissão de licenciamento ambiental, são quase inexistentes. Já na mesma linha, as auditorias ambientais, além de não serem obrigatórias, em regra geral, não trazem segurança à sociedade, porque não há a participação popular e acabam sendo contaminadas pela corrupção no país.

Por fim, conclui-se que, apesar do Direito Administrativo Ambiental brasileiro possuir como base princípios do Direito Administrativo holandês (cooperação e solidariedade), no que se trata de licenciamento ambiental, não são observadas efetivamente tais diretrizes nucleares, uma vez que a cooperação social se dá apenas de maneira formal, sem a efetiva participação da sociedade em tais processos ambientais, não se concretizando o *compliance* democrático. Além disso, claramente não se vê na aplicação do Direito Público brasileiro uma gestão pautada na boa governança, com a implantação da transparência, *compliance*, equidade, *accountability* e responsabilidade corporativa.

Portanto, caso não haja alteração da realidade social e econômica brasileira, o paradigma holandês não servirá de modelo para os licenciamentos ambientais pátrios.

Como alternativa, deve o Poder Público criar ferramentas de gestão transparente, órgãos fiscalizadores efetivos, sistemas de *compliance* plenos e meios de participação popular diretos, com a instituição de ferramentas com linguagem acessiva à sociedade e de fácil utilização na implantação, execução e pós-execução dos empreendimentos causadores de danos ambientais, independentemente da sua magnitude. Tais medidas visam à proteção do meio ambiente para a atual geração e a garantia de sustentabilidade para as futuras gerações, sem prejuízo da sua dimensão econômica.

Referências

ACSELRAD, Henri; MELLO, Cecília Campello do Amaral; BEZERRA, Gustavo das Neves. *O que é justiça ambiental*. Rio de Janeiro: Garamond, 2009.

BECK, Ulrich. *Sociedade de risco*: rumo a uma outra modernidade. 2. ed. Tradução de Sebastião Nascimento. São Paulo: 34, 2011.

BIZAWU, Kiwonghi; GOMES, Magno Federici. Oil exploitation at Virunga park as a threat to the environment and to endangered animal species. *Veredas do Direito*, Belo Horizonte, v. 13, n. 27, p. 11-29, set./dez. 2016. Disponível em: <http://www.domhelder.edu.br/revista/index.php/veredas/article/view/897>. Acesso em: 24 jan. 2018.

BOTH, Francielle; FISCHER, Augusto. Gestão e contabilidade ambiental. *Unoesc & Ciência - ACSA*, Joaçaba-SC, v. 8, n. 1, p. 49-58, jun. 2017. Disponível em: <http://editora.unoesc.edu.br/index.php/acsa/article/view/12599>. Acesso em: 23 jan. 2018.

BRASIL. Constituição (1988) *Constituição da República Federativa do Brasil*. Brasília: Senado, 1988. Disponível em: <http://www.planalto.gov.br/ccivil_03/Constituicao/Constituicao.htm>. Acesso em: 30 out. 2017.

BRASIL. Ministério Público Federal. Combate à corrupção. Processos judiciais. *Ministério Público Federal*. Brasília, 2017. Disponível em: <http://combateacorrupcao.mpf.mp.br/>. Acesso em: 09 dez. 2017.

BRASIL. Resolução CONAMA nº 09, de 03 dez. 1987. *Diário Oficial*, Brasília, 05 dez. 1987. Disponível em: <http://www.mma.gov.br/port/conama/res/res87/res0987.html>. Acesso em: 29 out. 2017.

BRASIL. Resolução CONAMA n. 237, de 19 dez. 1997. *Diário Oficial*, Brasília, 23 dez. 1997. Disponível em: <http://www.mma.gov.br/port/conama/res/res97/res23797.html>. Acesso em: 21 jun. 2017.

BREI, Zani Andrade. Corrupção: dificuldades para definição e para um consenso. *Revista de Administração Pública*, Rio de Janeiro, v. 30, n. 1, p. 64-77, jan./fev. 1996. Disponível em: <http://bibliotecadigital.fgv.br/ojs/index.php/rap/issue/view/855>. Acesso em: 25 nov. 2017.

CALGARO, Cleide; PEREIRA, Agostinho Oli Koppe. Políticas públicas e cooperação social em John Rawls. *Veredas do Direito* Belo Horizonte, v. 14, n. 28, p. 277-302, jan./jun. 2017. Disponível em: <http://www.domhelder.edu.br/revista/index.php/veredas/article/view/970/547>. Acesso em: 05 nov. 2017.

COSTA, Beatriz; MAROTTA, Clarice Gomes. Responsabilidade penal ambiental da pessoa jurídica na visão do Supremo Tribunal Federal: uma análise do RE 548181/PR. *Revista de Direito Econômico e Socioambiental*, Curitiba, v. 8, n. 2, p. 358-377, maio/ago. 2017. Disponível em: <http://dx.doi.org/10.7213/rev.dir.econ.soc.v8i2.16076>. Acesso em: 24 jan. 2018.

FROEHLICH, Cristiane. Sustentabilidade: dimensões e métodos de mensuração de resultados. *Revista de Gestão do Unilasalle*, Canoas, v. 3, n. 2, p. 151-168, set. 2014. Disponível em: <https://revistas.unilasalle.edu.br/index.php/desenvolve/article/view/1316>. Acesso em: 24 jan. 2018.

GOMES, Magno Federici; FERREIRA, Leandro José. A dimensão jurídico-política da sustentabilidade e o direito fundamental à razoável duração do procedimento. *Revista do Direito*, Santa Cruz do Sul, n. 52, v. 2, p. 93-111, maio/ago. 2017. Disponível em: <http://dx.doi.org/10.17058/rdunisc.v2i52.8864>. Acesso em: 24 jan. 2018.

GOMES, Magno Federici; MESQUITA, Leonardo Paiva de. Sociedade de risco, sustentabilidade para gestão e princípio da precaução. *Revista do Direito*, Santa Cruz do Sul, n. 50, v. 3, p. 16-33, set./dez. 2016. Disponível em: <https://online.unisc.br/seer/index.php/direito/article/view/7863>. Acesso em: 24 jan. 2018.

GOMES, Magno Federici; PIGHINI, Bráulio Chagas. Políticas Públicas, Corrupção, governança corporativa, investimento estrangeiro direto e sustentabilidade. *Direito Público (RDU)*, Porto Alegre, n. 75, v. 13, p. 9-47, maio/jun. 2017. Disponível em <http://www.academia.edu/33658716/POL%C3%8DTICAS_P%C3%9ABLICAS_CORRUP%C3%87%C3%83O_GOVERNAN%C3%87A_CORPORATIVA_INVESTIMENTO_ESTRANGEIRO_DIRETO_E_SUSTENTABILIDADE_-_PUBLIC_POLICY_CORRUPTION_CORPORATE_GOVERNANCE_FOREIGN_DIRECT_INVESTMENT_AND_SUSTAINABILITY>. Acesso em: 07 dez. 2017.

GOMES, Magno Federici; TEIXEIRA, Angélica Cristiny Ezequiel de Avelar. Da participação social nos licenciamentos ambientais: para além da audiência pública. *Revista do Mestrado em Direito da Universidade Católica de Brasília*, Brasília, v. 11, n. 1, p. 128-146, jan./jun. 2017.

Disponível em: <https://portalrevistas.ucb.br/index.php/rvmd/article/view/7781>. Acesso em: 24 jan. 2018.

GUERRA, Sidney. A competência ambiental à luz da Lei Complementar n. 140 de 08 de dezembro de 2011. *Revista Jurídica - UNICURITIBA*, Curitiba, v. 4, n. 41, p. 155-175, out./dez. 2015. Disponível em: <http://revista.unicuritiba.edu.br/index.php/RevJur/article/view/1391>. Acesso em: 24 jan. 2018.

INTERNATIONAL FEDERATION OF ACCOUNTANTS. *International framework*: good governance in the Public Sector - supplement. New York, 2014: International Federation of Accountants, PAIB Committee. Disponível em: <http://portal.tcu.gov.br/biblioteca-digital-1/governance-in-the-public-sector-a-governing-body-perspective.htm>. Acesso em: 25 nov. 2017.

MARIA, Dioclides José; GOMES, Magno Federici. Da (im)possibilidade do ajuizamento da ação direta interventiva para assegurar a autonomia municipal para legislar sobre licenciamento ambiental de impacto local. *Revista de Direito Econômico e Socioambiental*, Curitiba, v. 8, n. 1, p. 303-330, jan./abr. 2017. Disponível em: <http://dx.doi.org/10.7213/rev.dir.econ.soc.v8i1.7538>. Acesso em: 24 jan. 2018.

NIEBUHR, Pedro de Menezes. *Processo administrativo ambiental*. Rio de Janeiro: Lumen Juris, 2014.

PEREIRA, José Matias. A governança corporativa aplicada no setor público brasileiro. *Revista Administração Pública e Gestão Social*, Viçosa, v. 2, n. 1, p. 109-134, jan./mar. 2010. Disponível em: <http://www.trt7.jus.br/pe/files/noticias_publicacoes/arquivos/governanca_setor_publico.pdf>. Acesso em: 24 jan. 2018.

PIVA, Ana Luiza. Auditoria ambiental: um enfoque sobre a auditoria ambiental compulsória e a aplicação dos princípios ambientais. In: GALUPPO, Marcelo Campos; MEZZAROBA, Orides; FEITOSA, Raymundo Juliano (Coords.). *Pensar globalmente*: agir localmente. Florianópolis: CONPEDI, 2007. p. 4154-4174. Disponível em: <https://s3.amazonaws.com/conpedi2/anteriores/XVI+Congresso+Nacional+-+Belo+Horizonte+%2815%2C+16+e+17+de+novembro+de+2007%29.pdf>. Acesso em: 06 dez. 2017.

PLATT NETO, Orion Augusto; CRUZ, Flávio da; ENSSLIN, Sandra Rolim; ENSSLIN, Leonardo. Publicidade e transparência das contas públicas: obrigatoriedade e abrangência desses princípios na Administração Pública brasileira. *Contab. Vista & Rev.*, v. 18, n. 1, p. 75-94, jan./ mar. 2007. Disponível em: <http://www.redalyc.org/html/1970/197014728005/>. Acesso em: 24 nov. 2017.

PNUD. Por que os Objetivos de Desenvolvimento Sustentável interessam? No dia em que representantes de Estado de todo o mundo se reúnem para discutir o futuro do planeta, Helen Clark cita desafios como erradicação da pobreza e fome em artigo. *PNUD*, 2015. Disponível em: <http://www.pnud.org.br/Noticia.aspx?id=4154>. Acesso em: 03 nov. 2015.

RDH2014. Relatório do Desenvolvimento Humano 2014: sustentar o progresso humano: reduzir as vulnerabilidades e reforçar a resiliência. Portugal: *PNUD*, 2014. Disponível em <http://hdr.undp.org/sites/default/files/hdr2014_pt_web.pdf>. Acesso em: 09 dez. 2017.

REZENDE, Fernando. *Finanças públicas*. São Paulo: Atlas, 1994.

SALES, Rodrigo. *Auditoria ambiental*: aspectos jurídicos. São Paulo: LTR, 2001.

SOUZA, Paulo Roberto Pereira de. Os princípios do direito ambiental como instrumentos de efetivação da sustentabilidade do desenvolvimento econômico. *Veredas do Direito*, Belo Horizonte, v. 13, n. 26, p. 289-317, out. 2016. Disponível em: <http://www.domhelder.edu.br/revista/index.php/veredas/article/view/705>. Acesso em: 05 dez. 2017.

TRANSPARENCY INTERNATIONAL. Brazil. *Transparency INTERNATIONAL*, 2017a. Disponível em: <https://www.transparency.org/country/BRA#>. Acesso em: 24 jan. 2018.

TRANSPARENCY INTERNATIONAL. Chile. *Transparency INTERNATIONAL*, 2017b. Disponível em: <https://www.transparency.org/country/CHL>. Acesso em: 24 jan. 2018.

TRANSPARENCY INTERNATIONAL. Corruption perceptions index 2016. *Transparency INTERNATIONAL*, 2017c. Disponível em: <https://www.transparency.org/news/feature/corruption_perceptions_index_2016>. Acesso em: 24 jan. 2018.

Informação bibliográfica deste texto, conforme a NBR 6023:2002 da Associação Brasileira de Normas Técnicas (ABNT):

GOMES, Magno Federici; OLIVEIRA, Warley Ribeiro. O *compliance* e a cooperação no processo administrativo de licenciamento ambiental. In: CUEVA, Ricardo Villas Bôas; FRAZÃO, Ana (Coord.). *Compliance*: perspectivas e desafios dos programas de conformidade. Belo Horizonte: Fórum, 2018. p. 399-419. ISBN 978-85-450-0564-3.

COMPLIANCE TRABALHISTA

LUÍS CARLOS MORO

1 Introdução

Nota-se, nos últimos anos, uma enorme ampliação das atividades de *compliance* nas empresas. Departamentos são criados para esse fim. Profissionais são contratados com esse propósito específico. Há notável mobilização de recursos, desenvolvimento de negócios de consultoria tendo essa atividade-fim, a prestação de serviços e assessoramento para a consecução de políticas de conformidade das práticas empresariais à normativa nacional e internacional.

Proporcionar uma organização completamente conforme com a legislação é, nos dias atuais, mais que um desafio tendente ao estabelecimento de prevenção e defesa empresarial nos casos de desvios de conduta dos responsáveis pela sua governança. Trata-se de uma busca que, como veremos, transcendeu os seus limites originais.

Um pequeno estudo sobre o desenvolvimento dessa busca e como alcançou o âmbito da legislação do trabalho é o que se propõe neste artigo, no qual se cotejam dimensões distintas do que subjaz às políticas de *compliance* nas empresas. Mais do que meras diretrizes que se estabelecem para o ambiente empresarial e rotinas destinadas à detecção, prevenção e punição de desvios de conduta para preservação do capital, tais políticas constituem, no âmbito das relações de trabalho, expressões de duas vertentes do poder patronal: o poder de organização do negócio e o poder disciplinar sobre quem trabalha.

Não obstante os esforços de estabelecer condutas em conformidade à legislação, sabe-se que o mundo do trabalho caracteriza-se pelo alto índice de ilicitude, que os economistas insistem em nominar "informalidade".

Isso abre um espaço amplo para a discussão do sentido e do alcance das políticas de *compliance* nas relações de trabalho e cria, inclusive, novas perspectivas tanto para as empresas quanto para a própria classe trabalhadora, seja nas relações individuais, seja nas coletivas, pois também impulsiona uma perspectiva de transparência e verdade, da qual ainda se distancia a administração do trabalho no âmbito do poder privado. Essa discussão é que se pretende apresentar neste artigo, como uma provocação expansiva do tema.

2 Origens

A adoção quase universal de um vocábulo estrangeiro revela que *compliance*, como significante, foi trazido do exterior, de matriz de língua inglesa. A palavra falada e a imagem acústica do título do nosso tema incluem atribuições estrangeiras que advêm de um conceito profundamente vinculado ao direito penal e às regras de proteção dos mercados de ações.

Originalmente, portanto, *compliance* não correspondia a um conceito abstrato que incluísse questões laborais e outras vertentes. No século passado, havia incipientes discussões acerca do tema, que ganharam grande impulso a partir do início dos anos 2000, com o deflagrar de escândalos financeiros de grandes proporção e impacto como os casos Enrom e WorldCom.

Para que tivéssemos esses dois precedentes simbólicos, houve um importante processo de desregulamentação dos mercados na origem. Desde 1933, nos Estados Unidos da América, vigorava o *U.S. Bank Act*, que regulava o sistema capitalista naquele país depois da crise de 1929 e continha um conjunto de disposições limitadoras da emissão de títulos por bancos comerciais, denominado *Glass-Steagall Act*. Em 1999, como resultado do poderoso *lobby* do setor financeiro dos Estados Unidos, foram revogadas as regras do *Glass-Steagall Act*, liberando comportas do sistema regulatório que continham riscos e ousadias nas iniciativas de negócios financeiros e de títulos mobiliários.

Sob o *slogan* "modernização do setor financeiro", houve a aprovação, em 12 de novembro de 1999, do *Gramm-Leach-Bliley Act* ou *Financial Services Modernization Act*, em que foram removidos os limites que separavam a atuação dos bancos comerciais e bancos de investimento. Com isso, as instituições financeiras ampliaram significativamente o leque de serviços financeiros aos clientes comerciais e de investimentos.

Títulos mobiliários, assim, geraram uma possibilidade de enorme ampliação do mercado de derivativos, suscitando a concupiscência dos agentes de mercado.

Foi uma trabalhadora que ocupava o cargo de vice-presidente da auditoria interna da Worlcom, a auditora contábil Cynthia Cooper, com sua equipe, que desbaratou graves fraudes no sistema de contabilidade da empresa. O caso suscitou uma crise de credibilidade em relação não só à companhia, mas ao próprio mercado de ações.[1]

Quase simultaneamente, a Enron, outra empresa de enormes proporções, também teve o seu castelo de areia ruído mercê das fraudes contábeis praticadas. Balanços inflados atraíram investidores e artificializaram a valorização das ações. O resultado bem pode ser aferido pela redução do valor da ação, que de cerca de US$86.00 (oitenta e seis dólares) despencou para algo como US$0,30 (trinta centavos de dólar). A Arthur Andersen, empresa de auditoria independente responsável por manter a ilusão de sucesso da empresa, não sobreviveu.

No que diz respeito ao trabalho, apenas na Enron, a dispensa de cerca de 4.000 (quatro mil) empregados foi a consequência mais visível e imediata. Entre empregos diretos e indiretos, calcula-se uma perda de 28.000 (vinte e oito mil) postos de trabalho, apenas em relação a essa empresa.

Esses dois simbólicos episódios suscitaram reações com vistas à preservação da credibilidade do mercado de ações. À legislação já existente agregaram-se outras normas, compondo um novo substrato legislativo nos Estados Unidos.[2]

O FCPA (*Foreing Corruption Protection Act*), de 1977, conectou o conjunto de normas norte-americano com todo o globo, já que as operações financeiras desconheciam fronteiras e impactavam quase todos os países da comunidade internacional. Esse diploma, concretizado na administração Carter, já decorria do escândalo *Watergate*, do qual derivaram investigações que desvelaram mais de 400 (quatrocentas) empresas norte-americanas que praticavam corrupção no estrangeiro, movimentando centenas de milhares de dólares.

A SEC (*Securities and Exchange Comission*), agência equivalente à Comissão de Valores Mobiliários no Brasil, desde então, editou diversas medidas para ampliar o controle da gestão das empresas de capital aberto pelo mercado financeiro.

---

1 Hoje, Cynthia Cooper mantém sítio eletrônico <http://cynthiacooper.com/>, no qual apresenta diversas informações sobre o período e suas atividades.

2 <https://www.justice.gov/criminal-fraud/foreign-corrupt-practices-act>.

Em 1998, o *International Anti-Bribery Act* reforçou a legislação anterior, propulsionado pela Convenção de Combate à Corrupção de Autoridades Públicas em Negócios Internacionais, aprovada no âmbito da Organização para a Cooperação e Desenvolvimento Econômico, a OCDE.

Além disso, o Departamento de Justiça dos Estados Unidos da América também produziu documentos muito significativos para o enorme desenvolvimento do que se poderia dizer cultura de *compliance*.

Em 16 de junho de 1999, o *Deputy General Attorney* do Departamento de Justiça americano, Eric Holder Jr. editou um documento que ficou conhecido como *Holder Memorandum*. Ali, sob o tema "acusações criminais contra corporações"[3] preparou-se o assim chamado *Federal Prosecution of Corporations*. Linhas gerais para a persecução não apenas de indivíduos, mas também, conforme o texto, "quando apropriado", de corporações, foram lançadas.

Em 30 de julho de 2002, George W. Bush sancionou a lei que ganhou o nome dos parlamentares Senador Paul Sarbanes e Deputado Michael Oxley. A lei denominada Sarbannes-Oxley e depois alcunhada de Sarbox e até mesmo SOX, representou então a mais profunda modificação legislativa sobre práticas de negócios desde o período de governo de Franklin Delano Roosevelt. A norma impôs a todas as empresas de capital aberto, ainda sob o impacto do caso Enron, novos mecanismos de auditoria e segurança de suas operações financeiras. Visou combater as fraudes na contabilidade das empresas, ampliar a responsabilidade das corporações, fixando regras de transparência ou aquilo que os norte-americanos houveram por bem designar *accountability*.

Entre inúmeras medidas, impôs-se às empresas a aferição de cumprimento das regras e regulamentos governamentais, ou, em língua inglesa, o *compliance*.[4] O Título VIII da lei *Sarbox* é totalmente dedicado às fraudes corporativas e estabelece novas e graves sanções criminais para as empresas e seus dirigentes, ainda que empregados.

Em 20 de janeiro de 2003, o *U.S. Deputy General Attorney* Larry Dean Thompson edita um documento denominado "Princípios da Persecução Federal às Corporações de Negócios".[5] Ali, são compiladas,

---

[3] *Bringing Criminal Charges Against Corporations,* em <https://www.justice.gov/sites/default/files/criminal-fraud/legacy/2010/04/11/charging-corps.PDF>. Acesso em: 28 de março de 2018.

[4] Vide *Section* 406 da *Sarbannes-Oxley Act*.

[5] THOMPSON, Larry D, *Principles of Federal Prosecution of Business Organizations,* obtido em <https://www.americanbar.org/content/dam/aba/migrated/poladv/priorities/

aditadas e atualizadas as linhas mestras do *Holder Memorandum* e das investigações produzidas pelo Departamento de Justiça dos Estados Unidos da América, dada a necessidade reforço da proteção do sistema capitalista na sua moderna expressão financeira.

Thompson trazia em seu currículo experiências corporativas importantes na *Ford, Monsanto, King & Spalding* e *Providian Financial Corporation*, além de ter servido como *U.S. Attorney* e liderado a chamada "Força Tarefa Contra o Crime Organizado no Sudoeste"[6] americano.

O documento de *Thompson*, originalmente elaborado para utilização interna do Departamento de Justiça, tinha como objetivo auxiliar os *federal prosecutors* a obter provas e acusar criminalmente as empresas, além de dirigentes e empregados, quando constatadas as práticas violadoras das normas de proteção do mercado de capitais.

Anota-se que, naquele momento, identificou-se um alvo para a acusação: as empresas que proporcionavam advogados e defesas técnicas a seus empregados. Essa conduta, no entender dos acusadores, seria supostamente indiciária de obstrução ao propósito de realização de justiça, já que ampliaria a possibilidade de "ajustes" que seriam capazes de obstar, impedir ou dificultar a investigação. Já se confundia defesa com obstrução de justiça.

Num movimento que parece constituir verdadeira inversão do princípio da presunção de inocência, infere-se que o patrocínio da defesa ao empregado pelo empregador promoveria uma indesejável comunicação entre ambos, inclusive por meio de privilégios próprios da relação entre advogado e cliente.

Forçadas a retirar esse suporte, as empresas deixariam seus empregados defendendo-se com suas próprias forças, ampliando as chances da investigação ser bem sucedida no sentido de punir.

O documento de Thompson alargou em latitude e longitude os métodos utilizados nas investigações e ensinou, literalmente, aos acusadores e promotores de justiça, como aumentar a sua eficácia em prevenir, descobrir e punir crimes de "colarinho branco". Valia-se de novos institutos, alcançando inclusive a quebra dos privilégios de comunicação entre advogados e clientes, atitude considerada integrante do conceito de *cooperation* das empresas investigadas para com a investigação.

---

privilegewaiver/2003jan20_privwaiv_dojthomp.authcheckdam.pdf>. Acesso em: 28 de março de 2018.

6 *Southeastern Organized Crime Drug Enforcement Task Force.*

Autorizava os promotores a ampliar a utilização da delação premiada, das ações controladas, ajustes de leniência, criando, assim, uma cultura de renúncia à defesa no âmbito das investigações criminais e de resguardo do mercado financeiro.

Além disso, fazia-se uma promessa. A de que as corporações não teriam qualquer benefício em razão da sua natureza de pessoa jurídica. No entanto, poderiam ter efeitos cominados se oferecessem o que o documento entendia ser postura "colaborativa".

Note-se que todos esses institutos vinham no sentido contrário às garantias constitucionais de não se autoincriminar, do privilégio das comunicações profissionais entre cliente e advogados, do direito à assistência jurídica, num movimento histórico, nos Estados Unidos, bastante estimulado pela reação aos ataques de 11 de setembro de 2001 lançados sobre as torres gêmeas espetadas na Ilha de Manhattan.

Investigar passou a ser a palavra de ordem. E investigação não submetida aos limites tradicionais. Profunda. Invasiva. Absoluta. E isso se fez agora com o concurso do próprio investigado, que poderia abrir mão, inclusive, de privilégios das comunicações com seus advogados e consultores.

Trata-se de um precedente histórico, que culmina não apenas numa cultura de *compliance*, senão, também, de uma conversão de um determinado moralismo com matrizes assentadas em cultura religiosa, inclusive, em regra de cunho contratual, para dar lastro a propósitos punitivistas, persecutórios e excludentes dos acusados, vulnerando direitos e garantias fundamentais tanto de ordem processual penal quanto de liberdades individuais. Um mundo invasivo, sem sigilos, sem intimidade, sem garantias, em que o outro dispõe do que lhe é indisponível.

O documento ainda adverte os promotores a considerar, quando da deliberação pela propositura de medidas judiciais e administrativas, os seguintes aspectos: a) a gravidade e seriedade da ofensa; b) o risco de dano ao público; c) a difusão do delito no âmbito da corporação; d) a história pregressa da corporação em condutas similares; e) a tempestiva e voluntária oferta e abertura dos documentos comprobatórios dos malfeitos e o desejo efetivo de cooperar com as investigações; f) *a existência e adequação de um programa de compliance da corporação;* g) as medidas corporativas de reversão do quadro; h) os efeitos colaterais; i) a adequação da persecução dos indivíduos responsáveis; j) a adequação dos remédios como as ações civis ou medidas regulatórias.

Sublinho a promoção da existência de adequados programas de *compliance* da corporação. Tais programas preveem, normalmente, um conjunto de declarações, de normas de conduta e de imposição de novas obrigações aos trabalhadores que foram imediatamente trasladados para o âmbito dos contratos de trabalho.

É dizer: houve um reforço do poder fiscalizatório e punitivo privado por derivação do incremento da agressividade das investigações do poder público, como se estivéssemos a tratar de uma corrente na qual o último elo não é a empresa investigada, mas as pessoas que nela trabalham, ampliando significativamente a possibilidade de culpabilizá-las.

Essas orientações fizeram com que se desenvolvesse não apenas nos Estados Unidos, mas por todo o mundo capitalista, um sem número de instituições de perquirição de ilícitos, governamentais[7] ou não, o que passou a exercer sobre as corporações um fortíssimo influxo para a ampliação dos sistemas de controle e fiscalização sobre as atividades dos administradores e empregados.

Como o *Departament of Justice* dotava-se de meios e armas para aprofundar as suas investigações, surgiram, como consequência, os chamados *anti memorandum Thompson,* documentos elaborados por advogados e consultores empresariais que eram guias para que as empresas não sofressem os efeitos nocivos de tais investidas de perscrutação de ilícitos.

E para que possa vir a ser beneficiada com o selo de "colaborativa", o que garante reduções notáveis das sanções impostas pelas condutas ilícitas, a empresa precisa: a) evitar que os efeitos dos malfeitos havidos no estrangeiro alcancem a matriz nos Estados Unidos; b) garantir seja considerada uma corporação colaborativa com as investigações do Departamento de Justiça americano; c) instituir um rigoroso sistema de *compliance*, com a criação de códigos de conduta, imposição de normas internas, coleta de documentos com compromissos de colaboração de seus empregados, instituição de departamentos independentes de investigação interna, com autoridade para manter relações institucionais com órgãos de investigação e acusação em inúmeros países; d) em caso de envolvimento em práticas puníveis, a matriz deve ainda punir exemplarmente os culpados, negar qualquer deferência (*any kind of consideration*), ou pagamento de benefícios, ainda que contratados, evitando sejam consideradas em conluio com os trabalhadores faltosos; e) deixar de prover informações aos acusados; f) deixar de prover advogados e outros meios de defesa ou fuga aos acusados; g) não

---

7 Para as instituições governamentais, observar a relação constante da página <https://www.justice.gov/criminal-fraud/anti-corruption-sites>.

coordenar estratégias de defesa, cortando as comunicações com os acusados.

Observemos os efeitos sobre os trabalhadores: a criação de códigos de conduta, a imposição de normas internas e subscrição de compromissos de colaboração, bem como a criação de departamentos independentes de investigação, tudo isso implica a atração para dentro da empresa de uma cultura punitivista, persecutória, invasiva da intimidade, dos dados bancários, fiscais, da comunicação telemática, telefônica, bem como de todos os meios tecnológicos.

Na aplicação do poder punitivo, as empresas foram incentivadas ao tratamento menos complacente, pois a sua rudeza no exercício do poder punitivo é considerada um ponto positivo para cominar os efeitos das crises quando sujeitas às investigações de supostas práticas ilícitas.

Nada disso, no entanto, impediu houvesse uma sucessão de novos escândalos, com a crise do subprime de 2008, além de casos simbólicos como o Lehman Brothers, em setembro de 2008, seguido de quebras, concursos de credores e instabilidades em inúmeras outras instituições financeiras e empresas. O episódio alcançou tamanha proporção que o governo norte-americano estatizou agências de crédito imobiliário, como a Fannie Mae e Freddie Mac, além de ter adquirido a Seguradora AIG, e aportado altos valores na Chrysler e General Motors[8].

Os episódios se sucederam e mais recentemente, em setembro de 2015, a *Deputy General Attorney* Sally Quilian Yates expede o seu memorando, conhecido como *Yates Memorandum*[9], no qual afirma que cada vez mais frequentemente, os promotores federais enfrentam condutas criminais cometidas pelas ou em favor das corporações e declara que o Departamento de Justiça está comprometido em responsabilizar tanto indivíduos quanto, "quando apropriado", as corporações em nome das quais eles atuaram.

Em seu memorando, Sally Yates esclarece que a acusação das pessoas jurídicas não exclui a possibilidade da acusação dos indivíduos, sejam diretores, executivos, empregados ou acionistas. O documento lembra a jurisprudência do caso *United States v. Automated Medical Laboratories 770F.2d 399 (4th Cir. 1985),* em que a Corte assentou a tese da culpabilidade da corporação, afastando a tese de defesa no sentido de que o empregado atuava em seu próprio benefício, dada a ambição e desejo de ascender na escala corporativa.

---

[8] <http://economia.estadao.com.br/noticias/geral,eua-vivem-grande-onda-de-estatizacao,364575>.

[9] <https://www.justice.gov/archives/dag/file/769036/download>.

Aclara-se, assim, que as empresas respondem pelas condutas de seus agentes, reproduzindo-se algo que se traduz pacificamente na legislação civil e empresarial de inúmeros países, inclusive o Brasil.

O documento prevê, ainda, oito aspectos que devem ser considerados pelos promotores, ao cogitar do tratamento próprio a ministrar para cada circunstância. E, nesse sentido, a acusação impõe aos acusadores obtemperar, entre outros fatores, quais as consequências dos malfeitos, entre as quais a desproporcionalidade dos danos aos acionistas e trabalhadores sem envolvimento pessoal nos ilícitos.

Extraem-se desse conjunto de regras e de políticas públicas e privadas os elementos dos programas de *compliance*, compostos a partir dessa matriz norte-americana e de outras diretrizes internacionais,[10] que passa a adotar fortemente os mesmos valores expressos pelo Departamento de Justiça norte-americano.

E com esse substrato, os principais elementos que se exigem de um programa de *compliance* considerado eficaz são o envolvimento da alta administração das empresas; a existência de código de conduta e ética; políticas e procedimentos internos, a criação de áreas de *compliance* com autonomia e recursos suficientes, treinamento e comunicação, análise periódica de riscos, registros contábeis, controles internos, canais de denúncia, diligência na contratação de terceiros, diligência nos processos de fusões e aquisições, investigações internas, incentivos e medidas disciplinares e melhora contínua do programa, com revisões periódicas e submissão a testes.

Ora, tudo isso representa uma significativa alteração também das relações e tensões internas das empresas, afetando a vida de todos aqueles que as integram e que com elas se vinculam.

3 A legislação brasileira

Ademais da legislação codificada que prevê as responsabilidades civis e criminais de empresas e pessoas naturais, é importante observar

[10] Vide em Transparência Internacional (Princípios para Combater a Corrupção nos Negócios), em OCDE (Guia para as Boas Práticas sobre Controles Internos, Ética e Compliance), Department of Justice e Securities and Exchange Commission (Características de um Programa de Compliance Efetivo), e UNODC (Um Programa de Ética Anti-Corrupção e de Compliance para empresas: Guia Prático), documentos encontradiços nos seguintes vínculos: <http://www.transparency.org/whatwedo/publication/business_principles_for_countering_bribery>; <http://www.oecd.org/daf/anti-bribery/44884389.pdf>; <http://www.justice.gov/sites/default/files/criminal-fraud/legacy/2015/01/16/guide.pdf>; <http://www.unodc.org/documents/corruption/Publications/2013/13-84498_Ebook.pdf>.

algum desenvolvimento legislativo no Brasil que acaba não apenas legitimando a outorga de poderes de fiscalização às pessoas jurídicas de direito privado como, também, promovendo o estabelecimento de uma cultura persecutória sob o signo da conformidade.

Em 1998, a chamada Lei da Lavagem e Ocultação de Bens, que define os crimes de "lavagem" dinheiro ou ocultação de bens, direitos ou valores, de nº 9.613, de 13 de março daquele ano, impõe a uma imensa gama de empresas do sistema financeiro e do comércio de determinados bens elencados na lei um conjunto de obrigações bastante amplo. Entre as obrigações, o artigo 10, III, fixa o dever de adoção de políticas internas e procedimentos de controle de suas operações, transferindo do poder público ao privado uma gama de responsabilidades preventivas até então não exigidas e nem cobradas das organizações de direito privado.

Em 9 de julho de 2012, a Lei nº 12.683 modifica a nº 9.613/1998 e aprofunda essas exigências e amplia os poderes internos das empresas, assim como permite que instituições do Estado se detenham ainda mais na busca prospectivas de ilícitos financeiros.

Antes disso, em junho de 2009, a Controladoria-Geral da União e o Instituto Ethos expediram um documento, denominado "A Responsabilidade Social das Empresas no Combate à Corrupção", documento que inspirou fortemente a Lei nº 12.846/2013, que cuida da responsabilização empresarial por atos contra a administração pública. Nessa norma, todos aqueles princípios oriundos da legislação americana e das normativas estrangeiras acabam contemplados.

O artigo 7º da lei estabelece que, na aplicação de sanções às empresas que incidirem nos ilícitos ali previstos, devem ser considerados a existência de mecanismos e procedimentos internos de integridade, a auditoria e o incentivo à denúncia de irregularidades e aplicação efetiva de códigos de ética e conduta no âmbito da pessoa jurídica. É o que expressamente afirma o inciso VIII. O Decreto nº 8.420/2015 regulamenta a lei e concede às empresas um desconto de até 20% no valor da multa prevista, acaso possua e aplique programas de integridade.

Em abril de 2015, a CGU exara a Portaria nº 909/2015 e define critérios de avaliação dos programas de *compliance* para efeito de cominação das multas e fixa três eixos de avaliação: a dimensão de seu programa e proporcionalidade com a estatura da empresa, o histórico de sua atuação e a utilização específica no caso objeto da intervenção do Poder Público, de modo a revelar a efetividade do programa na contenção dos danos ou na sua reparação.

Assim, os programas de *compliance* ganharam um grande incentivo para o seu desenvolvimento no Brasil.

Sucede, porém, que a conformidade e a integridade que tais programas visam alcançar não podem se limitar aos aspectos dos ilícitos financeiros e dos chamados crimes de colarinho branco. Se estamos a tratar de licitude da conduta empresarial, essa aferição há de alcançar todas as suas searas, entre as quais, é evidente, também a administração do trabalho, em todos os seus modos de expressão.

Aqui, por limitações de propósitos da publicação, haverá a contenção para a identificação de duas de suas facetas, a vigilância e punição e a necessidade de que haja transparência e respeito às normas alusivas ao trabalho. Vejamos breves considerações sobre tais aspectos.

4 O *compliance* em sua dimensão punitiva

Do que se depreende, o primeiro traço de desenvolvimento que a cultura de *compliance* estabeleceu no âmbito das corporações foi o fiscalizador e o punitivo, o que acabou por disseminar um conjunto de ações empresariais todas voltadas à sua proteção. Como consequência, ampliaram-se os riscos aos trabalhadores, especialmente aqueles que têm assento entre administradores e gerentes.

Normas internas proibitivas de inúmeras condutas, impositivas de um sistema de sanções agravado, verdadeiros códigos de ética e de disciplina, foram as primeiras consequências corporativas no novo quadro de contenção dos malfeitos empresariais.

À medida que se ampliam as normas de garantia dos investidores, em proporção diretamente proporcional, aumentam as regras de imposição de condutas e a possibilidade de estabelecimento de sanções aos trabalhadores de nível gerencial.

A supressão das possibilidades de contemporizar condutas tidas por não conformes fez com que a cultura de *compliance* impusesse uma cultura de punitivismo empresarial, cominando ou até mesmo o espaço de sanções pedagógicas, caracterizadas pela aposta na vigência do princípio da continuidade do contrato de trabalho, da outorga de novas oportunidades, de investimento na evolução do trabalhador como decorrência do papel empresarial de promover a qualificação crescente de seus empregados.

Essa cultura ainda acaba por legitimar outra conduta empresarial discutível (para ficarmos na expressão mínima possível) em relação aos seus empregados. A empresa que tudo quer ver, que tudo deseja conhecer, a empresa que, a pretexto de realizar suas políticas de prevenção de más práticas, acaba por se converter numa instituição panótica, que vislumbra nas frinchas das relações sociais da pessoa trabalhadora, de suas relações pessoais, de sua participação nas redes sociais, nos seus sindicatos, nos partidos políticos dos quais participa, nos ambientes em que frequenta, elementos de informação úteis para o propósito de fiscalizar a vida de cada qual para além da própria relação de emprego.

Algumas empresas assumem, nessa vertente de *compliance*, um papel de investigação privada que supera, em muito, até mesmo os poderes públicos para a busca de informações em relação aos suspeitos de cometimento de ilícitos e crimes.

Muito das teorias que agravam os poderes públicos no que diz respeito ao Direito Penal acabam influenciando as políticas de conformidade das empresas. Assim, garantias públicas constitucionais se veem sob o risco de ferimento por poderes privados, que assumem capacidades investigativas das quais o próprio Estado está destituído. Trata-se da apropriação de teorias como a do direito penal do inimigo, como a supressão do direito à presunção de inocência, criando-se, assim, uma espécie de direito penal do trabalho ou poder punitivo privado em que presunção de inocência e garantia da privacidade e intimidade acabam por desaparecer.

Cumpre assim, de certo modo, criar a cultura de *compliance do compliance*, contendo os autorreivindicados ou autoarrogados poderes privados para que não firam garantias constitucionais e direitos individuais fundamentais do cidadão trabalhador, seja qual for a forma de vinculação contratual.

Em síntese: não basta o programa de integridade. É imprescindível que a busca pela integridade seja íntegra e não viole os limites de direitos e garantias constitucionais da classe trabalhadora.

5 O *compliance* em sua dimensão preventiva

Se os poderes investigatórios internos das empresas acabaram por ser reforçados, é imprescindível notar que a cultura de *compliance* está fundada não apenas na investigação e sanção, em vigiar e punir, mas também deve corresponder ao estabelecimento de garantias contra o comportamento fiscalizatório e punitivo abusivo, assim como a uma dimensão preventiva de prática de ilícitos, inclusive os praticados a pretexto da concretização da política de *compliance*, pois é muito comum que se desbordem, em nome da legalidade, dos próprios limites da legalidade.

É claro que não podem as empresas abrir mão de seu poder disciplinar – e tampouco seria de advogar tal tese –, mas a essa ampliação de poderes deve corresponder o aumento de responsabilidade e cuidados no exercício do poder disciplinar, que não admite amadorismo ou desconhecimento dos seus limites. No entanto, muito melhor que sancionar é prevenir, assegurando maior transparência em duplo sentido. Não apenas as ações dos trabalhadores devem ser transparentes em relação à empresa, mas a recíproca há de ser assegurada.

Nesse sentido, para que um programa de *compliance* seja dotado de eficiência, não deve se limitar aos aspectos criminais, nem se circunscrever aos interesses dos investidores e do mercado financeiro, senão a todas as relações sociais subjacentes ao processo de produção e reprodução de valores econômicos.

Em tal contexto, parece plenamente possível tratarmos de *compliance* adjetivado conforme todo o sistema normativo. Podemos tratar de integridade trabalhista, não apenas nos eventos que suscitam a intervenção de órgãos públicos e o acionamento de controles externos às empresas, como também no campo dos seus controles internos, que não devem ser tratados como de exclusivo interesse das empresas.

Do mesmo modo, é possível tratar de programas de integridade em outras searas, como tributária, ambiental, contratual, trabalhista,

Se um programa de *compliance* deve envolver a análise periódica dos riscos de uma empresa, tais riscos não são algo para ser de conhecimento tão somente da sua gestão. Acionistas minoritários também têm direito de acesso a tais informações. E também o têm seus empregados, os trabalhadores, que podem e devem recebê-las – todas – a fim de que saibam os limites de suas perspectivas de futuro, que conheçam os dados essenciais que condicionam a administração da empresa, até para que se promova em melhores condições, de pleno conhecimento recíproco dos fatos essenciais, tanto a negociação individual quanto a coletiva, ambas tão valorizadas pelas últimas modificações da legislação.

Os programas de *compliance* não podem ser tratados apenas como instrumentos de gestão das empresas, mas têm o propósito de oferecer a todos aqueles que realizam negócios ou subscrevem contratos com as empresas uma garantia de transparência e de que as suas afirmações sejam verazes e aferíveis.

Servem, assim, além de aferir ilícitos de cunho econômico, para também reduzir ou eliminar os índices de acidentes do trabalho, de enfermidades trabalhistas, de promover o desejo constitucional de impor a melhoria das condições sociais da classe trabalhadora, compondo um quadro de supressão das opacidades que acompanham as gestões das coisas privadas.

Podem ser altamente eficientes para a prevenção não apenas de acidentes ou enfermidades, mas das situações de violência simbólica ou real no ambiente de trabalho, em que se aferem episódios de assédio, seja moral, seja sexual, aproximando o a solução dos conflitos do trabalho de seu nascedouro, tanto no tempo quanto no espaço.

São de interesse bilateral na relação de trabalho, pois o respeito às normas é precondição de validade de todo e qualquer negócio jurídico.

6 A abertura de novas possibilidades

Os programas de *compliance* não são, pelo quanto se disse, somente um modismo ou um discurso ocasional que oferecem novas oportunidades de prestação de serviços e negócios. Podem ser convertidos em ferramentas de transparência, diálogo, de prevenção e solução de conflitos individuais e coletivos.

No campo dos direitos coletivos, é preciso que passe a constar das pautas reivindicatórias dos Sindicatos dos Trabalhadores a presença dessa representação coletiva nos episódios de violação à lei que tragam, ainda que em potência, eventuais prejuízos aos trabalhadores.

O instrumento normativo para justificar essa reivindicação consta da Convenção nº 135, da Organização Internacional de Trabalho, promulgada pelo Decreto nº 131, de 22 de maio de 1991, que visa dar concretude às garantias aos líderes sindicais, tendo o direito de informação como pano de fundo de uma garantia essencial para pavimentar a correção das negociações coletivas.

Mas é na Recomendação nº 163 da OIT que se acha o mais claro instrumento normativo nesse sentido. Diz o seu item 5. (2) a: "empregadores públicos e privados, a pedido de organizações de trabalhadores, devem por à sua disposição informações sobre a situação econômica e social da unidade negociadora e da empresa em geral, se necessária para negociações significativas; no caso de vir a ser prejudicial à empresa a revelação de parte dessas informações, sua comunicação pode ser condicionada ao compromisso de que será tratada como confidencial na medida do necessário; a informação a ser posta à disposição pode ser acordada entre as partes da negociação coletiva".

Não cabe qualquer dúvida sobre o interesse da classe trabalhadora sobre o conteúdo dos relatórios de análise periódica de riscos. No entanto, não se nota na realidade qualquer iniciativa para que se tenha acesso a tais dados como pressuposto de negociações menos desniveladas no que tange ao direito de informação, componente essencial da validade da negociação coletiva.

Nesse sentido, acordos de leniência realizados com o Ministério Público ou outros órgãos governamentais deveriam ser precedidos de consulta e participação efetiva dos sindicatos de trabalhadores, que congregam e representam as potenciais vítimas imediatas dos ilícitos puníveis com significativas multas, que comprometem, muitas vezes, até mesmo a continuidade desses vínculos de emprego.

Igualmente seria importante que à representação coletiva dos trabalhadores se pudesse assegurar o pleno acesso aos dados cuja transparência é imposta pelos programas de *compliance* e pelo regramento internacional subscrito, ratificado e vigente no direito brasileiro.

A política de promoção de garantias aos whistleblowers,[11] que deveria ser acompanhada de asseguracões trabalhistas, gera e degenera toda uma gama problemas que não se resolvem com a normativa existente.

Também há informações importantes que devem ser facilitadas a trabalhadores, sujeitos ou não à legislação trabalhista, a fim de que os contratos entre as empresas e seus administradores e seus empregados sejam construídos a partir de bases de informação recíprocas e que repousam sobre o princípio da boa fé contratual.

A prevenção, assim, não se assenta apenas na vigilância do comportamento alheio, senão no respeito que há de ser recíproco em todas as relações humanas, contratuais ou não, o que implica manejar conceitos complexos de transparência, boa fé tanto na celebração quanto na execução do contrato, dever de precaução, responsabilidades subjetiva e objetiva dos empregadores, entre outros importantes aspectos do Direito, que, em seu conjunto, compõem o que se pode chamar *compliance* trabalhista.

7 Conclusão

Criar um campo de jogo justo e menos desnivelado entre os empregadores e empregados é ainda algo que repousa no campo da utopia. O lugar inexistente. No entanto, não é porque o lugar não existe que não possa ser construído, pouco a pouco, como resultado do processo civilizatório tendente à evolução dos que compõem a humanidade.

---

[11] Figura dos "sopradores" ou dos denunciantes, que obtêm benefícios segundo o papel de desvelar os ilícitos, mas que nem sempre estão contemplados por uma indenidade, ou impossibilidade de virem a sofrer retaliações dos denunciados ou mesmo da corporação objeto da denúncia.

Quando se trata de contratantes que licitam em projetos públicos, bem como nas relações interempresariais privadas, assegurar, durante todo o processo de trabalho, a execução das leis trabalhistas e assegurar-se de que os empregados são pagos regularmente, em um ambiente de trabalho igual, livre de assédio e discriminação, constitui o substrato legal mínimo que se espera.

Compliance trabalhista há de ser mais do que isso. Não se pode perder de vista que seja o não lugar, o *u tópos*, a utopia, a qual necessita de quem creia no lugar inexistente e lute para que se lhe construa ou se lhe alcance. Nesse sentido, bem pode servir ao propósito de servir de instrumento para atender ao comando constitucional de melhoria das condições sociais de quem exerce o trabalho, assim como a elevação dos padrões morais do exercício das atividades econômicas, mormente quando se trata do exercício da alteridade, do respeito ao outro, do reconhecimento do semelhante, dos valores de transparência e direito à informação e respeito recíprocos, tão caros à sociedade democrática.

Informação bibliográfica deste texto, conforme a NBR 6023:2002 da Associação Brasileira de Normas Técnicas (ABNT):

MORO, Luís Carlos. *Compliance* trabalhista. In: CUEVA, Ricardo Villas Bôas; FRAZÃO, Ana (Coord.). *Compliance*: perspectivas e desafios dos programas de conformidade. Belo Horizonte: Fórum, 2018. p. 421-436. ISBN 978-85-450-0564-3.

COMPLIANCE, GOVERNANÇA E REGULAÇÃO

MÁRCIO IORIO ARANHA

1 Introdução

Governança, regulação e *compliance* são termos indispensáveis ao estudo da relação entre o Estado e o mundo empresarial. Os conceitos que eles representam, entretanto, continuam desafiando o jurista quando do encontro entre o tradicional direito administrativo ordenador, o direito empresarial e as teorias regulatórias. O título deste capítulo, não por acaso, posiciona o termo *compliance*, ou conformidade normativa, em meio a dois termos ainda mais abrangentes e, por vezes, utilizados de forma intercambiável, quais sejam, governança e regulação, cuja proximidade conceitual usualmente nos faz percebê-los como sinônimos. Este capítulo aborda o posicionamento relativo dos termos *compliance*, governança e regulação para desvendar como o *compliance* regulatório tem sido utilizado por modelos estratégicos de regulação que galvanizam a cultura empresarial de negócios rumo ao interesse público.

2 Governança empresarial, governo regulatório e governança regulatória

Enquanto o termo *compliance* detém um significado inequívoco de uma miríade de respostas comportamentais de indivíduos e empresas frente à regulação,[1] o termo governança encarna um conceito abrangente

[1] PARKER, C.; NIELSEN, V. L. *Explaining Compliance*: Business Responses to Regulation. Cheltenham, UK: Edward Elgar, 2011.

e, por isso mesmo, inclinado a produzir afirmações equívocas. A tentação em equiparar termos próximos como governança, governo e regulação costuma tornar ainda mais complexa a sua relação com o *compliance* regulatório. Tanto governo (*government*), quanto governança (*governance*) bebem do latim *gubernare*, de dirigir ou pilotar, enquanto regulação (*regulation*) remonta ao latim *regere* ou *regulare*, de guiar ou manter em linha reta.[2]

Não é incomum o uso do termo governança para se descrever a administração governamental sobre a vida empresarial. A literatura sobre governança, contudo, tem envidado esforços em delimitar a fronteira entre governança empresarial e regulação estatal ao utilizar os termos regulação governamental e governança empresarial como dois polos de um mesmo fenômeno, em que a administração estatal da atividade empresarial – regulação governamental – convive com a operacionalização da atividade empresarial pela própria empresa – governança empresarial.

De um lado, o Estado administra as leis produzindo normas regulamentares em geral (*government regulations*), opta pelo Estado Regulador, ao privilegiar a administração apoiada em regras (*rule-based governance*), ao invés de se resumir a funções macroeconômicas de tributação ou redistributivas de gastos públicos[3] e, finalmente, implementa modelos de governo regulatório (*regulatory government*),[4] também chamados de regulação no governo (*regulation inside government*),[5] ou, ainda, privilegia modelos de regulação predominantemente descentralizada e apoiada em comunidades normativas presentes no ambiente regulado via governança regulatória (*regulatory governance*).

De outro lado, tem-se a empresa, seja ela estatal ou não, organizando processos, sistemas e controles segundo orientações de governança empresarial (*corporate governance*), com objetivos diversos, entre eles, o de satisfazer as expectativas de investidores internacionais,[6] o de

---

2 PARTRIDGE, Eric. *Origins*: A Short Etymological Dictionary of Modern English. Londres: Routledge, 2006.

3 MAJONE, G. The rise of the regulatory state in Europe. *West European Politics* 17, 1994, p. 77-101.

4 CROLEY, Steven P. *Regulation and Public Interests:* The Possibility of Good Regulatory Government. Princeton: Princeton University Press, 2008.

5 Sobre as formas de melhoria da organização do próprio Estado rumo a uma gestão regulatória mais eficiente, quando se reconhece a propensão de países em desenvolvimento em optarem pela regulação no Estado ou no governo, vide: MINOGUE, Martin; CARIÑO, Ledivina. Introduction: regulatory governance in developing countries, p. In: MINOGUE, Martin; CARIÑO, Ledivina (Org.). *Regulatory Governance in Developing Countries*. Cheltenham, UK: Edward Elgar, 2006, p. 3.

6 UNITED NATIONS. *Guidance on Good Practices in Corporate Governance Disclosure*. New York e Genebra: United Nations Publication, 2006.

pura eficiência econômica às expensas de considerações éticas ou o de sistemático diálogo entre ética e objetivos empresariais de mercado.[7]

Ambos os polos de governo e governança participam da vida da empresa sob enfoques distintos: o enfoque governamental de administração extrínseca da vida empresarial, seja por normas gestadas no seio estatal ou garimpadas em normas do modelo de negócios regulados; e o enfoque empresarial de operacionalização intrínseca de sua própria vivência.

Governança regulatória e governança empresarial são, portanto, termos que representam momentos distintos de afirmação da governança como método de governo de organizações empresariais mediante técnicas regulatórias apoiadas na participação do regulado para alcance do interesse público – governança regulatória – ou de organização de processos, sistemas e controles movidos pelo interesse empresarial – governança empresarial.

O significado da governança regulatória é variável, mas sua característica fundamental está na necessidade de que os próprios afetados por um tipo de regulação apoiada em variáveis situadas fora das normas jurídicas (*non-legal variables*), presentes em comunidades normativas para além do Estado, exercitem, em maior grau, habilidades colaborativas e assumam a responsabilidade por seus atos, configurando o modelo de governança regulatória descentralizada (*de-centred regulatory governance*).

Há quem defenda, por exemplo, que a governança regulatória seria uma característica diferencial do Estado Regulador, quando este opta por abordagens regulatórias apoiadas em outros sistemas normativos que não somente o estatal, o que justificaria falar de uma governança regulatória em vários níveis (*multi-level governance*).[8] Como consequência, ao se defender a governança regulatória, estar-se-ia, de pronto, firmando oposição a estilos regulatórios de comando-e-controle.

3 *Compliance* regulatório

O significado da conformidade regulatória (*regulatory compliance*) costuma estar associado ao de constrangimento normativo (*enforcement*),

[7] Sobre a união entre economia e ética como um problema próprio ao tema de governança empresarial, vide: ZIMMERLI, Wlahter Ch.; RICHTER, Klaus; HOLZINGER, Markus (Org.). *Corporate Ethics and Corporate Governance*. Berlin e Heidelberg: Springer, 2007.

[8] KING, Roger. *The Regulatory State in an Age of Governance: Soft Words and Big Sticks*. Houndsmills, Basingstoke, Hampshire, UK: Palgrave Macmillan, 2007.

entendendo-se o *compliance* regulatório como justificativa e parâmetro para os atos estatais de constrangimento do particular. O objetivo que se busca, todavia, é usualmente ambíguo, seja ele o de alcance de objetivos da coletividade ou de cumprimento de disposições normativas regulatórias.[9] Adota-se, aqui, a solução abrangente de se considerar o *compliance* regulatório como inclinado tanto à satisfação de interesses sociais em geral, quanto para o cumprimento de comandos normativos específicos.[10]

Quando se parte da ideia de governança empresarial, a regulação se transforma em um objeto de estratégia de negócios. A relação entre governança e regulação advém, neste caso, da necessidade de se orientar o comportamento empresarial rumo ao cumprimento ou não de regras regulamentares mediante o chamado *compliance* regulatório (*regulatory compliance*), como um dos pilares estratégicos de administração empresarial do trinômio governança-risco-*compliance*, mais especificamente, no que se refere ao risco operacional (*operational risk*). Sob o enfoque da governança empresarial, o *compliance* regulatório consiste em estratégia empresarial frente às constrições regulatórias medida por uma análise de risco sobre a aplicação da regulamentação estatal.

Quando, por outro lado, se parte da ideia de governança regulatória, a regulação toma a forma de um modelo também estratégico, mas agora voltado ao alcance do interesse público mediante medidas governamentais que procuram incrementar o nível de *compliance* do particular, mediante reforço dos incentivos empresariais presentes em normas previamente existentes no sistema social regulado rumo ao interesse público.

Daí se falar em estratégias ou modelos de *compliance* em substituição às formas de constrangimento da conduta privada – *enforcement*. Enquanto as diversas formas de constrangimento extrínseco do indivíduo pelo Estado para o cumprimento de uma norma jurídica têm por enfoque predominante o quadro regulatório ordenador e criminalizador do comando-e-controle, a conformidade regulatória – *regulatory compliance* – bebe da percepção, por parte do regulado, de que o sistema regulatório será justo e eficaz. Enfim, o *compliance* regulatório angaria forças da relação de confiança entre regulado e regulador com ênfase

---

9 YEUNG, K. Securing Compliance: A Principled Approach. Oxford: Hart Publishing, 2004, p. 11.

10 PARKER, C. *Summary of Scholarly Literature on Regulatory Compliance*. Paris: OCDE, 1999.

na cultura e comportamento do regulado e, acima de tudo, na atitude cooperativa entre regulador e regulado.[11]

Mesmo sob o enfoque de governo regulatório, o *compliance* regulatório pode assumir o papel de parâmetro de sucesso ou fracasso da regulação.[12] A regulação *stricto sensu* – governo regulatório –, quando em batimento com a governança regulatória, resume-se à atuação estatal sobre a esfera privada a partir do pressuposto de interferência unilateral e impositiva de constrangimento extrínseco.

Assim, o *compliance* regulatório é, ao mesmo tempo, uma estratégia empresarial de lidar com os modelos regulatórios, sejam eles de comando-e-controle ou de regulação descentralizada, como também um objeto de estudos de estratégias governamentais de regulação apoiadas em regulação ordenadora e criminalizadora ou, principalmente apoiada na cultura de negócios do setor regulado.

4 Direito e *compliance* social

Compliance é um termo novo na literatura jurídica, mas o que ele representa é mais velho que o tempo, pois tem sido estudado na esteira de uma tradição doutrinária mais abrangente e preocupada com a possibilidade de orientação de conduta do indivíduo por normas jurídicas: o *compliance* social ou conformidade normativa social.

O Direito, visto como técnica social, apoia-se no reconhecimento de sua influência sobre o comportamento humano e, por consequência, no pressuposto de que a disciplina normativa e a atividade administrativa ordenadora, prestacional ou fomentadora conformam a conduta daqueles que busca regular.

O dogma do Direito como pauta de conduta parte do pressuposto de que regras jurídicas e atuação administrativa se configuram em importantes guias do comportamento humano. Entretanto, o método utilizado para regramento de condutas é variável e revela a problematização daquele dogma quando ora defende a postura de uma administração ordenadora e criminalizadora, ora parte para uma abordagem pautada pelo esforço em se angariar convencimento social.

---

[11] MCBARNET, D. When Compliance is not the Solution but the Problem: From Changes in Law to Changes in Attitude. In: BRAITHWAITE, V. *Taxing Democracy*. Hants, UK: Ashgate, 2002. p. 229-243.

[12] PARKER, C.; NIELSEN, V. L. Compliance: 14 Questions. In: DRAHOS, P. *Regulatory Theory:* Foundations and Applications. Acton, AU: Australian National University Press, 2017. p. 217-232.

Ora a atividade reguladora se concentra em influenciar o comportamento do regulado por disciplina ordenadora apoiada na ameaça de imposição de sanções aflitivas,[13] ora se concentra em moldar o contexto fático em que ocorre a conduta, apoiando-se no pressuposto de que uma norma seria capaz de descrever adequadamente as reais circunstâncias em que os particulares praticam seus atos e de moldar a sua conduta segundo incentivos presentes no código de conduta próprio ao ambiente regulado.[14]

São abundantes as teorias que se propõem a definir a natureza do sistema jurídico em sua relação com o comportamento humano, projetando o Direito como uma realização institucional segundo a qual a conduta humana seria governada por regras.[15] As teorias jurídicas positivistas bebem da assertiva de que o Direito se afirma precisamente quando do distanciamento entre a conduta humana e a prescrição jurídica. O principal ponto de conflito entre as teorias de direito natural e do positivismo jurídico consiste em considerar o sistema jurídico um sistema, respectivamente, de coerção interna ou externa.

Essa diferenciação entre coerção externa e interna dá ensejo a duas técnicas opostas de regulação: a regulação por comando-e-controle, também chamada regulação por administração ordenadora e criminalizadora, como um tipo de regulação no Estado ou com enfoque no Estado, representada pela identidade entre regulação e normas estatais, entendida a regulação como uma faceta pública da organização empresarial;[16] e os tipos regulatórios apoiados em normas sociais, quais sejam, a regulação apoiada em redes, a regulação descentralizada ou as diversas manifestações da regulação apoiada na cultura de negócios do setor regulado.

A abordagem regulatória de comando-e-controle tem por ponto de partida a assertiva de que a norma jurídica detém força própria de vedação de conduta ou exigência de comportamento em um ambiente institucionalizado de controle direto e permanente sobre

---

13 BLACK, J. Talking about regulation. *Public Law*, nº 1, p. 77-105, 1998.

14 BLACK, J. *Rules and Regulators*. Oxford: Clarendon Press, 1997; MCBARNET, D.; WHELAN, C. The elusive spirit of the law: Formalism and the struggle for legal control. *Modern Law Review*, v. 54, nº 6, p. 848-873, 1991; DIVER, C. S. The Optimal Precision of Administrative Rules. *Yale Law Journal*, p. 65-109, 1983.

15 FULLER, L. L. *The Morality of Law*. New Haven: Yale University Press, 1964.

16 LAFFONT, Jean-Jacques. The New Economics of Regulation Ten Years After. *Econometrica*, v. 62, nº 3, p. 507-537, 1994.

uma determinada área da vida econômica.[17] Essa abordagem considera a ameaça de sanções aflitivas como suficiente para realinhamento de conduta do particular e, em especial, dos interesses empresariais rumo ao interesse público ou ao interesse de toda a sociedade.[18] Trata-se, portanto, de uma abordagem que é reforçada pela suposição de que o sistema jurídico manifesta-se por intermédio de atos coercitivos extrínsecos.

Kelsen defende que o Direito seria uma técnica social de um sistema de coerção externa apoiada no pressuposto de que o comportamento humano restaria motivado pelo Direito e por instituições jurídicas.[19] A conduta humana seria afetada pela norma jurídica, cuja existência decorreria da validade do Direito como uma consequência de atos ilícitos.

Esse modo de se perceber o Direito não é exclusivo de Kelsen. Ao digladiarem sobre a essência de um direito, correntes de pensamento do positivismo jurídico inclinam-se a considerá-lo, seguindo Holmes, como somente a "substância de uma profecia"[20], segundo a qual o poder público atuará contra aquele que o violentar. Disso decorre que um direito estaria incrustado no comportamento social do ser humano como uma coerção extrínseca sob a forma de privação de algo que o ser humano mais valoriza, seja a liberdade, a propriedade, a segurança, a privacidade ou qualquer outro desejo humano. Esse pré-requisito da teoria pura do direito entra em choque frontal com os fundamentos do direito natural, que afirma a existência de princípios de dignidade, bondade e ordem na conduta individual.[21] Em outras palavras, a força vinculante do Direito, sob o ponto de vista do direito natural, encontra-se em um valor ou ideia intrínseca ao ser humano.

O debate entre o direito natural e o positivismo jurídico interessa para esta abordagem de *compliance* regulatório ao demonstrar como uma postura positivista apoiada em forças coercitivas extrínsecas influenciou a regulação rumo a um modelo de comando-e-controle, por intermédio

---

[17] BALDWIN, R.; CAVE, M.; LODGE, M. Regulation: The Field and the Developing Agenda. In: BALDWIN, R.; CAVE, M.; LODGE, M. *The Oxford Handbook of Regulation*. Oxford: Oxford University Press, 2010. p. 3-16.

[18] COGLIANESE, C.; MENDELSON, E. Meta-Regulation and Self-Regulation. In: BALDWIN, R.; CAVE, M.; LODGE, M. *The Oxford Handbook of Regulation*. Oxford: Oxford University Press, 2010. p. 146-168.

[19] KELSEN, H. *Introduction to the Problems of Legal Theory*. Tradução de Bonnie Litschewski Paulson e Stanley L. Paulson. Oxford: Oxford University Press, 1992; KELSEN, H. *Contribuciones a la Teoría Pura del Derecho*. Cidade do México: Fontamara, 2003.

[20] HOLMES, O. W. Natural Law. *Harvard Law Review*, v. 32, p. 40-44, 1918, p. 42.

[21] FINNIS, J. *Natural Law & Natural Rights*. 2. ed. Oxford: Oxford University Press, 2011.

da consideração do Direito como um simples conjunto de medidas coercitivas que se afirmam principalmente perante um ato ilícito.

Quando o positivismo jurídico de Kelsen defende que é por intermédio de um ato ilícito que se comprova a existência do Direito, ou quando Weber[22] afirma que a identidade distintiva do Direito decorre da existência de um aparato coercitivo, ambos estão reforçando a conclusão de que quanto mais sanções aflitivas existirem em um sistema jurídico, maior será a sua eficácia na conformação do comportamento social.

É bem verdade que o positivismo jurídico não se apresenta como um corpo consistente e monolítico de conceitos. Como prova disso, não se pode olvidar as críticas de H. L. A. Hart à teoria de Kelsen, entre outras coisas, por desconsiderar as diversas funções sociais do Direito, em particular, a função da norma de reconhecimento (*rule of recognition*), que seriam, segundo Hart, uma evolução frente à abordagem proposta por Kelsen e apoiada no conceito de norma fundamental (*Grundnorm*).[23] Apesar das eventuais discordâncias entre as correntes de pensamento do positivismo jurídico, seus seguidores convergem para a assertiva de que o fundamento do Direito assenta-se sobre um conjunto de regras extrínsecas ao meio social que se pretende regular, regras estas voltadas à obtenção da conformação de conduta ou *compliance* social.

Embora não se possa dizer que o método regulatório de comando-e-controle seja oriundo do positivismo jurídico, há uma evidente relação entre ambos. A relação entre positivismo jurídico e método regulatório administrativo ordenador e criminalizador demonstra que a preferência evidenciada atualmente por um modo específico de se lidar com o comportamento humano remonta à crença de que o Direito se manifestaria principalmente por intermédio de sistemas coercitivos extrínsecos, em detrimento da crença de que ele se manifestaria por intermédio de normas gestadas no sistema social que as normas jurídicas pretendem regular. Quando o regulador opta por uma abordagem regulatória que se fundamenta sobre as normas intrínsecas aos negócios regulados, estará nadando contra a corrente predominantemente positivista de nossos tempos.

Ao se falar em coerção extrínseca, também é importante observar que se está optando pela teoria dos incentivos, que considera como incentivo toda medida extrínseca que induz determinados agentes a adotar um comportamento desejável. A teoria dos incentivos influencia teorias jurídicas que consideram o Direito como força motriz do

---

22 WEBER, M. *The Theory of Social and Economic Organization*. Glencoe, Ill.: Free Press, 1957.

23 HART, H. L. A. *The Concept of Law*. 3. ed. Oxford: Oxford University Press, 2012.

comportamento individual em direção a resultados socialmente desejados, como, por exemplo, a consideração de que os contratos criariam incentivos jurídicos à atuação concorde das partes,[24] as patentes gerariam benefícios via monopólio de direitos intelectuais, incentivando novas invenções,[25] e a responsabilidade civil serviria como incentivo ao comportamento lícito ao impor custos via ameaça de composição de danos.[26]

Ao questionar essa tendência em resumir o Direito a um conjunto de incentivos extrínsecos, Atiq defende que os incentivos podem dar ensejo tanto a resultados desejados quanto indesejados.[27] Quando a coerção extrínseca é prescrita como a pomada milagrosa para todos os males, pode-se chegar à conclusão, por outro lado, de que o único meio de se obter um resultado desejado seja por intermédio de agentes extrinsecamente motivados.

A desconexão entre o padrão normativo *de facto* de um determinado grupo social e o direito positivo consiste no objeto de pesquisa da sociologia do direito desde a proposta de Montesquieu, no Espírito das Leis, de que o clima e a geografia explicariam o direito nacional, pelo que outros o seguirão, como a famosa assertiva de 1907 de William Graham Sumner, de que os caminhos da lei não conseguem alterar a prática social e de que a legislação é incapaz de criar costumes,[28] até a proposta de 1913 de Eugen Ehrlich, segundo o qual o aparato conceitual do direito positivo deve refletir o direito vivo ou o caráter peculiar das instituições sociais de uma Nação.[29]

O desenvolvimento mais recente de estudos empíricos em diversos setores regulados sobre a real capacidade do Direito em conformar condutas minou a certeza de que o uso exclusivo de medidas coercitivas extrínsecas desconectadas dos parâmetros normativos internos à sociedade seria capaz de explicar os resultados de sucesso e fracasso regulatórios e, com isso, evidenciou a importância de se

---

[24] SCHWARTZ, A.; SCOTT, R. E. Contract Theory and the Limits of Contract Law. *Yale Law Journal*, v. 113, nº 3, p. 541-620, 2003.

[25] HUBBARD, W. Competitive Patent Law. *Florida Law Review*, v. 65, nº 2, p. 341-394, 2013.

[26] LANDES, W. M.; POSNER, R. A. *The Economic Structure of Tort Law*. Cambridge, MA: Harvard University Press, 1987; CALABRESI, G. *The Costs of Accidents: A Legal and Economic Analysis*. New Haven, CT: Yale University Press, 1970.

[27] ATIQ, E. H. Why Motives Matter: Reframing the Crowding Out Effect of Legal Incentives. *The Yale Law Journal*, v. 123, nº 4, p. 1070-1116, 2014.

[28] SUMNER, W. G. *Folkways: A Study of Mores, Manners, Customs and Morals*. Mineola, NY: Dover, 2002.

[29] EHRLICH, E. *Fundamental Principles of the Sociology of Law*. Tradução de Walter L. Moll. New Brunswick, NJ: Transaction Publishers, 2009.

rediscutir o real nível de *compliance* regulatório experimentado nos setores regulados.

5 *Compliance* regulatório e coerção intrínseca e extrínseca

As abordagens regulatórias de comando-e-controle tendem a se concentrar sobre fatores econômicos, sob o argumento de que seriam os principais fatores de conformação do comportamento empresarial. Há duas formas de homenagear essa proposta a depender do valor que se dê aos custos de implementação ou ao *compliance* regulatório.

Se o objetivo primário do regulador for o de obter o cumprimento da regulação segundo uma perspectiva estritamente econômica, o nível ótimo de implementação será alcançado quando os benefícios sociais de implementação da regulação forem iguais aos custos de implementação. Outra forma, entretanto, de se medir o sucesso regulatório está em avaliá-lo segundo o nível de *compliance* regulatório alcançado, independentemente do custo de sua implementação, apoiando-se na teoria punitiva de dissuasão (*deterrence theory of punishment*).

Segundo essa teoria, o regulado seria dissuadido de cometer um ilícito e, portanto, caminharia no sentido do *compliance* regulatório, quando os custos impostos pela intervenção normativa extrínseca superassem os lucros percebidos pelo regulado decorrentes da conduta ilícita. Esse raciocínio parte do pressuposto de que a empresa seria um ator racional que ponderaria os custos e benefícios de um ato ilícito.[30] De acordo com essa abordagem, as empresas não adotariam condutas que lhes causassem prejuízo para o fim de cumprirem objetivos regulatórios – *compliance* regulatório – a não ser que suas ações fossem exigidas por normas jurídicas e os custos pelo descumprimento excedessem os benefícios em batimento com a probabilidade de serem descobertas e impedidas de praticarem dito ato ilícito.

Os incentivos econômicos não explicam, todavia, a variedade de comportamentos empresariais dos regulados em casos em que a empresa implementa deveres jurídicos além do exigido pela normatização (*beyond compliance*) e que não decorram simplesmente de indivisibilidade tecnológica ou de uniformidade tecnológica (*overcompliance*).[31] A conformidade perante as normas – *compliance* regulatório – decorreria,

---

[30] ABBOT, C. *Enforcing pollution control regulation:* Strengthening sanctions and improving deterrence. London: Bloomsbury Publishing, 2009.

[31] VOGEL, D. *The Market for Virtue:* The Potential and Limits of Corporate Social Responsibility. Washington, DC: Brookings Institution, 2005.

segundo correntes de pensamento apoiadas em comando-e-controle, da coerção extrínseca, mas ela não explica todos os casos de comportamento empresarial para além do exigido pela regulamentação. Outros fatores internos à dinâmica empresarial, como processos internos de poder e de liderança[32] ou condições de incerteza regulatória e exasperada percepção sobre os riscos empresariais decorrentes do descumprimento da regulação[33] também dirigem o comportamento do regulado.

A partir dessa constatação de insuficiência do comando-e-controle para explicação do *compliance* regulatório, outras teorias regulatórias tentarão dar conta desse paradoxo ao resgatar a compreensão do Direito como apoiado em normas e pressões sociais intrínsecas ao ambiente regulado.

6 Estratégias regulatórias e *compliance* regulatório

Diversas são hoje as teorias econômicas e de ciência política sobre a regulação.[34] Teorias jurídicas milenares que lidam com a validade e eficácia da norma passaram a se comunicar com o termo amalgamador da regulação a partir de um novo ambiente gestado no âmbito do Estado Regulador.

Algumas delas são de caráter substantivo, ao orientarem a regulação rumo a valores que as justificam, tais como, aos direitos fundamentais, assim entendidos como direitos institucionalizados,[35] ou aos cânones interpretativos derivados de princípios do Estado Regulador na mediação entre regulação e representação democrática para administração do risco social inscrito nos direitos do consumidor, na proteção do meio ambiente, na saúde do trabalhador.[36]

Outras teorias detêm caráter procedimental ao indicarem a forma de regular, independentemente dos valores a serem protegidos ou afastando-os do proscênio, segundo estratégias de desenho regulatório ou de interação com a cultura de negócios regulados. Tais teorias

---

[32] PRAKASH, A. Why do Firms Adopt 'Beyond-Compliance' Enviornmental Policies?. *Business Strategy and the Environment*, v. 10, p. 286-299, 2001.

[33] DEHART-DAVIS, L.; BOZEMAN, B. Regulatory Compliance and Air Quality Permitting: Why do Firms Overcomply?. *Journal of Public Administration Research and Theory*, v. 11, n. 4, p. 471-508, 2001.

[34] OGUS, A. I.; VELJANOVSKI, C. G. (Ed.). *Readings in the Economics of Law and Regulation*. Oxford: Clarendon Press, 1984; LEVI-FAUR, D. (Ed.). *Handbook on the Politics of Regulation*. Cheltenham, UK: Edward Elgar, 2011.

[35] ARANHA, M. I. *Manual de Direito Regulatório*. 3. ed. Londres: Laccademia, 2015.

[36] SUNSTEIN, C. R. *After the Rights Revolution:* Reconceiving the Regulatory State. Cambridge, MA: Harvard University Press, 1993.

configuram-se em espécies de teorias procedimentais da regulação, tais como, a regulação ordenadora e criminalizadora,[37] também chamada de comando-e-controle, a regulação como forma jurídica de engenharia social,[38] a teoria da regulação inteligente[39], as teorias sistêmicas de regulação, sejam elas autopoiéticas ou não, como é o caso, respectivamente, da teoria do trilema regulatório[40] e da teoria da regulação responsiva,[41] e, finalmente, a teoria que bebe da própria construção jurídica do fenômeno processual de direito público: a teoria processual administrativa da regulação.[42]

Algumas delas estarão mais inclinadas a incorporarem métodos de governança regulatória e, em decorrência disso, preocuparem-se prioritariamente, para definição das opções regulatórias, com o nível de *compliance* regulatório como parte da justificativa de sua adoção. A teoria da regulação responsiva, por exemplo, é comumente defendida por incorporar em sua fórmula de pirâmides de persuasão e de punição a justificativa de que o método responsivo levaria a uma melhor efetivação do *compliance* regulatório.

7 Conclusão

O *compliance* regulatório aplica-se tanto à regulação de comando-e-controle, quanto às espécies regulatórias apoiadas em normas e pressões sociais, mas é nestas últimas que ele se apresenta como um problema de primeira grandeza, já que a regulação ordenadora e criminalizadora é dogmática em pressupor que a conduta do particular

---

[37] KELSEN, H. Introduction to the Problems of Legal Theory. Tradução de Bonnie Litschewski Paulson e Stanley L. Paulson. Oxford: Oxford University Press, 1992; KELSEN, H. Contribuciones a la Teoría Pura del Derecho. Cidade do México: Fontamara, 2003; WEBER, M. *The Theory of Social and Economic Organization*. Glencoe, Ill.: Free Press, 1957.

[38] OGUS, Anthony I. Regulatory Law: Some Lessons from the Past. In: *Legal Studies* (London) 12(1): 1-19, 1983.

[39] GUNNINGHAM, Neil; GRABOSKY, Peter. *Smart Regulation: Designing Environmental Policy*. Oxford: Clarendon Press, 1998.

[40] TEUBNER, Gunther. After legal instrumentalism: Strategic models of post-regulatory law. In: *Dilemmas of law in the welfare state*. Berlin: Walter de Gruyter, 1986, p. 299-326.

[41] AYRES, I.; BRAITHWAITE, J. *Responsive Regulation: Transcending the Deregulation Debate*. Oxford University Press: Oxford, 1992; BRAITHWAITE, J. Responsive Regulation and Developing Economies. *World Development*, v. 34, n. 5, p. 884-898, 2006; BRAITHWAITE, J. The Essence of Responsive Regulation. *University of British Columbia Law Review* (U.B.C. L. Rev.), v. 44, p. 475-520, 2011; KOLIEB, J. When to Punish, When to Persuade and When to Reward: Strengthening Responsive Regulation with the Regulatory Diamond. *Monash University Law Review*, v. 41, n. 1, p. 136-162, 2015.

[42] CROLEY, S. P. *Regulation and Public Interests:* The Possibility of Good Regulatory Government. Princeton: Princeton University Press, 2008.

seria afetada pela previsão normativa extrínseca e comumente – ou convenientemente – dispensa a análise sobre o real nível de conformidade regulatória.

A justificativa de alteração do modelo regulatório agora apoiado principalmente na garimpagem de incentivos no ambiente regulado exigiu dos estudos pertinentes que se debruçassem com mais afinco sobre o tema do *compliance* regulatório, elevando-o à categoria de componente essencial de teorias da regulação que afirmam a necessidade de modelagem regulatória à imagem e semelhança da cultura de negócios do regulado.

As teorias da regulação que enxertam em sua fundamentação o *compliance* regulatório, de fato, rendem homenagem a uma visão mais utilitária da regulação, justificando-a pelo melhor resultado de efetiva aplicação das normas e seu cumprimento por parte dos regulados.

Assim, o *compliance* regulatório ingressa na regulação como justificativa central para adoção de estratégias regulatórias alegadamente mais eficazes, mas também como um índice, entre muitos, destinado a inspirar a arquitetura de modelos regulatórios pautados pela aferição do sucesso ou fracasso de sua implementação.

O certo é que, atualmente, regulação e *compliance* andam de mãos dadas em quaisquer modelos regulatórios, com especial estrelato no seio das teorias da regulação apoiadas em normas e pressões sociais a partir de uma rede interdependente de influências recíprocas entre mecanismos regulatórios e atitudes dos regulados[43] em alianças produtivas. Se a importância do estudo de *compliance*, como demonstrado até aqui, é diretamente proporcional à aplicação de teorias regulatórias apoiadas na cultura de negócios do regulado, a propósito festejadas em organismos internacionais, isso, por si só, revela a centralidade do *compliance* social, em geral, e do *compliance* regulatório, em especial, nas discussões de modelagem regulatória que ocupam os atuais esforços de administração das leis.

Referências

ABBOT, C. *Enforcing pollution control regulation:* Strengthening sanctions and improving deterrence. London: Bloomsbury Publishing, 2009.

ARANHA, M. I. *Manual de Direito Regulatório*. 3. ed. Londres: Laccademia, 2015.

---

43 PARKER, C.; NIELSEN, V. L. Compliance: 14 Questions. In: DRAHOS, P. *Regulatory Theory:* Foundations and Applications. Acton, AU: Australian National University Press, 2017. p. 217-232.

ATIQ, E. H. Why Motives Matter: Reframing the Crowding Out Effect of Legal Incentives. *The Yale Law Journal*, v. 123, n. 4, p. 1070-1116, 2014.

AYRES, I.; BRAITHWAITE, J. *Responsive Regulation:* Transcending the Deregulation Debate. Oxford University Press: Oxford, 1992.

BALDWIN, R.; CAVE, M.; LODGE, M. Regulation: The Field and the Developing Agenda. In: BALDWIN, R.; CAVE, M.; LODGE, M. *The Oxford Handbook of Regulation*. Oxford: Oxford University Press, 2010. p. 3-16.

BLACK, J. *Rules and Regulators*. Oxford: Clarendon Press, 1997.

BLACK, J. Talking about regulation. *Public Law*, n. 1, p. 77-105, 1998.

BRAITHWAITE, J. Responsive Regulation and Developing Economies. *World Development*, v. 34, n. 5, p. 884-898, 2006.

BRAITHWAITE, J. The Essence of Responsive Regulation. *University of British Columbia Law Review (U.B.C. L. Rev.)*, v. 44, p. 475-520, 2011.

CALABRESI, G. *The Costs of Accidents:* A Legal and Economic Analysis. New Haven, CT: Yale University Press, 1970.

COGLIANESE, C.; MENDELSON, E. Meta-Regulation and Self-Regulation. In: BALDWIN, R.; CAVE, M.; LODGE, M. *The Oxford Handbook of Regulation*. Oxford: Oxford University Press, 2010. p. 146-168.

CROLEY, S. P. *Regulation and Public Interests:* The Possibility of Good Regulatory Government. Princeton: Princeton University Press, 2008.

DEHART-DAVIS, L.; BOZEMAN, B. Regulatory Compliance and Air Quality Permitting: Why do Firms Overcomply? *Journal of Public Administration Research and Theory*, v. 11, n. 4, p. 471-508, 2001.

DIVER, C. S. The Optimal Precision of Administrative Rules. *Yale Law Journal*, p. 65-109, 1983.

EHRLICH, E. *Fundamental Principles of the Sociology of Law*. Tradução de Walter L. Moll. New Brunswick, NJ: Transaction Publishers, 2009.

FINNIS, J. *Natural Law & Natural Rights*. 2. ed. Oxford: Oxford University Press, 2011.

FULLER, L. L. *The Morality of Law*. New Haven: Yale University Press, 1964.

GUNNINGHAM, N.; GRABOSKY, P. *Smart Regulation:* Designing Environmental Policy. Oxford: Clarendon Press, 1998.

HART, H. L. A. *The Concept of Law*. 3. ed. Oxford: Oxford University Press, 2012.

HOLMES, O. W. Natural Law. *Harvard Law Review*, v. 32, p. 40-44, 1918.

HUBBARD, W. Competitive Patent Law. *Florida Law Review*, v. 65, n. 2, p. 341-394, 2013.

KELSEN, H. *Introduction to the Problems of Legal Theory*. Tradução de Bonnie Litschewski Paulson and Stanley L. Paulson. Oxford: Oxford University Press, 1992.

KELSEN, H. *Contribuciones a la Teoría Pura del Derecho*. Cidade do México: Fontamara, 2003.

KING, R. *The Regulatory State in an Age of Governance:* Soft Words and Big Sticks. Houndsmills, Basingstoke, Hampshire, UK: Palgrave Macmillan, 2007.

KOLIEB, J. When to Punish, When to Persuade and When to Reward: Strengthening Responsive Regulation with the Regulatory Diamond. *Monash University Law Review*, v. 41, n. 1, p. 136-162, 2015.

LAFFONT, J.-J. The New Economics of Regulation Ten Years After. *Econometrica*, v. 62, n. 3, p. 507-537, 1994.

LANDES, W. M.; POSNER, R. A. *The Economic Structure of Tort Law*. Cambridge, MA: Harvard University Press, 1987.

LEVI-FAUR, D. (Ed.). *Handbook on the Politics of Regulation*. Cheltenham, UK: Edward Elgar, 2011.

MAJONE, G. The rise of the regulatory state in Europe. *West European Politics*, v. 17, p. 77-101, 1994.

MCBARNET, D. When Compliance is not the Solution but the Problem: From Changes in Law to Changes in Attitude. In: BRAITHWAITE, V. *Taxing Democracy*. Hants, UK: Ashgate, 2002. p. 229-243.

MCBARNET, D.; WHELAN, C. The elusive spirit of the law: Formalism and the struggle for legal control. *Modern Law Review*, 848-873, v. 54, n. 6, p. 848-873, 1991.

MINOGUE, M.; CARIÑO, L. *Regulatory Governance in Developing Countries*. Cheltenham, UK: Edward Elgar, 2006.

OGUS, A. Regulatory Law: Some Lessons from the Past. *Legal Studies*, v. 12, n. 1, p. 1-19, 1983.

OGUS, A. I.; VELJANOVSKI, C. G. (Eds.). *Readings in the Economics of Law and Regulation*. Oxford: Clarendon Press, 1984.

PARKER, C. *Summary of Scholarly Literature on Regulatory Compliance*. Paris: OCDE, 1999.

PARKER, C.; NIELSEN, V. L. *Explaining Compliance:* Business Responses to Regulation. Cheltenham, UK: Edward Elgar, 2011.

PARKER, C.; NIELSEN, V. L. Compliance: 14 Questions. In: DRAHOS, P. *Regulatory Theory:* Foundations and Applications. Acton, AU: Australian National University Press, 2017. p. 217-232.

PARTRIDGE, E. *Origins:* A Short Etymological Dictionary of Modern English. Londres: Routledge, 2006.

PRAKASH, A. Why do Firms Adopt 'Beyond-Compliance' Enviornmental Policies? *Business Strategy and the Environment*, v. 10, p. 286-299, 2001.

SCHWARTZ, A.; SCOTT, R. E. Contract Theory and the Limits of Contract Law. *Yale Law Journal*, v. 113, n. 3, p. 541-620, 2003.

SUMNER, W. G. *Folkways:* A Study of Mores, Manners, Customs and Morals. Mineola, NY: Dover, 2002.

SUNSTEIN, C. R. *After the Rights Revolution:* Reconceiving the Regulatory State. Cambridge, MA: Harvard University Press, 1993.

TEUBNER, G. After Legal Instrumentalism: Strategic Models of Post-Regulatory Law. In: TEUBNER, G. *Dilemmas of Law in the Welfare State*. Berlin: Walter de Gruyter, 1986. p. 299-326.

UNITED NATIONS. *Guidance on Good Practices in Corporate Governance Disclosure*. New York e Genebra: United Nations Publication, 2006.

VOGEL, D. *The Market for Virtue:* The Potential and Limits of Corporate Social Responsibility. Washington, DC: Brookings Institution, 2005.

WEBER, M. *The Theory of Social and Economic Organization*. Glencoe, Ill.: Free Press, 1957.

YEUNG, K. *Securing Compliance:* A Principled Approach. Oxford: Hart Publishing, 2004.

ZIMMERLI, W. C.; RICHTER, K.; HOLZINGER, M. (Eds.). *Corporate Ethics and Corporate Governance*. Berlin e Heidelberg: Springer, 2007.

Informação bibliográfica deste texto, conforme a NBR 6023:2002 da Associação Brasileira de Normas Técnicas (ABNT):

ARANHA, Márcio Iorio. *Compliance*, governança e regulação. In: CUEVA, Ricardo Villas Bôas; FRAZÃO, Ana (Coord.). *Compliance*: perspectivas e desafios dos programas de conformidade. Belo Horizonte: Fórum, 2018. p. 437-452. ISBN 978-85-450-0564-3.

COMPLIANCE BANCÁRIO

ISAAC SIDNEY

1 Introdução: o conceito de *compliance*

Numa definição simples e corrente, *compliance* é "o dever de cumprir, de atender, de estar em conformidade e fazer cumprir regras e regulamentos, internos e externos, impostos ou recomendados para as atividades de uma instituição".

O termo vem do verbo em inglês *"to comply"*, que significa cumprir, atender, satisfazer. Portanto, *compliance* não pode ser traduzido numa única palavra – conformidade, cumprimento, atendimento, adequação –, e envolve de fato uma série de conceitos, acepções e elementos.

Em síntese, a preocupação com *compliance* resulta na atenção cada vez maior das empresas, sobretudo das instituições submetidas a alguma forma de regulação pelo Poder Público – como é o caso das instituições financeiras –, para o conjunto de regras, princípios e recomendações de melhores práticas empresariais, para o atendimento à regulamentação e o aperfeiçoamento de suas condutas, com o objetivo de identificar, gerir e mitigar os diversos riscos a que estão expostas, ao exercerem suas atividades.

Do ponto de vista do Banco Central, em seus papéis de regulador e supervisor das instituições do mercado financeiro, considera-se que um programa de *compliance* deve assegurar o fortalecimento e a adequação das estruturas de governança e dos controles internos dessas instituições, para mitigar os riscos a que estão expostas, dada a complexidade dos seus negócios.

Uma cultura de *compliance* significa disseminar controles, fazê-los funcionar para assegurar o cumprimento de leis e de regulamentos em vigor, a adoção de boas práticas empresariais – negociais, de gestão e de governança. Uma cultura que implica, também, renovar e reavaliar, de modo permanente, as práticas e o desenho das instituições, para o adequado tratamento do tema, em suas diversas dimensões.

1.1 Adaptações na história recente

É necessário destacar, de início, que o contexto em que hoje se analisa o tema *compliance* é completamente diverso daquele em que o termo surgiu, em meados dos anos 1990.

De lá para cá, alterou-se o ambiente social e político na sociedade brasileira, com impactos nas suas dimensões econômica e jurídica: ampliou-se exponencialmente o acesso dos cidadãos às informações, com a disseminação da Internet e de outras tecnologias da informação; expandiu-se o acesso de consumidores aos mercados e a consciência dos cidadãos quanto a seus direitos; alterou-se a forma como cidadãos e consumidores se relacionam com o Estado e com o mercado; ampliaram-se os meios de compartilhamento de dados e as possibilidades de cooperação entre empresas, entre essas e os órgãos de Estado, e entre esses e os particulares; modificou-se, em grande medida, a relação entre o Estado e o setor privado, com maior diálogo, transparência, participação e colaboração.

Em muitas áreas da economia, passou-se de um modelo de controle para outro, de cooperação e compartilhamento de informações e decisões.

De modo particular para o segmento financeiro, o conceito de *compliance* veio complementar a mudança em alguns paradigmas da regulação e da supervisão. De um modelo estrito de regulação, controle e fiscalização por parte do Estado, passou-se para outro mais aberto e transparente, melhor informado, que precisa contar com a colaboração dos agentes do mercado na manutenção da sua higidez e de sua reputação, para a preservação da confiança, o elemento essencial do sistema.

***

Exemplo precoce dessa mudança de paradigmas ocorreu no âmbito da prevenção e combate à lavagem de dinheiro, cuja legislação básica – a Lei nº 9.613, de 1998 – instituiu toda uma série de preceitos e obrigações relacionadas ao conceito de *compliance*.

Esse universo restrito de incidência das noções de *compliance* ampliou-se logo depois com a incorporação do tema do combate ao financiamento do terrorismo em seu escopo, e paulatinamente outras áreas da regulação econômica e da supervisão passaram a absorver os princípios e ensinamentos experimentados nessa seara.

A partir do princípio do século XXI, eventos como os atos terroristas em Nova Iorque, em 2001, e a concordata da WorldCom, em 2002, nos Estados Unidos, reforçaram a urgência e a relevância da disseminação desse tema.

* * *

Passou-se a repensar a regulação econômica, agora com foco na reformulação das regras de condutas de empresas e corporações, de seus mecanismos de autocontrole e vigilância, suas estruturas de governança e auditoria, na atribuição e na distribuição de responsabilidades, e em modelos de supervisão sobre todos esses aspectos.

A crise financeira de 2008, também originada nos Estados Unidos a partir do colapso de um subsegmento do mercado financeiro, contribuiu para uma ainda mais expressiva ascensão da temática do *compliance*, em nível internacional. A renovação de recomendações internacionais e a difusão de doutrinas e princípios relacionados às melhores práticas no mundo corporativo visaram, entre outros pontos, à adoção de regras e parâmetros contábeis mais fidedignos e transparentes, ações de responsabilização de agentes públicos e privados, uma melhor definição de competências e responsabilidades.

Ocorreu, então, quanto ao tema *compliance*, ênfase maior para sua relevância, concomitante à expansão de seu objeto e de seu alcance, para diversos setores da vida econômica.

1.2 Atualidade do tema

No caso brasileiro, a emergência de temas relacionados ao combate à corrupção, ao maior controle e afirmação dos princípios da transparência e da moralidade na gestão das contas públicas, sobretudo nas relações entre o setor público e o setor privado, reforçou a necessidade de priorizar o assunto *compliance*.

Setor público – legisladores, Poder Judiciário, Ministério Público –, empresas privadas e terceiro setor passaram a incluir o tema em suas pautas de trabalho, no implemento de linhas de ação, programas e projetos corporativos, no recrutamento e capacitação de profissionais. Reformularam-se estruturas e processos, para sua incorporação.

Houve ainda uma renovação do marco legal relativo à moralidade e ao combate à corrupção na Administração Pública, ao adequado relacionamento entre os setores público e privado, bem como quanto aos direitos dos cidadãos perante o Estado, com maior participação social, transparência e busca de eficiência na prestação de serviços públicos.

Alguns exemplos dessa renovação são a Lei Anticorrupção (Lei nº 12.846/2013 e Decreto nº 8.420/2015), a Lei do Acesso à Informação (Lei nº 12.527/2011), a Lei de Conflito de Interesses na Administração Pública (Lei nº 12.813/2013) e o Estatuto Jurídico da Empresa Pública, da Sociedade de Economia Mista e suas Subsidiárias no âmbito da União, dos Estados, do Distrito Federal e dos Municípios (Lei nº 13.303/2016), e a Política Nacional de Inteligência (Decreto nº 8.793, de 29 de junho de 2016).

A seguir, veremos os impactos para o Banco Central do Brasil, em suas ações de regulação e supervisão bancária – com implicações para todas as instituições que compõem o Sistema Financeiro Nacional – e para sua ação e estruturas internas, dessa meteórica subida ao proscênio do tema *compliance*.

2 *Compliance* no SFN: a perspectiva do BC

2.1 Regulação financeira e de *compliance*

O Banco Central exerce, por força de comando originado da Lei Bancária (Lei nº 4.595/64), funções de regulação e de supervisão do Sistema Financeiro Nacional. São duas funções que, articuladas e em constante retroalimentação, direcionam-se à manutenção da **estabilidade financeira**.

Esse vetor de atuação, ao lado de seu par – o da emissão da moeda e da preservação da estabilidade de seu poder de compra – constituem sua missão institucional, de dupla frente: estabilidade monetária e estabilidade financeira.

Enquanto aquele é afeto a toda a sociedade, à cidadania em sua ampla acepção, este é exercido em uma interface específica, a do segmento econômico de que o Banco Central é o órgão de cúpula. Ou seja, são funções que se concretizam na relação com os componentes do SFN, as instituições financeiras autorizadas a funcionar, e demais instâncias do assim denominado "mercado financeiro", em sentido amplo, que na origem compreendia o mercado de capitais e o mercado de câmbio, sobre os quais a mesma Lei Bancária determina ao Banco Central um "dever de vigilância".

As funções de regulação e supervisão, expressas na Lei nº 4.595/64 como competências da autarquia (artigos 9º, 10 e 11 da lei), consistem basicamente em (a) cumprir e fazer cumprir as disposições que lhe impõem a legislação em geral e as normas expedidas pelo Conselho Monetário Nacional (suas Resoluções); e (b) propor e fazer cumprir suas próprias normas, em sua esfera normativa autônoma, ou a partir das diretrizes daquele Conselho, regulamentando-as (as Circulares e Cartas-Circulares do BC).

Leis posteriores à Lei Bancária também atribuem funções de regulamentação ao Banco Central, ora conforme diretrizes do Conselho Monetário, ora de modo autônomo. Exemplos são (i) a Lei do Plano Real e do Sistema Monetário Nacional (Lei 9.069/95); (ii) a Lei de Lavagem de Dinheiro (Lei nº 9.613/98); (iii) a Lei do Sistema de Pagamentos Brasileiro (Lei nº 10.214/2001); e (iv) a Lei de Arranjos e Instituições de Pagamento (Lei nº 12.865/2013).

2.1.1 A transição histórica

Nas décadas recentes, o conjunto de funções e competências do Banco Central foi progressivamente impactado pelo universo temático da *compliance*. A atividade de regulação, o preenchimento do conteúdo material das normas, bem como sua revisão e aperfeiçoamento, e por consequência as funções de Supervisão do Sistema Financeiro, seus processos de trabalho, transformaram-se de modo radical, sob aquele impacto.

Na realidade, novos parâmetros conceituais vieram responder a uma necessidade histórica: a transformação da antiga noção de "boa técnica bancária", bastante formalista e ligada ao cumprimento de regras contábeis e ao controle jurídico-administrativo, em um novo modelo de relacionamento entre regulador-supervisor e as entidades supervisionadas.

Passou-se de um modelo estrito de regulação e supervisão, amparado no controle quase sempre "*a posteriori*" e no binômio "vedação-permissão" (de operações, sobretudo), para um modelo em que, num primeiro momento, o mote foi a expressão "regulação e supervisão prudencial".

No Brasil, um momento crucial foi a segunda metade dos anos 1990, com as quebras bancárias subsequentes à estabilização monetária conquistada pelo Plano Real, em 1994. A sequência de insolvências dos bancos Econômico, Nacional, Mercantil, Banorte e Bamerindus, entre 1994 e 1997 – todos entre as dez maiores instituições do País, em termos de porte de seus ativos, quando de sua saída do mercado – exigiu a revisão dos regimes de responsabilidade administrativa, civil e penal de dirigentes e controladores, bem como das regras de responsabilização de empresas de auditoria contábil ou dos auditores independentes (Lei 9.447, de 1997).

Regulação prudencial e supervisão baseada em riscos passaram a ser as palavras de ordem, compreendidas a partir de um princípio simples, popular até: "é melhor prevenir do que remediar". Menos custoso, no caso. A ênfase passou para conceitos de antecipação, de prudência e prevenção; ou seja, de indicação e verificação de bons procedimentos, induzindo terminologias como revisão de condutas, mudança de posturas e práticas, internalização de nova cultura de análise, monitoramento e mitigação de riscos nas instituições e no mercado.

Daí para a progressiva apropriação do conceito de *compliance*, foi um passo. Um passo é um movimento, e que se encontra em consecução.

O próprio conceito está em evolução. Exige adaptações comportamentais, novos modos de proceder e de avaliar procedimentos, mudança e inovação em modelos de gestão, definição de figuras e abordagens jurídicas e de administração corporativa. Noções como devida diligência, conduta adequada, governança, compartilhamento e transversalidade de funções e responsabilidades, integridade e ética corporativa; valores como transparência, acessibilidade, interatividade, permeabilidade, autocrítica e reengenharia corporativa, discricionariedade e responsabilização, cooperação.

Em resumo, um movimento que tende a ser irreversível, e de inegável força. Com a peculiaridade que o novo conceito de *compliance* e os valores a ele relacionados surgiram para dar conta de aspectos secundários em relação à regulação financeira *stricto sensu*, puramente contábil-financeira: o universo da prevenção à lavagem de dinheiro (PLD). Com o tempo, porém, passaram a desempenhar papel crucial no núcleo mesmo dessa regulação e supervisão do Sistema Financeiro e de suas instituições.

2.1.2 Uma regulação concertada

Como se não bastasse a complexidade do desafio, a tarefa regulatória do Banco Central deve levar em conta, ainda, duas outras ordens de influxos. Melhor dizendo, são fontes ou condicionantes para sua ação normativa.

Primeiro, a articulação internacional, as recomendações de melhores práticas provindas de organismos internacionais. Já está na Lei Bancária, artigo 11, inciso I, a competência conferida ao Banco Central para "entender-se, em nome do Governo Brasileiro, com as instituições financeiras estrangeiras e internacionais". Assim vem sendo feito.

É o caso das regras provenientes do Comitê de Supervisão Bancária de Basiléia, de que o Brasil participa desde os anos 1980. Encontram-se em implementação, no País, as normas e princípios consolidados no Acordo conhecido como Basiléia III, com foco em exigências de capital e sua adequação aos diversos riscos. Do mesmo modo, as regras a respeito da sintonia fina na identificação, ponderação e gestão de riscos. As diversas abordagens e estratégias de mensuração e de mitigação de riscos, com vistas a reduzir as vulnerabilidades a que estão expostas as instituições financeiras – temática relacionada ao conceito de *compliance* –, são impactadas pelas negociações e consensos estabelecidos em Basiléia.

O movimento de adaptação aos novos paradigmas transcende as fronteiras: é uma regulação concertada em nível internacional.

Ao Banco Central cabe, em resumo, a participação nas discussões nos fóruns internacionais e a internalização, na medida em que entenda aplicável à realidade nacional, desses parâmetros internacionais provindos desses fóruns e de outros organismos, como o Banco Mundial, o Fundo Monetário Internacional e o Grupo de Ação Financeira-GAFI, por exemplo.

A segunda ordem de considerações que deve ser levada em conta pelo Banco Central, em sua função normativa, **é a da articulação com os demais órgãos de Estado**.

Destacam-se aqui a coordenação junto ao regulador do mercado de capitais, a Comissão de Valores Mobiliários, e também aquela junto a outros reguladores de segmentos específicos, como a SUSEP e a PREVIC. Há um fórum adequado para essas tratativas, o COREMEC (Comitê de Regulação e Fiscalização dos Mercados Financeiro, de Capitais, de Seguros, de Previdência e Capitalização), além das conversações bilaterais, quando necessário. Há outros fóruns, para segmentos específicos, como é o caso da Estratégia Nacional de Combate à Corrupção e à Lavagem de Dinheiro (ENCCLA), de que se falará adiante.

2.1.3 O BC e sua regulação

Dado o marco legal e o panorama de eventos e ideias antes traçado, nas últimas décadas o Banco Central regulamentou e expediu (e por consequência tem como base normativa para sua supervisão) um vasto conjunto de normas. Três subconjuntos de normas se relacionam, em maior ou menor grau, com o universo da *compliance*: gerenciamento de riscos, prevenção à lavagem de dinheiro e ao financiamento ao terrorismo e relacionamento das instituições com seus clientes e usuários de produtos e serviços financeiros.

Com relação ao subconjunto referente ao gerenciamento de riscos, destacam-se as seguintes normas:

- Resolução CMN nº 2.554, de 1988 – sobre a implantação de sistemas de controles internos.
- Resolução CMN nº 3.056, de 2002 – alterou, entre outros, o art. 2º da Resolução 2.554.
- Resolução CMN nº 3.198, de 2002 – sobre serviços de auditoria independente, revogando as anteriores Resoluções 3.081 e 3.170.
- Resoluções CMN nºs 3.380, de 2006, 3.464, de 2007, 3.721, de 2009, e 4.090, de 2012 – sobre implementação de estruturas de gerenciamento de riscos operacional, de mercado, de crédito, e de liquidez, respectivamente.
- Resolução CMN nº 3.988, de 2011 – sobre implementação de estrutura de gerenciamento de capital.
- Circular BC nº 3.547, de 2011 – sobre parâmetros e procedimentos do processo interno de avaliação de capital.
- Resolução CMN nº 4.474, de 2016 – sobre a digitalização e a gestão de documentos digitalizados, pelas instituições financeiras.
- Resolução CMN nº 4.502, de 2016 – sobre requisitos para planos de recuperação de instituições financeiras.
- Resolução CMN nº 3.567, de 2017 – sobre remessa de informações relativas aos integrantes do grupo de controle e administradores e canal para comunicação de indícios de ilicitude.
- Resolução CMN nº 4.588, de 2017 – sobre a atividade de auditoria interna nas instituições financeiras, revogando os §§2º a 7º do art. 2º da Resolução nº 2.554, de 1998.
- Resolução CMN nº 4.595, de 2017 – regulamenta as políticas de conformidade (compliance) para as instituições financeiras.
- Resolução CMN nº 4.557, de 2017 – sobre a estrutura de gerenciamento contínuo e integrado de riscos e a estrutura de gerenciamento de capital, sendo que a partir de 180 dias da data de publicação dessa Resolução, as instituições devem deixar de observar as Resoluções nºs 3.380, de 2006, 3.464, de 2007, 3.721, de 2009, 3.988, de 2011, e 4.090, de 2012.

As normas listadas aperfeiçoam a governança corporativa das instituições e estão alinhadas com as diretrizes do Comitê de Supervisão Bancária de Basiléia.

O subconjunto direcionado à prevenção e ao combate à lavagem de dinheiro e ao financiamento do terrorismo, cujo poder normativo para o Sistema Financeiro Nacional é atribuído diretamente ao Banco Central pela Lei nº 9.613/98, foi, nesse universo da regulação e da supervisão, pioneiro na disposição de alguns conceitos relacionados ao tema *compliance*. São elas:

- Circular BC nº 3.461, de 2009 – consolida regras sobre procedimentos PLD/FT.
- Circular BC nº 3.780, de 2016 – determina procedimentos para cumprir a Lei nº 13.170/15, sobre bloqueio de bens.
- Circular BC nº 3.839, de 2017 – determina medidas reforçadas para movimentações em espécie acima de R$50 mil.
- Carta-Circular BC nº 3.430, de 2010 – esclarece aspectos da Circular 3.461/09.
- Carta-Circular BC nº 3.454, de 2010 – traz leiaute único para prestar informações quando da quebra de sigilo.
- Carta-Circular BC nº 3.542, de 2012 – exemplifica operações e situações que podem configurar indícios de ocorrência dos crimes previstos na Lei 9.613/98.

Esse segundo conjunto de normas é fortemente impactado pelas formulações conceituais e recomendações provindas do Grupo de Ação Financeira (GAFI), fórum internacional de que o Brasil participa desde 2000. O Banco Central também participa, em âmbito local, de Estratégia Nacional de Combate à Corrupção e à Lavagem de Dinheiro (ENCCLA), que reúne diversos órgãos com poder regulatório e de investigação e repressão a ilícitos, onde são traçadas diretrizes e metas que impactam sua ação regulatória nesses aspectos específicos.

O último subconjunto diz respeito ao relacionamento das instituições financeiras com a clientela. São elas:

- Resolução CMN nº 2.025, de 1993 – sobre abertura e movimentação de contas e dados cadastrais.
- Resolução CMN nº 3.401, de 2006 – sobre portabilidade de cadastro.
- Resolução CMN nº 3.402, de 2006 – sobre a prestação de serviços de pagamento de salários, aposentadorias e similares sem cobrança de tarifas (portabilidade dos créditos).
- Resolução CMN nº 3.518, de 2007 – sobre padronização de tarifas.

- Resolução CMN nº 3.517, de 2007 – sobre Custo Efetivo Total em operações de crédito.
- Resolução CMN nº 3.694, de 2009 – sobre prevenção de riscos na contratação de operações e serviços financeiros: adequação dos produtos e serviços ofertados ou recomendados ao perfil dos clientes (*suitability*) e transparência na prestação de serviços.
- Resolução CMN nº 3.919, de 2010 – sobre cobrança de tarifas.
- Resolução CMN nº 4.433, de 2015 – sobre serviços de Ouvidoria.
- Resolução CMN nº 3.954, de 2011 – sobre alteração e consolidação de normas referentes à contratação de correspondentes no País.

  Resolução CMN 4.292, de 2013 – sobre portabilidade do crédito e alterações na Res. 3.401, de 2006.
- Resolução CMN nº 4.539, de 2016 – sobre princípios e política institucional de relacionamento com clientes.

2.2 BC e Supervisão do SFN: visão geral e objetivos

Segundo o Manual de Supervisão do Banco Central, "no Brasil, a Supervisão acompanha o ritmo da evolução do mercado financeiro, adaptando seus objetivos, princípios e política, alinhando-se às melhores práticas recomendadas e adotadas internacionalmente. Migrou-se, então, de uma ótica prescritiva para outra de natureza prudencial, transitando de uma postura reativa para uma proativa".

Essa afirmação inicial daquele documento, como sua "visão geral" e de fixação de conceitos, corresponde à transição que descrevemos ao falar da ação regulatória do BC: de uma ótica formal, prescritiva, e com atuação *a posteriori*, repressiva sobretudo, passou-se para uma atuação preventiva.

Continua o Manual afirmando que "a ênfase está na **avaliação de riscos e controles**, consubstanciando um processo integrado e contínuo, englobando atividades voltadas para o planejamento da Supervisão e para a classificação, monitoramento e inspeção das entidades supervisionadas" (destacamos).

Alinhada às melhores práticas internacionais, a Supervisão do BCB adota o modelo *twin peaks*, que aparta a supervisão de conduta da supervisão prudencial. Nesse modelo, o foco de atuação da supervisão prudencial está na solvência e na liquidez de cada entidade do universo supervisionado enquanto que o da supervisão de conduta está no relacionamento das entidades supervisionadas com os clientes e usuários de produtos e serviços financeiros e na prevenção à lavagem de dinheiro e ao financiamento ao terrorismo.

Prosseguindo, ao se examinar também os objetivos da Supervisão, pode-se afirmar que o elemento unificador em todas as vertentes de trabalho, seja na supervisão prudencial, seja na supervisão de conduta, é a avaliação de riscos e controles. A supervisão com foco em riscos, ou baseada em riscos, se dá a partir dessa avaliação.

2.2.1 Supervisão baseada em riscos

Tanto a supervisão prudencial como a supervisão de conduta adotam a abordagem de supervisão baseada em riscos, de modo que suas ações são definidas com base nos riscos inerentes das entidades supervisionadas e na qualidade da gestão desses riscos (controles) realizada por elas. Esse tipo de abordagem propicia a otimização da alocação dos recursos disponíveis em situações de maior risco, além de dar maior clareza e previsibilidade quanto à forma de atuação da Supervisão do BCB.

Por meio dessa abordagem, é possível identificar o perfil de risco de cada entidade supervisionada, com base na avaliação de um conjunto de riscos a que as entidades supervisionadas estão sujeitas: de crédito, de liquidez, de mercado, operacional, de contágio, de reputação, de estratégia, de TI, de PLD/FT e no relacionamento com cliente.

Ressalte-se que, embora a supervisão procure conhecer e avaliar os controles internos, a atuação das auditorias interna e externa, e a governança corporativa das instituições, a responsabilidade pela condução dos negócios recai direta e exclusivamente em seus administradores.

A ação do Banco Central, em resumo, consiste em:

a) normatizar, com base também nos insumos advindos da instância multilateral do Comitê de Supervisão de Basiléia, o arcabouço técnico das denominadas "três linhas de defesa" no gerenciamento eficaz de riscos e controles: (1) o gerenciamento de riscos pelos próprios gerentes, e os sistemas de controles internos aplicáveis; (2) a revisão em nível estratégico, pelas instâncias de supervisão de conformidade ou de governança corporativa; e, por fim, (3) a submissão desses processos à atuação da auditoria interna; Auditoria externa e atuação do regulador-supervisor são linhas auxiliares de defesa; e
b) acompanhar a implementação e realizar o permanente monitoramento das instituições do sistema financeiro no que tange àquele instrumental técnico.

Outros temas complementam esse panorama da Supervisão Baseada em Riscos e estão diretamente ligados ao universo da *compliance*, como o da adoção de boas práticas de governança, sua adequação a cada estrutura societária e de mercado.

Ou ainda, a clara distribuição de competências estatutárias e de responsabilidades funcionais e legais, de dirigentes e do corpo gerencial das instituições reguladas. Esse é um requisito essencial para transmitir ao universo corporativo e também às contrapartes – parceiros de negócios, clientes, o mercado e o próprio regulador – segurança quanto a quem cabe responder pelo que, em termos de *compliance*.

2.2.2 Supervisão de conduta

Após a crise financeira global de 2008, o Grupo dos 20 (G20) sinalizou a necessidade de busca por reformas regulatórias e de revisão da comunicação com o cliente, de forma a evitar abusos por parte das instituições financeiras. Essa sinalização resultou na emissão de uma série de princípios, recomendações e melhores práticas de proteção ao consumidor de serviços financeiros por parte de autoridades e organismos relevantes internacionais. Nesse contexto, surgiu um novo modelo de supervisão, denominado *twin peaks*, no qual a supervisão prudencial é apartada da supervisão de conduta.

Seguindo as melhores práticas internacionais, em dezembro de 2012, o BCB criou o Departamento de Supervisão de Conduta, responsável pela supervisão dos temas: relacionamento com clientes e usuários de produtos e serviços financeiros e prevenção à lavagem de dinheiro e financiamento ao terrorismo (PLD/FT).

Cabe destacar que, em relação ao tema PLD/FT, a Supervisão do BCB vem atuando desde a emissão da Lei nº 9.613, de 1998 – Lei de Lavagem de Dinheiro – que deu ênfase, pioneiramente, a conceitos e princípios desenvolvidos em torno da adequação de condutas e de sua verificação, que redundaram no reforço da temática de *compliance*.

A regulamentação que veio na sequência dessa lei trouxe um conjunto de regras de controles internos, de responsabilidades de devida diligência e de condutas adequadas para evitar a incidência, nas instituições, dos riscos relacionados à sua utilização como instrumentos para a prática de delitos, em específico a lavagem de ativos e o financiamento do terrorismo.

Esse conjunto de normas, aperfeiçoado ao longo do tempo, determinou às instituições financeiras a revisão de seus procedimentos, tanto negociais quanto corporativos, e a instituição de políticas específicas, para avaliação e mitigação do risco em que podem incorrer, e o grande destaque é a política de "conheça seu cliente".

Apenas para ilustrar como a política de "conheça seu cliente" é uma pedra basilar dos sistemas de *compliance* em todo o sistema financeiro, lembre-se de que, mesmo antes da Lei nº 9.613/98, já em 1997, o Comitê de Basiléia para Supervisão Bancária publicou um documento (o "*Core Principles for Effective Banking Supervision*"), no qual afirmava que a identificação de clientes era fundamental para prevenir a lavagem de dinheiro.

Ou seja, mesmo antes da Lei nº 9.613/98, já tínhamos, como princípio da supervisão financeira implementada no Brasil, uma orientação geral de priorizar a política de "conheça seu cliente", que seria incorporada pela lei e por toda a regulamentação decorrente.

* * *

Na sequência, paralelamente ao universo da Prevenção à Lavagem de Dinheiro e ao Financiamento do Terrorismo, abriu-se outro flanco para a atenção à conduta das instituições, que devem i) conduzir suas atividades com ética, responsabilidade, transparência e diligência, ii) promover cultura organizacional que incentive relacionamento cooperativo e equilibrado com clientes e usuários, iii) prestar informações de forma clara e precisa a clientes e usuários, iv) ofertar e recomendar produtos e serviços adequados ao perfil de clientes e usuários, v) assegurar a conformidade e a legitimidade de produtos e serviços, entre outros.

Esse processo foi estimulado pelo julgamento da Ação Direta de Inconstitucionalidade ADIN nº 2.591, em 2009, que reafirmou a aplicabilidade do Código de Defesa do Consumidor (Lei nº 8.078, de 1990) para as instituições financeiras.

Como resultado, e conforme já descrito, foi renovado o panorama normativo aplicável ao segmento, em aspectos como tarifas, portabilidade, acessibilidade, entre outros. Essas regras se consubstanciam na Resolução CMN nº 4.539, de 2016, que engloba diversos princípios e determina a implementação de uma política institucional de relacionamento com clientes e usuários de produtos e serviços, nas instituições financeiras.

2.3 Estrutura e cultura de *compliance*: adesão e conformidade

No que se refere a sua estrutura interna, o Banco Central percorreu um longo caminho de adaptação e de aperfeiçoamento, particularmente na área de Supervisão, para lidar melhor com o tema *compliance*.

Primeiro, no início dos anos 2000, a área de câmbio e os antigos trabalhos de controle e monitoramento cambial dentro do Banco Central se fundiram à área de fiscalização e repressão de ilícitos financeiros, e o assunto "prevenção e combate à lavagem de dinheiro" passou a ser tratado em conjunto, com a promulgação da Lei nº 9.613, de 1998.

Foi um momento de aprendizado e incorporação dos grandes temas nessa área, e de formatação do sistema brasileiro de inteligência financeira. Criou-se, no Banco Central, o Departamento de Combate a Ilícitos Cambiais e Financeiros (Decif), que cooperou intensamente com o então recém-criado Conselho de Controle de Atividades Financeiras, COAF, do Ministério da Fazenda, na regulamentação da matéria e na implementação de sistemas de recepção e tratamento das informações relacionadas a operações suspeitas.

Já nessa época, os trabalhos eram baseados nas denominadas ACICs (Avaliações de Controles Internos e *compliance*), uma pioneira utilização do termo, que seria amplamente disseminado nas décadas seguintes.

Na sequência dessa adaptação, em 2008, foi criada, no então Departamento de Supervisão (Desup), uma equipe especializada em *compliance*.

Em 2012, após experimentar essas alternativas de especialização e de integração das temáticas de PLD ao universo da Supervisão, decidiu-se pela criação do Departamento de Supervisão de Conduta (Decon). Houve, então, nova especialização e fortalecimento das atividades de verificação de *compliance*, ou seja, uma ênfase na supervisão prudencial de condutas e na avaliação de riscos e controles pelas entidades autorizadas a funcionar pelo Banco Central, com destaque para o tema prevenção à lavagem de dinheiro. Em momento subsequente, o tema "relacionamento com a clientela" se juntou àquele universo de avaliações.

As principais motivações para a criação dessa área foram: (a) a necessidade de segregar os assuntos relacionados ao chamado risco não financeiro; e (b) a necessidade de trabalhar pela mitigação do risco legal e do risco de supervisão do Banco Central. Essa vertente de trabalho inclui, por exemplo, o exame das regras e dos manuais internos, das políticas de treinamento, das políticas de devida diligência exercidas pelas instituições supervisionadas, entre outras.

A atuação do Decon como supervisor de conduta está no centro, portanto, de um dos pilares essenciais sobre os quais se assenta o modelo de supervisão financeira conduzido pelo Banco Central, e corresponde também ao que ditam as melhores práticas internacionais, nomeadamente o modelo "*twin peaks*", preconizado pelo Comitê de Supervisão Bancária de Basiléia.

Hoje, pode-se afirmar que está consolidada a apropriação, no dia a dia das instituições supervisionadas, de programas, princípios e regras de controle interno e de devida diligência, com políticas específicas relacionadas à conduta e à gestão de riscos, determinadas pelo regulador e acompanhadas pelo supervisor.

Multiplicaram-se os eventos de treinamento e disseminação de conceitos, por estímulo do Banco Central, das entidades representativas do segmento financeiro, ou por iniciativa das próprias instituições financeiras, em torno do universo temático de *compliance*.

É certo que o Banco Central adaptou sua visão, sua estrutura e seus processos de trabalho à centralidade do tema *compliance* na economia e no mercado financeiro brasileiros. Hoje, as áreas de Regulação e de Supervisão não apenas acompanham como respondem pela evolução do conceito de *compliance* e sua internalização nas diversas instâncias do Sistema Financeiro Nacional.

É crescente a formação de profissionais especializados no assunto, o recrutamento e a reciclagem de funcionários, e já se pode dizer que uma cultura de *compliance* emergiu das margens para centro da cena do sistema financeiro brasileiro, consolidando-se como uma de suas bases de sustentação.

3 *Compliance* no Banco Central

3.1 Contexto histórico e arcabouço jurídico: papel do Estado e gestão pública em nova era

A segunda linha de consequências de toda essa transformação é interna, nos processos de trabalho, na governança e na estrutura do próprio Banco Central, para o exercício de suas funções e a persecução de sua missão, definida como "assegurar a estabilidade do poder de compra da moeda e um sistema financeiro sólido e eficiente".

Nos quase trinta anos decorridos desde a retomada do Estado Democrático de Direito, em 1988, a nova configuração política e social produziu um novo marco legal sobre a gestão pública e as relações entre o Poder Público e os cidadãos. Esse marco aperfeiçoou e democratizou aquelas relações, feito potencializado também pela expansão dos meios de comunicação e novas tecnologias da informação, e pela emergência de cidadãos mais conscientes e informados a respeito de seus direitos e prerrogativas.

Eis alguns pontos que configuram esse novo marco legal e sociopolítico, e algumas iniciativas na sociedade civil que ampliaram a reflexão sobre a gestão pública e seu aperfeiçoamento:

- em 1998, é instituído o Prêmio Nacional da Gestão Pública, como uma das ações estratégicas do Programa Nacional de Gestão Pública e Desburocratização. Conduzido pelo Ministério do Planejamento, o Prêmio visa contribuir para a transformação da gestão pública, estimulando, pelo reconhecimento, as organizações públicas a buscarem a excelência em gestão, com alto desempenho, assumindo o compromisso de evolução contínua.
- em 1998, a Lei nº 9.613 institui o Sistema Brasileiro de Inteligência Financeira e o arcabouço de PLD/FT, com regras específicas voltadas à devida diligência sobre operações de agentes públicos ("pessoas expostas politicamente"). Nesse âmbito, a ENCLA, criada em 2003, incorpora, em 2006, o tema do combate à corrupção, e a partir de então (já como Estratégia Nacional de Combate à Corrupção e à Lavagem de Dinheiro – ENCCLA), reúne mais de 80 órgãos e instituições, do setor público e do setor privado, para a definição e persecução de suas ações anuais.
- em 1999, o Instituto Brasileiro de Governança Corporativa inicia a publicação de documentos sobre as "melhores práticas de governança corporativa", inicialmente voltadas ao setor privado e às estatais e sociedades de economia mista, com impacto paulatino sobre as demais instituições do setor público.
- em 2011, é promulgada a Lei nº 12.527 – Lei de Acesso à Informação, que visa assegurar o direito de acesso, pelo cidadão, a informações de órgãos e poderes públicos, autarquias, fundações e empresas públicas, e demais entidades controladas pela União, Estados e Municípios.
- em 2013, entra em vigor a Lei nº 12.813 – Lei de conflito de interesses na Administração Pública Federal, que caracteriza uma série de situações de conflitos de interesses para os que exercem cargos ou empregos públicos e define competências para a Comissão de Ética Pública, no âmbito do Poder Executivo federal, e à Controladoria-Geral da União, nessa seara.
- no mesmo ano de 2013, é promulgada a Lei nº 12.846 (denominada Lei Anticorrupção), com regras sobre a responsabilização administrativa e judicial pela prática de atos

contra a Administração Pública. Em 2015, o Decreto nº 8.420 regulamenta a responsabilização administrativa a respeito.

- em 2016 é fixada, pelo Decreto nº 8.793, a Política Nacional de Inteligência, que enumera a corrupção como uma das ameaças à integridade da sociedade e do Estado, e define parâmetros e limites às atividades de inteligência no país.
- em 2016, a Lei nº 13.303 traz o "Estatuto Jurídico das empresas públicas, sociedades de economia mista e suas subsidiárias", com uma série de regras de governança e de sua fiscalização pelo Estado e pela sociedade, bem como normas para contratações, atos e procedimentos, com reflexos também para o acionista controlador (o Estado) e os agentes públicos.
- em 22 de novembro de 2017, o Decreto nº 9.203 dispõe sobre a política de governança da Administração Pública federal direta, autárquica e fundacional, trazendo princípios e diretrizes, criando Comitê Interministerial de Governança e determinando o tratamento do tema da governança sob o prisma da "integridade", pela alta administração das entidades a que se aplica.
- a partir deste novo estatuto, a Secretaria de Coordenação e Governança das Empresas Estatais (SEST), do Ministério do Planejamento, tem acompanhado a governança corporativa estatal e publicou, em novembro de 2017, índice de governança das estatais, avaliando-as sob 3 parâmetros: 1) gestão, controle e auditorias; 2) transparência das informações; 3) conselhos, comitês e diretoria.

O novo marco jurídico, a implementação de programas de governança em diversos níveis e esferas, e iniciativas voltadas para avaliação e aperfeiçoamento de políticas públicas, com base em parâmetros de eficiência e efetividade de serviços públicos, têm alterado o modo como o Estado se relaciona com os cidadãos e com o setor privado.

3.2 Adaptações no BC: estrutura (áreas, unidades, comitês) e cultura institucional

A atuação do Banco Central, com respeito à legalidade e foco em sua missão pública, bem como sua prestação de contas à sociedade, foi impactada pelo referido novo marco jurídico para a gestão pública. Essa evolução se deu em paralelo à difusão e aprofundamento do conceito de *compliance*, e compreende seus modelos de controle interno e de avaliação de resultados, suas políticas de relacionamento com os cidadãos, a sociedade e os órgãos de controle e Poderes do Estado.

Nas últimas décadas, o BC implementou as seguintes alterações em sua estrutura e dinâmicas de governança, à vista desse contexto:

- criação da Comissão de Ética do Banco Central, em 2002, e escolha da "ética" como um dos valores organizacionais da instituição;
- criação, em 2006, da Ouvidoria e da Corregedoria-Geral do Banco Central, ligadas à Presidência e com funções distintas e autônomas em relação à Auditoria Interna e à Procuradoria-Geral, então já existentes;
- em 2008, foi aprovado e divulgado o Código de Conduta dos Servidores do BC, em linha com o Código da Alta Administração Federal e o Código do Servidor Público Civil, aprovado pelo Decreto nº 6.029, de 1º de fevereiro de 2007;
- ponto de inflexão em todo esse processo foi a criação da Diretoria de Relacionamento Institucional e Cidadania (Direc), que passou a contar com áreas como o Departamento de Atendimento ao Cidadão e o Departamento de Promoção da Cidadania Financeira, ao lado da unidade responsável pela Comunicação. Destaca-se, nessa decisão específica, a elevação, ao nível da Superior Administração da Casa, e de sua Diretoria Colegiada, dos temas e funções de relacionamento institucional e atendimento às demandas provenientes da Cidadania e dos demais Poderes de Estado: significou ênfase, redirecionamento de esforços e um salto qualitativo no tratamento dos temas afeitos à interface da instituição com a sociedade brasileira como um todo e com sua representação política;
- demais iniciativas, de caráter corporativo e ligadas à governança, vêm sendo implementadas para dar conta de temas de natureza transversal, como a criação do Comitê de Gestão de PLD (CGPLD) e do Comitê de Governança, Riscos e Controles (GRC), ou que transcendem os limites da própria instituição, como o Comitê Nacional de Educação Financeira (Conef), entre tantas outras;
- bastante significativa ainda é a eleição, pelo corpo diretivo da instituição, para compor as orientações estratégicas do período de 2016/2019, dos valores organizacionais da "responsabilidade

socioambiental", "transparência" e "foco em resultados", relacionados ou com impacto de alguma natureza sobre os temas de *compliance*.

No Banco Central, *compliance* é responsabilidade primordial dos gestores, que garantem, nas áreas operacionais e de negócio, a adesão dos processos de trabalho às normas, regulamentos e às boas práticas de gestão de controles internos. Alguns componentes, que tratam de assuntos de maior exposição a riscos, possuem equipes dedicadas e segregadas para a função de *compliance*.

Algumas áreas atuam na interlocução externa, respondendo diretamente à cidadania ou a órgãos de controle e Poderes do Estado pelos temas ligados à *compliance* no Banco Central, sendo também garantes de sua incorporação e adoção como um importante pilar de sua cultura institucional.

Esse **modelo descentralizado** decorre, portanto, não somente da cultura fortemente legalista do Banco Central, desde sua criação há meio século, mas da necessidade de liderar pelo exemplo, já que é o regulador e supervisor de todo o Sistema Financeiro Nacional. A internalização da temática *compliance* pelo BC tem assegurado a sua disseminação e a aderência a ela pelas diversas instâncias e componentes do sistema.

4 Conclusão

Como visto, o assunto *compliance* se presta às mais variadas reflexões, já que a própria palavra tem várias acepções. Mas o caminho percorrido em sua incorporação, que envolve as três últimas décadas, permite a extração de uma síntese já histórica.

Na virada do Século XXI, *compliance* foi sinônimo de conformidade, de integridade e de controles internos. *Compliance* seria então a aderência às normas, e houve momentos e segmentos que trataram do assunto sob o ponto de vista mais jurídico do que gerencial ou administrativo.

Outras óticas ligaram-no ao amplo conceito de gestão de riscos, com enfoque mais financeiro e um viés mais quantitativo. Outros ainda focaram na divisão e atribuição de responsabilidades como essenciais a qualquer reflexão sobre o assunto, quando se confundiria então com o temário da governança: uma adequada estrutura de poderes, atribuições e responsabilidades, com vistas ao atingimento das finalidades corporativas.

Há reflexos sobre as relações das empresas com contrapartes, com parceiros, investidores, clientes e público em geral, quando, então, o tema *compliance* se comunicaria com os aspectos de psicologia empresarial e relacionamento institucional.

Sem dúvida, se o conceito é multidimensional, o melhor caminho para abordá-lo é acolher essas diversas acepções e perspectivas, para tratá-las adequadamente, de modo amplo, transversal e agregador.

O que é certo é que toda a temática reflete um fenômeno mais amplo, de mudança geral de paradigmas em que vive a sociedade contemporânea, desde o que se identificou como entrada na nova era da informação, coincidente com o alvorecer do novo milênio.

A reflexão aqui, não apenas para os profissionais do Direito, mas para todos os que acompanham a história das ideias, converge com o diagnóstico feito pelo jurista brasileiro Miguel Reale, em seu trabalho de maturidade: *Crise do Capitalismo e Crise do Estado*, de 2000.

Reale identifica, logo à introdução, que o colapso do modelo socialista, de planificação da economia, havia paradoxalmente conduzido não à isenção de críticas ao seu oposto histórico, o modelo capitalista, mas à necessidade de convergência de valores:

> O que se dá é uma mudança de enfoque ou de paradigma, passando-se a ter como polo referencial, ou como fulcro do processo de desenvolvimento, não o Estado – concebido como instrumento do advento comunista, ou então, como instrumento do capitalismo –, mas sim a sociedade civil, base histórica natural de qualquer progresso positivo...
>
> É à luz desse paradigma inovador que devemos analisar o fato capitalista, indagando de seu destino, o que evidentemente não poderá ser feito por um economista convicto de que tudo já estaria de antemão resolvido, visto não haver outro remédio senão aguardar, com passiva confiança, os resultados que, mais cedo ou mais tarde, seriam propiciados pelas próprias forças de mercado, em virtude do suposto valor intocável da livre concorrência...

Prossegue Reale afirmando estar convencido "de que esse pretenso capitalismo científico é tão insubsistente e ilusório quanto o socialismo científico, razão pela qual, através de múltiplos caminhos, socialismo e liberalismo tendem a se compor, neste fim de milênio, para encontrar uma solução social-liberal, resultado de recíprocas influências".

Não há dúvida de que a incorporação do universo da *compliance* pelas corporações do setor privado, e sua extensão para as instituições do setor público, pode ser um daqueles "*múltiplos caminhos*" indicados por Reale para a convergência utópica entre os valores aparentemente divergentes da igualdade e da liberdade.

Por certo, a expansão da *compliance*, conceito e ferramentas a ela atrelados, é um sintoma da já identificada interpenetração ou fusão de valores entre os setores público e privado. Ou seja, uma incorporação, pelo setor privado, de valores antes relacionados à atividade estatal: acessibilidade (ou igualdade de oportunidades no acesso) a bens e serviços, publicidade, respeito a interesses coletivos ou difusos, responsabilidade socioambiental, ética pública, em síntese; e um transplante daqueles valores antes identificados como oriundos do universo da iniciativa privada, para o setor público: eficiência, foco em resultados, prestação de contas, horizontalidade na relação usuário-consumidor x prestador de serviço, transparência.

É com essas marcas – de multidimensionalidade e de projeção rumo a um futuro de convergência e conciliação de opostos, portanto com teor algo utópico, de inegável evolução social e econômica – que se apresenta o tema *compliance*.

Informação bibliográfica deste texto, conforme a NBR 6023:2002 da Associação Brasileira de Normas Técnicas (ABNT):

SIDNEY, Isaac. *Compliance* bancário. In: CUEVA, Ricardo Villas Bôas; FRAZÃO, Ana (Coord.). *Compliance*: perspectivas e desafios dos programas de conformidade. Belo Horizonte: Fórum, 2018. p. 453-473. ISBN 978-85-450-0564-3.

UM NOVO *COMPLIANCE* NO SETOR DE SAÚDE SUPLEMENTAR PARA SOLUÇÃO DE UM VELHO PROBLEMA: AS FRAUDES EM ÓRTESES, PRÓTESES E MATERIAIS ESPECIAIS (OPME)

FABIANO CATRAN
DANILO LEME CRESPO

1 Considerações iniciais

O tema não é novo, mas ganha grande relevo no dia a dia das operadoras de saúde. Ele não é uma exclusividade brasileira, mas sua inobservância pode pôr em xeque a sustentabilidade do setor de saúde em solo *tupiniquim*, seja pelas particularidades do panorama jurídico-político-econômico de um país de dimensões continentais, seja pela busca incessante do lucro (fruto de um sistema capitalista exacerbado) ou, ainda, pela mercantilização da própria vida, que escancara a falta de ética de alguns profissionais e grandes corporações.

Em razão dos inúmeros escândalos que também assolaram o setor de saúde nos últimos anos, justificando a instauração de Comissões Parlamentares de Inquéritos (CPIs) para investigar a *"máfia das próteses"*, o *compliance* acabou por se expandir, ainda que timidamente, como medida impositiva ao bom desenvolvimento desta custosa, complexa e conturbada atividade empresarial no Brasil. As organizações criminosas viram como um grande atrativo a realização de procedimentos cirúrgicos – a maioria deles odontológicos, cardiológicos, neurológicos e ortopédicos – que envolviam a utilização de OPME (órteses, próteses e materiais especiais).

Se, por um lado, os parafusos, próteses, catéteres, hastes, fios, pinos, marca-passos, *stents* e outros materiais implantáveis retratam um grande avanço tecnológico da Medicina no tratamento de traumas e doenças, por outro serviram como uma verdadeira "mina de ouro" para que pessoas e empresas, de forma irresponsável, lhes dessem uma destinação delinquente e extremamente lucrativa.

A reação do Estado não tardou a chegar. Já era sabido que aquela antiga postura inerte e coadjuvante, fruto do liberalismo econômico e da ideologia do livre mercado, sustentada por Adam Smith, não sobreviveria à Revolução Industrial, aos novos conflitos sociais e, acima de tudo, ao aperfeiçoamento dos comportamentos danosos do crime organizado. Profundas modificações ocorreram, fazendo com que o Estado abandonasse a passividade de simples guardião da ordem e adotasse, então, uma postura interventora.

Nesse panorama de insegurança, seria ingenuidade confiar, apenas, na autorregulação das empresas ou na mera adoção de política sancionatória pelo Estado, com efeitos irradiados apenas à esfera repressiva. A união de forças e a ambivalência entre coerção e cooperação[1] se mostravam essenciais. O Estado-Regulador deveria normatizar a questão, mas também delegar às próprias corporações parte da responsabilidade da gestão de desvios. Ter-se-ia, assim, a "autorregulação regulada",[2] com espectro amplo, preventivo e muito mais efetivo.

Para tentar garantir um ambiente empresarial ético e seguro, não só voltado para a punição, o Brasil passa a aderir a tratados internacionais e a regulamentar (leia-se combater) a corrupção, a lavagem de dinheiro, a fraude e outras condutas ilícitas adjacentes. Por outro lado, e no mesmo sentido, as operadoras de saúde se viram obrigadas a adotar mecanismos de *compliance* como padrão obrigatório de aderência àquilo que se denomina Governança Corporativa.

O objetivo maior é o de impedir, entre outros fatores, que as quadrilhas, sob o manto do (falso) "exercício da medicina", realizem cirurgias desnecessárias e de risco ao paciente; utilizem materiais sabidamente desnecessários (ou em quantidade excessiva) e técnicas experimentais como fonte de lucros indevidos; superfaturem os preços

---

1 SAAD-DINIZ, Eduardo. Brasil vs Golias: os 30 anos da responsabilidade penal da pessoa jurídica e as novas tendências e compliance. *Revista dos Tribunais*, v. 988/2018, fev. 18, p. 26.

2 SILVEIRA, Renato de Mello Jorge. Compliance e Direito Penal na era pós-Lava Jato. *Revista dos Tribunais*, v. 979/2017, Maio/2017, p. 32.

de materiais como cartelização do mercado ou manipulem a Justiça por meio de processos fraudulentos.[3]

Para eliminar – ou ao menos minimizar – os riscos a que estão submetidas, as operadoras necessitam de um programa de *compliance* efetivo e organizado, especialmente porque, hoje, a regulamentação é extremamente complexa, exigindo, inclusive, reportes periódicos à autarquia federal, assim como a denúncia de atos fraudulentos e/ou atividades suspeitas, sempre visando à fiscalização prévia, à apuração regular e, quando cabível, à atividade sancionatória.

Ocorre que, por mais que se busquem meios hábeis a assegurar o estrito cumprimento da norma, bem como a observância aos princípios éticos que regem a atividade e as boas práticas empresariais, não se pode olvidar que o crime organizado se inova (e se renova) a cada dia, fazendo com que o benefício financeiro indevido seja o combustível que retroalimenta um sistema transgressor, imoral e odioso.

Cada um dos ramos empresariais possui suas especificidades e está sujeito a riscos distintos, daí porque inexiste um modelo de *compliance* pronto e acabado. A implantação do *compliance* não é uma liberalidade da empresa, mas o desenvolvimento e alcance do controle da gestão a ser exercida dependerá, em maior ou menor medida, da definição de mitigação e controle de risco que a empresa pretende internalizar.

A grande maioria das operadoras de saúde tem dificuldade na implementação de controles internos que evitem as condutas ilícitas e as práticas criminosas que tanto interferem na higidez do negócio e abalam a reputação da empresa e de seus respectivos administradores. Nesse aspecto, o setor de saúde precisa evoluir, se (re)inventar e superar seus percalços, o que gera grande desafio do ponto de vista prático, principalmente pela ausência de uma cultura mais eficaz sobre o *compliance*, que ainda se desenvolve de forma embrionária.

Embora o presente material, por suas particularidades, não permita incursões mais aprofundadas e abrangentes sobre o tema, ele visa demonstrar que o *compliance* é um aliado das operadoras de saúde na identificação, prevenção e solução de possíveis desvios. O pano de fundo que norteia o estudo está voltado à análise e adoção de controles internos específicos ao seguimento de OPME (órtese, prótese e materiais especiais), responsável por grande parte das distorções e gastos financeiros suportados pelos planos e seguros saúde.

---

[3] RAMOS, Pedro Luís Gonçalves. *A máfia das próteses*: uma ameaça à saúde. São Paulo: Évora, 2016, p. 14.

2 A mercantilização da Medicina: uma ameaça ao setor de saúde

Cientistas suecos, na década de 1950, criaram o primeiro marca-passo implantável, demonstrando a eficiência do uso de aparelhos eletrônicos no tratamento de doenças. A partir daí, e com um aprimoramento cada vez mais crescente, inúmeros equipamentos e materiais foram desenvolvidos: estimuladores cerebrais, desfibriladores, próteses ortopédicas, órteses, entre outros. No Brasil, a partir de 1990, diversas empresas, nacionais e estrangeiras, passaram a se dedicar à fabricação desses materiais.[4]

Segundo dados da Agência Nacional de Saúde (ANS), o mercado nacional de produtos médicos movimentou, apenas no ano de 2014, cerca de R$19,7 bilhões. A categoria de Dispositivos Médicos Implantáveis (DMI) foi a que mais cresceu, chegando a 249% entre 2007 e 2014. A estimativa é que existam, ao menos, 8 mil tipos desses materiais, cada um com suas características próprias, riscos e exposição ao uso.[5]

Algumas especificidades desse setor devem ser registradas, pois intimamente ligadas ao tema central do presente estudo. Em primeiro lugar, os investimentos com o desenvolvimento das pesquisas científicas são extremamente vultosos. O avanço tecnológico alcança um ritmo vertiginoso e a constante obsolescência dos materiais e equipamentos se torna inescondível. Há, ainda, um acirramento concorrencial que envolve tanto as empresas multinacionais como aquelas de médio ou pequeno porte.

Soma-se a isso o fato de que, na atualidade, uma grande parcela das despesas médico-hospitalares é arcada pelas operadoras de saúde (setor privado), criando a figura de um terceiro pagador. A remuneração dos médicos, nas consultas e procedimentos particulares, não mais se equipara, evidentemente, àquela paga pelas operadoras de saúde, que precisam reduzir os custos para manter a estabilidade financeira do mútuo que administram. Ademais, os altíssimos custos de OPME, nesss situações, tornaram-se desimportantes, já que deixaram de ser arcados por médicos ou pacientes.

Não bastasse o "inflacionamento" natural dos preços, o uso de OPME, muitas vezes desnecessário ou em quantidade exacerbada,

---

4 <http://www.ans.gov.br/images/stories/Particitacao_da_sociedade/2016_gt_opme/gt-opme-relatoriointegral.pdf>.

5 <http://www.ans.gov.br/images/stories/Particitacao_da_sociedade/2016_gt_opme/gt-opme-relatoriointegral.pdf>.

tornou-se uma forma de compensação dos honorários profissionais e, mais do que isso, uma fonte de ganho financeiro. Muito embora o Código de Ética Médica vede tal conduta, muitos médicos passaram a receber "comissões" e a lucrar com a indicação de materiais desse ou daquele fabricante, inclusive no tocante ao excesso.

Como se verá com maior propriedade no próximo tópico, as Comissões Parlamentares de Inquéritos (CPIs), criadas para investigar a "máfia das próteses", apuraram a existência de relações promíscuas entre fabricantes de próteses e médicos, as quais mercantilizam a medicina, transformando-a num verdadeiro "balcão de negócios". Lamentavelmente, profissionais chegavam a receber uma "comissão" de até 30% sobre o valor dos materiais usados em cirurgias e outros procedimentos.[6]

As vantagens beneficiavam ambos os interessados: uma renda extraordinária ao profissional, direta ou indiretamente; um retorno financeiro ao fabricante, capaz de lhe proporcionar, com grande sobra, a recuperação de todo o seu investimento, inclusive as "comissões", tributos e demais custos comerciais com a operação. A conta bilionária de tudo isso, com o perdão da obviedade, era destinada às operadoras de saúde ou ao próprio Sistema Único de Saúde (SUS).

Definitivamente, aquela cultura que começou com a entrega de brindes e amostras grátis evoluiu para o patrocínio de viagens e congressos e, há alguns anos, desaguou no pagamento de altíssimas "comissões". Mas, nesse aspecto, um alerta precisa ser feito: a "máfia das fraudes" envolve uma minoria setorial e não pode, em hipótese alguma, ser generalizada a toda a classe médica. A evolução da medicina muito se deve à dedicação de profissionais que, comprometidos com o dever ético, contribuem para o bem-estar social e para a qualidade de vida dos seres humanos.

De toda forma, a noção de que algo estava (e ainda está) errado fica nítida. A experiência comum mostra que a assistência médica é condição imprescindível para a longevidade das pessoas. No entanto, privilegiar a vantagem pecuniária e deixar a vida do paciente em segundo plano seria atestar a falência de um modelo estrutural de saúde que sucumbe, cruelmente, diante da ganância de um capitalismo desvairado.

Essa influência perniciosa da "indústria de OPME" é um verdadeiro mal para a sociedade. Michael Sandel, ao descrever os limites morais do mercado, já alertava que a mercantilização de tudo aguça a

---

[6] RAMOS, Pedro Luís Gonçalves. *A máfia das próteses*: uma ameaça à saúde. São Paulo: Évora, 2016, p. 22-90.

desigualdade, aumenta demasiadamente a importância do dinheiro e potencializa a tendência corrosiva do mercado, afastando aqueles limites morais[7] que ainda remanescem em atividades como a assistência à saúde.

Mesmo para quem entenda que o recebimento de "comissões" pelos médicos é apenas imoral (e não ilegal), esse raciocínio não subsiste nas hipóteses em que a escolha do material (de determinado fabricante) não é o mais indicado ao caso; que o material não é sequer necessário ou, ainda, solicitado em quantidade sabidamente demasiada, tudo convergindo à manutenção e sustentação do esquema fraudulento.

Aliás, a imoralidade – mesmo nos casos em que se dissocia da ilegalidade – já possibilita, por si só, a conclusão de que a introdução de incentivos financeiros a determinados profissionais do setor da saúde corrompe atitudes e regras que precisam ser protegidas. A ética define, ou deveria definir, certo grau de previsibilidade nas ações humanas, estabelecendo valores e ditando padrões seguros de comportamento.

Segundo Miguel Reale, Moral e Direito, como ciência, não podem, no pós-positivismo, ser avaliados de modo estanque. Há uma correlação entre ambos. O Direito representa apenas o mínimo de Moral declarado obrigatório para que a sociedade possa sobreviver.[8] Logo, quando a Moral se afasta do Direito, a confiança das relações jurídicas entra em colapso. A Moral e o Direito não se confundem, mas se interligam de modo obrigatório em prol da sobrevivência da própria sociedade.[9]

São as relações jurídicas honestas que geram a confiança, fator redutor de complexidade e base de organização e suporte fático das atividades negociais.[10] Quando esta confiança não surte seus efeitos, os mecanismos de interação se mostram insuficientes e a tendência é de crise generalizada, na contramão da efetividade do próprio direito.[11] Principalmente no setor privado de saúde, em que as operadoras precificam o serviço com base em cálculos atuariais, a confiança não poderia ser alijada como se nenhuma interferência tivesse nas fontes jurídicas que foram o eixo central do contrato.[12]

---

7 SANDEL, Michael J. *O que o dinheiro não compra*: os limites morais do mercado. Tradução de Clóvis Marques, 7ª ed. Rio de Janeiro: Civilização brasileira, 2015, p. 14-20.

8 REALE, Miguel. *Lições preliminares de direito*. 27. ed. São Paulo: Saraiva, 2002. p. 42.

9 REALE, Miguel. *Lições preliminares de direito*. 27. ed. São Paulo: Saraiva, 2002, p. 42.

10 MARQUES, Cláudia Lima. *A nova crise do contrato*: estudos sobre a nova teoria contratual. São Paulo: Editoria Revista dos Tribunais, 2007, p. 30.

11 MARQUES, Cláudia Lima. *A nova crise do contrato*: estudos sobre a nova teoria contratual. São Paulo: Editoria Revista dos Tribunais, 2007, p. 32.

12 MARQUES, Cláudia Lima. *A nova crise do contrato*: estudos sobre a nova teoria contratual. São Paulo: Editoria Revista dos Tribunais, 2007, p. 32-40.

Estabelecidas tais premissas, serão abordados, no próximo tópico, os mecanismos utilizados nas fraudes de OPME, que tanto preocupam as áreas de *compliance* e auditoria das operadoras e que disseminaram seus efeitos deletérios no setor de saúde, evidenciando a audácia dos criminosos e os riscos a que submeteram inúmeros pacientes, em troca da obtenção de vantagem econômica e benefícios pessoais indevidos.

3 O crime organizado: a máfia das Órteses, Próteses e Materiais Especiais (OPME)

A obra de Pedro Ramos, intitulada *A máfia das próteses: uma ameaça à saúde*, traz detalhes de inúmeros relatos que desencadearam, desde o ano de 2009, uma série de reportagens jornalísticas publicadas por reconhecidos órgãos de imprensa. Com a atuação conjunta da imprensa, da Associação Brasileira de Planos de Saúde (ABRAMGE), da Polícia Federal, do Ministério da Saúde e do Ministério Público, houve a instauração de três CPIs[13] e de inquéritos policiais que visaram à apuração de condutas tidas como criminosas. Os trabalhos culminaram em alguns indiciamentos e até mesmo prisões.[14]

O *modus operandi* praticado era relativamente simples e envolvia, segundo a investigação, alguns fabricantes, médicos, representantes comerciais e advogados.[15] Abrangendo, especialmente, os segmentos de ortopedia, cardiologia, neurologia e odontologia, a organização criminosa se valia do atrativo financeiro para aliciar tais profissionais. Além disso, os fabricantes[16] também atuavam, organizadamente, para:

- i) manipular o mercado com práticas de concorrência desleal e cartelização;
- ii) sonegar informações para reduzir a transparência no processo de comercialização e utilização de tecnologias e produtos;
- iii) exercer atividade lobista para obter favorecimento e adequar leis, normas e procedimentos aos seus interesses comerciais;

---

[13] As Comissões Parlamentares de Inquérito-CPIs foram instauradas na Câmara dos Deputados, no Senado Federal e na Assembleia Legislativa do Rio Grande do Sul.

[14] RAMOS, Pedro Luís Gonçalves. *A máfia das próteses*: uma ameaça à saúde. São Paulo: Évora, 2016, p. 12-15.

[15] RAMOS, Pedro Luís Gonçalves. *A máfia das próteses*: uma ameaça à saúde. São Paulo: Évora, 2016, p. 12.

[16] RAMOS, Pedro Luís Gonçalves. *A máfia das próteses*: uma ameaça à saúde. São Paulo: Évora, 2016, p. 12.

iv) manipular licitações para compra de produtos no setor público e também no privado;
v) praticar preços artificiais (superfaturamento).

Quanto aos médicos, estes recebiam o pagamento direto de "comissões" de até 30% sobre o valor dos produtos e serviços usados em procedimentos ou, alternativamente (quiçá cumulativamente), outras formas de benefícios financeiros, ainda que indiretos, como o custeio de viagens, congressos e treinamentos, muitas vezes mascarados por um *pseudo* "contrato de consultoria".[17]

Para justificar o recebimento dos valores,[18] os médicos se comprometiam a:

i) induzir os pacientes à realização de cirurgias e implantes, muitas vezes desnecessários;
ii) inflacionar os custos com o uso de produtos e tecnologia mais caros apenas para aumentar os ganhos, sem benefício ao paciente;
iii) utilizar mais material do que o necessário e cobrar por material não utilizado;
iv) desviar material do setor público para utilizar em suas clínicas particulares;
v) em conluio com advogados, fraudar diagnósticos e falsificar orçamentos apresentados em ações judiciais com o SUS ou planos de saúde.

Se algo não saísse como planejado, o sistema fraudulento contava com a atuação de advogados especializados[19] nas seguintes frentes:

i) ajuizamento de ações para obrigar o SUS e os planos de saúde a pagarem por procedimentos desnecessários e superfaturados;
ii) induzimento dos pacientes a entrarem na Justiça para forçar a cobertura das cirurgias dos médicos da máfia;
iii) manutenção de uma indústria de liminares com base em documentos fraudados e em outros expedientes criminosos.

---

[17] RAMOS, Pedro Luís Gonçalves. *A máfia das próteses*: uma ameaça à saúde. São Paulo: Évora, 2016, p. 90.

[18] RAMOS, Pedro Luís Gonçalves. *A máfia das próteses*: uma ameaça à saúde. São Paulo: Évora, 2016, p. 90.

[19] RAMOS, Pedro Luís Gonçalves. *A máfia das próteses*: uma ameaça à saúde. São Paulo: Évora, 2016, p. 91.

Conquanto inexista, na legislação penal brasileira, dispositivo específico para punir o recebimento de "comissões", não se pode admitir, sobretudo do ponto de vista ético, a mercantilização da medicina,[20] sua utilização como comércio[21] ou, ainda, para influenciar o mercado de OPME e chancelar, por conseguinte, vantagem manifestamente descabida.[22] No mesmo sentido, cabe ao advogado abster-se de utilizar sua influência em benefício próprio[23] e de atuar contra a ética, moral, honestidade e dignidade da pessoa humana,[24] vedada, igualmente, a mercantilização da profissão[25] ou a exposição de fatos que falseiem a verdade ou atentem contra a boa-fé.[26]

Em razão dos resultados produzidos, o profissional, seja ele quem for, responderá integralmente pelos reflexos dos atos praticados, dolosa ou culposamente. Os depoimentos de diversos pacientes, colhidos nas CPIs são autoexplicativos e evidenciam, a um só tempo, que eles (a) são enganados por médicos mal-intencionados para se submeterem a cirurgias e implantes; (b) tornam-se "laranjas" de processos judiciais fraudados; (c) e são expostos a procedimentos e riscos desnecessários.[27]

Tais golpes, quando atingem a esfera de saúde pública, afetando o orçamento do governo, geram prejuízos generalizados, especialmente

---

20 Código de Ética do Conselho Federal de Medicina. É vedado ao Médico: Art. 58 – O exercício mercantilista da medicina.

21 Código de Ética do Conselho Federal de Medicina. I – Princípios Fundamentais: IV – Ao médico cabe zelar e trabalhar pelo perfeito desempenho ético da Medicina, bem como pelo prestígio e bom conceito da profissão; IX – A Medicina não pode, em nenhuma circunstância ou forma, ser exercida como comércio; X – O trabalho do médico não pode ser explorado por terceiros com objetivos de lucro, finalidade política ou religiosa.

22 Código de Ética do Conselho Federal de Medicina. É vedado ao médico: Art. 69 – Exercer simultaneamente a Medicina e a Farmácia ou obter vantagem pelo encaminhamento de procedimentos, pela comercialização de medicamentos, órteses, próteses ou implantes de qualquer natureza, cuja compra decorra de influência direta em virtude de sua atividade profissional.

23 Código de Ética do Conselho Federal da Advocacia: Art. 2º O advogado, indispensável à administração da Justiça, é defensor do Estado democrático de direito, da cidadania, da moralidade pública, da Justiça e da paz social, subordinando a atividade do seu Ministério Privado à elevada função pública que exerce. Parágrafo único. São deveres do advogado: VIII – abster-se de: a) utilizar de influência indevida, em seu benefício ou do cliente;

24 Código de Ética do Conselho Federal da Advocacia: VIII – abster-se de: d) emprestar concurso aos que atentem contra a ética, a moral, a honestidade e a dignidade da pessoa humana; Art. 20. O advogado deve abster-se de patrocinar causa contrária à ética, à moral ou à validade de ato jurídico em que tenha colaborado, orientado ou conhecido em consulta.

25 Código de Ética do Conselho Federal da Advocacia: Art. 5º O exercício da advocacia é incompatível com qualquer procedimento de mercantilização.

26 Código de Ética do Conselho Federal da Advocacia: Art. 6º É defeso ao advogado expor os fatos em Juízo falseando deliberadamente a verdade ou estribando-se na má-fé.

27 RAMOS, Pedro Luís Gonçalves. *A máfia das próteses*: uma ameaça à saúde. São Paulo: Évora, 2016, p. 91.

aos beneficiários que necessitam do SUS. Quando é praticado contra os planos e seguros-saúde, a conta é paga pela massa de usuários e reflete, evidentemente, no preço do serviço e seus respectivos reajustes,[28] além de interferir na qualidade e volume do serviço prestado. De uma forma ou de outra, um dano de proporções coletivas.

Estima-se que os custos das operadoras de saúde brasileiras com golpes, desvios e outros desperdícios equivalem, anualmente, a 19% de toda a despesa assistencial, o que representa um total de 22,5 bilhões de reais.[29] Considera-se, ainda, que 18% dos gastos totais das contas hospitalares são fraudes e 40% dos pedidos de exames laboratoriais não são necessários, o que eleva o gasto em mais 22 bilhões de reais.[30]

Enquanto os transgressores lucram altos valores com o crime organizado, o setor privado de saúde tem de absorver o prejuízo financeiro, como se o benefício de uma seleta minoria pudesse se sobrepor ao todo. Daí a importância e a necessidade da implantação de um programa de *compliance* estruturado, voltado à prevenção e correção imediata de riscos, como se verá a seguir.

4 O *compliance* no setor de saúde suplementar

4.1 A sociedade do risco: uma reflexão necessária31

A pós-modernidade tem no imediatismo uma de suas principais características. O hábito mercantilista tomou conta da sociedade. O altruísmo inato do homem, que deveria ser desenvolvido com a evolução da humanidade, dá lugar a um verdadeiro consumismo apoteótico que jamais será capaz de trazer a sensação de satisfação. O valor e a importância do dinheiro estão cada vez mais presentes.

Se, antes, a visão do futuro guiava o presente, hoje, nos dizeres de Zygmunt Bauman, nossos contemporâneos vivem sem esse futuro, de forma descuidada, ignorada e negligente quanto ao que virá.[32] O

---

[28] RAMOS, Pedro Luís Gonçalves. *A máfia das próteses*: uma ameaça à saúde. São Paulo: Évora, 2016, p. 17.

[29] <http://www1.folha.uol.com.br/seminariosfolha/2017/03/1870824-fraudes-na-saude-custam-r-225-bilhoes-no-setor-privado.shtml>.

[30] <https://www.iess.org.br>.

[31] CRESPO, Danilo Leme. *A evolução da Teoria Contratual e sua evolução na Sociedade Contemporânea*: uma reflexão sobre a (des)credibilidade do Contrato de Consumo. Dissertação de Mestrado apresentada no programa de Direitos Difusos e Coletivos da Pontifícia Universidade Católica de São Paulo

[32] <http://epoca.globo.com/ideias/noticia/2014/02/bzygmunt-baumanb-vivemos-o-fim-do-futuro.html>.

"princípio responsabilidade" de Hans Jonas já alertava que a incerteza, advinda da conduta humana na sociedade atual, ameaça tornar inoperante a perspectiva ética de consciência em relação ao futuro.[33] O romance intitulado *Eugénia Grandet*,[34] de Honoré de Balzac, chega a atribuir a pecha de avarento aos homens da sociedade atual.

Com a Revolução Industrial, o consumo, em oposição às formas de vida precedentes, associa a felicidade não tanto à satisfação das necessidades, mas a um volume e uma intensidade de desejos sempre crescentes,[35] o que exige uma situação econômica muito bem abastada. Esse fato, fruto do capitalismo perdulário que transforma tudo em mercadoria, torna o homem refém de seus próprios atos e reduz, como visto anteriormente, a carga moral das relações humanas e empresariais.

A sociedade atual do descontrole, que já recebeu inúmeras nomenclaturas pelos estudiosos do tema e que cria um panorama de insanidade e incerteza, recepciona (e absorve) inúmeros riscos criados pelo homem, não necessariamente voltados à noção de progresso, muito menos intrínsecos ao desenvolvimento natural das atividades.

Ulrich Beck, avaliando as mudanças havidas nas últimas décadas, afirma ter se instaurado a "sociedade industrial do risco", não prevista em manuais teóricos ou políticos dos séculos passados. No centro da questão atual está uma realidade indisfarçável: a busca social de riqueza é acompanhada pela produção social de risco. Os efeitos generalizados dessa perspectiva já é uma realidade no setor de saúde, cada vez mais agravado pela cobiça e ganância dos seres humanos (carência material), numa espécie de *poço de necessidades sem fundo*.[36]

Conceitualmente, risco é a probabilidade de que um determinado evento adverso ocorra durante um período de tempo definido ou definível. Para John Adams, o risco pode ser subdividido, de modo didático, em "risco objetivo" (tipo de coisa que os especialistas conhecem) ou "risco percebido" (antecipação de acontecimentos futuros).[37]

Ainda que se conheça, hoje, parte desses riscos, outros integram um componente futuro, que precisa ser evitado. Daí a razão de se ter afirmado, anteriormente, que o *compliance* também deve atuar na esfera

---

33 JONAS, Hans. *O princípio responsabilidade*: ensaio sobre uma ética para a civilização tecnológica. Ed. Puc Rio. p. 77.

34 BALZAC, Honoré de. *Eugênia Grandet*. São Paulo: Abril Cultural, 1981, p. 102.

35 BAUMAN, Zygmunt. *Vida para o consumo*: a transformação das pessoas em mercadorias. Tradução Carlos Alberto Medeiros. Rio de Janeiro: Jorge Zahar Ed., 2008, p. 45.

36 BECK, Ulrich. *Sociedade de risco*: rumo a uma outra modernidade. Tradução de Sebastião Nascimento. São Paulo: Ed.34, 2010, p. 12-26.

37 ADAMS, John. *Risco*. São Paulo: Senac, 2009, p. 40.

preventiva, potencializando a capacidade de as corporações lidarem, de forma efetiva, com as situações contínuas de ameaças e danos.

Por mais que a busca pelo risco zero seja utópica e extremamente custosa, a percepção sobre tal cenário torna as instituições mais cuidadosas e aprimora a gestão, ainda que para apenas reduzir o impacto, nas hipóteses em que não for possível evitar o dano. Com a evolução da tecnologia e o acesso à informação, não mais se pode dizer que as empresas, em pleno século XXI, ainda tateiam no escuro ou desconheçam, ao extremo, os riscos potenciais a que estejam submetidas.

Para Anthony Giddens, é essencial a sensibilidade ao risco, assim como a avaliação das probabilidades e a reflexividade em geral, tudo convergindo para a colonização do futuro.[38] Constatações de riscos devem ser um constante exercício de técnicas a serem aperfeiçoadas nas ciências humanas, de racionalidade cotidiana e especializada, quer no campo do interesse ou do próprio Direito.

Isso permite que os riscos possam ser minimizados, canalizados e, quando vindos à luz sob a forma de "efeitos colaterais latentes",[39] isolados, redistribuídos e solucionados de modo a não inviabilizar a própria atividade. É exatamente nesse panorama que o *compliance* passa a exercer seu papel de protagonismo.

4.2 O *compliance* como boa prática de governança corporativa e controles internos

Embora o *compliance* seja conhecido dos brasileiros desde o final do século passado, a consciência dos empresários pela sua implantação e aperfeiçoamento somente se sedimentou nos últimos anos, mais precisamente em razão de diversos escândalos que geraram grande repercussão midiática, iniciados em meado de 2005. Aliás, foi pelo mesmo motivo que o Estado, anos mais tarde, ampliou o rol de atividades obrigadas a criar programas de *Compliance*,[40] o que foi feito (i) pela Lei nº 12.683/12, que modificou a Lei nº 9.613/98 (lavagem de dinheiro) e (ii) pela Lei nº 12.846/13, regulamentada pelo Decreto nº 8.240/15 (prática de atos contra a Administração Pública).

---

[38] BAUMAN, Zygmunt. *Ética pós-moderna*. Tradução João Rezende Costa. São Paulo: Ed. Paulus, 1997, p. 230.

[39] BECK, Ulrich. *Sociedade de risco*: rumo a uma outra modernidade. Tradução de Sebastião Nascimento. São Paulo: Ed.34, 2010, p. 35.

[40] SARLET, Ingo Wolgang. SAAVEDRA, Giovani Agostini. Judicialização, reserva do possível e compliance na área da saúde. *R. Dir. Gr. Fund.*, Vitória, v. 18, nº 1, jan./abr. 2017, p. 263.

Antes disso, já haviam sido promulgados (i) o Decreto nº 3.678/2000 (combate da corrupção de Funcionários Públicos Estrangeiros em Transações Comerciais Internacionais); (ii) o Decreto nº 4.410/2002 (Convenção Interamericana contra a Corrupção); (iii) o Decreto nº 5.687/06 (Convenção das Nações Unidas contra a Corrupção).[41] Oportuno advertir que, para o setor da saúde, também se aplicam as Resoluções Normativas da Agência Nacional da Saúde (ANS) (RN nº 117, RN nº 124, RN nº 244 etc.).

Por mais que o Estado tenha abandonado aquela postura liberal típica do *laissez-faire*, ficou óbvio que, sozinho, ele não solucionaria a questão dos riscos empresariais, ainda mais porque, a despeito de sua (insuficiente) atuação fiscalizatória, o poder simbólico da repressão e contenção, posterior e tardio, carecia de maior efeito prático-inibitório. Não bastasse, também estão em jogo interesses – geradores de riscos – que escapam, ao menos de forma específica, ao preceito literal da norma, sobretudo porque a elasticidade da lei ou regulamento não alcança, naturalmente, todo e qualquer tipo de situação.

As limitações estruturais do Estado lhe impedem que regule e controle, a contento, as especificidades de todas as atividades e o incremento do risco gerado por cada empresa. Há hipóteses que fogem à esfera do domínio governamental e, para estender seus tentáculos, o Estado delega às empresas funções de prevenção de ilícitos (vigilância) e canal de denúncia, atribuindo maior responsabilidade aos particulares no cumprimento dos objetivos de prevenção e controle de riscos. A intervenção estatal fica preservada com a supervisão e correção, mas contando, agora, com a colaboração do ente privado no processo regulatório.[42] Nasce a "autorregulação regulada".[43]

O controle que as empresas devem estabelecer para responder, com eficiência, aos riscos a que estão submetidas, presentes e futuros, é chamado de *compliance*. Para Ingo Sarlet,[44] o *compliance,* como mandamento ético, estabelece uma relação entre um "estado de conformidade" e uma determinada "orientação de comportamento": um compromisso com a Governança Corporativa, com a criação de um sistema complexo

---

[41] CARVALHOSA, Modesto. *Considerações sobre a lei anticorrupção das pessoas jurídicas*: Lei nº 12846/13. São Paulo: Revista dos Tribunais, 2015, p. 103.

[42] RIOS, Rodrigo Sánchez. *Criminal compliance*: prevenção e minimização de riscos na gestão da atividade empresarial. *Revista dos Tribunais,* v. 114/2015, maio/jun. 2015, p. 341-375.

[43] SILVEIRA, Renato de Mello Jorge. Compliance e Direito Penal na era pós-Lava Jato. *Revista dos Tribunais,* v. 979/2017, maio 2017, p. 32.

[44] SARLET, Ingo Wolgang. SAAVEDRA, Giovani Agostini. Judicialização, reserva do possível e *compliance* na área da saúde. *R. Dir. Gr. Fund.*, Vitória, v. 18, n. 1, jan./abr. 2017, p. 266-267.

de boas práticas, políticas e de controles internos que garantirão, juntos, a máxima eficácia da empresa frente a situações de risco, tendo na prevenção (*ex ante*) a sua principal característica.

Em outras palavras, o *compliance* atua de duas formas: uma de ordem subjetiva, baseada em regulamentos internos, como a implementação de boas práticas (fora e dentro da empresa) e a adoção de procedimentos em conformidade com a legislação aplicável à respectiva área de atuação, prevenindo e minimizando riscos e práticas ilícitas, inclusive junto aos clientes e fornecedores; outra de ordem objetiva, decorrente de lei, tais como as obrigações de identificação de clientes, manutenção de registros e comunicação de operações financeiras (artigos 10 e 11 da Lei nº 9.613/98).[45]

A amplitude de um programa de *compliance* pode depender de inúmeros fatores, entre eles os custos com a operacionalização e, especialmente, a definição do risco que a empresa quer (ou não) internalizar. A título de exemplo, e com base nas orientações fornecidas pela Secretaria de Direito Econômico[46] para prevenção de infração à ordem econômica, um programa de *compliance* minimamente consistente deve contemplar, ao menos, os seguintes requisitos:

a) criação de padrões e procedimentos claros com relação à observância da legislação;
b) indicação e qualificação interna de dirigente com autoridade e competência para coordenar e supervisionar os objetivos propostos e o cumprimento das normas;
c) treinamento dos funcionários e desenvolvimento de material de apoio, tais como políticas, manuais, palestras etc., além de fiscalização, pelos dirigentes, dos atos praticados no exercício da atividade empresarial;
d) definição de mecanismos de disciplina eficientes para controle, identificação e punição dos envolvidos que pratiquem condutas danosas (ou potencialmente danosas), sem prejuízo dos reportes às autoridades competentes, quando necessário;

---

[45] BENEDETTI, Carla Rahal. *Criminal compliance*: instrumento de prevenção criminal corporativa e transferência de responsabilidade penal. *Revista de Direito Bancário e do Mercado de Capitais*. São Paulo, v. 59, jan. 2013, p. 3003 e GABARDO, Emerson. CASTELLA, Gabriel Morettini. *Revista de Direito Administrativo e Constitucional*, v. 60. abr/jun. 2015, p. 135.

[46] Ministério de Justiça – Secretaria de Direito Econômico – Portaria 14/2004 e suas atualizações.

e) iniciativa de criação de uma área de auditoria interna e contratação de serviços de auditoria externa e independente, com a definição de intervalo máximo inferior a 2 anos;
f) canal de comunicação anônima para eventuais denúncias.

Importante ter claro que o programa de *compliance* pode ser incrementado com práticas voluntárias (não obrigatórias) de governança, aumentando a transparência junto à investidores, valorizando o capital aportado pelos acionistas e, ainda, elevando (e sedimentando) o nome da empresa como estratégia comercial que a diferencie num mercado que se torna, dia a dia, cada vez mais competitivo.

4.3 O *compliance* no setor da saúde suplementar: o combate às fraudes em Órteses, Próteses e Materiais Especiais (OPME)

Na área de saúde suplementar, o foco do programa de *compliance* deve estar na promoção de interações éticas entre as operadoras, seus colaboradores e os demais envolvidos na prestação de serviços aos pacientes. Além dos elementos citados no tópico anterior, aplicáveis a qualquer atividade, o *compliance*, na assistência à saúde como um todo, deve contemplar, em acréscimo, os requisitos:[47]

i) comprometimento da alta liderança gerencial e uma política anticorrupção claramente articulada, que aborde não só as interações com o poder público, mas também com os profissionais da saúde;
ii) implementação de políticas e procedimentos escritos, dando publicidade e transparência às relações estabelecidas entre a empresa/entidade e os profissionais da saúde e que vedem, ou disciplinem, a concessão de patrocínios, benefícios, brindes, almoços, doações ou qualquer tipo de incentivo;
iii) controles internos formalizados, garantindo a interação tica e legítima da empresa/entidade com os profissionais da saúde no caso de celebração de contratos de consultoria ou prestação de serviços;
iv) realização de avaliações periódicas de riscos, fruto do monitoramento da governança corporativa e das auditorias internas e externas;

---

[47] SARLET, Ingo Wolgang. SAAVEDRA, Giovani Agostini. Judicialização, reserva do possível e compliance na área da saúde. *R. Dir. Gr. Fund.*, Vitória, v. 18, nº 1, jan./abr. 2017, p. 272-273.

v) educação e treinamentos efetivos na busca da prevenção de desvios;
vi) realização de *due diligence* nas relações firmadas com terceiros;
vii) medidas disciplinares aplicáveis no caso de violação comprovada de regras de *compliance*, que deverão ser amplamente divulgadas.

Sobre o tema, os estudos internacionais apontam as três práticas mais utilizadas no combate à fraude: (i) criação de normas anticorrupção; (ii) transparência dos setores da saúde por meio da inserção de tecnologias, como prontuários eletrônicos e softwares financeiros em hospitais, fornecedores, distribuidores etc.; (iii) implementação de novos modelos de pagamentos prospectivos, tal como aqueles baseados no Diagnosis Related Grou (DRG).[48] O quadro a seguir [49] traz uma visão didática e mais detalhada das estratégicas mundialmente adotadas:

ÁREA	PROCESSO	TIPO DE CORRUPÇÃO	ESTRATÉGIAS ANTICORRUPÇÃO
Regulação	Políticas de Saúde	Influência política na definição da política de saúde, pacotes de benefícios para apenas um setor da saúde, políticas públicas voltadas apenas para hospitais, subornos para a criação de leis na área de medicamentos	Aumentar a transparência e o acesso à informação no processo de decisão de leis e normas; Fortalecer a participação de todos os setores da saúde (indústria, fornecedores, provedor, plano de saúde e beneficiários) na tomada de decisões de políticas de saúde; Seguir normas de processo internacionais como: políticas de medicamento (na fabricação e na precificação); Leis anticorrupção genérica e específica para a área da saúde.
	Financiamento da Saúde	Influência política e subornos na regulação de mercado	
Orçamento e Gestão de Recursos	Faturamento de serviços	Cobrança fraudulenta de serviços não fornecidas durante o processo	Investimento em melhoria na área contábil; Contratação de auditores externos ou seu aumento; Transparência no faturamento de serviços.
	Gestão de folha de pagamento	Funcionários fantasmas e pagamentos indevidos a funcionários	Gestão da folha de pagamento; Investimento em transparência de sistema de gestão; Implementação de modelo de pagamento prospectivo.
	Utilização de recursos	Roubo ou uso ilegal de equipamentos (ex. veículos ou outros insumos)	Treinamento nos códigos de conduta e ética; Aumento na fiscalização do uso de material; Implementação de prontuário eletrônico.

48 <https://iess.org.br>.

49 <https://iess.org.br>.

ÁREA	PROCESSO	TIPO DE CORRUPÇÃO	ESTRATÉGIAS ANTICORRUPÇÃO
Aquisição	Construção e reforma de instalações de saúde	Suborno para influenciar o processo de licitação de contratação, o acompanhamento e o controle de instalações; Cartel de empreiteiras.	Diretrizes e normas transparentes; Investimento em *softwares* para combater a corrupção; Criação de banco de dados de licitações; Realização de auditoria.
Hospitais	Processo de atendimento hospitalar	Faturas superestimadas e superfaturadas; Não aprimorar a administração hospitalar a fim de conter custo.	Implementação de novo modelo de pagamento (DRG); Prontuário eletrônico.
Pacientes	Conduta do paciente	Fraude no uso de plano de saúde; pagamentos informais de tratamentos (como utilizar o benefício do convênio para cobrir um tratamento não estipulado no rol, mas o médico declara um tratamento que consta no rol).	Informatização de processo de atendimento ao paciente; Divulgar as boas práticas de utilização dos serviços para o paciente e as consequências das más condutas.

Fonte: IESS e Addressing corruption in the health sector (2011).

Especificamente em relação ao (mau) uso de próteses, órteses e materiais especiais, é preciso que o setor privado de saúde, personificado nas operadoras de planos e seguros-saúde, atue de modo a evitar (ou reduzir) a fraude, que impõe custos significativos ao sistema. Nos países como o Brasil, em que é permitida a iniciativa privada na assistência à saúde, o cuidado deve ser ainda maior.

A implementação de um programa de *compliance* bem estruturado na saúde suplementar tem significativa importância na (a) contenção de despesas médicas e otimização da eficiência dos serviços hospitalares; (b) modificação do comportamento médico na definição do diagnóstico, indicação cirúrgica e uso de OPMEs; (c) e transparência dos gastos, procedimentos, efetiva utilização e quantidade de OPMEs utilizadas.

Para tanto, algumas medidas podem ser adotadas pelas operadoras de saúde para otimizar o resultado prático da autorregulação:

i) aperfeiçoamento contínuo da área de auditoria médica para análise exclusiva de procedimentos que envolvam OPMEs e a respectiva quantidade de material definida, dando maior amplitude às discussões junto aos médicos, clínicas e hospitais, sempre visando à preservação da segurança do paciente e das boas práticas de saúde;
ii) criação de comitês internos para avaliação multidisciplinar dos casos que envolvam OPMEs, inclusive no tocante ao aspecto legal;

iii) contratação de assessoria médica especializada, terceirizada e independente, a fim de que atue nas situações de maior complexidade (inclusive junto ao Núcleo de Apoio Técnico – NAT dos Tribunais) e contribua com a solução técnica adequada;
iv) realização de junta-médica para viabilizar a segunda opinião de médico desempatador, observando os prazos e demais requisitos da Resolução Normativa nº 424/2017 da ANS;
v) definição de uma área de assessoria jurídica bem estruturada para combate de liminares, autuações regulatórias e garantia dos demais interesses da empresa;
vi) investimento em inteligência, humana ou tecnológica, para revisão de códigos e nomenclaturas utilizadas nos pedidos de OPMEs, bem como de análise comparativa de similaridade e equivalência entre os materiais solicitados e os materiais produzidos por outros fornecedores, evitando fraudes, desvios e distorções;
vii) revisão periódica dos fornecedores de OPMEs, política de (re)negociação e acompanhamento dos preços médicos praticados no mercado;
viii) estruturação de área de gestão de rede para contratação de recursos médicos, acompanhamento e fiscalização do trabalho desenvolvido;
ix) cadastro efetivo de fabricantes, médicos e advogados que atuem, de forma contumaz, em casos envolvendo fraudes de OPMEs;
x) atuação efetiva e permanente da área de gestão de risco no desenvolvimento e estruturação de condutas éticas, com regras claras e responsabilidades bem definidas;

No início de 2015, o Ministério da Saúde criou um grupo de Trabalho Interinstitucional[50] para reestruturar e ampliar a transparência do processo de produção, importação, aquisição, distribuição, utilização e aprimoramento da regulação clínica de casos envolvendo órteses, próteses e materiais especiais. A finalidade inicial estava pautada na adoção de medidas no setor de saúde suplementar para: (a) criminalizar as fraudes no fornecimento, aquisição ou prescrição de OPME; (b) produzir e disseminar documentos de boas práticas de utilização de OPME; (c) realizar processo de qualificação de profissionais e técnicos

---

[50] <https://iess.org.br>.

envolvidos nas atividades clínicas e cirúrgicas, bem como no ciclo dos processos de aquisição, acondicionamento, gestão de estoque, controle, auditoria e tecnovigilância de OPME.

As empresas participantes desse seleto grupo elencaram às agências reguladoras (ANS e ANVISA) uma série de requisições que, se efetivadas, contribuiriam, e muito, para melhoria dos controles internos e, consequentemente, potencializaria o combate às fraudes de OPME:

i) revisão, pela ANS, dos prazos máximos para garantia de atendimento de procedimentos cirúrgicos que envolvam OPME, suspendendo a contagem sempre que for instaurada junta médica, em especial nos casos cirúrgicos;
ii) criação de um marco regulatório, pela ANVISA, acerca do registro de OPME, estabelecendo nomenclaturas padronizadas a serem observadas pelos fabricantes e distribuidores;
iii) padronização dos códigos de procedimentos para cada tipo de cirurgia, com auxílio das sociedades médicas, criando protocolos para atendimentos convencionais, visando orientar e uniformizar as condutas com base nas melhores práticas;
iv) tornar público o preço-base de OPME, permitindo maior controle e monitoramento;
v) aperfeiçoamento da gestão do corpo clínico, com implantação de modelos de governança corporativa e clínica nas instituições de saúde;
vi) incentivo ao intercâmbio de informações assistenciais entre os prestadores públicos e privados;
vii) criação de um sistema nacional de avaliação da qualidade em saúde, desenvolvendo um modelo assistencial integrado, com foco no paciente;
viii) revisão das regras que regulamentam os casos de divergência médica quando há questionamento sobre a utilização de OPME;
ix) aproximação entre as auditoras das operadoras, as sociedades de especialistas e o Conselho Federal de Medicina (CFM), por meio de um comitê permanente dedicado à melhoria das relações entre os agentes do setor;
x) criação de um canal na ANS ou CFM para recebimento de denúncias de profissionais de saúde, fornecedores ou

hospitais com má prática, visando à apuração e avaliação das denúncias e adoção das providências necessárias para penalização dos infratores.

Por todo o exposto, fica claro que o tema, por sua densidade, comportaria uma pesquisa muito mais ampla, mas incompatível com a proposta original e as diretrizes traçadas para o presente artigo. Inúmeros exemplos poderiam ser aqui mencionados, até porque cabe a cada operadora de saúde definir os níveis de gestão de risco a que pretende se submeter, de acordo com o contexto em que está inserida, com a complexidade de sua operação e, acima de tudo, com o arrojo em estabelecer uma gestão proativa para identificar, prevenir e sanar as ameaças que lhes expõem, frutos de ações antiéticas e ilegais.

A mensagem que fica, e que serve como fio condutor para anunciar a conclusão deste trabalho, é que há, no setor de saúde suplementar, um campo extremamente fértil para se avançar em relação ao *compliance*. A adoção de novas ações e a maturação de um programa de *compliance* que estabeleça uma fiscalização confiável e eficiente é condição essencial para o desenvolvimento de uma política de gestão de risco que assegure a cultura organizacional, a conformidade normativa e a responsabilização de eventuais infratores da empresa.

5 Conclusão

O risco, decorrente de toda e qualquer atividade empresarial, está cada vez mais presente no cotidiano das operadoras de saúde. Estima-se que, mundialmente, as fraudes geram uma perda global anual de U$260 bilhões de dólares no setor de saúde,[51] fato que se agrava, no Brasil, pela atuação do crime organizado. Nos últimos três anos, o impacto das fraudes em solo brasileiro chegou ao patamar de R$77 bilhões de reais.

Por mais que a máfia das próteses, órteses e materiais especiais (OPME) tenha sido desvelada no ano de 2014, pouco – ou quase nada – foi feito, especialmente se analisadas as reais dimensões do problema. Por mais que se conheçam os potenciais personagens e o *modus operandi* utilizado, o setor de saúde suplementar ainda agoniza com as relações obscuras que continuam se infiltrando entre o interesse econômico e a prática médica.

---

[51] <https://iess.org.br>.

Esse fenômeno está longe de ser recente, mas sua solução jamais será alcançada se combatido com as antigas técnicas empresariais de gestão de risco. Dito de outro modo, é preciso *um novo compliance no setor da saúde suplementar para a solução de um velho problema: as fraudes em OPME*. Esse, aliás, o título que se deu ao presente artigo.

O jogo de palavras foi proposital. Os termos "*novo*" e "*velho*" servem para exaltar uma antítese cronológica que impõe ao *compliance* uma única e solitária diretriz: avançar para prosperar. As empresas passam a ter, invariavelmente, um poder-dever de cooperar com o Estado no desenvolvimento de programas que controlem os riscos inerentes à sua atividade (*autorregulação regulada*). Isso inaugura um crescente volume de exigências (controles internos) e impõe ao *compliance*, cada vez mais, a necessidade de se inovar para resolver os antigos problemas e aqueles que ainda estão por vir.

A propósito, a iniciativa de organização de um compêndio de estudos sobre o *compliance*, que gerou o honroso convite aos subscritores deste artigo, é uma grande evidência de que o tema já integra o cotidiano das grandes instituições. A problematização, cada vez mais intrigante (e instigante), e o crescimento exponencial do debate tornam flagrante, a um só tempo, que o assunto está em voga, mas que ainda é incipiente do ponto de vista sociocultural-corporativo.

O percurso é árduo e caminhar é preciso. A evolução do *compliance* se torna ainda mais necessária quando se reconhece que, no início do terceiro milênio, ainda imperam a avareza e a abstenção moral de uma minoria de profissionais que se valem da assistência à saúde para perseguir objetivos espúrios, antiéticos e, pior, em prejuízo da coletividade.

A perpetuação de determinadas distorções somente interessa a quem delas se beneficia. É preciso que as operadoras do setor de saúde suplementar aprimorem seus conhecimentos técnicos para enfrentar as resistências e dificuldades do mercado. A sociedade de risco traz um mundo de incertezas e de complexa mensuração e quantificação, aprimorados pelas inovações tecnológicas e por mentes delinquentes extremamente criativas.

Para tentar combater, com eficiência, as fraudes em OPME, é primordial que as operadoras de saúde implementem um programa de *compliance* capaz de integrar os processos organizacionais e, numa visão macro, estabelecer mecanismos internos de identificação, análise e tratamento dos riscos, capturando aqueles mais emergentes e monitorando-os com o máximo de criticidade. Afinal, é por meio de uma gestão focada que se procede à detecção, prevenção e tratamento de desvios, estejam eles voltados ao aspecto jurídico-regulatório da atividade, à lavagem de dinheiro, fraude, corrução ou quaisquer inconformidades que, em maior ou menor medida, possam configurar operações suspeitas ou infrações propriamente ditas.

De forma inaceitável, o mercantilismo corrói o comunitarismo.[52] Já é hora de o setor de saúde esboçar uma reação, o que não se fará sozinho, mas com a ajuda das agências reguladoras, do Ministério Público e do próprio Estado, este último contribuindo com a promulgação de leis (Legislativo), com a elaboração de atos normativos e consequente fiscalização da atividade-fim (Executivo) e, finalmente, com a distribuição da Justiça e a punição exemplar (Judiciário) daqueles que resumem o setor da saúde à "medicina de balcão" ou "advocacia de porta de hospital",[53] ambos com lucratividade promíscua e desumana.

Referências

ADAMS, John. *Risco*. São Paulo: Senac, 2009.

BALZAC, Honoré de. *Eugênia Grandet*. São Paulo: Abril Cultural, 1981.

BAUMAN, Zygmunt. *Ética pós-moderna*. Tradução João Rezende Costa. São Paulo: Ed. Paulus, 1997.

BAUMAN, Zygmunt. *Vida para o consumo*: a transformação das pessoas em mercadorias. Tradução Carlos Alberto Medeiros. Rio de Janeiro: Jorge Zahar Ed., 2008.

BECK, Ulrich. *Sociedade de risco*: rumo a uma outra modernidade. Tradução de Sebastião Nascimento. São Paulo: Ed.34, 2010.

BENEDETTI, Carla Rahal. Criminal Compliance: Instrumento de Prevenção Criminal Corporativa e Transferência de Responsabilidade Penal. *Revista de Direito Bancário e do Mercado de Capitais*. São Paulo, v. 59, jan. 2013.

GABARDO, Emerson. CASTELLA, Gabriel Morettini. *Revista de Direito Administrativo e Constitucional*, v. 60. abr./jun. 2015.

CARVALHOSA, Modesto. *Considerações sobre a Lei anticorrupção das pessoas jurídicas*: Lei nº 12846/13. São Paulo: Revista dos Tribunais, 2015.

CRESPO, Danilo Leme. *A evolução da Teoria Contratual e sua evolução na Sociedade Contemporânea*: uma reflexão sobre a (des)credibilidade do Contrato de Consumo. Dissertação de Mestrado apresentada no programa de Direitos Difusos e Coletivos da Pontifícia Universidade Católica de São Paulo.

JONAS, Hans. *O princípio Responsabilidade*: ensaio sobre uma ética para a civilização tecnológica. Ed. Puc Rio.

---

52 SANDEL, Michael J. *O que o dinheiro não compra*: os limites morais do mercado. Tradução de Clóvis Marques. 7. ed. Rio de Janeiro: Civilização brasileira, 2015, p. 202

53 RAMOS, Pedro Luís Gonçalves. *A máfia das próteses*: uma ameaça à saúde. São Paulo: Évora, 2016, p. 103.

MARQUES, Cláudia Lima. A *nova crise do contrato*: estudos sobre a nova teoria contratual. São Paulo: Editoria Revista dos Tribunais, 2007.

RAMOS, Pedro Luís Gonçalves. *A máfia das próteses*: uma ameaça à saúde. São Paulo: Évora, 2016.

REALE, Miguel. *Lições preliminares de Direito*. 27. ed. São Paulo: Saraiva, 2002.

RIOS, Rodrigo Sánchez. *Criminal compliance:* prevenção e minimização de riscos na gestão da atividade empresária. *Revista dos Tribunais*, v. 114/2015, maio/jun. 2015.

SAAD-DINIZ, Euardo. Brasil vs Golias: os 30 anos da Responsabilidade Penal da pessoa Jurídica e as Novas Tendências e Compliance. *Revista dos Tribunais*, v. 988/2018, fev. 18.

SANDEL, Michael J. O que o dinheiro não compra: os limites morais do mercado. Tradução de Clóvis Marques, 7ª ed. Rio de Janeiro: Civilização brasileira, 2015.

SARLET, Ingo Wolgang. SAAVEDRA, Giovani Agostini. Judicialização, Reserva do Possível e Compliance na área da saúde. R. *Dir. Gr. Fund.*, Vitória, v. 18, n. 1, jan./abr. 2017.

SILVEIRA, Renato de Mello Jorge. *Compliance* e Direito Penal na era pós-Lava Jato. *Revista dos Tribunais*, v. 979/2017, maio 2017.

Informação bibliográfica deste texto, conforme a NBR 6023:2002 da Associação Brasileira de Normas Técnicas (ABNT):

CATRAN, Fabiano; CRESPO, Danilo Leme. Um novo *compliance* no setor de saúde suplementar para solução de um velho problema: as fraudes em Órteses, Próteses e Materiais Especiais (OPME). In: CUEVA, Ricardo Villas Bôas; FRAZÃO, Ana (Coord.). *Compliance*: perspectivas e desafios dos programas de conformidade. Belo Horizonte: Fórum, 2018. p. 475-497. ISBN 978-85-450-0564-3.

EM DEFESA DO *CROSS-COMPLIANCE* NO AGRONEGÓCIO BRASILEIRO[1]

ANTÔNIO AUGUSTO DE SOUZA COELHO

1 Introdução

Compliance é um assunto sério. A manhã do dia 18 de maio de 2017 foi uma das mais angustiantes da economia brasileira. Milhares de pessoas, naturais e jurídicas, bancos, fundos de investimentos e outros agentes econômicos observavam, incrédulos, o assustador movimento negativo das ações negociadas na B^3, a bolsa de valores brasileira, que registrou a maior queda em nove anos, levando ao acionamento do mecanismo do *circuit breaker*, com a interrupção dos negócios por meia hora. Muitas ações tiveram quedas assustadoras, de até 41%, como foi o caso da Companhia Energética de Minas Gerais (CEMIG), tudo isso acompanhado da maior alta do dólar em quatorze anos.

Como se não bastasse, um pouco antes, em março do mesmo ano, uma operação deflagrada pela Polícia Federal brasileira acusou alguns frigoríficos, entre os quais as maiores empresas do ramo [JBS (dona das marcas Seara, Swift, Friboi e Vigor) e a BRF (dona da Sadia e da Perdigão)], de adulterar a carne que vendiam no mercado interno e externo. A repercussão desse fato gerou uma reação em cadeia destrutiva no setor pecuário brasileiro, com prejuízos estimados em bilhões de reais. Esses dois eventos, ora citados apenas por sua didática e notoriedade, referem-se, respectivamente, aos fatos envolvendo os

---

[1] Artigo apresentado com a finalidade de integrar obra coletiva sobre *compliance* no Brasil. Para seu preparo, auxiliou-me Rommel Andriotti, que é mestrando em Direito Civil Material pela FADISP, mestrando em Direito Civil Processual pela PUC-SP e especialista em Direito Civil e Processo Civil pela EPD.

"irmãos Batista" e à operação Carne Fraca. Somente pelo primeiro caso, as ações do grupo econômico diretamente implicado (JBS) perderam quase um terço do seu valor de mercado. Por conta do segundo caso, as principais afetadas, BRF e JBS, somaram, juntas, prejuízos da monta de R$5,5 bilhões.[2]

Eis os dois pontos que esses casos têm em comum: (i) envolvem o *agronegócio* brasileiro; (ii) teriam sido evitados com um efetivo *compliance*.

Não é preciso mais para justificar que o *compliance do agronegócio* é uma preocupação de primeira grandeza. Na atual conjuntura, esse fator não é um mero capricho do mercado, mas, sim, uma *necessidade* a ser atendida pelos agentes econômicos. Em um mundo em que abundam regulamentos e apelos sociais por ética, somente aqueles que souberem adotar boas práticas nesse sentido florescerão.

Como já é de conhecimento corrente entre executivos e profissionais do direito, o *compliance* se refere ao conjunto de boas práticas tendentes a assegurar o cumprimento de normas pelas pessoas, normas essas que podem ser estatais, privadas, morais, éticas, sociais, internas etc. No conjunto das chamadas "boas práticas" de *compliance* estão medidas já bem estabelecidas, como treinamentos, a instituição de um canal de denúncias (*whistle-blowing*), auditorias internas e externas, entre outras. Esses instrumentos são espécies de gêneros maiores, que correspondem às etapas do *compliance*: *conscientização, fiscalização e repreensão.*

---

[2] As informações contidas neste parágrafo podem ser obtidas, entre outras fontes, a partir das seguintes referências:
– TREVIZAN, Karina. Bovespa fecha na maior queda em quase 9 anos após denúncias da JBS: índice chegou a cair 10,47% e negociações foram suspensas por 30 minutos; dólar teve a maior alta em 14 anos, cotado a R$3,389. [s.l.]: *G1*, 18 de maio de 2017. Disponível em: <https://g1.globo.com/economia/mercados/noticia/bovespa-fecha-em-forte-queda-de--olho-em-denuncias-sobre-temer.ghtml>. Acesso em: 13 jan. 2018.
– JBS cai 31% e lidera perdas na bolsa, que fecha no negativo. [s.l.]: *Veja*, 22 de maio de 2017. Disponível em: <https://veja.abril.com.br/economia/acoes-da-jbs-despencam-e-lideram-perdas-na-bolsa/>. Acesso em: 12 jan. 2018.
– Prejuízo após operação Carne Fraca pode chegar a R$ 1,5 bilhão, diz ministro. Notícia jornalística. [s.l.]: *Brasil Econômico*, 22 de março de 2017. Disponível em: <http://economia.ig.com.br/2017-03-22/operacao-carne-fraca-prejuizo.html>. Acesso em: 12 jan. 2018.
– JUSTI, Adriana; VIANNA, José. Operação Carne Fraca: Polícia Federal indicia mais de 60 pessoas. Curitiba: *G1/PR e RPC*, 15 de abril de 2017. Disponível em: <https://g1.globo.com/pr/parana/noticia/operacao-carne-fraca-policia-federal-indicia-mais-de-60-pessoas.ghtml>. Acesso em: 12 jan. 2018.
– REUTERS. Brasil deixou de exportar 200 mil toneladas de carne de frango e suína em 2017 por causa da Operação Carne Fraca, diz associação. Notícia jornalística. [s.l.]: *G1*, 13 de dezembro de 2017. Disponível em: <https://g1.globo.com/economia/agronegocios/noticia/brasil-deixou-de-exportar-200-mil-toneladas-de-carne-de-frango-e-suina-em-2017-por--causa-da-operacao-carne-fraca-diz-associacao.ghtml>. Acesso em: 11 jan. 2018.

Mas essas etapas não têm sido suficientes. É preciso ir além nas medidas que estimulam uma conduta *em conformidade*. Por isso, hoje crescem em importância os incentivos e estímulos como uma nova forma de assegurá-la. Enquanto as abordagens anteriores (conscientizar, fiscalizar, repreender) encerravam uma mentalidade mais punitiva, essas novas ideias possuem um viés de laurel, fundamentadas no reforço positivo, mediante o estabelecimento de sanções premiais estimuladoras do comportamento desejado. É nesse sentido que caminha o chamado *cross-compliance*, que já avoluma importantes vitórias no agronegócio estrangeiro.

2 O *cross-compliance* no agronegócio: experiência europeia

O *cross-compliance* (ou *conformidade-cruzada*) como política governamental de estímulo ao *compliance* surgiu na União Europeia (UE) e tem sido aplicado com grande êxito na Alemanha, Áustria, França, Reino Unido, Irlanda e também nos Estados Unidos da América (EUA), desde os anos 1980, tendo se tornado parte fundamental da política agropecuária comum da União Europeia (*common agricultural policy – CAP*).

Segundo a Comissão Europeia, órgão executivo que defende os interesses gerais da UE, "cross-compliance is a mechanism that links direct payments to compliance by farmers with basic standards concerning the environment, food safety, animal and plant health and animal welfare, as well as the requirement of maintaining land in good agricultural and environmental condition".[3] Então, basicamente, o *cross-compliance* condiciona o pagamento de subsídios governamentais agrícolas ao atendimento de boas práticas de *compliance* do agronegócio por parte dos agricultores, produtores rurais e agroindústrias beneficiários, com o estímulo ao cumprimento de normas que regram diversos aspectos da atividade agrária.

3 Em tradução livre: "*conformidade cruzada (cross-compliance)* é um mecanismo que liga pagamentos diretos ao *compliance* realizado por fazendeiros com os padrões básicos relativos ao meio ambiente, segurança alimentar, saúde animal e vegetal e bem-estar animal, bem como a exigência de manutenção da terra em boa condição agrícola e ambiental", conforme UNIÃO EUROPEIA (UE). Comissão Europeia de Agricultura e Desenvolvimento Rural. *Cross-compliance.* Bruxelles (Belgium): Comissão Europeia de Agricultura e Desenvolvimento Rural, 22 de julho de 2017. Disponível em: <https://ec.europa.eu/agriculture/envir/cross-compliance_pt>. Acesso em: 12 fev. 2018.

No caso da União Europeia, há quatro importantes diplomas normativos a respeito:

i) o Regulamento (UE) nº 1306/2013 do Parlamento Europeu e do Conselho, de 17 de dezembro de 2013, relativo ao financiamento, à gestão e ao acompanhamento da Política Agrícola Comum;[4]
ii) o Regulamento (UE) nº 1307/2013 do Parlamento Europeu e do Conselho, de 17 de dezembro de 2013, que estabelece regras para os pagamentos diretos aos agricultores ao abrigo de regimes de apoio no âmbito da política agrícola comum;[5]
iii) o Regulamento Delegado (UE) nº 640/2014 da Comissão, de 11 de março de 2014, que completa o Regulamento (UE) nº 1306/2013 do Parlamento Europeu e do Conselho quanto ao sistema integrado de gestão e de controle e às condições de recusa ou retirada de pagamentos, entre outras medidas;[6] e
iv) o Regulamento de Execução (EU) nº 809/2014, que estabelece as normas de execução do Regulamento nº 1306/2013.[7]

---

4 UNIÃO EUROPEIA (UE). *Regulamento (UE) nº 1306/2013 do Parlamento Europeu e do Conselho, de 17 de dezembro de 2013, relativo ao financiamento, à gestão e ao acompanhamento da Política Agrícola Comum e que revoga os Regulamentos (CEE) nº 352/78, (CE) nº 165/94, (CE) nº 2799/98, (CE) nº 814/2000, (CE) nº 1290/2005 e (CE) nº 485/2008 do Conselho*. Bruxelas (Bélgica): UE, 2013 (publicação originária). Disponível em: <http://eur-lex.europa.eu/legal-content/PT/TXT/?qid=1518607862493&uri=CELEX:32013R1306>. Acesso em: 14 fev. 2018.

5 UNIÃO EUROPEIA (UE). *Regulamento (UE) nº 1307/2013 do Parlamento Europeu e do Conselho, de 17 de dezembro de 2013, que estabelece regras para os pagamentos diretos aos agricultores ao abrigo de regimes de apoio no âmbito da política agrícola comum e que revoga o Regulamento (CE) nº 637/2008 do Conselho e o Regulamento (CE) nº 73/2009 do Conselho*. Bruxelas (Bélgica): Parlamento e Conselho Europeu, 17 de dezembro de 2013 (publicação originária). Disponível em: <http://eur-lex.europa.eu/legal-content/pt/TXT/?uri=CELEX:32013R1307>. Acesso em: 14 fev. 2018.

6 UNIÃO EUROPEIA (UE). *Regulamento Delegado (UE) nº 640/2014 da Comissão, de 11 de março de 2014, que completa o Regulamento (UE) nº 1306/2013 do Parlamento Europeu e do Conselho no que diz respeito ao sistema integrado de gestão e de controlo e às condições de recusa ou retirada de pagamentos, bem como às sanções administrativas aplicáveis aos pagamentos diretos, ao apoio ao desenvolvimento rural e à condicionalidade*. Bruxelas (Bélgica): UE, 11 de março de 2014 (data da publicação originária). Disponível em: <http://eur-lex.europa.eu/legal-content/PT/TXT/?uri=CELEX%3A32014R0640>. Acesso em: 14 fev. 2018.

7 UNIÃO EUROPEIA (UE). *Regulamento de Execução (UE) nº 809/2014 da Comissão, de 17 de julho de 2014, que estabelece as normas de execução do Regulamento (UE) nº 1306/2013 do Parlamento Europeu e do Conselho no que diz respeito ao sistema integrado de gestão e de controlo, às medidas de desenvolvimento rural e à condicionalidade*. Bruxelas (Bélgica): Comissão Europeia, 2014 (ano da publicação originária). Disponível em: <http://eur-lex.europa.eu/legal-content/PT/ALL/?uri=uriserv:OJ.L_.2014.227.01.0069.01.POR>. Acesso em: 14 fev. 2018.

O princípio por trás do sistema do *cross-compliance* é o de que o pagamento de benefícios e subsídios estatais à atividade agrária teria de estar vinculado ao cumprimento de regras relacionadas ao gerenciamento das terras, à produção e à atividade do agronegócio. Desse modo, os governos têm a chance de melhorar os parâmetros de exigências ambientais, sanitárias, consumeristas e trabalhistas de modo mais gradativo e amigável ao mercado. Ao estipular sanções premiais para quem atinge determinados requisitos, é possível uma alteração de cultura que respeita o ritmo dos produtores, que por sua vez adequarão a produção aos novos parâmetros. À medida que alguns aderem ao programa e passam a receber os benefícios, cria-se uma vantagem competitiva em favor deles que não é ignorável aos demais *players*. Estes, então, têm a necessidade de providenciar as alterações relevantes em sua própria produção para não perderem fôlego concorrencial quando comparados aos que já recebem o subsídio. Isso gera uma situação em que o próprio mercado se reorganiza para transformar aquela mudança de cultura em um novo *standard*. Tal situação faz ser cumprida a meta originalmente almejada pelo Estado, ao mesmo tempo em que isso se faz de forma menos truculenta e traumática para o mercado, que altera seus padrões perseguindo um benefício, em vez de evitar uma punição.

No caso da realidade europeia, há dois fundos responsáveis pelo financiamento agrícola – o Fundo Europeu Agrícola de Garantia (FEAGA) e o Fundo Europeu Agrícola de Desenvolvimento Rural (FEADER) –, sem prejuízo de outras fontes criadas pelos Estados membros da União Europeia. Dentre as áreas possíveis de investimentos, os produtores agrícolas são potenciais beneficiários caso tornem a terra produtiva (nos termos do art. 9º do Regulamento (EU) nº 1307/2013) e se atenderem requisitos em três domínios, indicados no art. 93 do Regulamento (UE) nº 1306/2013: (a) meio ambiente, alterações climáticas e boas condições agrícolas das terras; (b) saúde pública, saúde animal e fitossanidade; (c) bem-estar dos animais.

Esses domínios são expandidos em requisitos trazidos pelo anexo II desse regulamento, que por sua vez remete a outros regulamentos incidentes sobre atividades agrárias. Exemplificando, dentre as normas específicas, há aquelas que dispõem sobre faixas de proteção dos cursos de água, irrigação, poluição indireta das águas subterrâneas, cobertura mínima dos solos, gestão mínima das terras para limitar a erosão, manutenção da matéria orgânica dos solos; conservação das aves selvagens; preservação dos hábitats naturais e da fauna e da flora selvagens; manutenção das características das paisagens; segurança alimentar; proibição de certas substâncias com efeitos hormonais ou tireostáticos; identificação e registro de suínos, ovinos, caprinos; normas mínimas de proteção dos vitelos, suínos e animais de explorações pecuárias etc.

Para facilitar a consulta pelos destinatários da norma, essas diversas exigências são reunidas em diferentes grupos que pertencem a duas categorias, os "requisitos estatutários gerenciais" (SMR[8]) e as "boas condições agrícolas ambientais" (GAEC[9]). A divisão existe porque, e.g., as normas que incidem sobre a suinocultura são diversas daquelas que regem a triticultura. Assim, no contexto europeu, o termo *conformidade-cruzada* é usado para se referir também à exigência de que agricultores cumpram um conjunto de SMRs (requisitos de gerenciamento estatutário) e também garantam que a terra esteja em boas condições agrícolas e ambientais (GAEC), para que eles possam se qualificar ao pagamento integral de subsídios agrícolas da União Europeia. Essa análise de cumprimento dos requisitos não só é realizada no momento do pedido pelo beneficiário como é avaliada continuamente ao longo do desenvolvimento das atividades agrícolas. Nesse sentido, o art. 63 do Regulamento nº 1306/2013[10] é claro ao estipular que o beneficiário perderá, total ou parcialmente, a ajuda que lhe é paga assim que se verificar que ele não satisfaz os critérios de elegibilidade para o subsídio.

Para tornar possível a tarefa de avaliar o cumprimento dos requisitos de toda uma legião de agricultores, fazendeiros e agroindústrias, elaborou-se um sistema de *certificação*, pelo qual *organismos* responsáveis de cada Estado-membro da União Europeia fiscalizam periodicamente seus produtores e lhes concedem um selo que os habilita a desfrutar dos benefícios do *cross-compliance*. Um bom exemplo dessa prática é o certificado europeu para produtos orgânicos, normatizado pelo Regulamento (CE) nº 834/2007 do Conselho Europeu, de 28 de junho de 2007.[11] [12] Haja vista a complexidade e a quantidade das normas incidentes sobre o agronegócio, os países europeus emitem guias que auxiliam

---

8 Sigla de *Statutory Management Requirements*.

9 Sigla de *Good Agricultural and Environmental Condition*.

10 V. Artigo 63 do Regulamento (UE) nº 1306/2013 do Conselho da União Europeia.

11 UNIÃO EUROPEIA (UE). *Regulamento (CE) nº 834/2007 do Conselho, de 28 de junho de 2007, relativo à produção biológica e à rotulagem dos produtos biológicos*. Bruxelas (Bélgica): Conselho Europeu, 28 de junho de 2007 (data da publicação originária). Disponível em: <http://eur-lex.europa.eu/legal-content/PT/ALL/?uri=CELEX%3A32007R0834>. Acesso em: 20 fev. 2018.

12 Ver também: COMISSÃO EUROPEIA. *Organic certification*. [s.l.]: Departamento de Agricultura e Desenvolvimento Rural, disponível em: <https://ec.europa.eu/agriculture/organic/organic-farming/what-is-organic-farming/organic-certification_pt>. Acesso em: 15 fev. 2018.

o produtor rural a agir em conformidade. É o caso, por exemplo, do Reino Unido[13] e da Irlanda.[14]

3 *Cross-compliance* no agronegócio: a experiência norte-americana

Os Estados Unidos, de forma semelhante ao que ocorre com a União Europeia, endereçam a questão da conformidade do agronegócio em três frentes, a saber: com programas baseados em incentivos (*voluntary incentive-based programs*); com programas regulatórios (*regulatory programs*) e com programas de conformidade cruzada (*cross-compliant programs*).[15]

Basicamente, seja nos Estados Unidos, seja na União Europeia, existe um nível de regulação básico ao qual todos os agentes do agronegócio precisam se conformar, sob pena de incidirem em sanções civis, administrativas e, dependendo do caso e da gravidade, até mesmo criminais. Esse tipo de regulação é o que mais se conhece no Brasil, ou seja, a conformidade é exigida em um nível mínimo, cujo não atendimento resulta em uma sanção.

Mas os programas de *compliance* do agronegócio do estrangeiro não se resumem a isso. Por exemplo, além dessa linha básica, nos Estados Unidos existe um programa de tributação progressiva condicionada ao nível de efeitos colaterais maléficos de determinada atividade agrícola sobre o meio ambiente.[16] Desse modo, quanto menos o agricultor cooperar com boas práticas agrônomas, mais será tributado, pois fatalmente sua propriedade causará um impacto ambiental mais agressivo que as de seus colegas que buscam padrões mais elevados em termos de produção amigável ao meio ambiente. Esse tipo de

---

13 UNITED KINGDOM (UK). *Collection – Cross-Compliance.* [s.l.]: sítio eletrônico oficial do Reino Unido, 2018. Disponível em: <https://www.gov.uk/government/collections/cross-compliance>. Acesso em: 17 fev. 2018.

14 IRELAND. *Cross-compliance.* [s.l.]: Department of Agriculture, Food and the Marine, 2017. Disponível em: <https://www.agriculture.gov.ie/farmerschemespayments/crosscompliance/>. Acesso em: 12 fev. 2018.

15 Ver, por todos, este ótimo artigo comparando o *cross-compliance* americano e o europeu: BERNSTEIN, Jason; COOPER, Joseph; CLAASSEN, Roger. Agriculture and the Environment in the United States and EU. *U.S. – E.U. Food and Agriculture Comparisons.* [s.l.]: Economic Research Service (USDA), 2007?. Disponível em: <https://www.ers.usda.gov/webdocs/publications/40408/30647_wrs0404g_002.pdf?v=41465>. Acesso em: 10 fev. 2018.

16 BERNSTEIN, Jason; COOPER, Joseph; CLAASSEN, Roger. Agriculture and the Environment in the United States and EU. *U.S. – E.U. Food and Agriculture Comparisons.* [s.l.]: Economic Research Service (USDA), 2007?. Disponível em: <https://www.ers.usda.gov/webdocs/publications/40408/30647_wrs0404g_002.pdf?v=41465>. Acesso em: 10 fev. 2018, p. 70.

tributação é pautado pelo princípio jurídico do *poluidor-pagador* – que, por sinal, também é utilizado no Brasil[17] –, segundo o qual aquele que causar dano ao meio ambiente precisa compensar a sociedade, pois o meio ambiente é um bem difuso, que pertence a todos. Partindo dessa premissa, a tributação é um modo eficiente de destinar recursos à sociedade de forma genérica.[18]

Neste ponto, vale pontuar que a Constituição Federal brasileira estabelece a progressividade e a fixação das alíquotas *"de forma a desestimular a manutenção de propriedades improdutivas"* (art. 153, §4º, inciso I), que variam de 0,03% a 20%, conforme a área total do imóvel e o grau de sua utilização (Lei nº 9.393/96, art. 11 e anexo), excluindo áreas de preservação permanente e reserva legal, de interesse ecológico para a proteção dos ecossistemas, servidão ambiental, cobertas por florestas nativas, primárias, secundárias em estágio médio ou avançado de regeneração; e alagadas para fins de constituição de reservatório de usinas hidrelétricas autorizada pelo poder público (Lei nº 9.393/96, art. 10, §1º, II, "a" a "f"), contanto que essa informação seja declarada ao Poder Público mediante Ato Declaratório Ambiental (ADA).[19]

Percebe-se que esses incentivos brasileiros estão bastante aquém do americano, pois, como se verá a seguir, não só os produtores de lá não precisam pagar o imposto como, mais que isso, ainda recebem pagamentos do governo para permanecer com aquelas terras. Ademais, os subsídios americanos abrangem maior número de hipóteses, principalmente ambientais, enquanto o principal incentivo brasileiro está mais atrelado à produtividade da terra.

Então, para além da linha básica do que é exigível do agronegócio, existem os programas norte-americanos de incentivo – nos quais se inserem as medidas de *cross-compliance* –, cujo nível de exigência regulamentar e custos de adoção de medidas pelos produtores é muito maior. Como afirmam Joseph Cooper, Jason Bernstein e Robert Claassen, *"cross-compliance programs represent the most demanding environmental*

---

[17] Ver, por exemplo, o REsp repetitivo 1114398/PR, julgado pelo STJ e incluído no informativo de jurisprudência nº 490.

[18] Sobre o assunto, v., por todos, dissertação de mestrado realizado em Harvard e escrita por brasileiro, vencedora do prêmio "Oliver Oldman Award": CUEVA, Ricardo Villas Bôas. *Environmental taxation:* a review of the experience with economic incentives for environmental protection. Dissertação (mestrado em Harvard). Cambridge, Massachusetts (USA): Harvard Law School, 1990.

[19] BRASIL. IBAMA. *Ato declaratório ambiental – ADA*. [s.l.]: IBAMA, 2009?. Disponível em: <https://servicos.ibama.gov.br/index.php/recibos-e-certidoes/ato-declaratorio-ambiental-ada>. Acesso em: 20 fev. 2018.

requirements for U.S. farmers".[20] A compensação para os produtores que atingirem a desafiadora tarefa de cumprir todas as especificações será a de que o governo destinará subsídios para aqueles que atenderem a essas normas de realização mais dificultosa. Evidentemente, tais subsídios são de importância suficiente para despertar o interesse econômico dos produtores. Sobre o *cross-compliance* americano, aqueles autores explicam:

> Cross-compliance requires a basic level of environmental compliance as a condition for farmer eligibility for other government programs that farmers may find economically desirable, such as those that provide producer payments. Technically, cross-compliance is a voluntary, indirect incentives-based instrument, but as it represents a standard for receiving a subsidy, in practice it may not strictly be perceived as voluntary, particularly when the existing subsidy represents an important share of total farm income.[21]

Os Estados Unidos da América (EUA) iniciaram seu *cross-compliance* com três importantes programas, trazidos pelo *Food Security Act of 1985*,[22] conhecido como *1985 U.S. Farm Bill* (o último e mais atual *Farm Bill* americano data de 2014[23] [24]): (i) *conservation compliance*, que se refere à utilização de sistemas de conservação em terras altamente erosíveis (*highly-erodible land – HEL*) e que foram previamente cultivadas, servindo

---

[20] Em tradução livre, "programas de conformidade cruzada representam o mais exigente nível de normas ambientais para os fazendeiros americanos", conforme BERNSTEIN, Jason; COOPER, Joseph; CLAASSEN, Roger. Agriculture and the Environment in the United States and EU, cit., p. 71.

[21] Em tradução livre: "Conformidade cruzada requer um nível básico de conformidade ambiental para que o fazendeiro se torne elegível para outros programas governamentais que produtores possam achar desejáveis economicamente, como aqueles que proporcionam pagamentos aos produtores rurais. Tecnicamente, conformidade cruzada é um instrumento voluntário, baseado em incentivos indiretos, mas que representa um padrão para o recebimento de um subsídio, sendo que na prática pode não ser estritamente percebido como voluntário, particularmente quando o subsídio existente representa uma parcela importante dos recebíveis da fazenda". Conforme BERNSTEIN, Jason; COOPER, Joseph; CLAASSEN, Roger. Agriculture and the Environment in the United States and EU, cit., p. 67.

[22] UNITED STATES OF AMERICA – USA (Estados Unidos da América – EUA). *Food security Act of 1985*. Washington: USA Congress, 1985 (data da publicação originária). Disponível em: <http://nationalaglawcenter.org/farmbills/>. Acesso em: 13 fev. 2018.

[23] UNITED STATES OF AMERICA – USA (Estados Unidos da América – EUA). *Agricultural Act of 2014*. Washington: USA Congress, 2014 (ano da publicação originária). Disponível em: <https://www.gpo.gov/fdsys/pkg/BILLS-113hr2642enr/pdf/BILLS-113hr2642enr.pdf>. Acesso em: 15 fev. 2018.

[24] O *site* do Departamento de Agricultura americano tem uma página sobre esse ato, disponível em: <https://www.rd.usda.gov/about-rd/farm-bill>. Acesso em: 19 fev. 2018.

a aplicação desses sistemas como condição de elegibilidade para certos programas de subsídio federal; (ii) *sodbuster*, relacionado ao programa anterior e que estimula produtores que desejam produzir em "HELs" a aplicarem nelas produtos e técnicas de conservação de solo específicas; e (iii) *swampbuster*, que inibe produtores de secarem pântanos, mangues e regiões alagadiças – caso essas áreas sejam escondidas do governo pelo produtor, para que este as explore economicamente, o produtor perderá o direito aos pagamentos dos programas federais de incentivo. Sobre os dois últimos programas, explicam Katherine Bayliss e Gordon Rausser:

> The United States also has two cross-*compliance* provisions, sodbuster and swampbuster, that are credited with greatly reducing pollution associated with farming. Sodbuster restricts farmers from farming highly erodible soil whereas swampbuster limits the draining of wetlands. In order for farmers to receive income supports under the Commodity Title, they must comply to these regulations. Thus, these *compliance* provisions effectively act to remove land from production.[25]

Se os fazendeiros cumprirem de forma exitosa as exigências governamentais, terão direito a benefícios como pagamentos governamentais diretos (sobretudo em períodos de entressafra), além de obterem crédito para empréstimos e financiamentos especiais voltados às *commodities*.

Aponta-se que um grande mérito dos programas de *compliance* ambiental do agronegócio americano é a *flexibilidade*, tanto para produtores como para o próprio governo.[26] Isso porque os produtores podem escolher os programas nos quais participarão, o que significa que optarão por aqueles que melhor se coadunarem com as possibilidades do produtor em termos de habilidades gerenciais, clima, safras, culturas e solos. Por outro lado, o governo consegue lidar de forma mais efetiva com as metas ambientais, podendo escolher as áreas que, em seu

---

[25] Em tradução livre: "Os Estados Unidos também possuem duas provisões de *cross-compliance*, os 'arrasa-superfície' (*sodbuster*) e os 'arrasa-pântano' (*swampbuster*), programas aos quais se credita uma grande redução na poluição associada com a agricultura. O arrasa-superfície (*sodbuster*) restringe agricultores quanto a cultivarem em solos altamente erosíveis, enquanto o arrasa-pântano (*swampbuster*) limita a drenagem de terras alagadiças. Para que os fazendeiros possam receber ajuda de custo baseada na política de *commodities*, precisam estar em conformidade com essas regulações. Assim, essas provisões de *compliance* efetivamente agem para remover essas terras da produção [agrícola]". Conforme BAYLISS, Katherine; RAUSSER, Gordon C. *Agri-environmental programs in the United States and the European Union*. Vancouver (Canada): Food and Resource Economics, University of British Columbia, 2004. Disponível em: <https://ageconsearch.umn.edu/bitstream/15848/1/wp040006.pdf>. Acesso em: 12 fev. 2018, p. 7.

[26] BERNSTEIN, Jason; COOPER, Joseph; CLAASSEN, Roger. Agriculture and the Environment in the United States and EU, cit., p. 75.

julgamento, precisam de mais atenção; e, mais importante, precisa se preocupar muito menos com a fiscalização, já que o interesse em provar que a norma está sendo cumprida deixa de ser exclusivamente do governo e passa a ser do próprio produtor.

Se apenas punições são estipuladas pela não conformidade, como ocorre predominantemente no Brasil, o Estado precisa editar a norma e depois mover uma enorme quantidade de recursos humanos e patrimoniais na fiscalização e repreensão dos descumpridores da regra. Nessa hipótese, os produtores que não agirem em conformidade terão o interesse de se esconder da fiscalização, pois sua motivação será a de evitar a punição. Ao revés, se há um prêmio oferecido aos que agem em conformidade, o tabuleiro dos interesses muda radicalmente, pois nesse cenário aquele que estiver em situação de não conformidade ficará em desvantagem estratégica perante aqueles que agem de acordo com a norma e recebem o prêmio. Nessa nova conjuntura, ao invés do interesse desses agentes em fugir do Estado ou ludibriá-lo, cria-se nos *players* a necessidade de se aproximar do Estado e, mais ainda, de comprovar a execução de boas práticas de *compliance*, tudo com vistas a assegurar a vantagem econômica proporcionada pelos subsídios e outras benesses ligadas ao programa de conformidade. O ônus da prova sai do Estado acusador e recai sobre o produtor capitalista. Assim, todos saem ganhando: o Estado, o agronegócio, a sociedade e a natureza[27]-[28].

4 *Cross-compliance* no agronegócio brasileiro

4.1 O programa de integridade do Ministério da Agricultura, Pecuária e Abastecimento – MAPA

Este artigo iniciou com notícias sobre prejuízos contundentes sofridos pelo agronegócio brasileiro por conta de escândalos que poderiam ter sido evitados por meio de boas práticas de *compliance*. Neste ponto, é importante lembrar que o agronegócio é a atividade econômica mais importante do Brasil. Segundo levantamentos do Centro de Estudos

[27] Mais informações sobre o *compliance do agronegócio* americano podem ser encontradas na página oficial de *compliance* do Departamento de Agricultura dos EUA, disponível em: <https://www.fsis.usda.gov/wps/portal/fsis/topics/regulatory-compliance/compliance-guides-index>. Acesso em: 19 fev. 2018.

[28] Outro bom exemplo de *cross-compliance* é o praticado no Canadá. O Departamento de Agricultura canadense possui uma página específica para o programa de *cross-compliance* que merece ser vista por quem se interessar pelo assunto. Disponível em: <http://www.agr.gc.ca/eng/?id=1463427897420>. Acesso em: 19 fev. 2018.

Avançados em Economia Aplicada – ESALQ/USP, o Produto Interno Bruto (PIB) do agronegócio em 2016 foi de R$1,253 trilhão, equivalente a cerca de 20% do PIB total do Brasil,[29] que, segundo a última divulgação oficial, é estimado em aproximadamente 6,25 trilhões de reais.[30] Além disso, o agronegócio é o setor que mais cresce no país: até o terceiro trimestre de 2017, o *agribusiness* cresceu 14,50%, sendo que os demais setores, indústria e serviços, retrocederam (respectivamente, –0,85% e –0,24% no mesmo período).[31] Segundo o Censo Agropecuário de 2006, o último publicado pelo IBGE, o valor de produção somente dos estabelecimentos pecuários de grande porte somou 30,5 bilhões de reais.[32] E a tendência é a de contínuo crescimento: segundo as últimas projeções para o agronegócio divulgadas pelo Ministério da Agricultura, Pecuária e Abastecimento, "a produção de carnes (bovina, suína e aves) entre 2016/17 e 2026/27, deverá aumentar em 7,5 milhões de toneladas. Representa um acréscimo de 28,0% em relação à produção de carnes de 2016/2017".[33] A produção de grãos também terá grande crescimento, pois "deverá passar de 232,0 milhões de toneladas em 2016/2017 para 288,2 milhões de toneladas em 2026/27. Isso indica um acréscimo de 56,0 milhões de toneladas à produção atual do Brasil. Em valores relativos, representa um acréscimo de 24,2[%]".[34] O agronegócio brasileiro, portanto, é uma atividade a ser protegida a todo custo, e o *compliance* é um elemento fundamental para alcançar essa meta.

Em atenção a esse alarmante cenário de não integridade no campo e considerando a necessidade de proteger a atividade agropecuária brasileira, o Ministério da Agricultura tem tomado providências para

---

[29] Escola Superior de Agricultura "Luiz de Queiroz" da Universidade de São Paulo (ESALQ/USP). *PIB do agronegócio brasileiro*. Piracicaba/SP (Brasil): CEPEA – Centro de Estudos Avançados em Economia Aplicada, 2017. Disponível em: <https://www.cepea.esalq.usp.br/br/pib-do-agronegocio-brasileiro.aspx>. Acesso em: 20 fev. 2018.

[30] BANCO CENTRAL DO BRASIL (BCB). *Produto Interno Bruto e taxas médias de crescimento*. Tabela. Brasília: BCB, 2018. Disponível em: <http://www.bcb.gov.br/pec/Indeco/Port/indeco.asp>. Acesso em: 19 jan. 2018.

[31] BANCO CENTRAL DO BRASIL (BCB). *Produto Interno Bruto Trimestral*. Tabela. Brasília: BCB, 2018. Disponível em: <http://www.bcb.gov.br/pec/Indeco/Port/indeco.asp>. Acesso em: 19 jan. 2018.

[32] IBGE. *Censo agropecuário 2006:* Brasil, Grandes Regiões e Unidades da Federação. Rio de Janeiro: IBGE, 1974. Disponível em: <https://biblioteca.ibge.gov.br/visualizacao/periodicos/51/agro_2006.pdf>. Acesso em: 19 jan. 2017, p. 276.

[33] BRASIL. Ministério da Agricultura, Pecuária e Abastecimento (MAPA). *Projeções do agronegócio:* Brasil 2016/17 a 2026/27. Brasília: MAPA/SPA, 2017, p. 90.

[34] BRASIL. Ministério da Agricultura, Pecuária e Abastecimento (MAPA). *Projeções do agronegócio*, cit., p. 90-91.

estimular e incutir o *compliance* no agronegócio.[35] A principal e mais recente ação nesse sentido foi a criação do programa *Agro+ Integridade,* que é, basicamente, um selo de reconhecimento às empresas que adotam boas práticas de governança e *compliance.*[36] Antes de comentar mais minuciosamente esse programa, é preciso situá-lo no contexto maior das atuais ações de integridade do Estado brasileiro. A iniciativa do Ministério da Agricultura representa a aderência desse órgão a um conjunto de ações mais amplas desenvolvidas pelo Governo Federal para estimular a *conformidade no setor público.* A coordenação das ações governamentais pró-integridade tem-se dado com o *Programa de Fomento à Integridade Pública (PROFIP),*[37] instituído pela Portaria nº 1.827, de 23 de agosto de 2017, da Controladoria-Geral da União (CGU),[38] ligada ao Ministério da Transparência, Fiscalização e Controladoria-Geral da União. O *PROFIP* veio principalmente como um esforço da União para a redução de incidentes de corrupção no setor público, visando trazer maior efetividade à Lei nº 12.846, de 2013 (Lei Anticorrupção).[39] Assim, o atual *compliance do agronegócio* brasileiro está organizado da seguinte forma:

---

[35] Para mais informações sobre *compliance do agronegócio* no âmbito do Ministério da Agricultura, Pecuária e Planejamento, confira a página do órgão sobre o assunto, disponível em: <http://www.agricultura.gov.br/acesso-a-informacao/acoes-e-programas/integridade/programa-de-integridade-do-mapa>. Acesso em: 18 fev. 2018.

[36] BRASIL. Ministério da Agricultura, Pecuária e Abastecimento (MAPA). *Agro+* (sítio oficial do programa Agro Mais Integridade). Brasília: MAPA, 2017. Disponível em: <http://www.agricultura.gov.br/agromais/index.html>. Acesso em: 15 fev. 2018.

[37] Cf. página oficial da CGU sobre o PROFIP, disponível em: <http://www.cgu.gov.br/assuntos/etica-e-integridade/profip>. Acesso em: 18 fev. 2018.

[38] BRASIL. Ministério da Transparência, Fiscalização e Controladoria-Geral da União (CGU). Portaria nº 1.827, de 23 de agosto de 2017, que institui o Programa de Fomento à Integridade Pública – PROFIP. Brasília, *Diário Oficial da União,* seção 1, nº 170, segunda-feira, 4 de setembro de 2017, p. 57. Disponível em: <http://pesquisa.in.gov.br/imprensa/jsp/visualiza/index.jsp?jornal=1&pagina=57&data=04/09/2017>. Acesso em: 19 fev. 2018.

[39] BRASIL. União. *Lei nº 12.846, de 1º de agosto de 2013 (Lei anticorrupção).* Brasília: Congresso Nacional, 2013 [publicação originária]. Disponível em: <http://legislacao.planalto.gov.br/legisla/legislacao.nsf/Viw_Identificacao/lei%2012.846-2013?OpenDocument>. Acesso em: 15 jan. 2018.

Figura 1 – Panorama geral do *compliance* do agronegócio brasileiro[40]

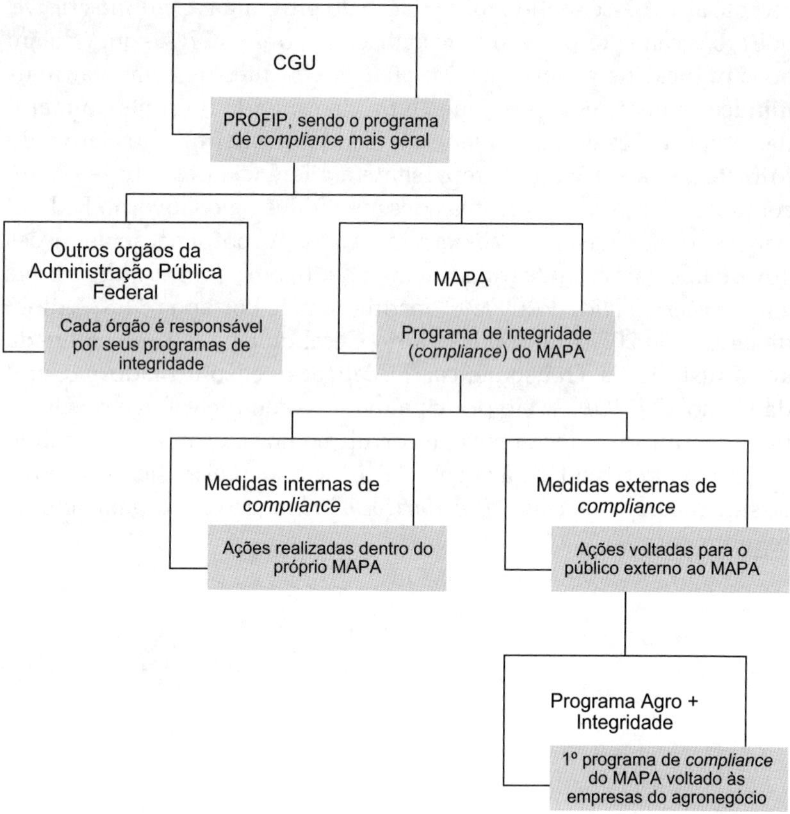

Conforme se verifica, o programa *Agro+ Integridade* do MAPA é a ação de *compliance* externo desse Ministério, voltada para o público, notadamente produtores rurais e agroindústrias. Esse selo é concedido aos empresários e cooperativas que comprovarem o cumprimento de requisitos atrelados às seguintes áreas ou enfoques: (i) anticorrupção; (ii) trabalhista; (iii) sustentabilidade.

Outrossim, na comprovação de ações de responsabilidade social, o produtor não pode apresentar débitos trabalhistas, o que pressupõe: certidão de regularidade de FGTS; certidão negativa do INSS e de débitos trabalhistas; nada-consta de multas decorrentes de infrações trabalhistas ocorridas nos últimos doze meses, além de não constar

[40] Fonte: elaboração do autor.

na lista suja do trabalho escravo e infantil, ou em situação análoga, no Ministério do Trabalho.

Também não pode constar da lista de estabelecimentos que incorreram em adulteração ou falsificação comprovadas em processos com trânsito em julgado no âmbito administrativo, gerenciada pela Secretaria de Defesa Agropecuária (SDA) do MAPA. Ações de responsabilidade ambiental devem ser comprovadas pela implantação de programa com foco ambiental, com ações efetivas de boas práticas agrícolas e enquadramento nas diretrizes do Programa ABC (de redução da emissão de gás carbônico) ou em uma das metas dos 17 Objetivos de Desenvolvimento Sustentável da Agenda 2030 da ONU. É necessário também o nada-consta da Justiça Federal em relação a crimes ambientais e de multas decorrentes de infrações ambientais, pelo Ibama, relativo aos últimos doze meses. Entre esses vetores, percebe-se uma proeminência de requisitos atrelados à "anticorrupção", o que se justifica pela crise ética enfrentada pelo País atualmente. Na medida em que esse programa envolve a concessão de um selo a empresas que atendem determinados requisitos (em vez de simplesmente estabelecer sanções), e por abarcar outras áreas da atividade agrária, pode-se dizer que o programa *Agro+ Integridade* é uma ação próxima ao *cross-compliance,* ainda que mais tímida.

4.2 Em defesa do *cross-compliance* do agronegócio no Brasil: críticas e sugestões

As bem-sucedidas experiências europeia e estadunidense demonstram com grande clareza que o *cross-compliance* é utilizado para estimular a prática de boas condutas em diversos aspectos do agronegócio (nos EUA, v.g., *environment, climate change, good agricultural condition of land; public health, animal health and plant health; animal welfare*).

Conquanto o mérito das louváveis medidas de estímulo ao *cross-compliance* realizadas pelo governo brasileiro, a ação pró-integridade brasileira deveria ser ampliada sobretudo em dois pontos: (i) o escopo e o nível de exigência dos requisitos; (ii) a sanção premial no caso de atendimento dos tais requisitos.

Primeiro, com relação ao escopo, observa-se que o espírito desse programa ainda está muito atrelado às práticas anticorrupção. Como se sabe, especialmente por meio da observação de programas estrangeiros (v. acima), o *cross-compliance* abarca o cumprimento das normas relacionadas ao meio ambiente, mudanças climáticas, boa condição agrícola da terra, saúde pública, saúde animal e fitossanidade; e bem-estar animal.

Na medida em que as *commodities* e os produtos agroindustriais brasileiros são destinados em boa parte à exportação, para que o *cross-compliance* seja efetivo e tenha aceitação internacional, é fundamental que também abranja aquelas áreas.

Muito embora a Lei nº 12.846/2013 (Lei Anticorrupção) seja uma importante norma a ser observada também no agronegócio, há de se ressaltar que existem muitas outras normas relevantes, específicas das diversas fases da produção, desde a produção e comercialização de insumos, produção e comercialização de produtos, derivadas do próprio texto constitucional (arts. 186 e 225 da CF) e de legislação especial e normas regulamentares.[41]

O MAPA é claro ao comentar sobre a existência de categorias da premiação, no sentido de que "não há divisões em categorias. O Selo Agro+ Integridade é único".[42]

Essa característica faz o programa de *compliance* brasileiro perder a desejável *flexibilidade*, já apresentada como grande vantagem do programa de *cross-compliance* norte-americano. Naquele país há vários benefícios oferecidos, cada qual com seus respectivos (e exigentes) requisitos. Assim, v.g., se houver um benefício oferecido para quem toma as precauções necessárias contra a erosão do solo e outro para aqueles que deixaram de utilizar determinado tipo de agrotóxico, eventual agricultor poderá escolher apenas um benefício e se concentrar em atender aquela meta. Isso só é possível porque o atendimento dos requisitos do *cross-compliance* é, pelo menos em princípio,[43] opcional.

No Brasil, como não há essa variedade de opções, no selo oficial, o ideal seria a criação de categorias, com diferentes requisitos. Nesse ponto, há de se indicar que a lista gerada pelo programa "Pró-Ética", da CGU,[44] nem sequer é uma certificação, além do fato de seus requisitos de

---

41 Isso sem falar na função social que toda empresa possui, independentemente de ser do agronegócio ou não. O assunto foi bem tratado em: FRAZÃO, Ana. *Função social da empresa:* repercussões sobre a responsabilidade civil de controladores e administradores de S/As. Rio de Janeiro: Renovar, 2011.

42 BRASIL. Ministério da Agricultura, Pecuária e Abastecimento (MAPA). *Perguntas e respostas [sobre o programa de* compliance *do MAPA].* Brasília: MAPA, 2017. Disponível em: <http://www.agricultura.gov.br/acesso-a-informacao/acoes-e-programas/integridade/perguntas-e-respostas>. Acesso em: 19 fev. 2018.

43 Fazemos essa ressalva porque, quando o *cross-compliance* avança em termos de difusão perante o mercado, ele se torna um "*must*", obrigando os produtores a segui-lo não por um dever legal, mas por um imperativo mercadológico, sob pena de perda de uma importante vantagem competitiva.

44 BRASIL. Ministério da Transparência e Controladoria-Geral da União (CGU). *Pró-Ética* [página oficial do programa]. Brasília: CGU, 2017. Disponível em: <http://www.cgu.gov.br/assuntos/etica-e-integridade/empresa-pro-etica>. Acesso em: 20 fev. 2018.

participação em vários pontos se assemelharem aos do *Agro+ Integridade*, de modo que não pode ser indicado como opção.

Ademais, também não se pode indicar a *Lista Trace*, documento sobre rastreabilidade elaborado pelo MAPA,[45] como opção de *cross-compliance*, mas eventualmente como parte dele, na respectiva área. Essa lista é produzida de acordo com o Serviço de Rastreabilidade da Cadeia Produtiva de Bovinos e Bubalinos (SISBOV, ligado ao MAPA),[46] que fiscaliza o cumprimento das regras de rastreabilidade previstas na Instrução Normativa nº 17, de 13 de julho de 2006, do MAPA.[47]

Então, com relação ao escopo dos requisitos, o governo brasileiro poderia ser mais criativo, seja no que tange ao espectro de normas e assuntos abarcados, seja no que toca ao nível de excelência requerido em cada um desses assuntos.

Isso leva à segunda constatação crítica acerca do atual programa governamental de *compliance* do agronegócio: o benefício obtido com a participação no programa. Se os requisitos exigidos por este ainda são tímidos, isso tem sua contraparte na amesquinhada vantagem oferecida aos que os preenchem.

Não há subsídios financeiros suficientes que tornem a cooperação com o programa de *compliance* algo realmente atrativo aos produtores. Às perguntas "Quais as vantagens do selo Agro+ Integridade? A obtenção da certificação trará vantagens competitivas?", segue-se esta resposta: "[a vantagem está] no diferencial de mercado na imagem da empresa perante a sociedade, em especial sua clientela imediata, na medida em que denotará o reconhecimento das boas práticas de responsabilidade social, sustentabilidade e prevenção à corrupção adotados pela empresa premiada".[48] Mas isso deve ser remunerado, ante o natural incremento dos custos.

---

45 Disponível em: <http://www.agricultura.gov.br/assuntos/sanidade-animal-e-vegetal/saude-animal/rastreabilidade-animal/rastreabilidade-animal>. Acesso em: 19 jan. 2018.

46 A página oficial do SISBOV está disponível em: <http://www.agricultura.gov.br/assuntos/sanidade-animal-e-vegetal/saude-animal/rastreabilidade-animal/rastreabilidade-animal>. Acesso em: 17 jan. 2018.

47 BRASIL. Ministério da Agricultura, Pecuária e Abastecimento (MAPA). *Instrução normativa nº 17, de 13 de julho de 2006*. Brasília: MAPA, 2006. Disponível em: <http://www.agricultura.gov.br/assuntos/sanidade-animal-e-vegetal/saude-animal/rastreabilidade-animal/arquivos/in-17-2006.pdf>. Acesso em: 18 jan. 2018.

48 BRASIL. Ministério da Agricultura, Pecuária e Abastecimento (MAPA). *Perguntas e respostas [sobre o programa de* compliance *do MAPA]*. Brasília: MAPA, 2017. Disponível em: <http://www.agricultura.gov.br/acesso-a-informacao/acoes-e-programas/integridade/perguntas-e-respostas>. Acesso em: 19 fev. 2018.

O programa *Pró-Ética* da CGU padece do mesmo problema, pois "não gera quaisquer benefícios ou privilégios para as empresas em suas relações com o setor público",[49] valendo apenas pelo "reconhecimento público" quanto à ética e pela *"publicidade positiva"*[50] perante os consumidores e o mercado.

Isso revela certa ineficácia quanto ao funcionamento do sistema econômico. Não é possível exigir dos produtores a excelência no *cross-compliance* sem lhes dar condições materiais suficientes para tanto. Em um regime capitalista, os custos de transação são relevantes, e o objetivo é o lucro. Assim, se o Estado quiser garantir um *cross-compliance* de excelência, terá de estimular benefícios realmente atrativos, o que requer uma política mais cara para o erário e, portanto, para os contribuintes. Essa é uma desvantagem do *cross-compliance* já bem conhecida dos americanos:

> Disadvantages are that it will have lower capacity for impact on farms that are not traditional clients of Federal farm payment programs or in situations when program payments are low. Also, the administration of cross-*compliance* programs may require intergovernmental coordination of programs with divergent goals.[51]

Então, a sociedade precisará definir seus objetivos políticos e entender que a obtenção de produtos produzidos com mais responsabilidade social e ambiental fatalmente acarretará um aumento dos custos em toda a cadeia. É o preço que todos devem estar dispostos a pagar pelo bem-estar das pessoas e do planeta.

Em face da escassez de recursos públicos e dos cuidados para a legalidade da concessão de eventuais subsídios, e que poderiam deflagrar litígios comerciais internacionais, o desejável é que o próprio mercado premie os produtores e fornecedores que adotem o *cross-compliance.*

A exemplo da *Lista Trace,* a certificação de produtos orgânicos no Brasil, por exemplo, é feita por uma certificadora credenciada pelo

---

[49] BRASIL. Ministério da Transparência e Controladoria-Geral da União (CGU). *Pró-Ética* [página oficial do programa]. Brasília: CGU, 2017. Disponível em: <http://www.cgu.gov.br/assuntos/etica-e-integridade/empresa-pro-etica>. Acesso em: 20 fev. 2018.

[50] BRASIL. Ministério da Transparência e Controladoria-Geral da União (CGU). *Pró-Ética,* cit.

[51] Em tradução livre: "Desvantagens [do *cross-compliance*] são o fato de que o programa terá menor capacidade de impacto nas fazendas que não são beneficiárias tradicionais dos subsídios rurais governamentais ou no caso de os pagamentos do programa serem baixos. Ademais, a administração de programas de *cross-compliance* requer coordenação intergovernamental de programas com metas diferentes", conforme BERNSTEIN, Jason; COOPER, Joseph; CLAASSEN, Roger. Agriculture and the Environment in the United States and EU, cit., p. 67.

Ministério da Agricultura, Pecuária e Abastecimento (MAPA) e pelo Instituto Nacional de Metrologia, Normalização e Qualidade Industrial (Inmetro), e apresenta-se sob a forma de um selo afixado ou impresso no rótulo ou na embalagem da mercadoria. A obtenção do selo do "Produto Orgânico no Brasil" não traz nenhum subsídio ao fornecedor, que deve buscar no mercado os prêmios por tais bens, e com facilidade os obtém em face da aquecida demanda por produtos livres de agrotóxicos e do atendimento das demais práticas exigidas para a concessão desse selo.

Ou, ainda, (i) o *Business Benchmark on Farm Animal Welfare* (BBFAW), relatório anual de alcance global sobre as boas práticas de bem-estar animal, desenvolvido por duas ONGs internacionais, a *World Animal Protection* e a *Compassion in World Farming (CIWF)*, e pela *Coller Capital*, empresa global de *private equity*, que classificam empresas do mundo no que se refere à prática de bem-estar animal (*livre de fome e sede; livre de desconforto; livre de dor, injúria e doença; livre para expressar seu comportamento natural; livre de medo e estresse*)[52]; (ii) o *Selo da Cadeia de Fornecimento*, instituído pela JBS Carnes no Brasil e com auditoria realizada pelo Serviço Brasileiro de Certificações (SBC), empresa independente de controle de origem de produtos, selo que atesta o cumprimento de padrões internacionais e requisitos de interesse comum de todos os clientes e mercados de referida empresa.[53] Tais ações revelam que a adoção do *cross-compliance* no agronegócio brasileiro deve buscar a remuneração no próprio mercado, a partir da obtenção dos respectivos selos de certificação, incluindo o *Agro+ Integridade*, mas não se limitando a ele.

5 Conclusão

Cross-compliance é uma prática muito benéfica de estímulo ao *compliance do agronegócio* e que já soma impressionantes resultados no exterior, especialmente nos Estados Unidos e na Europa. Ao inverter a lógica do sistema, valendo-se de sanções premiais em vez de punitivas, gera-se um novo *standard* do mercado que é benéfico a todos. Essa política deve ser trazida para o Brasil, que, mais do que nunca, precisa de programas efetivos de *compliance*. Embora o Estado brasileiro já

---

[52] Cf. JBS avança em *ranking* global de bem-estar animal. [s.l.]: *Revista Fator Brasil*, 24 de fevereiro de 2018. Disponível em: <http://www.revistafatorbrasil.com.br/ver_noticia.php?not=356025>. Acesso em: 25 fev. 2018.

[53] Cf. JBS Carnes investe na criação de selo que amplia qualidade em toda a cadeia. Notícia jornalística. [s.l.]: *Revista Fator Brasil*, 23 de fevereiro de 2018. Disponível em: <http://www.revistafatorbrasil.com.br/ver_noticia.php?not=355965>. Acesso em: 25 fev. 2018.

dê sinais de que essa é uma tendência a ser adotada, verifica-se que os programas atualmente existentes são muito tímidos, pois existem em pouco número, seus requisitos focam principalmente em práticas anticorrupção e os benefícios não são bastantes para a *conformidade* no agronegócio. As normas anticorrupção são apenas um elemento de um conjunto global mais amplo, que deve abranger todas as regras incidentes sobre o agronegócio.

Para a efetiva implementação do *cross-compliance* ao agronegócio brasileiro, é essencial a adoção de um código de ética e conduta, que possua canais de denúncia e inclua a realização de treinamentos voltados para a mudança da cultura organizacional. É preciso, ainda, que se atue com responsabilidade social e ambiental, abrangendo os seguintes aspectos: (i) a conformação aos requisitos exigidos pelo selo *Agro+ Integridade*; (ii) a certificação da origem genética dos produtos animais e vegetais, se se tratar de organismos geneticamente modificados (cf. Lei nº 11.105/2005)[54] ; (iii) a rastreabilidade vegetal e animal e a certificação fitossanitária e de bem-estar animal,[55] da origem ao consumidor final, e, conforme o caso, o atendimento dos requisitos da *Lista Trace*; (iv) o controle da utilização de agrotóxicos, fertilizantes ou produtos químicos administrados a animais para estimular o crescimento ou modificar o comportamento reprodutivo; (v) a produção orgânica; (vi) a observância de normas ambientais, com avaliações sobre o impacto de mudanças climáticas e boa condição agrícola e hídrica da terra; (vii) normas trabalhistas e de bem-estar dos trabalhadores, inclusive quanto à inexistência de redução a condição análoga à de escravo e de trabalho infantil.

---

[54] Cf. BRASIL. União. *Lei nº 11.105, de 24 de março de 2005, que estabelece normas de segurança e mecanismos de fiscalização de atividades que envolvam organismos geneticamente modificados – OGM e seus derivados, cria o Conselho Nacional de Biossegurança – CNBS, reestrutura a Comissão Técnica Nacional de Biossegurança – CTNBio e dispõe sobre a Política Nacional de Biossegurança – PNB.* Brasília: Congresso Nacional, 2005 (ano da publicação originária). Disponível em: <http://www.planalto.gov.br/ccivil_03/_ato2004-2006/2005/lei/l11105.htm>. Acesso em: 25 de fevereiro de 2018.

[55] Cf. BRASIL. Ministério da Agricultura, Pecuária e Abastecimento (MAPA). Instrução normativa nº 33, de 24 de agosto de 2016, sobre a norma técnica para a utilização do Certificado Fitossanitário de Origem – CFO e do Certificado Fitossanitário de Origem Consolidado – CFOC. Brasília: MAPA, 2016 (data da publicação originária). Disponível em: <http://www.adapar.pr.gov.br/arquivos/File/Legislacao/Sanidade_Vegetal/Certificacao_e_Rastreabilidade_Vegetal/IN_MAPA_33_16.pdf>. Acesso em: 25 fev. 2018. Ver também: BRASIL. Ministério da Agricultura, Pecuária e Abastecimento (MAPA). Instrução normativa nº 17, de 13 de julho de 2006. Brasília: MAPA, 2006. Disponível em: <http://www.agricultura.gov.br/assuntos/sanidade-animal-e-vegetal/saude-animal/rastreabilidade-animal/arquivos/in-17-2006.pdf>. Acesso em: 18 jan. 2018.

Referências

BANCO CENTRAL DO BRASIL (BCB). *Produto Interno Bruto e taxas médias de crescimento.* Tabela. Brasília: BCB, 2018. Disponível em: <http://www.bcb.gov.br/pec/Indeco/Port/indeco.asp>. Acesso em: 19 jan. 2018.

BANCO CENTRAL DO BRASIL (BCB). *Produto Interno Bruto Trimestral.* Tabela. Brasília: BCB, 2018. Disponível em: <http://www.bcb.gov.br/pec/Indeco/Port/indeco.asp>. Acesso em: 19 jan. 2018.

BAYLISS, Katherine; RAUSSER, Gordon C. *Agri-environmental programs in the United States and the European Union.* Vancouver (Canada): Food and Resource Economics, University of British Columbia, 2004. Disponível em: <https://ageconsearch.umn.edu/bitstream/15848/1/wp040006.pdf>. Acesso em: 12 fev. 2018.

BERNSTEIN, Jason; COOPER, Joseph; CLAASSEN, Roger. Agriculture and the Environment in the United States and EU. *U.S. – E.U. Food and Agriculture Comparisons.* [s.l.]: Economic Research Service (USDA), 2007?. Disponível em: <https://www.ers.usda.gov/webdocs/publications/40408/30647_wrs0404g_002.pdf?v=41465>. Acesso em: 10 fev. 2018.

BRASIL. IBAMA. *Ato declaratório ambiental – ADA.* [s.l.]: IBAMA, 2009?. Disponível em: <https://servicos.ibama.gov.br/index.php/recibos-e-certidoes/ato-declaratorio-ambiental-ada>. Acesso em: 20 fev. 2018.

BRASIL. Ministério da Agricultura, Pecuária e Abastecimento (MAPA). *Agro+* (sítio oficial do programa Agro Mais Integridade). Brasília: MAPA, 2017. Disponível em: <http://www.agricultura.gov.br/agromais/index.html>. Acesso em: 15 fev. 2018.

BRASIL. Ministério da Agricultura, Pecuária e Abastecimento (MAPA). *Instrução normativa nº 17, de 13 de julho de 2006.* Brasília: MAPA, 2006. Disponível em: <http://www.agricultura.gov.br/assuntos/sanidade-animal-e-vegetal/saude-animal/rastreabilidade-animal/arquivos/in-17-2006.pdf>. Acesso em: 18 jan. 2018.

BRASIL. Ministério da Agricultura, Pecuária e Abastecimento (MAPA). *Instrução normativa nº 17, de 13 de julho de 2006.* Brasília: MAPA, 2006. Disponível em: <http://www.agricultura.gov.br/assuntos/sanidade-animal-e-vegetal/saude-animal/rastreabilidade-animal/arquivos/in-17-2006.pdf>. Acesso em: 18 jan. 2018.

BRASIL. Ministério da Agricultura, Pecuária e Abastecimento (MAPA). *Instrução normativa nº 33, de 24 de agosto de 2016, sobre a norma técnica para a utilização do Certificado Fitossanitário de Origem – CFO e do Certificado Fitossanitário de Origem Consolidado – CFOC.* Brasília: MAPA, 2016 (data da publicação originária). Disponível em: <http://www.adapar.pr.gov.br/arquivos/File/Legislacao/Sanidade_Vegetal/Certificacao_e_Rastreabilidade_Vegetal/IN_MAPA_33_16.pdf>. Acesso em: 25 fev. 2018.

BRASIL. Ministério da Agricultura, Pecuária e Abastecimento. *Lista de fazendas aptas a exportar gado à Europa será atualizada a cada 15 dias.* Brasília: Portal Brasil, 2012. Disponível em: <http://www.brasil.gov.br/economia-e-emprego/2012/02/agricultura-volta-a-divulgar-fazendas-aptas-a-exportar-para-a-ue>. Acesso em: 21 jan. 2018.

BRASIL. Ministério da Transparência e Controladoria-Geral da União (CGU). *Pró-Ética* [página oficial do programa]. Brasília: CGU, 2017. Disponível em: <http://www.cgu.gov.br/assuntos/etica-e-integridade/empresa-pro-etica>. Acesso em: 20 fev. 2018.

BRASIL. Ministério da Transparência, Fiscalização e Controladoria-Geral da União (CGU). Portaria nº 1.827, de 23 de agosto de 2017, que institui o Programa de Fomento à

Integridade Pública – PROFIP. Brasília, *Diário Oficial da União*, seção 1, nº 170, segunda-feira, 4 de setembro de 2017, p. 57. Disponível em: <http://pesquisa.in.gov.br/imprensa/jsp/visualiza/index.jsp?jornal=1&pagina=57&data=04/09/2017>. Acesso em: 19 fev. 2018.

COMISSÃO EUROPEIA. *Organic certification*. [s.l.]: Departamento de Agricultura e Desenvolvimento Rural. Disponível em: <https://ec.europa.eu/agriculture/organic/organic-farming/what-is-organic-farming/organic-certification_pt>. Acesso em: 15 fev. 2018.

CUEVA, Ricardo Villas Bôas. *Environmental taxation:* a review of the experience with economic incentives for environmental protection. Dissertação (mestrado em Harvard). Cambridge, Massachusetts (USA): Harvard Law School, 1990.

ESCOLA Superior de Agricultura "Luiz de Queiroz" da Universidade de São Paulo (ESALQ/USP). *PIB do agronegócio brasileiro*. Piracicaba/SP (Brasil): CEPEA – Centro de Estudos Avançados em Economia Aplicada, 2017. Disponível em: <https://www.cepea.esalq.usp.br/br/pib-do-agronegocio-brasileiro.aspx>. Acesso em: 20 fev. 2018.

FRAZÃO, Ana. *Função social da empresa:* repercussões sobre a responsabilidade civil de controladores e administradores de S/As. Rio de Janeiro: Renovar, 2011.

IBGE. *Censo agropecuário 2006:* Brasil, Grandes Regiões e Unidades da Federação. Rio de Janeiro: IBGE, 1974. Disponível em: <https://biblioteca.ibge.gov.br/visualizacao/periodicos/51/agro_2006.pdf>. Acesso em: 19 jan. 2017.

IRELAND. *Cross-compliance*. [s.l.]: Department of Agriculture, Food and the Marine, 2017. Disponível em: <https://www.agriculture.gov.ie/farmerschemespayments/cross*compliance*/>. Acesso em: 12 fev. 2018.

JBS avança em *ranking* global de bem-estar animal. [s.l.]: *Revista Fator Brasil*, 24 de fevereiro de 2018. Disponível em: <http://www.revistafatorbrasil.com.br/ver_noticia.php?not=356025>. Acesso em: 25 fev. 2018.

JBS cai 31% e lidera perdas na bolsa, que fecha no negativo. [s.l.]: *Veja*, 22 de maio de 2017. Disponível em: <https://veja.abril.com.br/economia/acoes-da-jbs-despencam-e-lideram-perdas-na-bolsa/>. Acesso em: 12 jan. 2018.

REUTERS. Brasil deixou de exportar 200 mil toneladas de carne de frango e suína em 2017 por causa da Operação Carne Fraca, diz associação. Notícia jornalística. [s.l.]: *G1*, 13 de dezembro de 2017. Disponível em: <https://g1.globo.com/economia/agronegocios/noticia/brasil-deixou-de-exportar-200-mil-toneladas-de-carne-de-frango-e-suina-em-2017-por-causa-da-operacao-carne-fraca-diz-associacao.ghtml>. Acesso em: 11 jan. 2018.

UNIÃO EUROPEIA (UE). *Commission Regulation (EC) nº 1122/2009 of 30 November 2009 laying down detailed rules for the implementation of Council Regulation (EC) nº 37/2009 as regards cross-compliance, modulation and the integrated administration and control system, under the direct support schemes for farmers provided for that Regulation, as well as for the implementation of Council Regulation (EC) No 1234/2007 as regards cross-compliance under the support scheme provided for the wine sector*. Bruxelas (Bélgica): Comissão Europeia, 30 de novembro de 2009 (data da publicação originária). Disponível em: <http://eur-lex.europa.eu/legal-content/en/ALL/?uri=CELEX:32009R1122>. Acesso em: 12 fev. 2018.

UNIÃO EUROPEIA (UE). *Council Regulation (EC) nº 73/2009 of 19 January 2009 establishing common rules for direct support schemes for farmers under the common agricultural policy and establishing certain support schemes for farmers*. Bruxelles (Belgium): European Council, 19 January 2009 (date of original publication). Disponível em: <http://eur-lex.europa.eu/legal-content/en/ALL/?uri=CELEX:32009R0073>. Acesso em: 12 fev. 2018.

UNIÃO EUROPEIA (UE). *Cross-compliance.* Bruxelles (Belgium): Comissão Europeia de Agricultura e Desenvolvimento Rural, 22 de julho de 2017. Disponível em: <https://ec.europa.eu/agriculture/envir/cross-*compliance*_pt>. Acesso em: 12 fev. 2018.

UNIÃO EUROPEIA (UE). *Regulamento (CE) nº 834/2007 do Conselho, de 28 de junho de 2007, relativo à produção biológica e à rotulagem dos produtos biológicos.* Bruxelas (Bélgica): Conselho Europeu, 28 de junho de 2007 (data da publicação originária). Disponível em: <http://eur-lex.europa.eu/legal-content/PT/ALL/?uri=CELEX%3A32007R0834>. Acesso em: 20 fev. 2018.

UNIÃO EUROPEIA (UE). *Regulamento (UE) nº 1306/2013 do Parlamento Europeu e do Conselho, de 17 de dezembro de 2013, relativo ao financiamento, à gestão e ao acompanhamento da Política Agrícola Comum e que revoga os Regulamentos (CEE) nº 352/78, (CE) nº 165/94, (CE) nº 2799/98, (CE) nº 814/2000, (CE) nº 1290/2005 e (CE) nº 485/2008 do Conselho.* Bruxelas (Bélgica): UE, 2013 (publicação originária). Disponível em: <http://eur-lex.europa.eu/legal-content/PT/TXT/?qid=1518607862493&uri=CELEX:32013R1306>. Acesso em: 14 fev. 2018.

UNIÃO EUROPEIA (UE). *Regulamento (UE) nº 1307/2013 do Parlamento Europeu e do Conselho, de 17 de dezembro de 2013, que estabelece regras para os pagamentos diretos aos agricultores ao abrigo de regimes de apoio no âmbito da política agrícola comum e que revoga o Regulamento (CE) nº 637/2008 do Conselho e o Regulamento (CE) nº 73/2009 do Conselho.* Bruxelas (Bélgica): Parlamento e Conselho Europeu, 17 de dezembro de 2013 (publicação originária). Disponível em: <http://eur-lex.europa.eu/legal-content/pt/TXT/?uri=CELEX:32013R1307>. Acesso em: 14 fev. 2018.

UNIÃO EUROPEIA (UE). *Regulamento de Execução (UE) nº 809/2014 da Comissão, de 17 de julho de 2014, que estabelece as normas de execução do Regulamento (UE) nº 1306/2013 do Parlamento Europeu e do Conselho no que diz respeito ao sistema integrado de gestão e de controlo, às medidas de desenvolvimento rural e à condicionalidade.* Bruxelas (Bélgica): Comissão Europeia, 2014 (ano da publicação originária). Disponível em: <http://eur-lex.europa.eu/legal-content/PT/ALL/?uri=uriserv:OJ.L_.2014.227.01.0069.01.POR>. Acesso em: 14 fev. 2018.

UNIÃO EUROPEIA (UE). *Regulamento Delegado (UE) nº 640/2014 da Comissão, de 11 de março de 2014, que completa o Regulamento (UE) nº 1306/2013 do Parlamento Europeu e do Conselho no que diz respeito ao sistema integrado de gestão e de controlo e às condições de recusa ou retirada de pagamentos, bem como às sanções administrativas aplicáveis aos pagamentos diretos, ao apoio ao desenvolvimento rural e à condicionalidade.* Bruxelas (Bélgica): UE, 11 de março de 2014 (data da publicação originária). Disponível em: <http://eur-lex.europa.eu/legal-content/PT/TXT/?uri=CELEX%3A32014R0640>. Acesso em: 14 fev. 2018.

UNITED KINGDOM (UK). *Collection – Cross-Compliance.* [s.l.]: sítio eletrônico oficial do Reino Unido, 2018. Disponível em: <https://www.gov.uk/government/collections/cross-*compliance*>. Acesso em: 17 fev. 2018.

UNITED STATES OF AMERICA – USA (Estados Unidos da América – EUA). *Agricultural Act of 2014.* Washington: USA Congress, 2014 (ano da publicação originária). Disponível em: <https://www.gpo.gov/fdsys/pkg/BILLS-113hr2642enr/pdf/BILLS-113hr2642enr.pdf>. Acesso em: 15 fev. 2018.

UNITED STATES OF AMERICA – USA (Estados Unidos da América – EUA). *Food security Act of 1985.* Washington: USA Congress, 1985 (data da publicação originária). Disponível em: <http://nationalaglawcenter.org/farmbills/>. Acesso em: 13 fev. 2018.

Informação bibliográfica deste texto, conforme a NBR 6023:2002 da Associação Brasileira de Normas Técnicas (ABNT):

COELHO, Antônio Augusto de Souza. Em defesa do cross-compliance no agronegócio brasileiro. In: CUEVA, Ricardo Villas Bôas; FRAZÃO, Ana (Coord.). *Compliance*: perspectivas e desafios dos programas de conformidade. Belo Horizonte: Fórum, 2018. p. 499-522. ISBN 978-85-450-0564-3.

Amanda Athayde
Professora Doutora Adjunta de Direito Empresarial na Universidade de Brasília (UnB) e de Direito Econômico e da Concorrência. É Doutora em Direito Comercial pela Universidade de São Paulo (USP). Graduada em Direito pela Universidade Federal de Minas Gerais (UFMG) e em Administração de Empresas com habilitação em Comércio Exterior pelo Centro Universitário UNA. Foi aluna da Université Paris I – Panthéon Sorbonne, e é autora de livro, de diversos artigos acadêmicos e de capítulos de livros na área de Direito Empresarial, da Concorrência e Econômico. É servidora pública de carreira do Executivo federal, Analista de Comércio Exterior do Ministério da Indústria, Comércio Exterior e Serviços (MDIC), tendo atuado na negociação de acordos internacionais para cooperação e facilitação de investimentos. De 2013 a 2017, foi Coordenadora do Programa de Leniência Antitruste na Superintendência-Geral do Conselho Administrativo de Defesa Econômica (SG/CADE), referente a casos de cartel. Em 2017, tornou-se Chefe de Gabinete do Ofício do Ministério Público Federal junto ao CADE (MPF/CADE), elaborando pareceres em processos de direito da concorrência e auxiliando investigações criminais e na cooperação jurídica internacional.

Ana Frazão
Advogada e professora de Direito Civil e Comercial da Universidade de Brasília (UnB). Ex-Conselheira do Conselho Administrativo de Defesa Econômica (CADE) (2012-2015). Ex-Diretora da Faculdade de Direito da Universidade de Brasília (2009-2012). Graduada em Direito pela UnB. Especialista em Direito Econômico e Empresarial pela Fundação Getulio Vargas (FGV). Mestre em Direito e Estado pela UnB e doutora em Direito Comercial pela Pontifícia Universidade Católica de São Paulo (PUCSP). Líder do Grupo de Estudos Constituição, Empresa e Mercado (GECEM).

Ana Rafaela Martinez Medeiros
Advogada. Graduada em Direito pela UnB.

Anderson Pomini
Secretário Municipal de Justiça de São Paulo e mestrando em Direito Político e Econômico na Universidade Presbiteriana Mackenzie (2018).

Angelo Gamba Prata de Carvalho
Advogado. Mestrando no Programa de Pós-Graduação em Direito da Universidade de Brasília. Integrante do GECEM – Grupo de Estudos Constituição, Empresa e Mercado.

Antônio Augusto de Souza Coelho
Advogado. Doutorando e mestre pela Faculdade de Direito da Universidade de São Paulo (FADUSP). Graduado em Direito pela Faculdade de Direito da Universidade Mackenzie, São Paulo.

Beatriz Dias Rizzo
Advogada e Mestre em Ciências Jurídico-Criminais pela Faculdade de Direito da Universidade de Coimbra.

Bruno Silva e Souza
Graduando em Direito pela Faculdade de Direito da Universidade de São Paulo. Estagiário de VMCA Advogados.

Caroline Pinheiro
Professora de Direito Empresarial da Universidade Federal de Juiz de Fora e advogada.

Danilo Leme Crespo
Advogado. Especialista em Direito das Relações de Consumo e Direito do Seguro/Resseguro. Mestre em Direitos Difusos e Coletivos.

Domingos Soares Farinho
Professor Auxiliar da Faculdade de Direito da Universidade de Lisboa. Investigador do Centro de Investigação do Instituto de Ciências Jurídico-Políticas da Faculdade de Direito de Lisboa. Advogado.

Eduardo Saad-Diniz
Professor da Faculdade de Direito de Ribeirão Preto e Programa de Integração da América Latina da USP. Bolsista Produtividade CNPQ.

Fábia Dupont
Formada em Direito pela Faculdade de Direito do Largo de São Francisco (USP), tendo cursado pós-graduações em Direito Concorrencial e Direito Econômico pelo King's College de Londres e pela Universidade Federal do Paraná, respectivamente. *Compliance Officer* certificada internacionalmente pela Society of Corporate Compliance and Ethics (SCCE). Atuou em escritórios de advocacia, tal como Pinheiro Neto Advogados e nos departamentos jurídicos e de *compliance* de grandes organizações, como Continental, Philip Morris, Unibanco e órgãos governamentais.

Fabiano Catran
Advogado. Especialista em Direito Empresarial e Direito do Seguro. LLM em Direito Empresarial, inclusive com cursos de especialização em Saúde na Harvard University.

Fábio Medina Osório
Doutor em Direito Administrativo pela Universidade Complutense de Madri (orientado por Eduardo García de Enterría). Mestre em Direito Público pela

Universidade Federal do Rio Grande do Sul. Ex-Promotor de Justiça no Rio Grande do Sul (primeiro lugar no concurso). Ex-Ministro-Chefe da Advocacia-Geral da União. Professor colaborador nas Escolas do TRF4, TRF2, Escolas do MP/SP, MP/RS, MP/RJ e AJURIS.

Fabio Selhorst
Formado em Direito pela PUC/SP, tendo cursado MBA em Marketing Estratégico pela Escola Superior de Propaganda e Marketing (ESPM) e Gestão Avançada pelo IMD em Lausanne, Suíça. Destacou-se em posições de gestão da Câmara de Comercialização de Energia Elétrica (CCEE) e da ABB, até assumir a Vice-Presidência Jurídica e de *Compliance* na Metso, Siemens e General Motors para o Brasil e América do Sul. Assumiu as áreas jurídicas e de integridade da Camargo Corrêa Infra em janeiro de 2018.

Isaac Sidney
Ex-Procurador-Geral do Banco Central. Diretor do Banco Central.

Luís Carlos Moro
Advogado Trabalhista. Master Interuniversitário em Diálogo Social en Europa, pela Universidad de Castilla La Mancha, na Espanha. Especialista em Direito do Trabalho pela Universidade de São Paulo. Membro da Academia Paulista de Direito do Trabalho. Secretário-Geral da Associação Americana de Juristas. Vice-Presidente da Jutra, Associação Luso-Brasileira de Juristas do Trabalho.

Magno Federici Gomes
Pós-Doutor em Direito Público e Educação pela Universidade Nova de Lisboa, Portugal. Pós-Doutor em Direito Civil e Processual Civil. Doutor em Direito e Mestre em Direito Processual, pela Universidad de Deusto, Espanha. Mestre em Educação pela PUC Minas. Professor do Mestrado Acadêmico em Direito Ambiental e Desenvolvimento Sustentável na Escola Superior Dom Helder Câmara. Professor Adjunto da PUC Minas e Professor Titular licenciado da Faculdade de Direito Arnaldo Janssen. Advogado sócio do Escritório Moraes & Federici Advocacia Associada. Líder do Grupo de Pesquisa: Regulação Ambiental da Atividade Econômica Sustentável (REGA)/CNPQ-BRA e integrante dos grupos: Centro de Investigação & Desenvolvimento sobre Direito e Sociedade (CEDIS)/FCT-PT, Núcleo de Estudos sobre Gestão de Políticas Públicas (NEGESP)/CNPQ-BRA e Metamorfose Jurídica/CNPQ-BRA. *E-mail*: <federici@pucminas.br>.

Marcela Mattiuzzo
Mestranda em Direito Constitucional na Universidade de São Paulo e graduada em direito pela mesma instituição. Foi pesquisadora visitante da Yale Law School (2016-2017), assessora e chefe de gabinete da presidência do CADE (2015-2016). Sócia de VMCA Advogados.

Marcela Rocha
Jornalista e consultora de comunicação.

Márcio Iorio Aranha
Professor efetivo de Direito Constitucional e Administrativo da Faculdade de Direito da Universidade de Brasília. Diretor do Centro de Políticas, Direito, Economia e Tecnologias das Comunicações da UnB e do Núcleo de Direito Setorial e Regulatório da Faculdade de Direito da UnB, presidindo o corpo editorial da *Revista de Direito Setorial e Regulatório* (*Journal of Law and Regulation*).

Maria Ticiana Araújo
Advogada. Especialista em Direito Corporativo pelo Instituto Brasileiro de Mercados e Capitais (IBMEC/RJ). LLM em Direito Comercial Internacional pela Universidade da Califórnia, EUA, e certificada no curso de Negociação e Liderança da *Harvard Law School*.

Milena Donato Oliva
Professora Adjunta de Direito Civil e do Consumidor da Universidade do Estado do Rio de Janeiro (UERJ). Doutora e Mestre em Direito Civil pela UERJ. Secretária-Geral do Instituto Brasileiro de Direito Civil (IBDCivil) e Membro do Comitê Brasileiro da Association Henri Capitant des Amis de la Culture Juridique Française (AHC-Brasil). Advogada sócia do Escritório Gustavo Tepedino Advogados.

Patrícia Godoy Oliveira
Advogada com foco em Direito Empresarial, Seguros e Resseguros. Experiência como gestora dos departamentos jurídicos e de *compliance* de seguradoras e resseguradoras nacionais e internacionais e empresas de consultoria do setor. Formada na Universidade Mackenzie, cursou pós-graduação na PUC-SP e fez mestrado (LL.M.) na University of Chicago. Na área de seguros, fez extensão na FIA-USP e, na área de Administração, no CEAG, da Fundação Getulio Vargas. Atuou como assessora do Tribunal de Ética da OAB/SP. Participou da Comissão Jurídica da CNSeg, representando a FenSeg, e presidiu a Comissão Jurídica do Sindicato das Seguradoras de São Paulo (SindSegSP). Participou da fundação e atuou como Diretora da Associação Brasileira das Companhias de Seguro Internacionais (ABCSI). Presidente do Grupo Nacional de Trabalho de Resseguros da AIDA – Associação Internacional de Direito do Seguro. Profere palestras e aulas em matérias relacionadas a seguros, resseguros e *compliance*.

Pierpaolo Cruz Bottini
Advogado e professor livre-docente de Direito Penal da Faculdade de Direito da USP.

Ricardo Simonsen
Diretor Técnico da FGV Projetos. Graduado em Engenharia Mecânica pela Pontifícia Universidade Católica do Rio de Janeiro (PUC/RJ). Mestre e doutor em Economia pela EPGE/FGV. Anteriormente, trabalhou no mercado financeiro ɴs áreas de finanças corporativas e de investimentos. Ministrou aulas em ·os de mestrado empresarial, graduação e MBA em finanças corporativas.

Ricardo Villas Bôas Cueva
Ministro do Superior Tribunal de Justiça. Graduado em Direito pela Faculdade de Direito da Universidade de São Paulo (USP). Mestre em Direito (LL.M.), pela Harvard Law School (EUA). Doutor em Direito, pela Universidade de Frankfurt, na Alemanha. Foi advogado militante. Procurador do Estado de São Paulo. Procurador da Fazenda Nacional e Conselheiro do Conselho Administrativo da Defesa Econômica (CADE).

Rodrigo da Guia Silva
Doutorando e Mestre em Direito Civil pela Universidade do Estado do Rio de Janeiro (UERJ). Membro do Instituto Brasileiro de Direito Civil (IBDCivil) e do Comitê Brasileiro da Association Henri Capitant des Amis de la Culture Juridique Française (AHC-Brasil). Advogado.

Thiago Marrara
Professor de direito administrativo da USP na Faculdade de Direito de Ribeirão Preto (FDRP). Livre-docente pela USP (FD). Doutor pela Universidade de Munique (LMU). Editor da *Revista Digital de Direito Administrativo* (RDDA). Advogado consultor.

Vinicius Marques de Carvalho
Professor de Direito Comercial na Faculdade de Direito da Universidade de São Paulo. Foi presidente do Conselho Administrativo de Defesa Econômica (2012-2016), Yale Greenberg World Fellow (2016) e Secretário de Direito Econômico (2011-2012). Sócio de VMCA Advogados.

Warley Ribeiro Oliveira
Mestrando em Direito Ambiental e Sustentabilidade na Escola Superior Dom Helder Câmara. Advogado militante. *E-mail*: <warleyprovisorio@outlook.com>.

Esta obra foi composta em fonte Palatino Linotype, corpo 10
e impressa em papel Offset 75g (miolo) e Supremo 250g (capa)
pela Gráfica e Editora O Lutador, em Belo Horizonte/MG.